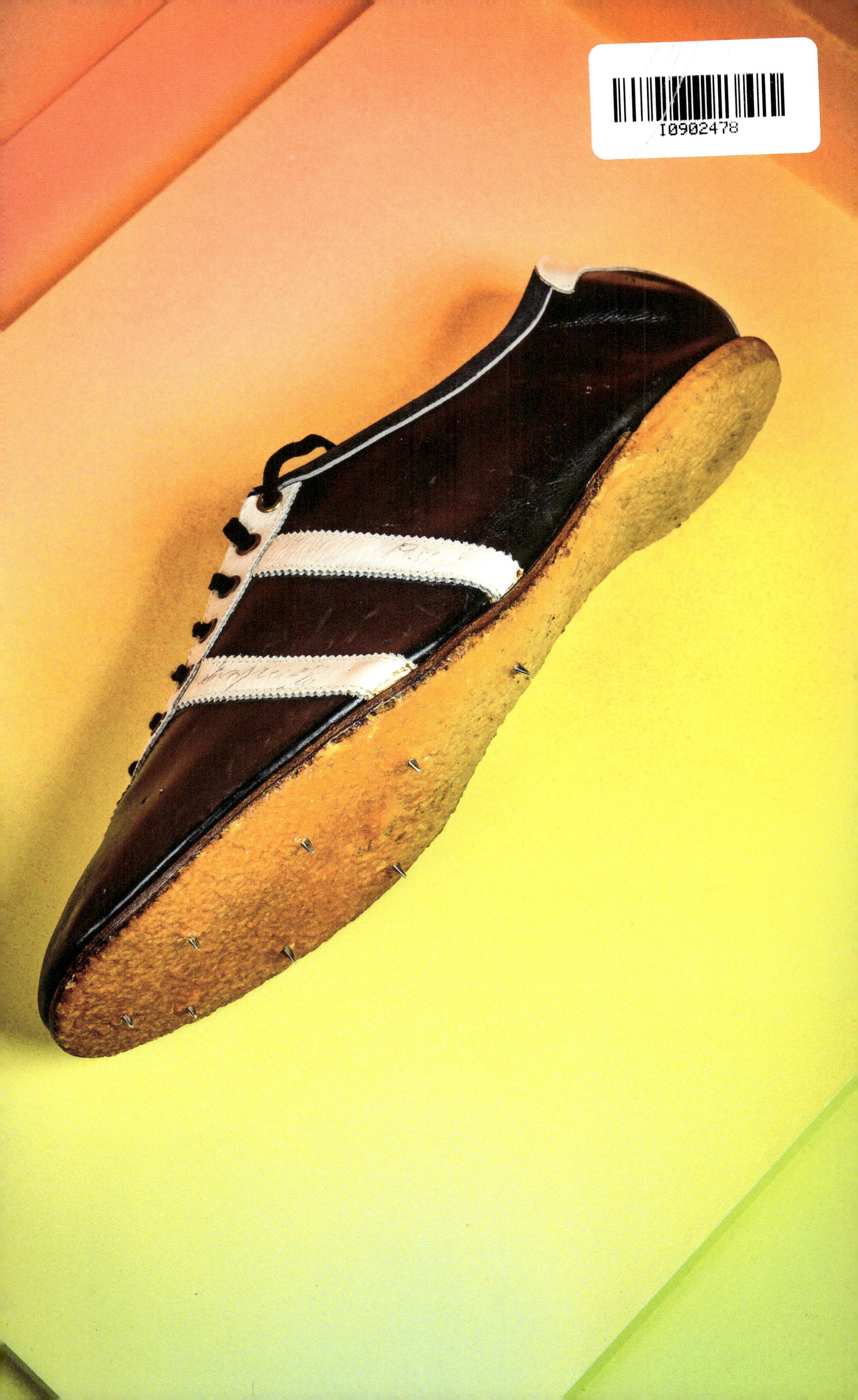

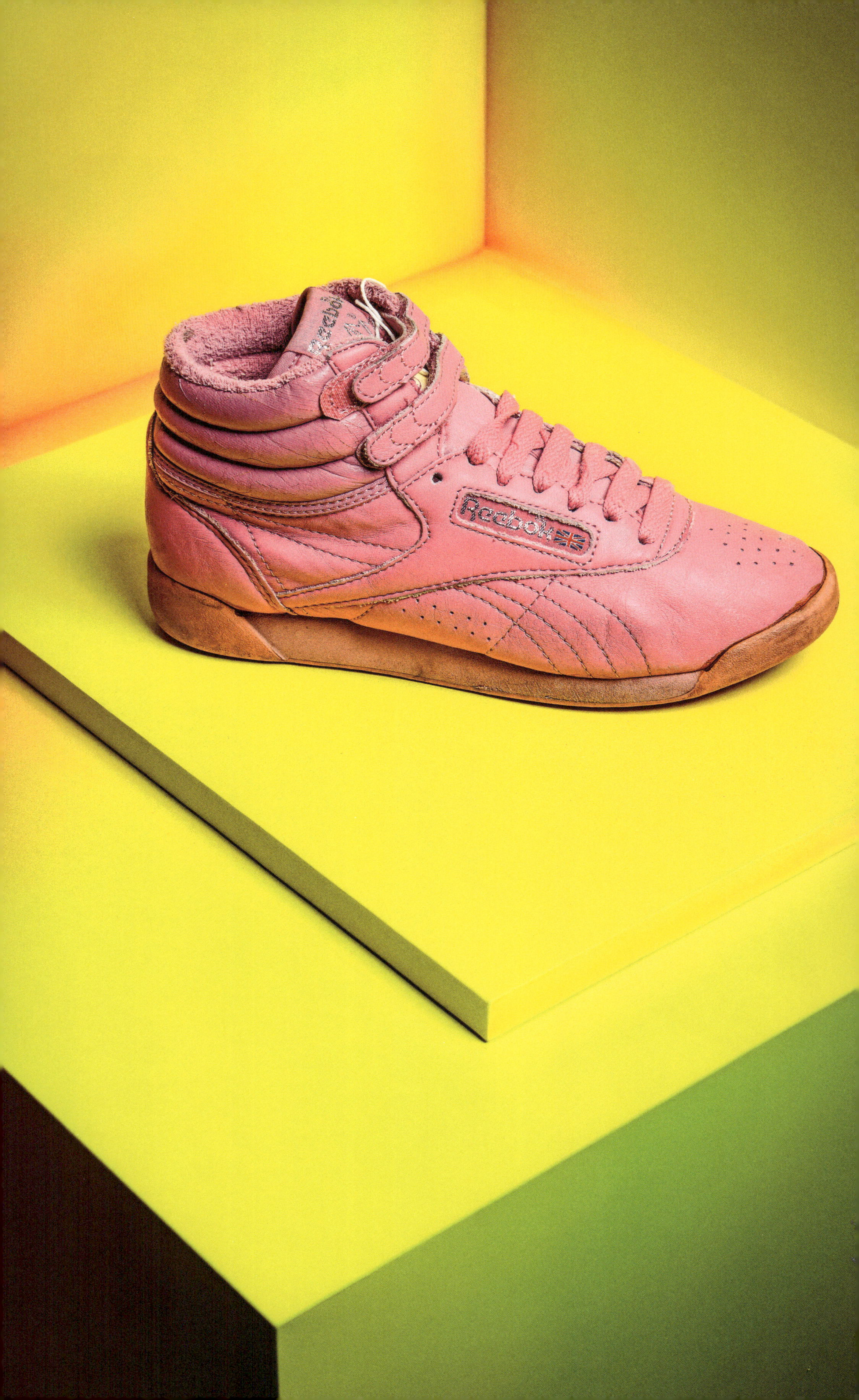
Reebok

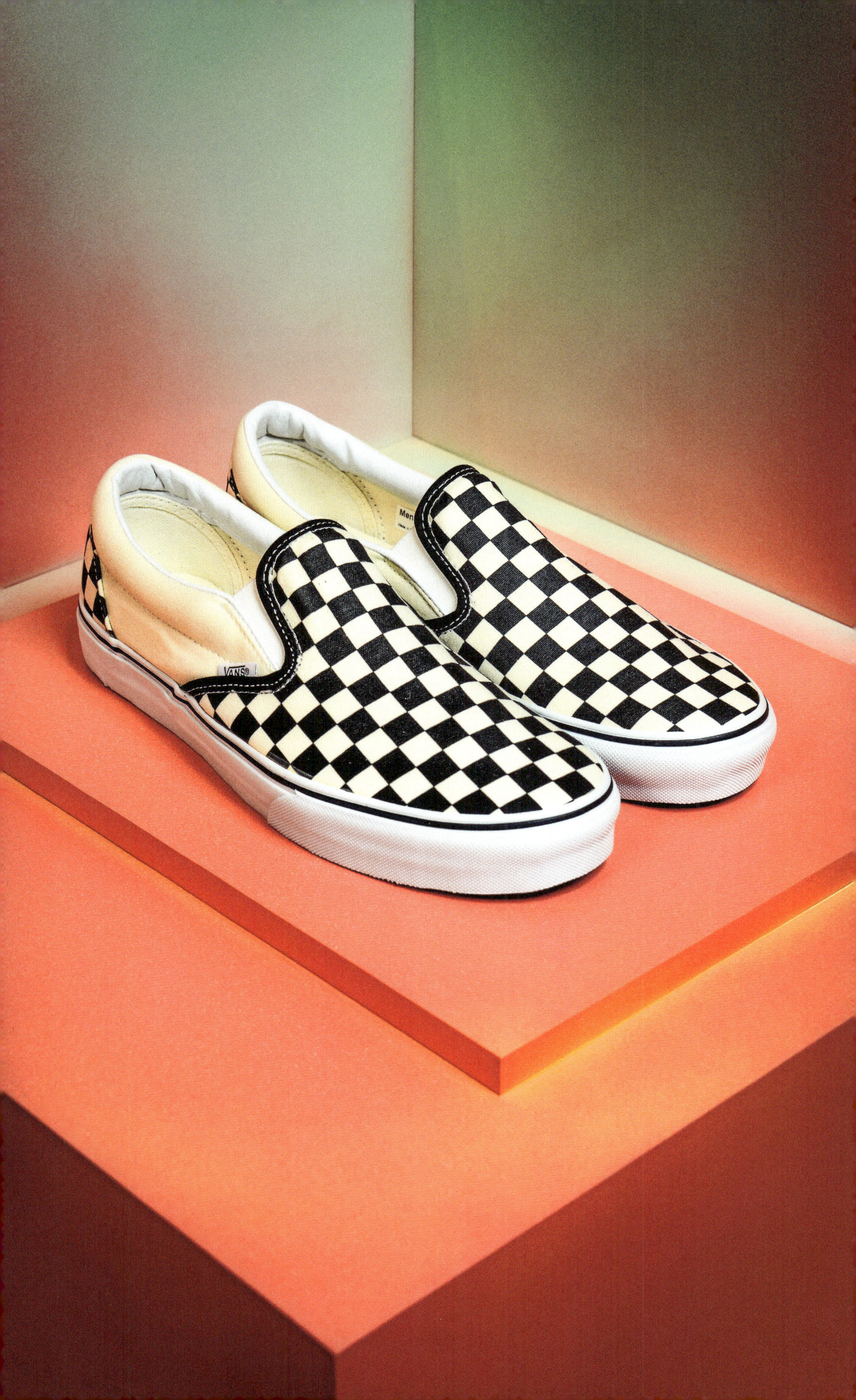
VANS

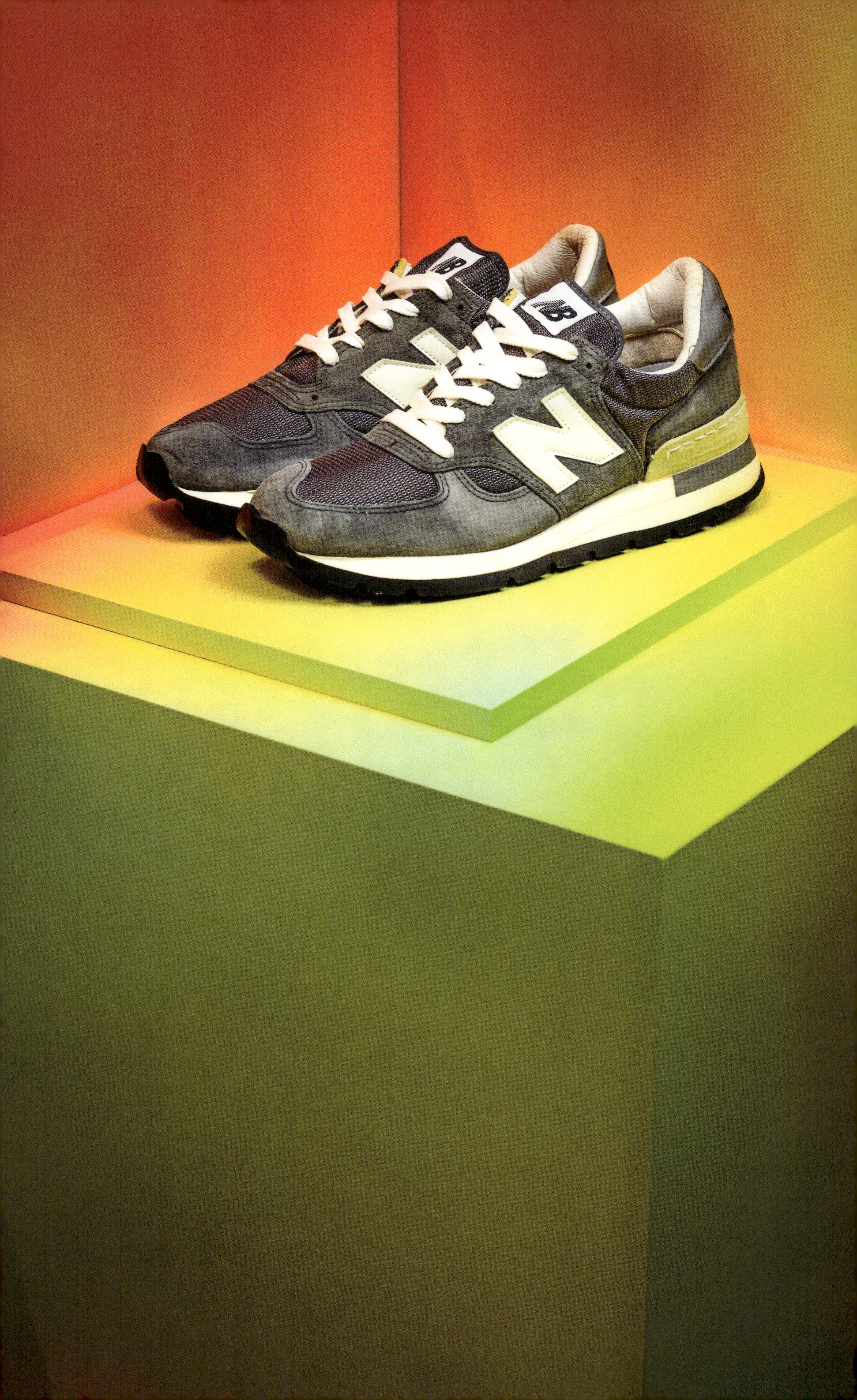

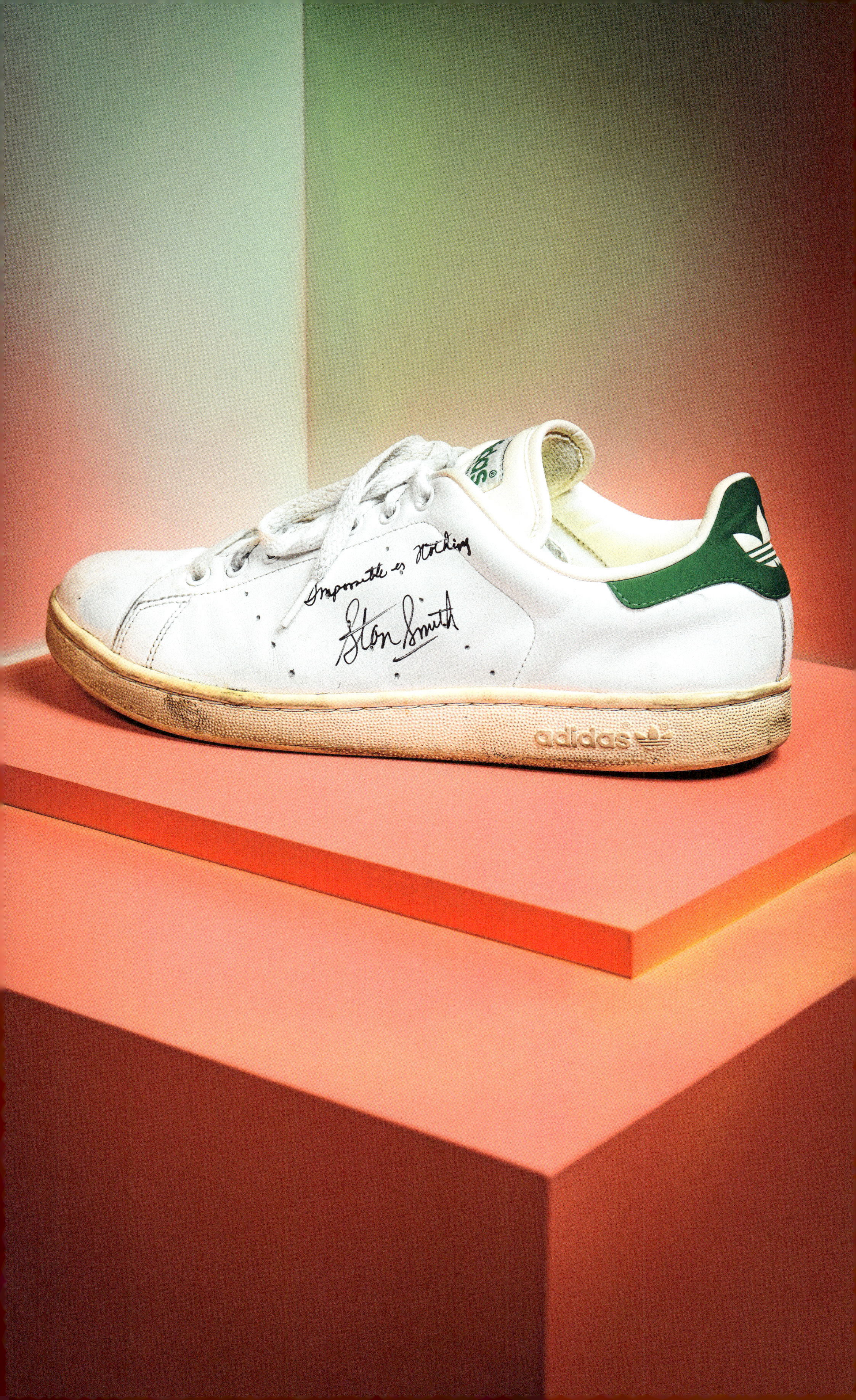
Impossible is Nothing
Stan Smith
adidas

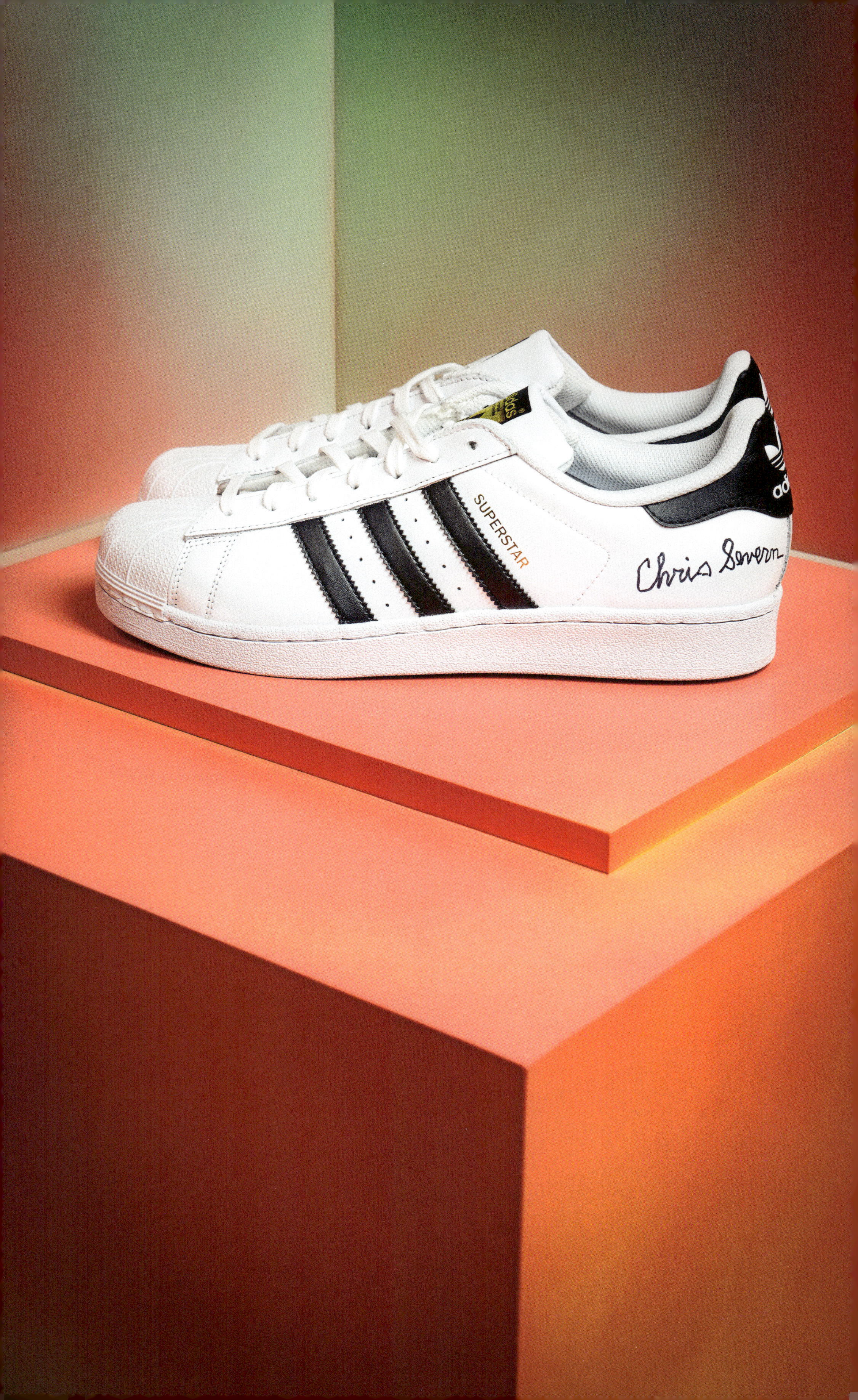
SUPERSTAR
Chris Severn

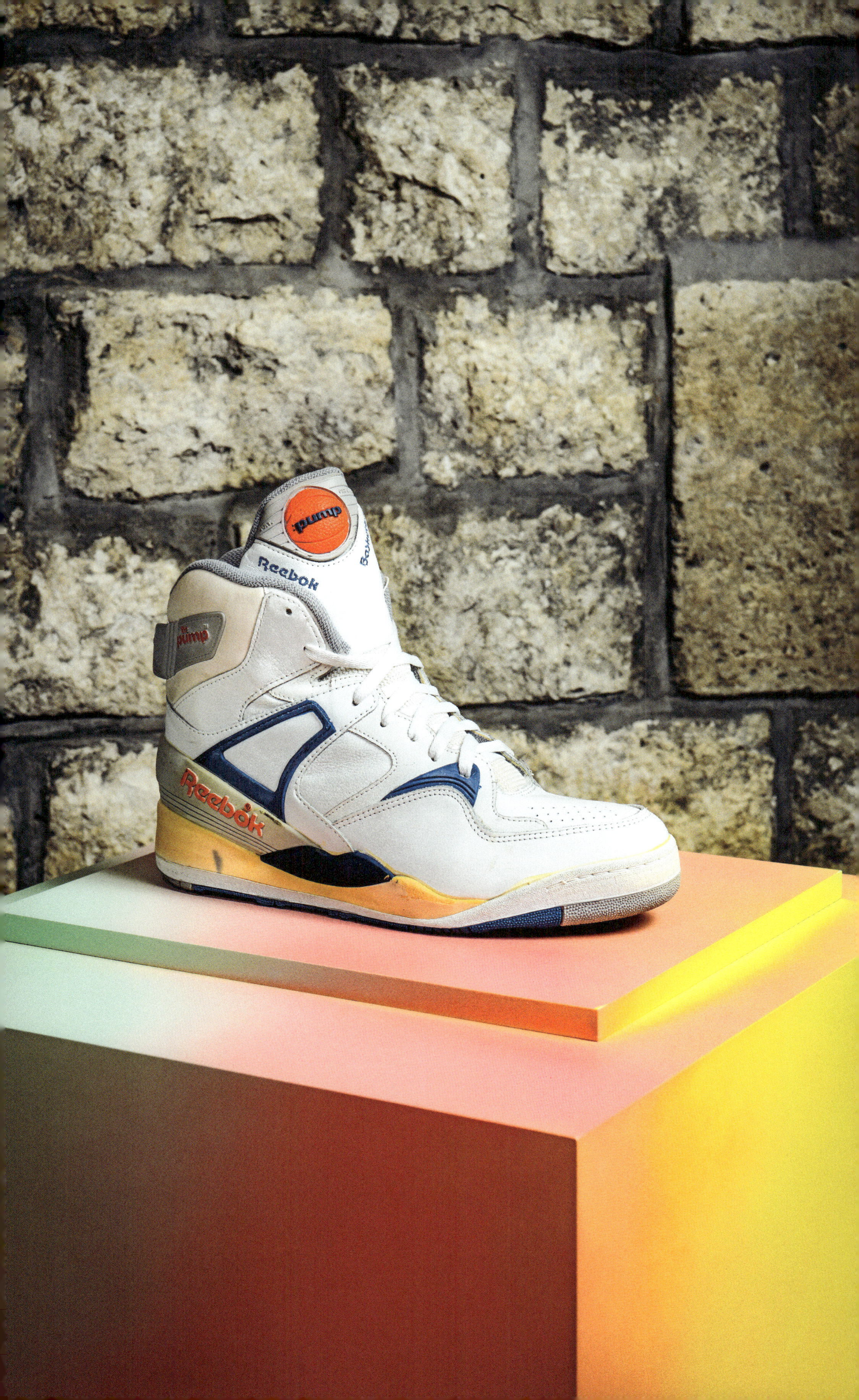
pump
Reebok
pump
Reebok

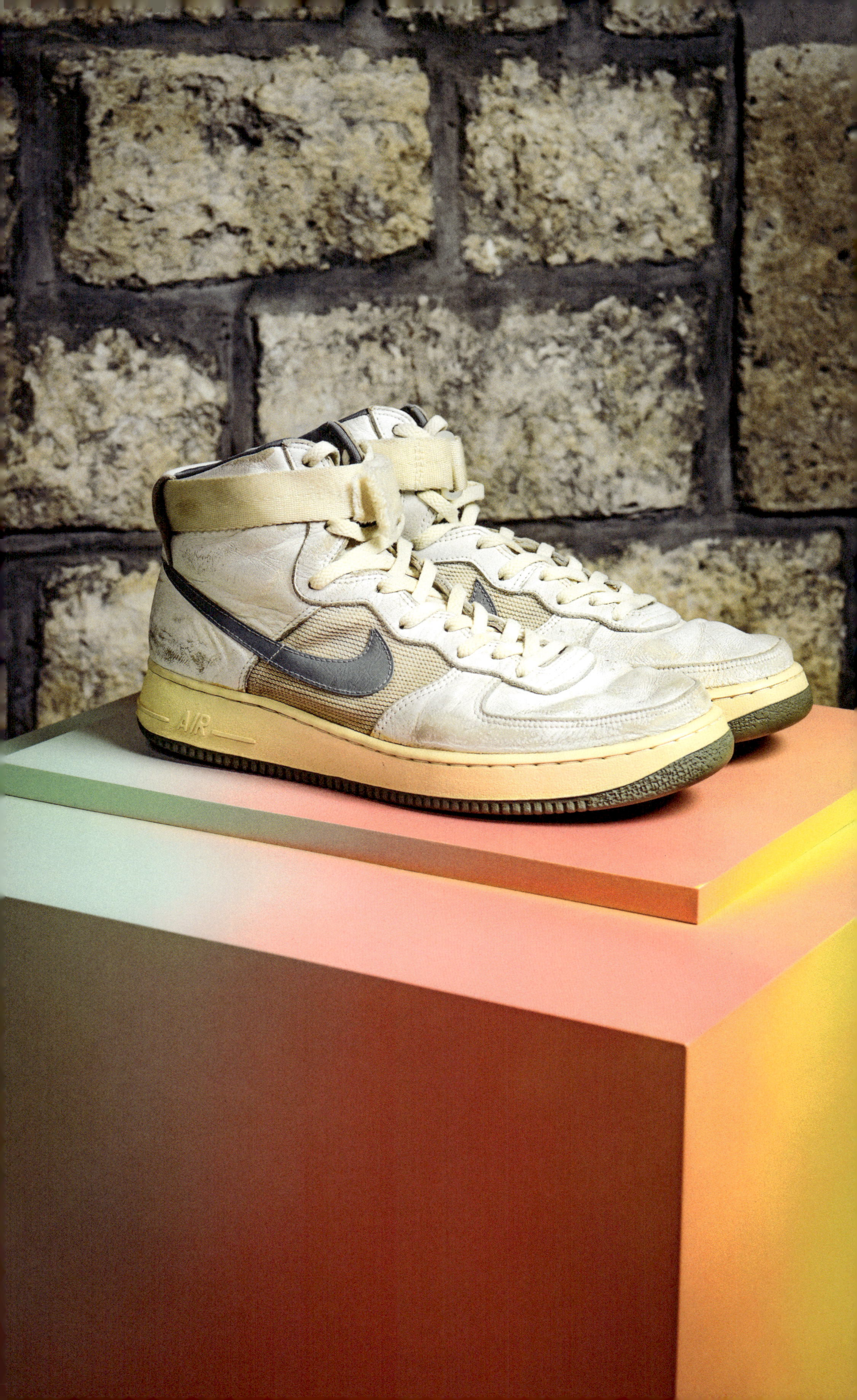
AIR

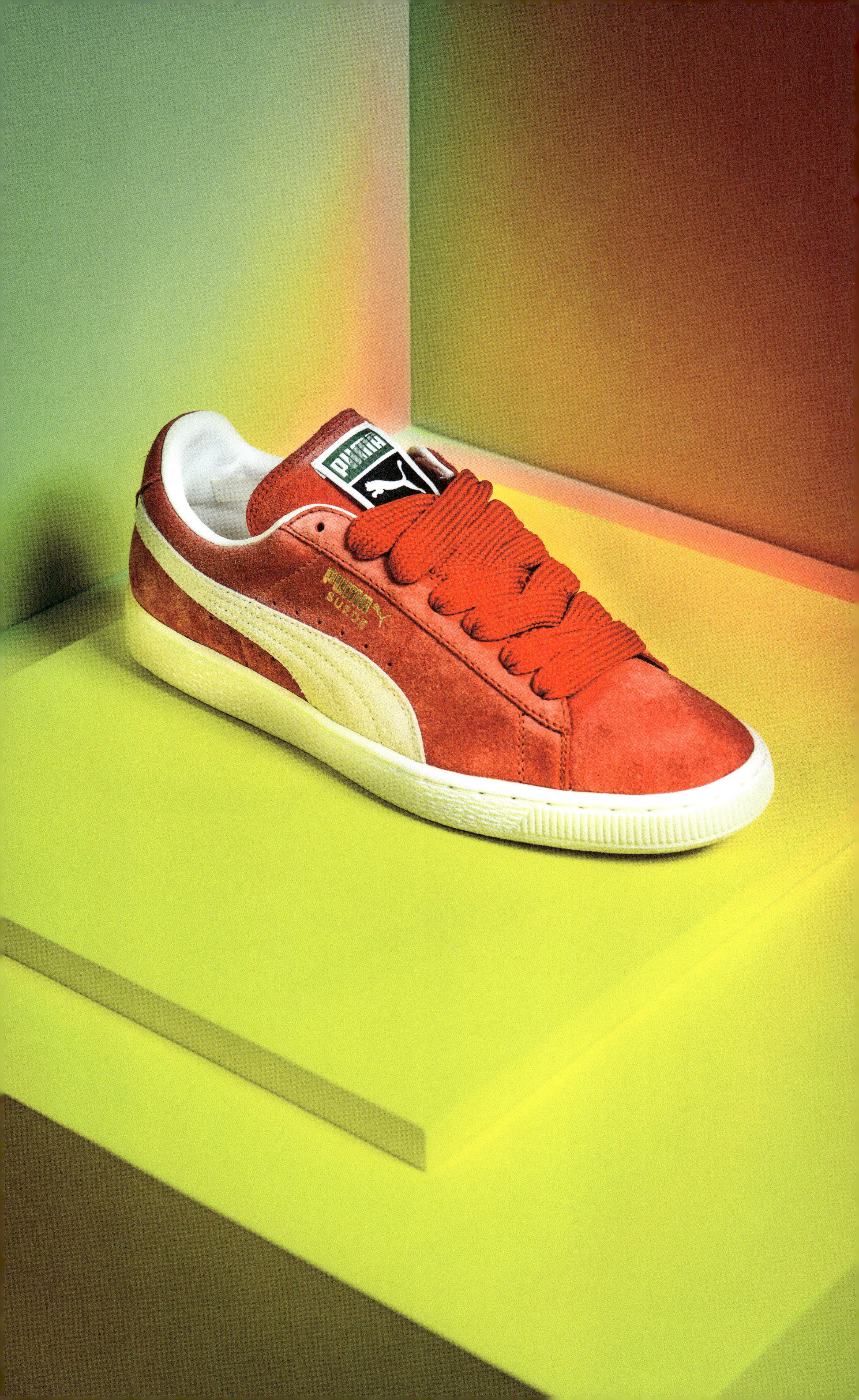
PUMA
PUMA
SUEDE

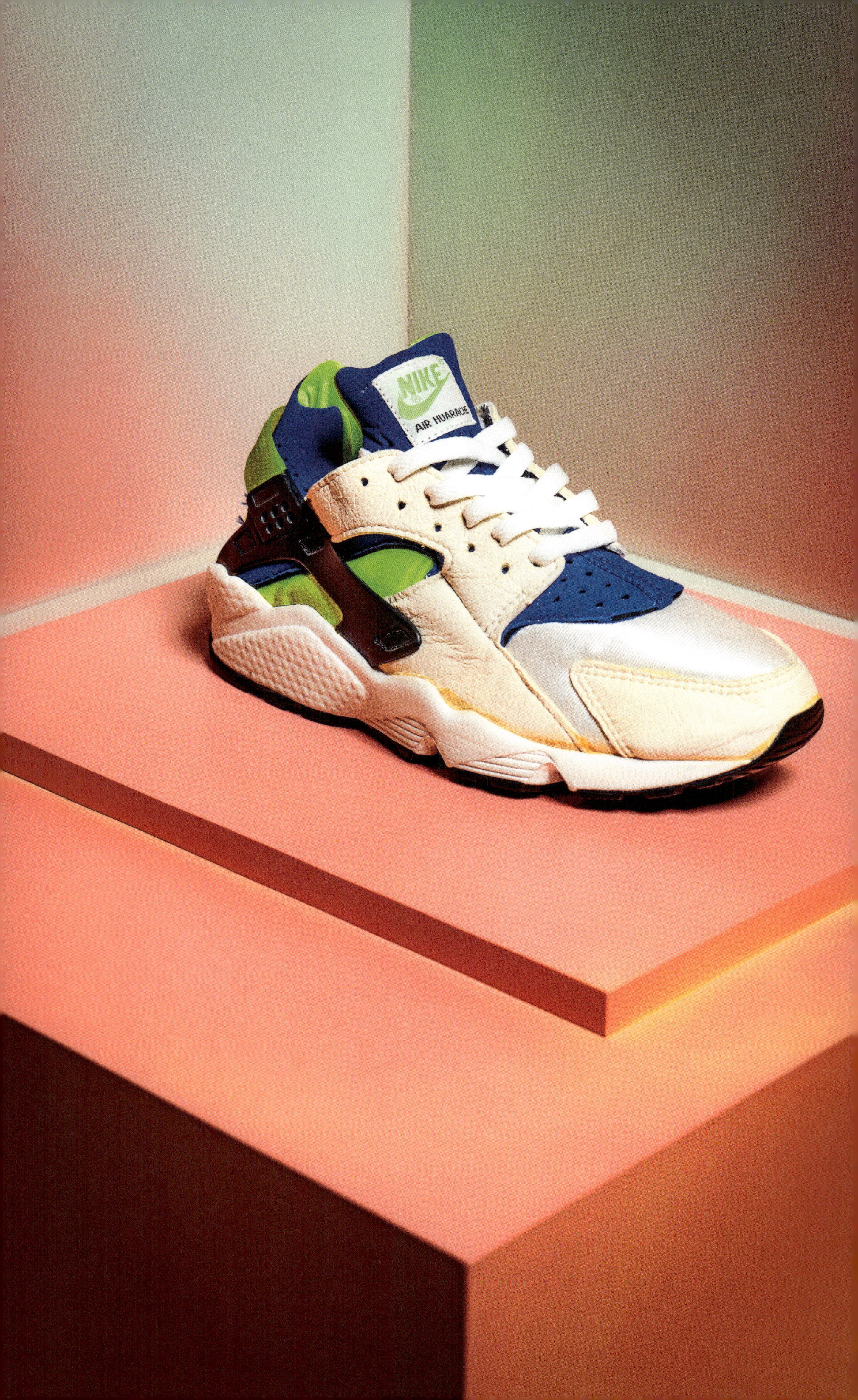
NIKE
AIR HUARACHE

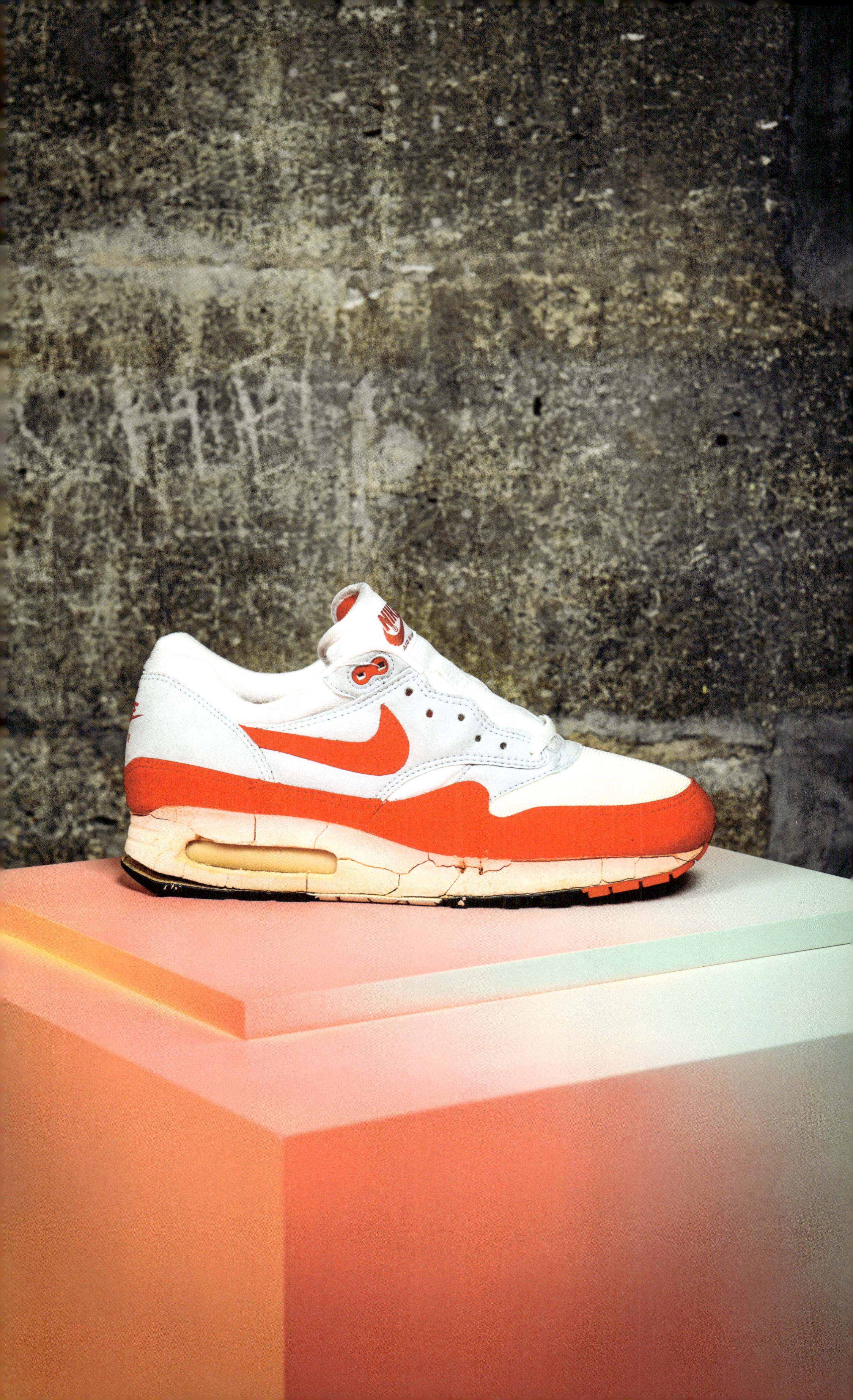

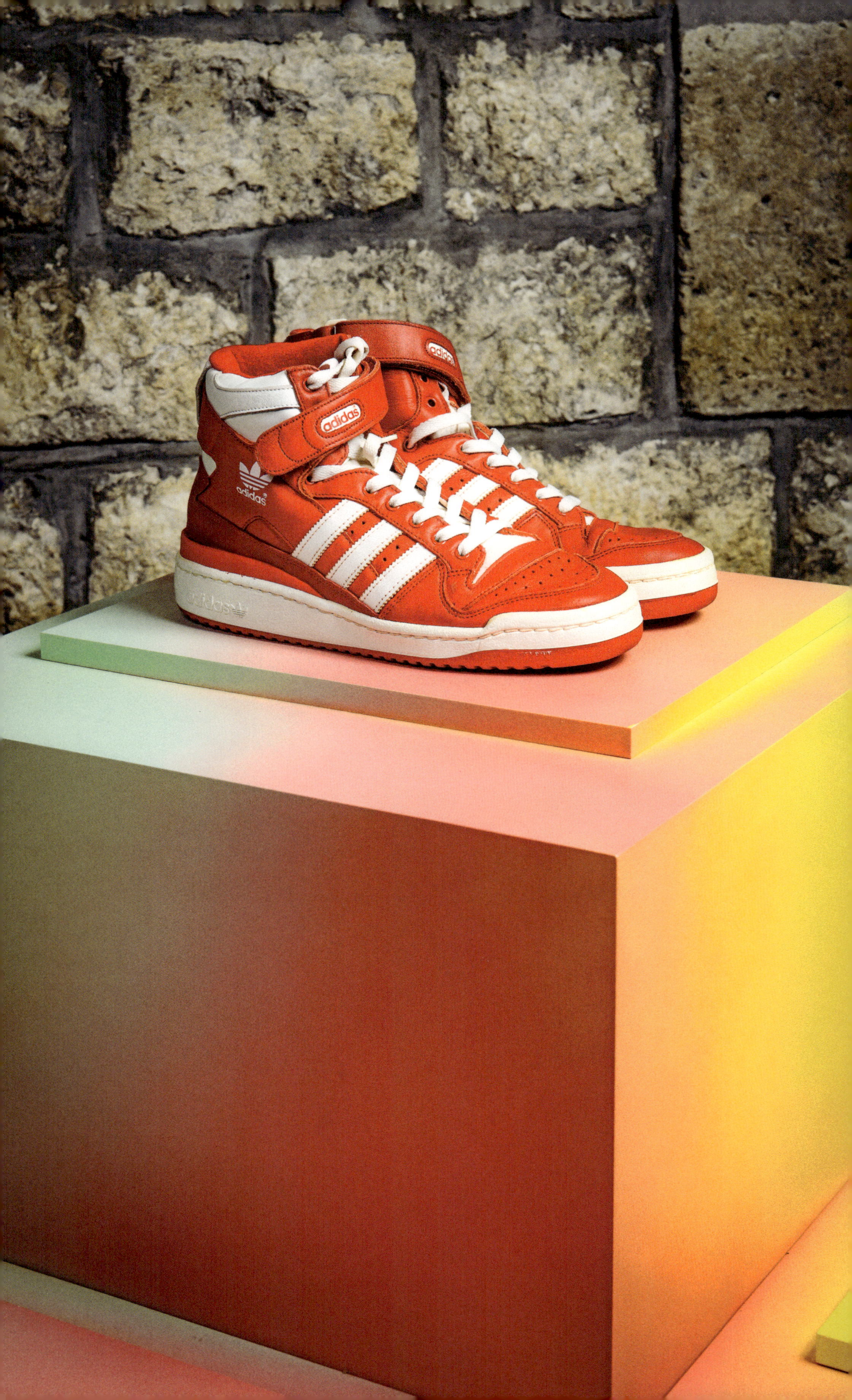
adidas

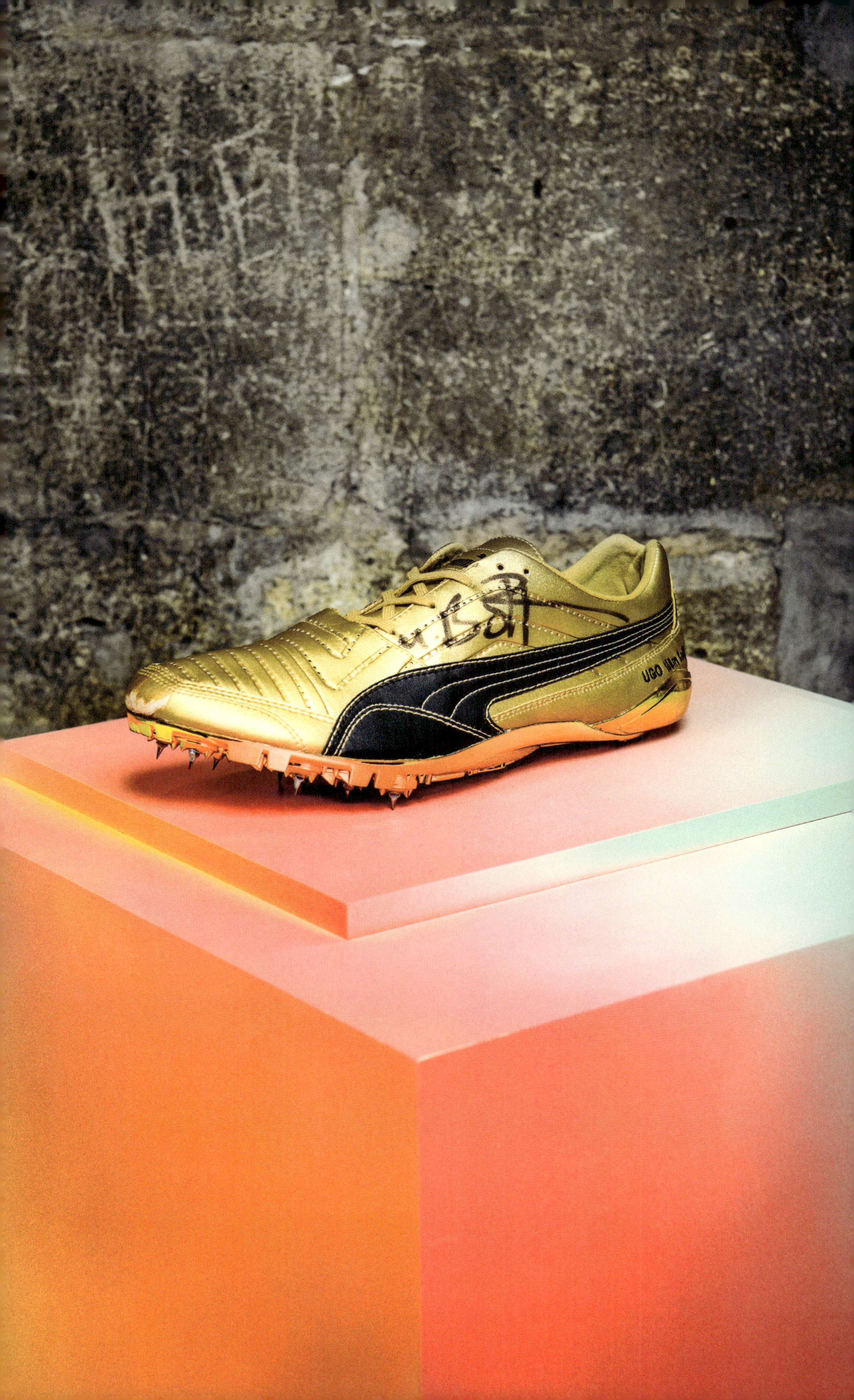
UGO

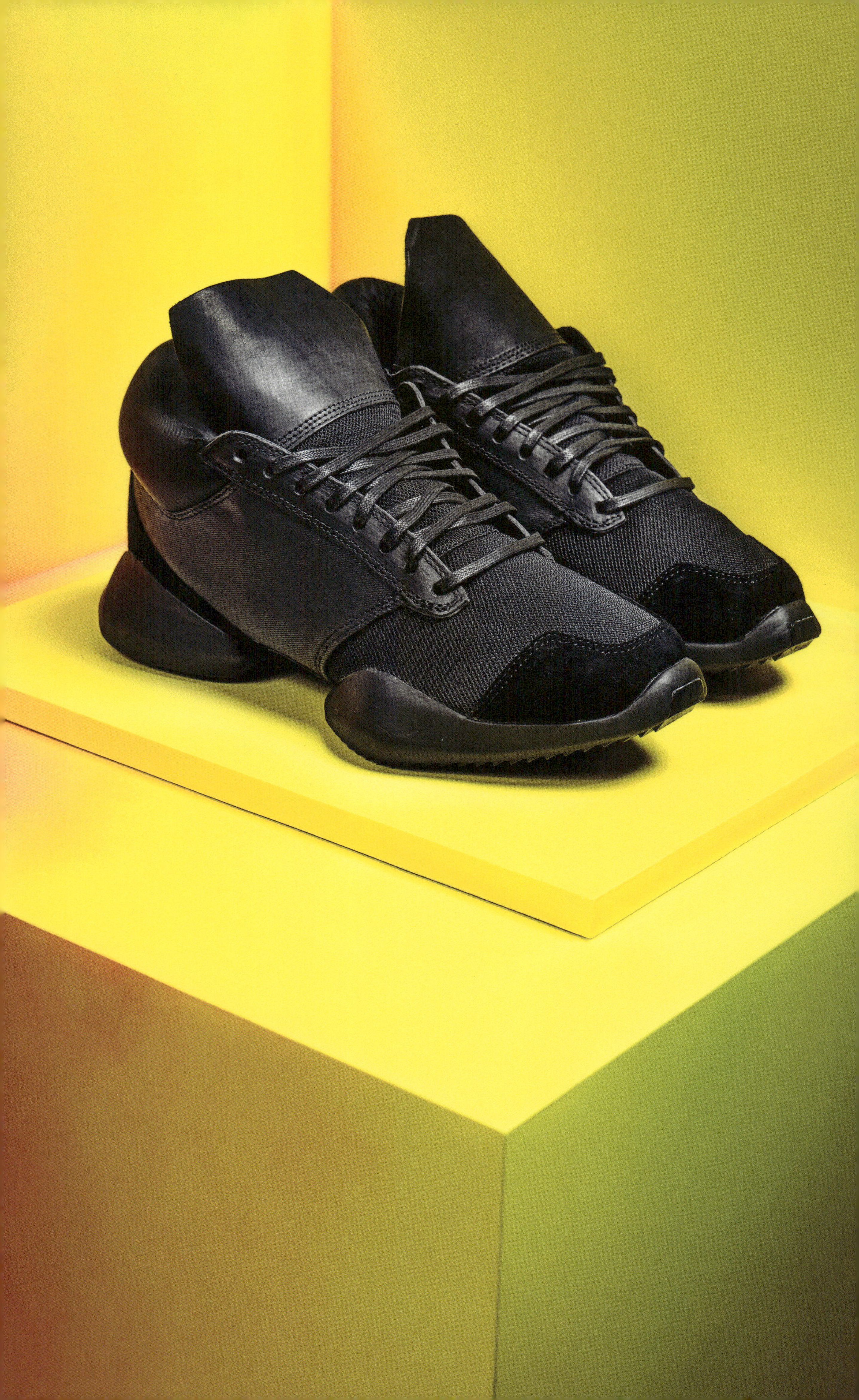

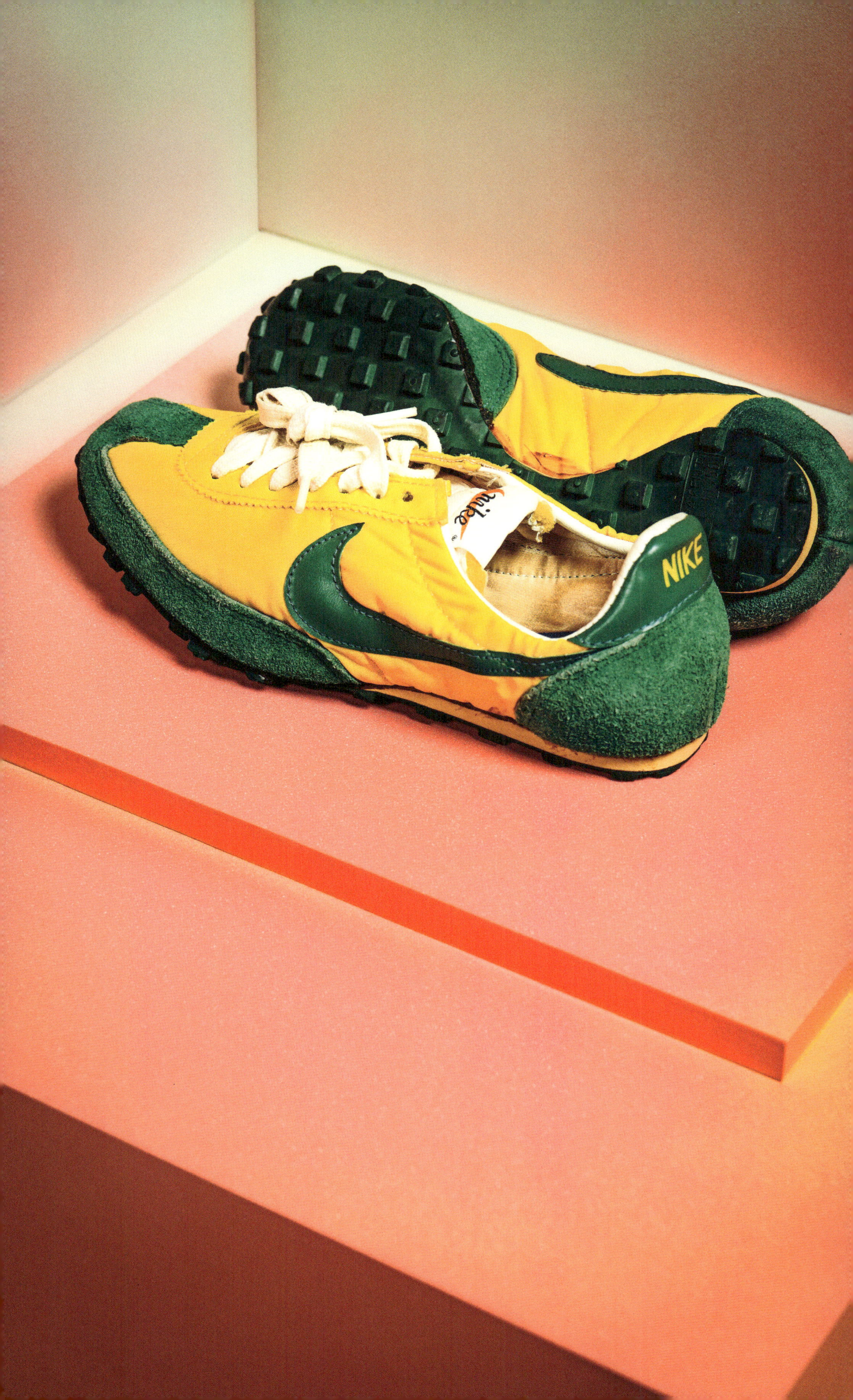
NIKE

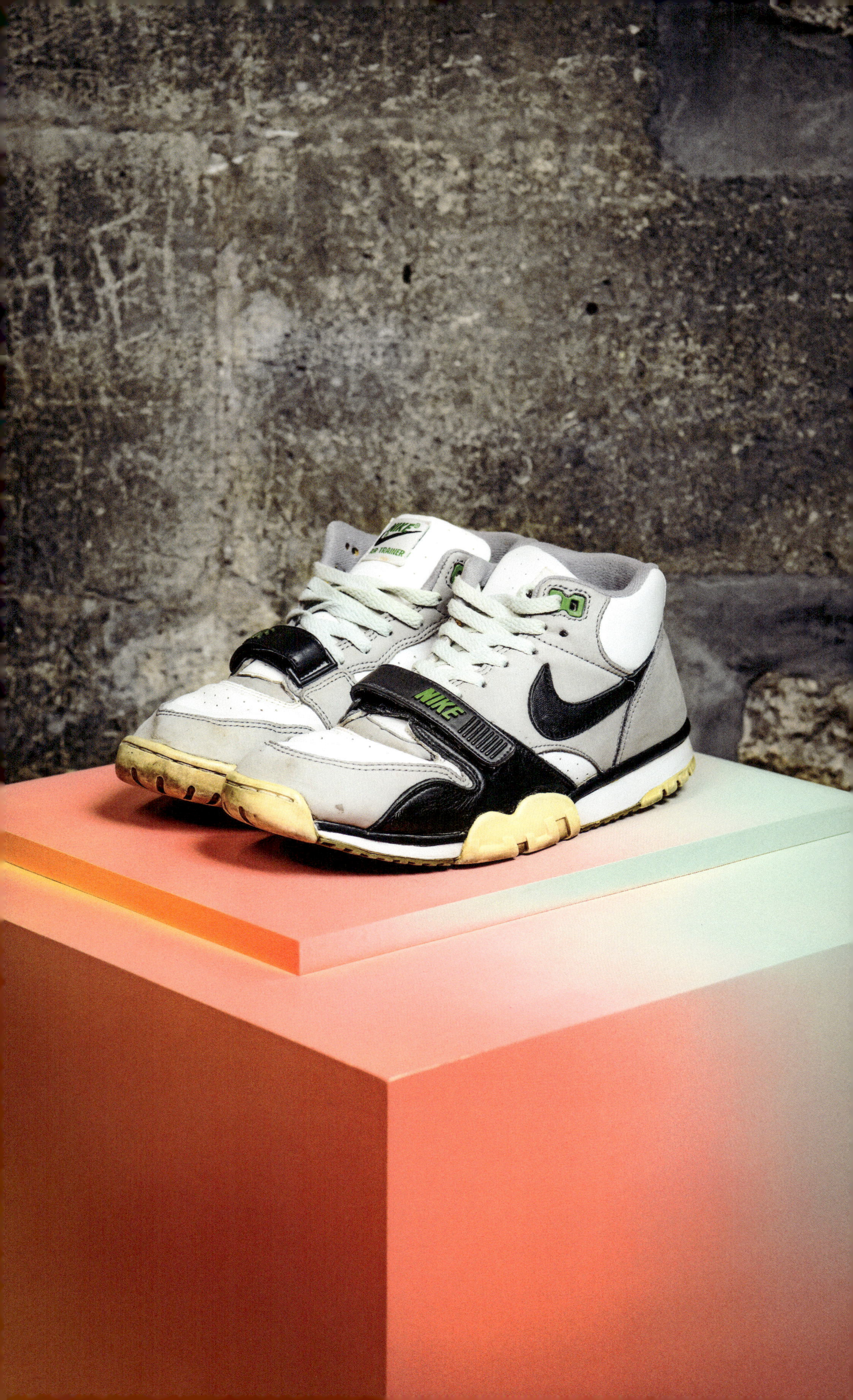
NIKE

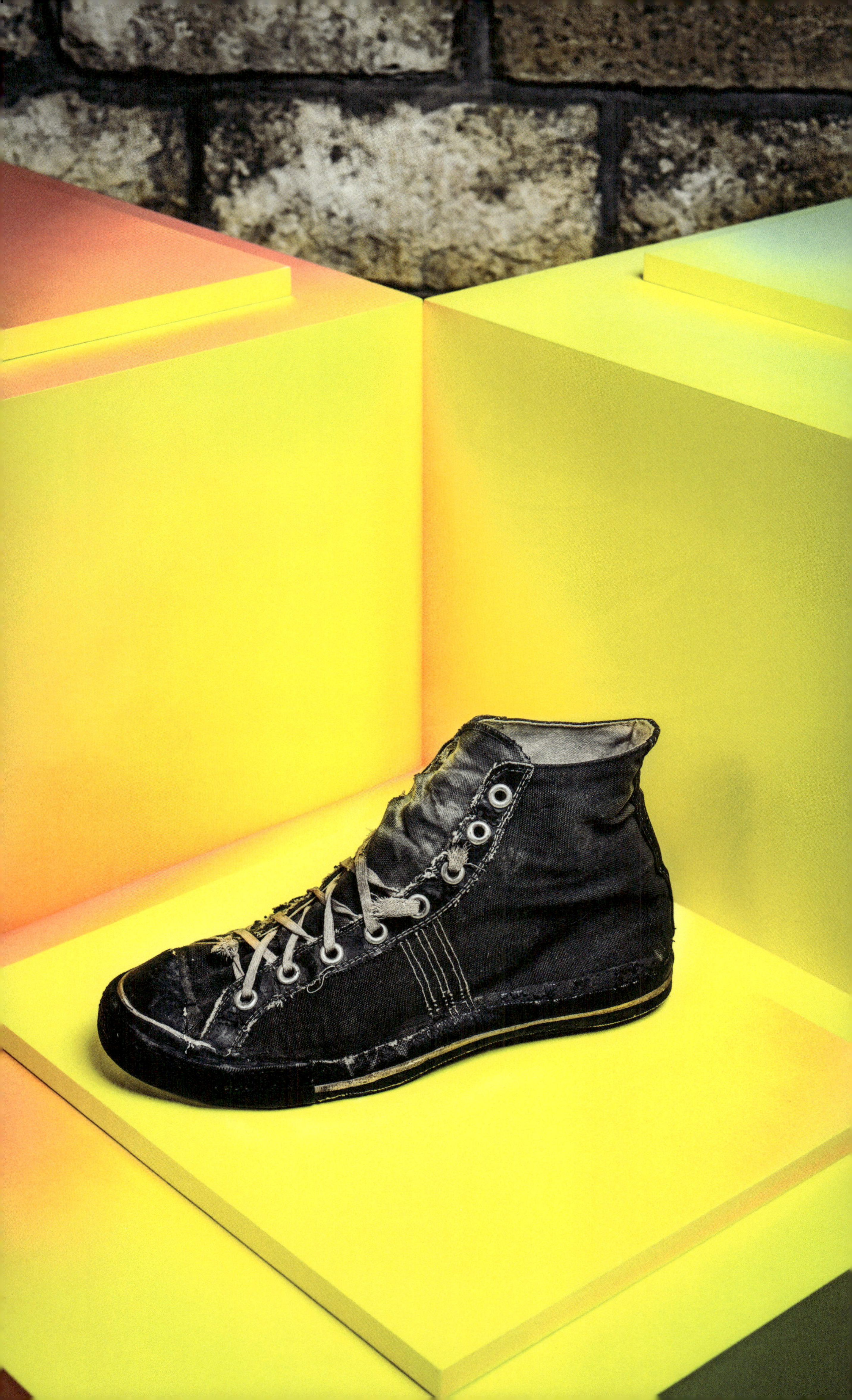

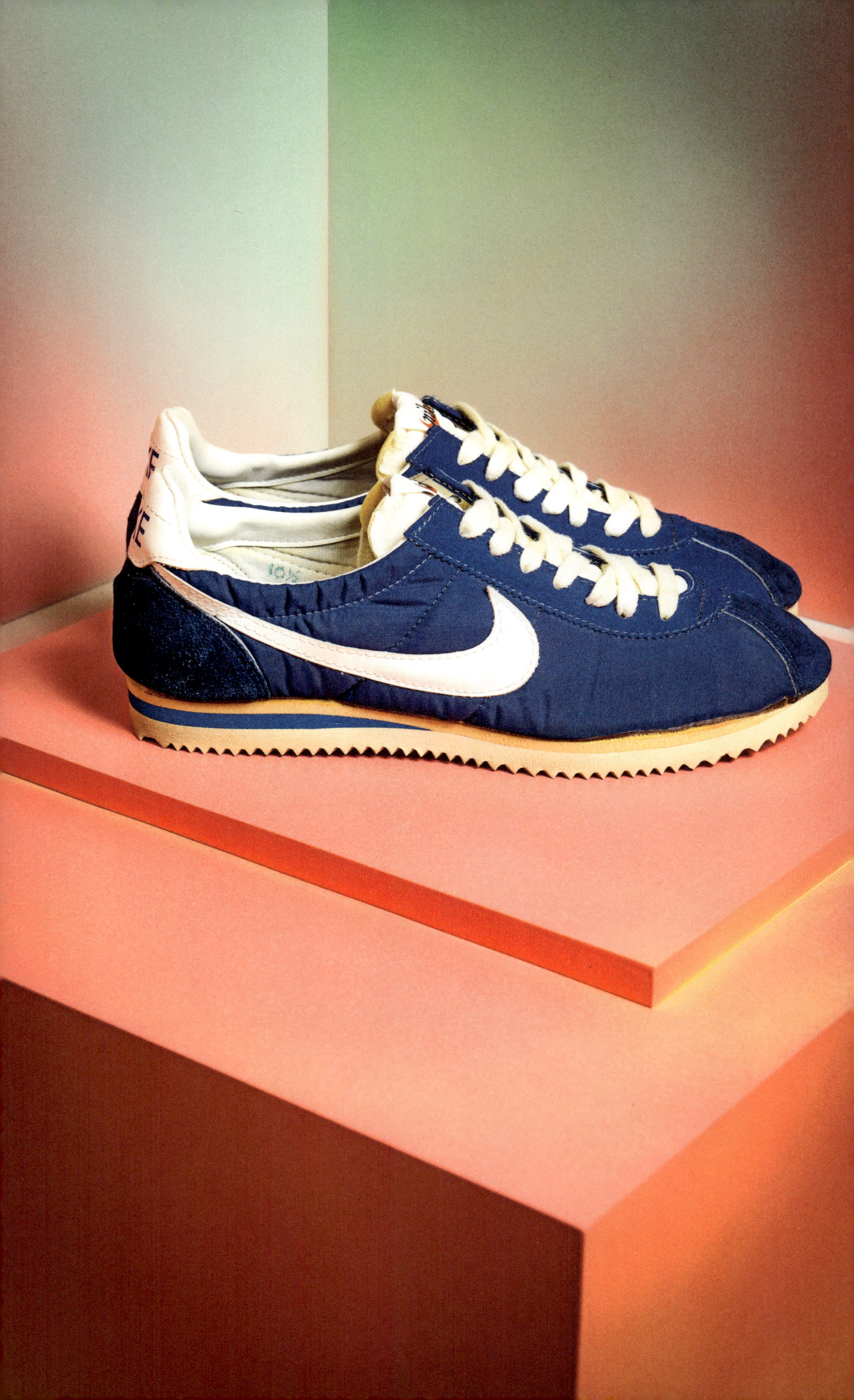

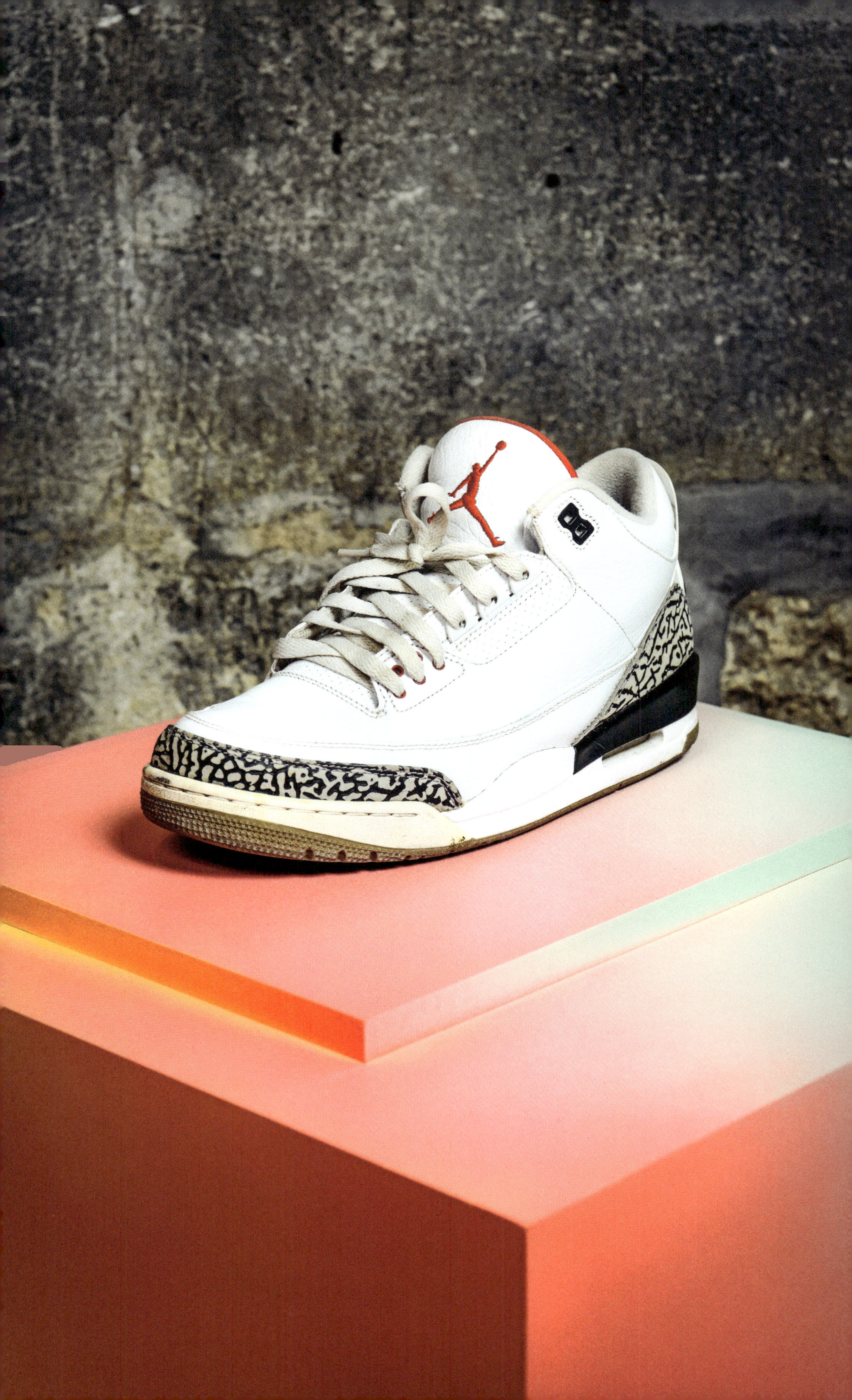

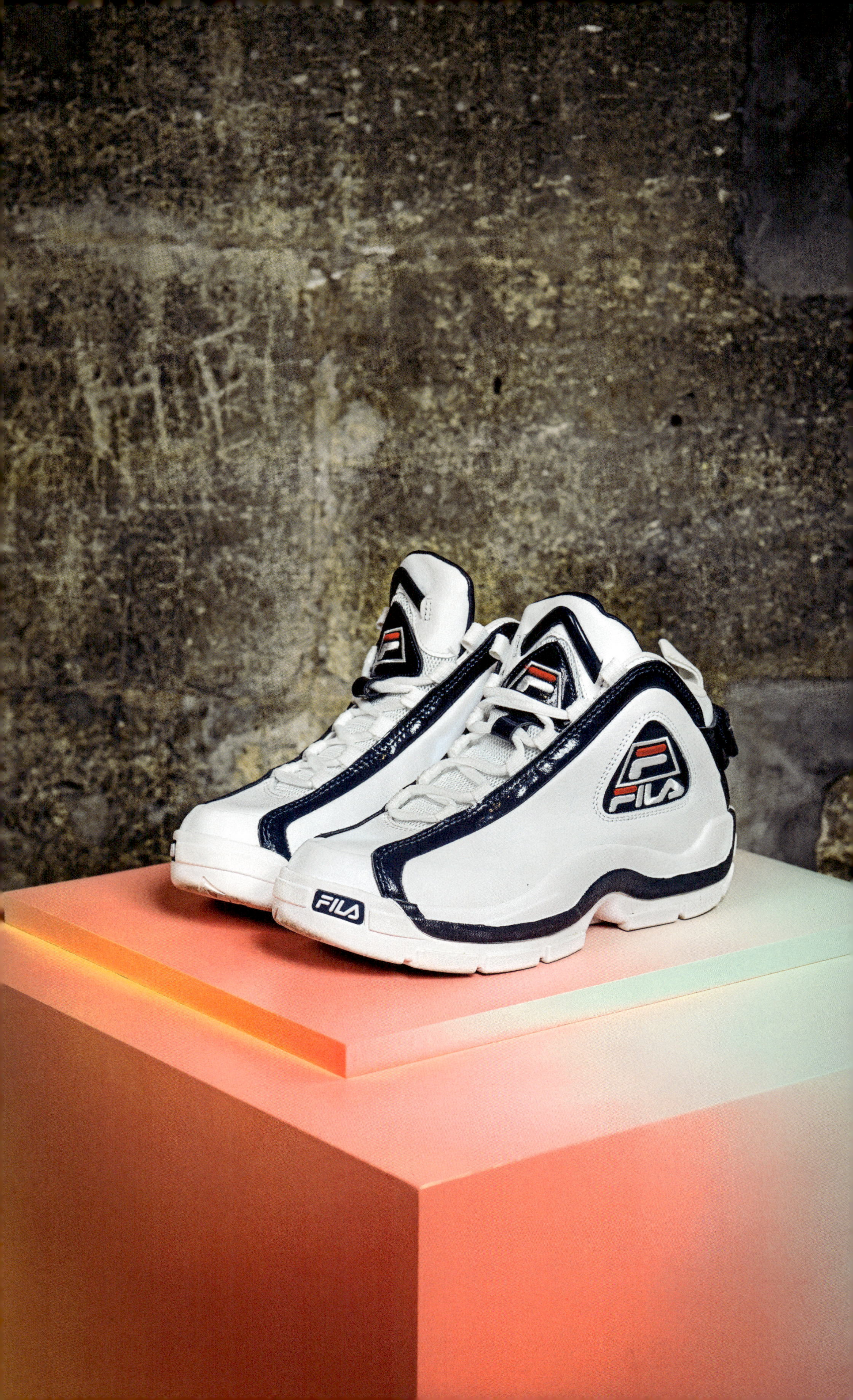

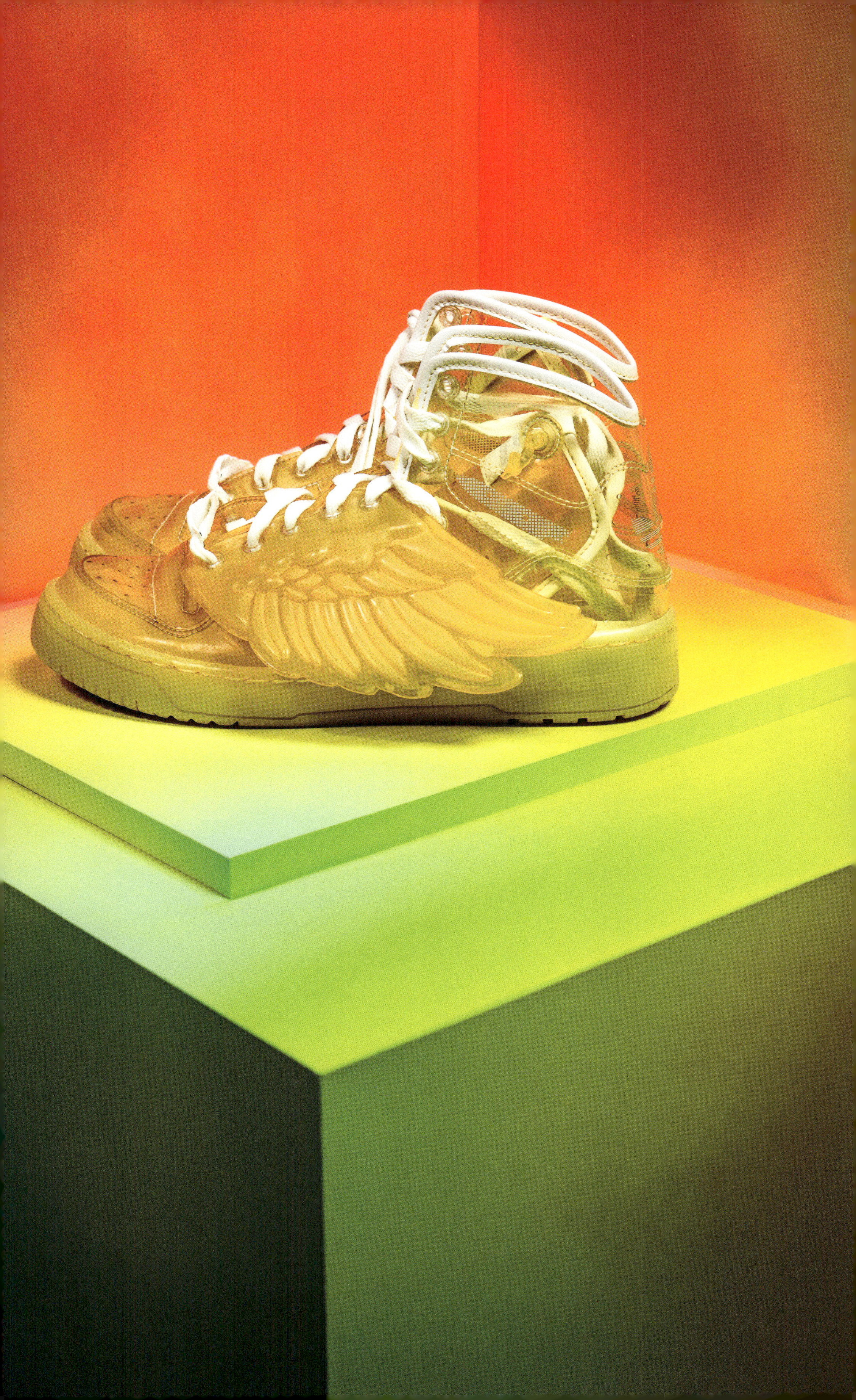

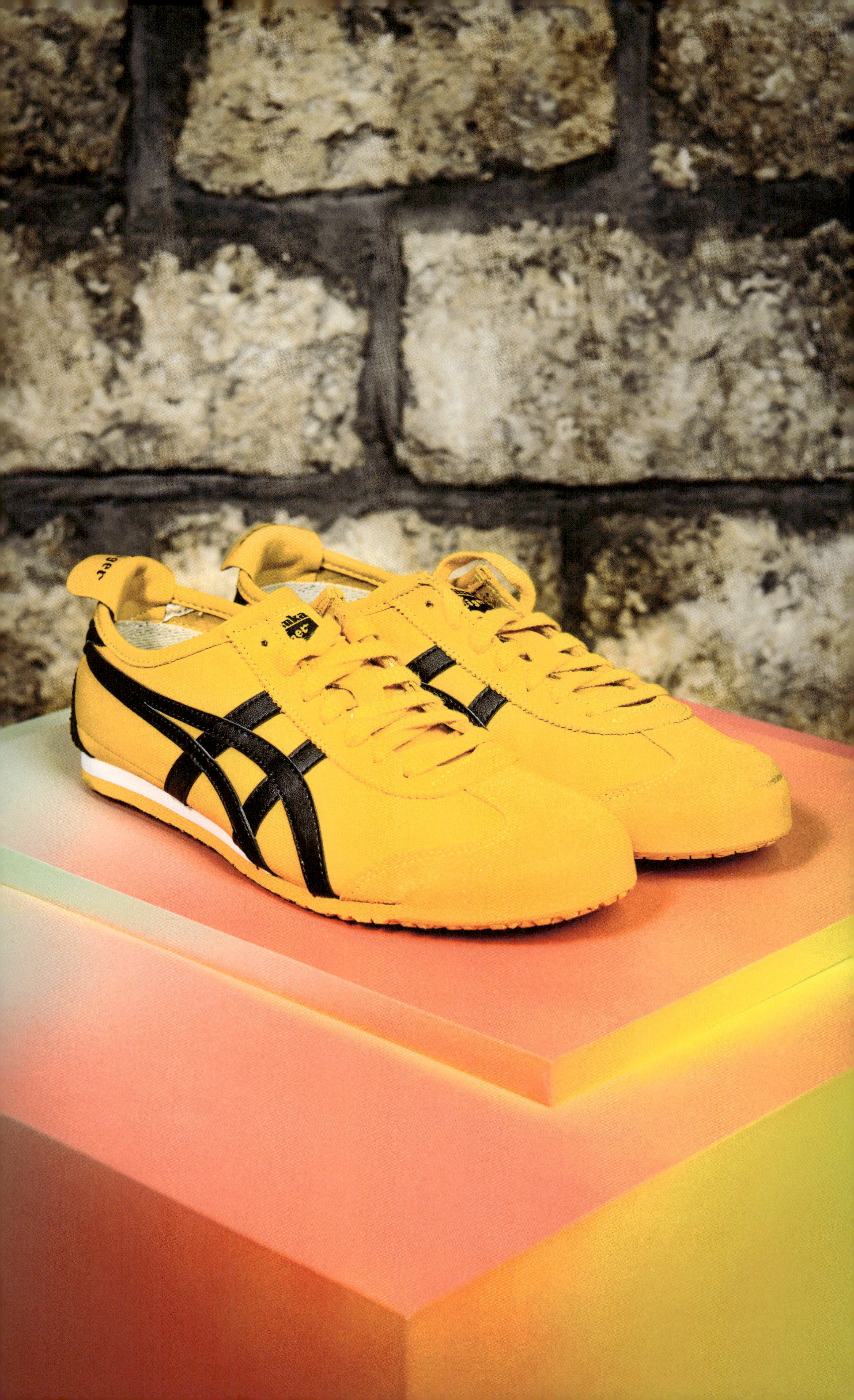

PLAY GROUND

LE DESIGN DES SNEAKERS

Jason Coles est l'auteur de *Golden Kicks. The Shoes That Changed Sport*
et coprésentateur du podcast «Soleful : Sneaker Stories».

Jason Coles is the author of *Golden Kicks. The Shoes That Changed Sport*
and copresenter of the popular podcast "Soleful : Sneaker Stories".

Les icônes
The icons

NOM | NAME : Chuck Taylor All Star MARQUE | BRAND : Converse ANNÉE | YEAR : 1917 DE | FROM : Archives Converse

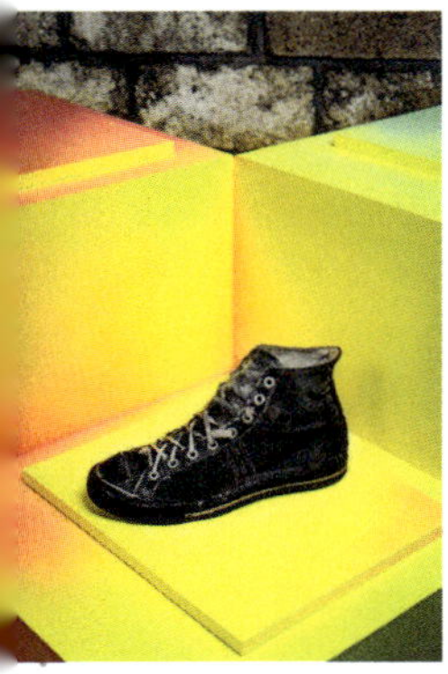

Despite celebrating its 100th birthday in 2017, the Converse *Chuck Taylor All Star* has been kept forever young by new generations of people who have fallen in love with it. Eternally fashionable, its story doesn't begin on the street or catwalk but on the basketball court where, in 1921, its association began with Coach Charles Hollis "Chuck" Taylor. When he visited to complain about the shoe, Converse realised that not only would his experience as a basketball coach be valuable to them, but that he was a natural salesman, and so he was hired to travel the USA giving lessons and sell the shoe. Taylor made many improvements to it, including an ankle patch to provide better support which still bears his signature. It dominated the basketball court for three decades, becoming hugely popular with players and worn by US Olympic basketball teams to win seven gold medals. Although long retired from the court, today the *All Star* is as much a symbol of the USA as the *Stars and Stripes*. The canvas for a seemingly infinite number of colourways and collaborations, over 270,000 pairs are sold every day, and it shows no signs of losing its immense popularity.

Bien qu'elle ait fêté ses cent ans en 2017, la Converse *Chuck Taylor All Star* demeure éternellement jeune grâce aux nouvelles générations qui en sont tombées amoureuses. L'histoire de cette chaussure indémodable ne commence pas dans la rue ou sur les podiums, mais sur les terrains de basket-ball, où elle est associée au coach Charles Hollis « Chuck » Taylor à partir de 1921. Lorsque ce dernier rend visite à Converse pour se plaindre de la chaussure, la marque prend conscience que non seulement son expérience en tant que coach leur serait précieuse, mais aussi qu'il est un vendeur dans l'âme. Il est donc embauché pour parcourir les États-Unis, donner des leçons et vendre des chaussures. Taylor a beaucoup amélioré la *All Star*, en ajoutant notamment un renfort au niveau de la cheville, pastille sur laquelle son nom est encore inscrit aujourd'hui. Elle a dominé les terrains de basket-ball pendant trois décennies, est devenue extrêmement populaire parmi les joueurs et a été portée aux jeux Olympiques par les équipes américaines de basket-ball, qui ont remporté sept médailles d'or. Bien qu'on ne la trouve plus sur les terrains depuis longtemps, la *All Star* est aujourd'hui un symbole des États-Unis au même titre que le *Stars and Stripes*. Avec une infinité de coloris et de collaborations, ce sont près de 270 000 paires qui sont vendues tous les jours et cela ne semble pas vouloir s'arrêter.

NOM | NAME : Modell Waitzer MARQUE | BRAND : Gebrüder Dassler Schuhfabrik ANNÉE | YEAR : 1936 DE | FROM : PUMA archive

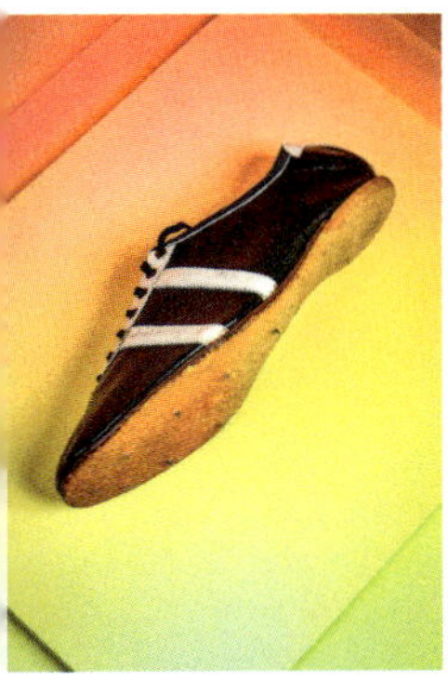

Before going their separate ways to become founders of Puma and adidas, brothers Rudolf and Adolf Dassler ran Gebrüder Dassler Sportschuhfabrik (GEDA) together for almost 25 years. One of Europe's first manufacturers of premium sports footwear, its most successful product range was the *Modell Waitzer* line of spiked sports shoes. It was first developed in collaboration with Josef Waitzer, a former athlete and the coach of Germany's Olympic athletics team. Designed for competitive use, the *Waitzer* range was continuously evolved and comprised several models for running, throwing, and jumping sports, all sharing in common the characteristics of being light but durable. After American athlete Jesse Owens wore *Modell Waitzer* spikes to win four gold medals at the 1936 Berlin Olympic Games, the Dassler brothers experienced a boom in sales, from circa 20,000 pairs before Berlin, to over 200,000 after the Games.

Avant de prendre des directions différentes pour fonder Puma et Adidas, les frères Rudolf et Adolf Dassler ont dirigé ensemble la Gebrüder Dassler Sportschuhfabrik (GEDA) pendant vingt-cinq ans. Ils étaient parmi les premiers fabricants de chaussures de sport haut de gamme en Europe. La gamme la plus couronnée de succès était la *Modell Waitzer*, des chaussures d'athlétisme à pointes. Elle a d'abord été développée avec Josef Waitzer, un ancien athlète, coach de l'équipe olympique allemande. Conçue pour la compétition, la *Waitzer* a évolué constamment, incluant plusieurs modèles pour la course, le lancer et le saut, tous caractérisés par leur légèreté et leur résistance. Aux jeux Olympiques de Berlin, en 1936, l'athlète américain Jesse Owens, chaussé de *Modell Waitzer*, remporte quatre médailles d'or : une victoire qui fait décoller les ventes, celles-ci passant de 20 000 à 200 000 paires après les JO.

NOM | NAME : Mexico 66 MARQUE | BRAND : Onitsuka Tiger ANNÉE | YEAR : 1966 DE | FROM : ASICS France

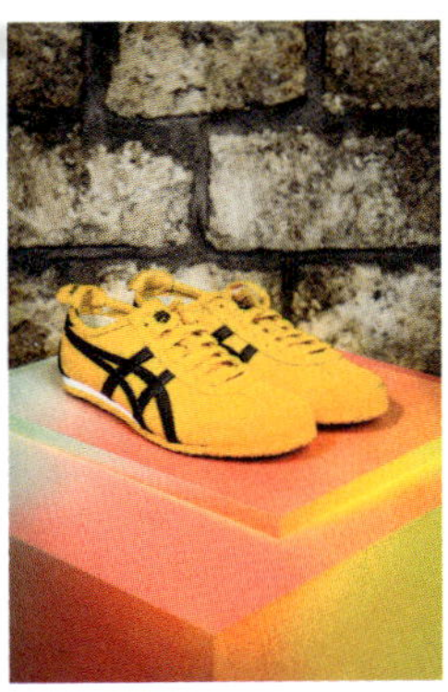

When it was founded by Kihachiro Onitsuka in 1949, Onitsuka Tiger's mission was to raise the esteem of Japan's youth through sport in the years after World War II. Perhaps its most famous offering is the *Mexico 66*. Launched as the *Limber Up*, ahead of the Mexico City Olympic Games, a special version of the shoe was created for the Japanese Olympic delegation and renamed Mexico 66 in honour of the host country. Like many Japanese products in the 1960s, it was inspired by Western design and was based on the adidas *Italia* training shoe. When the shoe and other similar models were worn by Bruce Lee in several films, it became closely associated with the actor, and as a tribute, Uma Thurman wore the similar-looking *Tai-Chi* model in Tarantino's *Kill Bill* films. The *Mexico 66* also has a special place in sneaker history as the first Onitsuka shoe to debut the brand's famous "Tiger" stripes, now synonymous with the brand under

Lorsqu'elle est fondée par Kihachiro Onitsuka en 1949, au lendemain de la Seconde Guerre mondiale, la marque Onitsuka Tiger a pour mission de redonner confiance aux jeunes Japonais par le sport. Son modèle le plus célèbre est certainement la *Mexico 66*. Lancée sous le nom de *Limber Up* avant les jeux Olympiques de Mexico, elle fait l'objet d'une version spéciale créée pour la délégation japonaise. Elle est alors renommée *Mexico 66* en l'honneur du pays qui hébergera les JO. Comme beaucoup de produits japonais des années 1960, elle s'inspire du design occidental, mais aussi des chaussures de course *Italia* d'Adidas. Après avoir été portée comme d'autres modèles semblables par Bruce Lee dans plusieurs films, la *Mexico 66* est devenue étroitement associée à l'acteur. En guise d'hommage, Uma Thurman porte un modèle comparable, les *Tai-Chi*, dans les films *Kill Bill* 1 et 2 de Tarantino. La *Mexico 66* occupe

its modern-day name, ASICS - an acronym for Mr Onitsuka's mantra, the Latin phrase *'anima sana in corpore sano'*, or "a healthy mind in a healthy body".

aussi une place particulière dans l'histoire des sneakers car c'est la première chaussure d'Onitsuka à arborer les célèbres rayures « *Tiger* » de la marque. Celles-ci sont désormais synonymes de son nom actuel, Asics - un acronyme correspondant au mantra latin de M. Onitsuka : *Anima sana in corpore sano*, autrement dit « Un esprit sain dans un corps sain ».

NOM | NAME : Superstar DESIGN : Chris Severn MARQUE | BRAND : Adidas ANNÉE | YEAR : 1969 DE | FROM : Collection madd-bordeaux

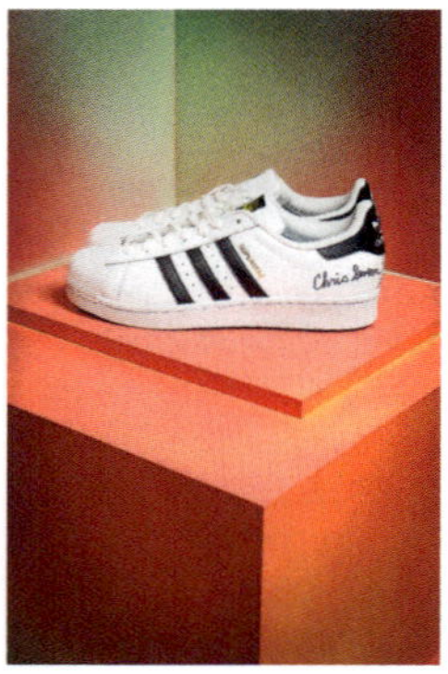

When Horst Dassler, son of Adidas founder Adi Dassler, wanted to break the dominance of Converse in the USA, he turned to his American friend and advisor Chris Severn. The former actor and basketball player had an idea for a new shoe that he was sure would wipe the Converse *All Star* off the court. Named the *Supergrip*, unlike its canvas rival it was made from leather and featured a sole that as its name suggested gave players excellent grip on the court. At first, the shoe was a hard sell. Players were too attached to the *Connies* they'd worn almost from birth. But after Severn came up with a sexier name, 'Superstar', and managed to get the NBA's San Diego Rockets to wear them, in just two years 75% of the league was wearing Adidas. Although it was eventually retired from the court in the late 70s, it proved to be only the start of a new chapter in the Superstar's story. When three young rappers from New York by the name of Run DMC began wearing them, they became part of their identity and as synonymous with early hip-hop as the gold chains. Celebrating its 50th anniversary this year, the *Superstar* continues to be hugely popular and as recently as 2016 was the world's best-selling sneaker.

Lorsque Horst Dassler, fils d'Adi Dassler, fondateur d'Adidas, a voulu mettre fin à la domination de Converse aux États-Unis, il s'est tourné vers son ami et conseiller américain Chris Severn. L'ancien acteur et joueur de basket-ball avait l'idée d'une nouvelle chaussure dont il était sûr qu'elle balaierait la Converse *All Star* loin du court. Baptisée *Supergrip*, elle était faite, contrairement à sa rivale en toile, entièrement en cuir et avait une semelle qui donnait aux joueurs une excellente adhésion sur le court, comme le suggérait son nom. Au début, la chaussure a été difficile à vendre. Les joueurs étaient trop attachés aux *Connies* qu'ils portaient quasiment depuis leur naissance. Mais Severn imagine un nom plus attractif, *Superstar*, et réussit à faire en sorte que les Rockets de San Diego, membres de la NBA, les portent. Et en l'espace de deux ans seulement, 75% des joueurs de la ligue les portent également. Bien qu'elle ait finalement disparu des terrains à la fin des années 1970, cela s'est révélé être le début d'un nouveau chapitre de son histoire. Lorsque trois jeunes rappeurs de New York, connus sous le nom de Run-DMC, ont commencé à les porter, elles sont devenues constitutives de leur identité et synonymes du hip-hop naissant, au même titre que les chaînes en or. La *Superstar* a fêté son cinquantième anniversaire. Elle continue d'être massivement plébiscitée et était encore la sneaker la plus vendue au monde en 2016.

NOM | NAME : Suede MARQUE | BRAND : Puma ANNÉE | YEAR : 1970 DE | FROM : PUMA archive

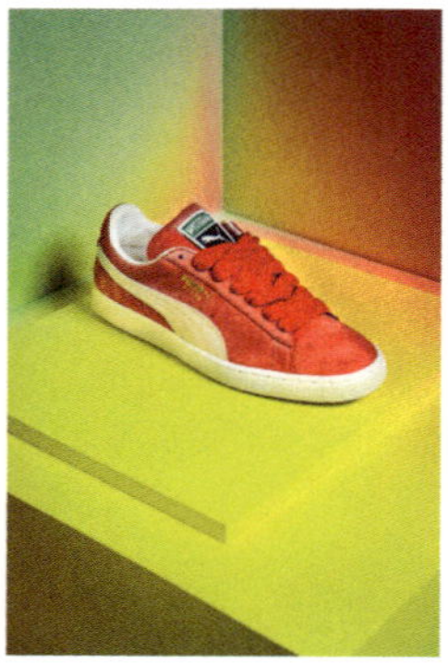

A shoe whose silhouette is as much a symbol of Puma as the leaping cat, the *Suede* is associated with some of the most important events in sneaker history. The first and best known is Tommie Smith and John Carlos "Black Power Salute" at the 1968 Mexico City Olympics. While in truth the shoe that the athletes held aloft and placed beside them was the Puma *Crack*, it was its replacement the *Suede* that became a symbol and flagbearer for the event that sent shockwaves around the world. When basketball player Walt "Clyde" Frazier became one of the first to bring fashion and style to the sport, Puma signed him, and the *Suede* served as the basis for his signature sneaker, the *Clyde*. It's availability in many colours and popularity in New York in the 70s and meant the *Suede* became a shoe of choice for break dancers, whose look was almost as important as their moves. More recently the *Suede* was the muse for Rihanna's hugely successful Fenty Creeper, a platform version of the shoe that was named "Shoe of the Year" in 2016. Celebrating its 50th anniversary in 2018, it continues to be relevant today and one of Puma's best-selling models.

Symbole de Puma au même titre que le félin bondissant (logo de la marque), la *Suede* est associée aux événements parmi les plus importants de l'histoire des sneakers. Le premier et le plus connu est le poing levé du « Black Power » de Tommie Smith et John Carlos aux jeux Olympiques de Mexico en 1968. Même si, en réalité, les athlètes ont brandi et placé à côté d'eux la *Crack* de Puma, c'est sa remplaçante, la *Suede*, qui est devenue un symbole et un porte-étendard de la cérémonie qui a secoué le monde entier. Lorsque le joueur de basket-ball Walt « Clyde » Frazier, l'un des premiers à introduire la mode et le style dans le sport, signe avec Puma, la *Suede* sert de base pour sa chaussure signature, la *Clyde*. Disponible dans de nombreuses couleurs et populaire dans le New York des années 1970, la *Suede* devient une chaussure de choix pour les breakdancers, dont le look compte presque autant pour eux que leurs mouvements. Plus récemment, la *Suede* a inspiré l'immense succès de Rihanna, la *Fenty Creeper*, une version à plateforme désignée « chaussure de l'année » en 2016. Fêtant son cinquantième anniversaire en 2018, le modèle est toujours d'actualité, il est l'un des plus vendus de Puma.

NOM | NAME: Cortez MARQUE | BRAND: Nike ANNÉE | YEAR: 1972 DE | FROM: Sneakers Museum, Marseille

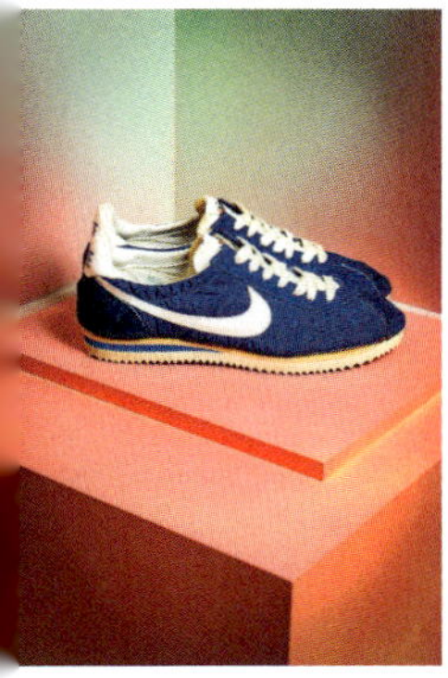

While it wasn't the first Nike shoe (that was a soccer boot), it was the *Cortez* that was the brand's first major success. Obsessed with making shoes as light as possible, Nike co-founder Bill Bowerman experimented endlessly with the Onitsuka Tiger shoes that he and partner Phil Knight began their business by importing to the US. Working with Onitsuka, he created a shoe that was as at home on the pavement as it was on track by taking an existing 'Marup' model and applying an outsole made of dual-density foam and a wedge of EVA to provide better cushioning. Initially named the *TG-24*, the name *Aztec* was added in honour of the Mexico City Olympics, but having a similarly named *Azteca Gold* model, Adidas threatened to sue unless it was renamed. With his characteristic wit, Bowerman suggested 'Cortez' after the Spaniard who ended the Aztec Empire. It was an immediate success, but when Nike and Onitsuka's relationship soured, its ownership was disputed. After the courts determined both brands could produce it, Nike's model remained the *Cortez*, but Onitsuka's became the *Corsair*. One of Nike's most popular models since the 70s, when Forrest Gump wore a pair to run across America, it became forever associated with the hit movie.

Même si ce n'est pas la première chaussure de Nike (qui était dédiée au football américain), la *Cortez* a été le premier vrai succès de la marque. Obsédé par l'idée de créer une chaussure aussi légère que possible, Bill Bowerman, cofondateur de Nike, fait de nombreuses expérimentations sur les chaussures Onitsuka Tiger qu'il importe aux États-Unis, débutant ainsi son activité avec son associé, Phil Knight. Collaborant avec Onitsuka, il conçoit une chaussure destinée tout autant aux trottoirs des rues qu'aux pistes d'athlétisme en reprenant un modèle existant, la *Marup*, sur laquelle il applique une semelle extérieure en mousse double densité et une semelle intercalaire en EVA pour un meilleur amorti. Elle est initialement baptisée *TG-24*, le nom *Aztec* étant ajouté en hommage aux jeux Olympiques de Mexico. Mais Adidas avait déjà un modèle dénommé *Azteca Gold* et menaçait de poursuivre Nike si la marque ne renommait pas sa chaussure. Avec sa présence d'esprit habituelle, Bowerman suggère *Cortez*, du nom de l'Espagnol qui vainquit l'Empire aztèque. Cette chaussure a tout de suite été un succès, mais lorsque la relation entre Nike et Onitsuka s'est dégradée, ils se sont disputé sa paternité. Les tribunaux ont finalement décidé que les deux marques pourraient la produire : le modèle de Nike a gardé le nom *Cortez* et celui d'Onitsuka est devenu la *Corsair*. Depuis les années 1970, la *Cortez* est un des modèles les plus populaires de Nike. Lorsque Forrest Gump en a chaussé une paire pour traverser les États-Unis en courant, elle a définitivement été associée avec le succès du film.

NOM | NAME: Oregon Waffle DESIGN: Bill Bowerman MARQUE | BRAND: Nike ANNÉE | YEAR: 1973 DE | FROM: Sneakers Museum, Marseille

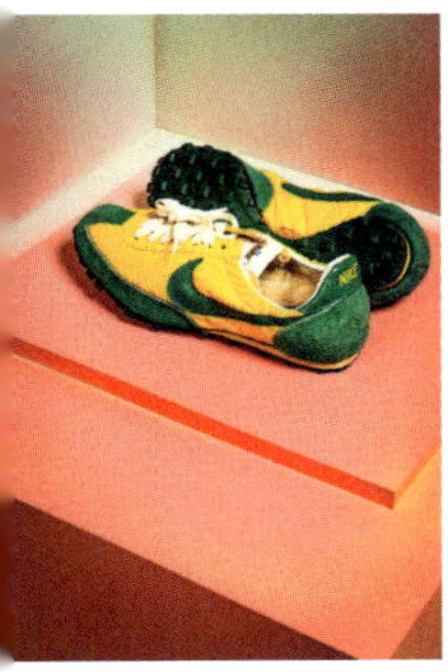

While making breakfast with his wife one morning, while he watched her pour batter into a waffle iron, Nike co-founder Bill Bowerman had a eureka moment that would change the brand forever. Bowerman had been looking for a way to create a spikeless running sole that would provide traction on new rubberized running tracks and was struck by the shape and pattern of the knobbly spikes that created the dimples in the waffle. He grabbed the waffle iron, took it into his garage and poured urethane leftover from the installation of a new track into it. While the first result wasn't great, it had promise, and after much experimentation, he struck upon the sole he wanted. Applying it to the shoes of his track students, when they reported great feedback, he was encouraged to make 10 pairs for athletes competing in the 1972 Olympic Trials that became known as 'Moon Shoes'. Despite skepticism, runners wearing them ran times just a shade under those recorded with spikes. After further evolution, a production version was launched to the public named *Oregon Waffle* after Nike's home state. Released in 1973, it became so popular with runners that by the end of the 70s Nike had sold over $270m of *waffle shoes*.

Un matin, alors qu'il préparait le petit déjeuner avec sa femme et qu'il la regardait verser de la pâte dans un moule à gaufre, Bill Bowerman, cofondateur de Nike, eut une illumination qui allait changer la marque pour toujours. Bowerman cherchait un moyen de créer une semelle de course sans pointes qui aurait une bonne adhérence sur les nouvelles pistes de course caoutchoutées. Il est alors frappé par la forme et le motif en pointes que créent les cavités de la gaufre. Il attrape le moule à gaufre, l'emporte dans son garage et y verse un reste d'uréthane. Le résultat n'est pas parfait, mais il est prometteur, et après beaucoup d'essais Bowerman obtient la semelle qu'il souhaite. Il en équipe les chaussures de ses étudiants et leurs retours positifs l'encouragent à fabriquer dix paires, connues sous le nom de *Moon Shoes*, pour les athlètes qui participent aux sélections des jeux Olympiques de 1972. Malgré leurs doutes, les athlètes qui les portent courent légèrement plus vite que ceux qui ont des pointes aux pieds. Après quelques améliorations supplémentaires, une version est lancée pour le grand public, baptisée *Oregon Waffle*, d'après le nom de l'État où Nike fut fondée. Sortie en 1973, elle est devenue tellement populaire qu'à la fin des années 1970 Nike avait déjà vendu plus de 270 millions de *waffle shoes*.

NOM | NAME : Slip-On #98 MARQUE | BRAND : Vans ANNÉE | YEAR : 1977 DE | FROM : Northampton Museums and Art Gallery

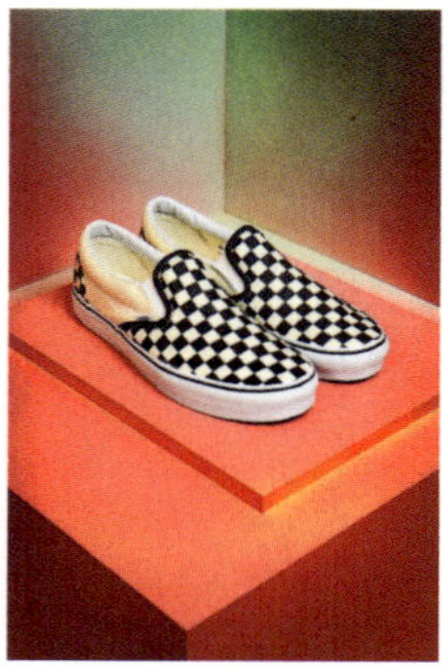

Born as the Vans *Style #98* in 1977, but better known to most as the *Slip-On*, it was initially launched as a 'boat shoe'. However, when it was modified to match the build of the *Style #95 Era*, it gained a heel counter, padded collar and waffle sole that immediately made it popular with not only Vans traditional fans, skateboarders, but also with BMXers. As well as it's "bullet-proof" construction they loved its lack laces which could become stuck in the chain. The shoe's famous checkerboard design was first born when Steve Van Doren, son of Vans founder Paul Van Doren, noticed that skaters were colouring in the midsoles with a checker pattern and believed it would look great on the shoe's canvas upper. It became world-famous when, during the filming of *Fast Times at Ridgemont High*, actor Sean Penn bought a pair. Universal Pictures requested that Vans send six pairs that Penn's character Jeff Spiccoli could wear in the movie. The shoes became one of the stars of the film and sales of the checkerboard *Slip-On* skyrocketed and the shoe, and its pattern became a Vans icon. Today the *Slip-On* is still hugely popular and is worn by some of the best competitive skaters in the world.

D'abord lancée comme une chaussure de bateau, la *Style #98* de Vans est mieux connue sous le nom de *Slip-On*. Modifiée pour correspondre à la forme de la *Style #95 Era,* elle est renforcée au niveau du talon et on lui ajoute une chevillière rembourrée et une semelle gaufrée qui l'ont immédiatement rendue populaire, non seulement auprès des skaters, les fans habituels de Vans, mais aussi auprès des riders de BMX. Ils apprécient autant sa résistance à toute épreuve que l'absence de lacets qui pourraient se coincer dans la chaîne. Le fameux motif damier de la chaussure apparaît lorsque Steve Van Doren, le fils d'un des cofondateurs de Vans, Paul Van Doren, remarque que les skaters colorient la semelle intermédiaire d'un damier. Il pense alors que le motif serait vraiment bien sur la toile de la chaussure. Le modèle devient mondialement célèbre lorsque l'acteur Sean Penn en achète une paire lors du tournage de *Fast Times at Ridgemont High*. Universal Pictures demande alors à Vans d'en envoyer six paires afin que Jeff Spicoli, le personnage interprété par Sean Penn, puisse les porter dans le film. Les chaussures sont devenues une des stars du film, les ventes de la *Slip-On* au damier ont grimpé en flèche et le motif est devenu un symbole de Vans. Aujourd'hui, la *Slip-On* est toujours extrêmement populaire ; elle est portée par certains des meilleurs skaters au monde.

NOM | NAME : Stan Smith MARQUE | BRAND : Adidas ANNÉE | YEAR : 1978 DE | FROM : Musée national du Sport, Nice

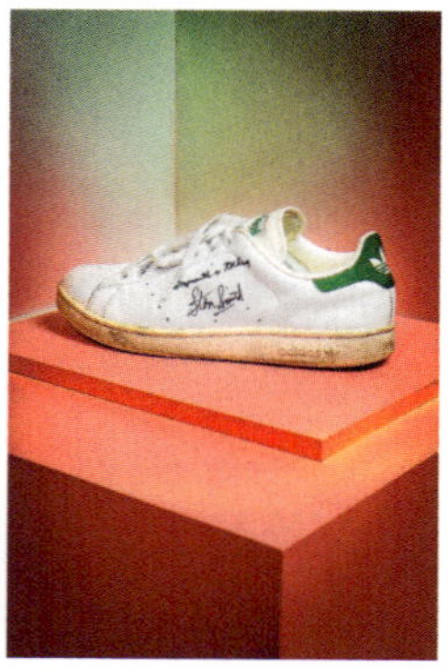

While we know it today as the *Stan Smith*, the best-selling Adidas sneaker of all time actually began life with a completely different name. Originally named 'Haillet' after French tennis champion Robert Haillet, the shoe was born in the early 1960s when Horst Dassler, son of Adidas founder Adi Dassler, wanted to create a cutting-edge tennis shoe. The canvas shoes that players had worn for decades were no longer up to the demands of the increasingly physical game, and Dassler's answer was an all-leather shoe that provided better support and gripped any surface well. As it was forbidden for players to wear branding, the Adidas three stripes were replaced with three rows of ventilation holes, giving the shoe a clean and simple appearance. While it sold well, Dassler was keen to enter the US market so signed the American world n°1 Stan Smith to endorse it. Initially, Haillet and Smith 'shared' the shoe, but it wasn't long before Smith's became the only name on it and the one by which millions now know this eternal classic. Such is its popularity that it's true to say the shoe is now far more famous than the tennis player. Smith himself once remarked that his son often asked him, "Dad, did they name the shoe after you, or you after the shoe?".

Alors qu'on la connaît aujourd'hui sous le nom de *Stan Smith*, la sneaker Adidas la plus vendue de tous les temps a en réalité commencé sa vie sous un nom complètement différent. À l'origine dénommée *Haillet*, du nom du champion de tennis français Robert Haillet, la chaussure est née au début des années 1960 lorsque Horst Dassler, le fils d'Adi Dassler, fondateur d'Adidas, a voulu créer une chaussure de tennis de pointe. Les chaussures de toile que les joueurs avaient portées pendant des décennies ne correspondaient plus aux exigences d'un jeu toujours plus physique, et la réponse de Dassler à ce problème fut une chaussure entièrement en cuir, qui procurait un meilleur soutien et une meilleure adhérence sur n'importe quelle surface. Puisque les joueurs n'étaient pas autorisés à porter des marques, les trois bandes d'Adidas furent remplacées par trois rangées de trous d'aération, donnant à la chaussure une apparence simple et épurée. Alors qu'elle se vendait bien en Europe, Dassler vise le marché américain ; Adidas signe alors un contrat avec l'Américain Stan Smith, n°1 mondial, pour la promouvoir là-bas. Au début, Haillet et Smith « partageaient » la chaussure, mais il n'aura pas fallu longtemps pour que le nom de Smith ne soit plus que le seul à apparaître et qu'il soit celui par lequel des millions de personnes connaissent aujourd'hui ce classique intemporel. Sa popularité est telle que la chaussure est aujourd'hui bien plus célèbre que le joueur de tennis qui lui a donné son nom. Smith lui-même a un jour fait remarquer que son fils lui demandait souvent : « Papa, ils ont nommé la chaussure d'après toi ou l'inverse ? »

NOM | NAME : 990   MARQUE | BRAND : New Balance   ANNÉE | YEAR : 1982   DE | FROM : Collection Thomas Decktwo Dartigues

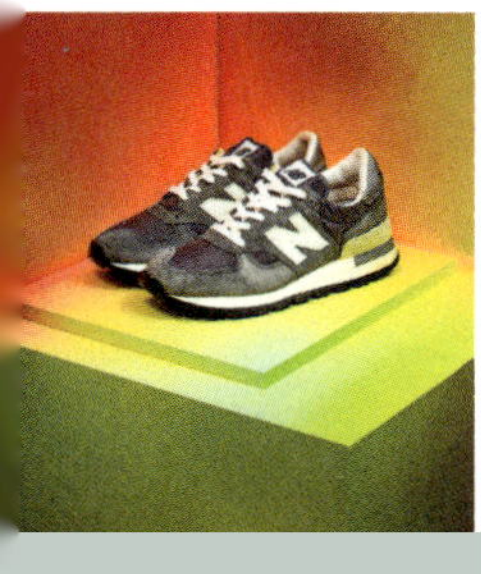

When it made it's debut in 1982 the New Balance *990* sold for $100, an unheard-of price for a sneaker at the time. However, the *990* was no ordinary shoe. New Balance went to great lengths to ensure all of their considerable expertise in making high-quality running shoes went into the model. The "Rolls Royce" of their range, it combined stability, cushioning and flexibility all in one shoe. Its construction was unusual for a sneaker as it was made using a technique known as "slip-lasting" that allowed the shoe to be incredibly flexible. It also featured an innovative heel support that New Balance called a "Motion Control Device", that cradled the rear of the foot for better stability. Being made in New Balance's US factory, the product finishing was also exemplary. The *990*s cost made it a status symbol, and if you owned a pair, it said that only the best was good enough for you. When New Balance launched the *990* they expected it to only sell around 5,000 pairs, but the fact that it sold closer to 50,000 established that buyers were willing to pay the price for the best-made sneaker on the market. Now in its fifth iteration, the *990* and *99X* series continues to set the benchmark.

Lorsqu'elle est lancée, en 1982, la New Balance *990* se vend 100 dollars, du jamais-vu pour une sneaker à l'époque. Mais la *990* n'est pas une chaussure ordinaire. New Balance s'est donné beaucoup de mal pour s'assurer que sa grande expertise dans la fabrication de chaussures de running haut de gamme servirait ce modèle. Véritable « Rolls Royce » de sa catégorie, elle réunit stabilité, amorti et flexibilité dans une seule chaussure. Sa confection était inhabituelle : elle était, en effet, fabriquée selon une technique appelée « *slip-lasting* », qui permet à la chaussure d'être incroyablement flexible. Elle présentait également un nouveau soutien pour le talon, que New Balance appelle « outil de contrôle du mouvement », qui enveloppe l'arrière du pied pour une meilleure stabilité. Réalisée dans l'usine américaine de New Balance, la chaussure présentait une finition exemplaire. Le prix de la *990* en faisait un symbole de statut social ; en posséder une paire signifiait que seul le meilleur était assez bon pour vous. Quand New Balance lance la *990*, la marque espérait en vendre seulement quelque 5 000 paires, mais le fait qu'elle en ait vendu près de 50 000 exemplaires a prouvé que les acheteurs étaient prêts à payer le prix fort pour la meilleure sneaker du marché. Désormais à leur cinquième version, les séries *990* et *99X* demeurent des références incontournables.

NOM | NAME : Air Force 1   DESIGN : Bruce Kilgore   MARQUE | BRAND : Nike   ANNÉE | YEAR : 1982   DE | FROM : Northampton Museums and Art Gallery

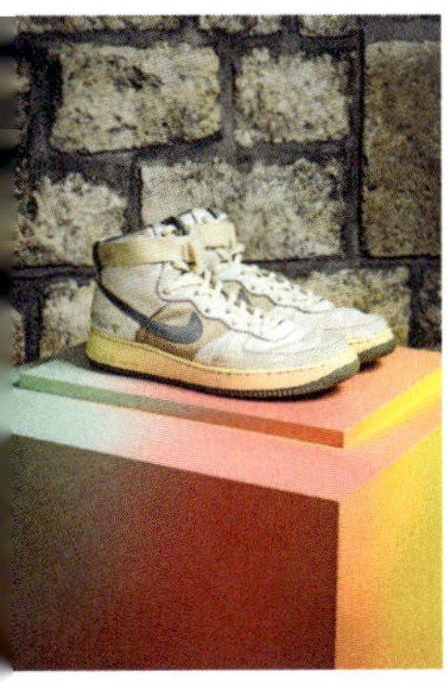

Designed by Bruce Kilgore in 1982, *Air Force 1* was Nike's first basketball shoe to feature its Air technology. Bringing a new level of comfort to basketball, during testing, it was found to be so comfortable that testers didn't want to give them back. One of those was architect Tinker Hatfield, Nike's legendary designer, and it's said that after trying the shoes he made the life-changing decision to design shoes, not buildings. Initially given only to a select group of basketball players, when Moses Malone led his team to the 1982/83 NBA title in *Air Force 1*s, the shoe was immortalised in the affections of Philadelphians. However, as Nike only intended the shoe to have a short life, just two years after its launch it was retired, angering a growing fan base in New York, Philadelphia and Baltimore who had fallen in love with it. When it began to disappear from stores, fans demanded its return, and it was only after a group of independent stores approached Nike with enough orders to justify restarting the line that they reluctantly agreed to restart production. Over 35 years and thousands of designs and colourways later, the shoe Nike almost killed remains one of its most loved.

Imaginée par Bruce Kilgore en 1982, la *Air Force 1* est la première Nike de basket-ball à bénéficier de la technologie Air. Elle apporte un nouveau niveau de confort : pendant les essais, les testeurs la trouve tellement confortable qu'ils ne veulent pas les rendre. L'architecte Tinker Hatfield, le designer de légende de Nike, était l'un d'entre eux et on raconte que c'est après avoir essayé ces chaussures qu'il prit la décision qui allait changer sa vie, celle de délaisser l'architecture au profit du design de sneakers. La chaussure a d'abord été réservée à un petit groupe de joueurs de basket-ball : lorsque Moses Malone conduit ses joueurs chaussés de *Air Force 1* à la victoire en NBA en 1982-1983, la chaussure gagne l'affection des Philadelphiens et entre ainsi dans l'histoire. Toutefois, Nike n'envisage pour elle qu'une courte durée de vie. Elle est donc retirée du marché deux ans seulement après son lancement, mettant en colère ses fans à New York, Philadelphie et Baltimore, tombés amoureux de cette chaussure. Lorsqu'elle commence à disparaître des magasins, ils exigent son retour, et il aura fallu qu'un groupe de magasins indépendants approche Nike avec suffisamment de commandes pour que la marque accepte de relancer la production. Trente-cinq ans et des milliers de modèles et de coloris plus tard, la chaussure que Nike avait presque tuée reste l'une des plus aimées.

NOM | NAME : Freestyle   DESIGN : Angel Martinez   MARQUE | BRAND : Reebok   ANNÉE | YEAR : 1982   DE | FROM : Archives Reebok

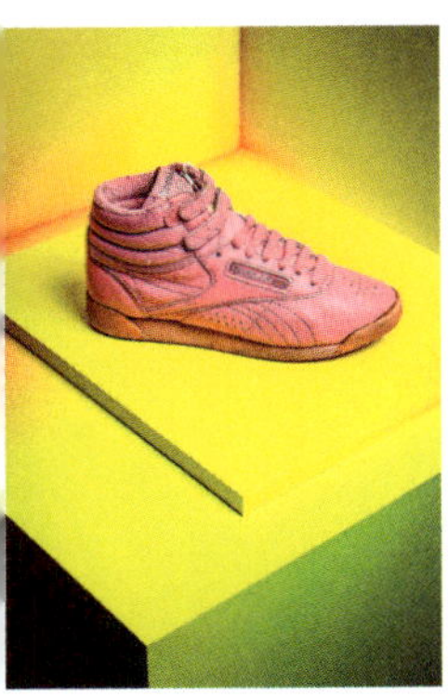

Created in the early 80s when its competitors followed the "pink 'em" and "shrink 'em" approach to women's sneakers, Reebok's *Freestyle* was one of the first designed specifically with women in mind. With women taking up aerobics in their millions, the shoe's feminine design and soft, light leather made it an instant success. Ironically, the leather had only been chosen due to an error. When the first samples were sent to the US by Reebok's Korean manufacturing partner, they had accidentally been made of a grade of leather used for gloves.

Créée au début des années 1980 alors que les concurrents de Reebok concevaient les sneakers pour femmes selon la tendance « rose » et « réduite », la *Freestyle* est l'une des premières chaussures développées spécifiquement en pensant aux femmes. Au moment où des millions d'entre elles se mettent à l'aérobic, le design féminin de la chaussure et son cuir souple et léger font de la *Freestyle* un succès immédiat. Ironie du sort, le cuir avait été choisi par erreur. Les premiers échantillons envoyés aux États-Unis par l'usine

Apologising, the factory explained the correct grade would be used in final production, however Reebok's designers loved the delicate ballet slipper-like look the glove leather gave the shoes so, to their surprise, the factory was told to keep using it. The shoe proved to be so popular with women that by the mid-80s, sales of the *Freestyle* alone propelled Reebok to unseat Nike and adidas as the number one sneaker brand in America.

coréenne partenaire de Reebok étaient réalisés avec un cuir utilisé normalement pour les gants. L'usine s'est excusée et a expliqué que le bon cuir serait employé pour la production finale, mais les designers de Reebok ont adoré l'apparence délicate de ballerine que ce cuir donnait aux chaussures. On a donc demandé à l'usine, à sa grande surprise, de continuer à l'utiliser. La chaussure a été tellement populaire auprès des femmes que, dès le milieu des années 1980, les ventes de la *Freestyle* seules ont suffi à Reebok pour voler leur titre de n°1 des marques de sneakers aux États-Unis à Nike et à Adidas.

NOM | NAME: Forum DESIGN: Jacques Chassaing MARQUE | BRAND: Adidas ANNÉE | YEAR: 1984 DE | FROM: Northampton Museums and Art Gallery

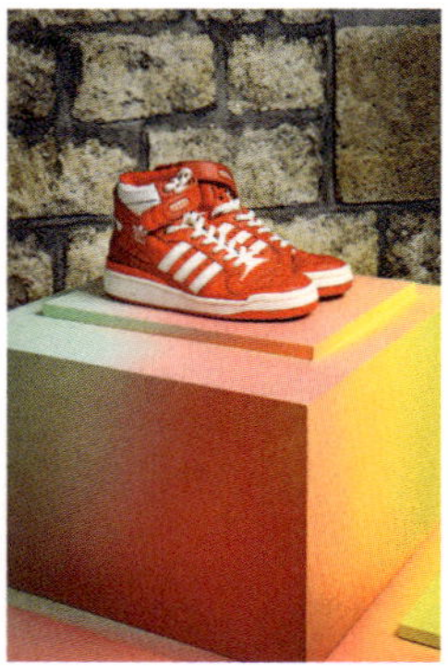

When the Adidas *Forum* made its debut in 1984, its retail price of $99.99 plus tax made it the most expensive basketball sneaker ever made. The price made it instantly exclusive, making it a status symbol on court and on the street, however it was fully reflective of the *Forum*'s premium construction and performance. Designed by adidas' now-legendary designer Jacques Chassaing, it is said he was given a "blank cheque" to create the ultimate basketball sneaker. His answer was a ground-breaking shoe that featured premium technologies and materials never before seen in the sport, including the Dellinger Web, previously only seen on adidas running shoes. Its diagonal strap not only gave it an unparalleled level of support, but an aesthetic like no other at the time. Pre Nike, the *Forum* was the sneaker of choice for a certain Michael Jordan, and his love for the model means that his early Jordan brand shoes perhaps owe just a little of their DNA to it.

Lorsque la *Forum* d'Adidas a fait ses débuts, en 1984, son prix de 99,99 dollars hors taxes en faisait la chaussure de basket la plus chère jamais créée, la rendant immédiatement exclusive. Elle est ainsi devenue le symbole d'un certain statut sur le terrain et dans la rue, même si son prix reflétait en réalité la parfaite conception et la performance supérieure de la chaussure. Elle a été conçue par le désormais légendaire designer d'Adidas, Jacques Chassaing, dont on dit qu'il lui avait été donné carte blanche pour créer la chaussure de basket par excellence. Sa réponse fut une chaussure révolutionnaire incluant de nouvelles technologies et des matériaux inédits jusque-là dans le monde du sport, notamment le Dellinger Web ou toile Dellinger, que l'on ne trouvait alors que sur les chaussures de running Adidas. Sa lanière Velcro diagonale lui confère non seulement un soutien hors pair, mais aussi une esthétique unique à l'époque. Avant Nike, la *Forum* a été la chaussure de prédilection d'un certain Michael Jordan, et son amour pour ce modèle signifie que les premières chaussures de la marque Jordan lui doivent peut-être un petit peu de leur ADN.

NOM | NAME: Air Max 1 DESIGN: Tinker Hatfield MARQUE | BRAND: Nike ANNÉE | YEAR: 1987 DE | FROM: Sneakers Museum, Marseille

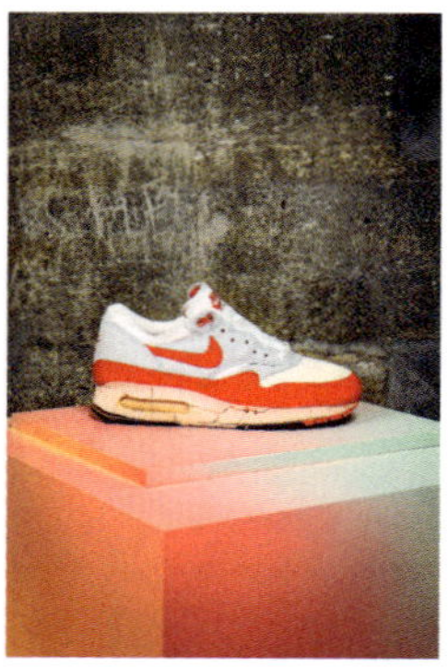

With Reebok having "stolen" the early 80s from Nike, the brand needed a killer product and as has often been the case for many of Nike's most successful shoes, the inspiration for it came from an unexpected source. While visiting Paris, Nike designer Tinker Hatfield made a trip to the Centre Pompidou and was so inspired by its "inside-out" architecture that he decided that, like the famous building, the next evolution of Nike *Air* should expose its inner workings. As the shoe's Air capsule was three times bigger than any previous Air shoe, Nike named it *Air Max*. It was immediately popular, especially with runners who loved its more cushioned feel, and even more so with street wearers who loved its clean lines and sleek shape. The fact that for the first time buyers could see the Air capsule in their shoes also proved to be a hit, so much so that it showed Nike that in an increasingly competitive market, it was technology that would push them ahead of the competition. The *Air Max 1* was just the first of an *Air Max* dynasty, and one that has become so loved that each year its launch date, March 26th, is celebrated around the world by its fans as "Air Max Day".

Reebok ayant volé la vedette à Nike au début des années 1980, la marque avait besoin du modèle du siècle et, comme cela a souvent été le cas pour les succès de Nike, l'inspiration est venue d'une source inattendue. En visitant Paris et le Centre Pompidou, le designer de Nike Tinker Hatfield a été tellement inspiré par son architecture transparente qu'il a décidé que la prochaine évolution de Nike *Air* serait, pour elle aussi, de dévoiler son mécanisme interne. Puisque la capsule Air de la chaussure était trois fois plus grosse que celle des modèles antérieurs, Nike l'a baptisée *Air Max*. Elle est aussitôt devenue populaire, surtout auprès des coureurs, qui ont aimé son meilleur amorti, et plus encore dans la rue, où ses lignes épurées et sa forme profilée ont fait fureur. Le fait que, pour la première fois, les acheteurs pouvaient voir la capsule Air dans leurs chaussures s'est aussi révélé un succès, à tel point que cela a permis à Nike de comprendre que, sur un marché de plus en plus compétitif, la technologie leur permettrait de se propulser sur la première marche du podium. La *Air Max 1* n'était que la première étape de toute une dynastie d'*Air Max*, une chaussure tellement adulée que chaque année, le 26 mars, sa date de lancement est mondialement célébrée par ses fans comme le « *Air Max Day* ».

NOM | NAME: Air Trainer 1 DESIGN: Tinker Hatfield MARQUE | BRAND: Nike ANNÉE | YEAR: 1987 DE | FROM: Northampton Museums and Art Gallery

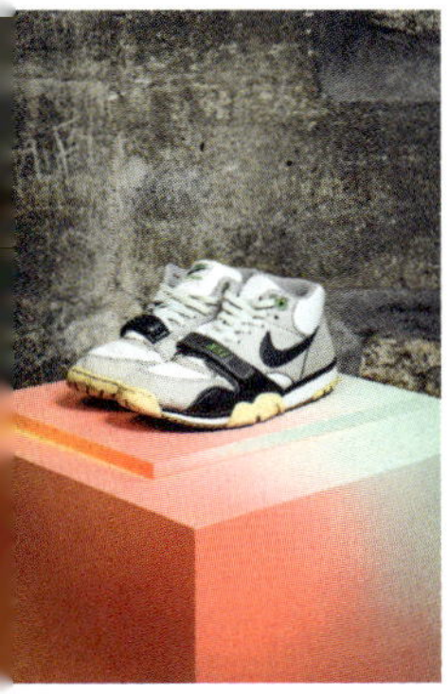

Noticing that people often wore the wrong shoes for the sports they played, and tired of carrying multiple pairs of sneakers around himself, Nike's Tinker Hatfield decided to create a shoe that could be worn for everything - a "cross trainer". Creating it from scratch, he was sure that a design which hit the sweet spot between a running and basketball shoe was the solution. Naming it *Air Trainer 1*, it combined many shoes in one, and could be used in the gym, on court, for weight lifting and for running. The colourway was inspired by gym equipment, which Hatfield noticed was often black and white with green text. However, his bosses were skeptical about the shoe, feeling it was neither one thing or the other. That was until John McEnroe tried them. Keen to get his opinion, Nike sent him a pair on the proviso that he didn't compete in them. But McEnroe being McEnroe, he decided to wear them anyway, much to the shock of Tinker Hatfield when he saw him wearing them on television. When Nike pleaded with him return the shoes, McEnroe protested, saying, "These are the best tennis shoes you ass-holes have ever made!" With that kind of endorsement, Nike had little choice but to put them into production.

Remarquant que les gens portaient souvent les mauvaises chaussures pour le sport qu'ils pratiquaient et agacé d'emporter avec lui différentes paires de sneakers, le designer de Nike Tinker Hatfield a décidé de concevoir une chaussure que l'on pourrait porter pour tout – une chaussure tout-terrain. Il l'a dessinée de A à Z, certain que la solution résidait dans un design à la croisée d'une chaussure de course et d'une chaussure de basket-ball. Baptisée *Air Trainer 1*, elle combinait de nombreuses chaussures en une, et pouvait être utilisée à la salle de gym, sur un terrain de basket-ball, pour soulever de la fonte ou pour courir. Son coloris s'inspirait des équipements de salles de gym, souvent noir et blanc avec un lettrage vert. Les dirigeants de Nike étaient toutefois sceptiques au sujet de ces chaussures, qui étaient trop indéfinies. Jusqu'à ce que John McEnroe les essaie. Soucieux d'avoir son opinion, Nike lui en envoya une paire, à condition qu'il ne joue pas avec en tournoi. Mais McEnroe étant McEnroe, il décida de les porter quand même, au grand dam de Tinker Hatfield le découvrant à la télévision. Quand Nike l'a supplié de leur renvoyer les chaussures, l'athlète a protesté : « Ce sont les meilleures chaussures de tennis que vous ayez jamais faites, bande d'enfoirés ! » Face à une telle approbation, Nike n'avait pas d'autre choix que de les lancer en production.

NOM | NAME: Air Jordan III DESIGN: Tinker Hatfield MARQUE | BRAND: Nike ANNÉE | YEAR: 1988 DE | FROM: Collection Geordie Govaere

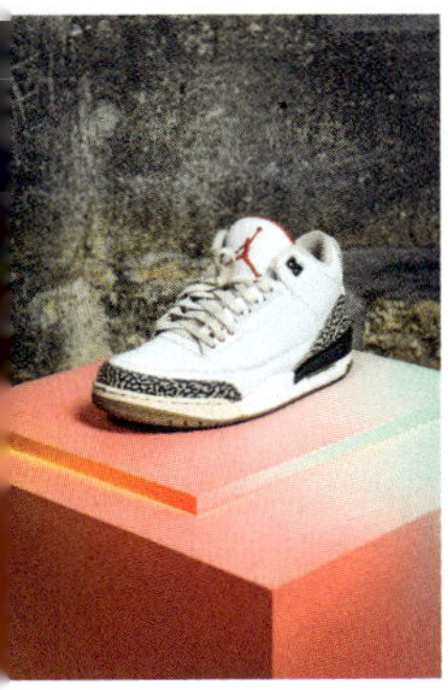

Released in 1988, the Nike *Air Jordan III* was a shoe of many firsts. The first *Jordan* sneaker to feature "visible air", it also marked the debut of the iconic *Jumpman* logo. The famous cement design used on many of Nike's most popular shoes also first appeared on the shoe. But perhaps its most important was that it was the first *Air Jordan* designed by Tinker Hatfield. With Peter Moore, designer of the *Air Jordan I* and *II* having left Nike, Hatfield was given the task of creating Jordan's third signature sneaker. Moore's departure meant that the shoe's production was delayed and Hatfield found himself in a race against time. Adding to his stress was that Jordan's contract was up for renewal and he was being courted by Moore and fellow Nike departee Rob Strasser to join their new brand. It meant that Hatfield's design would be pivotal in influencing his decision. Hatfield was sure that the best way to keep him at Nike was to engage him in the design of the shoe. The feedback he received was central to its design; having a mid-cut height, supple leather that broke in easily and a certain sophistication. When he saw it, Jordan instantly loved it, and any thoughts he had of leaving Nike were quickly banished.

Dévoilée en 1988, la *Air Jordan 3* a été la chaussure des premières fois. Première *Jordan* équipée du coussin d'air visible, elle a aussi marqué les débuts de l'iconique logo Jumpman. Utilisé sur nombre des chaussures Nike les plus populaires, le célèbre motif « ciment » est apparu pour la première fois sur ce modèle. Mais surtout, il s'agissait de la première *Air Jordan* dessinée par Tinker Hatfield. Peter Moore, le designer des *Air Jordan 1* et *2*, ayant quitté Nike, il a été demandé à Hatfield de créer la troisième sneaker signature de Jordan. Le départ de Moore avait entraîné un retard de la production et Hatfield s'est trouvé confronté à une course contre la montre. Pour ne rien arranger, le contrat de Jordan était sur le point d'être renouvelé et le basketteur était courtisé par Moore et un ancien confrère de chez Nike, Rob Strasser, qui voulaient lui faire rejoindre leur nouvelle marque. Le design de Hatfield était donc en premier plan pour jouer un rôle crucial dans cette décision. Hatfield était sûr que le meilleur moyen de garder la star du basket chez Nike était de l'impliquer dans la conception de la chaussure. Les remarques de Jordan ont été au cœur du design : une coupe à mi-hauteur, du cuir qui s'assouplit facilement et une certaine sophistication. Lorsqu'il l'a vue, Jordan en est instantanément tombé amoureux, et toute envie de quitter Nike a rapidement disparu.

NOM | NAME: Pump DESIGN: Paul Litchfield MARQUE | BRAND: Reebok ANNÉE | YEAR: 1989 DE | FROM: Archives Reebok

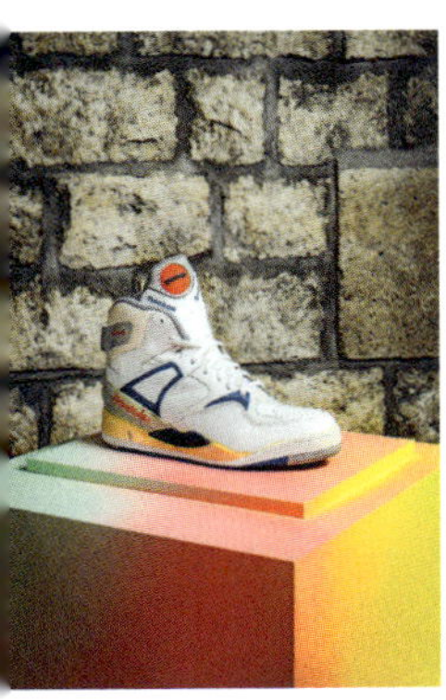

Having seen how Nike's Air technology was winning sales through its combination of science and comfort, Reebok CEO Paul Fireman felt his brand needed its own unique technology. Inspired by the prototype of a ski boot with an inflatable air splint, Fireman briefed R&D engineer Paul Litchfield to develop a customizable shoe with an adjustable air bladder. Drawing on medical technology, he used a blood pressure cuff's air bladder to create a shoe whose fit was customizable depending on how much air was pumped into it. Not only did it improve comfort, it was a solution to foot and ankle injuries common in basketball. Two prototypes

Après avoir constaté le succès commercial de la technologie Air de Nike qui allie science et confort, le P-DG de Reebok, Paul Fireman, a compris que sa marque avait besoin de développer sa propre technologie. Inspiré par le prototype d'une chaussure de ski munie d'une attelle gonflable, Fireman demande à Paul Litchfield, ingénieur en R&D, de mettre au point une chaussure personnalisable avec une poche d'air ajustable. En s'appuyant sur la technologie médicale, ce dernier utilise un tensiomètre pour créer une chaussure adaptable selon la quantité d'air pompée. Plus confortable, cette chaussure peut également pallier

were created: one inflated manually and the other inflated as the wearer walked. When local basketball teams tested them, they much preferred the manual version because it allowed the wearer to fine-tune the inflation they wanted. The *Pump*'s launch in November 1989 was controversial. Not because of its technology, but because it was priced at $170, an incredible price for a sneaker at the time. While the high price was in part due to Reebok needing to recoup its high development costs, it was also due to the fact that sports shoes had become an aspirational status symbol.

les blessures du pied et de la cheville fréquentes au basket-ball. Deux prototypes sont créés: le premier gonflable manuellement et le second qui se gonfle automatiquement lorsque l'usager marche. Quand les équipes de basket-ball locales les ont testés, elles ont nettement préféré la version manuelle, car elle permettait d'ajuster précisément le gonflage. Le lancement de la *Pump* en novembre 1989 a fait polémique. Non pas en raison de sa technologie, mais parce qu'elle coûtait 170 dollars, un prix incroyable pour une sneaker à l'époque. Reebok avait certes besoin de rentabiliser les frais importants investis en R&D, mais ce prix élevé s'explique aussi par le fait que les chaussures de sport étaient devenues un symbole de prestige.

NOM | NAME: Huarache DESIGN: Tinker Hatfield MARQUE | BRAND: Nike ANNÉE | YEAR: 1991 DE | FROM: Sneakers Museum, Marseille

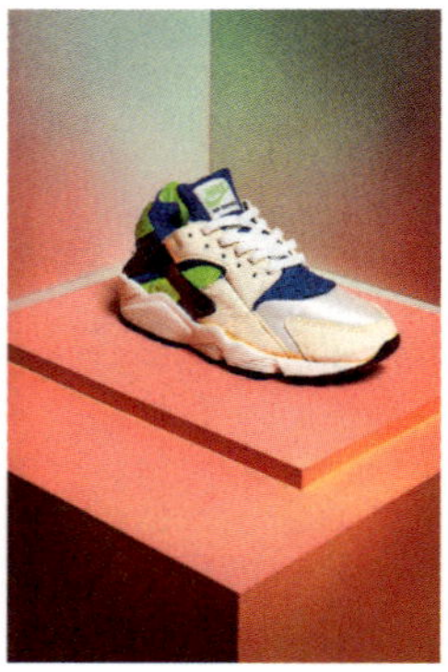

Like many of Tinker Hatfield's most loved designs, the idea for the *Huarache* was inspired when he was far from the design office. While water skiing, Hatfield fell in love with the feel and fit of the neoprene boot he was trying and believed the material could be successfully used in a running shoe. While considering a potential design, he decided on stripped-back, lightweight approach and opted for an open style of construction with a neoprene sock and a strap instead of a heel counter. One of the few Nike shoes not to have a Swoosh, Hatfield felt sure that people would know it was a Nike just by it's cutting edge look. It's appearance inspired the name "Huarache", a type of sandal first worn by the Mayans in ancient Mexico, but it was so radical, that when prototypes were shown to distributors, none placed orders. It was only after Nike product manager Tom Hartge decided to take a gamble that the *Huarache* became a reality. Convinced it would be a hit, without authorization, Hartge had 5,000 pairs made and took them to sell at the New York Marathon. Runners loved them so much that they sold out within three days, and within a month, orders for the shoe went from none to 500,000.

Comme nombre des modèles les plus appréciés de Tinker Hatfield, l'idée de la *Huarache* lui est venue loin du bureau de design. En faisant du ski nautique, Hatfield a été séduit par la forme de ses chaussures en Néoprène et la sensation que procure le matériau, et il a pensé qu'il pourrait parfaitement convenir pour une chaussure de running. À la recherche d'un dessin potentiel, il choisit une approche épurée et légère, et opte pour une construction ouverte avec une chaussette en Néoprène et un bandeau à la place du renfort au niveau du talon. Il s'agit de l'une des rares Nike qui n'arborent pas le Swoosh; Hatfield était, en effet, persuadé que les gens reconnaîtraient la marque uniquement en raison de son design très à la pointe. Son look a inspiré son nom, «Huarache», un type de sandale porté autrefois par les Mayas dans le Mexique ancien, mais le modèle s'est révélé tellement radical que quand les prototypes ont été présentés aux distributeurs, aucune commande n'a été passée. Il a fallu que Tom Hartge directeur produit de Nike, décide de relever le pari pour que la *Huarache* voie le jour. Convaincu qu'elle serait un succès, Hartge lance, sans autorisation, la production de 5 000 paires, qu'il envoie pour qu'elles soient vendues au Marathon de New York. Les coureurs les ont tellement aimées qu'elles se sont vendues en trois jours, et en un mois les commandes sont passées de 0 à 500 000.

NOM | NAME: Grant Hill 2 MARQUE | BRAND: Fila ANNÉE | YEAR: 1996 DE | FROM: Collection particulière

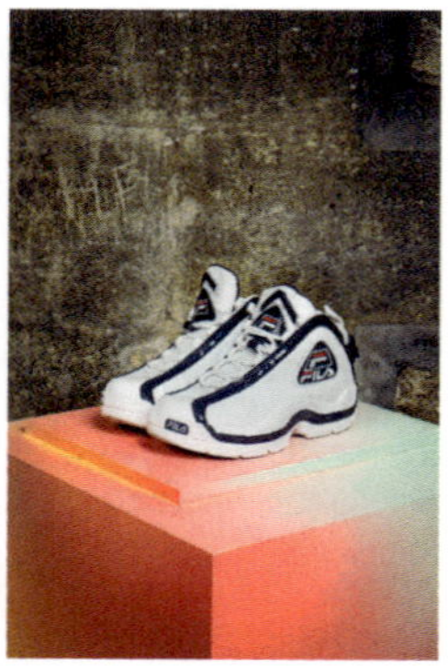

When Grant Hill first signed with Fila, it was a perfect match. With Michael Jordan having retired to play basketball, many saw Hill as his natural successor, and his clean-cut and sophisticated image made him a natural ambassador for Fila. After years of relative anonymity in the United States, the brand was making a niche for themselves as a sports fashion label and saw Hill as a way to boost their presence in basketball and overcome their reputation for style at the expense of performance. When Hill was voted an All-Star and shared the honour of being named Rookie of the Year, his signature shoes began flying off the shelves, selling 1.5 million pairs, making it Fila's most successful shoe and the fastest-selling basketball shoe since the *Air Jordan I*. In his third season, having become an icon of the NBA, his second signature model Filas were again best-sellers, making in the region of $100 million a year and leading Fila to sign Hill to an $80 million seven-year deal, second only in size to Michael Jordan. Sadly, injury was plague Hill's career, and he was never able to live up to his promise. However, his Fila model continues to be a perennial favourite with sneaker collectors.

Quand Grant Hill signe avec Fila, c'est l'accord parfait. Michael Jordan ayant pris sa retraite, beaucoup voient en Hill son successeur, et son image sophistiquée en fait un ambassadeur naturel pour Fila. Après plusieurs années d'un relatif anonymat aux États-Unis, la marque se crée une niche en se positionnant comme une griffe de mode sportive et elle voit en Grant Hill un moyen d'accroître sa visibilité dans le monde du basket-ball en dépassant sa réputation de marque misant sur le style au détriment de la performance. Lorsque Hill est élu «All-Star» et partage l'honneur d'être «Rookie de l'année», ses chaussures signature se vendent comme des petits pains, atteignant 1,5 million de paires vendues, devenant le plus grand succès de Fila et la chaussure de basket-ball la plus rapidement vendue depuis la *Air Jordan 1*. Lors de sa troisième saison, Hill devient une icône de la NBA et sa seconde paire signature est à nouveau un best-seller qui rapporte près de 100 millions de dollars par an et pousse Fila à lui proposer un contrat de sept ans à 80 millions de dollars, le deuxième plus élevé de l'histoire après celui de Jordan. Malheureusement, les blessures ont gangrené la carrière de Hill et ce dernier n'a pas atteint le niveau qu'il laissait présager. Son modèle pour Fila connaît malgré tout un succès toujours aussi vif.

NOM | NAME: Theseus Spikes MARQUE | BRAND: Puma ANNÉE | YEAR: 2008 DE | FROM: PUMA archive

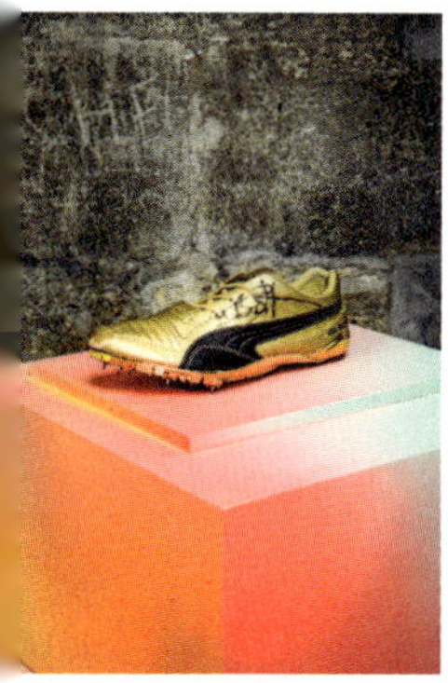

After seeing the effect Usain Bolt could have on a crowd at the 2002 CARIFTA Games, Puma's Head of Running Pascal Rolling was quick to sign him. However, Bolt seemed more interested in partying than running, and when his form dipped dramatically, Puma considered drop-ping him. However, after a change of heart by CEO Jochen Zeitz, the brand decided it should stick by him. It was a decision that paid dividends when Bolt began working with Coach Glen Mills and turned his lifestyle and form around. Ahead of the Beijing Olympics, despite his inexperience in the distance, Bolt announced he would enter the 100m as well as the 200m. For both, Puma provided Bolt with their *Complete Theseus* II running spike. Designed specifically for the 100m and 200m, the 'secret weapon' of the ultra-lightweight shoes was a soleplate made of Pebax, an advanced material providing superb energy return. The shoes helped to power Bolt to a new 100m world record of 9.69s, even though one of them was untied. During his victory lap, when Bolt held his spikes up for the world to see, it wasn't just a publicity stunt. It was a show of affection for the brand that had supported him since he was 15.

Après avoir vu l'effet qu'Usain Bolt pouvait produire sur la foule lors des Jeux de la CARIFTA (Caribbean Free Trade Association) en 2002, Pascal Rolling, chef du département running chez Puma, signe rapidement avec lui. Bolt semblait toutefois plus enclin à faire la fête qu'à courir, et Puma a songé à l'abandonner quand sa forme a décliné de manière dramatique. Mais après un revirement du P-DG, Jochen Zeitz, la marque décide de le soutenir. Une décision qui s'est révélée payante lorsque Bolt s'est mis à travailler avec le coach Glen Mills et a repris en main son mode de vie et sa santé. Juste avant les jeux Olympiques de Pékin, Bolt annonce qu'il participera au 200 mètres comme au 100 mètres, malgré son manque d'expérience sur cette distance. Puma lui fournit le modèle à pointes *Complete Theseus II*. Conçues spécialement pour le 100 mètres et le 200 mètres, ces chaussures ultra-légères ont pour arme secrète une semelle en Pebax, un matériau innovant offrant un retour d'énergie remarquable. Ces chaussures ont contribué à propulser Bolt vers un nouveau record mondial du 100 mètres, à 9,69 secondes, alors même que l'un de ses pieds n'était pas bien lacé. Lorsque l'athlète brandit ses pointes aux yeux du monde pendant son tour d'honneur, ce n'est pas juste un coup de publicité. C'est un témoignage d'affection pour la marque qui l'a soutenu depuis ses quinze ans.

NOM | NAME: Clear Wings MARQUE | BRAND: Adidas x Jeremy Scott ANNÉE | YEAR: 2013 DE | FROM: Collection particulière

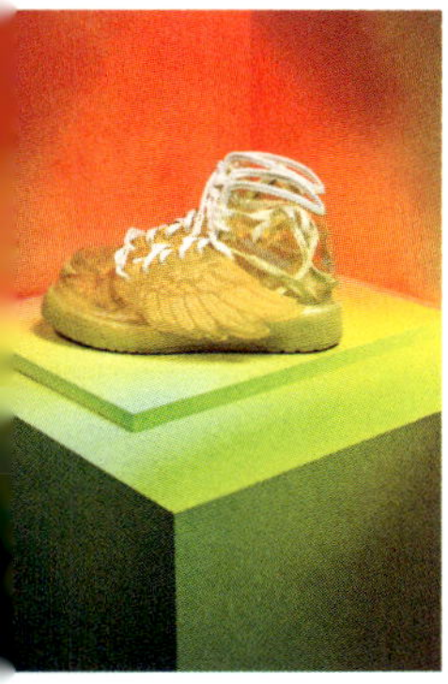

Jeremy Scott's numerous collaborations with adidas have produced some of the most controversial sneakers ever created. Released in 2011, the *JS Wings Clear* was based on Scott's original 2008 *Wings* design that became a favourite of celebrities like Lil Wayne, Nicki Minaj and Kanye West looking to make a bold statement with their sneakers. When he was given carte blanche by adidas to design whatever he wanted for their collaboration, he gave that freedom form in the shape of a winged sneaker. Inspired by statues of Greek gods and basketball players flying through the air, the design was intended by Scott to be uplifting and an expression of optimism. Always contentious but never dull, whether you love them or hate them, Scott's numerous *JS Wings* designs have always attracted attention and started conversations, which is precisely what he intended.

Les nombreuses collaborations de Jeremy Scott avec Adidas ont donné naissance à quelques-unes des sneakers les plus controversées de l'histoire des baskets. Sortie en 2011, la *JS Wings Clear* est imaginée à partir du design de la *Wings*, conçue en 2008 par Scott et devenue une des sneakers préférées de célébrités comme Lil Wayne, Nicki Minaj et Kanye West, qui voulaient faire sensation avec leurs baskets. Lorsque Adidas lui a donné carte blanche pour concevoir leur collaboration comme il le souhaitait, Scott a donné forme à cette liberté par une sneaker à la silhouette ailée. Ce design, inspiré des statues de dieux grecs et par les joueurs de basket-ball volant dans les airs, a été pensé pour être inspirant et exprimer l'optimisme. Toujours controversées mais jamais ennuyeuses, qu'on les aime ou qu'on les déteste, les nombreuses formes de *JS Wings* ont toujours attiré l'attention et suscité la conversation, ce qui était justement l'objectif de Scott.

NOM | NAME: Vicious MARQUE | BRAND: Adidas x Rick Owens ANNÉE | YEAR: 2014 DE | FROM: Archives Rick Owens

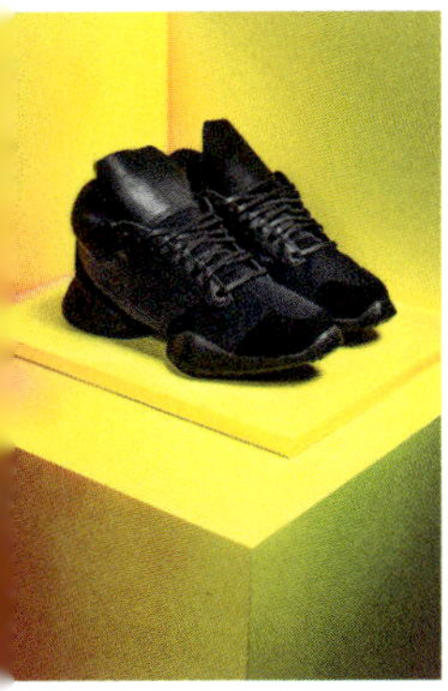

Challenging views of what is considered beautiful has always been the motivation of American designer Rick Owens, and when he first collaborated with Adidas in 2014 on his *Vicious* collection, his *Runner* model exemplified that. Designed as a reaction to what he saw as the conventional and pedestrian look of most sneaker designs, it was described by Owens as "a turbo monster-truck parody" of them, a shoe that would "corrupt" sneaker culture. Launched in his trademark monochromatic style, the shoe debuted in black, white and pearl and was made from a mix of leather, suede and synthetic materials. Its most notable features, the separated soles, a huge tongue and exaggerated cuff immediately made it contentious. Whether you love it or hate it, the *Vicious Runner* is always sure to turn heads and provoke conversation. Exactly what Owens set out to do.

Réinterroger la beauté a toujours été la motivation du designer américain Rick Owens. Sa collection *Vicious*, première collaboration avec Adidas en 2014, l'illustre bien. Owens l'a conçue en réaction à ce qu'il considérait comme l'apparence conventionnelle et banale de la plupart des sneakers. Il a entrepris de créer ce qu'il a décrit comme « une parodie façon monster-truck turbo », une chaussure qui déjouerait la culture sneaker. Lancée dans le style monochrome qui caractérise sa marque, en noir, blanc et nacré, elle est composée d'un mélange de cuir, de daim et de matériaux synthétiques. Avec ses particularités les plus notables – les semelles en blocs, une énorme languette et sa chevillière hypertrophiée – elle est immédiatement controversée. Qu'on l'aime ou qu'on la déteste, la *Vicious Runner* attire le regard et fait parler. Précisément ce qu'Owens souhaitait.

Dès l'entrée de l'Hôtel de Lalande, le ton est donné. Un imposant terrain de basket trône dans la cour majestueuse du bâtiment qui abrite le musée des Arts décoratifs et du Design à Bordeaux. Le contraste opère immédiatement entre ce *playground* entièrement noir et la pierre de taille du bâtiment.
La scénographie de l'exposition est constituée d'un ensemble de formes abstraites et géométriques. Elles se déploient librement dans les deux grandes cours principales. Gradins, monolithes, pyramide ou anneau, le visiteur déambule à travers ces objets-sculptures, tous nappés de nuances colorées comme un camouflage d'un nouveau type. Ils mettent en scène les collections de sneakers, exposées selon différentes thématiques.
De lutte, il semble être question à travers ces sacs blancs couverts de logos qui ponctuent l'exposition. Comme une réminiscence des champs de bataille ou des émeutes urbaines, ils forment des barricades de sacs de sable. Cette mise en scène joue des mêmes particularités que les sneakers, elle mélange le rigide et le souple, le confort et la compétition, le textile et l'objet.
L'exposition s'achève par un état de l'art des recherches techniques et un questionnement autour des enjeux de durabilité de la production, autour d'une grande table ronde sur laquelle les visiteurs, enfants comme adultes, peuvent laisser leur marque et leurs idées sur la longue épopée des sneakers…

> *« Je voulais que ce soit généreux et artificiel, comme un paquet de bonbons ! Le sujet est léger, mais porte en lui tous les enjeux de l'époque contemporaine, de l'identité à l'écologie, du divertissement à la lutte… »*
> Mathieu Lehanneur, designer et scénographe de l'exposition

The ambience begins at the entrance of the Hôtel de Lalande. The stately courtyard of the building that houses the Musée des Arts Décoratifs et du Design has been transformed into a splendid basketball court, instantly establishing a striking contrast between the stone structure and the all-black playground.
The scenography comprises a series of abstract geometrical forms, spread out to occupy the two large main courtyards. Tiers, monoliths, a pyramid, a ring: visitors stroll through an array of sculptural installations, all overlaid with subtly varied colors like a new kind of camouflage. They showcase a selection of iconic sneakers organized according to different themes.
The notion of conflict is evoked in the logo-covered white sacks that punctuate the exhibition, like sandbag barricades recalling battlefields or urban uprisings. The *mise en scène* plays on the same idiosyncrasies as sneakers, blending stiff and supple, comfort and competition, textile and object.
The final section of the exhibition examines the current state of the art in technical research and the issues involved in sustainable production. Around a large round table, visitors of all ages can leave their mark, and share their ideas as part of the long saga of the sneaker.

> *"I wanted it to be lavish and artificial, like a packet of sweets! The subject matter is light but encompasses all the challenges of the modern era, from identity to ecology, from entertainment to conflict…"*
> Mathieu Lehanneur, designer and scenographer of *Playground*

Vues de l'exposition
Exhibition views

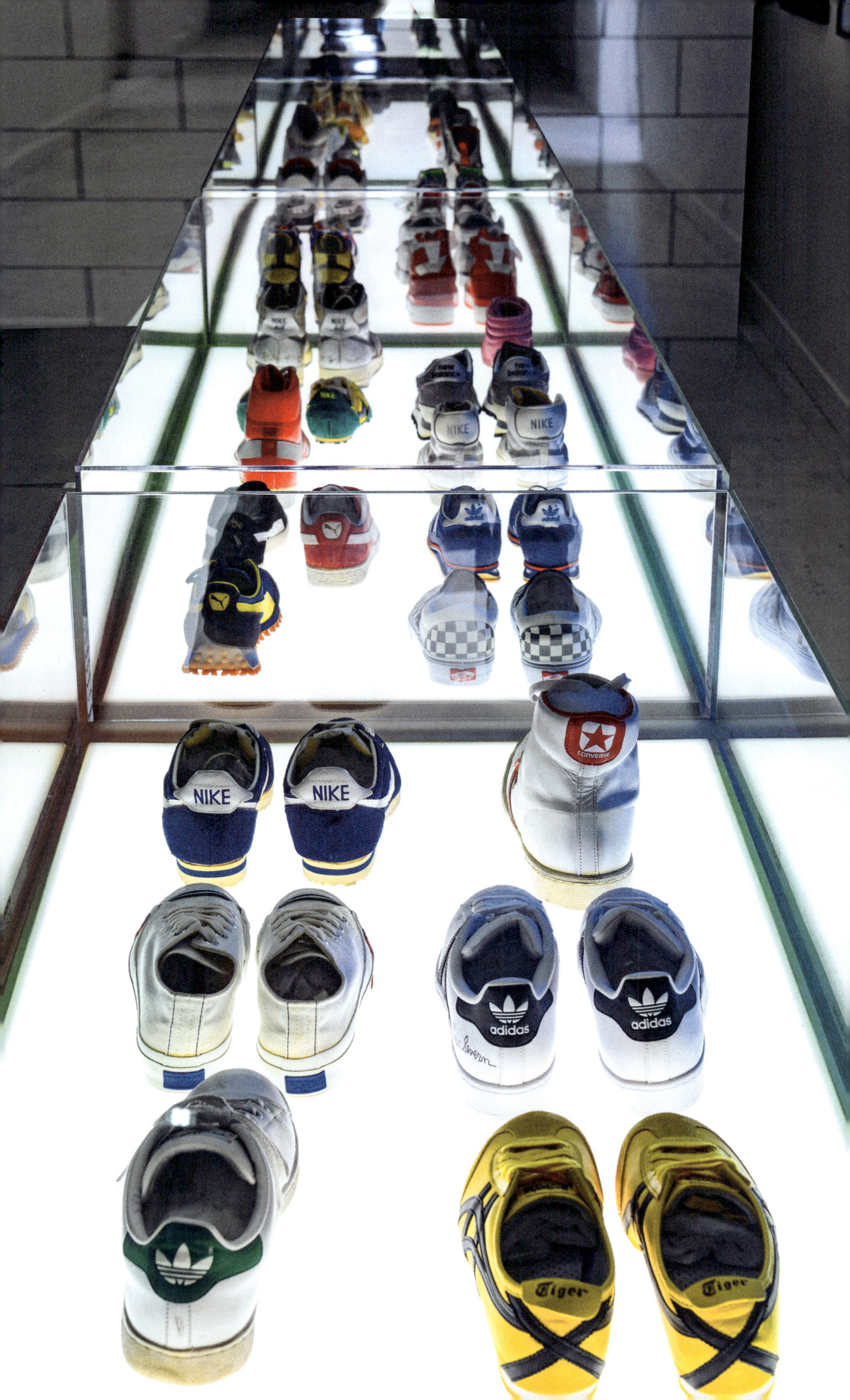
NIKE
NIKE
NIKE
NIKE
CONVERSE
adidas
adidas
Tiger
Tiger

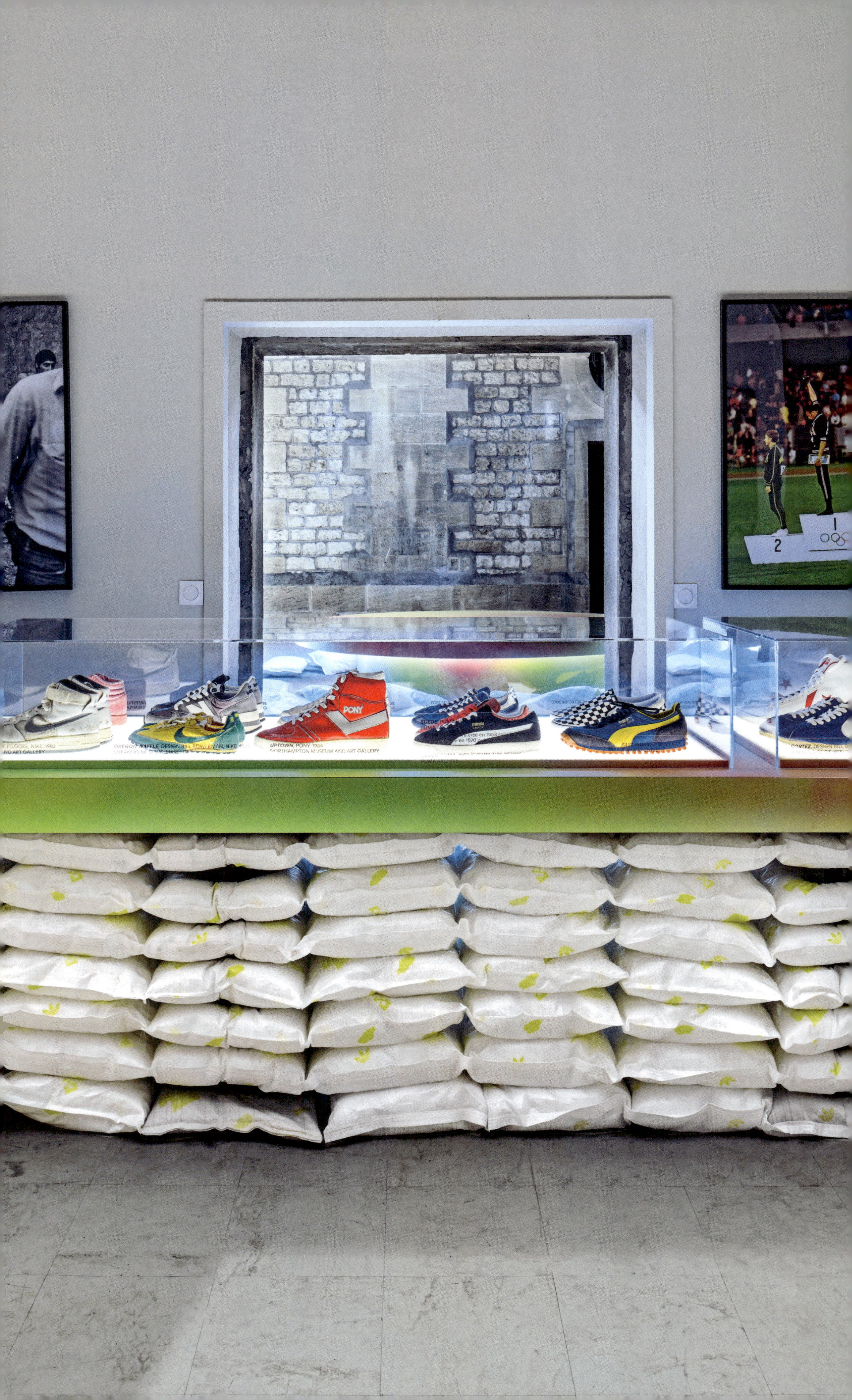
PONY
UPTOWN, PONY, 1984
NORTHAMPTON MUSEUM AND ART GALLERY
PUMA ARCHIVE

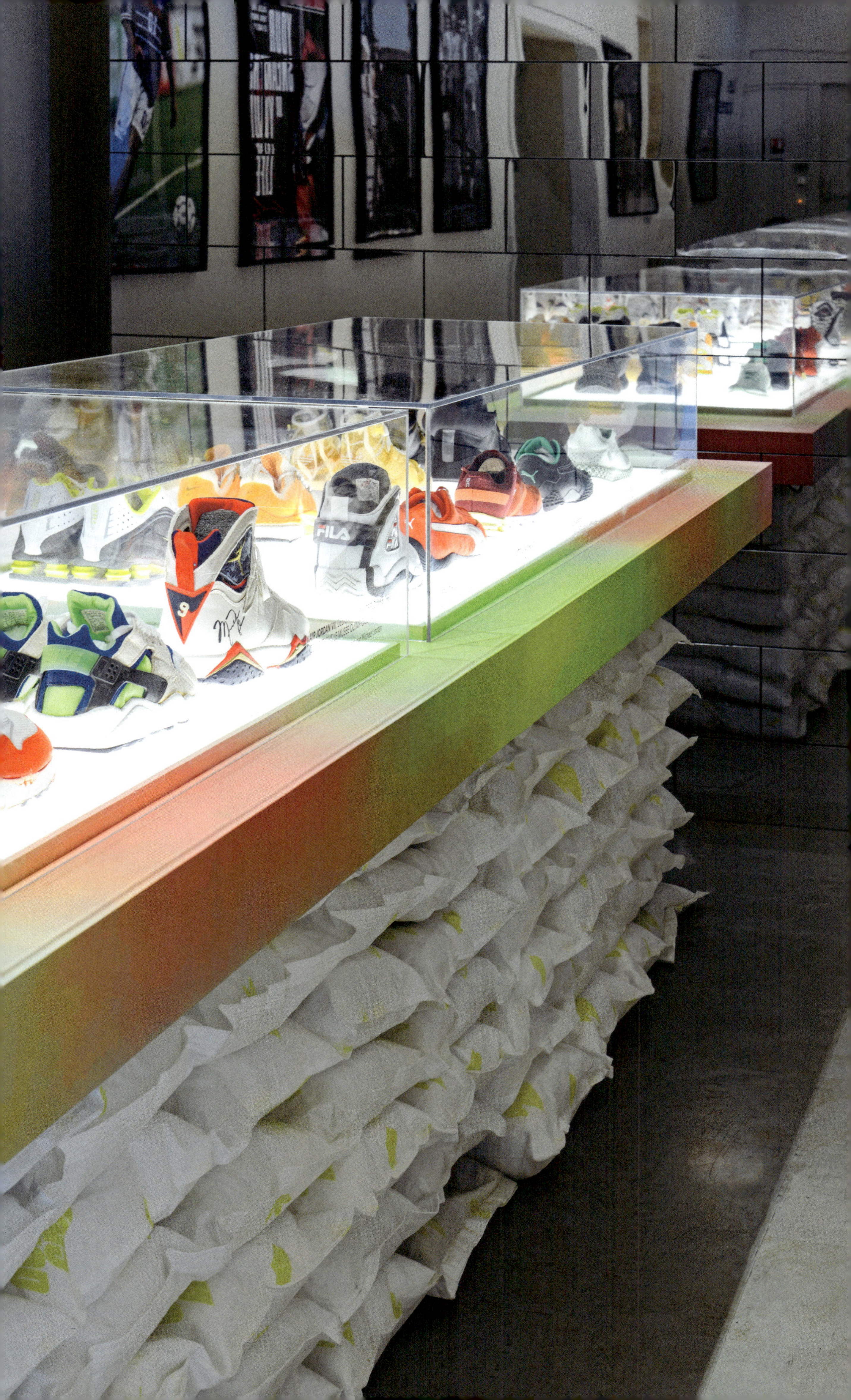

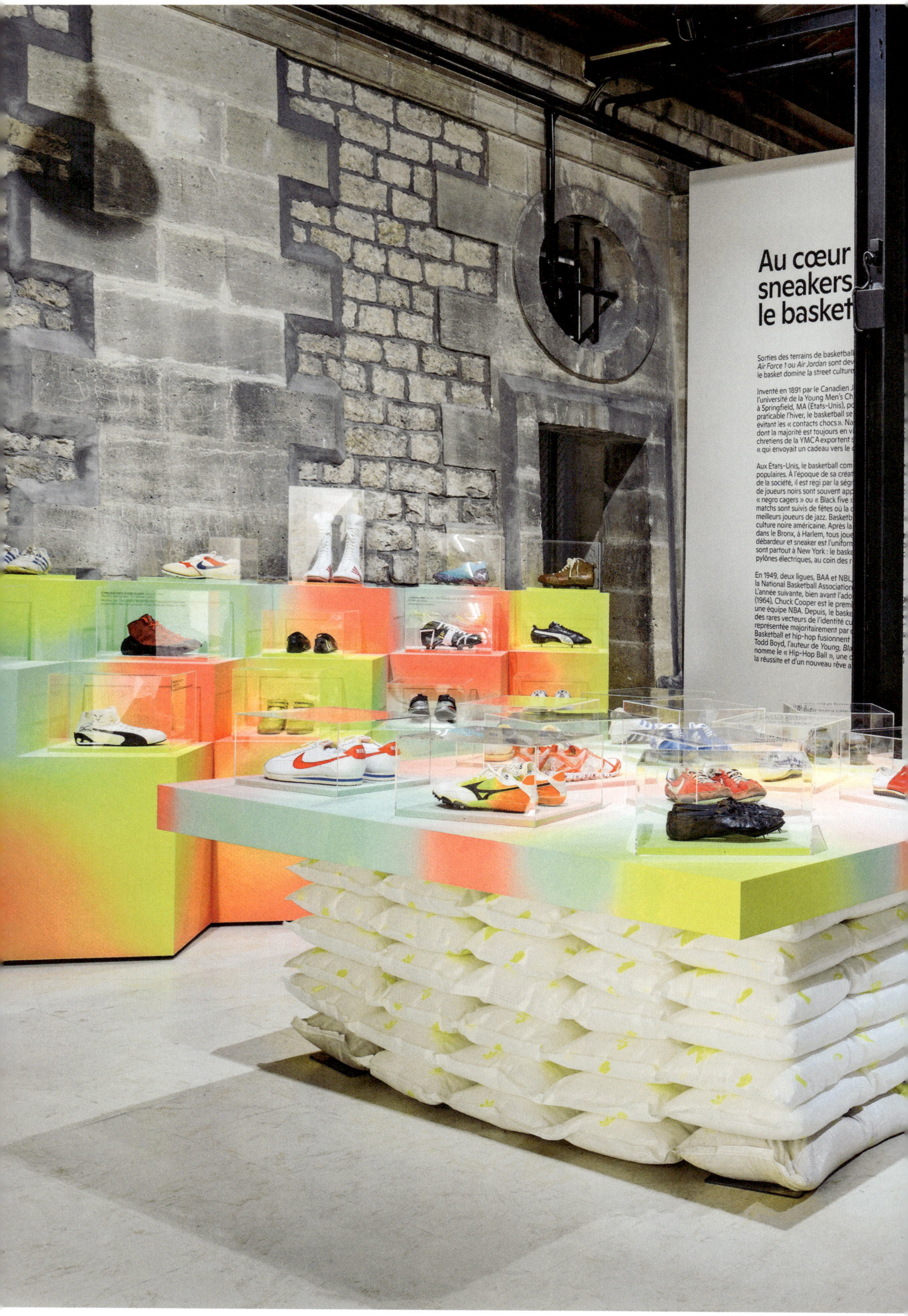
Au cœur
sneakers
le basket

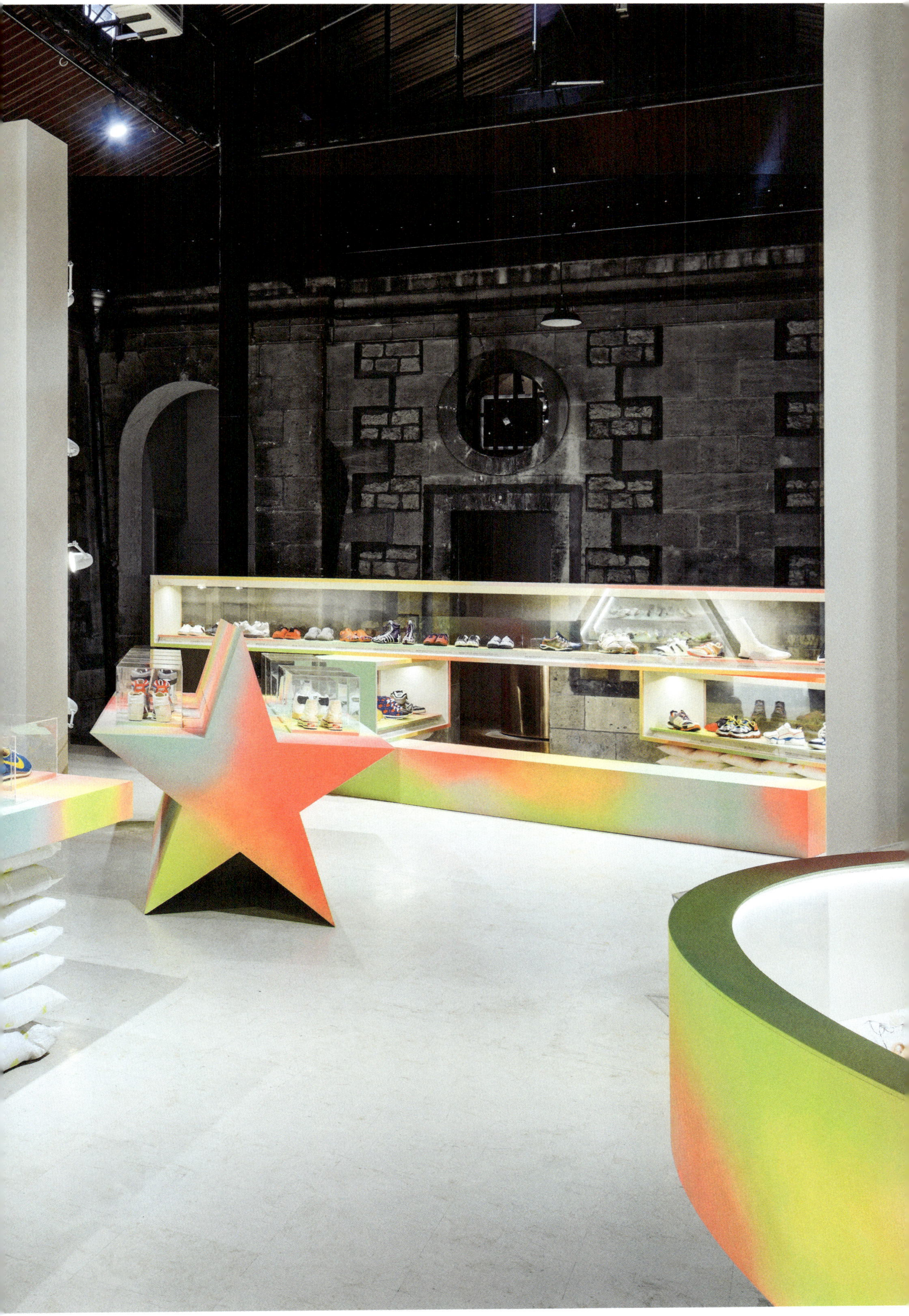

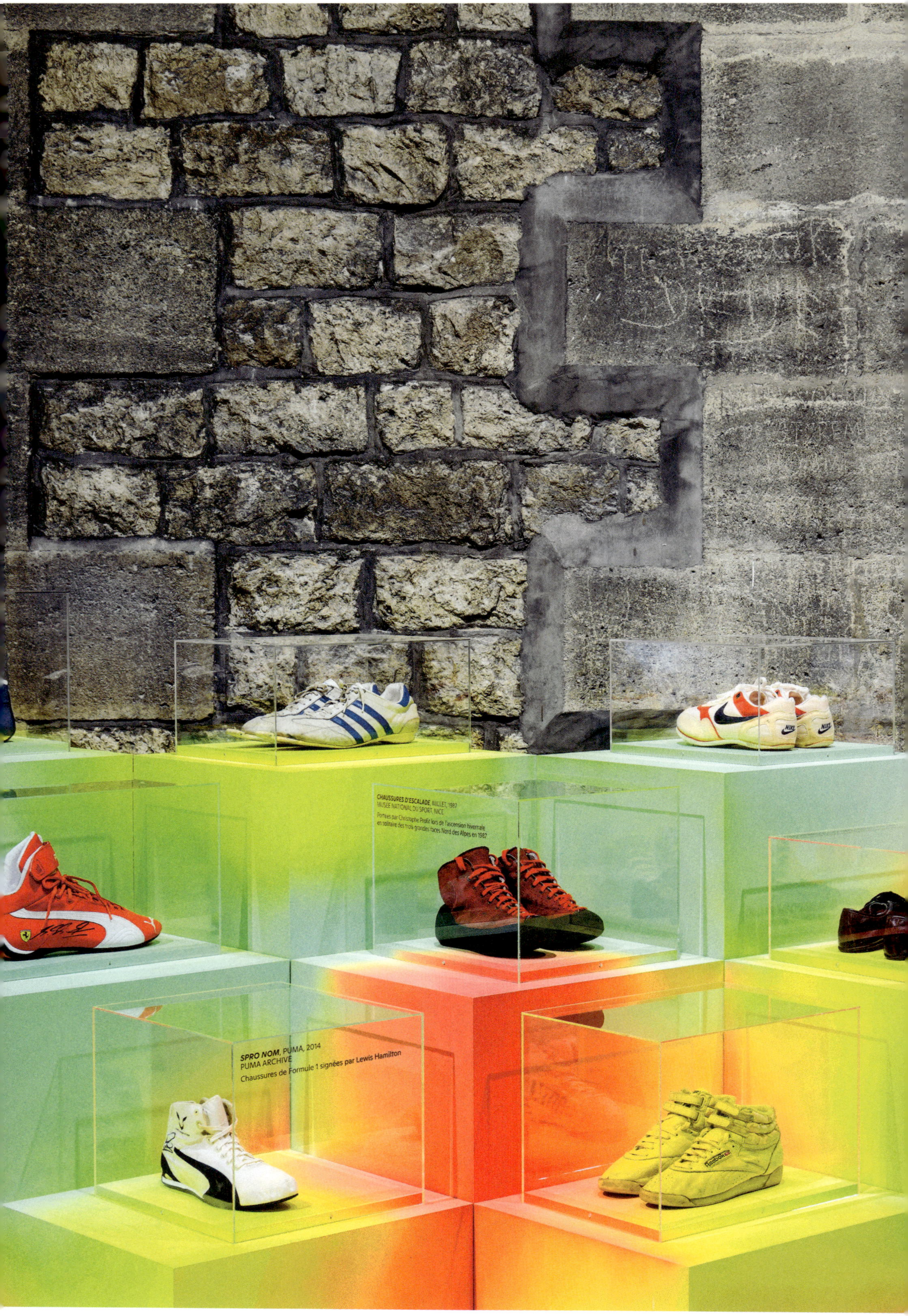
CHAUSSURES D'ESCALADE, MILLET, 1987
MUSÉE NATIONAL DU SPORT, NICE
Portées par Christophe Profit lors de l'ascension hivernale en solitaire des trois grandes faces Nord des Alpes en 1987
SPRO NOM, PUMA, 2014
PUMA ARCHIVE
Chaussures de Formule 1 signées par Lewis Hamilton

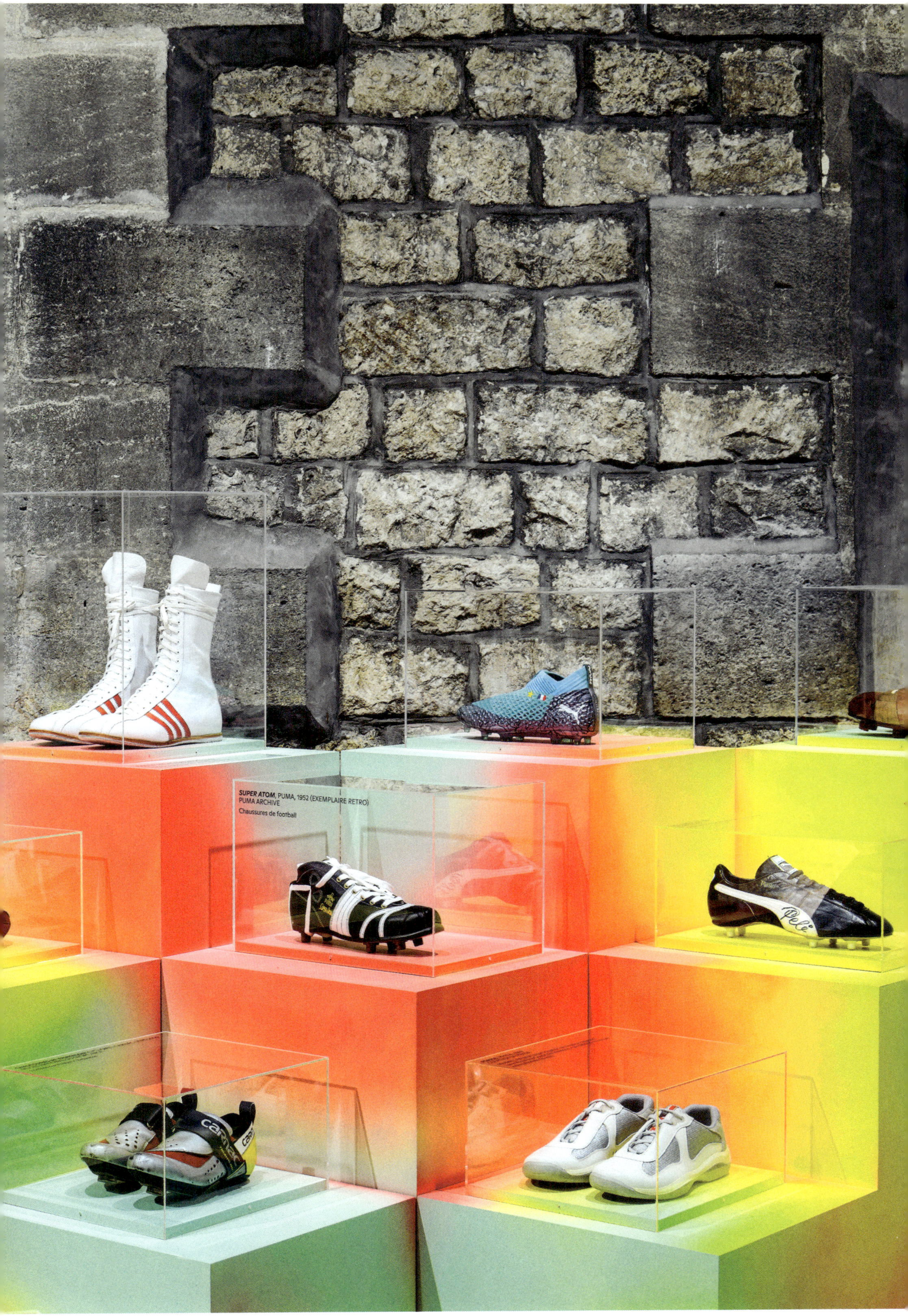
SUPER ATOM, PUMA, 1952 (EXEMPLAIRE RETRO)
PUMA ARCHIVE
Chaussures de football

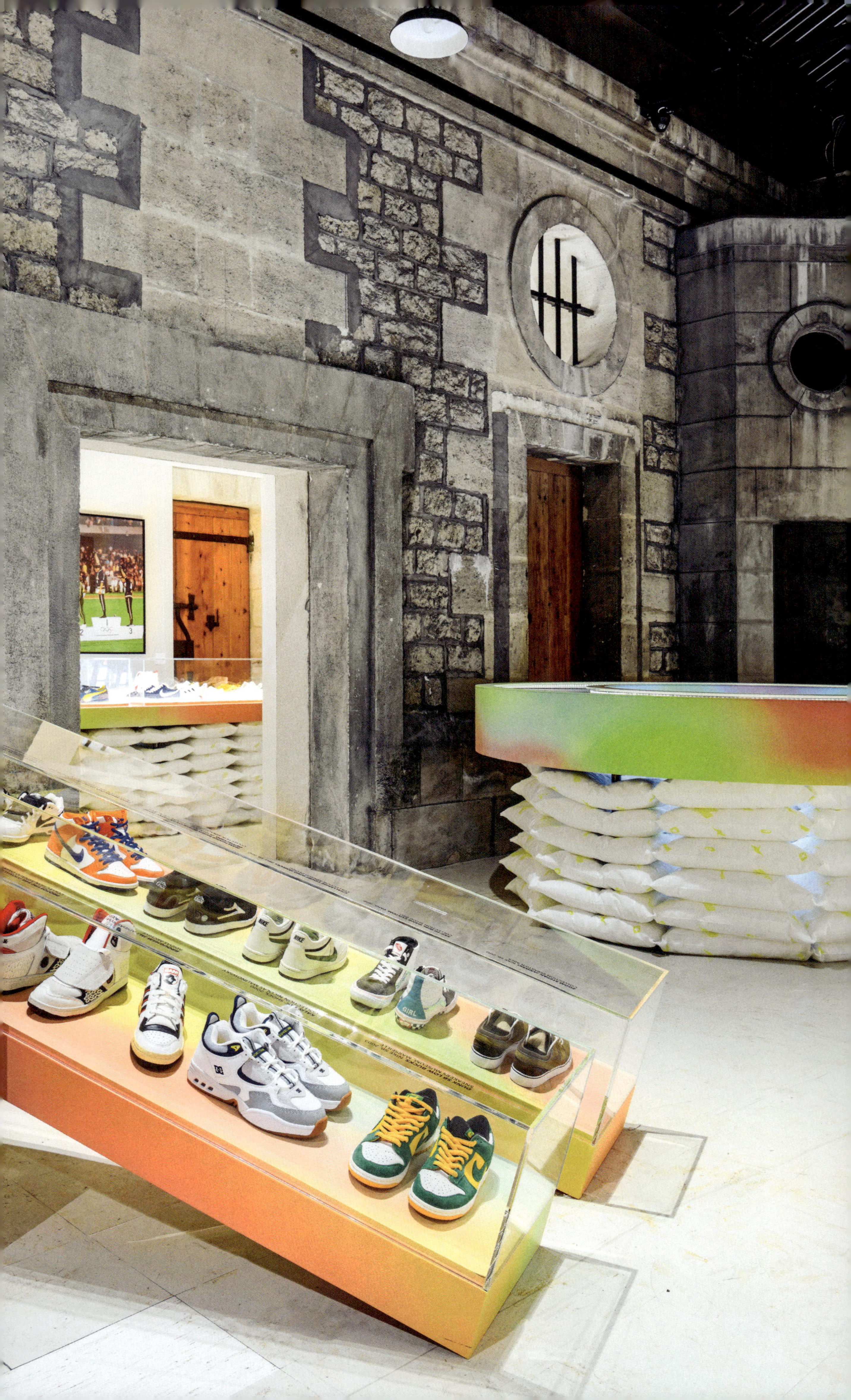

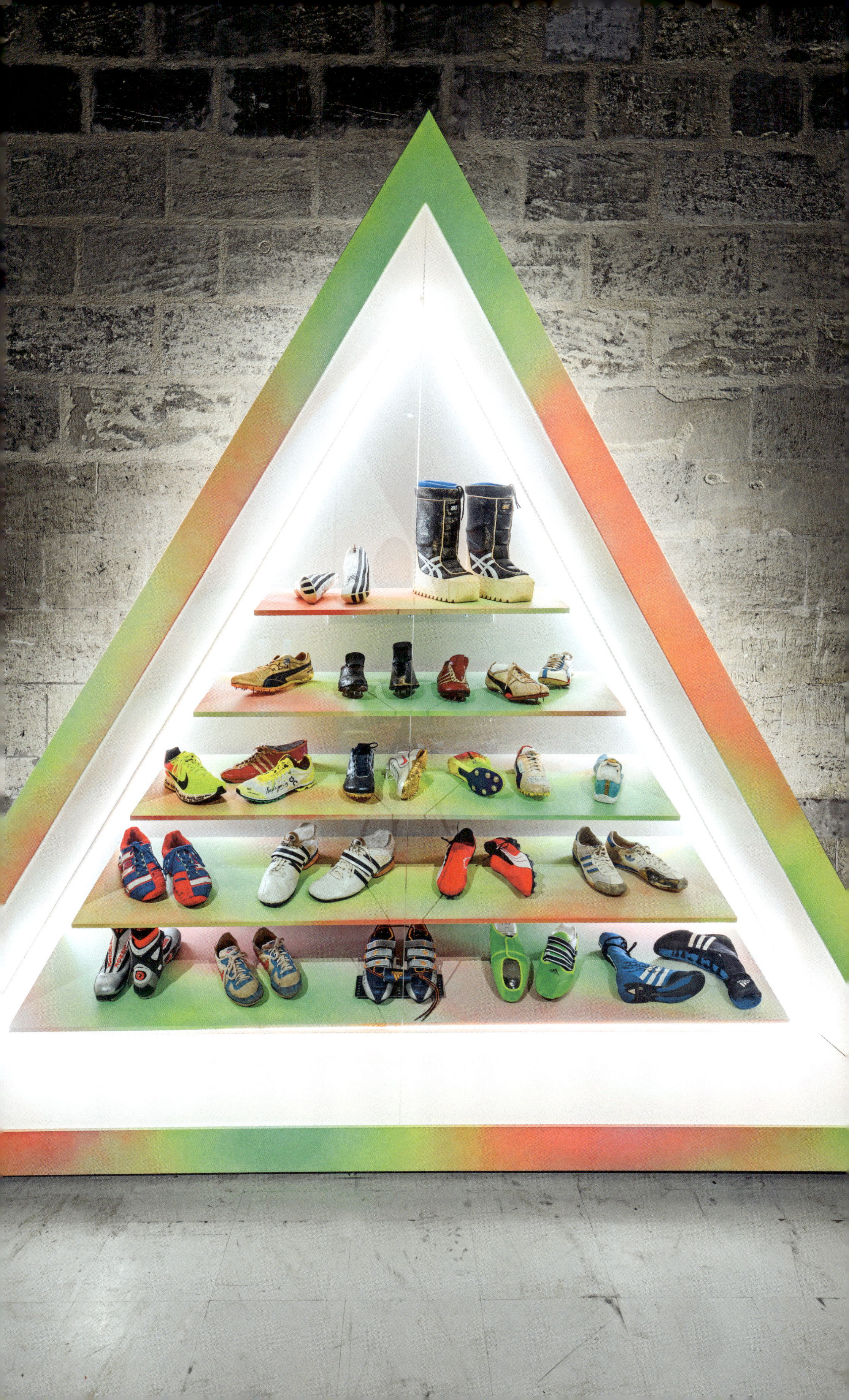

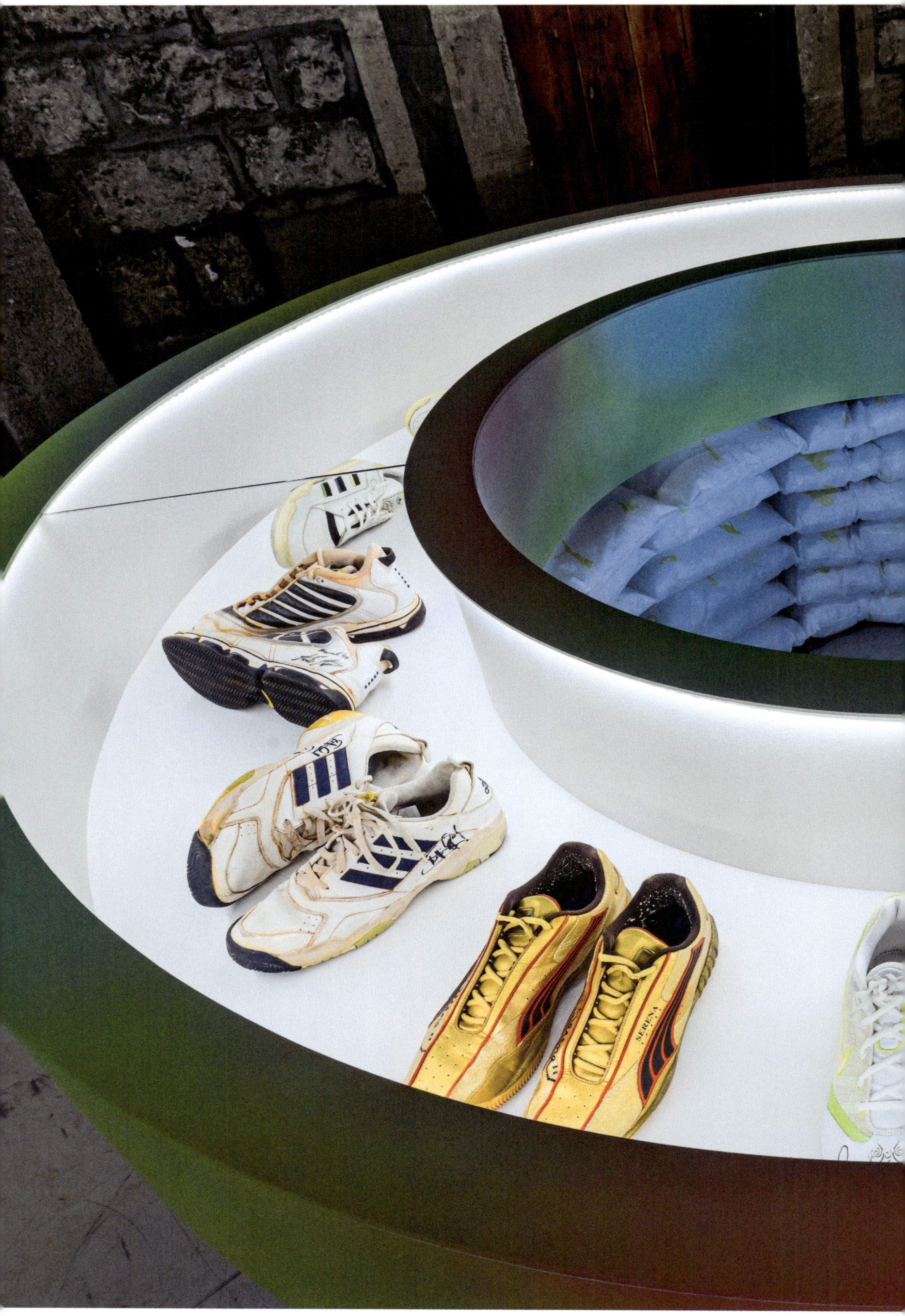
SERENA

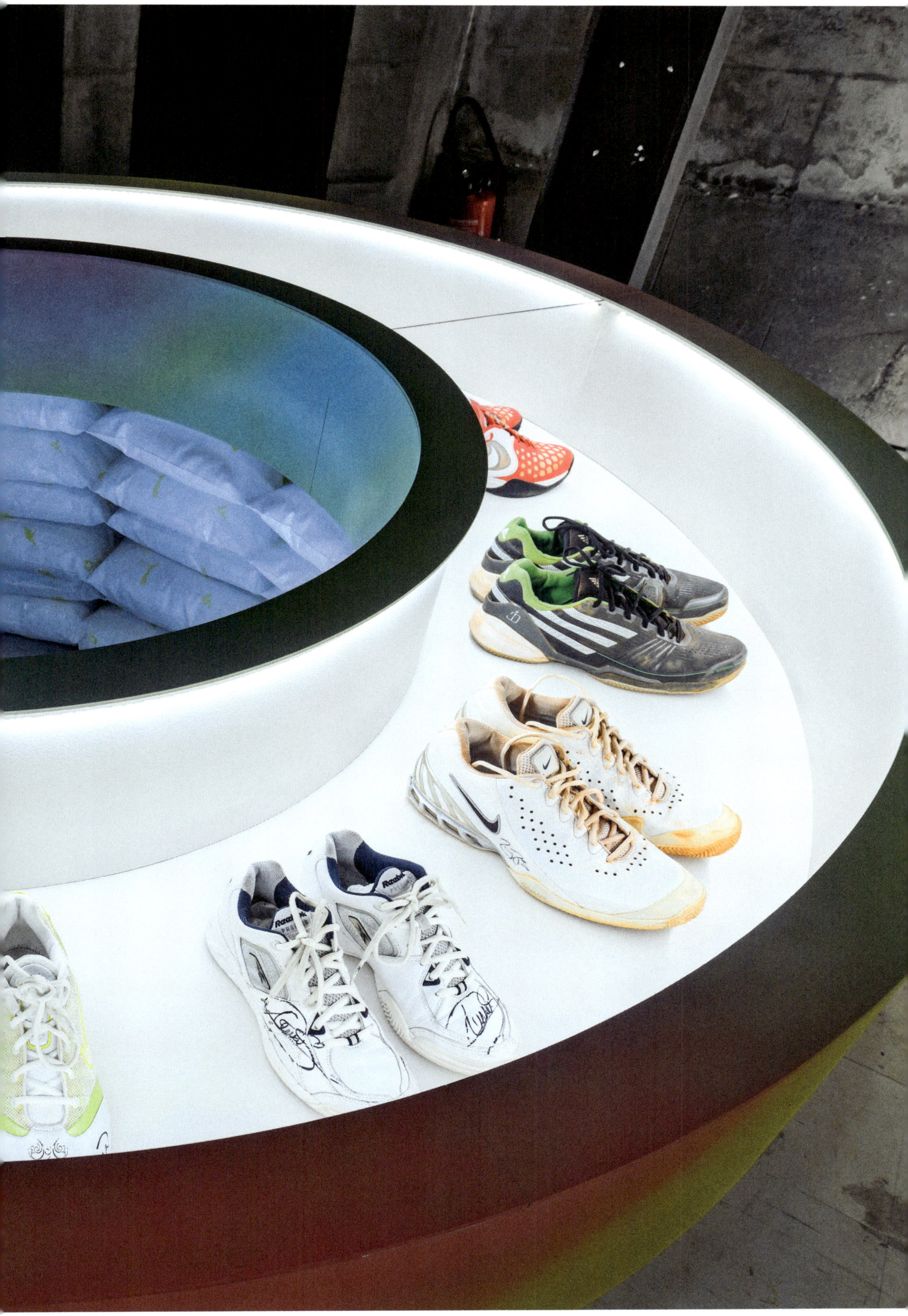

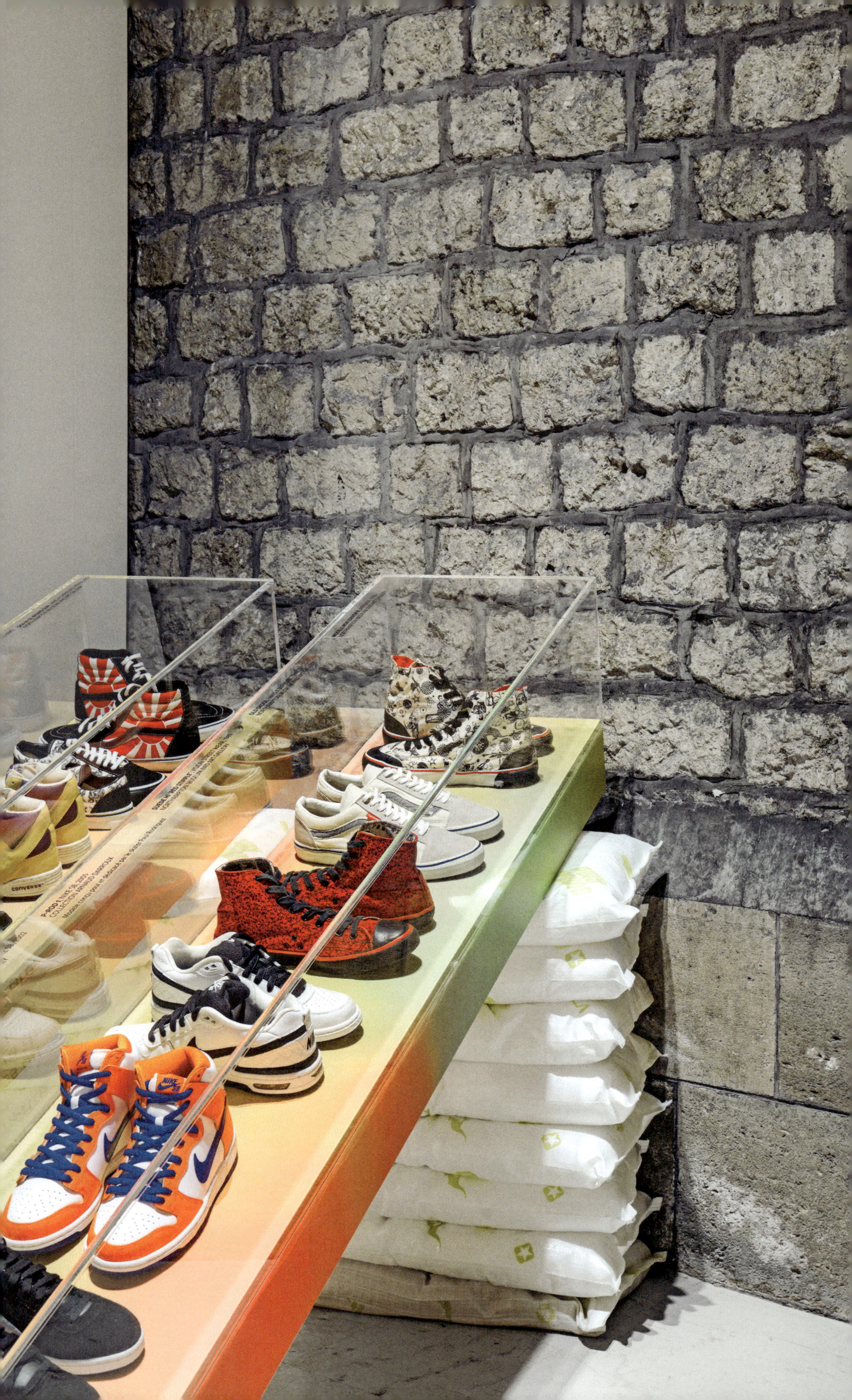

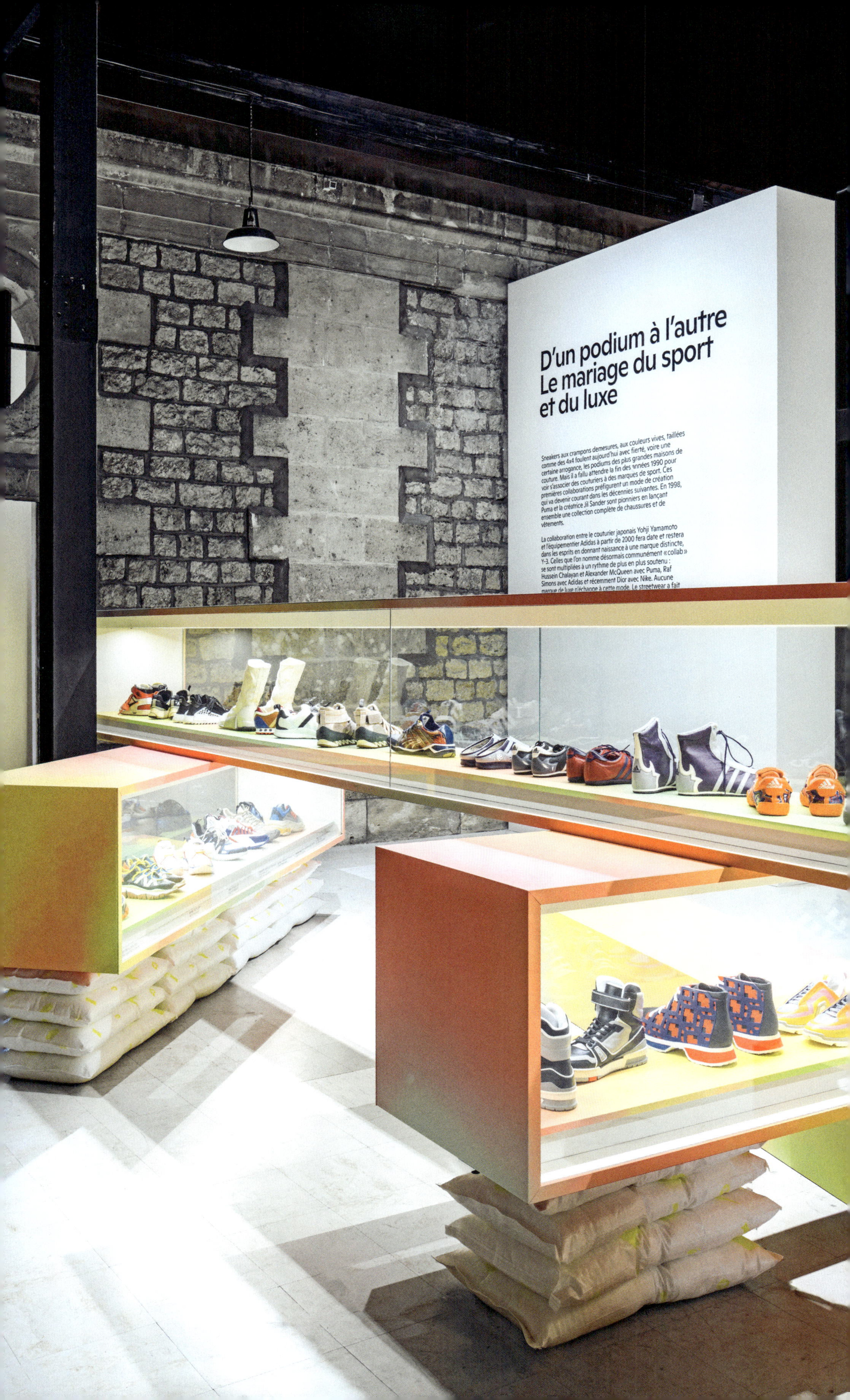
D'un podium à l'autre
Le mariage du sport
et du luxe
Sneakers aux crampons demesures, aux couleurs vives, taillées comme des 4x4 foulent aujourd'hui avec fierté, voire une certaine arrogance, les podiums des plus grandes maisons de couture. Mais il a fallu attendre la fin des années 1990 pour voir s'associer des couturiers à des marques de sport. Ces premières collaborations préfigurent un mode de création qui va devenir courant dans les décennies suivantes. En 1998, Puma et la créatrice Jil Sander sont pionniers en lançant ensemble une collection complète de chaussures et de vêtements.
La collaboration entre le couturier japonais Yohji Yamamoto et l'équipementier Adidas à partir de 2000 fera date et restera dans les esprits en donnant naissance à une marque distincte, Y-3. Celles que l'on nomme désormais communément «collab» se sont multipliées à un rythme de plus en plus soutenu : Hussein Chalayan et Alexander McQueen avec Puma, Raf Simons avec Adidas et récemment Dior avec Nike. Aucune

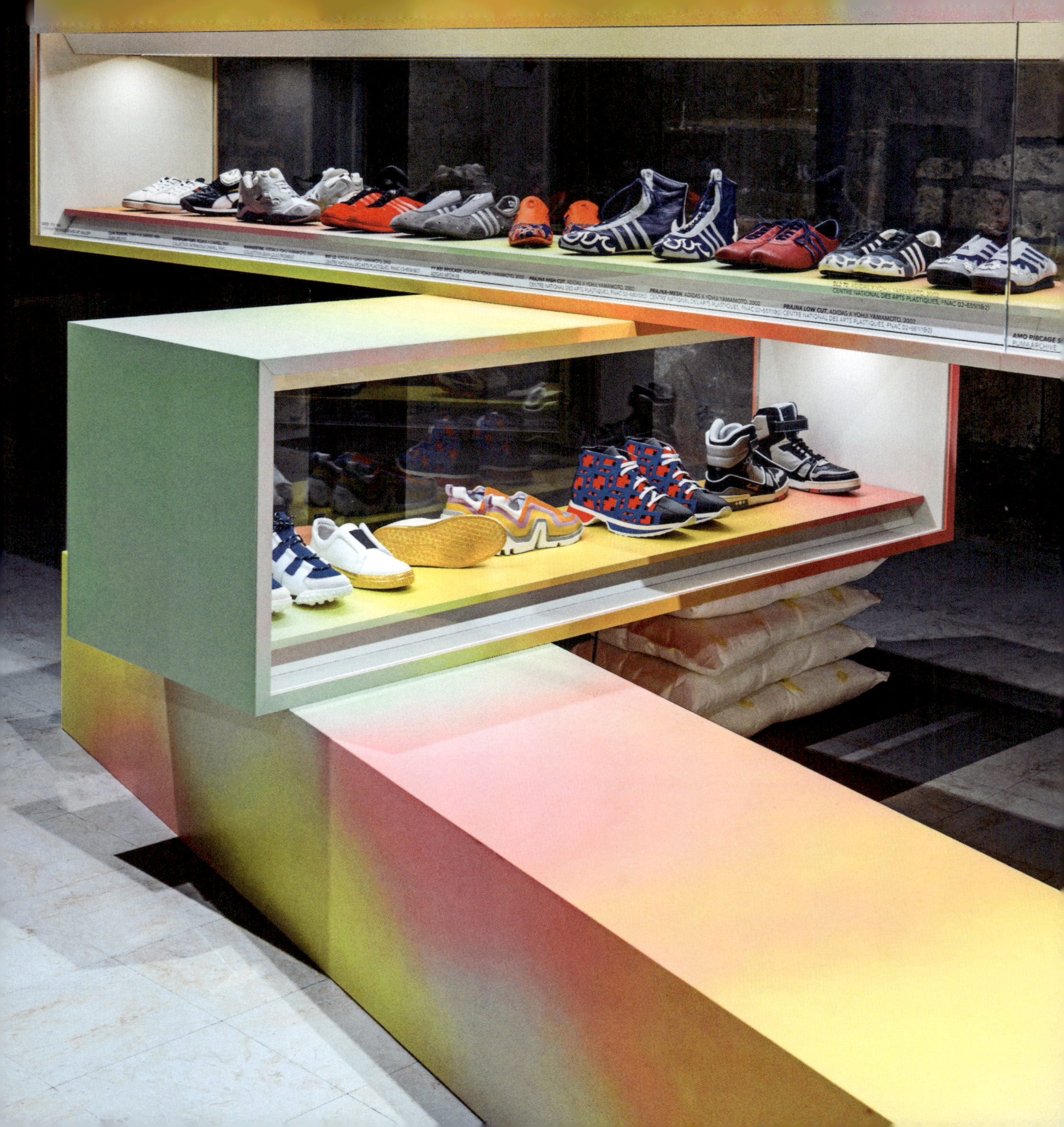
PRAJNA HIGH CUT, ADIDAS X YOHJI YAMAMOTO, 2002
PRAJNA-MESH, ADIDAS X YOHJI YAMAMOTO, 2002
CENTRE NATIONAL DES ARTS PLASTIQUES, FNAC 02-655(1&2)
PRAJNA LOW CUT, ADIDAS X YOHJI YAMAMOTO, 2002
CENTRE NATIONAL DES ARTS PLASTIQUES, FNAC 02-661(1&2)
PUMA ARCHIVE

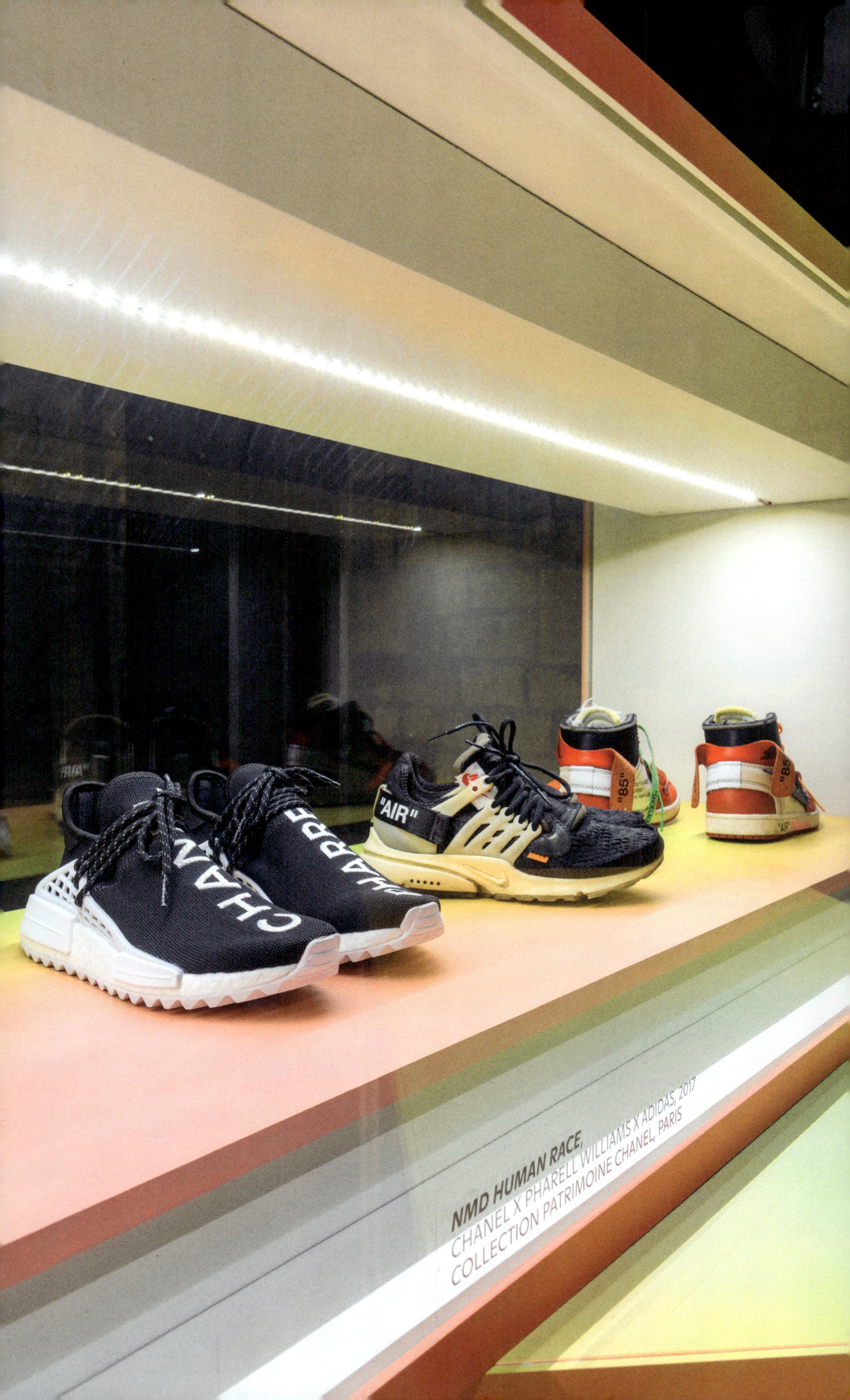
"AIR"
NMD HUMAN RACE,
CHANEL X PHARELL WILLIAMS X ADIDAS, 2017
COLLECTION PATRIMOINE CHANEL, PARIS

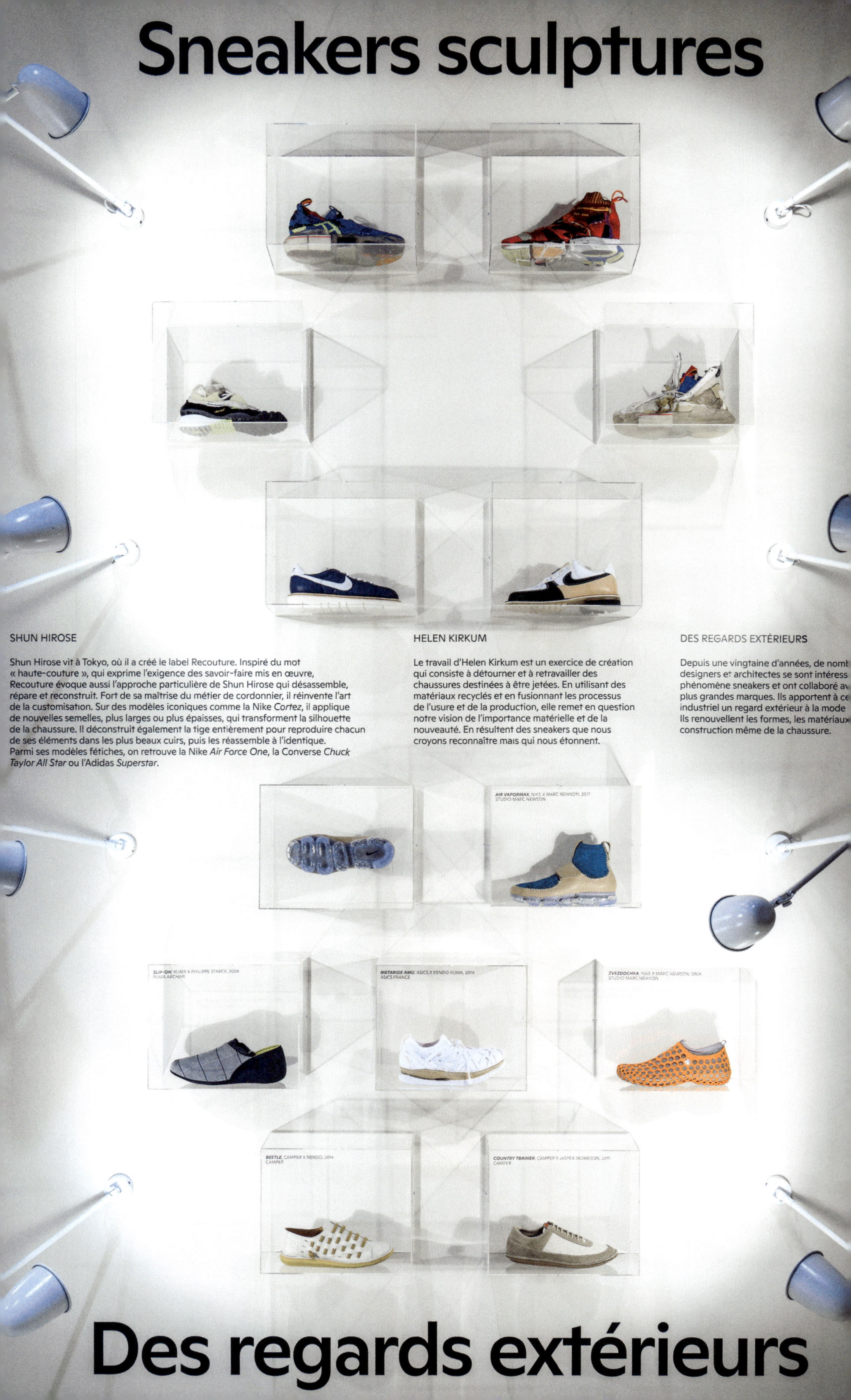
Sneakers sculptures
SHUN HIROSE
Shun Hirose vit à Tokyo, où il a créé le label Recouture. Inspiré du mot « haute-couture », qui exprime l'exigence des savoir-faire mis en œuvre, Recouture évoque aussi l'approche particulière de Shun Hirose qui désassemble, répare et reconstruit. Fort de sa maîtrise du métier de cordonnier, il réinvente l'art de la customisation. Sur des modèles iconiques comme la Nike *Cortez*, il applique de nouvelles semelles, plus larges ou plus épaisses, qui transforment la silhouette de la chaussure. Il déconstruit également la tige entièrement pour reproduire chacun de ses éléments dans les plus beaux cuirs, puis les réassemble à l'identique. Parmi ses modèles fétiches, on retrouve la Nike *Air Force One*, la Converse *Chuck Taylor All Star* ou l'Adidas *Superstar*.
HELEN KIRKUM
Le travail d'Helen Kirkum est un exercice de création qui consiste à détourner et à retravailler des chaussures destinées à être jetées. En utilisant des matériaux recyclés et en fusionnant les processus de l'usure et de la production, elle remet en question notre vision de l'importance matérielle et de la nouveauté. En résultent des sneakers que nous croyons reconnaître mais qui nous étonnent.
DES REGARDS EXTÈRIEURS
Depuis une vingtaine d'années, de nomb
designers et architectes se sont intéress
phénomène sneakers et ont collaboré av
plus grandes marques. Ils apportent à ce
industriel un regard extérieur à la mode
Ils renouvellent les formes, les matériaux
construction même de la chaussure.
AIR VAPORMAX, NIKE X MARC NEWSON, 2017
STUDIO MARC NEWSON
SLIP-ON, PUMA X PHILIPPE STARCK, 2004
PUMA ARCHIVE
METARIDE AMU, ASICS X KENGO KUMA, 2019
ASICS FRANCE
ZVEZDOCHKA, NIKE X MARC NEWSON, 2004
STUDIO MARC NEWSON
BEETLE, CAMPER X NENDO, 2014
CAMPER
COUNTRY TRAINER, CAMPER X JASPER MORRISON, 2011
CAMPER
Des regards extérieurs

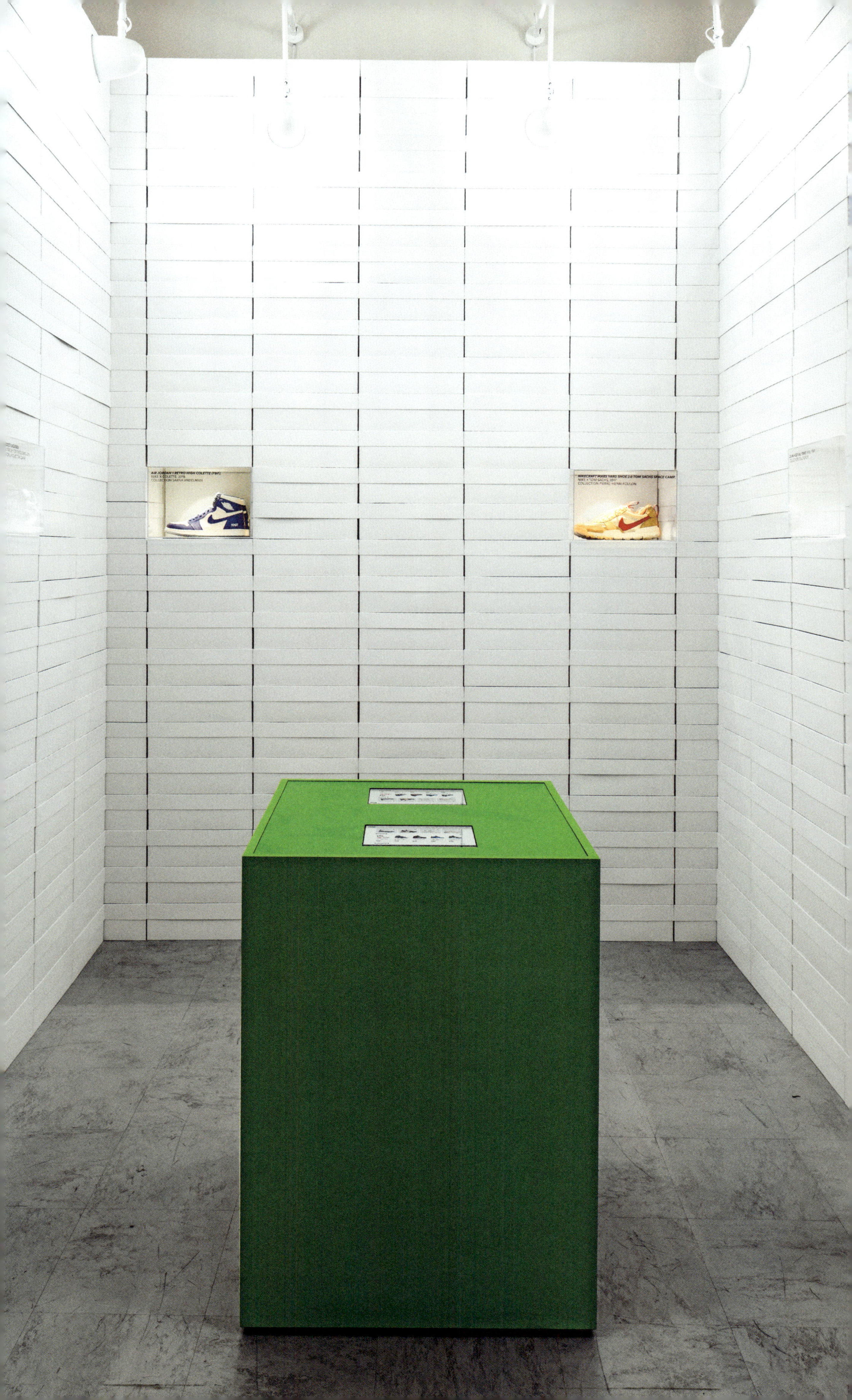
AIR JORDAN 1 RETRO HIGH COLETTE (F&F)
NIKE X COLETTE, 2018
COLLECTION SARAH ANDELMAN
NIKECRAFT MARS YARD SHOE 2.0 TOM SACHS SPACE CAMP
NIKE X TOM SACHS, 2017
COLLECTION PIERRE-HENRI FOULON

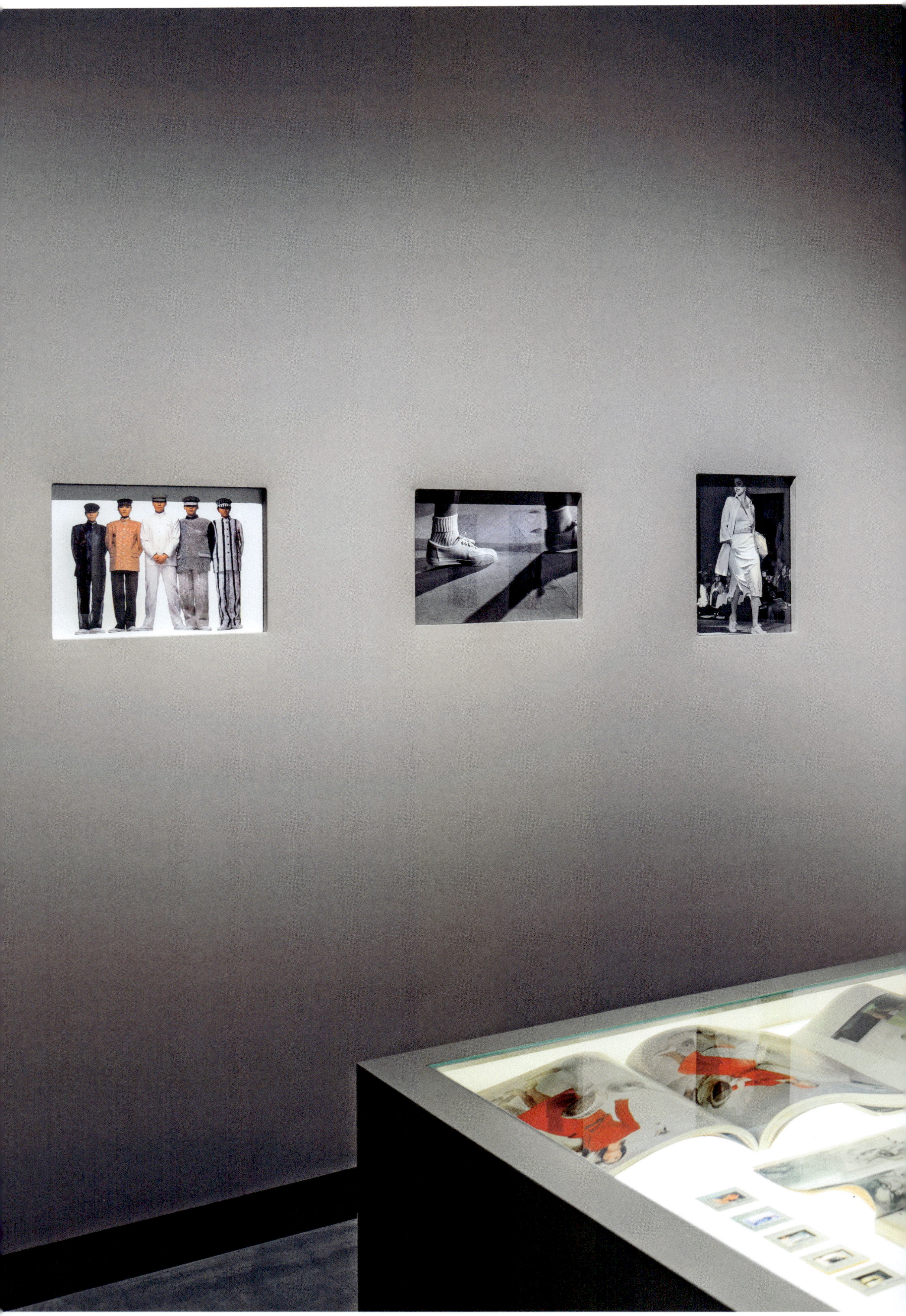

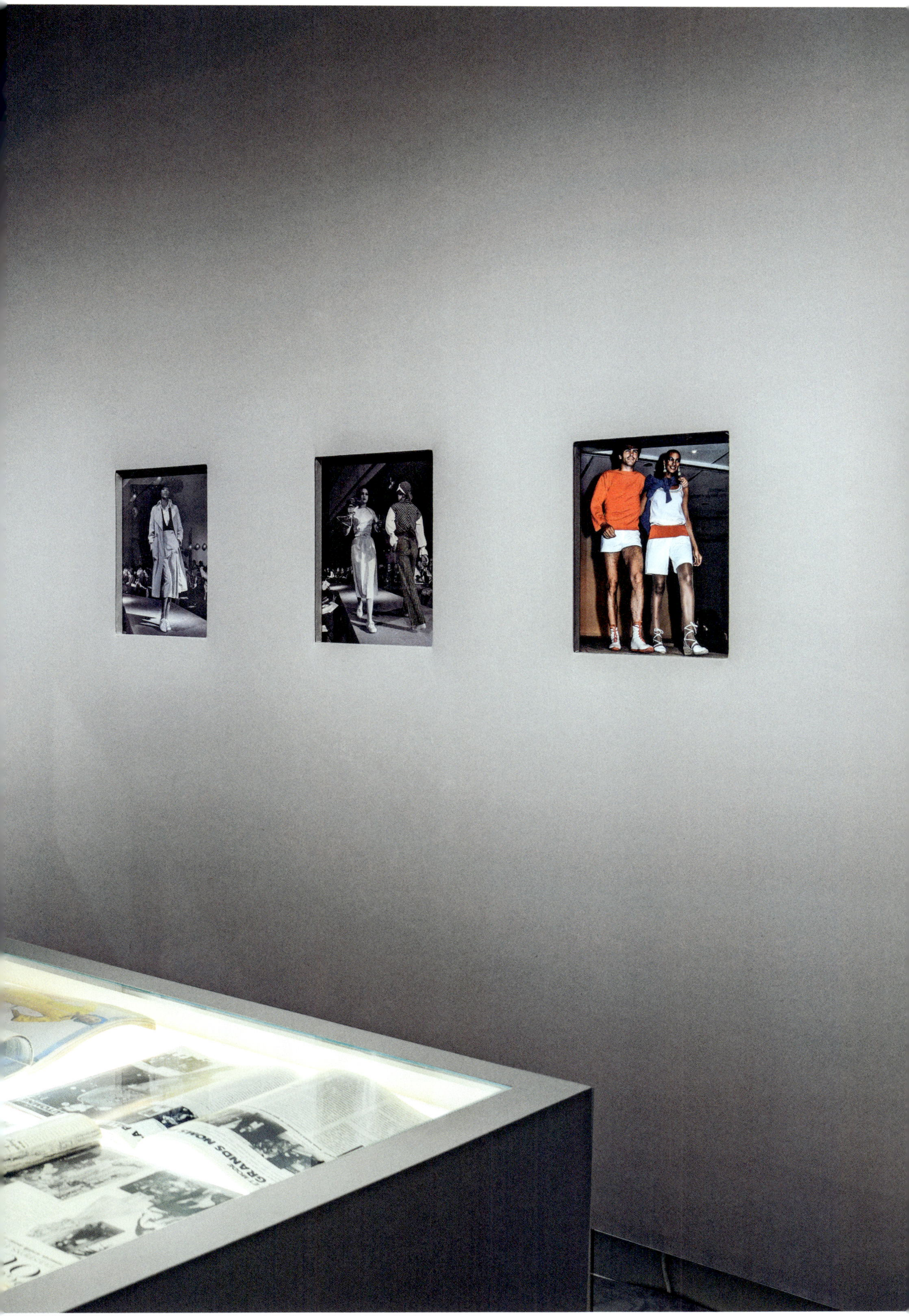

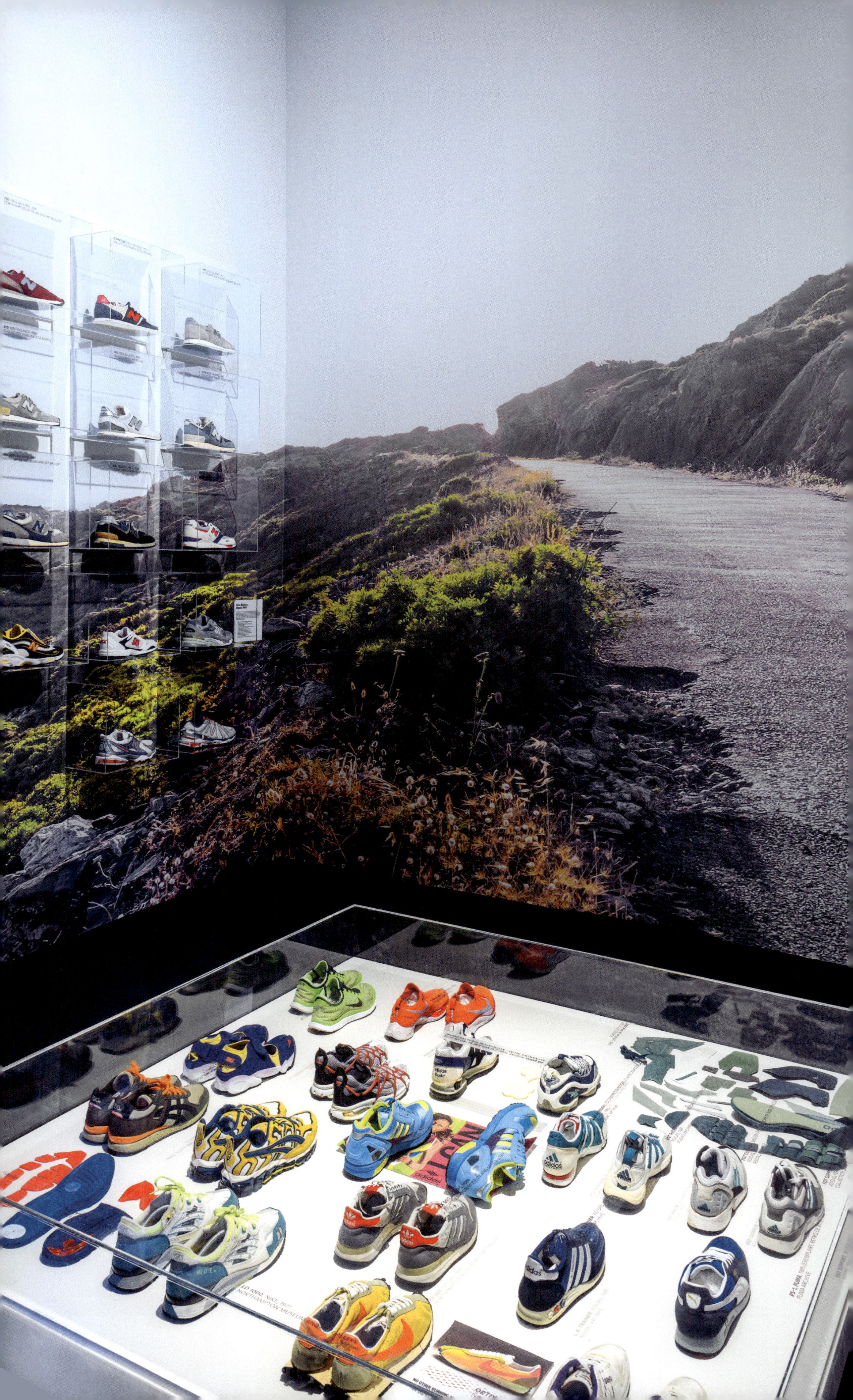

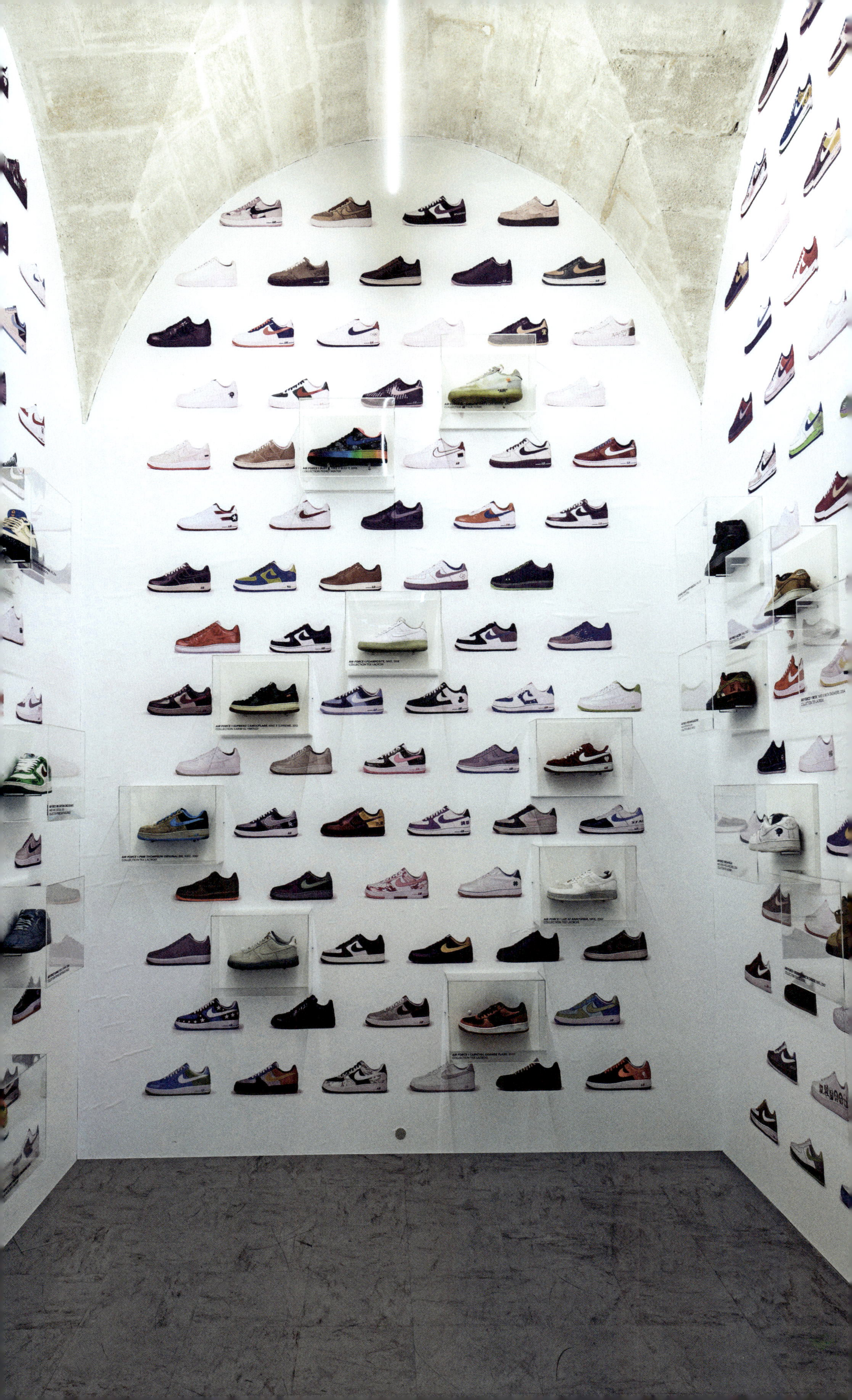

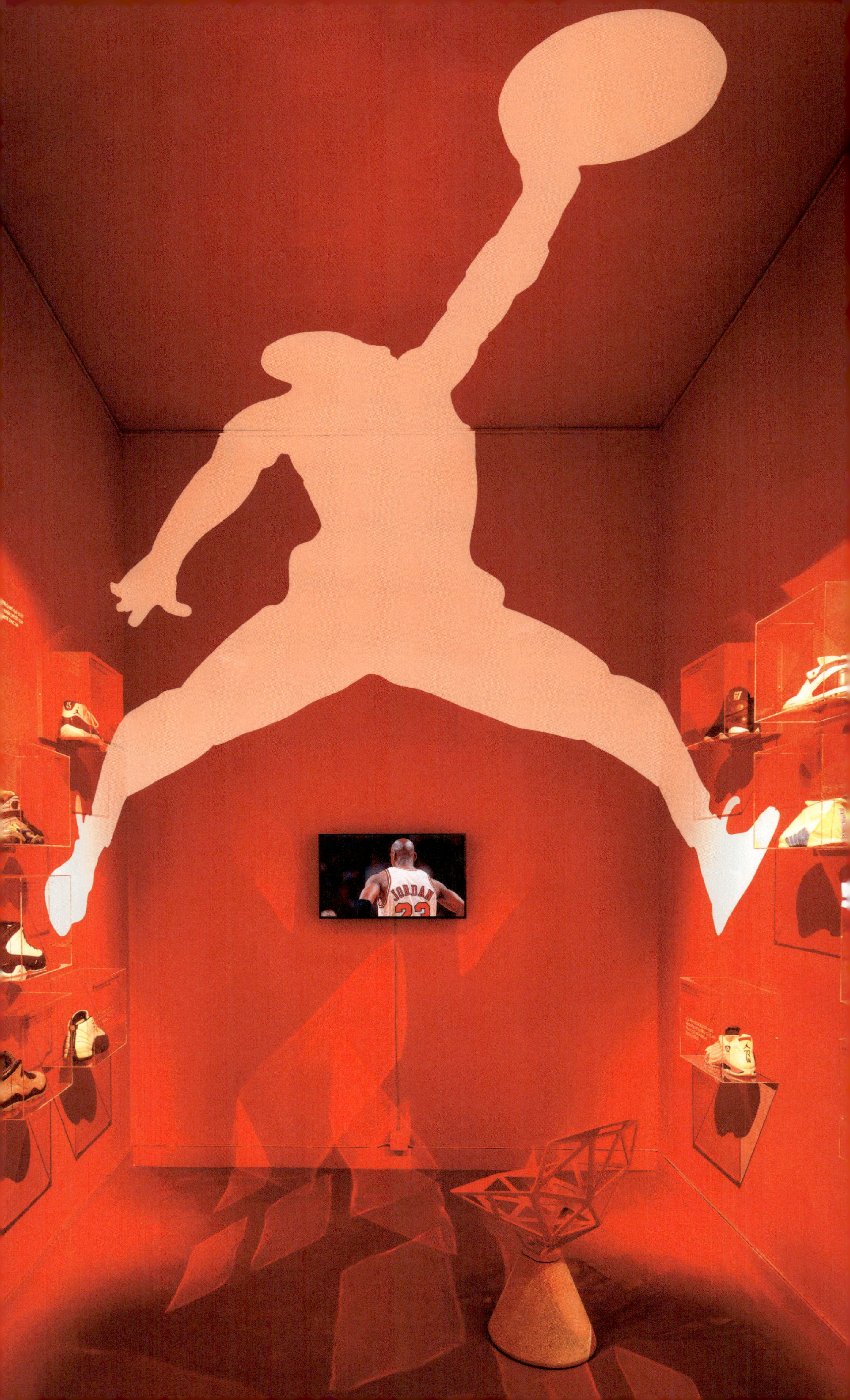
JORDAN
23

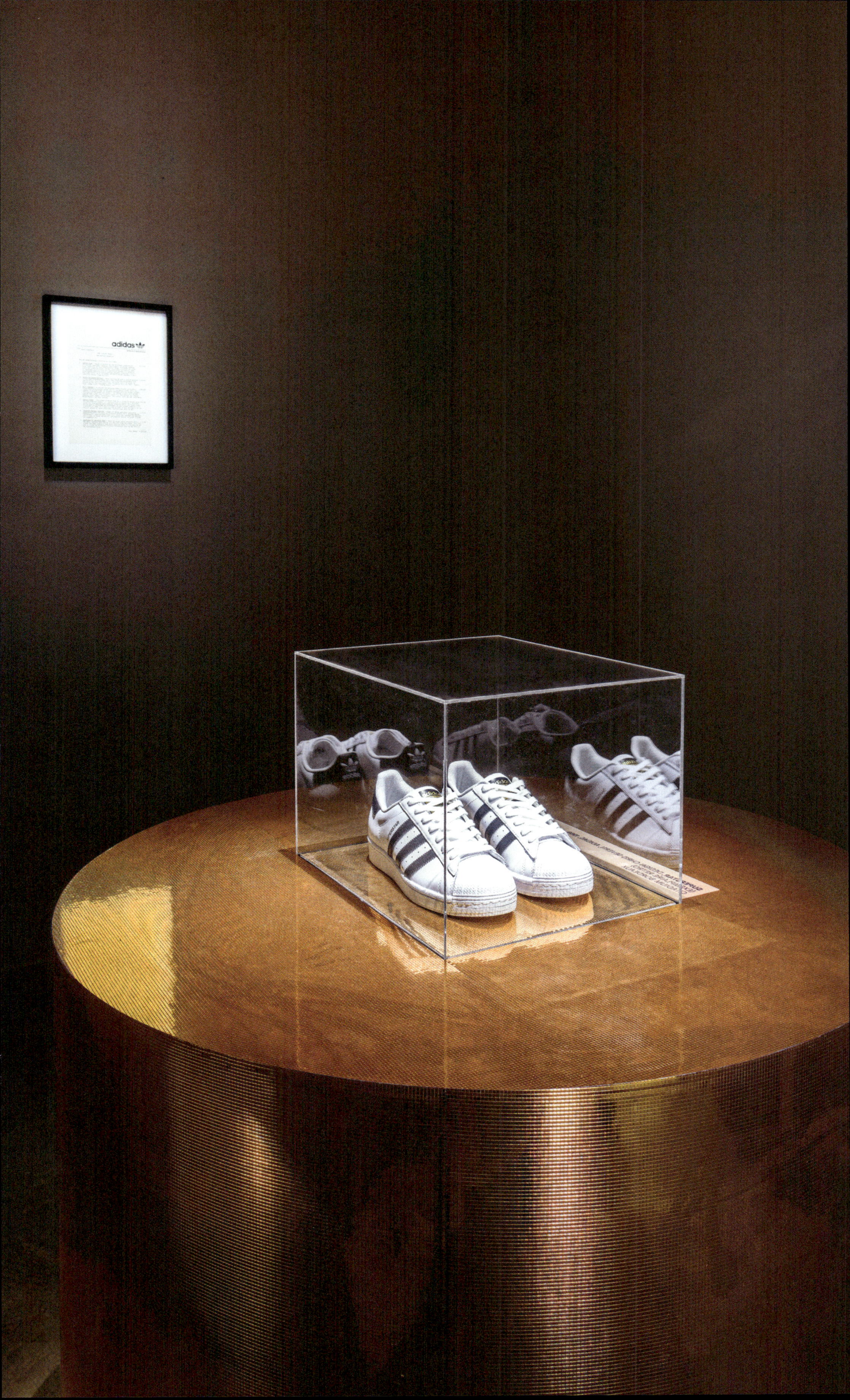
adidas

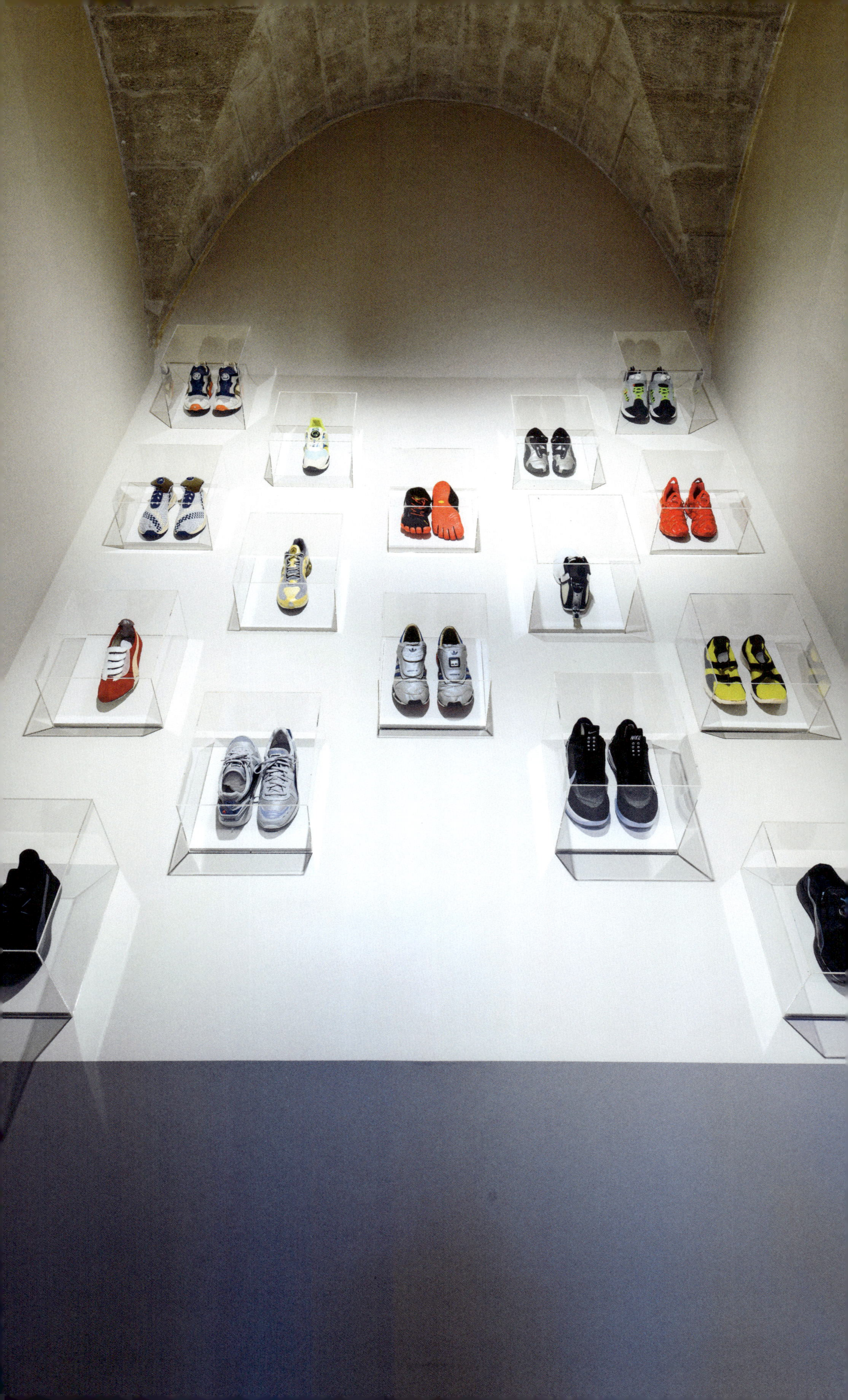

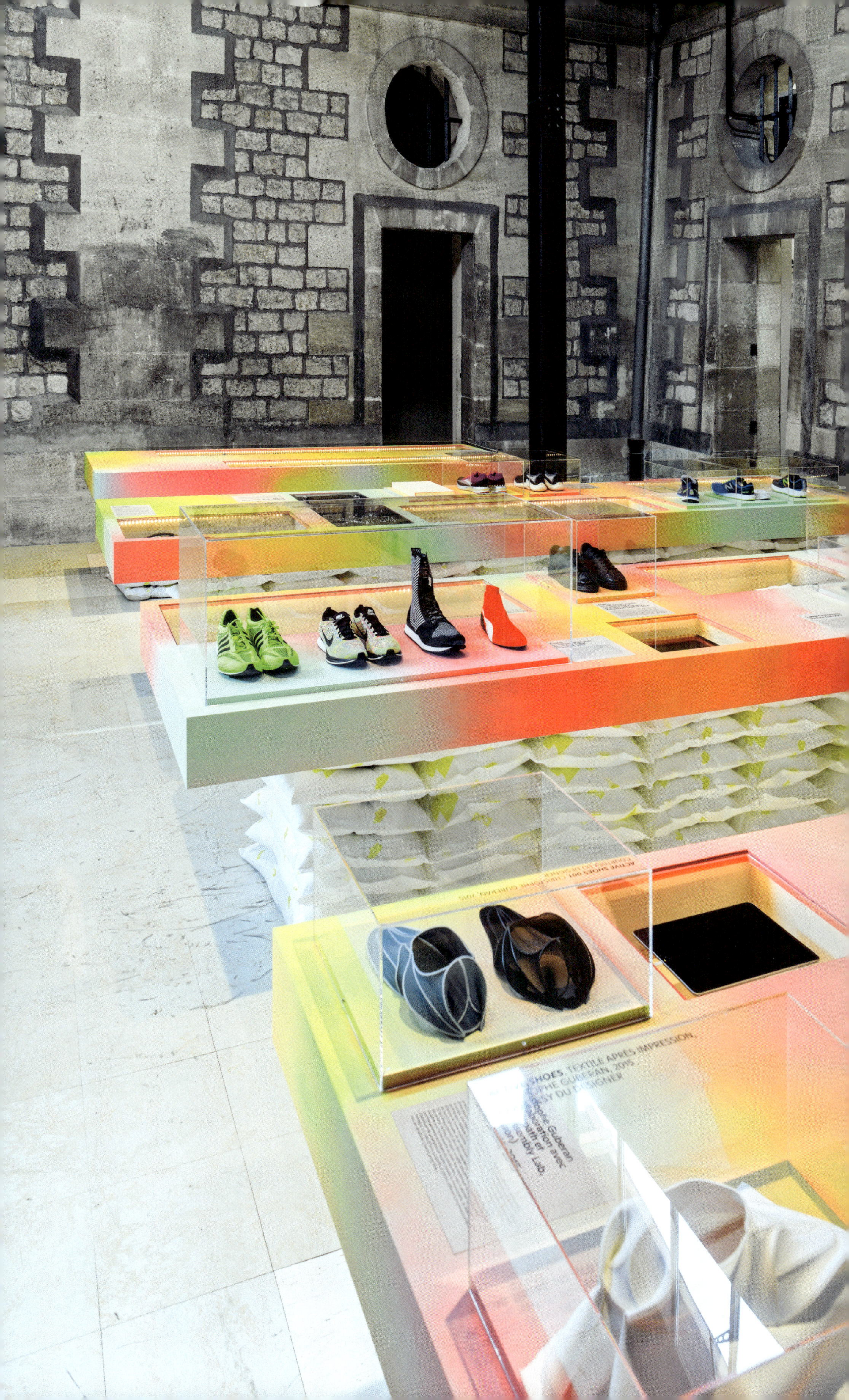

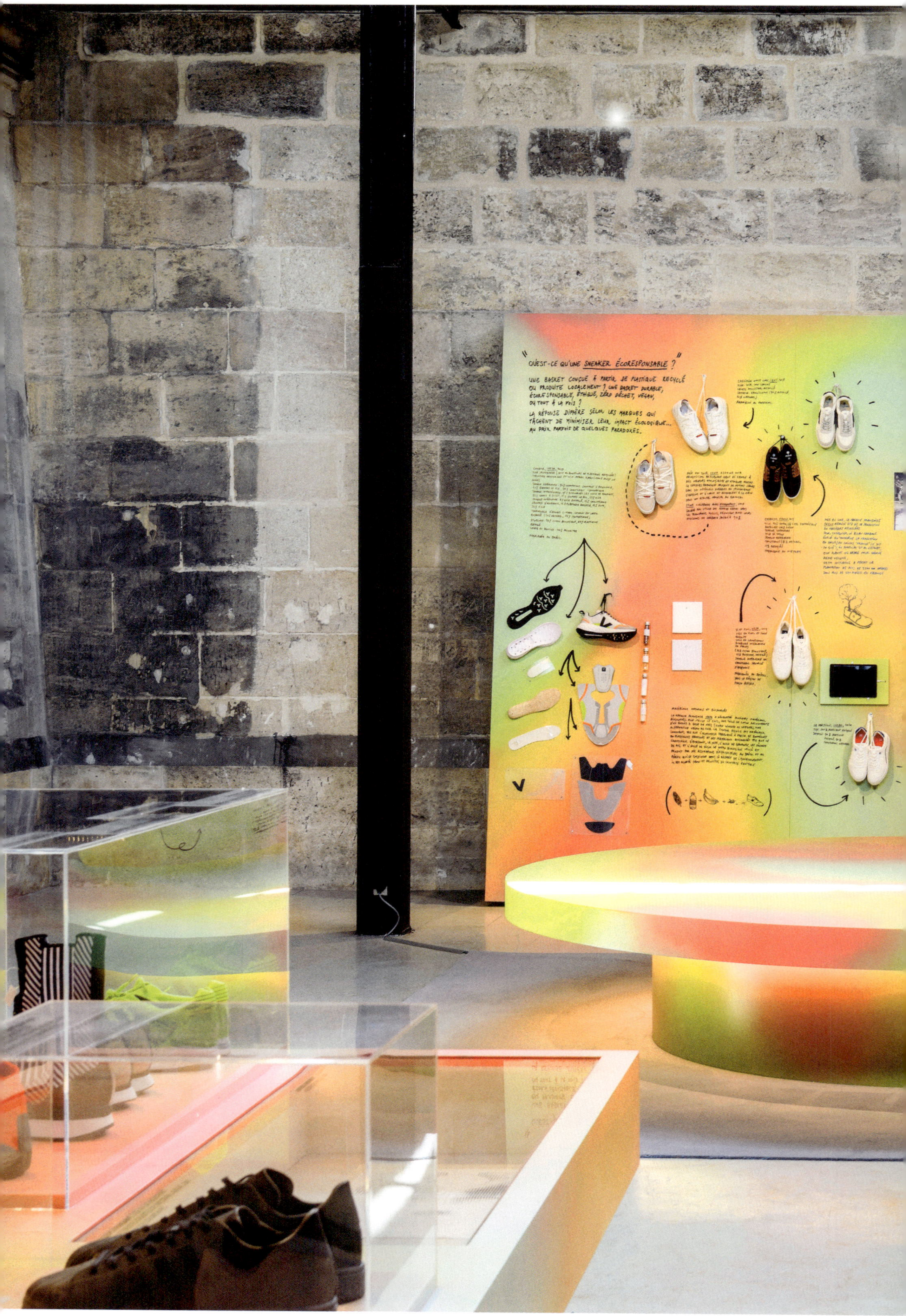
“QU'EST-CE QU'UNE SNEAKER ÉCORESPONSABLE ?”
UNE BASKET CONÇUE À PARTIR DE PLASTIQUE RECYCLÉ OU PRODUITE LOCALEMENT ? UNE BASKET DURABLE, ÉCORESPONSABLE, ÉTHIQUE, ZÉRO DÉCHET, VEGAN, OU TOUT À LA FOIS ?
LA RÉPONSE DIFFÈRE SELON LES MARQUES QUI TÂCHENT DE MINIMISER LEUR IMPACT ÉCOLOGIQUE… AU PRIX PARFOIS DE QUELQUES PARADOXES.

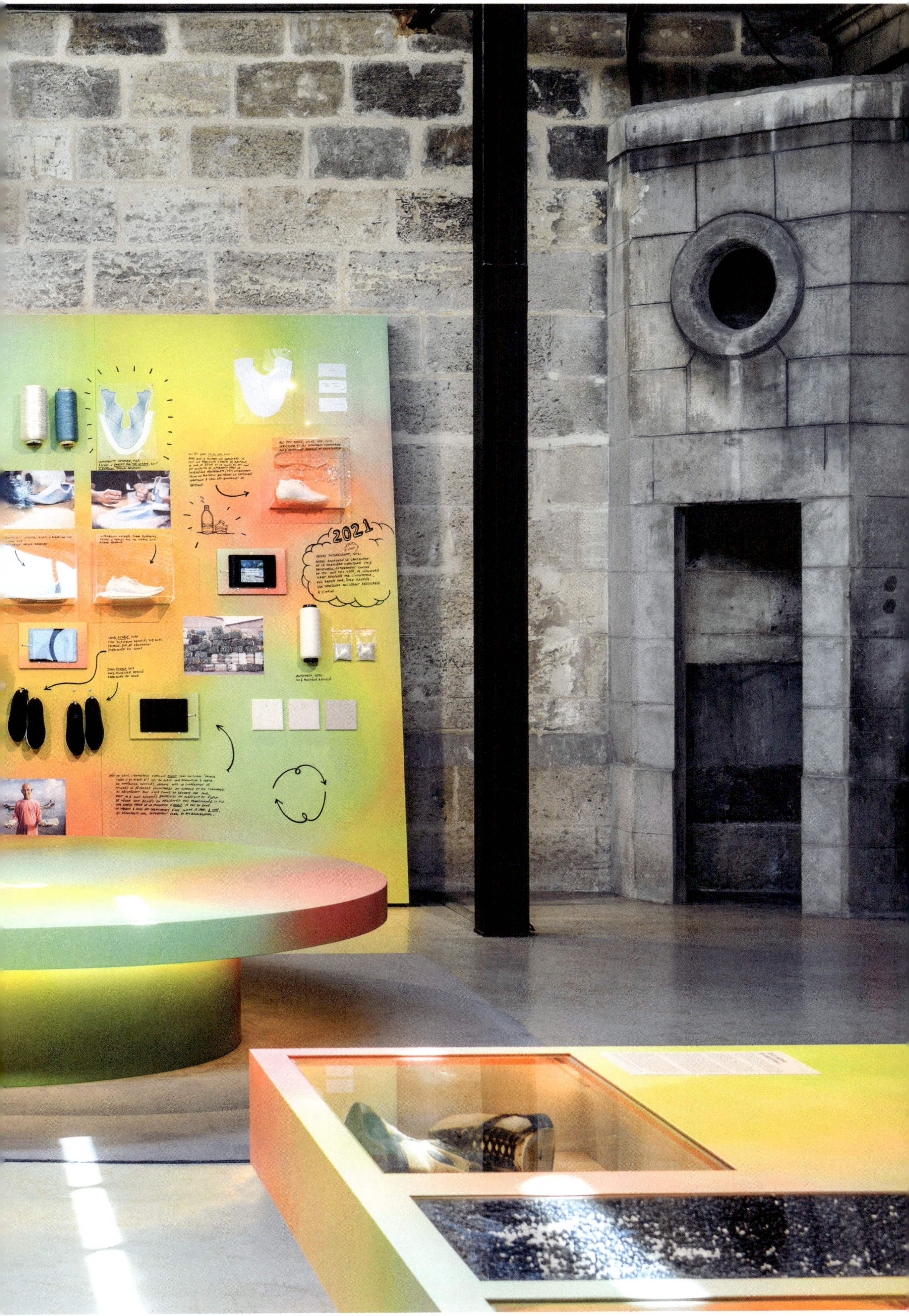

Constance Rubini est commissaire de l'exposition *Playground – Le design des sneakers* et directrice du madd-bordeaux.

Constance Rubini is curator of the exhibition *Playground – The design of sneakers* and director of the madd-bordeaux.

→ Lower East Side,
New York, 1979
Photo Martha Cooper

Fresh
Fresh

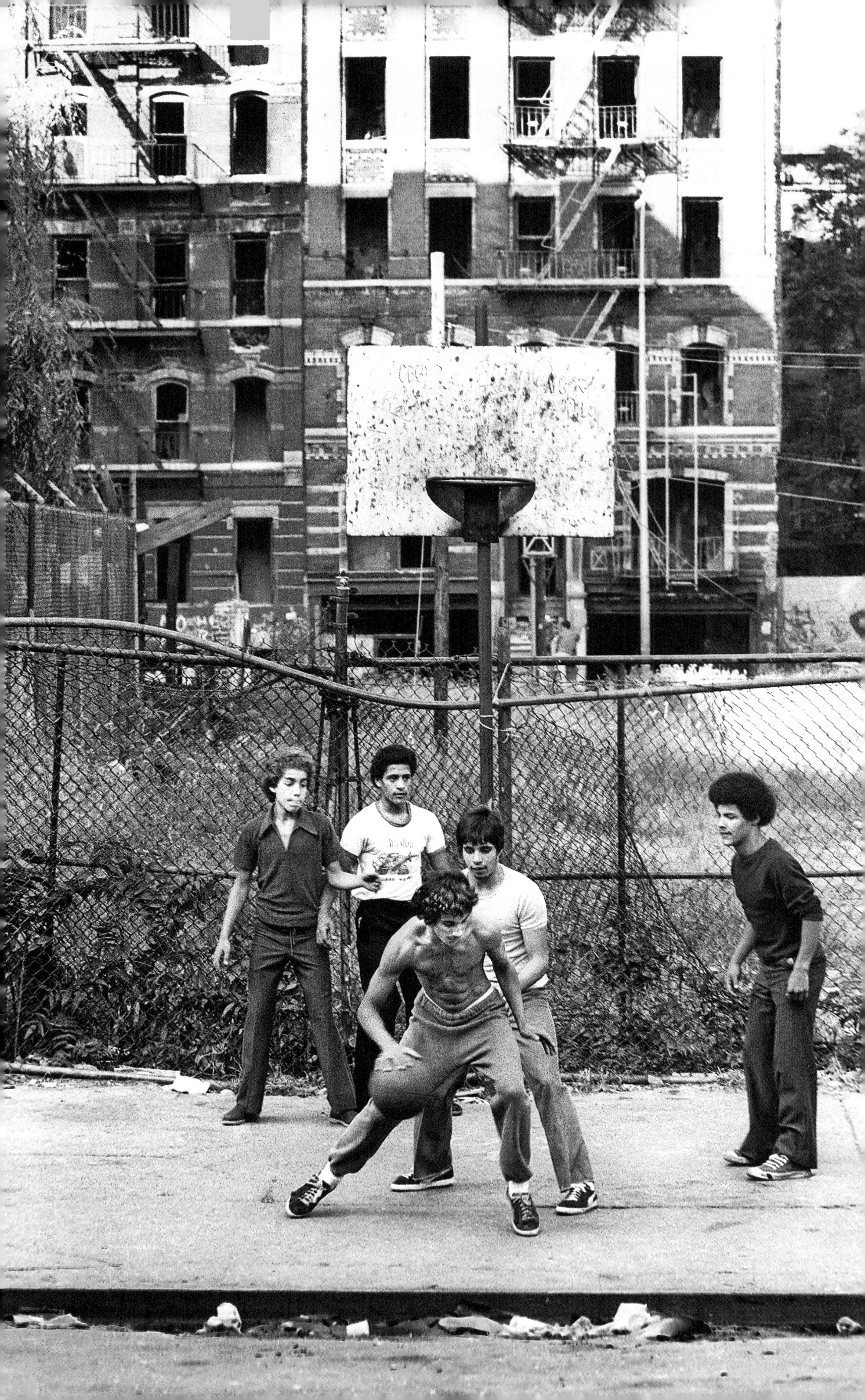

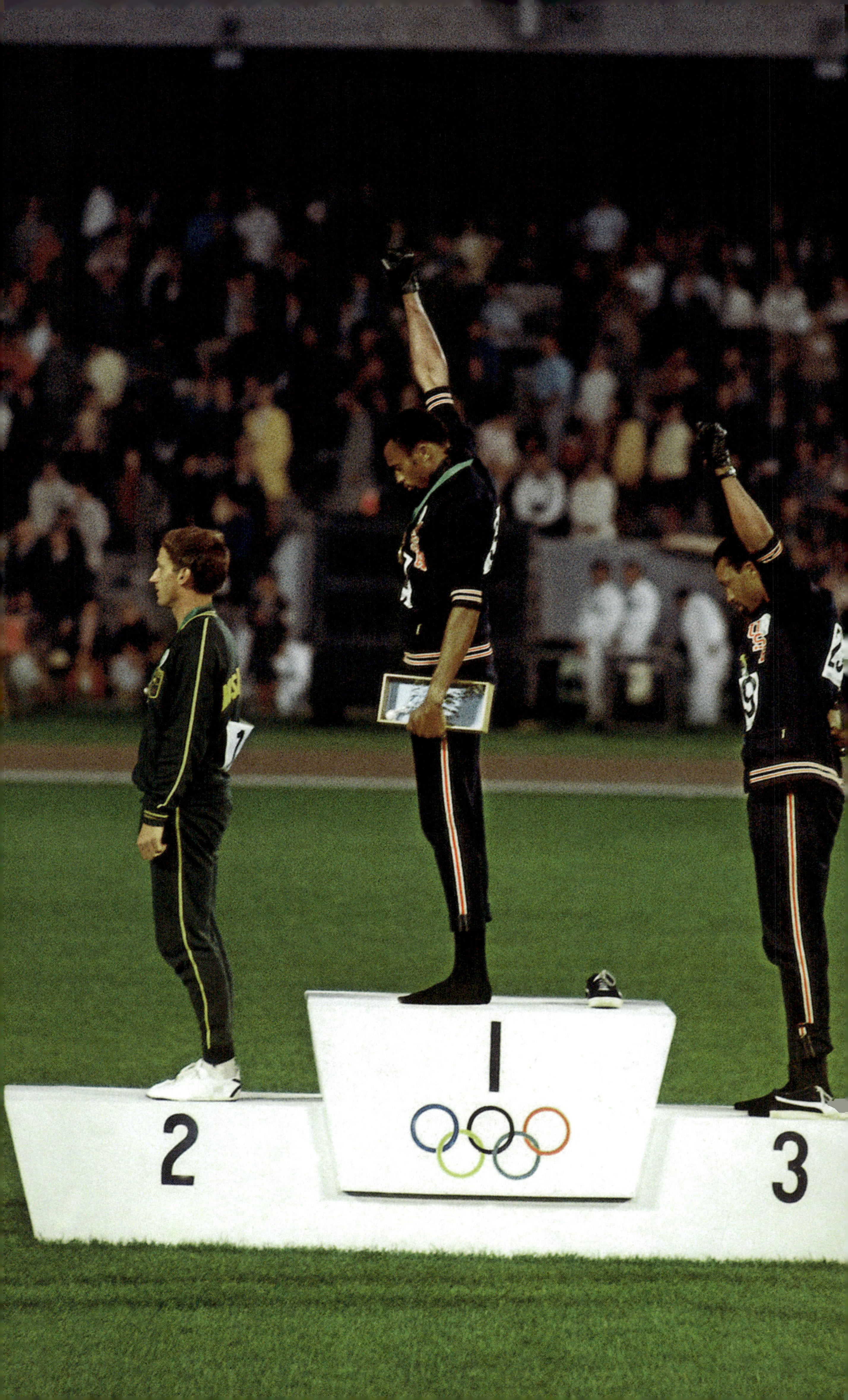
2
1
3

« La première chose qu'on fait en te saluant, c'est de regarder tes pieds. Tu peux avoir l'air d'un clodo de la tête aux pieds, mais aux pieds tu te dois d'être *fresh* »[1]. « *Fresh* », « frais » en français, cette expression employée aujourd'hui comme un adjectif trouve son origine à Harlem : « Être frais, c'est flamber à mort, c'est tout ce qu'on voulait. On flambe, on vient du quartier, c'est ça qu'on fait, on flambe » lance DJ Clark Kent[2]. AZ, figure iconique de Sugar Hill, à Harlem, réplique : « Si t'es pas frais, dégage, si tes baskets sont pas neuves, dégage ! On voulait avoir ce qu'il y avait de plus neuf et lancer les tendances. » C'est réussi. La mode des baskets s'est largement répandue à la ville, à toutes les villes. Quels que soient le milieu social, l'âge ou la région du monde dans laquelle on vit, on porte aujourd'hui des baskets, encore plus démocratiques que la paire de jeans qui favorise les corps élancés. La basket a gommé les codes vestimentaires, permettant de s'affranchir des barrières sociales et de flouter les frontières entre les sexes, jusqu'à devenir l'objet emblématique d'un monde culturel globalisé.

Cette mode issue des quartiers s'est diffusée dans la rue, d'où elle a conquis l'univers du luxe et de la mode. Le milieu des galeristes ayant rallié la tendance, différentes « collabs »[3] avec des artistes ont depuis vu le jour, pour achever le parcours de la basket et lui faire atteindre l'ultime podium, celui de l'œuvre d'art.

D'UN PODIUM À L'AUTRE

Celui des jeux Olympiques de Mexico, en 1968, a marqué les esprits. L'image de Tommie Smith et de John Carlos brandissant un poing ganté de noir à l'issue de l'épreuve du 200 mètres reste gravée. Défiant leur pays devant les caméras du monde entier, ils détournent le regard du drapeau américain pendant l'hymne national, guidant le nôtre vers leurs jambes vêtues de chaussettes noires. Une Puma *Crack* est posée sur le podium. Leur geste fait écho au « Ten-Point Program » publié en 1967 par le Black Panther Party, qui réclame « l'arrêt immédiat de la brutalité policière et des meurtres de Noirs ». Bien que la ségrégation soit abolie depuis le Civil Rights Act (1964), la violence persiste. L'assassinat dramatique de Martin Luther King, quelques mois avant les JO, a embrasé les populations. C'est dans ce contexte d'injustice et de pauvreté que grandissent les enfants des quartiers afro-américains.

Ils sont les premiers à subir la crise économique qui secoue New York, au bord de la faillite dans les années 1970. Pour eux, le rêve américain est un mirage. Parce que la culture *mainstream* leur est totalement inaccessible, ils façonnent leur look et génèrent une mode qui leur est propre. Dans le Bronx, à Harlem, tout le monde joue au basket-ball, le short, le débardeur et les sneakers constituent l'uniforme local, mais c'est le développement du hip-hop, cette culture du rap, du *deejaying*, de la breakdance et du graffiti, qui fait désormais de la basket l'objet de tous les désirs.

Depuis leur création, les marques avaient associé l'aura des plus grands athlètes à leur diffusion. Qui d'autre aurait pu communiquer une meilleure image de performance sportive ? Mais dans les années 1980, la culture du hip-hop bouleverse ce récit.

"The first thing somebody'll do is they look you in the eye *[and then]* they go to your foot...You can be bummy from head to ankle, but on your feet, you got to be fresh."[1] This use of the adjective "fresh" was coined in Harlem: "Being fresh is frontin' *[showing off]*. And that's what we were doing, all of our lives, we were frontin'. We're from the 'hood," adds DJ Clark Kent.[2] Az, an iconic figure of Sugar Hill in Harlem, puts it this way: "If you ain't fresh, you're corny, man, you're wack – get outta here, beat it! Them sneakers is old, man! You had them on yesterday... We was on some trend-settin' stuff."

And they succeeded. The sneakers craze has spread throughout the city – throughout every city. People of every age, from every social background and from every part of the world now wear sneakers, an accessory even more egalitarian than jeans, which look best on a slim figure. Sneakers have stamped out the dress codes, leapt across social barriers and blurred the boundaries between the sexes, to the point of becoming an emblem of a globalized cultural world. The fashion took off in city neighborhoods and spread on the street, ultimately conquering the spheres of luxury and high style. The community of gallery owners joined the trend, leading to myriad collaborations with artists, thus ushering the sneaker all the way to the ultimate podium, that of the work of art.

FROM ONE PODIUM TO ANOTHER

That of the 1968 Olympic Games in Mexico City left a lasting impression. The image of Tommie Smith and John Carlos raising their black-gloved fists after the men's 200 meter race remains an indelible memory. Defying their country in front of the world's cameras, they turned their eyes away from the American flag during the national anthem, guiding the spectators' gaze to their black-stockinged feet. A Puma *Crack* sat on the podium. Their gesture was an evocation of the "Ten Point Program" published in 1967 by the Black Panther Party, which called for "an immediate end to police brutality and [the] murder of black people." Although segregation had been officially abolished in the United States since the Civil Rights Act of 1964, the violence had continued. The tragic assassination of Dr. Martin Luther King, just a few months before the Olympics, triggered outrage among minority populations. The children of the African-American neighborhoods grew up in this climate of poverty and injustice.

They were the first to suffer from the economic crisis that shook New York City, bringing it to the brink of bankruptcy in the 1970s. For them, the American Dream was a mirage. Completely shut out from mainstream culture, they created their own look and developed a distinctive fashion. In the Bronx, in Harlem, where everyone played basketball, shorts, sleeveless T-shirts and sneakers were the local uniform. But it was the rise of hip-hop, rap culture, DJs, breakdancing and graffiti that turned sneakers into the object of all desires.

Since their founding, the sneaker brands had associated themselves with the aura of the best-known athletes. Who else could project a better image of high performance in sports? But in the 1980s hip-hop culture radically changed the narrative.

← Salut du Black Power par Tommie Smith et John Carlos au jeux Olympiques de Mexico, 1968

The Black Power salute by Tommie Smith and John Carlos at the Olympic Games in Mexico City, 1968

L'ACCESSOIRE ESSENTIEL

La sneaker est aux pieds de tous les rappeurs. Comme d'autres acteurs du rap ou de la breakdance qui cultivent avec leurs chaussures ouvertes le look racaille des prisonniers qui se sont vu retirer leurs lacets, Rev Run (Joseph Simmons), D.M.C. (Darryl McDaniels) et Jam Master Jay (Jason Mizell), qui créent tous les trois le groupe Run-DMC en 1981, portent leurs Adidas *Superstar* délacées, languette relevée. Leur son révolutionnaire conquiert le public ; le succès est immédiat. Ils participent en 1984, aux côtés de Newcleus, des Fat Boys et de Whodini, à la première tournée nationale de rap, le Fresh Festival, et se présentent sur scène habillés comme au quotidien, en blouson noir, chapeau noir et baskets noir et blanc, avec une grosse chaîne en or autour du cou. Leur allure contraste radicalement avec la tenue de scène des artistes pop qui affichent à la télévision cols longs et tenues à paillettes ; ils impressionnent les jeunes qui découvrent le rap avec eux.

Tous les trois viennent du quartier de Hollis, dans le Queens. Leur attitude ne plaît pas au docteur Deas, cet activiste qui veille sur la jeunesse de la communauté noire. « *Jail shoes are not suitable fashion for black youth. Tie your laces!* » lance-t-il dans un article publié dans le *Jamaican Times*. Il exprime son désaveu dans une chanson, « Felon Sneakers » : si les jeunes veulent s'intégrer socialement et trouver un job, ils doivent rejeter ce look de canaille. Heurté par ses propos, Run-DMC répond en enregistrant *My Adidas*[4] : « Mes Adidas dans la 205e Rue / Super "fresh" et neuves à mes pieds / […] Mes Adidas ne sèment jamais la pagaille / Ce sont pas des pompes de racaille […] / On a imposé le son de la rue à la télé / Mes Adidas crèvent même le grand écran / Hollywood a su reconnaître notre talent / […] Micro en main, j'ai pris le pouvoir »… Et cette chanson est un hit !

À nouveau, leur succès populaire est énorme. La rue s'identifie à eux et se met à porter des *Superstar* sans lacets, comme sur la pochette de leur disque. À travers tous les États-Unis, les jeunes se projettent en eux. Lors de leurs concerts, tous portent des Adidas.

Sur les conseils de leur manager, les Run-DMC invitent Angelo Anastasio, directeur marketing d'Adidas (1984-1991), à assister à leur concert au Madison Square Garden[5]. Ils s'adressent à la foule : « Si vous portez des Adidas, levez-les bien haut ! » La scène est incroyable : 20 000 bras brandissent une *Superstar*. Adidas saisit bien sûr l'ampleur du phénomène. La marque écrit alors une nouvelle page de l'histoire des baskets. Pour la première fois, c'est une star de la musique et non pas un athlète qui est sollicitée comme égérie. C'est le premier mariage entre une marque universellement connue dans le monde du sport et la communauté hip-hop. En 1988, Run-DMC signe un contrat d'1 million de dollars, une somme astronomique pour l'époque. Un engagement qui ouvre le champ à une popularisation sans limite. Dès la première année, la marque estime les revenus générés par la collaboration avec le groupe à 100 millions de dollars.

Dans la culture hip-hop, se distinguer grâce à sa paire de baskets est devenu un défi quotidien. « Dans les années quatre-vingt, qu'un gamin soit pauvre, riche, blanc, peu importe — s'il avait la bonne paire de sneakers aux pieds, c'était OK, parce qu'il était inventif, original », raconte Udi Avshalom, fondateur des magasins *Training Camp* et personnalité culte des débuts du hip-hop à New York[6]. Certains s'improvisent

THE ESSENTIAL ACCESSORY

Every rapper's foot is shod in a sneaker. Like the other rap stars and breakdancers who wore their shoes with no laces, cultivating the tough look of prisoners whose shoelaces have been confiscated, Rev Run (Joseph Simmons), D.M.C. (Darryl McDaniels) and Jam Master Jay (Jason Mizell), the three founders of the group Run-DMC in 1981, wore their Adidas *Superstars* laceless, with the tongues pushed out. Their revolutionary sound conquered a wide public and made them an instant success. In 1984, alongside Newcleus, the Fat Boys and Whodini, they participated in the Fresh Festival, the first nationwide rap tour, performing on stage dressed in their everyday clothes : black windbreakers, black hats and black and white sneakers, with outsized gold chains around their necks. The look was in stark contrast to the stage costumes of the mid-80s pop singers, who appeared on television wearing long collars and sequins, and it made an impression on young fans who were just discovering rap.

All three members of Run-DMC came from the Hollis neighborhood of Queens in New York City. Their attitude did not please Dr. Deas, an activist working with the youth of the black community. "Jail shoes are not suitable fashion for black youth. Tie your laces!" he exclaimed in an article published in the *Jamaican Times*. He expressed his opposition in a song, "Felon Sneakers"[3] : if young people want to be socially integrated and find a job, they have to reject this ruffian look. Offended by his attack, Run-DMC responded by recording "My Adidas" : "My Adidas, standin' on two-fifth street / Funky fresh and yes cold on my feet," "My Adidas, only bring good news / And they are not used as felon shoes," "We took the beat from the street and put it on TV / My Adidas are seen on the movie screen / Hollywood knows we're good if you know what I mean," "With mic in hand, I cold took command…" And the song was a hit!

The group reached new heights of fame and success. Street culture youth identified with them and started wearing *Superstars* with no laces, as seen on the album cover. Young people across the country wanted to look and act like Run-DMC, and everyone at their concerts wore Adidas. Upon their manager's advice, the rappers invited Angelo Anastasio, the Adidas marketing director (1984-91), to their concert at Madison Square Garden[4], where they told the crowd, "If you got Adidas on, hold 'em up!" It was an incredible sight : 20,000 hands were raised, each one holding a *Superstar*. Adidas, of course, instantly understood the scope of the phenomenon. The brand then wrote a new page in the history of sneakers by choosing ambassadors from the music industry rather than the world of sports, marking the first alliance between a world-renowned sports label and the hip-hop community. In 1988 Run-DMC signed a contract for $1 million, an astronomical sum at the time. The deal opened the way to seemingly limitless popularity for sneakers : already in the first year, Adidas estimated the income generated by its collaboration with the group at $100 million.

→ Lower East Side, New York, 1979
Photo Martha Cooper

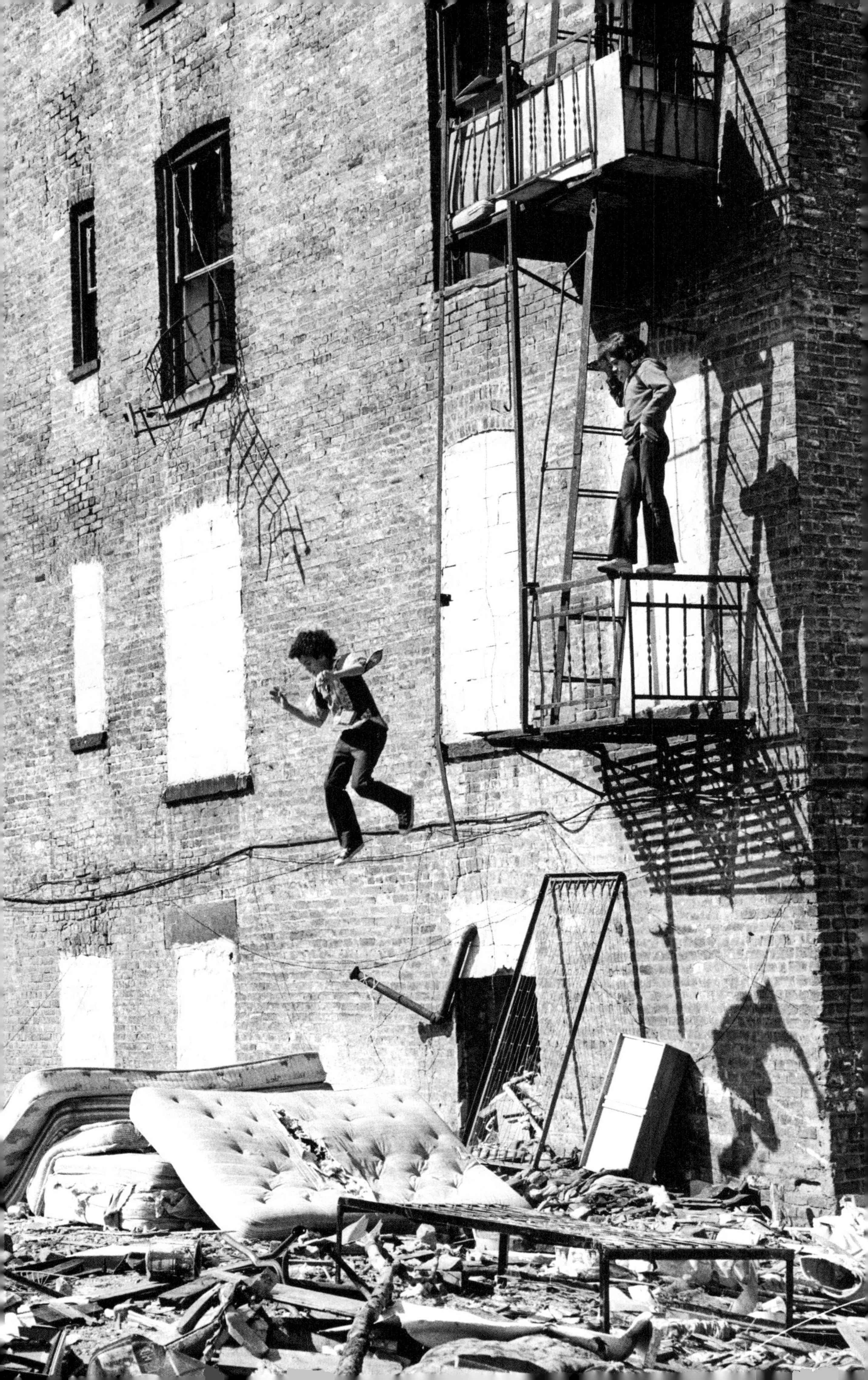

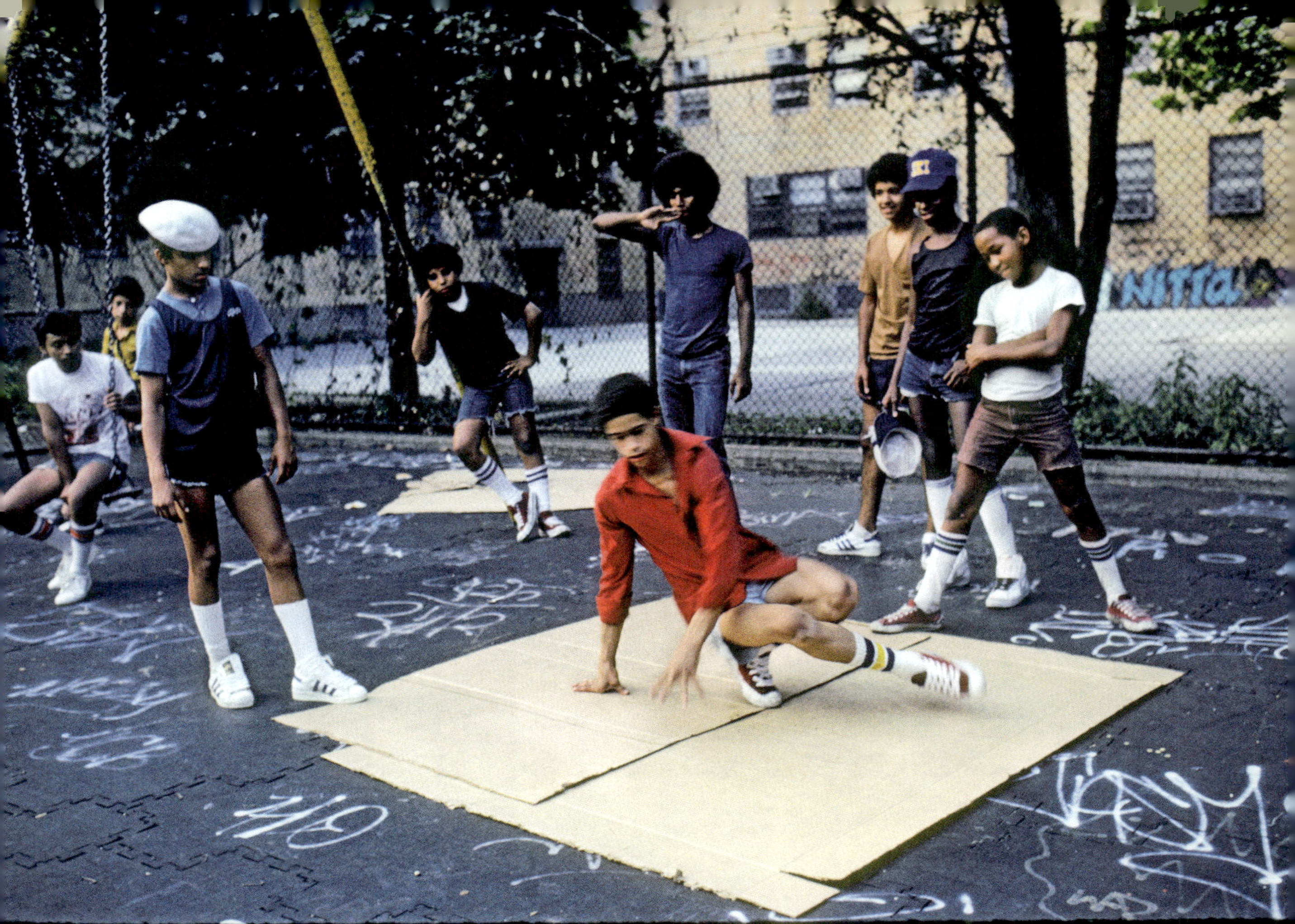

A↑

↓B

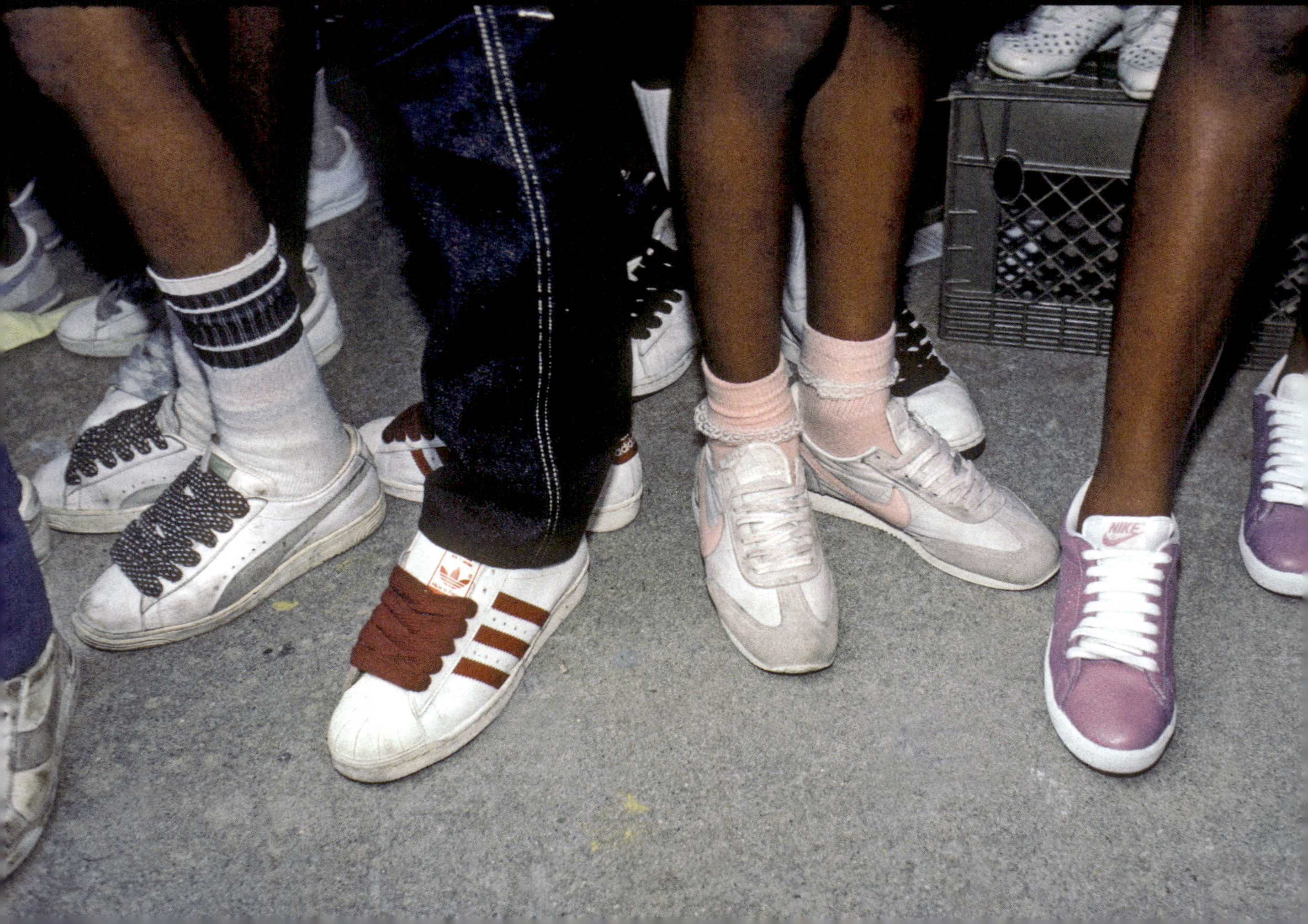

designers et passent des heures à peindre leurs chaussures pour les customiser. Qu'on soit joueur de basket-ball, graffeur, *b-boy* ou *b-girl*, DJ, MC ou beatboxer, il s'agit d'affirmer sa personnalité et d'impressionner les autres.

Mais cette culture est fragilisée dans le courant des années 1980 avec l'arrivée simultanée de la publicité à la télévision et des nouvelles pratiques de marketing, qui propulsent la mode des sneakers à une autre échelle. Les baskets sortent d'un terrain de jeu encore assez confidentiel pour gagner l'espace public.

Les sneakers vont se vendre comme des petits pains. En 1986, à la demande des trois principaux vendeurs de Baltimore, Nike ressort la *Air Force 1*, première chaussure de basket-ball à intégrer la technologie Air dans sa semelle[7]. Le modèle est alors produit en petites séries de couleurs différentes. Déjà très populaire dans sa version originale blanche, grâce à son design aussi simple et appropriable que celui de la *Stan Smith* d'Adidas, la *Air Force 1* peut dès lors s'assortir aux tenues des joueurs de NBA et aux survêtements portés par les trafiquants de drogue, dont la fierté est d'afficher une nouvelle tenue chaque jour. Les ventes explosent, et le phénomène nouveau de la série limitée complexifie le marché.

PETIT PAIN ET LINGOT D'OR

Il n'y a qu'un pas à franchir pour que la sneaker se transforme en lingot d'or. En mai 1989, le magazine *Sports Illustrated* titre en couverture « *Your sneakers or your life* », se faisant l'écho du crime commis par un garçon de dix-sept ans sur un gamin de quinze ans qui porte une paire de *Air Jordan*. La presse témoigne d'un phénomène grandissant : produit en séries limitées, l'objet de convoitise voit son prix monter dès sa sortie sur le marché. L'enjeu est de s'en procurer plusieurs paires, d'en porter une et de vendre les autres à profit, parfois même dans les heures qui suivent.

Avec le lancement de la Nike *Air Jordan*[8], marquant la naissance inédite d'une ligne cosignée par un athlète et un équipementier[9], le phénomène sneaker entre dans l'« ère post-Jordan » de la consommation de masse. Dans les années 1990, Internet ouvre une nouvelle ère culturelle. Désormais, plus la peine de sillonner le pays ou le monde à la recherche de la paire la plus rare, on peut la chasser sur le Web. Le nombre d'acheteurs se démultiplie et les prix augmentent jusqu'à atteindre des sommets qu'aucun *sneakerhead*[10] n'aurait imaginé. En mai 2020, une paire originale de *Air Jordan 1* (1985) portée par le joueur se vend 560 000 dollars chez Sotheby's, battant ainsi le record réalisé par une paire originale de Nike *Waffle Racing Flat* (1972), la *Moon Shoe*, adjugée à 437 000 dollars en juillet 2019.

Ces prix faramineux alimentent les légendes, dont l'éclat rejaillit sur l'ensemble du marché. La sneaker envahit tous les magasins, les plus populaires comme les plus luxueux. Chacun se projette, s'approprie un modèle ou une couleur, « la mode permet de conjoindre en un même agir unitaire la tendance à l'égalisation sociale et la tendance à la distinction individuelle[11] ». Pas une marque n'y échappe, depuis que Karl Lagerfeld, avec son défilé Chloé en 1975[12], a ouvert le chemin, elles foulent tous les podiums de la mode.

A. Rock Steady Crew, New York, 1981 Photo Martha Cooper

B. Bronx, New York, 1982 Photo Martha Cooper

In hip-hop culture, getting attention and respect for one's sneakers become a daily challenge. "In the '80s it didn't matter if a kid was poor, rich, white, whatever – if he had on the right sneaker he was the man, because he was innovative," recounts Udi Avshalom, owner of *Training Camp* shops and prominent figure of the early hip-hop scene in New York[5]. Some fans became their own designers, spending hours custom-painting their shoes. Whether for basketball players, graffiti artists, b-boys and b-girls, DJs, MCs or beatboxers, it was about asserting one's personality and making an impression.

But as the 1980s progressed, this culture was eroded by the simultaneous arrival of television advertising and new marketing practices that took the fad into a new dimension. No longer a relatively limited insiders' fashion, sneakers became part of the mainstream.

Soon they were selling like hotcakes. In 1986, in response to a request from the three biggest retailers in Baltimore, Nike re-released the *Air Force 1*, the first basketball shoe to integrate the brand's Air technology.[6] This time the model was produced in small series of different colors. Already a bestseller in its original white version, and with a design as simple and easy to wear as the Adidas *Stan Smith*, the new *Air Force 1* could be matched to the uniforms of NBA players and the tracksuits worn by drug dealers, who made it a point of pride to wear a new outfit every day. Sales exploded, and the new phenomenon of the limited series added to the complexities of the market.

HOTCAKES AND GOLD BARS

From there, it was a short step to turning these hot commodities into gold ingots. The cover of the May 1989 issue of *Sports Illustrated* magazine featured the headline "Your sneakers or your life," referring to the case of a 17-year old boy who murdered a 15-year-old for his *Air Jordans*. The press picked up on a growing phenomenon: produced in limited series, the most coveted models were commanding ever-higher prices from the moment they hit the market. It became a common practice to buy several pairs: one to wear and the others to sell for a profit, sometimes just hours after purchase.

With the launch of the Nike *Air Jordan*,[7] the first line co-signed by an athlete and a sports equipment brand,[8] the sneaker trend entered the "post-Jordan era" of mass consumption. Then in the 1990s the Internet ushered in a new cultural era. There was no longer any need to travel the country or the world seeking out the rarest pairs – they could be tracked down on the web. As the number of buyers multiplied, the prices escalated until they reached heights that no *sneakerhead*[9] had ever imagined. In May 2020, a pair of *Air Jordan 1* (1985), worn by the player himself, sold at Sotheby's for $560,000, breaking the record formerly held by an original pair of Nike *Waffle Racing* Flats (1972), also called the *Moon Shoe*, which had fetched $437,000 in July 2019.

Such staggering sums nourish legends whose aura enhances the entire market. Sneakers invaded all the outlets, from discount stores to luxury boutiques. Wearers projected an image by making a certain model or color their own, demonstrating fashion's capacity to "combine in a unified act the tendency towards social equalization with the desire for individual differentiation and variation."[10] After Karl Lagerfeld led the way with his runway show for Chloé in 1975,[11] no label could ignore the sneaker, and since then it has appeared on every catwalk.

LA FIN DES TALONS

« Quand Karl Lagerfeld a mis des tennis dans sa collection couture de 1976 [Chloé], tout le monde s'est moqué… Ce qui semblait absurde il y a quatre ans nous apparaît désormais avant-gardiste[13]. » Séduit par l'esprit provocateur de Lagerfeld, l'univers de la mode, raconte le *New York Times*, est aspiré par ce souffle de liberté. Lors de son défilé pour la collection printemps-été 1977, Chantal Thomass chausse ses mannequins avec des baskets en toile de couleurs diverses. D'autres, dont Issey Miyake et Thierry Mugler, captent aussi cette nouvelle esthétique, née du conflit entre la culture populaire et celle du luxe.

Le pied focalise l'attention, de son design dépend le maintien de la silhouette au sol. En pantalon depuis les années 1960, les femmes portent le caban réactualisé par Yves Saint Laurent. Leurs pieds chaussés sportivement foulent le sol en toute liberté de mouvement. C'est la fin de la dictature du talon et l'avènement d'une société plus égalitaire. Depuis son arrivée en Occident à la fin du XVIe siècle, le talon était un élément de supériorité pour les femmes comme pour les hommes[14]. Dénuée de fonctionnalité, la chaussure à talon montrait la supériorité d'une classe qui n'avait pas besoin de travailler. Ce signe, après 1730, ne distinguait plus que les femmes. Jusqu'à la fin du XXe siècle, la hauteur des talons s'étalonne à la hauteur de leur position professionnelle ou sociale. Elle va de pair avec le prix de la chaussure ; les enseignes du luxe dessinent le soulier haut, toujours plus haut, jusqu'à ce qu'il retombe au sol, sous le joug d'une mode venue de la rue. Sous la dictature de cette tendance grandissante, Christian Louboutin, Pierre Hardy, Roger Vivier, tous accordent désormais une place de choix aux sneakers, le nouvel objet du luxe contemporain. Homme ou femme, issus de milieux populaires ou de la bourgeoisie, tous marchent désormais à plat. Plus personne ne se distingue en s'élevant au-dessus du sol.

FLASH-BACK

En réalité, tout convergeait depuis longtemps vers la sneaker, cet objet des plus malléables. Dès le départ de son histoire, dans la première moitié du XIXe siècle, la basket apparaît comme une opportunité commerciale. Après que le chimiste américain Charles Goodyear a inventé le procédé de vulcanisation permettant de stabiliser le caoutchouc[15], ce matériau, plus souple, plus imperméable et surtout plus économique que le cuir, remporte un succès grandissant auprès des fabricants de sandales. En France, les chaussures à semelle de caoutchouc trouvent un terreau favorable au début du XXe siècle. Elles répondent favorablement aux besoins d'une époque qui découvre les sports de plein air, au moment où les notions de corps sain et d'hygiène progressent, faisant naître un culte du sport dans les années 1920.

LE CULTE DU SPORT

En 1925, dans un esprit résolument contemporain, l'architecte Robert Mallet-Stevens dédie une place centrale à l'hygiène corporelle dans le programme architectural qu'il conçoit pour les Noailles, à Hyères. La villa exemplaire possède une piscine intérieure qui ouvre sur une grande terrasse, une salle de

THE FALL OF THE HIGH HEEL

"When *Karl Lagerfeld* showed tennis shoes with his 1976 couture collection, everyone laughed… What seemed absurd four years ago now appears to have been avant-garde."[12] Enchanted by Lagerfeld's provocative spirit, the *New York Times* recounts, the fashion world was reveling in a new sense of freedom. For her 1977 spring-summer runway show, Chantal Thomass dressed her models in colorful canvas sneakers. Other designers, like Issey Miyake and Thierry Mugler, also embraced this new esthetic born of the clash between popular culture and luxury.

The foot is a focal point of attention, its design determining the wearer's overall bearing. Already in trousers since the 1960s, women began adopting the pea coat updated by Yves Saint-Laurent, their feet sportily shod for total freedom of movement. It was the end of the hegemony of the high heel and the advent of a more egalitarian society. Since its introduction in the West in the late 16th century, the high heel was an emblem of social rank for both women and men.[13] Indifferent to functionality, high-heeled shoes flaunted the superiority of a class that did not need to work. After 1730 this mark of distinction was limited to women. Through the end of the 20th century, the height of her heels reflected the height of a woman's social or professional position. And the price of the shoes was proportionate – the luxury labels raised the heel higher and higher, until it was brought back to earth by a fashion born in the street. Under the supremacy of this growing trend, the big-name shoe designers – Christian Louboutin, Pierre Hardy, Roger Vivier… – all began according a special place to the sneaker, the new object of contemporary luxury. Women and men, from the working class to the wealthy, now all keep their feet flat on the ground, no longer trying to stand out by rising above the others.

FLASHBACK

In reality, for a long time everything had been converging on that most malleable of objects, the sneaker. From the very beginning of its history, in the first half of the 19th century, the sneaker was seen as a commercial opportunity. After the American chemist Charles Goodyear perfected the vulcanization process for stabilizing rubber,[14] the material – suppler, more waterproof and in particular cheaper than leather – became increasingly popular among sandal manufacturers. Rubber-soled shoes found a fertile market in France in the early 20th century, meeting the needs of an era that was discovering outdoor sports and exercise. The concepts of physical health and hygiene were gaining ground, and would spawn a veritable fitness cult in the 1920s.

→ Images extraites de *Biceps et Bijoux*, réalisé par Jacques Manuel, produit par Charles et Marie-Laure de Noailles, 1928, collection CNC

Images from *Biceps et Bijoux* directed by Jacques Manuel, produced by Charles and Marie-Laure de Noailles, 1928, CNC collection

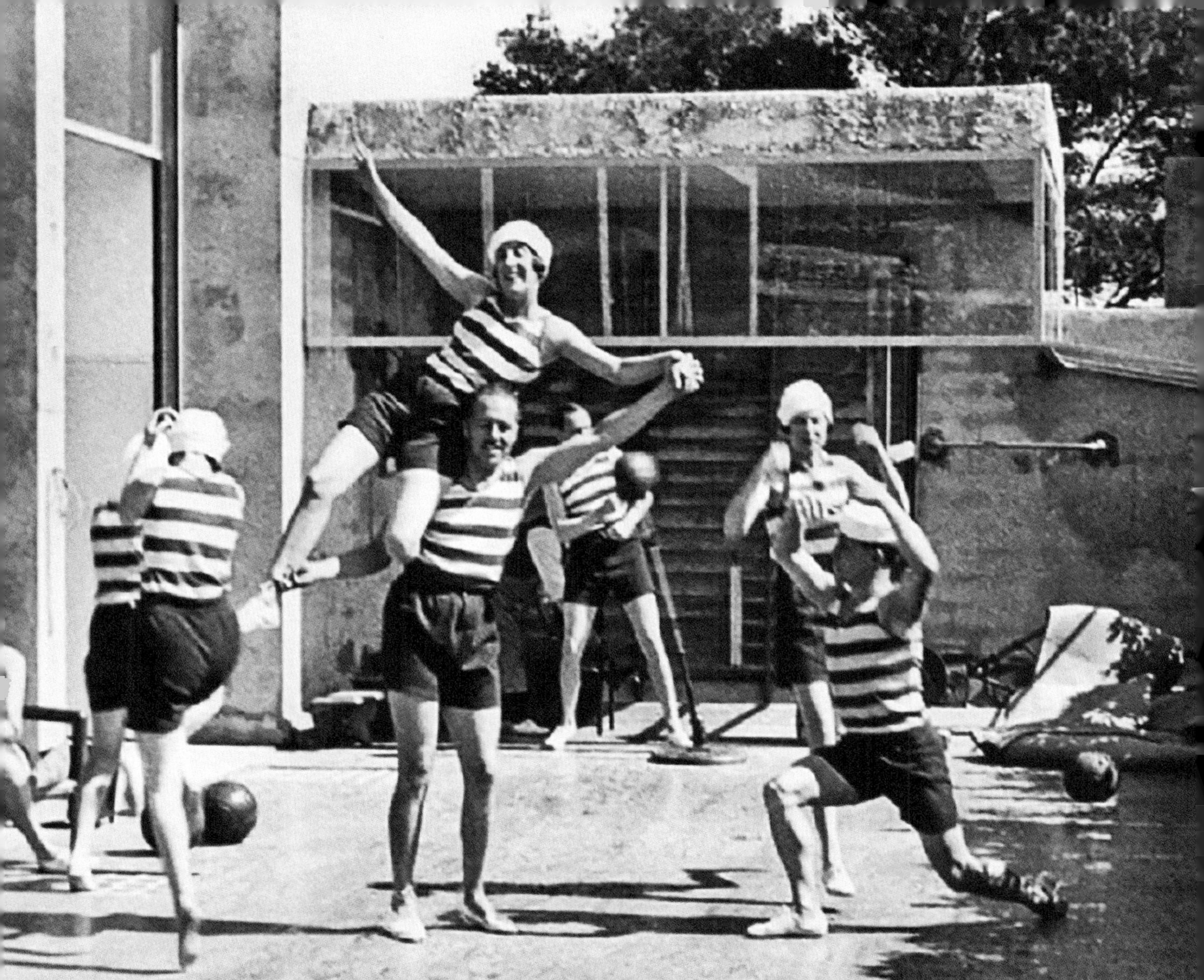

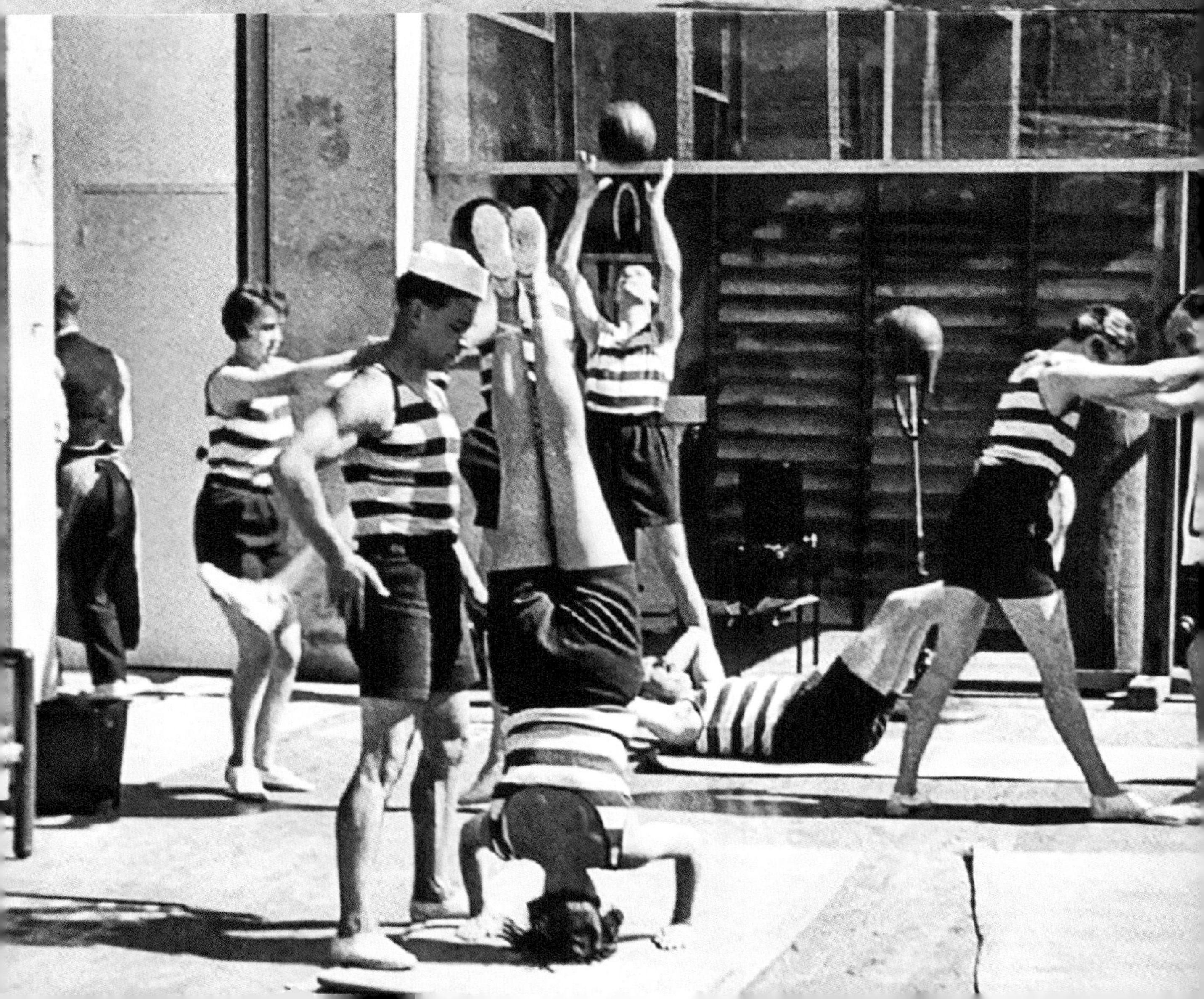

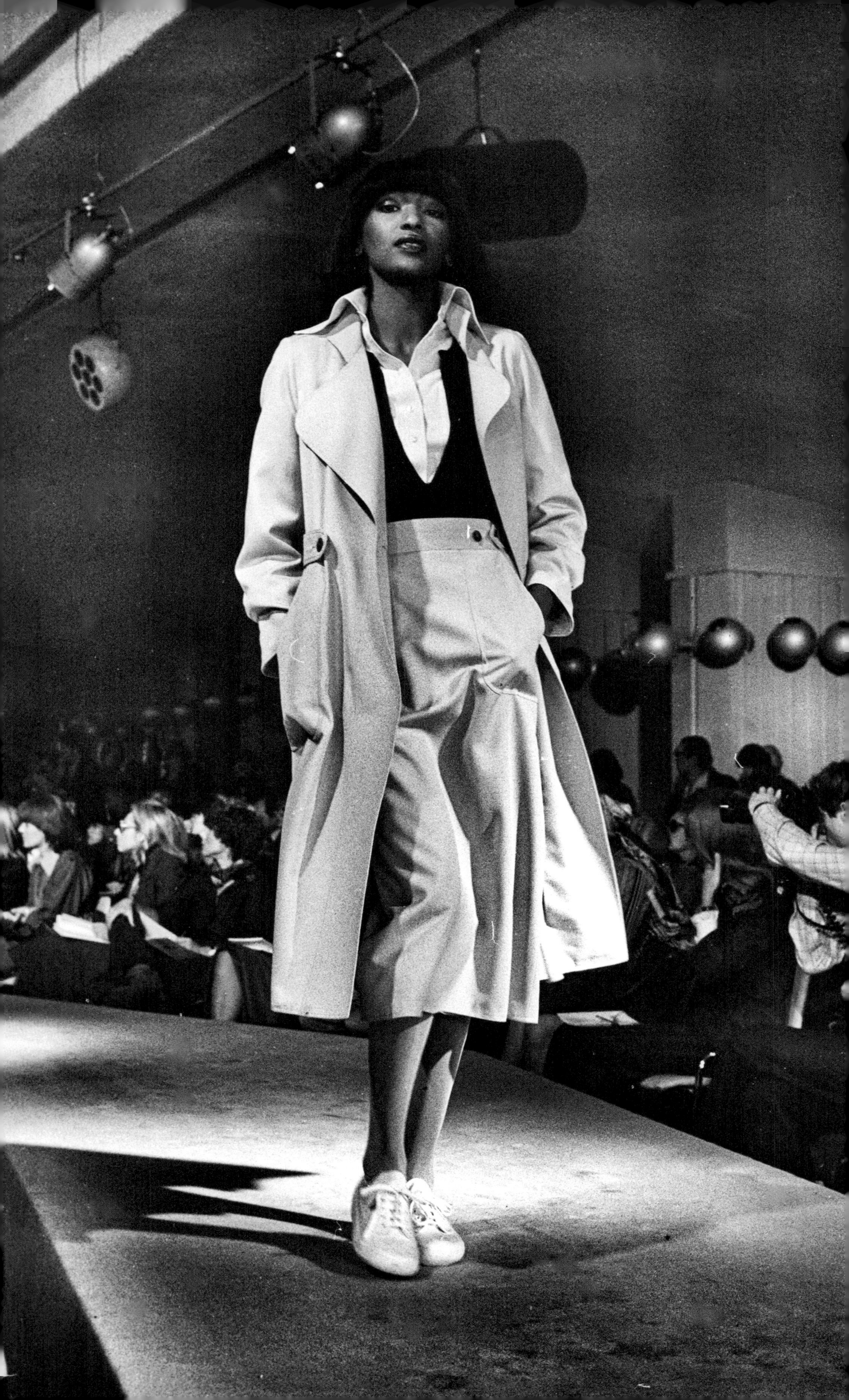

«raquette-tennis» (squash) et un gymnase. Dès leur arrivée, on remet aux invités short, maillot rayé et chaussures à semelle de caoutchouc. Quelques années plus tard, l'architecte décorateur René Herbst aménage une salle de culture physique au sein de l'«appartement pour un jeune homme», cet exemple d'habitation modèle créé par Le Corbusier et Charlotte Perriand pour le pavillon français de l'Exposition internationale de Bruxelles, en 1935. Le Front populaire, avec le vote des lois sur les conventions collectives, les congés payés et la semaine de quarante heures, ouvre dès 1936 la voie aux loisirs pour tous. La revue *L'Architecture d'Aujourd'hui* organise des concours privilégiant l'organisation des loisirs et les projets fleurissent. Ambiance de plein air et nouvel esprit de liberté favorisent une évolution du vêtement et des chaussures.

Ces changements de codes vestimentaires s'accélèrent dans l'après-guerre. Une génération nouvelle d'adolescents s'entiche de tout ce qui vient des États-Unis, rock, jean et Perfecto. Leur pratique du sport est encouragée par la télévision, qui retransmet les compétitions sportives internationales. Lorsqu'en 1960 les athlètes français reviennent des JO de Rome sans aucune médaille d'or, la colère historique du général de Gaulle exprime l'humiliation de la France. Ce dernier lance un grand programme de démocratisation du sport et y investit des fonds considérables. L'Éducation nationale prend en charge les plus jeunes et leur enfile des chaussures à semelle de caoutchouc. Les MJC[16] et les bases de loisirs en plein air poussent un peu partout. Tout converge pour favoriser l'usage de la chaussure de sport, encore appelée «tennis». Celle-ci se trouve bientôt au carrefour d'une évolution des pratiques sportives et du développement de la société de consommation.

L'ÉLOGE DE L'OBJET DE CONSOMMATION

Une plus grande aisance financière favorise durant les Trente Glorieuses l'essor des centres commerciaux, dont le concept est importé lui aussi d'outre-Atlantique par un jeune entrepreneur, Robert de Balkany. Dès 1969, celui-ci inaugure le premier grand centre régional, Parly 2, dans l'ouest parisien. C'est le début d'une saga : Rosny 2, Italie 2, Ulis 2 ou Bobigny 2[17], des galeries qui transforment la consommation en loisir. Leur réussite est commerciale, mais aussi immobilière. Elle fait naître des nouvelles extensions de ville qui prolongent les centres historiques. Une génération d'adolescents grandit dans un paysage urbain en plein essor, redessiné pour être étroitement lié aux nouveaux modes de consommation. Dans les années 1970, la jeune génération adopte simultanément rock, pop et chaussures de sport. Cette dernière fait partie d'une panoplie nouvelle qui s'oppose aux codes vestimentaires bourgeois des parents. Pour mieux cristalliser cet esprit de liberté, elle est rebaptisée du nom américain de «*sneaker*».

La génération suivante, celle des années 1980, «hirsute, sans repère, politiquement perplexe, qui n'a connu ni la guerre ni la faim, qui encense le noir puis se roule caméléon dans la couleur[18]», ne va plus à l'église le week-end ni dans les musées, mais,

← Défilé Chloé par Karl Lagerfeld, collection prêt-à-porter printemps-été 1976
Photo Jean-Luce Huré

Chloé show by Karl Lagerfeld, Spring-Summer ready-to-wear collection 1976
Photo Jean-Luce Huré

THE FITNESS CULT

In 1925, in a resolutely contemporary spirit, the architect Robert Mallet-Stevens made health and fitness a central part of his architectural concept for the Villa Noailles in Hyères, on the French Riviera. He equipped this exemplary residence with an indoor pool opening onto a large terrace, a squash court and a gym. Arriving guests were offered shorts, a striped jersey and rubber-soled shoes. A few years later, the architect-interior designer René Herbst furnished a fitness room in the model "apartment for a young man" created by Le Corbusier and Charlotte Perriand for the French Pavilion at the 1935 Brussels International Exposition. The following year, with the passage of laws on collective bargaining, paid vacations and a 40-hour work week, the leftist political movement Front Populaire introduced the concept of leisure for everyone. The magazine *L'Architecture d'Aujourd'hui* organized competitions for leisure-oriented designs and a great many projects were launched. The outdoor trend and newfound spirit of freedom led to evolutions in apparel and footwear.

Sartorial standards changed even faster after World War II. The new generation of teenagers had a passion for all things American, including rock 'n' roll, blue jeans and leather jackets. Their interest in playing sports was encouraged by television broadcasts of international sporting events. When the French team returned from the 1960 Olympics without a single gold medal, Charles de Gaulle's angry reaction expressed the country's collective humiliation. In response, he launched a large-scale program to democratize sports, backed by considerable investments. The schools initiated physical education for children, outfitting them with rubber-soled shoes. Youth centers and outdoor leisure facilities sprang up all over France. All the circumstances combined to favor the adoption of what were still called tennis shoes, which soon took their place at the crossroads of an evolution in physical activity and the development of consumer society.

IN PRAISE OF THE CONSUMER OBJECT

The greater prosperity of the postwar boom years powered the rise of the shopping center, a concept imported from across the Atlantic by a young entrepreneur named Robert de Balkany. In 1969 he inaugurated France's first major regional shopping center, Parly 2, west of Paris. It was the beginning of a long saga: malls dubbed Rosny 2, Italie 2, Ulis 2 and Bobigny 2[15] transformed consumption into a leisure activity. The ventures were a success in terms of business as well as real estate, creating new extensions of cities supplementing their historic centers. A generation of teenagers grew up in a dynamic urban landscape designed to go hand-in-hand with the new modes of consumption. In the 1970s the young generation simultaneously adopted rock, pop and sports shoes. The latter were part of a new wardrobe that rebelled against the staid dress codes of their parents. Crystalizing this spirit of freedom, French teens adopted the American word for their preferred footwear: "sneakers."

The subsequent generation, in the 1980s, "hirsute, aimless, politically confused, who have never known war or hunger, who swear by black, then change colors like a chameleon,"[16] no longer went to church,

détachée de toute contrainte, elle déambule dans ces centres commerciaux équipés de climatisation et de musique d'ambiance. Le mall est devenu un espace de loisirs, et le shopping, une culture. C'est aussi par ces lieux qui associent commerce et loisirs que la basket pénètre le champ urbain.

Ces temples de la consommation ont favorisé la démocratisation des sneakers et relayé la culture des banlieues. Run-DMC l'annonçait en 1986 : « Mes Adidas dans la 205e rue / Super "fresh" et neuves à mes pieds [...] / Micro en main, j'ai pris le pouvoir ». La culture noire américaine mène le jeu. La musique et le style des quartiers se sont imposés à tous. Si la mode a toujours été dictée par les plus fortunés, la pyramide s'est aujourd'hui inversée.

nor to museums, on weekends. Free of all constraints, they roamed the air-conditioned, Muzak-filled shopping centers. The mall became a leisure destination and shopping a culture. It was also through these places, combining commerce and leisure, that sneakers became part of the urban fabric.

These temples of consumption helped democratize sneakers and spread working class culture. Run-DMC spelled it out in 1986: "My Adidas, standin' on two-fifth street / Funky fresh and yes cold on my feet," "With mic in hand, I cold took command." Black American culture led the way. The music and style of the inner city neighborhoods became the standard for everyone. Traditionally, fashion was dictated by the wealthy – but today the pyramid has been turned upside down.

1. Datwon Thomas, journaliste hip-hop, dans le documentaire *Air Force 1. Anatomy of an Urban Legend*, Thibaut de Longeville, 2010.

2. Interviewé dans le documentaire *Air Force 1. Anatomy of an Urban Legend*.

3. Voir le *Lexique des sneakers*, p. 212-213.

4. Informations recueillies auprès de Thibaut de Longeville, auteur, avec Lisa Leone, du documentaire de référence *Sneakers, Le culte des baskets* (2005).

5. Concert au Madison Square Garden, Manhattan, New York, le 19 juillet 1986.

6. Cité dans Bobbito Garcia, *Where'd You Get Those? New York City's Sneaker Culture, 1960-1987*, New York, Testify Books, 2013, p. 174.

7. La *Tailwind*, lancée en marge du marathon d'Honolulu en 1978, est la première paire à intégrer la technologie Air (du gaz pressurisé encapsulé dans le polyuréthane), imaginée par l'ingénieur Marion Frank Rudy pour Nike. Ce système d'amorti révolutionnaire sera ensuite intégré par le designer Bruce Kilgore à une chaussure de basket, la *Air Force 1*, en 1982, avant que le designer Tinker Hatfield porte le coup encore plus loin en designant, en 1985, la *Air Max 1*, un modèle de sneaker sorti en 1987, qui laisse voir de façon transparente la bulle d'air intégrée.

8. L'histoire de la *Air Jordan* est développée dans l'entretien de Constance Rubini avec Peter Moore, p. 110-111.

9. La marque Air Jordan naît par la suite, en 1997.

10. Voir le *Lexique des sneakers*, p. 212-213.

11. Georg Simmel, *La Tragédie de la culture*, Paris, Rivages, 1993.

12. Le défilé Lagerfeld/Chloé a lieu en octobre 1975 pour la collection printemps-été 1976.

13. Francesca Stanfill, « Sporting About Town », *The New York Times*, 3 août 1980, p. 11.

14. Denis Bruna, « Côté rue, côté salon. Marcher au XVIIIe siècle », in cat. exp. *Marche et démarche. Une histoire de la chaussure*, Paris, Musée des Arts décoratifs, 2019, p. 35.

15. La naissance des sneakers est liée à la maîtrise du caoutchouc et à son industrialisation. Le caoutchouc provient du latex de l'hévéa, arbre originaire du Brésil. La Liverpool Rubber Company en Angleterre est considérée comme l'une des premières manufactures à fabriquer des chaussures équipées de semelles en caoutchouc dans les années 1830, mais le caoutchouc ramollit ou durcit avec les écarts de température. Les recherches de Charles Goodyear permettent de stabiliser le matériau, grâce à la mise au point de la vulcanisation, procédé chimique consistant à incorporer un agent vulcanisant, généralement du soufre, pour limiter sa déformation. Découverte en 1839 par Goodyear, la technique fait l'objet d'un brevet par Thomas Hancock quatre ans plus tard, mais confère cependant la grande médaille d'honneur de l'Exposition universelle de 1855 à Charles Goodyear.

16. Maisons des jeunes et de la culture.

17. Margaux Leridon, « Élysée 2, Vélizy 2, Parly 2... Pourquoi tant de centres commerciaux ont un nom qui se termine par 2 ? », Slate.fr, 4 août 2013.

18. Olivier Saillard, *Le Bouquin de la mode*, Paris, Robert Laffont, 2019, p. 233.

1. Hip-hop journalist Datwon Thomas in the documentary *Air Force One / Anatomy of an Urban Legend*, Thibaut de Longeville, 2010

2. Interviewed in the documentary *Air Force One / Anatomy of an Urban Legend.*

3. Information provided by Thibaut de Longeville, director with Lisa Leone of the landmark documentary, *Just for Kicks*, 2005.

4. Concert at Madison Square Garden, Manhattan, New York, July 19, 1986.

5. In Bobbito Garcia, *Where'd You Get Those? New York City's Sneaker Culture 1960-1987*, New York, Testify Books, 2013, p. 174.

6. The *Tailwind*, launched for the Honolulu Marathon in 1978, was the first sneaker to integrate Air technology, developed for Nike by the engineer Frank Rudy. Using pressurized gas sealed in polyurethane, the revolutionary shock absorption system was first used in a basketball shoe when Bruce Kilgore designed the *Air Force 1* in 1982. Tinker Hatfield took the concept even further in 1985 with his design for the *Air Max 1* (released in 1987), a sneaker that made the air bubble visible.

7. The history of the *Air Jordan* is further developed in the interview of Peter Moore by Constance Rubini, p. 112-113.

8. The *Air Jordan* brand was launched later, in 1997.

9. See in the *Sneakers glossary*, p. 210-211

10. G. Simmel, *La Tragédie de la Culture* ("The Tragedy of Culture"), Paris, Rivages, 1993.

11. The Lagerfeld/Chloé show took place in October 1975 for the 1976 spring-summer collection.

12. Francesca Stanfill, "Sporting About Town," *The New York Times*, August 3, 1980, p. 11.

13. Denis Bruna, « Côté rue, côté salon. Marcher au XVIIIe siècle », in cat. exp. *Marche et démarche. Une histoire de la chaussure*, Paris, Musée des Arts décoratifs, 2019, p. 35.

14. The birth of sneakers is closely linked to progress in the use and industrialization of rubber. Rubber is derived from raw latex, the sap of *Hevea brasiliensis*, a tree native to Brazil. The Liverpool Rubber Company (UK) was one of the first manufacturers to produce rubber-soled shoes in the 1830s, but the soles would soften or harden depending on the temperature. Charles Goodyear's experiments made it possible to stabilize the material when he perfected vulcanization, a chemical process that consists of incorporating a vulcanizing agent, usually sulfur, in order to make the rubber stronger and more durable. Discovered by Goodyear in 1839, the technique was patented by Thomas Hancock four years later, but it was Goodyear who was awarded the Grand Medal of Honor at the Paris Universal Exposition of 1855.

15. Margaux Leridon, "Elysée 2, Vélizy 2, Parly 2... Pourquoi tant de centres commerciaux ont un nom qui se termine par 2?" ("Why do so many shopping centers have names ending with '2'?") Slate.fr, August 4, 2013.

16. Olivier Saillard, *Le bouquin de la mode*, Paris, Robert Laffont, 2019, p. 233.

→ « Your sneakers or your life », couverture du magazine *Sports Illustrated*, 14 mai 1990

"Your sneakers or your life", cover of the magazine *Sports Illustrated*, 14 May 1990

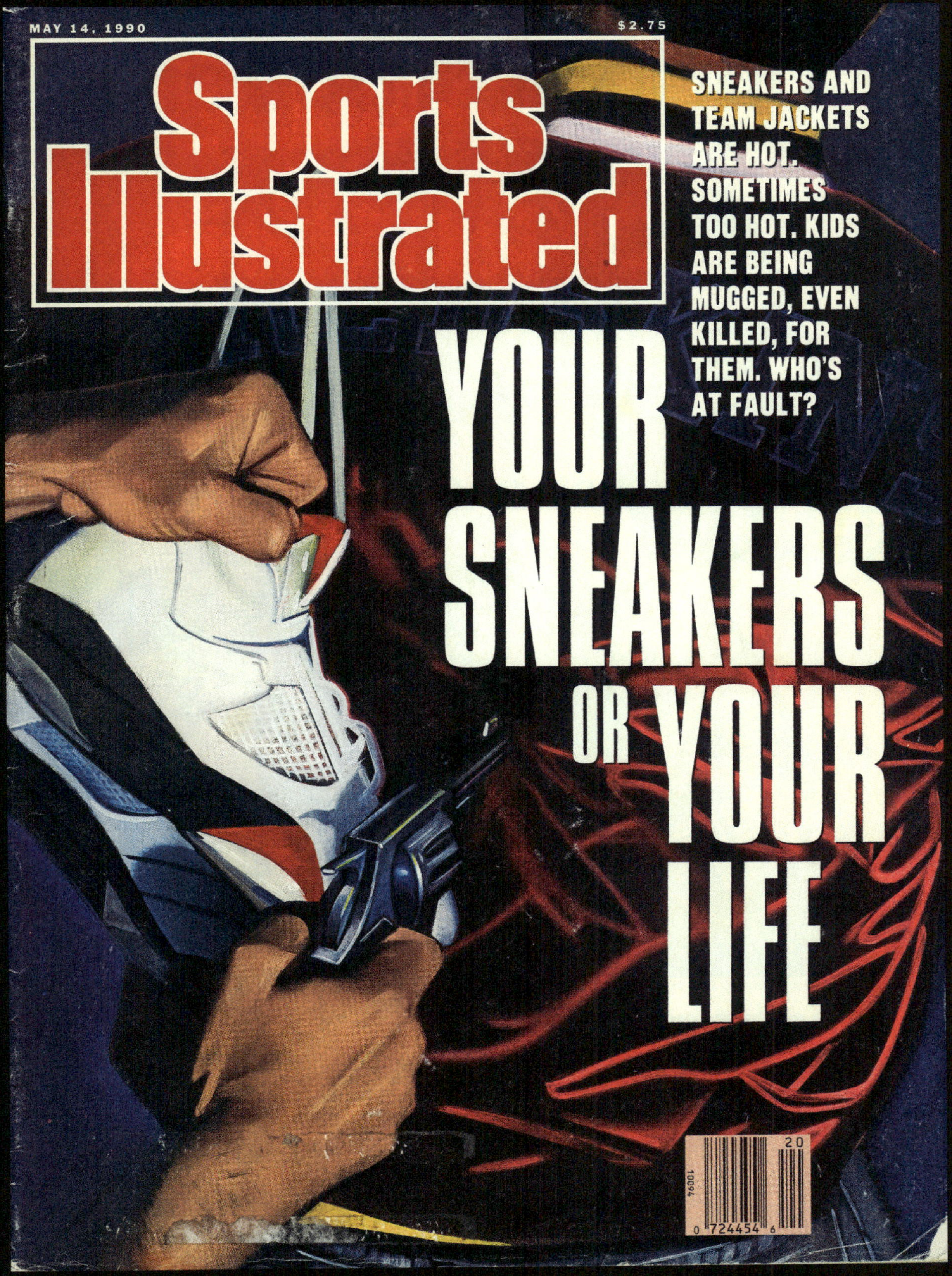

MAY 14, 1990
$2.75
Sports Illustrated
SNEAKERS AND TEAM JACKETS ARE HOT. SOMETIMES TOO HOT. KIDS ARE BEING MUGGED, EVEN KILLED, FOR THEM. WHO'S AT FAULT?
YOUR SNEAKERS OR YOUR LIFE

Étienne Tornier est commissaire assistant de l'exposition *Playground — Le design des sneakers* et responsable des collections XIXe-XXIe siècles au madd-bordeaux.

Étienne Tornier is assistant curator of the exhibition *Playground — The design of sneakers* and curator in charge of the 19th to 21st century collection at the madd-bordeaux.

→ Lower East Side,
New York, 1979
Photo Martha Cooper

Sneakers en marge

Sneakers at the edge

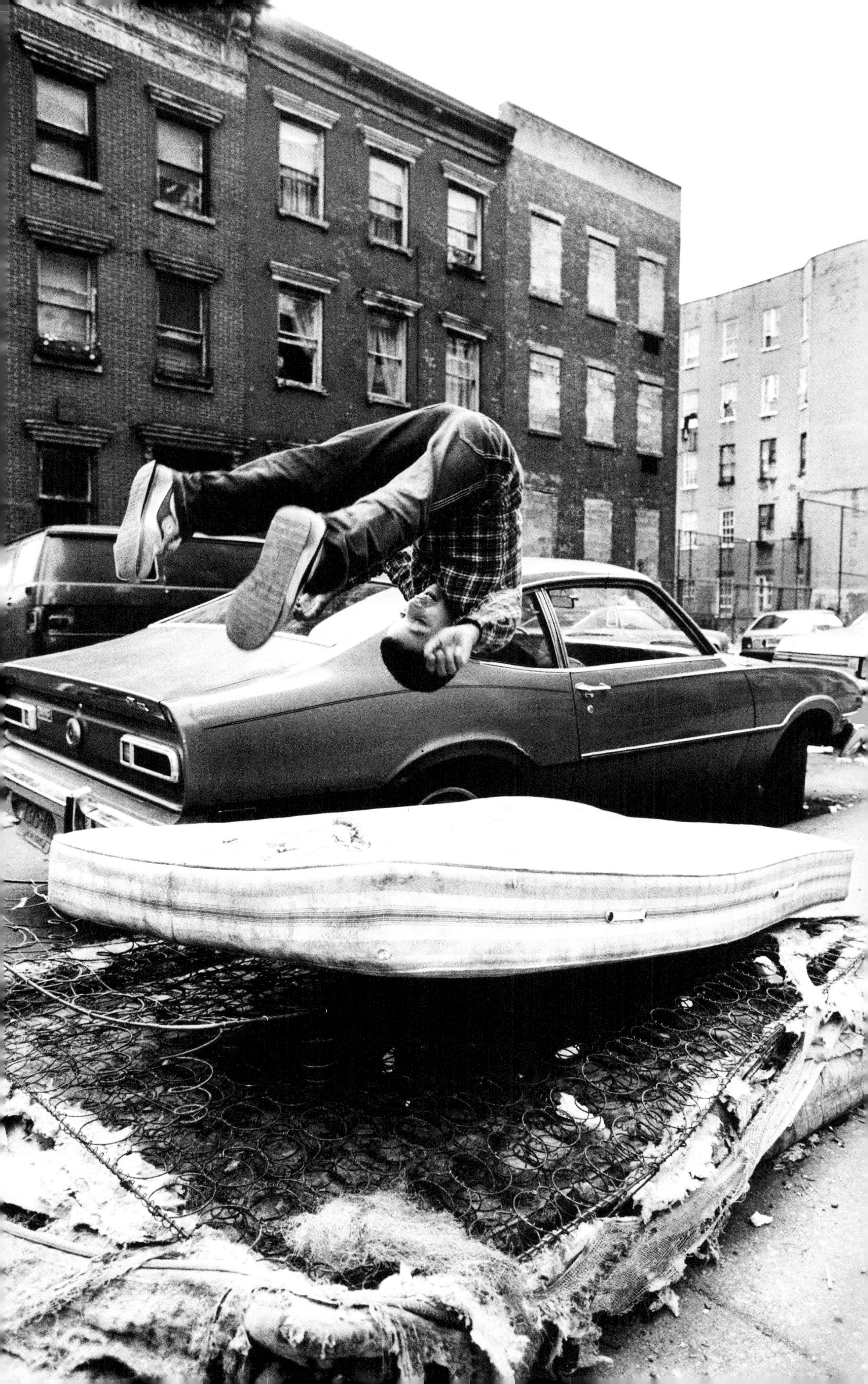

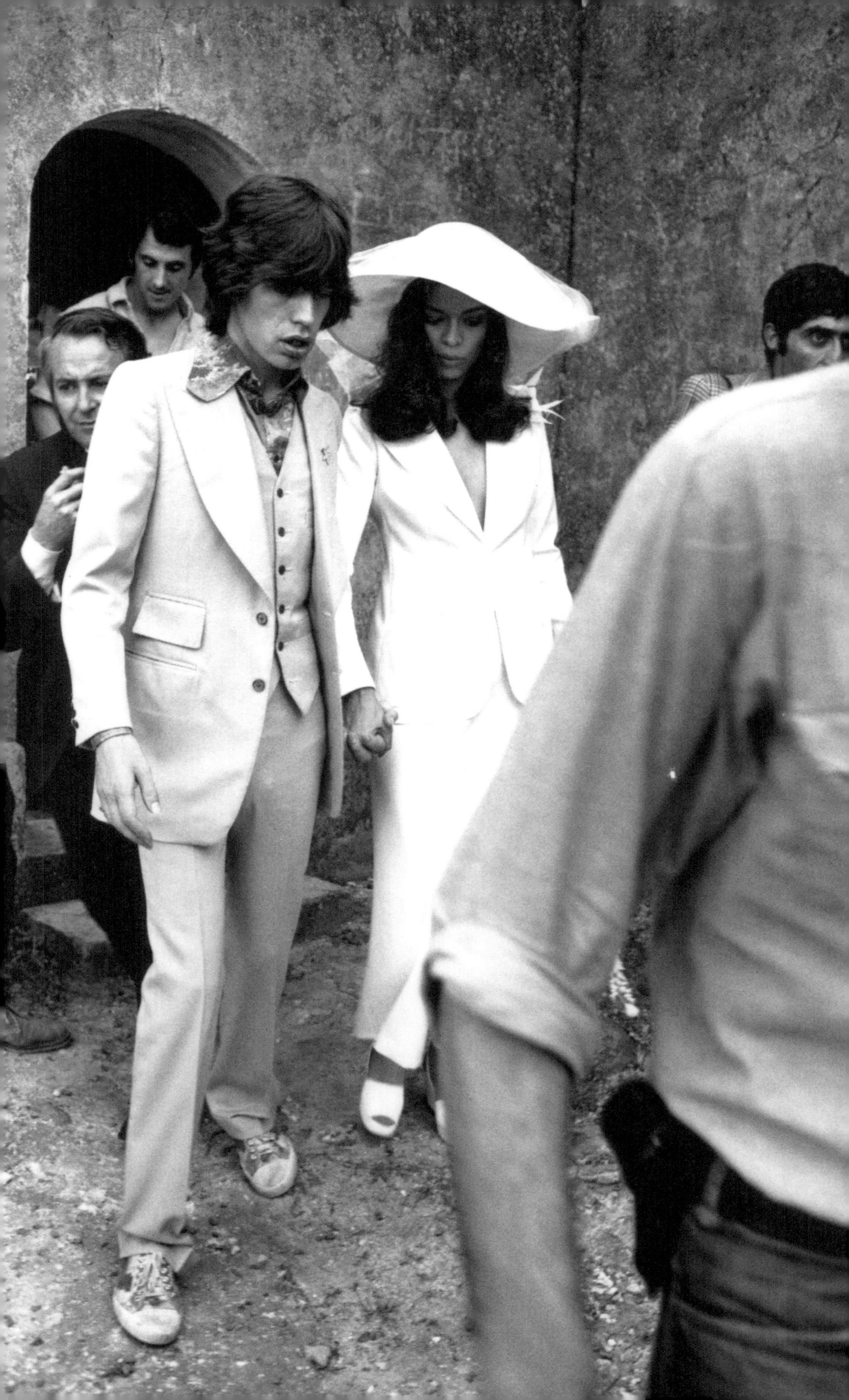

Bon marché, confortables, tout-terrain, les sneakers croisent l'histoire de ce que l'on peut définir comme des contre-cultures ou des sous-cultures : des groupes d'individus, des communautés qui se forment et se rassemblent pour partager des intérêts communs, en opposition consciente à la culture dominante. Dans les décennies qui suivent la Seconde Guerre mondiale, elles deviennent rapidement des attributs culturels pour affirmer une position anticonventionnelle, en rupture par rapport aux générations précédentes. Avec Mai 68 et le mouvement hippie, porter des baskets, c'est un signe d'affirmation, notamment pour les femmes. Paire de jeans et baskets forment la tenue de la femme moderne, libérée, qu'incarne notamment Jane Birkin et que les journaux féminins comme *ELLE* diffusent. Si le terme « contre-culture », apparu dans les années 1960, désigne particulièrement les mouvements contestataires envers la domination culturelle de la bourgeoisie, le phénomène sneakers invite à élargir cette définition à d'autres groupes en marge de la société. Qu'elles se retrouvent, en effet, aux pieds des groupes de musiques alternatives ou à ceux des célèbres gangs criminels américains, les sneakers participent, encore aujourd'hui, d'un mécanisme d'identification et de reconnaissance.

Ce n'est pas pour leurs qualités antidérapantes ou leur confort que les groupes de rock adoptent les Converse et leurs nombreuses variantes dès les années 1960. Porter des baskets avec un Perfecto en cuir, c'est remettre en cause l'ordre établi, montrer sa différence, se positionner à la marge pour déconstruire les conventions. Dans les années 1960 et 1970, les Beatles, les Dead Boys, les Sex Pistols ou encore les Ramones enfilent des *Chuck Taylor* ou des Keds, parfaitement conscients que les porter en dehors d'un terrain de sport est alors une marque d'anticonformisme. Le batteur des Ramones, Tommy Ramone (1949-2014), rappelait dans un entretien : « Dans les années soixante et soixante-dix, porter des sneakers en dehors du sport était encore rebelle. C'était contestataire. C'était punk et prétentieux de porter des sneakers à la place des chaussures. Punk et prétentieux, c'était très important pour les Ramones[1]. »

Aux États-Unis, dans les mêmes années, les sneakers croisent d'autres mouvements contestataires, qui émergent parmi les classes les moins favorisées. Dans une Amérique en pleine guerre froide, où la ségrégation raciale crée de fortes tensions, où le chômage atteint dans les grandes villes un niveau historique, les minorités ethniques sont touchées de plein fouet. D'un coût modique et tout-terrain, les chaussures des stars du basket-ball vont être adoptées dans la rue par des dizaines de milliers de gamins et de moins jeunes, malgré les recommandations des revues de médecine. On peut lire alors dans *The Science News-Letter* : « …[les sneakers] ne sont pas destinées à être utilisées tout au long de la journée, et elles ne sont pas destinées à remplacer les chaussures »[2]. Elles deviennent pourtant progressivement un outil identitaire pour revendiquer une différence de classe, d'appartenance, de milieu, mais aussi pour affirmer une autre culture.

← Mariage de Mick Jagger et Bianca Perez Morena de Macías à Saint-Tropez, 12 mai 1971

Wedding of Mick Jagger and Bianca Perez Morena de Macías in Saint-Tropez, May 12th 1971

Inexpensive, comfortable, suitable for any surface, sneakers underpin the history of what could be defined as counter-cultures or sub-cultures: groups of individuals and communities that coalesce, gravitating together to share common interests, in willful opposition to mainstream culture. In the decades following World War II, the sneaker rapidly became a cultural attribute, a means of asserting an anti-conventional position at odds with the mores of previous generations. In the wake of the hippie movement and the student uprising of May 1968 in France, wearing sneakers became a statement, in particular for women. Blue jeans and sneakers became the uniform of the modern liberated woman, an image exemplified in France by Jane Birkin and promoted by women's magazines like *Elle*. Although the expression "counter-culture" was coined in the 1960s primarily to designate antiestablishment movements opposing the cultural domination of the moneyed classes, with the sneakers phenomenon this definition could be extended to other groups at the margins of society. Whether worn by alternative music groups or members of infamous American street gangs, sneakers are, to this day, part of a mechanism of identity and recognition.

It was not for their slip resistance or comfort that rock groups began wearing Converses and their many variants in the 1960s. To wear sneakers and a leather motorcycle jacket was to challenge the established order, to be different, to place oneself at the margin and break down conventions. In the 1960s and 70s, the Beatles, Dead Boys, Sex Pistols and Ramones all adopted *Chuck Taylors* or Keds, perfectly aware that wearing them in a non-sports context was a sign of nonconformism. As Ramones drummer Tommy Ramone (1949-2014) recounted in an interview: "In the '60s and '70s, it was still rebellious to wear sneakers outside of the gym. Doing that was antiestablishment. It was punky and snotty to wear sneakers instead of shoes. Punky and snotty was very important for the Ramones. . . . Mostly, we wore Keds."[1]

In the United States, sneakers were also linked in those years to other rebellious movements that emerged among the less privileged classes. In an America still in the grip of the Cold War, with racial segregation causing great strife and inner city unemployment reaching historic levels, the members of minorities were especially hard-hit. Modestly priced and all-terrain, the shoes worn by basketball stars were adopted for street wear by tens of thousands of kids and older youth – against the advice of the medical press: an article in *The Science News-Letter* warned that sneakers "are not intended for use all through the day, and they are not intended to replace shoes."[2] Nonetheless, they gradually became a tool for expressing an identity, for proclaiming a difference of class, of social milieu or belonging, and for upholding an alternative culture.

Basketball, as much as jazz and swing music, became intrinsically associated with Black American culture.[3] The sport's popularity among young African-Americans was such that by the end of the 1960s the majority of NBA players were black. The athletes embodied a form of social success for youth in poor inner city neighborhoods. As early as 1973, *The Washington Post* ran an article entitled "Sneakers Outpace Shoes in Sales,"[4] featuring a photo of a young African-American wearing "Blue Tips." The journalist pointed out that most sneaker sales to adults were in the suburbs of large cities, and that the Converse *Chuck Taylor*, priced at only $10.50, was the most popular model – the manager of one shoe

Le basket-ball, au même titre que le jazz et le swing, devient intrinsèquement lié à la culture noire américaine[3]. Le succès de ce sport auprès des jeunes Afro-Américains est tel qu'à la fin des années 1960 ceux-ci représentent la majorité des joueurs de la NBA. Ils incarnent une forme de réussite sociale pour la jeunesse des quartiers pauvres des grandes villes américaines. Dès 1973, le *Washington Post* titre « Sneakers Outpace Shoes in Sales[4] », en mettant en avant le portrait d'un jeune Afro-Américain portant des « *Blue Tips* ». L'auteur de l'article précise que c'est dans les banlieues des grandes villes que les adultes achètent le plus de sneakers, la Converse *Chuck Taylor*, vendue à seulement 10,50 dollars, demeure le modèle le plus apprécié. Le gérant d'un magasin interrogé dit en vendre 400 à 500 paires par semaine. La multiplication des modèles disponibles et l'arrivée de nouvelles marques sur le marché contribuent à accroître l'intérêt pour ces chaussures.

En opposition à la culture dominante, des valeurs alternatives voient le jour, dans une pluralité de formes culturelles et de pratiques. C'est dans ce contexte que naît la culture hip-hop au début des années 1970 à New York. Elle recouvre le *DJing*, le graffiti, le *b-boying*, le *MCing*, autant de formes artistiques initiées par les minorités essentiellement afro et latino-américaines vivant dans le Bronx. Elles se développent notamment grâce aux *block parties*, ces fêtes de quartiers qui réunissent le voisinage autour de musiques et de danses, particulièrement importantes dans les quartiers populaires de New York (Harlem, Queens, Bronx, Brooklyn). Les Keds, Puma, Converse ou Adidas permettent autant la pratique du basket que celle de la breakdance, sur un linoléum posé en pleine rue, sur les terrains de basket ou dans les appartements. DJ, membre du célèbre Rock Steady Crew et éminent témoin de la première scène hip-hop américaine, Bobbito Garcia raconte comment les pratiques du basket et du hip-hop sous toutes ces formes témoignent alors d'une mécanique comparable : « Entre 1970 et 1987, le but à New York était d'affirmer son individualité au sein de la vie collective. Basketteurs, graffeurs, *b-boys* et *b-girls*, DJs, rappeurs, *beatboxers* constituaient différentes communautés. Que ce soit pour inventer un nouveau mouvement sur le terrain ou un nouveau *freeze* sur le linoléum, les gens du basket comme du hip-hop repoussaient sans cesse les limites de leur pratique. Cet état d'esprit progressiste influença le type de sneakers que les gens portaient, la façon dont ils les portaient, et où ils les portaient[5]. »

Les sneakers permettent de se distinguer et de s'identifier entre les différentes cliques. La marque des chaussures, la manière de les porter, les nombreuses couleurs désormais disponibles, l'épaisseur des lacets sont autant de moyens pour se différencier des autres, faire groupe au sein de la grande communauté. Les sneakers créent un lien et une valeur sociale. Attribut identitaire à part entière, elles font l'objet d'un soin, d'une attention particulière : elles sont portées propres, comme neuves, comme tout juste acquises, « *fresh out the box* », pour donner l'illusion d'un pouvoir d'achat et donc l'apparence d'un certain statut social. La toile de coton utilisée jusque-là pour leur fabrication laisse place au cuir et au Nylon, plus faciles à entretenir et donc à maintenir propres.

Sneakers et hip-hop restent indéfectiblement liés dans les décennies suivantes. Hip-hop et rap connaissent un succès planétaire à partir des années 1980.

store reported selling 400 to 500 pairs every week. The proliferation of models and the arrival of new brands on the market further boosted the trend.

In opposition to mainstream culture, alternative values emerged, expressed in multiple cultural forms and practices. This was the context in which hip-hop culture first developed in New York in the early 1970s. It encompassed deejaying, graffiti, breakdancing and emceeing – all artistic forms initiated by minorities, mostly African-American and Latino, in the Bronx, and propagated largely through block parties. Local get-togethers that brought neighbors together to enjoy music and dancing, these events were especially important in the working-class neighborhoods of New York City (Harlem, Queens, the Bronx, Brooklyn). Keds, Pumas, Converses and Adidas were as practical for playing basketball as for breakdancing, on a sheet of linoleum on the sidewalk, a basketball court or an apartment floor. Bobbito Garcia, a DJ and member of the famous Rock Steady Crew, as well as a front-row witness of the early American hip-hop scene, recounts how basketball and hip-hop in all its forms were impelled by a similar mechanism: "From 1970-1987, the goal in New York was to assert your individuality within a collective frame. The collectives were playground ballplayers, graffiti writers, b-boys and b-girls, DJs, MCs, and beatboxers. . . . Whether it was coming up with a new boogie move on the court or a new freeze on the linoleum, ballplayers and hip-hop heads alike were pushing the creative envelope at all times. This forward mentality affected what sneakers people wore, how they wore them, and where."[5]

Sneakers became a means of differentiation, of identification among different clans. The choice of brand, the way of wearing the shoes, the increased number of color options, the thickness of the laces – all of these elements were a way of standing out, of indicating membership in a specific group within the larger community. Sneakers constituted a bond and a social value. An identifying attribute unto themselves, they were the focus of special care and attention: they had to look "fresh out the box," immaculate, as though brand new, to give the impression of buying power and thus the appearance of a certain social status. The cotton canvas that had previously been used for the uppers was replaced by leather and nylon, which are easier to clean and to keep looking new.

Sneakers and hip-hop remained inextricably linked over the subsequent decades. Starting in the 1980s, hip-hop and rap became wildly popular around the world. In addition to being the indispensable accessory of a casual outfit, sneakers were also the reflection of a way of relating to the world, as well as a medium of communication. One famous example is Run-DMC, the first musical group to sign a sponsorship deal with a sportswear brand. By the 1980s it was no longer subversive to adopt sneakers for everyday street wear, but they were still used as an identification tool. Music groups and communities at the margins of society began identifying themselves through specific brands and even specific models.

In the early 1980s the New Balance *990*, the first sneaker to break the $100 price barrier, adorned the feet of drug dealers who rose from the ranks of gangs in Maryland, Virginia and Washington, D.C. In contrast to the New York gangs, who favored eye-catching "bling" effects like the faux Gucci customizations of Dapper Dan,[6] the gangs in those regions preferred a less ostentatious style, without completely renouncing visible signs of wealth and success. With its spare design and

Les baskets ne sont pas seulement l'accessoire indispensable d'une tenue décontractée, elles sont le témoin d'un mode de rapport au monde et un outil de communication comme en témoigne le célèbre exemple du groupe Run-DMC, premier groupe de musique à signer un partenariat de sponsoring avec une marque de sportswear. S'il n'est plus subversif, dans les années 1980, de porter des sneakers au quotidien et dans la rue, elles sont toujours utilisées comme un outil identitaire. Groupes de musique et communautés à la marge s'identifient désormais à travers des marques, voire des modèles spécifiques.

Au début des années 1980, la New Balance *990*, première sneaker à franchir la barre des 100 dollars, se retrouve aux pieds des dealers de drogue, formés en gang dans les États de Washington DC, du Maryland et de la Virginie. En opposition au look des gangs de New York, qui recherchaient davantage l'effet, le côté m'as-tu-vu des customisations en faux Gucci de Dapper Dan[6], les gangs présents dans ces États préfèrent montrer moins, sans pour autant renier les signes extérieurs de réussite et donc de richesse. Pour sa grande sobriété et son prix élevé, la New Balance *990* se trouve donc être la chaussure idéale. Membre du gang de Rayful Edmond, grand trafiquant de drogue et en particulier de cocaïne, en prison à vie depuis 1989, Curtis «Curtbone» Chambers offre un témoignage éloquent sur l'importance du look du groupe: «À notre époque, on aimait les noires et les grises. Alors les New Balance grises, elles allaient avec tout ce qu'on faisait. On a toujours été à fond dans les grandes marques, mais on n'a jamais aimé les couleurs criardes. On était plutôt du genre chemise Versace noire, ou Hugo Boss noire, ou Giorgio Armani. Et New Balance allait avec ça – c'était notre code. Quand tu sortais de la ville, les gens disaient "Oh, c'est les mecs de DC. Ils ont mis leur New Balance!" Ça voulait dire beaucoup pour nous»[7]. Dans la même série, les New Balance *993*, *995* et *996* ont également été adoptées par ces groupes, montrant de la même manière que leur commerce fonctionnait et donc imposant un certain respect vis-à-vis des groupes adverses.

Les surnoms donnés à certains modèles par les communautés diverses témoignent du lien intime qui se crée entre la chaussure et son propriétaire. Leur donner un nom, c'est une façon supplémentaire de se les approprier, de les revendiquer comme siennes, précisément à un moment où les sneakers deviennent l'emblème d'une production mondialisée et donc appartiennent à tous et à personne. À la fin des années 1980, les Crips, célèbre gang criminel fondé par la réunion de plusieurs gangs à Los Angeles en 1969, portent des sneakers de la marque British Knight. Ils arborent ainsi l'acronyme BK, pour *Blood Killer*[8], littéralement «tueur de Blood», en référence à leurs principaux rivaux, le gang des Bloods, fondé à Los Angeles en 1972. Dans les années 1990, les Bloods adoptent quant à eux des Reebok, dont ils s'approprient le nom de la marque en le transformant en un acronyme: «REEBOK: Respect Each and Every Blood, OK». Plus récemment, «Gangsta Nikes» (prononcé «Bikes» au lieu de «Nikes») est utilisé pour désigner les Nike *Cortez*, modèle porté par différents gangs criminels aux États-Unis, qui s'identifient en fonction des coloris du modèle qui a fait l'objet de rééditions: rouges pour les Bloods, bleues pour les Crips, noirs pour les Black Disciples (Chicago, fondé en 1976)[9].

lavish price tag, the New Balance *990* was the ideal shoe for them. Curtis "Curtbone" Chambers, a member of the gang of Rayful Edmond (a major cocaine dealer who has been serving a life sentence since 1989), offered an eloquent testimony on the importance of the group's look: "Back in our time, we liked the blacks and grays. So with the New Balance being the grays, it went with everything we was doing. We've always been into designers, but we weren't into the loud colors. We were more about black Versace shirts, or black Hugo Boss or Giorgio Armani. And New Balance fit that also – it was our code. Whenever you'd go out of town, people would say, 'Oh, them D.C. dudes. They got the New Balance on!' It meant a lot to us."[7] From the same product range, the New Balance *993, 995* and *996* were adopted by these groups, also as a way of showing that their business was successful and thus commanding a degree of respect from rival gangs.

The nicknames given to certain models by various communities reflect the personal bond that could form between shoe and owner. Giving sneakers a nickname was an additional way of appropriating them, proclaiming them one's own, especially at a time when sneakers were becoming an emblem of globalized production, a product that belonged to everyone and no one. In the late 1980s, the Crips, an infamous criminal organization founded by the merger of several Los Angeles street gangs in 1969, wore British Knight sneakers. The brand was chosen as a way to flaunt the acronym BK, meaning "Blood Killer,"[8] referring to their main rivals, the Bloods, another Los Angeles gang, founded in 1972. In the 1990s the Bloods adopted Reeboks, transforming the brand name into their own acronym: "Respect Each and Every Blood, OK." More recently, "Gangsta Nikes" (pronounced "Bikes" rather than with an "n") became the nickname of the Nike *Cortez,* which has been worn by various gangs in the US, each one choosing an identifying color from among the model's variants and re-releases: red for the Bloods, blue for the Crips, black for the Black Disciples (of Chicago, founded in 1976).[9]

The choice of sneakers has thus become a key factor in the formation of social groups and their operational modes. A recent article in the American magazine *Quartz* mentions the murder of two men by gang members in Maryland who thought that the victims belonged to a rival group because of their sneakers – once again, the Nike *Cortez* model.[10] In 2008, to prevent fights, the New York City Department of Correction banned prisoners from wearing their own shoes and began issuing the same models for everyone. Still, some inmates maintain this sign of belonging by drawing the logo of their emblematic brand on their shoes.[11]

These codes, initially known only to those who were directly concerned, namely the members of the different communities, have been assimilated by the brands and transformed into selling points. In 2015 the American rapper Kendrick Lamar collaborated with Reebok on a model inspired by the Crips and Bloods. Decorated with the words "Blue" and "Red" (in blue and red respectively) on the heels, it united the colors of the two rival Los Angeles gangs in a "collab" symbolizing the hope for peace. It did not take long for marketing strategies and storytelling to bring the marginal into the mainstream.

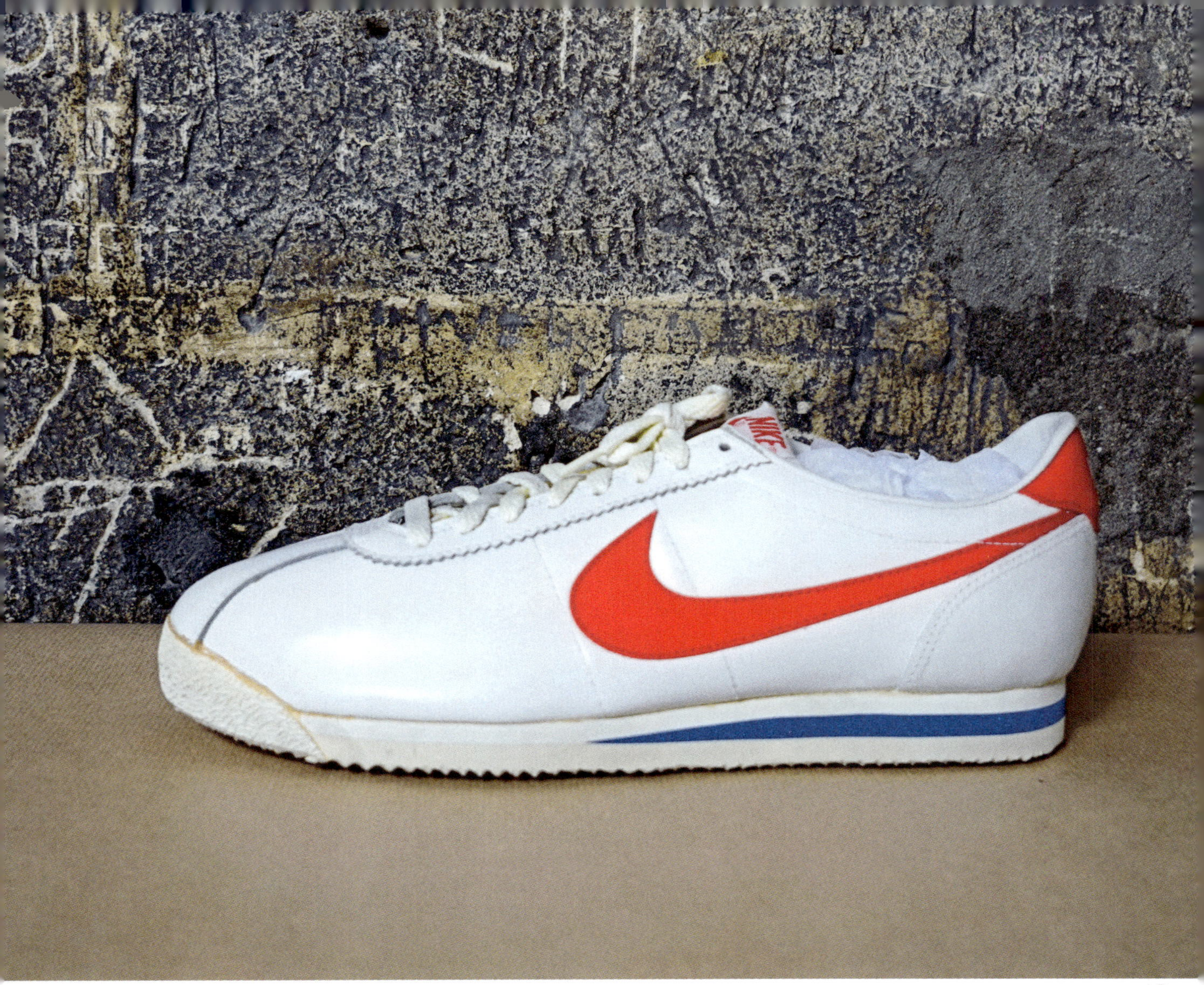

A↑ ↓B

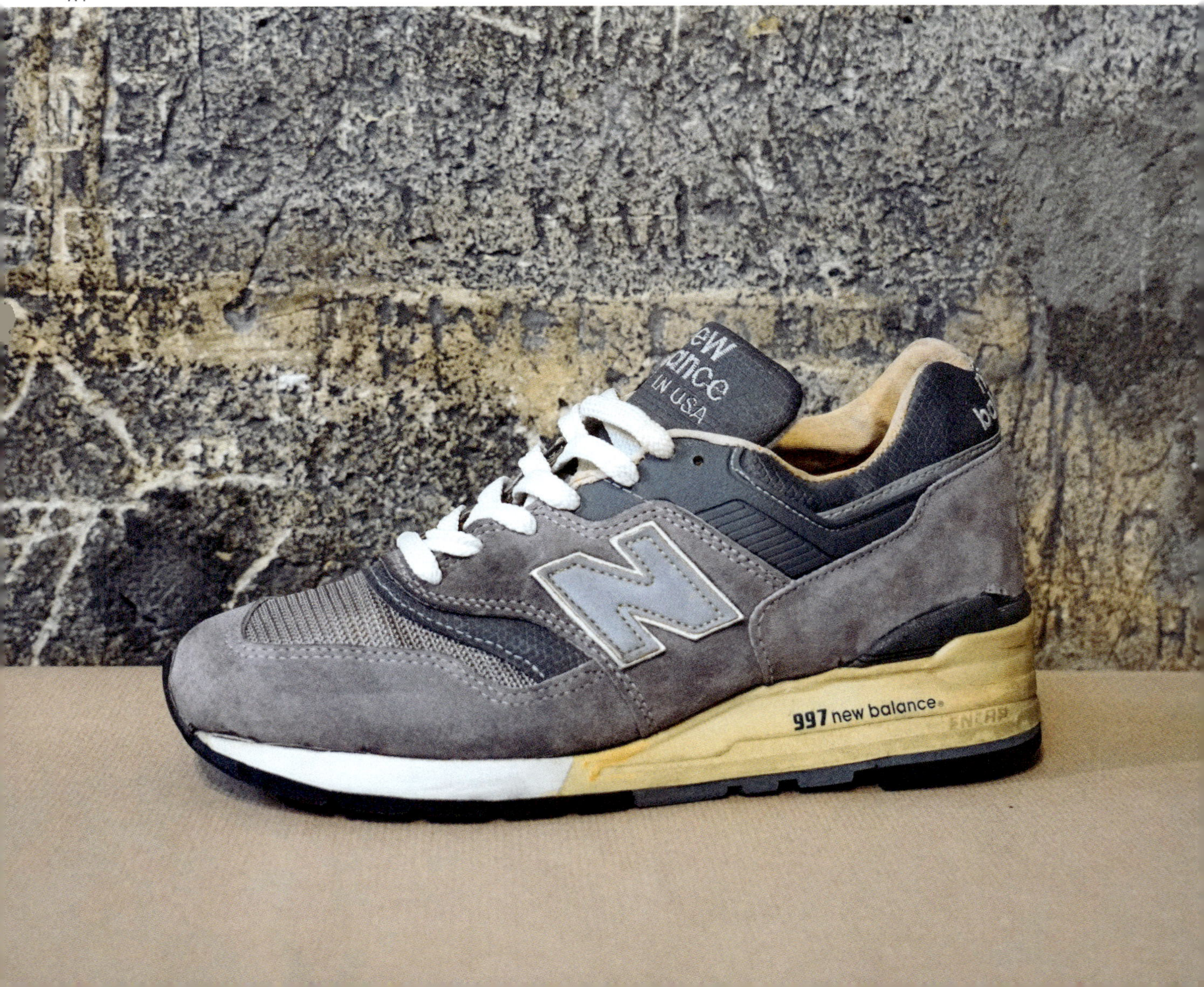

Le choix des sneakers est donc central dans la constitution des groupes et de leurs modes opératoires. Un article du magazine américain *Quartz* rapporte ainsi que deux hommes ont récemment été abattus par les membres d'un gang dans le Maryland parce que ces derniers pensaient qu'ils appartenaient à un groupe adverse en raison de leurs sneakers, une fois encore des Nike *Cortez*[10]. En prison, afin d'éviter les bagarres, l'administration pénitentiaire de la ville de New York a interdit depuis 2008 les chaussures personnelles et distribuent des modèles uniques pour tous. Toutefois, certains prisonniers font perdurer les signes d'appartenance, en dessinant les logos de leur marque fétiche sur leur chaussure[11].

Ces codes qui n'étaient alors connus que par les principaux concernés – les membres des différentes communautés – sont récupérés et détournés par les marques, qui en font des arguments de vente. Le rappeur américain Kendrick Lamar collabore ainsi avec Reebok en 2015 pour un modèle inspiré des Crips et des Bloods, portant les inscriptions « Blue » (en bleu) et « Red » (en rouge) au niveau des talons, les couleurs respectives des deux gangs rivaux de Los Angeles, unis pour une collab symbolisant l'espoir d'une paix possible. Stratégie marketing et storytelling ont vite fait de remettre la marge au centre.

A. *Cortez*, design Bill Bowerman, Nike, 1972 Northampton Museums and Art Gallery

B. *997*, design Steven Smith, New Balance, 1991 Collection Thomas Decktwo Dartigues

1. David Marchese, « Chucks & Bucks : An Oral History of the Coolest Shoes on Earth », *Spin* (en ligne), 10 septembre 2012.

2. « Rules for Sneakers », *The Science News-Letter*, vol. 63, n° 20, 16 mai 1953, p. 308.

3. Gena Caponi-Tabery, « Sneakers and Tuxes », *Jump for Joy. Jazz, Basketball, & Black Culture in 1930s America*, Boston, University of Massachusetts Press, 2008, p. 1-20.

4. B. D. Colen, « Sneakers Outpace Shoes in Sales », *The Washington Post*, 22 septembre 1973, p. 1.

5. Bobbito Garcia, *Where'd You Get Those? New York City's Sneaker Culture, 1960-1987*, New York, Testify Books, 2013, p. 16.

6. Vinny Tang, « DMV to Philly : Exploring The New Balance 990 Obsession », *Sneaker Freaker* (en ligne), 9 juin 2017.

7. *Ibid.*

8. Louis Kontos, David C. Brotherton, *Encyclopedia of Gangs*, Westport, Greenwood Press, 2008, p. 60.

9. www.urbandictionary.com/define.php?term=Gangsta%20Nikes

10. Hanna Kozlowska, « Sneaker Brands Matter the Most in Jail », *Quartz* (en ligne), 9 août 2017.

11. Violaine Schütz, « Aux États-Unis, il faut bien choisir ses sneakers si on ne veut pas finir injustement en taule », *Konbini* (en ligne), 14 août 2017.

1. David Marchese, "Chucks & Bucks : An Oral History of the Coolest Shoes on Earth," *Spin* (online), September 10, 2012.

2. "Rules for Sneakers," *The Science News-Letter*, vol. 63, n°20, May 16, 1953, p. 308.

3. Gena Caponi-Tabery, "Sneakers and Tuxes," *Jump for Joy. Jazz, Basketball, and Black Culture in 1930s America*, Boston, University of Massachusetts Press, 2008, p. 1-20.

4. B. D. Colen, "Sneakers Outpace Shoes in Sales," *The Washington Post*, September 22, 1973, p. 1.

5. Bobbito Garcia, *Where'd You Get Those? New York City's Sneaker Culture, 1960-1987*, New York, Testify Books, 2013, p. 16.

6. Vinny Tang, "DMV To Philly : Exploring The New Balance 990 Obsession," *Sneaker Freaker* (online), June 9, 2017.

7. *Ibid.*

8. Louis Kontos, David Brotherton, *Encyclopedia of Gangs*, Westport, Greenwood Press, 2008, p. 60.

9. www.urbandictionary.com/define.php?term=Gangsta%20Nikes

10. Hanna Kozlowska, "Sneaker brands matter the most in jail," *QZ* (online), August 9, 2017.

11. Violaine Schütz, "Aux Etats-Unis, il faut bien choisir ses sneakers si on ne veut pas finir injustement en taule," *Konbini* (online), August 14, 2017.

Marie-Christine Vernay est une journaliste et critique française, spécialiste de la danse contemporaine. Elle a travaillé plusieurs années pour le journal *Libération*. Elle est cofondatrice, en 2015, de la revue culturelle en ligne *délibéré*.

Marie-Christine Vernay is a French journalist and critique, she is specialized in contemporary dance. She worked for several years for the newspaper *Libération*. She is the cofounder in 2015 of the online cultural review *délibéré*.

→ Yvonne Rainer, mai 1982
Photo Jack Mitchell

Yvonne Rainer, May 1982
Photo Jack Mitchell

La post-modern dance américaine : le pied délacé

American post-modern dance: Pedestrian movement

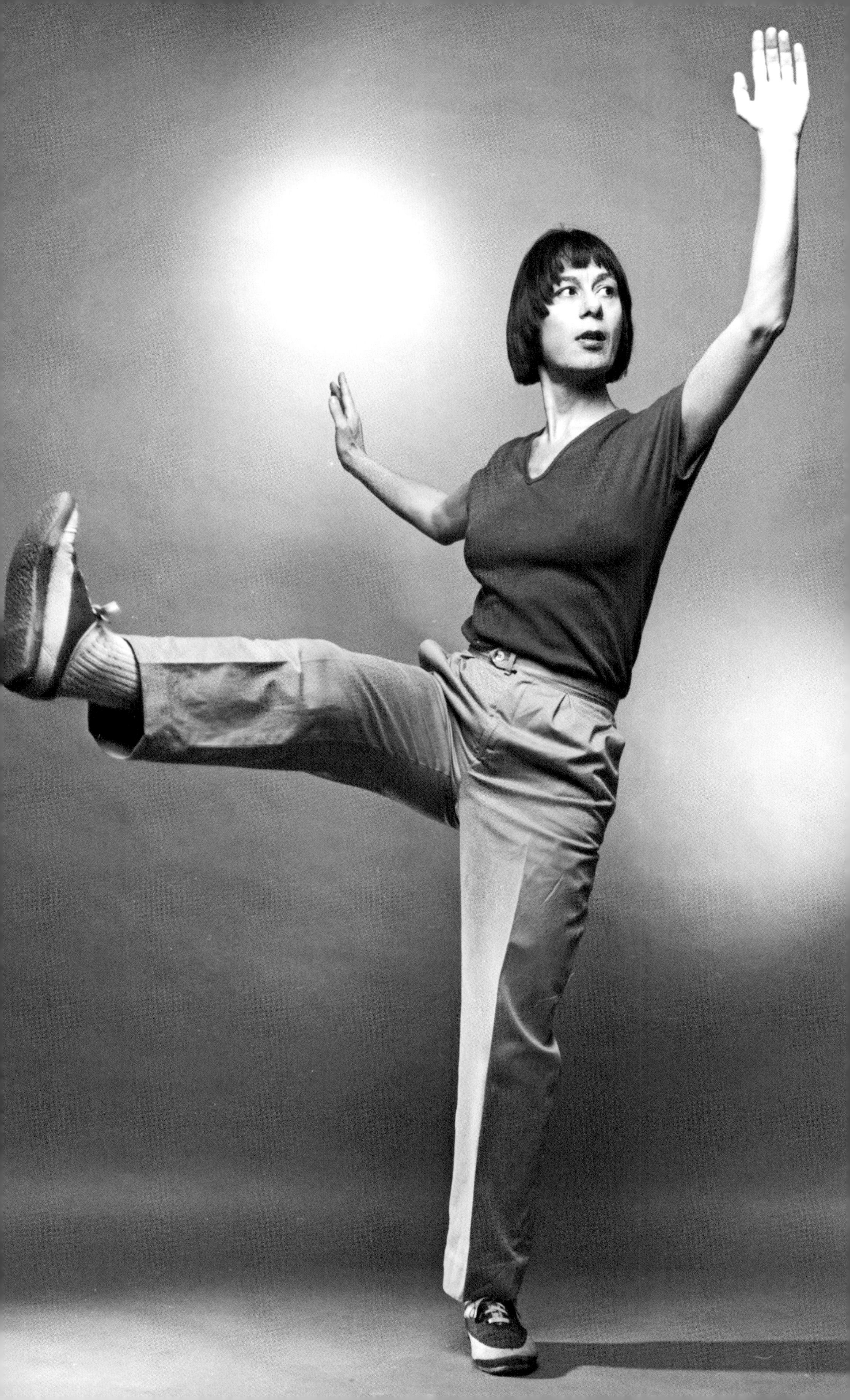

Pionnières, Isadora Duncan (1877-1927) et Loïe Fuller (1862-1928), accompagnant les bouleversements sociaux, politiques et démographiques de l'Amérique et bien sûr l'émancipation de la femme, avaient jeté les chaussons classiques pour adopter le pied nu. De ce premier acte de contestation et de libération allaient naître d'autres mouvements portés notamment par les artistes des années 1960-1970, à la suite de Merce Cunningham et de John Cage, et des ateliers de Robert Dunn ouverts à toutes les disciplines.

Les chorégraphes et danseurs, épris de liberté dans une Amérique secouée par la guerre au Vietnam, par les émeutes raciales et par le mouvement hippie, remettent en question la plupart des valeurs qui président à l'art. Ils contestent le spectaculaire, ils introduisent le geste quotidien, ils travaillent avec des amateurs, ils occupent l'espace public, ils dé-hiérarchisent le rapport entre les danseurs, ils refusent la notion d'auteur, ils dansent nus, l'expérimentation primant sur la production.

Il leur fallait trouver chaussures à leurs pieds. Les sneakers vont s'imposer, comme objet symbolique, bien que les danseurs fussent le plus souvent pieds nus, en escarpins ou en chaussures de ville. L'indispensable livre de Sally Banes *Terpsichore in Sneakers* (1980), qui conte au mieux ces années de contre-culture, ouvrage traduit ensuite en français en 2002 par Denise Luccioni sous le titre *Terpsichore en baskets*[1], pourrait laisser à penser que tous portaient ce type de chaussures. Non, cela relève de la synecdoque.

Il n'empêche que la basket et la tennis, utilisées par Steve Paxton, Yvonne Rainer, Lucinda Childs, sont emblématiques d'une danse qui cherche de nouveaux appuis, de nouvelles formes de représentation n'hésitant pas à faire appel à l'aléatoire, à l'improvisation, à la participation du public. Au rebut, le chausson, la pointe qui guindent et blessent le pied. Il ne s'agit plus de s'élever au centre de la scène, mais de marcher comme tout un chacun et de rebondir. Les danseurs auraient pu adopter les Birkenstock des hippies. Ils ont choisi les sneakers, plus souples, comme preuve de leur contestation, que ce soit dans le groupe interdisciplinaire du Judson Dance Theater ou dans le Grand Union, autour d'Yvonne Rainer.

Steve Paxton, dès les ateliers de Robert Dunn, se passionne pour le mouvement apparemment le plus ordinaire : la marche. *Satisfyin Lover* (1967), qui sera repris plusieurs fois, est banal. Des amateurs en tenue de ville y marchent avec les danseurs dans l'espace public. Ces piétons décalés interrompent le flux des gens qui ont une destination : aller au boulot, chercher les enfants à l'école, faire des courses, rentrer à la maison. Paxton lui-même vit dans une ferme du Vermont où chaque « stagiaire » est amené à participer aux tâches quotidiennes, de la plantation à la récolte, une réponse aux jeux de pouvoir et à la société marchande. L'improvisation et le « contact-improvisation », où le poids du corps est mis en partage, sont autant de résistance à la pression de la rentabilité.

Trisha Brown, qui, comme Paxton, participe aux activités du Judson Dance Theater avec Yvonne Rainer, Deborah Hay, Lucinda Childs, Robert Morris, Robert Rauschenberg, David Gordon, investit les lieux publics, les parcs, les musées, les buildings, les toits… en baskets, qu'elle porte même lors des réceptions de première, avec une robe longue. Elle grimpe littéralement aux murs. Elle explore le quartier de Soho où elle habite et invente une marche à l'horizontale en escaladant ou désescaladant les parois d'immeuble. En 1971, dans *Walking on the Wall*, sept danseurs descendent

The pioneers Isadora Duncan (1877-1927) and Loïe Fuller (1862-1928), keeping pace with the social, political and demographic upheavals in the United States, including of course the emancipation of women, threw out their ballet shoes and danced barefoot. From this first leap of rebellion and liberation were born other movements, especially in the 1960s and 70s led by artists building on the work of Merce Cunningham and John Cage, as well as Robert Dunn's workshops, open to all disciplines.

Dancers and choreographers, upholding the ideals of freedom in an America rocked by the Vietnam War, race riots and the hippie movement, began re-examining many of the values governing art. They challenged the notion of the spectacular by introducing everyday gestures, working with amateurs, entering the public space, eliminating the hierarchies among dancers, rejecting the concept of the single artistic creator, dancing in the nude, emphasizing experimentation over production…

They needed to find shoes that fit. Sneakers became a symbolic form of footwear, even though the dancers most often performed barefoot, in pumps or street shoes. *Terpsichore in Sneakers* (1980), a book by Sally Banes that provides an excellent account of the counterculture in those years (translated into French by Denise Luccioni in 2002 under the title *Terpsichore en Baskets*[1]), could give the impression that everyone wore them, but the use of the term is synecdochic.

Nonetheless, the sneakers and tennis shoes worn by Steve Paxton, Yvonne Rainer and Lucinda Childs were emblematic of a new approach to dance, using new forms of representation that could involve chance operations, improvisation, audience participation… Pointe shoes that bind and injure the feet were anathema. The goal was no longer to be a presence in center stage, but to walk like anyone else, with a bounce in the step. The dancers could have adopted the Birkenstocks favored by the hippies, but they chose the softer, more flexible sneakers as a sign of rebellion, from the interdisciplinary Judson Dance Theater group to Yvonne Rainer's Grand Union.

In Robert Dunn's workshops, Steve Paxton explored a fascination with what is, ostensibly, the most ordinary of all movements : walking. *Satisfyin Lover*, premiered in 1967 and revived several times since, is an expression of mundanity. Amateurs in street clothes walk with the dancers in a public space. These interposed pedestrians interrupt the flow of people with a destination : going to work, fetching children from school, shopping, going home… Later Paxton moved to a farm in Vermont where he welcomed students, each of whom participated in the daily chores, from planting to harvest – a response to power games and commercial society. Improvisation and "contact improvisation," in which the dancers support and use each other's body weight, became forms of resistance to the pressure for profitability.

Trisha Brown, who, like Paxton, was active in the Judson Dance Theater with Yvonne Rainer, Deborah Hay, Lucinda Childs, Robert Morris, Robert Rauschenberg and David Gordon, also performed in public spaces like parks, museums, buildings and rooftops – in sneakers, which she wore even for receptions after a premiere, with a long gown. Brown literally climbed the walls : exploring her SoHo neighborhood, she invented a method for walking horizontally up and down the walls of buildings. In *Walking on the Wall* (1971) seven dancers descended the walls of the Whitney Museum of American Art. Taking daily movements (walking, picking up an object, standing up, getting dressed…)

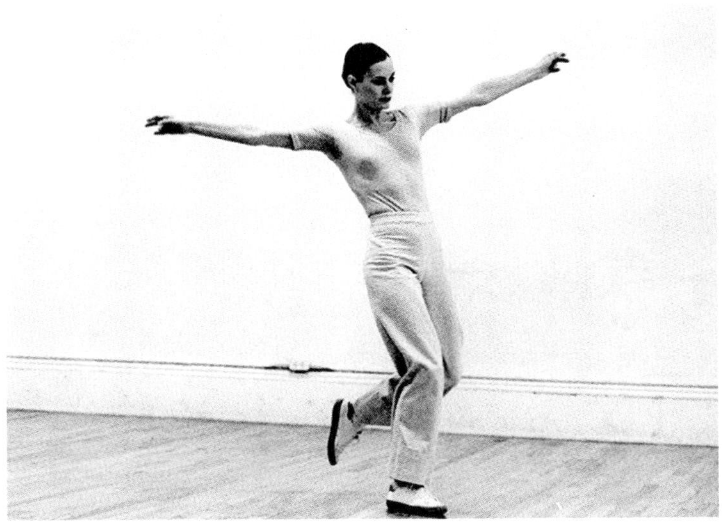

A↑

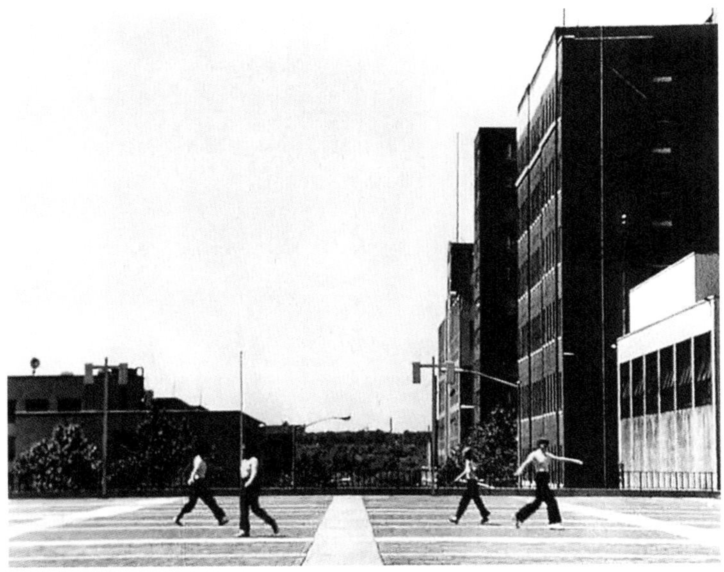

B↑

A. Dance,
Lucinda Childs, 1978
Photo Babette Mangolte

B. Calico Mingling,
Lucinda Childs, 1973
Image extraite
de la vidéo réalisée
par Babette Mangolte

Screenshot from the video
directed by Babette Mangolte

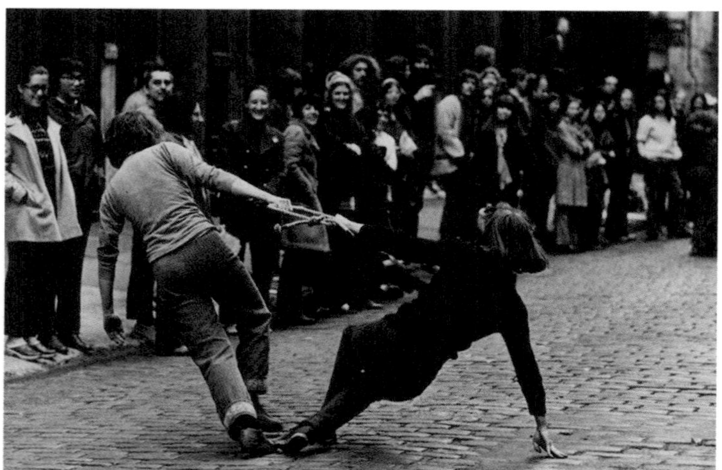

C ↑

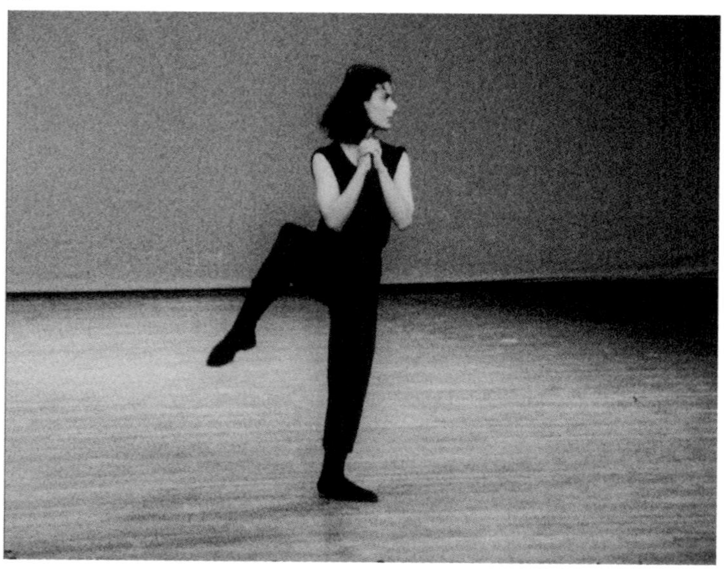

D ↑

C. *Leaning Duets*,
Trisha Brown, 18 avril 1970
Image extraite de la vidéo de la performance réalisée au niveau du 80, Wooster Street à New York

Image from the video of the performance made near 80, Wooster Street in New York

D. *Trio A*, Yvonne Rainer, 1966
Image extraite de la performance réalisée le 14 août 1978
Vidéo réalisée par Robert Alexander

Image from the performance made on August 14th 1978
Video produced by Robert Alexander

le long des murs du Whitney Museum of American Art. Menant des recherches à partir du mouvement quotidien (marcher, prendre, se lever, s'habiller…), jouant sur le poids, la verticalité, la vitesse, elle développe une danse ininterrompue, fluide à partir du principe d'accumulation. Elle ne s'interdit rien, dansant sans musique par exemple, puis sur des compositions classiques ou contemporaines.

Lucinda Childs a suivi, elle aussi, les cours de Robert Dunn, mais elle prend une tout autre direction. Après des performances où elle détourne des objets du quotidien, comme une passoire qui lui sert de coiffe, utilisant à ses débuts le monologue comme le fit Yvonne Rainer, elle veut donner à voir et à entendre la danse. Elle se dirige vers le minimalisme et le répétitif, combinant mathématiquement les pas et déplacements dans des chorégraphies complexes. Sa pièce *Dance* de 1979 reste un «tube», transmise notamment aux Ballets de l'Opéra national du Rhin et du Grand Théâtre de Genève. Sur la musique de Phil Glass, le spectacle offre deux lectures. Sur un écran transparent, la pièce filmée par Sol LeWitt est projetée alors même qu'elle est dansée sur scène. Une merveille où le compte des pas choisis subjectivement place tous les danseurs à égalité. Déjà, en 1964, sa *Street Dance* en baskets et en sandales qui commentait, amusé des bâtiments publics étaient une petite merveille.

À San Francisco, Anna Halprin, initiée à la technique d'Isadora Duncan, de Doris Humphrey et Charles Weidman, fonde en 1955 un groupe interdisciplinaire, notamment avec Simone Forti et La Monte Young, refusant d'être LA chorégraphe. Elle s'établit à Kentfield avec Lawrence, son mari architecte, qui construit un plateau de danse de plein air, en contrebas de leur maison. Kentfield deviendra un haut lieu de la post-modern dance. Elle ne s'interdit rien non plus. Réactive, elle engage des actions contre la guerre au Vietnam. Elle n'est pas imperméable au mouvement hippie et remet en question la notion de performance en parlant alors de rituel. Tout le monde participe pour se laver, pour manger sur scène. Invitée à Watts en 1965, peu de temps après les émeutes, elle refuse de donner un spectacle et engage des ateliers avec des danseurs noirs qui rejoindront sa compagnie de Blancs, comme des Latinos, Chicanos, Asiatiques, Indiens d'Amérique. Elle investit de multiples lieux, dont un aéroport (*Airport Hangar* en 1957 avec Simone Forti). Atteinte d'un cancer, elle continue d'enseigner en mêlant danse et dessin. L'une de ses pièces fera scandale. Il s'agit de *Parades and Changes, Paper Dance*, de 1965, où les danseurs sont nus. La pièce sera interdite aux États-Unis pendant près de trente ans. En 2008, la chorégraphe française Anne Collod, en collaboration avec Anna Halprin, le compositeur Morton Subotnick et les danseurs de l'époque, en propose une parfaite et vivante recréation. En 2006, le musée d'Art contemporain de Lyon lui consacre une exposition tout aussi précieuse. Et le chorégraphe Alain Buffard réalise un film: *My Lunch with Anna*, où il l'interroge sur ses processus de travail, sur la fameuse notion de *task oriented* (tâche). Un film[2] qui montre cette danse américaine aussi sérieuse qu'audacieuse, qui a marqué durablement la danse française contemporaine.

Quant aux baskets, elles ne sont pas abandonnées. Elles sont aux pieds des danseurs de hip-hop.

1. Éditions Chiron, Centre national de la danse.

2. À voir sur Numéridanse.tv, vidéothèque de danse en ligne où l'on peut découvrir bien d'autres films sur cette danse américaine. https://www.numeridanse.tv/videotheque-danse/

as the starting point for her research, she played on the phenomena of weight, verticality and speed to develop a form of fluid, uninterrupted dance based on the principle of accumulation. Rejecting limitations, she would, for example, dance to any type of music, classical or contemporary, or even no music at all.

Lucinda Childs also participated in Robert Dunn's classes, but then took off in an entirely different direction. After early performances in which she used household objects in unexpected ways, like a colander worn as a hat, sometimes (like Yvonne Rainer) incorporating monologue, she set out to make dance both audible and visible. Childs gravitated toward minimalism and repetition, creating complex mathematical combinations of steps and movements. Her piece entitled *Dance* from 1979 remains a "hit," notably reprised by the ballets of the Opéra National du Rhin and the Grand Théâtre de Genève. Set to music by Philip Glass, the presentation offers two parallel readings. A film of the piece, made by Sol LeWitt, is projected on a transparent screen, doubling the movements of the live dancers on stage. A marvel in which series of subjectively chosen steps put equal emphasis on each dancer. An earlier piece, *Street Dance* from 1964, is also a gem, a witty commentary on the buildings in a city street, performed in tennis shoes and sandals.

Anna Halprin, schooled in the techniques of Isadora Duncan, Doris Humphrey and Charles Weidman, founded an interdisciplinary group in San Francisco in 1955. Refusing to be a figurehead as choreographer, she included Simone Forti and La Monte Young. She based her activity in Kentfield, where her architect husband Lawrence built an open-Air dance deck in the yard below their house. The town became a hub of postmodern dance. Halprin also rejected limitations. An activist, she initiated protests against the Vietnam War. Open to the influence of the hippie movement, she rethought the concept of performance with a focus on ritual. Everyone participated, washing and eating on stage. She was invited to Watts shortly after the riots in 1965, where instead of giving a performance she conducted workshops with black dancers, who joined her company of whites along with Latinos, Asians and Native Americans. She danced in unusual venues, including an airport (*Airport Hangar* with Simone Forti, 1957). After being diagnosed with cancer, she continued to teach, mixing dance and drawing. One of her pieces caused a scandal: *Parades and Changes, Paper Dance* from 1965, in which the dancers appear nude, was banned in the United States for nearly 30 years. In 2008 the French choreographer Anne Collod, in collaboration with Halprin, the composer Morton Subotnick and the original dancers, offered a spirited, perfect recreation. In 2006 the Musée d'Art Contemporain de Lyon devoted an equally extraordinary exhibition to her, and the choreographer Alain Buffard created a film, *My Lunch with Anna*, in which he asks her about her working method, based on the well-known "*task oriented*" concept. The film[2] portrays an aspect of American dance, both serious and adventuresome, that made a lasting mark on the French contemporary dance scene.

As for the sneakers, they were never abandoned: they can now be found on the feet of breakdancers.

1. Éditions Chiron, Centre national de la danse.

2. Available on Numéridanse.tv, an online dance video library that also offers many other films on American dance. https://www.numeridanse.tv/videotheque-danse/

Conversation entre Thibaut de Longeville et Constance Rubini

Thibaut de Longeville est le réalisateur des films documentaires *Sneakers. Le culte des baskets* et *Air Force 1: Anatomy of an Urban Legend* présentés dans l'exposition. Il est également le fondateur de 360 Creative, maison de production audiovisuelle et agence de direction artistique basée à Paris.

Conversation between Thibaut de Longeville and Constance Rubini

Thibaut de Longeville is the director of the documentaries *Just for kicks* and *Air Force 1: Anatomy of an Urban Legend*. Thibaut de Longeville also is the founder of 360 Creative, audiovisual production house and art direction agency based in Paris.

→ Images extraites du film documentaire *Sneakers. Le culte des baskets* réalisé par Thibaut de Longeville et Lisa Leone, produit par Caid Productions et Program33, 2005

Images from the documentary *Just for Kicks* by Thibaut de Longeville and Lisa Leone, produced by Caid Productions and Programm33, 2005

Conversation #1 Thibaut de Longeville

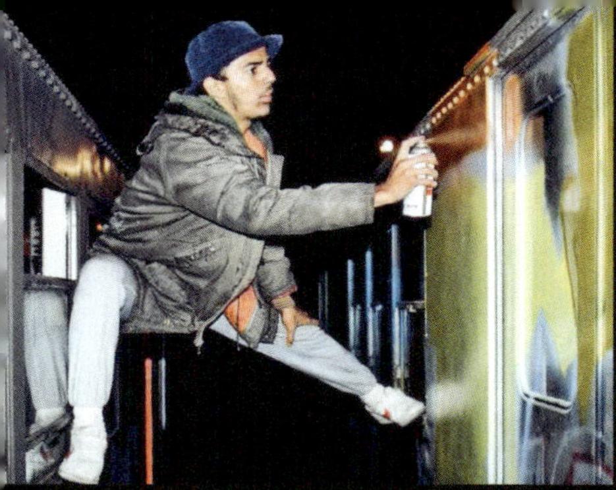

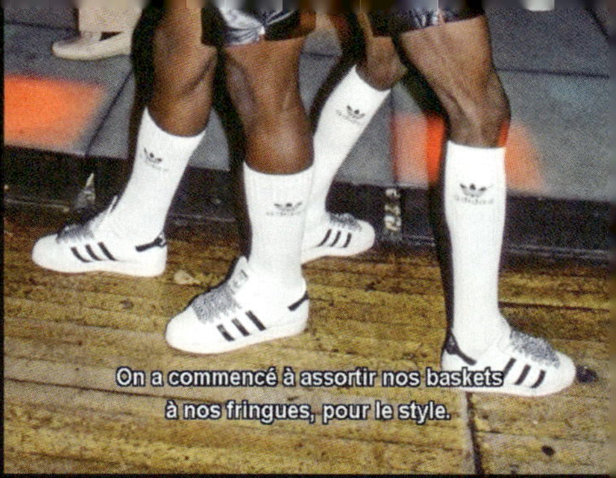
On a commencé à assortir nos baskets
à nos fringues, pour le style.

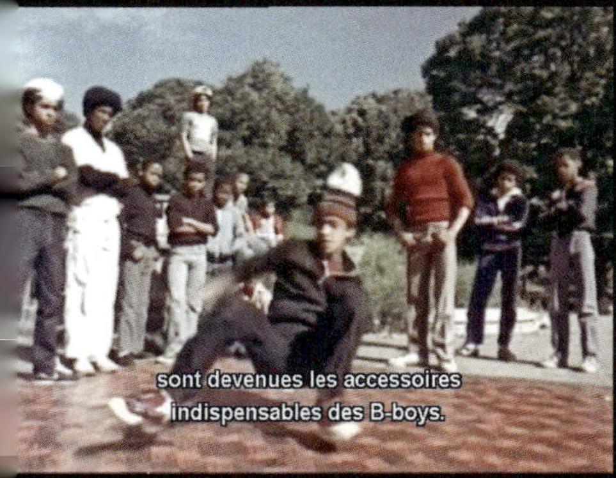
sont devenues les accessoires
indispensables des B-boys.

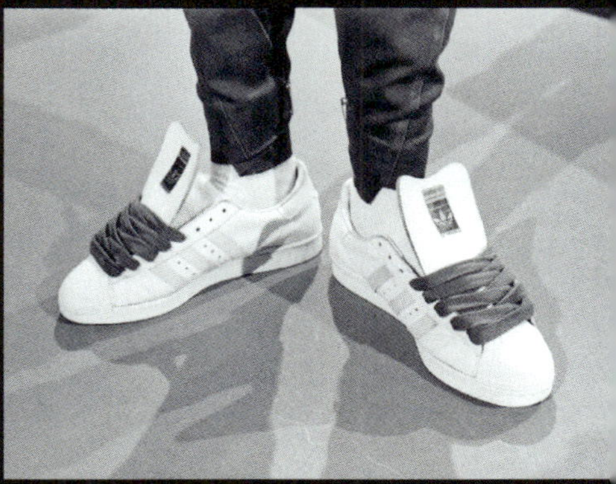

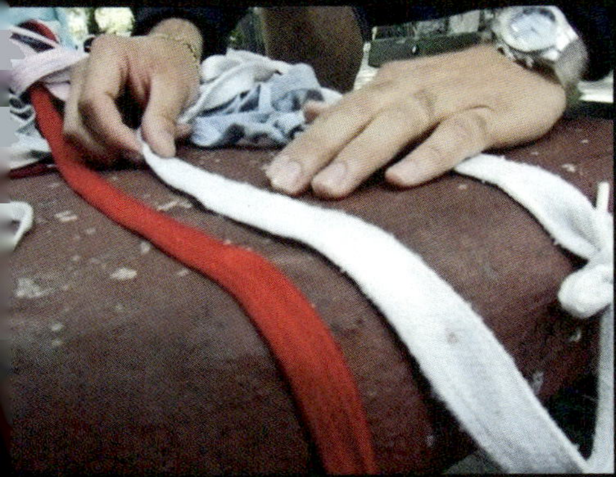

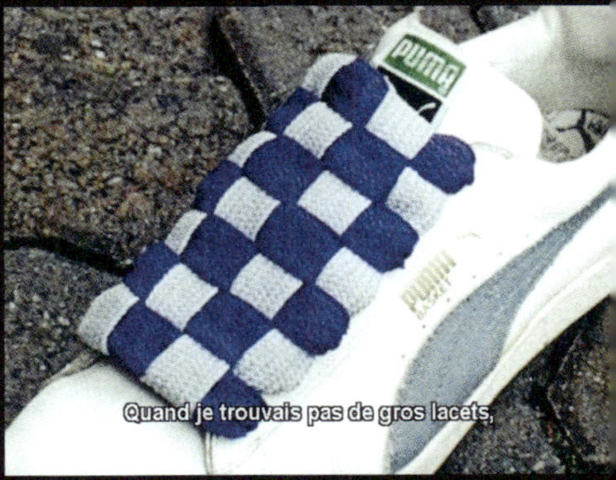
puma
PUMA
Quand je trouvais pas de gros lacets,

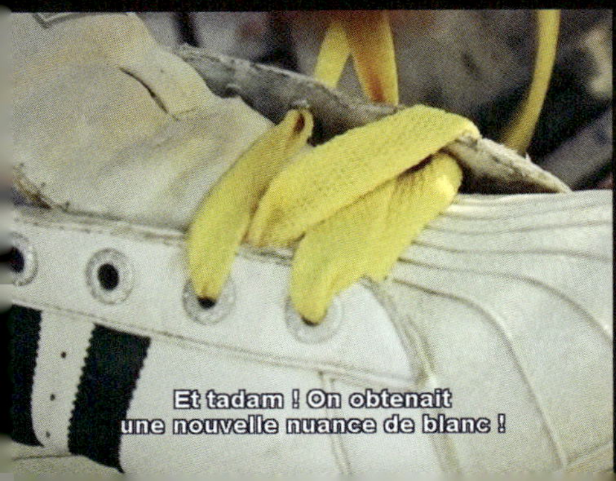
Et tadam ! On obtenait
une nouvelle nuance de blanc !

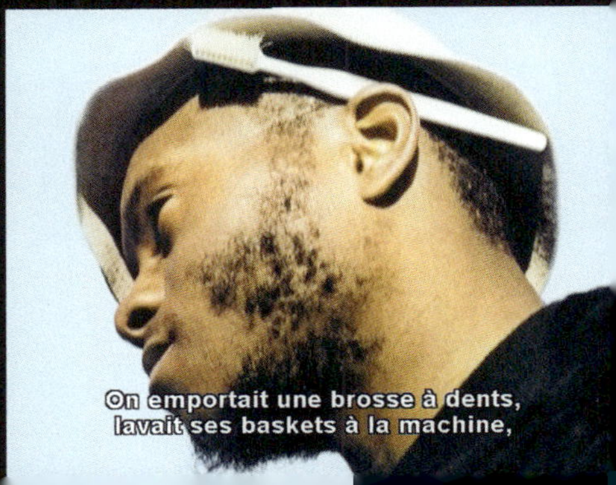
On emportait une brosse à dents,
lavait ses baskets à la machine,

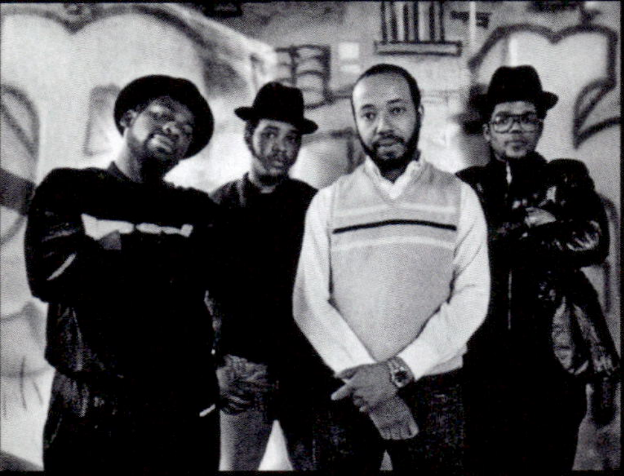

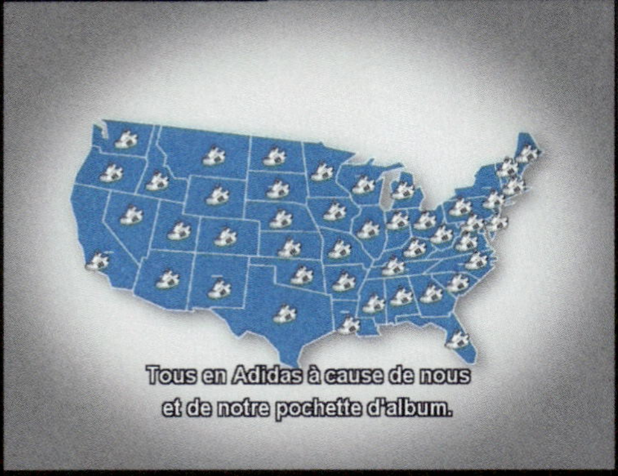
Tous en Adidas à cause de nous
et de notre pochette d'album.

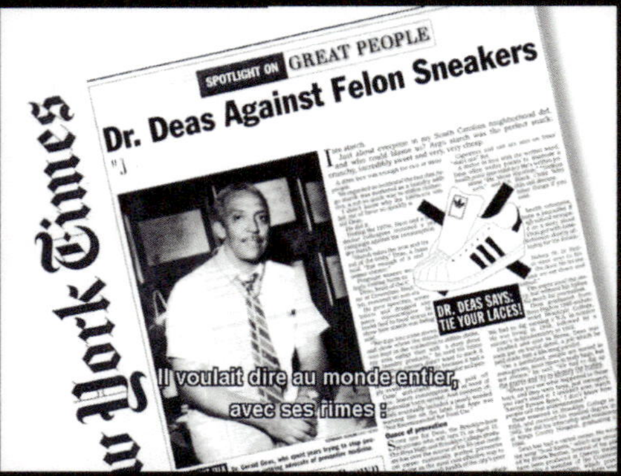
SPOTLIGHT ON GREAT PEOPLE
Dr. Deas Against Felon Sneakers
DR. DEAS SAYS: TIE YOUR LACES!
Il voulait dire au monde entier,
avec ses rimes :

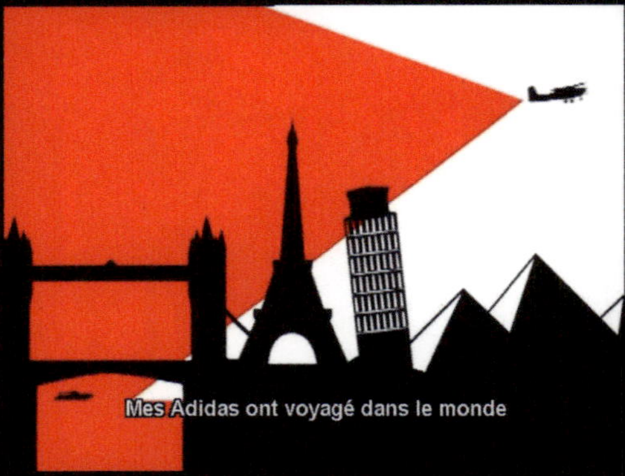
Mes Adidas ont voyagé dans le monde

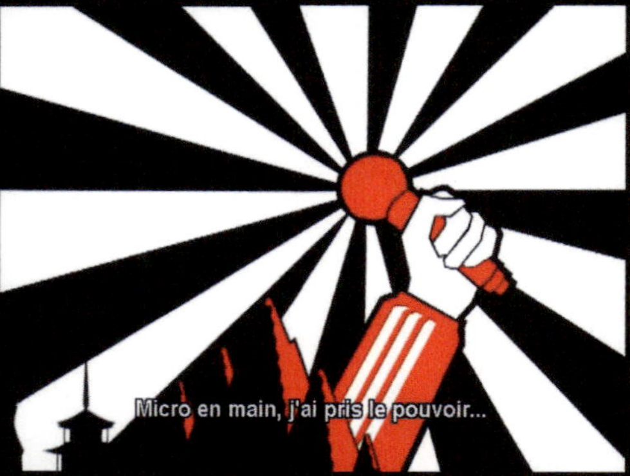
Micro en main, j'ai pris le pouvoir...

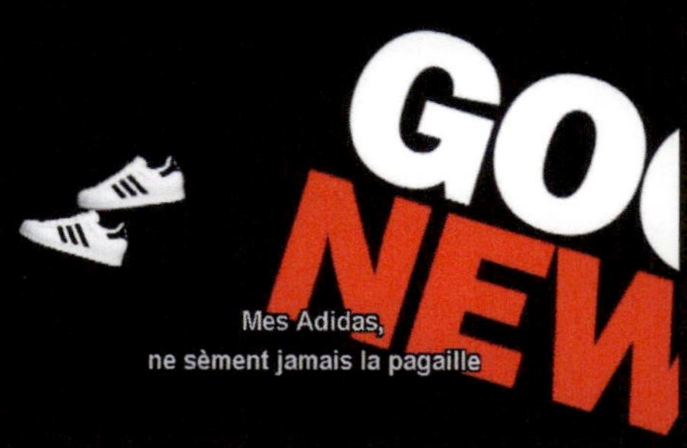
Mes Adidas,
ne sèment jamais la pagaille

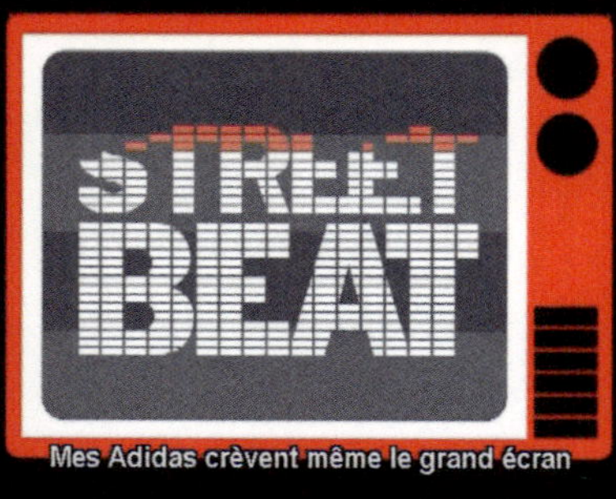
STREET
BEAT
Mes Adidas crèvent même le grand écran

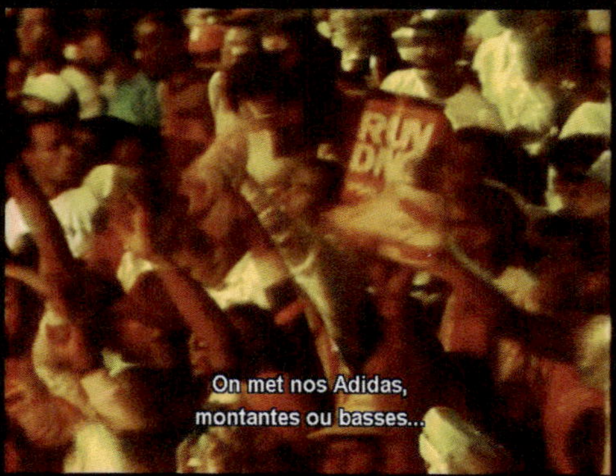
On met nos Adidas,
montantes ou basses...

Constance Rubini Cher Thibaut, votre parcours est impressionnant, et d'autant plus réjouissant qu'il est celui d'un autodidacte. À la fin des années 1980, jeune garçon, vous faites du skate avec votre frère aux Halles, à Paris, et, de rencontre en rencontre, vous commencez à écrire dans le magazine *No Way*, qui parle de skate mais aussi de musique, de graffiti, de cinéma... et de sneakers. À travers vos articles, vous rencontrez toute une scène artistique très mélangée, allant du milieu du rap à celui de la mode, du cinéma et de la publicité. Vous multipliez ensuite les expériences dans toutes les activités artistiques qui vous intéressent, de la musique à l'image. Aujourd'hui, vous êtes directeur artistique, réalisateur, fondateur et président de la société de production 360 Creative, et vous êtes l'auteur du documentaire *Sneakers. Le culte des baskets*, sorti en 2005 et devenu la référence pour la *sneaker culture*.
Pourquoi ce film ?

Thibaut de Longeville J'ai eu la chance de grandir entre l'Afrique, la France et les États-Unis et d'y évoluer entre plusieurs milieux culturels et plusieurs univers d'appartenance, guidé par les passions qui ont tour à tour animé ma jeunesse : le skateboard, le surf, le hip-hop, la musique, le basket-ball, le design, le cinéma et les métiers de l'image... À travers ces passions qui se sont, en effet, transformées pour moi en pratiques professionnelles, j'ai eu la chance de vivre des expériences très différentes et d'avoir accès à des gens et des univers très hétéroclites. Certains de ces univers ont des points communs, d'autres non. Il se trouve que les sneakers sont un élément récurrent dans plusieurs de ces univers.
Mais avant tout, je fus moi-même pendant longtemps un véritable *sneaker addict*. Je suis désormais repenti, ou au moins en voie de repentance, mais j'ai eu beaucoup de paires de sneakers dans ma vie ; et même si je ne me suis jamais considéré comme un collectionneur dans le sens de la collection philatélique ou de la collection d'œuvres d'art, j'ai toujours été assez passionné par les sneakers, notamment parce que c'est un objet qui se trouve à la convergence de plusieurs de mes passions : le sport, le design, le style, la culture hip-hop et la *street culture*.
À l'origine de ce film, une de mes motivations principales était de démontrer l'influence du hip-hop et de la street culture sur le business des marques de sportswear, ce que ces marques semblaient alors avoir beaucoup de mal à accepter et à reconnaître. Dans un livre sur la saga Adidas édité par la marque,

← Images extraites du film documentaire *Sneakers. Le culte des baskets* réalisé par Thibaut de Longeville et Lisa Leone, produit par Caid Productions et Program33, 2005

Images from the documentary *Just for Kicks* by Thibaut de Longeville and Lisa Leone, produced by Caid Productions and Programm33, 2005

Constance Rubini Dear Thibaut, you've had an impressive career path, made all the more heartening by the fact that you're entirely self-taught. As a young kid in the late 1980s, you and your brother used to go skateboarding in Les Halles in Paris. Through the people you met there back then, you started writing for *No Way*, a magazine about skateboarding which also talked about music, graffiti, film... and sneakers. Through your writing, you became acquainted with a broad artistic scene, ranging from the world of rap to fashion, cinema and advertising. You were then able to gain experience in various artistic fields, including music and visual expression. Today you are a filmmaker and an art director, also founder and CEO of the production company / creative agency 360 Creative. You directed the documentary *Just for Kicks*, which was released in 2005 and has become a major reference in sneaker culture. What led you to make this film?

Thibaut de Longeville I was very fortunate to grow up between Africa, France and the United States, evolving amid very diverse cultural environments, and guided by the passions that have bookmarked my youth: surfing, skateboarding, punk rock, hip-hop, "black music," basketball, graphic design, film and the visual arts. Through these passions, which over time have evolved into professional activities, I have enjoyed very diverse experiences, connecting different people from very different worlds. Some of those worlds had points in common, others none at all, but somehow sneakers have been a recurrent element in many of them.
And for a long time, I was a real "sneaker addict" myself. I am now a recovered – or at least recovering – addict, but I have owned a lot of sneakers in my life. Even though I've never considered myself a collector in the way that people can maybe collect stamps or works of art, I have always loved sneakers. In particular because they stand at the intersection of many of my personal interests: sports, design, style, hip-hop and street culture.
As for the genesis of the film, one of my main motivations was to show the influence that hip-hop and street culture have had on the growth of big sportswear brands – an influence that the brands themselves seemed to have a lot of trouble recognizing and accepting at the time. In a book published by Adidas about the brand's history, I was surprised to see that the pages recounting the major events of the period from 1982 to 1988 made no reference at all to the "b-boy" look which popularized Adidas shell toes and many other Adidas styles, and there was just one brief mention of Run-DMC and their single "My Adidas." It was presented as a kind of trivial anecdote, right next to an array of photos of handballers and weightlifters of the era, which I found rather shocking!
Similarly, up until then the Nike brand had always had a lot of difficulty recognizing hip-hop as one of the main vectors of success for its most iconic products, and was making deliberate efforts not to publicly associate its

j'avais constaté avec étonnement que dans les pages qui relataient les grands événements des années 1982-1988 il n'y avait aucune référence au look *b-boy* (danseur hip-hop), et une minuscule mention de Run-DMC et de leur single *My Adidas* comme une sorte d'anecdote mineure, en vis-à-vis d'un grand encadré sur des images de handball et d'haltérophilie de l'époque, ce que je trouvais assez choquant. De la même manière, la marque Nike avait toujours eu jusque-là beaucoup de mal à reconnaître le hip-hop comme un des vecteurs principaux du succès de ses produits les plus iconiques, et faisait des efforts conscients pour ne pas associer son image à celle des artistes de rap. Ça semblait pour moi aussi saugrenu qu'une marque de blousons en cuir qui réfuterait le rôle de la culture rock dans la popularisation de ses Perfecto, et chercherait à se distancer de ses acteurs. Avec ce film, j'ai donc voulu démontrer de façon irréfutable que si la basket est devenue un accessoire de mode ultra-prisé hors des terrains de sport, c'est en premier lieu grâce à la culture hip-hop. De façon indiscutable. De la mode ultra-originale inventée par les danseurs b-boys, les rappeurs, qui ont popularisé les marques à travers leurs morceaux, leurs looks sur les pochettes de disques et dans leurs clips, les graffiti-artistes du Bronx, qui ont inventé la personnalisation sur sneakers plusieurs décennies avant Nike ID, et à travers tous les autres exemples explorés dans le film. Au final, c'est plus un film sur la culture hip-hop, sa créativité, ses modes flamboyantes et son extraordinaire pouvoir d'influence que sur les chaussures de sport. C'était aussi vraiment pour m'amuser, comme le jeu de mots dans le titre anglais l'indique : *Just for Kicks*, « Juste pour le fun ». Il y avait déjà beaucoup de magazines, de sites, etc. qui parlaient de la basket et de la sneaker culture avec énormément de sérieux, je voulais pour ma part mettre en avant et célébrer la dimension flamboyante et exubérante de cette culture, qui est pour moi intrinsèque à la culture hip-hop. C'est ce qui m'a toujours plu, alors que le côté « singe savant de tous les *back catalogues* Nike », « je passe la nuit devant un magasin pour ne pas rater la sortie de telle ou telle paire » ou « je revends des modèles prisés sur Internet à prix d'or » m'ennuie.
À l'origine, je voulais faire un livre, et au fur et à mesure que j'avançais dans la rédaction de ses différents chapitres, je me suis dit que les histoires comme celle de Run-DMC et d'Adidas, l'histoire de la saga *Air Jordan* et son rapport avec les films de Spike Lee ou celle de la naissance du phénomène des *sneaker collectors* étaient des histoires qui pouvaient résonner au-delà du cercle des passionnés de la chaussure de sport, et seraient encore plus intéressantes à raconter sous la forme d'un film.

CR Le documentaire dresse le portrait d'une série de personnalités américaines inouïes, rois des terrains de basket, pionniers du hip-hop, collectionneurs. Vous les connaissiez déjà ?

TdL J'ai pu faire ce film notamment parce que j'avais

image with rap artists and the hip-hop world. To me it seemed as ludicrous as a leatherwear label denying the role of rock culture in the popularization of its motorcycle jackets, and trying to distance itself from rock stars. It's quite ridiculous if you think about it, and also somewhat controversial in regard to what it reveals about how these big companies deal with hip-hop and urban culture. Through this film, I wanted to demonstrate in an irrefutable manner that the number one reason why sneakers have become an extremely sought-after fashion accessory outside of sports is because of hip-hop culture, first and foremost. It's simply indisputable, from the ultra-original fashion invented by the breakdancers to the rappers who popularized brands through their songs, music videos and the outfits they wore on their album covers, to the graffiti artists who invented personalized sneakers decades before *Nike ID*, and all the other examples explored in the film. Ultimately, it's not so much a film about athletic shoes as it is about hip-hop culture, its creativity, its flamboyant fashion and its extraordinary power of influence. For me it was also really about celebrating the fun dimension of the culture, as the pun in the title implies: "*just for kicks*!" There were already many magazines, websites, etc. that talked very seriously about sneakers and sneaker culture, but I wanted to highlight and celebrate the flamboyant, exuberant side of it, which I consider intrinsic to hip-hop culture. That's what I've always liked, whereas the "I've memorized all the references of the Nike back catalogues," "I spend all night in front of the store so as not to miss the release of this or that pair," "I resell models that are sought after on the Internet at fabulous prices" aspects – are boring to me.
At first I wanted to do a book, but as I got further into writing the various chapters, I realized that stories like the Run-DMC and Adidas story, the *Air Jordan* saga and its connection to Spike Lee's b-boy characters, or the birth of the sneaker collectors phenomenon, could resonate beyond the world of sneaker aficionados, and would be even more interesting if told in the form of a film. So I rewrote the story as a film, and then went ahead and did it.

CR Your documentary features some legendary and iconic personalities: kings of the basketball court, hip-hop pioneers, shoe designers, sneaker collectors... Were they people you already knew, or was the film an opportunity to meet them?

TdL I already had contacts with a lot of the personalities featured the film. I personally knew people like Bobbito Garcia, DJ Clark Kent, Doze of Rock Steady Crew, Mathieu Kassovitz, Bönz Malone and Fab 5 Freddy for a long time. Some of these guys were already friends, some I had met through previous professional projects, others just from being a part of this "street culture" scene myself for many years. The film was also an opportunity to meet the ones I didn't know yet.

des rapports plus ou moins directs avec pas mal des personnalités que l'on y voit : les gens comme Bobbito Garcia, DJ Clark Kent, Doze, du Rock Steady Crew, Mathieu Kassovitz, Bönz Malone ou Fab 5 Freddy sont des gens que je connais depuis longtemps, autant par mon itinéraire professionnel que parce que je fais partie de cette street culture depuis longtemps. Le film a été l'occasion d'en rencontrer d'autres que je ne connaissais pas personnellement. Parmi les personnalités les plus emblématiques présentes dans *Sneakers. Le culte des baskets,* les rencontres qui m'ont le plus marqué sont avec certains des héros de mon adolescence, comme les membres du groupe Run-DMC, des gens dont le travail me passionne, comme le designer Tinker Hatfield ou les photographes Jamel Shabazz et Glen E. Friedman, qui ont tous les deux été des témoins privilégiés et des documentalistes hors pair des premiers pas de mouvements culturels qui ont marqué ma vie, et accessoirement changé le monde.

CR Et parmi les designers ?

TdL Tinker Hatfield, encore et toujours. Il est au design de sneakers ce que Michael Jordan est au sport professionnel. Si ce n'est le plus grand, en tout cas la référence absolue, le mètre étalon auquel on doit se référer si on veut juger de l'impact du travail d'un designer. Dans l'univers de la sneaker, il reste clairement à ce jour le designer n°1, le plus emblématique.
Il y a aujourd'hui quelque chose comme cinq cents designers qui travaillent chez Nike. Sans rien enlever au talent des quatre cent quatre-vingt-dix-neuf autres, Tinker a créé le design de 90 % des modèles qui restent les plus emblématiques de cette marque, et j'irai jusqu'à dire toutes marques confondues. En plus du design des chaussures les plus emblématiques de la lignée des *Air Jordan*, qui suffirait à le hisser au panthéon dans ce domaine, il est le designer de la *Air Max 1*, l'innovateur qui a proposé de rendre « visible l'air contenu dans les semelles de chaussures Nike *Air* ». Il est le designer de la *Air Safari*, des *Air Tech Challenge* de tennis, des *Air Raid* de streetball, des *Air Max 90*, des *Air Max 180*, des *Air Mowabb*, *Air Zoom Talaria*, *Air Huarache*, *Air Oscillate*, *Air Flight Huarache*, des premières *Air Trainer* et *Cross Trainer* de John McEnroe et Bo Jackson – ce design étant même à l'origine du cross-training en tant que pratique sportive… C'est aussi lui qui a designé les chaussures de Batman, lui qui a imaginé les sneakers autolaçantes du personnage de Marty McFly dans *Retour vers le futur* (les fameuses *Air Mag*) et qui, vingt-cinq ans plus tard, en a fait une réalité technologique avec l'invention de la technologie Adapt. Au-delà de l'univers sneakers, il reste un des designers les plus intéressants du XXe siècle, auquel la série documentaire de Netflix *Abstract : L'art du design* a d'ailleurs consacré un épisode qui fait partie des plus populaires.
J'ai eu le plaisir de le rencontrer à plusieurs reprises, c'est un personnage passionnant et un *storyteller* hors normes, plein d'histoires

There are a number of iconic personalities in *Just for Kicks*, but what made the biggest impression on me while filming was being able to meet and conversate with some of my personal childhood / teenage years heroes, like the members of the rap group Run-DMC, and people whose work I have always admired such as designer Tinker Hatfield and photographers Jamel Shabazz and Glen E. Friedman, both of whom have been prime documentarians of the early days of cultural movements that have profoundly impacted my life – and also, incidentally, changed the world.

CR And among the designers?

TdL Tinker Hatfield, time and again. He is to sneaker design what Michael Jordan is to professional sports. He's the greatest, the eternal point of reference, the gold standard against which the impact of any designer's work can be measured. In the world of sneakers, he clearly remains number one to this day, and stands as the most iconic designer. There are about 500 designers working for Nike today, if I'm not wrong. Without taking anything away from the talents of the other 499, Tinker designed 90 % of the brand's best-known models, and I would go so far as to say he designed 80 % of the most iconic sneakers, all brands combined. In addition to the most emblematic shoes of the *Air Jordan* series, which alone would suffice to place him in the pantheon of his field, he also created the *Air Max I*. He is the innovator who proposed making the air in the Nike *Air* soles visible. He also designed the *Air Safari*, the *Air Tech Challenge* tennis shoes, the *Air Raid* for streetball, the *Air Max 90*, *Air Max 180*, *Air Mowabb*, *Air Zoom Talaria*, *Air Huarache*, *Air Oscillate*, *Air Flight Huarache*, the first *Air Trainer and Cross Trainer* shoes for John McEnroe and Bo Jackson… The latter even birthed cross training as a sport! The man designed Batman's shoes for the *Batman* movies and dreamed up the self-lacing sneakers worn by the character Marty McFly in *Back to the Future* (the famous *Air Mags*) – and then 25 years later, he went ahead and made that dream a reality with the invention of the Adapt technology. That's incredible! Beyond the realm of sneakers, he remains in my opinion one of the most captivating designers of the 20th century. The Netflix documentary series *Abstract: The Art of Design* devoted one of its episodes to him, which evidently became one of its most popular. I had the pleasure of meeting him several times. He's a very engaging character and a fantastic storyteller. He always has colorful tales to share about design, architecture (his original profession), the star athletes he has worked with and the goings-on behind the scenes at Nike, the company he has been operating at for over 30 years. A few years back, I made a short film about the history of the *Air Max 1*, and how Tinker got the idea of making the air unit visible on the *Air Max* from the architecture of the Centre Pompidou in Paris. This anecdote, which was completely unknown before my film, has since gone down in the annals of sneaker

truculentes sur le design, l'architecture (qui se trouve être son premier métier), les grands sportifs avec lesquels il a collaboré, et les coulisses de la marque Nike, pour laquelle il travaille depuis plus de trente ans. J'ai d'ailleurs fait un petit film qui met en lumière l'histoire de la *Air Max 1*, et le fait que Tinker a eu l'idée de rendre l'air visible en voyant l'architecture du Centre Pompidou à Paris. Cette anecdote, qui était totalement inconnue avant mon film, a depuis fait date dans l'histoire de la sneaker culture et dans celle du design, et je dois dire que je suis assez fier d'être la personne qui l'a mise en lumière pour la première fois.

CR Vous venez de citer un grand nombre de modèles emblématiques designés par Tinker Hatfield. Qu'est-ce qui fait qu'une paire de sneakers atteint le rang iconique : les innovations technologiques qu'elle apporte ? Son design, et la narration qu'il génère ? Sa rareté ? Les personnalités qui la portent ? Sa cote sur StockX ?

TdL Si l'on entend par « iconique » un design qui a transcendé les terrains de sport, qui est devenu un symbole ou qui a pris une signification particulière dans un univers extra-sportif (musique, mode, cinéma, etc.), qui a traversé les époques et les classes sociales, et est devenu une véritable icône de design ou de pop culture, les quelques modèles qui peuvent véritablement prétendre à cette appellation sont finalement assez rares et il n'est pas évident de leur trouver de point commun. À choisir, ce serait clairement le design avant tout. Avant que la paire ait été portée par tel ou tel champion lors de tel événement sportif, ou adoptée par telle ou telle communauté comme signe de reconnaissance. Qui dit iconique dit design puissant, même s'il se révèle être très simple. Personnellement, je trouve très intéressant que 90 % des sneakers que l'on peut qualifier d'iconiques selon ces critères aient été dessinées à la main (alors que la majorité des chaussures sont aujourd'hui dessinées avec ordinateur), et ont finalement un design assez simple. C'est le cas des *Chuck Taylor All Star* et des *Jack Purcell* de Converse, des Puma *Clyde*, des *Stan Smith*, *Superstar*, *Forum* et des *ZX* d'Adidas, des New Balance *577*, des *Cortez*, *Air Max* et de la majorité des chaussures créées par Tinker Hatfield pour Nike.

CR Les baskets sont des habituées des podiums. Podiums des jeux Olympiques, scènes de concert, podiums de la mode. Peut-être que le point commun entre athlètes, stars de la musique et acteurs de la mode, c'est le moteur de l'ambition, la stratégie du succès ? Comment pensez-vous que ces différents milieux, qui nourrissent la « folie sneaker », se rejoignent ?

TdL Je ne suis pas tout à fait d'accord avec cette lecture des podiums. Je pense au contraire que la sneaker culture a grandi hors des podiums, dans la rue. Les phénomènes d'identification, de signification d'appartenance à tel mouvement par le port de telle ou telle paire

culture as well as design, and I must say I am rather proud to have been the one to first bring it to light.

CR You just mentioned a whole list of iconic models designed by Tinker Hatfield. What raises a pair of sneakers to the rank of an icon? The technological innovations it introduces? Its design and the narrative that it generates? Its rarity? The personalities who wear it? Its price quotes on StockX?

TdL If by "iconic" we mean a design that has transcended the sports arena and has become a symbol, or that has taken on a special meaning in a sphere outside of sports (whether in music, fashion, film, etc.), that has transcended eras and social classes to become a genuine icon of design or pop culture, then the very few models that are truly worthy of the term "iconic" are actually quite rare, and it's not easy to find what they truly have in common. I would say that the design is clearly the most important factor – more important than the sneakers being worn by whichever star athlete, or being adopted by this or that community and worn as a "sign of belonging to the club." "Iconic" means having a powerful design, even if it is very simple. Personally, I find it interesting that 90 % of the sneakers that qualify as iconic according to these criteria have been hand-drawn (whereas the majority of today's shoes are designed on the computer using software) and their designs are ultimately quite simple. Examples include the *Chuck Taylor All-Star* and the *Jack Purcell* by Converse, the *Puma Clyde*, the *Stan Smith*, *Superstar*, *Forum* and *ZX* by Adidas, the New Balance *5770*, as well as the *Cortez*, *Air Max* and most of the shoes created by Tinker Hatfield for Nike.

CR Sneakers are very often placed and seen on "podiums": on the Olympic podium, on the concert stage, on the fashion show runways... Could the common point between athletes, entertainers and fashion creators be the drive of ambition, a strategy for success? In your opinion, what is the connection among these different worlds that fuels the sneaker craze?

TdL I don't entirely agree with this notion of "podiums." On the contrary, I think that sneaker culture has rather blossomed away from these "podiums," in the streets. The sense of identification, the proclamation of belonging to a certain cultural movement by wearing a certain pair of sneakers – these phenomena are born in the streets. Street culture is what has fueled what is now being called sneaker culture. Street culture has entirely defined its identifying elements and its "cultural criteria," if you will. Nowadays of course top athletes, top entertainers and fashion figures are contributing to boosting the sneaker craze. First because they are all being invited by brands to be increasingly involved in the creation of the designs, second because they all wear them in distinctive ways on their respective "podiums" for the world to see, third because all of them

de baskets sont des phénomènes qui sont nés dans la rue. La *street culture* est le premier moteur qui a défini des codes identitaires et nourri ce qu'on appelle aujourd'hui la « sneaker culture ». Après, il est effectivement évident que les athlètes, stars de la musique et acteurs de la mode nourrissent aujourd'hui la folie sneaker, puisqu'ils participent tous de plus en plus à la création des modèles, les portent tous de façon distinctive sur des podiums et devant les caméras du monde entier, et que chacun de leurs attributs sont désormais décryptés et analysés dans les moindres détails autant par les médias que par leurs fans à travers le monde, et cela en temps réel, ce qui change complètement la donne et fait de ces épiphénomènes des phénomènes de masse.

CR Ces codes identitaires, que racontent-ils ? Dans d'autres cultures, la culture Harley-Davidson par exemple, les codes permettent de se reconnaître ou de s'adouber entre sympathisants. Comment ces codes ont-ils fonctionné à l'origine de la sneaker culture, et ont-ils évolué pour être appropriables aujourd'hui par des groupes très différents les uns des autres ?

TdL Avant qu'il n'y ait une sneaker culture, il y a eu une street culture – voire plusieurs – avec des codes identitaires et vestimentaires très forts et très distincts, dans lesquels les sneakers ont pu jouer des rôles plus ou moins importants selon les « tribus », les époques et les localités.
À New York, qui est restée La Mecque de la street culture pendant des décennies, il y a eu des myriades de codes associés à telle ou telle paire : les *b-boys* ont fait des Puma *Clyde* ou des Adidas *Superstar* portées avec des *fat laces* leurs chaussures de prédilection. Ce sont aussi eux, avec les graffiti-artistes, qui ont commencé à customiser leurs paires, à ajouter des lacets ornementaux, à en changer les couleurs. Les mêmes Adidas *Superstar* portées sans lacets avec des jeans noirs ou des pantalons en cuir, c'était le style des ex-taulards et des voyous, avant de devenir le look Run-DMC. Les *Air Force 1* avec la virgule customisée en cuir Louis Vuitton ou Gucci étaient portées par les dealers de Harlem comme « signes extérieurs de richesse » ; plus tard les *Air Force 1* blanches immaculées ont eu le même sens, avec le culte des flambeurs qui ne les portaient qu'une seule fois. En Californie et dans d'autres États des États-Unis, les Converse *All Star* ou Nike *Cortez* ont fait partie, et continuent de faire partie, des uniformes de gangs. En Angleterre, il y a toute une sous-culture de hooligans et supporters de foot que l'on appelle « *casuals* », « *football casuals* », avec des codes vestimentaires très distincts (le « *Terracewear* »), dans lesquels certaines sneakers ont des significations uniques et propres à ces tribus. En France, pas mal de sneakers ont pu faire partie à un moment ou à un autre d'une certaine forme d'uniforme de « banlieusard(e)s de cité » : Adidas *Stan Smith*, Reebok *Classic*, à peu près toutes les *Air Max*, les *Air Max Tn* (dites « requin »)... Il y a aussi ce genre de phénomène

now have each one of their personal attributes dissected and analyzed in detail both by the media and by their fans around the globe, all in real time! These factors have completely changed the equation, and are the factors that are turning these epiphenomena into mass phenomena.

CR What do these tokens of identity convey? In other cultures, such as Harley Davidson culture, they enable recognition and facilitate bonding among members. How did these identifying elements work in the beginning of sneaker culture, and how did they evolve to be appropriated by such different groups?

TdL Before there was sneaker culture, there was street culture – or rather several street cultures, with very strong and distinct identifying elements and dress codes, in which sneakers played a more or less important role depending on the "tribe," the period and the location.
In New York, which has remained the Mecca of street culture for decades, there has been a myriad of codes associated with different sneaker designs. For example, the b-boys (breakdancers) made the Puma *Clyde* and the Adidas *Superstar*, often worn with fat laces, their footwear of choice. Along with the graffiti artists, they also pioneered the customization of sneakers, adding ornamental laces, painting on them and changing their colors... The same Adidas *Superstar*, worn without laces, with black jeans or leather pants, was the style of hoodlums and ex-cons before it became "the Run-DMC look." Harlem drug dealers wore Nike's *Air Force 1* with a customized Swoosh in Louis Vuitton or Gucci leather as a symbol of "nouveau riche" wealth. Later, a pair of immaculate white *Air Force 1s* had that same meaning in the circles of "high rollers," who would only wear them once. In California and elsewhere in the US, the Converse *All-Star* and the Nike *Cortez* were, and still are, part of the gang uniforms. In England there is a whole subculture of soccer fans and hooligans called "casuals" or "football casuals," with very distinct dress codes (called "terracewear") in which certain sneakers have unique meanings that are specific to those tribes. In France, many sneakers have been worn as part of the uniform in the "housing projects style" : the Adidas *Stan Smith*, the Reebok *Classic*, just about all models of the *Air Max*, the *Air Max Tn* (affectionately called the "shark" on the street)... You also have other comparable phenomena like this, which are both very local yet highly significant and influential, in Japan and other places in the world. After they have been adopted, codified and "sanctified" by a given group, these shoes take on a prestige and a cultural dimension that other groups then want to borrow and co-opt, often diluting the meaning in the process. In that sense, it's somewhat comparable to Harley Davidson culture : an accessory conceived for a certain activity (in the case of sneakers, playing a certain sport) is subverted from its original purpose by a given tribe, which ascribes to it a special (and sometimes very fervent) meaning

très local mais très significatif et très influent au Japon, et dans d'autres endroits du monde. Après qu'elles ont été adoptées, codifiées et «sacralisées» par tel ou tel groupe, ces chaussures prennent un cachet et une dimension culturelle que d'autres groupes vont vouloir emprunter, récupérer et souvent dissoudre par le même effet. En ce sens c'est un peu comparable à la culture Harley-Davidson : un accessoire conçu pour une certaine pratique (pour ce qui concerne les sneakers, faire du sport) est détourné de son usage initial par telle ou telle tribu qui lui attribue un sens particulier (et parfois très profond), mais qui n'a de sens que pour les gens qui appartiennent à la même tribu. C'est un peu comme un bandana rouge : il ne prend pas la même signification selon la manière dont il est porté, par qui et à quel endroit de la planète – sur le front d'un membre de gang de Los Angeles, pendant de la poche arrière droite du jean d'un homo à San Francisco ou noué en foulard autour du cou d'une jeune fille en Gironde. Après, cette sneaker culture, c'est vraiment devenu quelque chose de très transversal. D'autres sous-cultures ont des dimensions codées comparables, mais je n'en connais pas d'autre qui connecte autant d'univers différents : le sport de haut niveau, le design, la musique, le monde des voyous, la mode, le cinéma, la publicité, la sociologie sont autant d'univers qui sont connectés au monde de la sneaker, tous pratiquement à valeur égale. La sneaker culture touche autant *les kids* de *high school* de Compton, les rédactrices de magazines de mode féminins en Europe, les collectionneurs de *salvaged denim* au Japon que les plus grandes pop stars de la planète. C'est pour ça que ce n'est pas près de s'arrêter.

that is only understood by members of the tribe. It's like the red bandana : it takes on a different meaning depending on how it is worn, by whom, and where on the planet. It doesn't mean the same thing if it's worn on the forehead of a gang member in Los Angeles, dangling from the right rear pocket of a gay man's jeans in San Francisco, knotted as a scarf around the neck of an elegant young woman in the south of France, yet they all wear it with equal fervor. One thing about sneaker culture is that it has really become transversal, and now truly mainstream. Other subcultures have comparable encoded aspects, but I don't know of any other subculture that connects so many different worlds : top-level sports, design, music, street gangs, fashion, film, advertising, sociology… Sneakers are linked to all of these worlds, all on a virtually equal footing. Sneaker culture equally engages high school kids in Compton, fashion editors in Europe, collectors of salvaged denim in Japan as well as the biggest pop stars on the planet. And that's why it's still going strong, and not likely to fade out anytime soon.

→ Images extraites du film documentaire *Sneakers. Le culte des baskets* réalisé par Thibaut de Longeville et Lisa Leone, produit par Caid Productions et Program33, 2005

Images from the documentary *Just for Kicks* by Thibaut de Longeville and Lisa Leone, produced by Caid Productions and Programm33, 2005

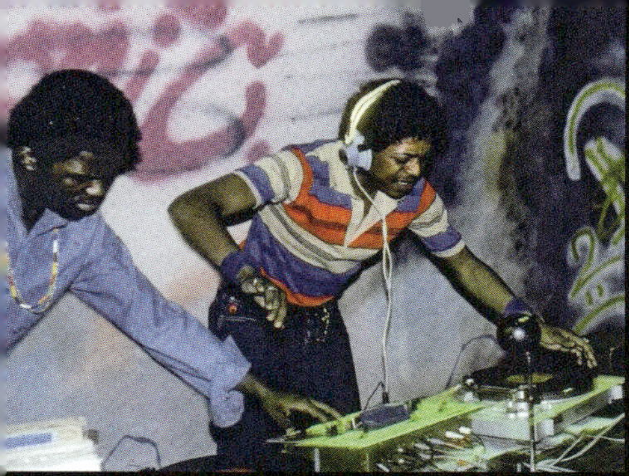

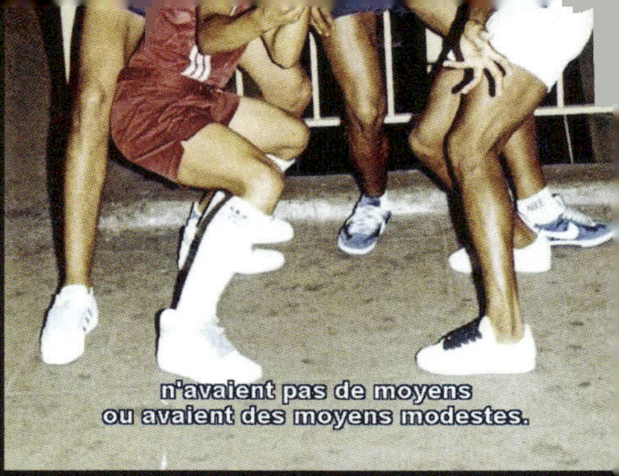
n'avaient pas de moyens
ou avaient des moyens modestes.

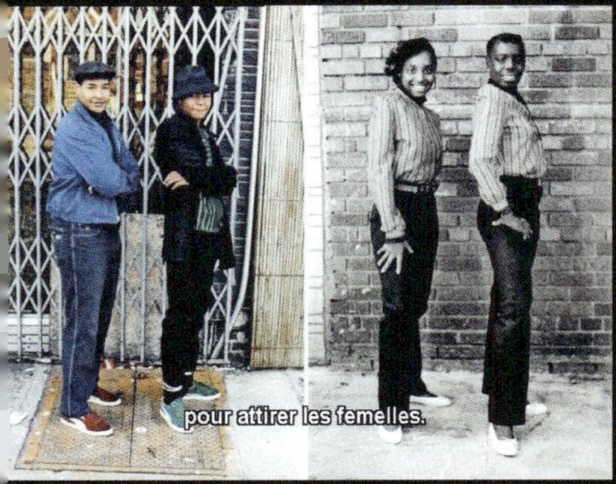
pour attirer les femelles.

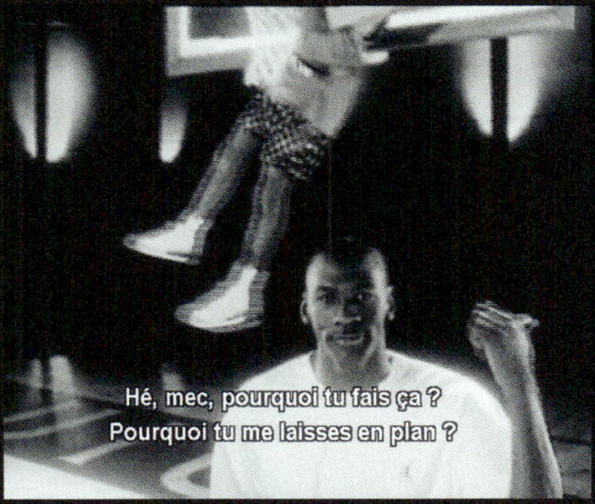
Hé, mec, pourquoi tu fais ça ?
Pourquoi tu me laisses en plan ?

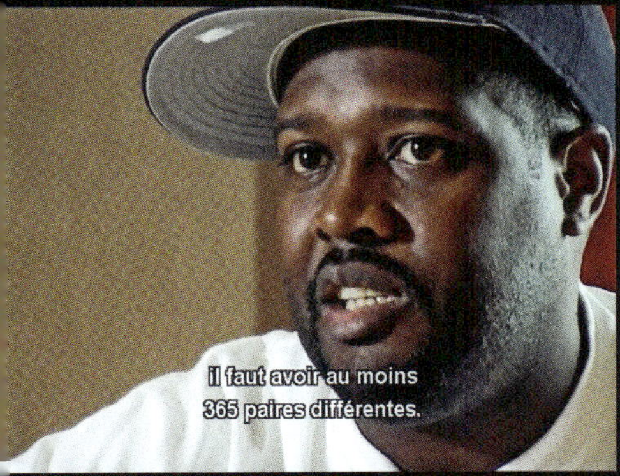
il faut avoir au moins
365 paires différentes.

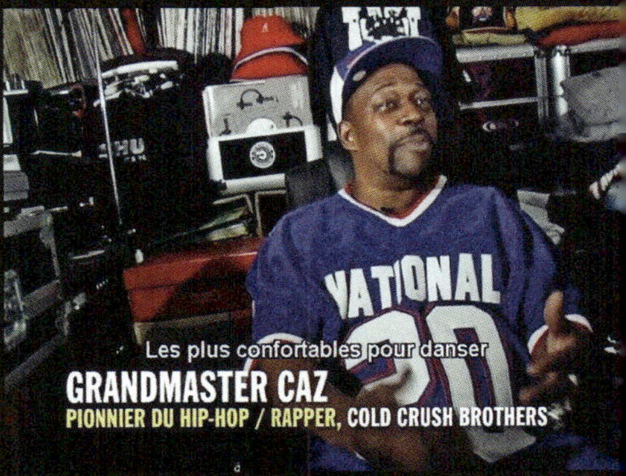
Les plus confortables pour danser
GRANDMASTER CAZ
PIONNIER DU HIP-HOP / RAPPER, COLD CRUSH BROTHERS

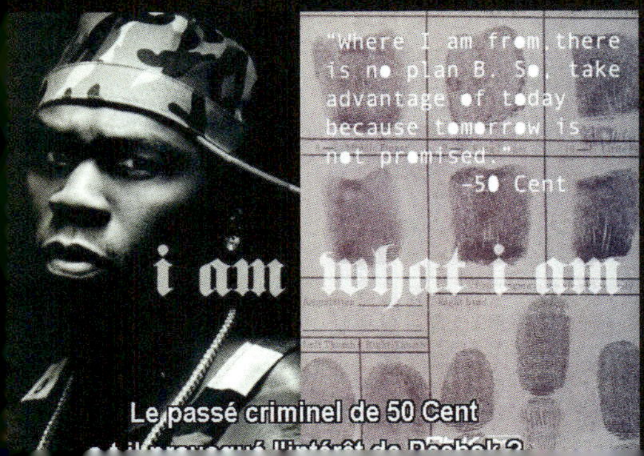
"Where I am from there is no plan B. So, take advantage of today because tomorrow is not promised."
-50 Cent
i am what i am
Le passé criminel de 50 Cent

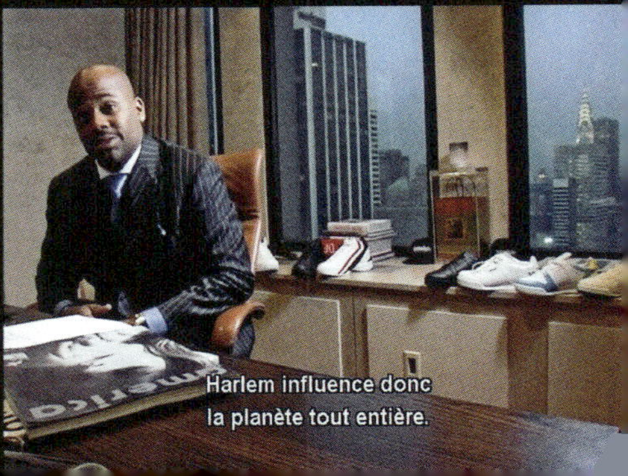
Harlem influence donc
la planète tout entière.

Conversation entre Chris Severn et Jason Coles

Chris Severn a, dès son plus jeune âge, connu la célébrité comme acteur à Hollywood dans les années 1940, mais il est avant tout l'auteur de l'Adidas *Superstar*. Convaincu qu'il fallait mettre un terme aux quarante ans de règne de la Converse *All Star* sur le basket-ball, l'ancien joueur a travaillé avec Horst Dassler pour créer une nouvelle chaussure à la pointe de l'innovation dans les années 1960.

Conversation between Chris Severn and Jason Coles

Chris Severn initially found fame as a child actor in Hollywood movies of the 1940s, but he is first of all the father of the Adidas *Superstar*. Believing it was time for the Converse *All-Star*'s four-decade reign over basketball to end, the former player worked with Horst Dassler to create a cutting edge new shoe in the 1960s.

Conversation #2 Chris Severn

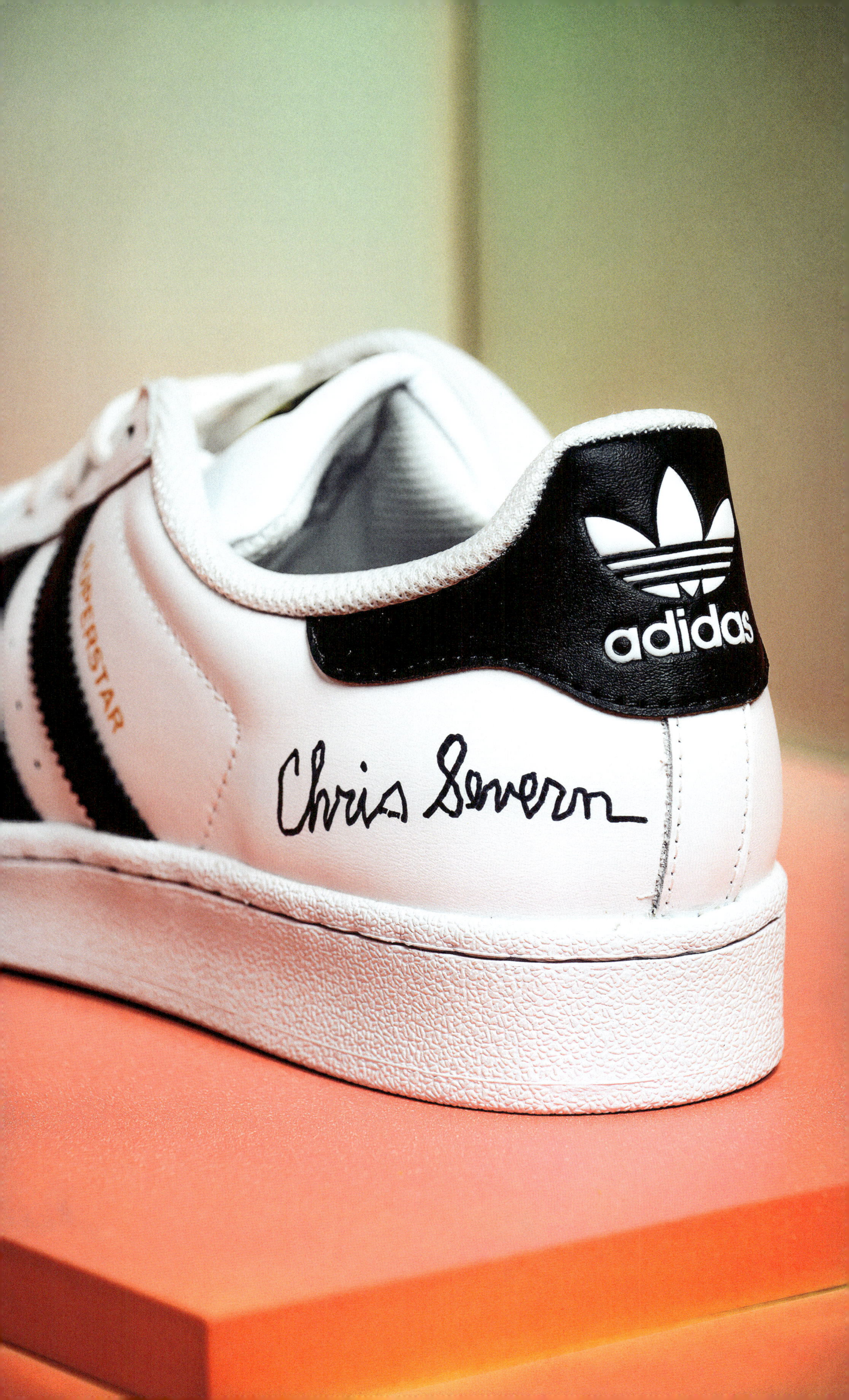
adidas
Chris Severn

Jason Coles Chris, is there a moment that you can describe as the "birth" of the *Superstar*?

Chris Severn The *Superstar* was really born when I played basketball in high school and like almost everyone, I wore Converse *All-Stars*. After landing from jumps, I often got painful blood blisters because the inside of the shoe would collapse and pinch the heel. At the time almost every shoe manufacturer made an All-Star copy, so even if you wore Keds, Uniroyal or Bata, you still suffered the same problems. So, when I began working in sporting goods, although I was by no means a great basketball player, I had studied the game carefully and from my own experiences, was sure I knew how to make a better basketball shoe.

JC What was the journey from concept to physical product?

CS I'd known Horst Dassler since 1956 as my brother Clifford was one of the first Adidas importers in the USA. Horst came to stay with the family and being the same age, we got on well. Although I told him about my idea, he didn't really take it seriously until he was at the Rome Olympics and saw the United States basketball team. That was the first time he really fell in love with the game. After the Olympics he said to me that it would be a great idea if Adidas tried to make basketball shoes. The problem was, his parents really didn't agree! They thought basketball was a very minor sport and that it would be frivolous to waste resources on it. Thankfully for my sake, he didn't listen!

JC So how did you and Horst manage to make the shoe happen?

CS In secrecy! Horst told me not to mention anything to his parents. He had a very different vision from his parents and saw that America would play a big part in the future of Adidas at a time when his parents were still focused on Europe. Horst also operated from his own base in France which meant we could develop the shoe without Adidas Germany knowing. So I began working with the technicians at Adidas France to create the first prototype.

JC How did you persuade basketball players to try the *Superstar*?

CS At first it was very hard because they had worn All-Stars for most of their lives and thought the *Superstar*, or *Supergrip* as it was known then, would be heavy and that because it was leather, their feet would sweat more. But the first player I persuaded was John Block of the San Diego Rockets. John had serious foot problems, so was keen to try them and when he did, he became a real advocate and said to his Coach 'You have to try these, they're fabulous!'. That led to my first meeting with Coach Jack McMahon, when I got him in a pair. McMahon gave me his blessing and said I could talk to the players, and if they wanted to wear them fine, but if they didn't, that's fine too. One by one, I got them into the shoes, admittedly in some cases I had

Jason Coles Chris, y a-t-il un moment que vous pouvez désigner comme étant la «naissance» de la *Superstar*?

Chris Severn La *Superstar* est réellement née quand je jouais au basket-ball au lycée et que, comme presque tout le monde, je portais des Converse *All Star*. À l'atterrissage des sauts, je me faisais souvent des ampoules douloureuses saignantes parce que l'intérieur de la chaussure s'affaissait et pinçait le talon. À l'époque, presque tous les fabricants de chaussures faisaient des copies de *All Star*, donc même en portant des Keds, des Uniroyal ou des Bata, vous souffriez des mêmes problèmes. Alors quand j'ai commencé à travailler dans les équipements sportifs, bien que n'ayant en aucun cas été un grand joueur de basket-ball, j'avais étudié avec précision le jeu et, à partir de mon expérience, j'étais certain de pouvoir concevoir une meilleure chaussure de basket.

JC Quel a été le cheminement entre le concept et le produit physique?

CS Je connaissais depuis 1956 Horst Dassler car mon frère Clifford avait été l'un des premiers importateurs d'Adidas aux États-Unis. Horst venait séjourner à la maison et comme on avait le même âge, on s'entendait bien. J'ai partagé mon idée avec lui, mais il ne m'a pas vraiment pris au sérieux, jusqu'à ce qu'il assiste aux jeux Olympiques de Rome et voie l'équipe américaine de basket-ball. C'est la première fois qu'il est réellement tombé amoureux de ce sport. Après les JO, il m'a dit que ce serait une très bonne idée qu'Adidas essaie de concevoir des chaussures de basket-ball. Le problème est que ses parents n'étaient vraiment pas d'accord! Ils pensaient qu'il serait futile de gaspiller ses ressources dans ce sport qu'ils jugeaient mineur. Heureusement pour moi, il ne les a pas écoutés!

JC Finalement, comment Horst et vous avez réussi à faire de cette chaussure une réalité?

CS En secret! Horst m'a demandé de ne rien dire à ses parents. Il avait une vision très différente de ses parents et il voyait que les États-Unis allaient jouer un grand rôle dans le futur d'Adidas, alors qu'eux se concentraient toujours sur l'Europe. Horst opérait également de ses propres bureaux en France, ce qui signifiait que nous pouvions développer la chaussure sans qu'Adidas Allemagne soit au courant. J'ai donc commencé à travailler avec les techniciens d'Adidas France pour concevoir le premier prototype.

JC Comment avez-vous persuadé les joueurs de basket-ball d'essayer la *Superstar*?

CS Au début, c'était très dur, parce qu'ils avaient porté des *All Star* quasiment toute leur vie; ils pensaient que la *Superstar*, ou *Supergrip* comme on l'appelait à l'époque, serait lourde et que, parce qu'elle était en cuir, leurs pieds transpireraient davantage. Mais le premier joueur que j'ai convaincu était John Block des San Diego Rockets. John avait de sérieux problèmes de pied, donc il avait envie de les essayer, ce qu'il a fait. Il est alors devenu un véritable disciple et a dit à son coach: «Vous devez les essayer, elles sont fabuleuses!» S'en est suivi mon premier rendez-vous avec le coach Jack McMahon, où je lui ai apporté une paire. McMahon m'a donné son approbation et m'a dit que je pouvais en parler aux joueurs: tant mieux s'ils voulaient les porter, mais tant pis s'ils ne voulaient pas. Un par un, je leur ai fait enfiler les chaussures – je dois avouer que dans certains cas j'ai dû moi-même serrer les lacets à leurs pieds! Ils les ont essayées, ont

to physically tie the shoes on to their feet! They had their trials and troubles in adjusting but eventually, they did. So, it was really a treat for me to see them walking out in the shoe for the first time. That was history in the making!

JC You mention the shoe was called the *Supergrip* at first. Why did you change the name?

CS In truth it was because I wanted a more glamorous name! *Supergrip* was a very utilitarian name and with the Converse *All-Star* in mind, I wanted the shoe to be one better so I thought, "What's one better than an *All-Star*? A *Superstar*!"

JC How did you get to the point that the *Superstar* and Adidas 'took over' basketball?

CS While it was great to have the Rockets in *Superstars*, the problem was that they were the worst team in the NBA! They were an expansion team, a brand new team which meant that they took players from the other teams who in most cases were not the cream. But the great thing for me was that when other teams came to play them, I was able to meet them, find out their sizes and order shoes for them to try. The real coup was getting the Boston Celtics wearing *Superstars*, because after they went on to win the title in them, my phone didn't stop ringing!

JC After the *Superstar* "retired", it became popular as a street shoe and then world famous on the feet of Run-DMC. Did that surprise you?

CS Yes and no. I knew it would eventually be replaced, and it was by the Adidas *Top Ten*, but it wasn't as good as the *Superstar*. It looked more 'technical', but actually the traction was not as good, partly because the soles were softer, so a lot of people still liked wearing *Superstars* and we'd always envisioned that it would be embraced as a multi-sport shoe and a long-running staple on the streets in the world of style and fashion. Horst Dassler was very perceptive and aware that they would be used by non-athletes, because even early on people liked to look sporty even though they weren't actual players. But did I foresee that the *Superstar* would have a second life as a hip-hop icon? I can't honestly say I did!

JC Why do you think the *Superstar* continues to be so popular?

CS Many shoes today have very complicated designs, but the *Superstar* is really clean looking and the best designs are always those that are clean and simple. It's allowed the *Superstar* to became a canvas for lots of different ideas. Personally, I don't think some of them work at all! But those that have stayed true to the classic design, have worked well.

JC Do you have a favourite?

CS Well I'm biased but I'm going to say the original classic white with black stripes! It can't be beat!

douté, mais finalement les ont gardées aux pieds. Ça a été un vrai plaisir pour moi de les voir sortir avec ces chaussures pour la première fois.

JC Vous avez indiqué que la chaussure avait été initialement baptisée *Supergrip*. Pourquoi avez-vous changé le nom ?

CS La vérité est que je voulais un nom plus glamour ! *Supergrip* était un nom très fonctionnel. Ayant la Converse *All Star* en tête et souhaitant une chaussure qui soit meilleure, j'ai pensé : « Qu'est-ce qui est mieux qu'une *All Star* ? Une *Superstar* ! »

JC Comment en êtes-vous arrivé au point où la *Superstar* et Adidas ont dominé le basket-ball ?

CS Certes, c'était génial que les Rockets portent des *Superstar*, mais le problème est qu'ils étaient la pire équipe de la NBA ! C'était une *expansion team*, une nouvelle équipe, ce qui veut dire qu'ils avaient recruté des joueurs d'autres équipes qui, dans la majorité des cas, n'étaient pas les meilleurs. Mais ce qui était bien pour moi, c'est que j'ai pu rencontrer les autres équipes qui venaient jouer avec eux, connaître leurs tailles et commander les chaussures pour que les joueurs les essaient. Le vrai coup de maître, c'est que les Boston Celtics se mettent à porter les *Superstar*, parce que après leurs victoires avec ces chaussures mon téléphone n'a pas cessé de sonner !

JC Après la « retraite » de la *Superstar*, elle est devenue populaire comme chaussure de ville, et ensuite mondialement connue aux pieds des Run-DMC. Est-ce que cela vous a surpris ?

CS Oui et non. Je savais qu'elle finirait par être remplacée, et elle l'a été par l'Adidas *Top Ten*, qui n'était pas aussi bien que la *Superstar*. Elle avait l'air plus technique, mais en fait la traction n'était pas aussi bonne, en partie parce que les semelles étaient plus molles. Donc beaucoup de gens aimaient encore porter la *Superstar*. Nous avions toujours imaginé qu'elle serait considérée comme une chaussure multisport, et vue par le monde du style et de la mode comme un basique. Horst Dassler était très perspicace et conscient qu'elle serait utilisée par des non-athlètes, parce que très tôt les gens ont aimé avoir un look sportif même s'ils ne l'étaient pas. Mais est-ce que j'avais présagé que la *Superstar* aurait une seconde vie comme icône hip-hop ? Honnêtement, je ne peux pas l'affirmer !

JC Pourquoi selon vous la *Superstar* continue-t-elle d'être si populaire ?

CS Aujourd'hui, beaucoup de chaussures ont un design compliqué, alors que la *Superstar* a l'air vraiment sobre et les meilleurs designs sont souvent ceux qui sont sobres et simples. Cela a permis à la *Superstar* de devenir une toile blanche pour plein d'idées différentes. Personnellement, je pense que certaines ne marchent pas du tout ! Mais celles qui sont restées fidèles au design d'origine ont bien marché.

JC En avez-vous une préférée ?

CS Bon, je ne suis pas objectif, mais je vais dire la classique originale, blanche avec les rayures noires ! Elle, elle est indétrônable !

Conversation entre Peter Moore et Constance Rubini

Peter Moore a collaboré durant toute sa carrière avec les plus grandes marques de sport. De 1975 à 1987, il a travaillé pour Nike, d'abord comme consultant puis comme directeur artistique. Il est le designer de modèles désormais iconiques comme la *Air Jordan 1* et on lui doit le célèbre logo Jumpman, qui apparaît pour la première fois sur la *Air Jordan 3*. Il rejoint ensuite Adidas, où il contribue notamment au lancement de la ligne EQT.

Conversation between Peter Moore and Constance Rubini

Peter Moore has spent all his career collaborating with major sport brands. From 1975 to 1987, he worked for Nike, first as a consultant and then as creative director. For the swoosh brand, he designed what soon became iconic models like the *Air Jordan 1* and also the famous Jumpman logo, which first appeared on the *Air Jordan 3*. He later joined Adidas where he notably contributed to the launch of the EQT line.

→ Esquisse préparatoire pour une publicité Nike *Air Jordan*, Peter Moore (directeur artistique), vers 1987

Preparatory drawing for a Nike *Air Jordan* advertisement, Peter Moore (creative director), ca. 1987

Conversation #3 Peter Moore

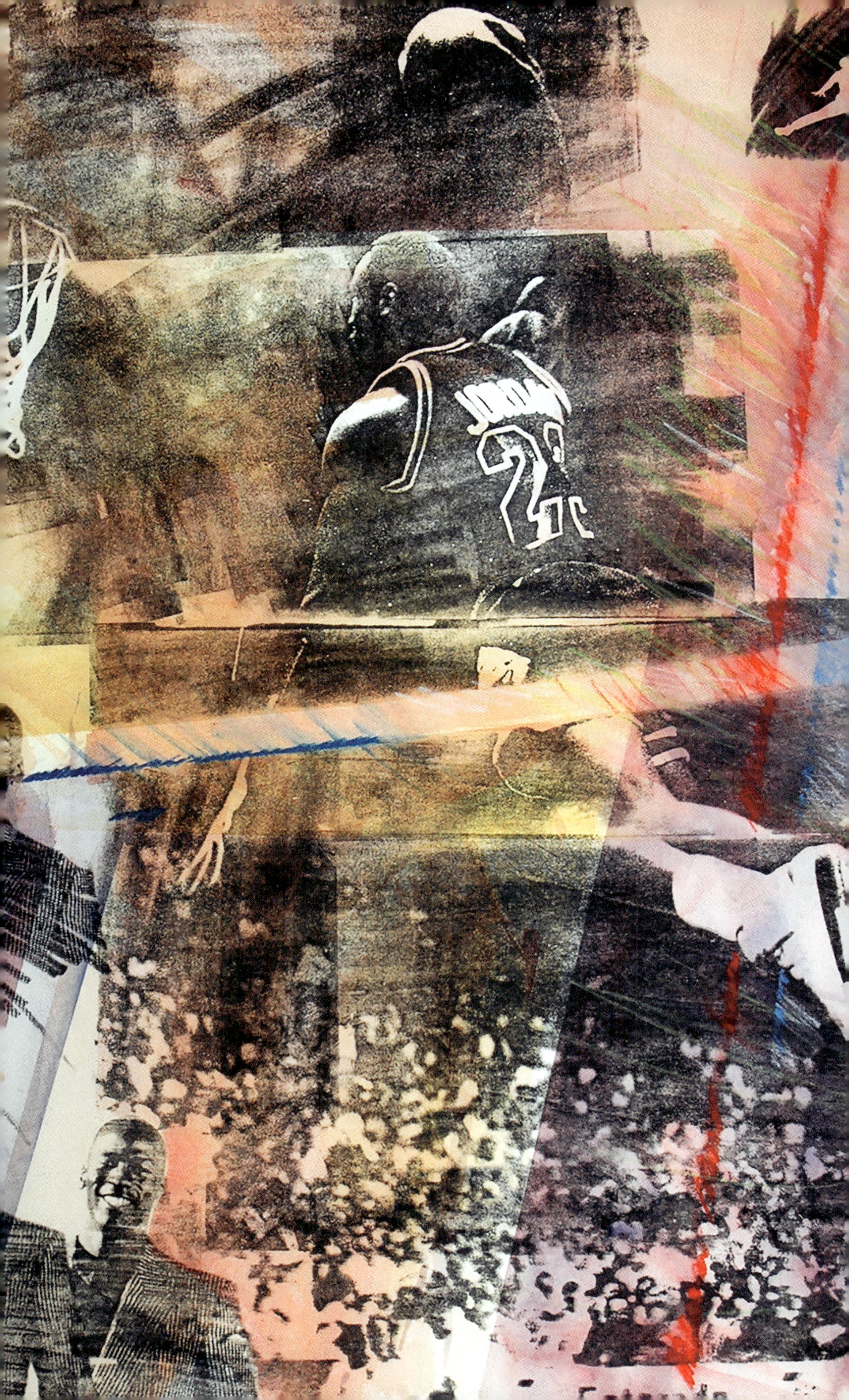

Constance Rubini You met Rob Strasser, Nike's director of marketing, for the first time in 1973[1]. Was there a culture of design at Nike? Was design included in the brand's strategy?

Peter Moore I first met Rob in 1975, I think... He was a newly appointed marketing director in addition to being the corporate counsel (lawyer). There was really no design culture at the time. There was an industrial designer for shoes, but even he was not really experienced. A fellow named Jeff Johnson was the head of product design and the graphic part was being handled by their advertising agency, John Brown & Partners. As for the Nike strategy, design was not really a part of that, and the strategy was rather random at best.

CR You started to work for the brand as a consultant and then joined the company in 1983. Can you describe your first years at Nike as a creative director?

PM There was no such thing as a creative director at Nike before I arrived. I started doing projects for them and they realized that it was a benefit to have a person watching out for the brand and the company's image. I got more and more involved with the direction and the strategy as time went on. Eventually it become clear that I should simply sell my business to them and become a part of the company. This was in 1984. The earlier years were really about devoting time to showing them the importance of design and esthetic thinking.
I had many interesting conversations with various so-called executives about the brand and the image of the company, what it was and should be. The only thing they all could agree on was that it had to do with sports.

CR Who was, at the time, working on the design of the shoes? How did the team work together?

PM By 1984 there was a design team, which I believe was a part of footwear development, and there was a small team doing apparel. I am not sure who was the actual head of design in 1983-84. My guess is a fellow named Bruce Kilgore. It was also around this time that Mark Parker started to get involved with the design area. Rob Strasser and Phil Knight didn't want me involved in the daily care and maintenance of design – they wanted me working on the brand, with the design following my seasonal directions.
I learned quickly that the brand needed to be reflected in the product, or you would end up with a mess on both ends, brand and product design. Jordan was my first attempt at doing this, and I used it as an example for many years at Nike and Adidas.
At this time the design team worked more closely with the developers and pattern people than with the marketing people. Both development and design were assigned categories, like tennis, running, basketball, etc. It wasn't ideal, but it is still a debate today about where design reports at Nike and Adidas.

Constance Rubini Vous avez rencontré Rob Strasser, le directeur marketing de Nike, pour la première fois en 1973[1]. Y avait-il à l'époque, au sein de Nike, une culture du design ? Est-ce que le design faisait partie de la stratégie de la marque ?

Peter Moore J'ai rencontré Rob en 1975, je crois... Il venait d'être nommé directeur marketing, en plus de son travail de conseiller juridique. Il n'y avait vraiment aucune culture du design à l'époque. Il y avait un designer industriel en charge des chaussures, mais même lui n'était pas vraiment expérimenté. Un garçon, Jeff Johnson, était à la tête du design produit et la part graphique était confiée à leur agence publicitaire, John Brown & Partners. Quant à la stratégie de Nike, le design n'en faisait pas vraiment partie, elle était en fait plutôt aléatoire.

CR De votre côté, vous avez commencé à travailler pour Nike en tant que consultant, puis vous avez rejoint l'entreprise en 1983. Pouvez-vous nous parler de ces premières années comme directeur de la création ?

PM Avant mon arrivée, il n'existait rien qui ressemble à un poste de directeur de la création chez Nike. J'ai démarré en faisant des projets pour eux, puis j'ai compris qu'il leur serait bénéfique d'avoir quelqu'un en charge de la marque et de l'image de l'entreprise. Au fil du temps, je me suis de plus en plus investi dans la direction et la stratégie. À un moment donné, il est devenu évident qu'il fallait que je vende ma boîte à Nike et que je rejoigne l'entreprise... C'était en 1984. Les années de jeunesse ont vraiment consisté à prendre le temps de leur montrer l'importance du design et de l'*aesthetic thinking*.
J'ai eu de nombreuses conversations avec ceux que l'on appellerait les « exécutifs » de Nike, à propos de la marque, de l'image de Nike, ce qu'elle était et ce qu'elle devrait être. L'unique chose sur laquelle ils réussissaient tous à s'entendre, c'était le fait que cela devait être associé aux sports.

CR Qui travaillait à ce moment-là sur le design des chaussures ? Comment l'équipe était-elle organisée en interne ?

PM Il y avait alors, en 1984, une équipe de designers qui intervenait, il me semble, au sein du développement des chaussures et il y avait une petite équipe qui s'occupait des vêtements. Je ne suis pas sûr de me souvenir de qui dirigeait le design dans ces années-là. Je crois que c'était quelqu'un qui s'appelait Bruce Kilgore. C'est aussi à cette époque-là que Mark Parker a commencé à être impliqué dans le design. Rob Strasser et Phil Knight ne souhaitaient pas que je m'engage au quotidien dans le suivi du design, ils voulaient que je travaille sur la marque, et que le design suive mes directives, saison après saison.
J'ai très vite appris que la marque devait trouver son reflet dans les produits, pour éviter un désordre total de part et d'autre, dans l'image de la marque comme dans le design du produit.

CR You were then in charge of the image of the brand. What were the guidelines? Performance? Innovation? Provocation? You made absolutely great posters, featuring athletes, or runners in beautiful landscapes, but we could hardly see their feet…

PM First as to the posters: every poster was designed to speak to the athlete and the "kid" in that athlete. They also were designed with a slight bit of irreverence, which was the Nike in them. Also, each one had a brand logo in it. Some had to be discovered, but like the Playboy Bunny you knew it was there. As for the guidelines, there were no guidelines. That was my job and nothing was ever formalized, because I knew that as soon as there were formalized guidelines I would be the first to break them. It is still true today: I am constantly writing guidelines for branding, etc., for small new brands, and then I'm always the first to break those guidelines. I really believe guidelines are necessary – they just have to be very broad and flexible.
Finally, as for the brand and its image, I always judged things being Nike or not by two or three points: was it sport, was it through the athlete, and was it a bit irreverent? If one of those were missing, I felt it might still be Nike, but it was not as strong a Nike as it could be.

CR In the 1980s, Nike appeared as a strong sports brand. But what about its reputation in basketball? Could you tell us about the kind of shift Nike had in mind when meeting with Michael Jordan?

PM Nike started out as a running shoe company. Mr. Knight was a runner, and a pretty good one – not Olympic quality, but a very competitive college athlete. Before we signed Jordan, Nike had several NBA players and a number of college teams all wearing Nike. However, when you went out into the street and asked kids about Nike and basketball, they couldn't tell you a player who wore them or that they even knew anything about Nike. If they were known for anything outside of running, it was for tennis, and that was because we had signed John McEnroe, who really fit Nike's culture at the time.
The McEnroe deal triggered Rob, I believe, and it was why he approached Sonny Vaccaro about finding Nike a basketball player who could change a kid's mind about Nike and basketball just by having him in our shoes.

CR The *Air Jordan I* is an icon of sneaker history. Can you tell us about its design? Did you collaborate with Michael Jordan to understand his needs as an athlete? What was the method for designing an object that needed to be high-performance but also seen and noticed? When you designed this first *Air Jordan*, did you know already that a brand was being born and that it would be the first in a long series?

PM I designed the first *Air Jordan* and directed the second one and the third, other than those

Jordan a été la première marque avec laquelle j'ai mis en place cette méthode de travail, et elle m'a servi d'exemple pendant longtemps, chez Nike et chez Adidas.
À ce moment-là, les designers travaillaient de façon plus étroite avec les développeurs et les prototypistes qu'avec les gens du marketing. Ensemble, on leur attribuait des catégories comme le tennis, la course, le basket, etc. Ce n'était pas idéal, mais c'est un débat encore actuel aujourd'hui chez Nike ou Adidas: de qui le design relève-t-il?

CR Vous étiez donc en charge de l'image de la marque. Quelles étaient les lignes directrices: la performance? l'innovation? l'audace, voire la provocation? Vous avez conçu de très beaux posters mettant en scène des athlètes, des coureurs dans un magnifique paysage, par exemple, mais on y voyait à peine leurs pieds.

PM Pour vous répondre tout d'abord à propos des posters… Chacun d'eux était conçu de façon à s'adresser aux athlètes et aux gamins qui étaient en eux. Ils étaient aussi dessinés avec un brin d'irrévérence, ce qui correspondait à la part de Nike qu'ils avaient en eux. Sur chacun figurait le logo de la marque. Parfois il fallait le trouver, mais c'était comme le lapin de Playboy: on savait qu'il y était. Quant aux lignes directrices, il n'y en avait pas vraiment, c'était mon travail et rien n'était jamais formalisé, parce que je savais qu'à la minute même où il y aurait une ligne formalisée je serais le premier à l'outrepasser. C'est encore le cas aujourd'hui: je passe mon temps à mettre par écrit des règles pour la stratégie de marques importantes ou plus petites, et je suis toujours le premier à les enfreindre. Je pense sincèrement que les lignes directrices sont nécessaires, mais seulement si elles sont assez larges et flexibles.
En fin de compte, pour Nike, j'ai toujours été capable de dire ce qui était Nike ou ce qui ne l'était pas uniquement grâce à deux ou trois éléments: parlait-on de sport, s'adressait-on aux athlètes, était-on un peu irrévérencieux? Si un de ces trois points manquait, on était peut-être un peu Nike, mais un Nike pas aussi fort qu'il pouvait l'être.

CR Dans les années 1980, Nike a acquis l'image d'une marque forte. Mais qu'en était-il de son positionnement dans le milieu du basket? Pouvez-vous nous parler des enjeux de la collaboration avec Michael Jordan?

PM Nike a démarré comme une entreprise de running, une entreprise de chaussures de running. Monsieur Knight était un coureur, et un sacrément bon coureur. Pas d'un niveau olympique, mais quand même un athlète universitaire très compétitif.

(page suivante)
«Shirts & Skins», poster publicitaire pour la marque Nike *Air Jordan*, Peter Moore (directeur artistique), vers 1987

(following page)
"Shirts & Skins", advertising poster for Nike *Air Jordan*, Peter Moore (creative director), ca. 1987

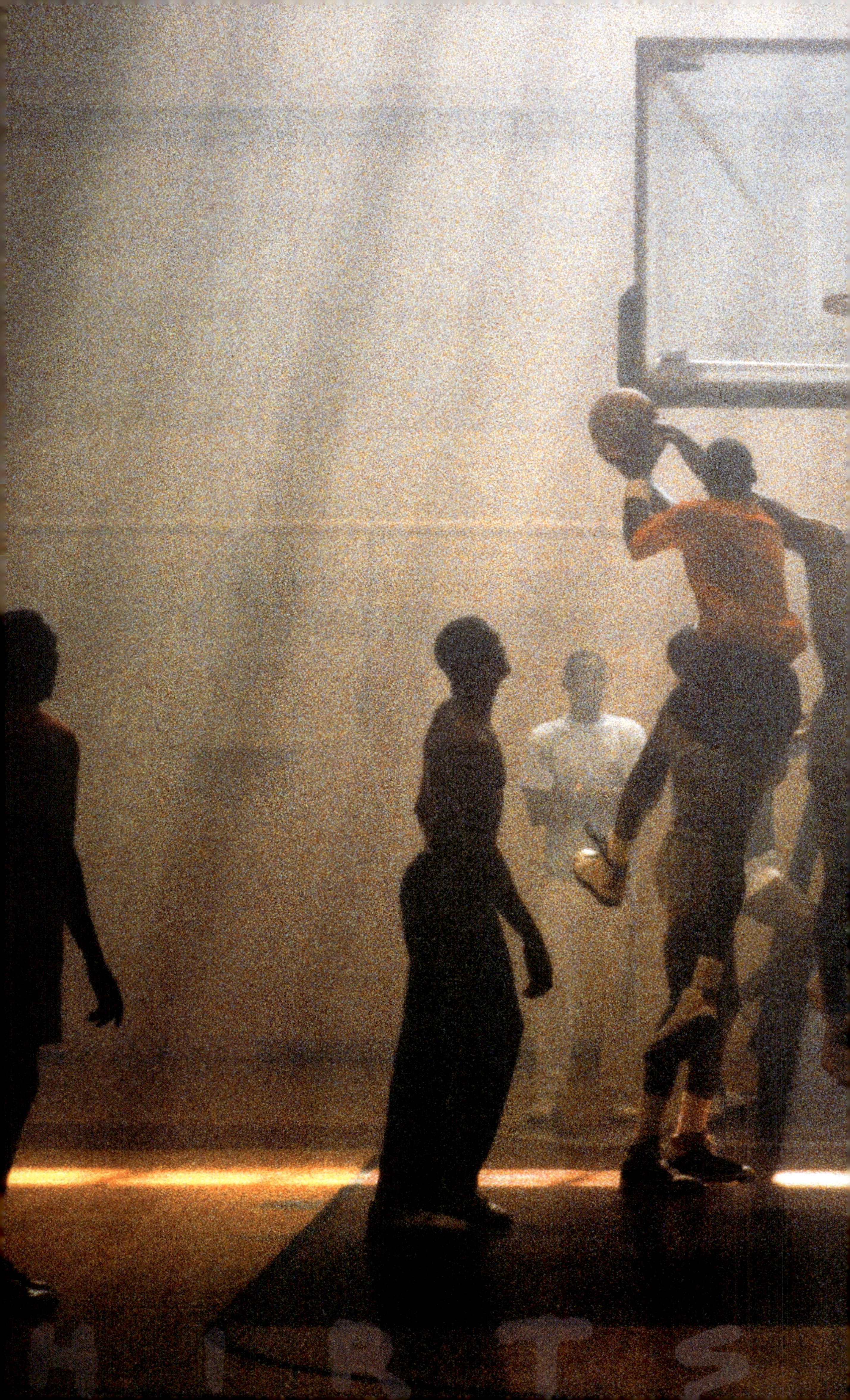

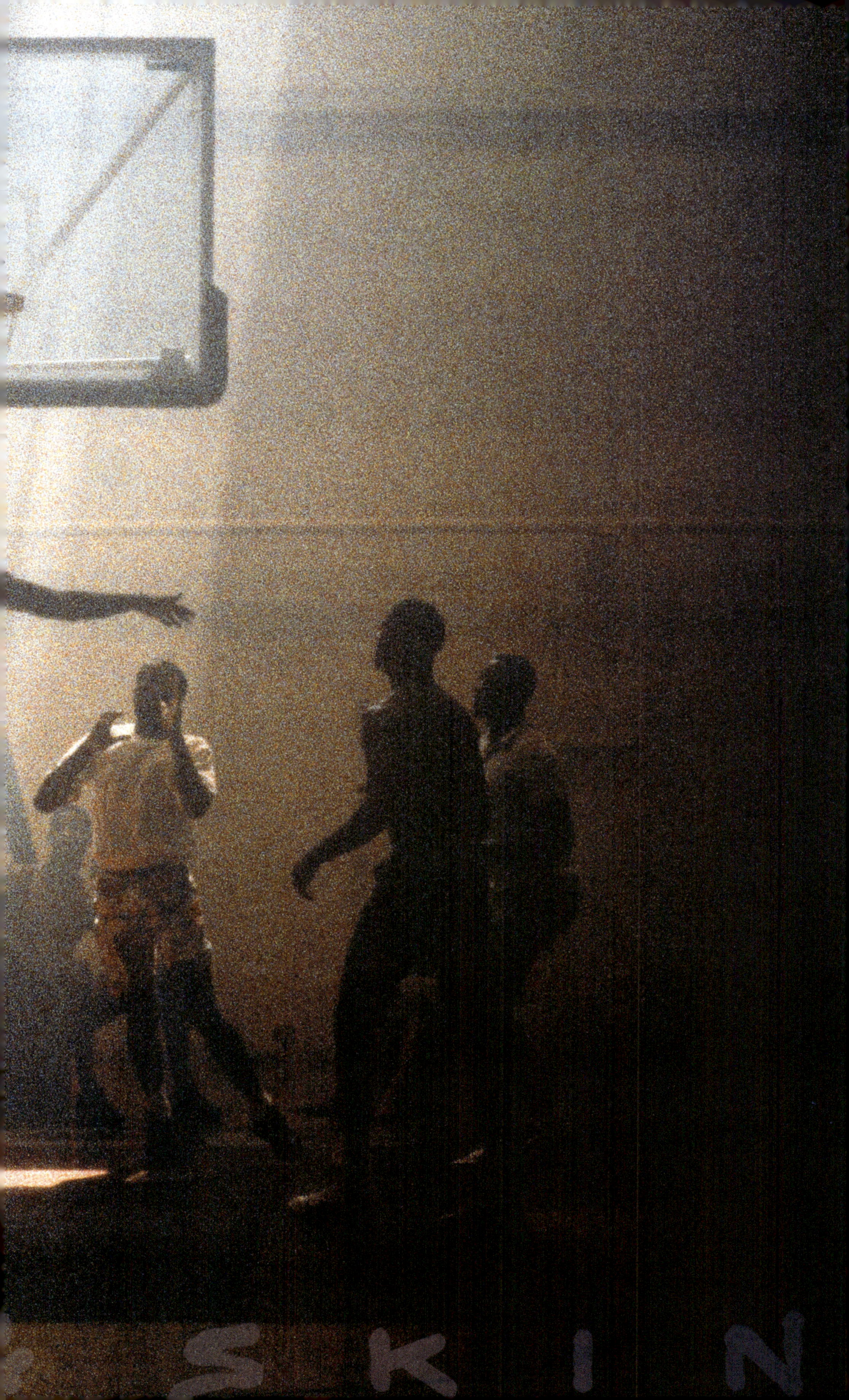
S K I N

for which Tinker Hatfield is or was the designer. The first one had all kinds of restrictions because we had no time to develop a totally new shoe. We had to use an existing bottom and a partial cupsole in the construction. This was before you could mold EVA. I was okay with all of that. Jordan wanted a shoe that was close to the ground, he said, because he wanted to "feel the floor" and he was concerned about the air bag putting him too high off the floor. It was only a heel bag anyway, so no problem.
My idea was to use Michael to break the shoe color barriers that existed in the NBA at that time: everyone wore either a white-bodied shoe or a black-bodied shoe. Because we were Nike and because Michael Jordan was going to break all the records, I wanted to make the shoes colorful, with red, black and white. Therefore, I designed the upper in such a way that it spoke of basketball but would also use color in a number of unique and colorful ways. Remember what I said about Nike and being a little irreverent? This is an example of that.

CR How did Bruce Kilgore enter the game? Do you understand why the *Air Jordan I*, the black and red one, was such a success when the second one didn't sell?

PM Bruce Kilgore had been with Nike for several years and worked at that time in Advanced Products, so when it came to *Air Jordan 2*, I went to him about a shoe I had in mind to be very technical and beautiful, and to be made in Italy – a shoe that looked great with only one color and different textures, etc. I wanted a complete 180 from *Air Jordan 1*. Bruce was my guy, he knew Italy and he knew technology. *Jordan 2* had a million problems, and then Michael was hurt most of the season. The shoe was way late and the retailers were shocked at the difference, so they were cautious, etc. It is by far my most favorite shoe of all of them, still very contemporary looking today, if you can find a real one. The midsole was PU and it has deteriorated over the years, so a good one is hard to find. Even the box was elegant. I think *AJ 1* sold for a number of reasons. First, the color blast was just waiting to happen. Basketball NBA style was about to explode as well, and Jordan is like no other basketball player I have ever seen. In his youth he could fly – he was like watching Nureyev or Baryshnikov in shorts. Kids wanted a piece of that. They wanted "to be like Mike."

CR You designed an incredibly famous logo, the Jumpman, to replace your first "wings and ball" logo. A logo works like a symbol and the Jumpman seems so self-evident, obvious. But it came only after the wings. How did you come to it? First of all, you came up with that perfect name: *Air Jordan*...

PM First, I cannot claim that I came up with the name "Air Jordan." That should be credited to his agent, David Falk, who suggested it at our very first meeting. He thought it would connect Michael to Nike because of the Nike Air technology. He's a smart guy.

Avant de signer Michael Jordan, Nike était en contrat avec quelques joueurs NBA et certains joueurs universitaires, mais malgré tout, si vous interrogiez un gamin dans la rue à propos de Nike et du basket, aucun n'était capable de citer un joueur qui portait des Nike – aucun d'ailleurs ne connaissait Nike. Si la marque était connue pour quelque chose d'autre que la course, c'était pour le tennis grâce à son contrat avec John McEnroe, dont la personnalité correspondait vraiment à la culture Nike de l'époque. Le contrat avec McEnroe a, je pense, été un déclic pour Rob, et c'est la raison pour laquelle il a approché Sonny Vaccaro, afin que ce dernier trouve un joueur de basket qui pourrait, juste par le fait de porter des Nike à ses pieds, changer l'idée que les jeunes se faisaient de Nike et du basket-ball.

CR La *Air Jordan* est une icône dans l'histoire des sneakers. Pouvez-vous nous parler de son design ? Avez-vous collaboré avec Michael Jordan pour mieux comprendre ses besoins en tant qu'athlète ? Quelle a été votre démarche pour concevoir un tel objet, qui devait être à la fois performant, vu et remarqué ? Quand vous avez designé la première *Air Jordan*, saviez-vous déjà qu'elle allait initier une marque et qu'elle serait la première d'une longue série ?

PM J'ai designé la première *Air Jordan*, dirigé la seconde, ainsi que la troisième, qui était un modèle différent de celui designé par Tinker Hatfield. La première a subi toutes sortes de contraintes, car nous n'avions pas le temps de développer une chaussure entièrement inédite. On a dû utiliser un fond déjà existant et une *cupsole*[2] qui était déjà construite en partie. C'était avant que l'on puisse mouler de la mousse EVA. Tout cela me convenait. Jordan voulait une chaussure qui soit près du sol pour, comme il nous l'a dit, « sentir le sol » et il s'inquiétait du fait que la capsule d'air l'en éloigne trop. Mais de toute façon ce n'était qu'une capsule d'air au talon, donc pas de problème.
Mon idée était d'utiliser Michael pour rompre la barrière des couleurs imposées alors par la NBA. Tout le monde portait des chaussures à fond blanc ou à fond noir... Parce que nous étions Nike, et parce que Michael allait exploser tous les records, je voulais que ses chaussures soient colorées avec du rouge, du noir et du blanc. J'ai donc designé le *upper*[3] de façon qu'il évoque le basket-ball, mais qu'il puisse quand même être en couleurs de multiples manières, originales et colorées. En couleurs vives et uniques. Souvenez-vous de ce que je vous ai dit à propos de Nike et du fait d'être un peu irrévérencieux : voilà, c'en est un exemple.

CR Comment Bruce Kilgore est-il entré en jeu ? Est-ce que vous comprenez pourquoi la *Air Jordan 1*, la rouge et noir, a eu tant de succès, alors que la *2* ne s'est pas vendue ?

PM Bruce Kilgore était chez Nike depuis plusieurs années et travaillait au *Advanced Products*, alors quand on en est arrivé à la *Air Jordan 2*,

The winged logo was modeled after the pilot wings that a United Airlines captain wore in those days, much like the military use today. We were flying back to Portland from our first meeting when I saw a flight attendant give a pair of the wings to a young boy who was very excited to get them. I sat down on the flight home and drew up a few examples on a cocktail napkin. Rob approved one of them before we landed, and that was the first logo. After this second shoe I decided we needed to change Michael's logo because he was growing up and getting very sophisticated in his taste and the way he dressed, and I felt that the wings logo was a bit juvenile. At the time, MJ was also wearing a lot of Ralph Lauren with the polo player logo. I told him that it was not acceptable and he told me to design something better. So the Jumpman is our polo player. Design is not nearly as complicated as some would like it to be.

CR Did you collaborate on the *Air Max* as well? The transparency is a great concept, especially looking at it today. It was a precursor of a global state of mind, at least for us in Europe, where transparency has become a political requirement today. This strategy of showing the air in the sole brings to mind the work of the German designer Dieter Rams, father of the Braun products in the 1960s, and his requirements back then for what is a good design, a design that everybody can understand immediately. But wasn't it quite disruptive to show the emptiness of the sole? Did it cause much discussion within the team? Do you think it could have influenced Jonathan Ive's iMac many years later, in 1998?

PM Visible air exists today because I would not play corporate politics with overrated executives. To answer your question, yes I was involved in the whole relaunch of air. It's a long story and not one related to Jordan – it came after Jordan by about a year. So they were close, but we didn't need Visible air to sell Jordan. We just needed a healthy Jordan. His air was there – it just was not visible until later.

CR You were lucky – or clever – enough to work with the two major athletic shoe companies, Nike and Adidas. In 1990 you and Rob Strasser launched a new line for Adidas, Adidas Equipment. The logo you created is very clear and simple: three green stripes, the name «adidas» written in lower case but in very big letters, and below that "EQUIPMENT" in caps but smaller. Adidas Equipment was addressing different types of runners. Was there a question of personalization/individualization already at stake?

PM First about the Adidas Equipment logo: we, Rob Strasser and I, felt that we needed a separate sign for this new Adidas, one that would allow it to stand alone. It was our belief that we couldn't change the whole large company at one time, so we would create a model company with its own logo, and they could then build the rest of the company in that likeness one step at a time.

je suis allé le voir avec une chaussure en tête, qui devait être très technique et très belle, et qui devait être fabriquée en Italie, une chaussure superbe avec une seule couleur et différentes textures, etc. Je voulais effectuer un virage à 180 degrés par rapport à la *Air Jordan 1*. Bruce était l'homme de la situation, il connaissait l'Italie et il connaissait la technologie. La *Jordan 2* a traversé un million de problèmes, puis Michael a été blessé pendant presque toute la saison, la chaussure était très en retard et les revendeurs étaient stupéfaits par la nouveauté, alors ils étaient prudents… C'est de loin ma chaussure préférée, elle a encore une allure très contemporaine, si vous pouvez trouver un modèle d'origine. La *midsole*[4] était en PU, donc elle s'est détériorée avec le temps, ce qui explique que cela soit si difficile d'en trouver une originale. Même la boîte était élégante. Je pense que la *Air Jordan 1* s'est vendue pour un certain nombre de raisons. En premier lieu, l'explosion de couleurs, qui était très attendue, le style des joueurs de basket NBA était sur le point d'exploser, et Jordan ne ressemble à aucun autre joueur que j'ai pu connaître. Dans sa jeunesse, il pouvait voler, c'était comme regarder Noureïev ou Baryshnikov. Les gamins voulaient une part de ça, ils voulaient «être comme Michael».

CR Vous avez conçu ce redoutablement célèbre logo, le Jumpman, pour remplacer le premier logo «ailes et ballon». Un logo fonctionne comme un symbole et celui du Jumpman paraît si évident… Et pourtant, il n'est arrivé qu'en second. Comment vous est-il venu? En premier lieu, vous avez eu l'idée de ce nom parfait: «Air Jordan»…

PM Tout d'abord, je ne peux pas revendiquer la paternité du nom «Air Jordan», qui appartient à l'agent de Michael, David Falk, qui nous l'a suggéré dès le tout premier rendez-vous. Il pensait que cela connecterait Jordan à Nike, à la technologie Air de Nike. C'était un type malin. Le logo ailé était conçu d'après les ailes de pilote que portaient ceux de United Airlines à cette époque – à la façon dont les militaires le font encore aujourd'hui. Nous étions en vol, de retour vers Portland après notre premier rendez-vous, lorsque j'ai vu un steward en offrir à un jeune gamin fou de joie. J'ai alors dessiné quelques exemples sur un coin de serviette, et Rob a approuvé un de ces dessins avant même que nous atterrissions: c'est devenu le premier logo. Après la deuxième chaussure, j'ai décidé qu'il fallait changer de logo, car Michael grandissait en devenant de plus en plus sophistiqué dans son style vestimentaire et ses goûts, et je sentais que le premier logo était maintenant un peu juvénile. À l'époque, Michael portait souvent des polos Ralph Lauren, avec leur logo «joueur de polo». Je lui ai dit que cela n'était pas acceptable et il m'a répondu: «Eh bien, dessine-moi quelque chose de mieux.» Donc le Jumpman est le joueur de polo. Le design est souvent moins compliqué que certains voudraient le croire.

I decided that this new logo needed to tie into the existing logo, if by no other way than feel. It had to feel Adidas. I also always thought it odd that they had those famous three stripes but they did not appear in the logo. I know they are in the Trefoil logo, but that for me didn't count. I decided I would take the three stripes and combine them with the wordmark. The wordmark in the Equipment logo is the same one they were using at the time. It seems to go from thick to thin and back again over the years. The three stripes are taken from the lateral right side of a tennis shoe and combined with the stripes sitting on top of the word, which suggests that the company is holding up, supporting the brand.

CR Since you have worked for both brands, how would you define the Nike philosophy of design and the Adidas philosophy of design?

PM When you make millions of pairs of shoes a year, the majority of them are the result of several compromises, some from marketing and some from production. That said, the difference between Nike design today and Adidas design is not so great, but there is still a difference. Adidas design is much more functional in look and reality. They still focus on the athletes and their needs, which is not the trend with today's youth, but that is Adidas's heritage and Adi Dassler's legacy. All of which is what Equipment was trying to be. Nike, on the other hand, is much more emotional and I think focuses on the emotion of the "kid," be they an athlete or not. They speak sports through marketing and promotions, not necessarily through their products. As an example, the *Air Max 270*, the shoe with the all-air-bag heel, is not meant to be a performance shoe – not really for sport. However, the emotion in that shoe has made it one of the biggest sellers this season in spite of its hefty price tag. Who's right and who's wrong? For me it depends on how you measure. When I look at the dollars both of these brands generate I am amazed, and have to wonder how it can continue. You know the old saying about what goes up has to…

1. Rob Strasser was one of the top managers at Nike. After working with founder Phil Knight to build up the brand, he left in 1987. Strasser died in 1993, shortly after being named chief executive of Adidas America.

CR Avez-vous également collaboré à la *Air Max*? La transparence est un formidable concept, surtout depuis notre regard actuel, en tout cas pour nous, en Europe, où la transparence est devenue une exigence politique. La stratégie de donner à voir l'air dans la semelle évoque le travail du designer allemand Dieter Rams, le père des produits Braun dans les années 1960, et ses exigences quant à ce qu'il appelait un « bon design », un design que tout le monde puisse comprendre et s'approprier immédiatement. Mais c'était quand même un geste assez perturbant de montrer l'intérieur vide de la semelle, non? Cela a-t-il suscité beaucoup de discussions en interne? Pensez-vous que cela ait pu influencer Jonathan Ive et son iMac, des années plus tard, en 1998?

PM L'air visible existe aujourd'hui parce que je n'ai pas joué *corporate* avec des supérieurs que j'ai jugés surévalués. Pour répondre à votre question, oui, j'ai fait partie de tout le processus de relance de *Air*. C'est une longue histoire, et qui n'est pas liée à Jordan. Elle date à peu près d'un an après Jordan, donc c'était proche, mais on n'avait pas besoin de l'air visible pour vendre Jordan, nous avions juste besoin d'un Jordan en forme. L'air était là, il a juste été visible plus tard.

CR Vous avez eu la chance – ou l'intelligence – de travailler avec les deux plus grandes marques de sport, Adidas et Nike.
En 1990, vous avez lancé avec Rob Strasser une nouvelle ligne pour Adidas, Adidas Equipment (EQT). Le logo que vous avez conçu est simple et clair: trois bandes vertes, le nom « adidas » écrit en minuscules mais en très gros et, dessous, « EQUIPMENT », en capitales mais en plus petit. Adidas EQT s'adressait à différents types de coureurs. La question de l'individualisation, de la personnalisation, était-elle déjà un enjeu à l'époque?

PM Le logo EQT d'abord: nous avions le sentiment, Rob et moi, qu'il nous fallait un logo indépendant pour cette nouvelle ligne, qui lui permettrait d'exister par elle-même. Nous savions que nous n'allions pas pouvoir changer toute l'entreprise d'un seul coup, donc nous voulions créer un modèle de compagnie avec son propre logo, qui puisse ensuite inspirer le reste de l'entreprise petit à petit. J'ai décidé que ce nouveau logo devait s'attaquer au logo existant, au moins par le ressenti, qu'il devait évoquer Adidas. J'ai aussi toujours pensé qu'il était étrange que les fameuses trois bandes n'apparaissent pas sur le logo. Je sais qu'elles sont dans le logo Trèfle, mais pour moi cela ne compte pas. J'ai décidé de prendre les bandes et de les combiner avec la marque en lettres. Celle-ci est de la même taille que celle qui était utilisée à l'époque. Elle semble passer d'épaisse à plus fine, puis être épaisse à nouveau au fil des années. Les trois bandes proviennent du côté latéral droit d'une chaussure de tennis. Elles sont combinées et placées au-dessus du nom de la marque, ce qui donne le sentiment que l'entreprise soutient celle-ci.

↓ Logo Jumpman,
design Peter Moore, 1986

CR Vous avez travaillé pour les deux marques : comment définiriez-vous l'esprit de Nike et celui d'Adidas ?

PM Lorsque vous produisez des millions de paires de chaussures chaque année, la majorité d'entre elles résulte de compromis, certains de la part du marketing, d'autres de la production. Une fois cela dit, la différence entre le design de Nike et celui d'Adidas aujourd'hui n'est pas si grande, mais il y en a quand même une.
Le design d'Adidas est bien plus fonctionnel, dans son aspect et sa réalité. Ils continuent à se concentrer sur l'athlète et sur ses besoins, ce qui n'est pas tendance auprès de la jeunesse actuelle, mais c'est le patrimoine d'Adidas, l'héritage d'Adi Dassler. Tout ce qu'Adidas EQT tentait d'être. Nike joue davantage avec l'émotion, avec l'émotion que ressent un gamin, qu'il soit un athlète ou pas. Ils parlent de sport à travers le marketing et les publicités, pas nécessairement au travers des produits. La *Air Max 270*, par exemple, la chaussure avec l'ensemble du talon en *Air bag*, n'est pas conçue pour la performance, pas vraiment pour le sport. Et pourtant l'émotion véhiculée en a fait une des plus grosses ventes de la saison malgré son prix élevé. Qui a raison, qui a tort ? Pour moi, il s'agit d'une question d'équilibre. Quand je vois la quantité de dollars que ces deux compagnies génèrent, je suis stupéfait et je me demande comment cela peut continuer. Mais vous connaissez l'adage : qui gravit la montagne…

1. Rob Strasser était un des cadres dirigeants de Nike. Après avoir accompagné le fondateur, Phil Knight, dans la création de l'entreprise, il en était parti en 1987. Il est mort en 1993, alors qu'il venait de prendre la direction d'Adidas America.

2. Voir le *Lexique des sneakers*, p. 212-213.

3. *Ibid.*

4. *Ibid.*

Alexandre Samson est historien de la mode et responsable du département haute couture et création contemporaine au Palais Galliera, musée de la Mode de la Ville de Paris.

Alexandre Samson is a fashion historian and curator of the haute-couture and contemporary creation department at the Palais Galliera, musée de la Mode de la Ville de Paris.

→ « Gym Dandy », couverture du magazine *WWD*, 12 mars 2001
Défilé Yohji Yamamoto en collaboration avec Adidas, collection automne-hiver 2001-2002

"Gym Dandy", cover of the magazine *WWD*, March 12 2001
Yohji Yamamoto in collaboration with Adidas, Fall-Winter show 2001-2002

Des marqueurs de mode contemporaine

Benchmarks of contemporary fashion

ENCHY CHANGES SHOW PLANS/2 CHUSTZ SKIPS SHOPKO/2

Women's Wear Daily • The Retaile[illegible] Newspaper • March 12, 2001 Vol. 181, No. 48 $1.75

WWD MONDAY

Accessories/Innerw[illegible]gwear

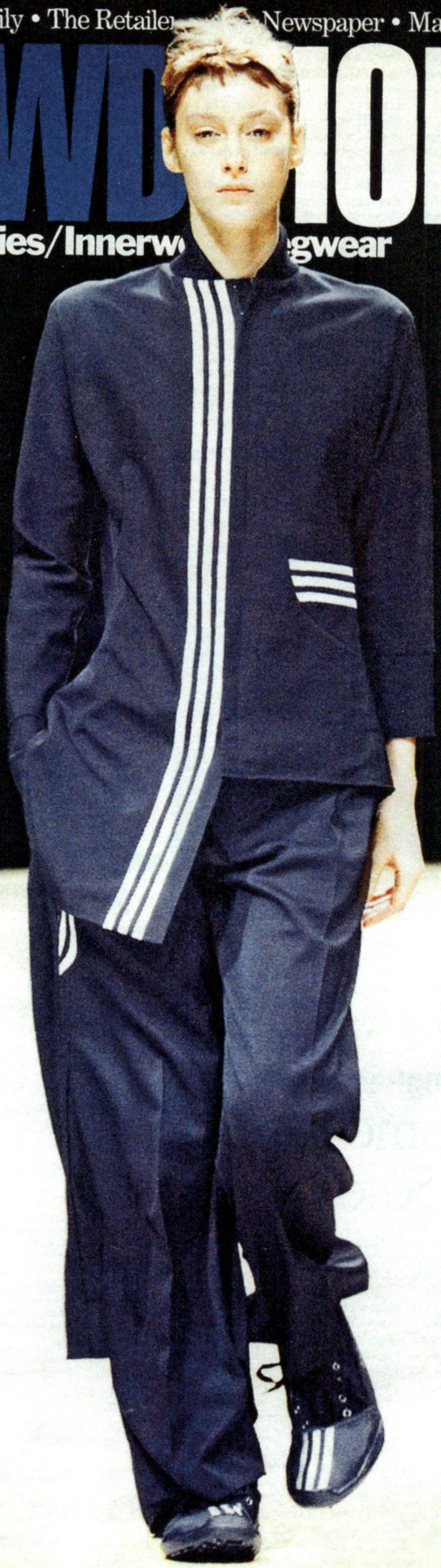

Gym Dandy

PARIS — Yohji Yamamoto went to the gym this season, with wonderful fall looks that were a combination of technical fabrics, sporting shapes and a dose of artsiness. There were jogging suits in unexpected proportions, big-necked sweaters that curled around the neck, and even some surprising new athletic shoes for Adidas. Here, his asymmetrical warmup suit. For more on the European collections, see pages 6 to 11.

As Saks Seeks Lift, New CEO Sets Tactics To Polish Luxe Appeal

By David Moin

NEW YORK — For Christina Johnson, if image wasn't everything before, it's top priority now.

Since ascending as president and chief executive officer of the Saks Fifth Avenue chain in February 2000, and last month to president and ceo of the entire Saks Enterprises — stores, catalog, Internet and outlets — Johnson has been determined to lighten up the profile of a recently bruised Saks Fifth Avenue, and raise her own profile as well.

See **Johnson's**, *Page* **12**

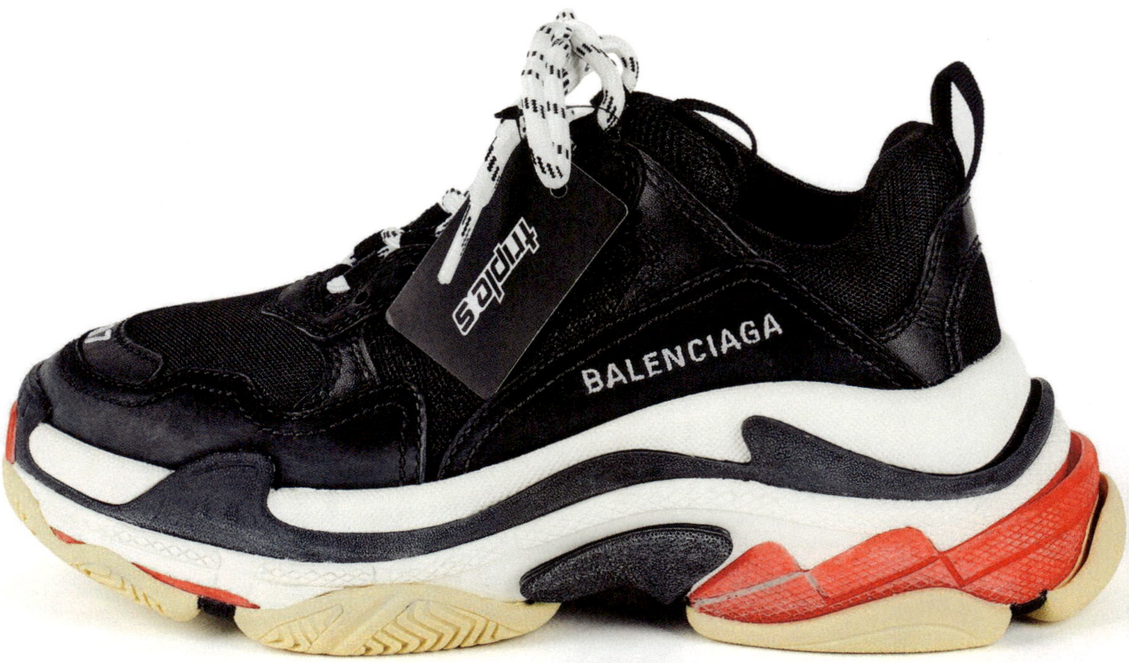

A↑ ↓B

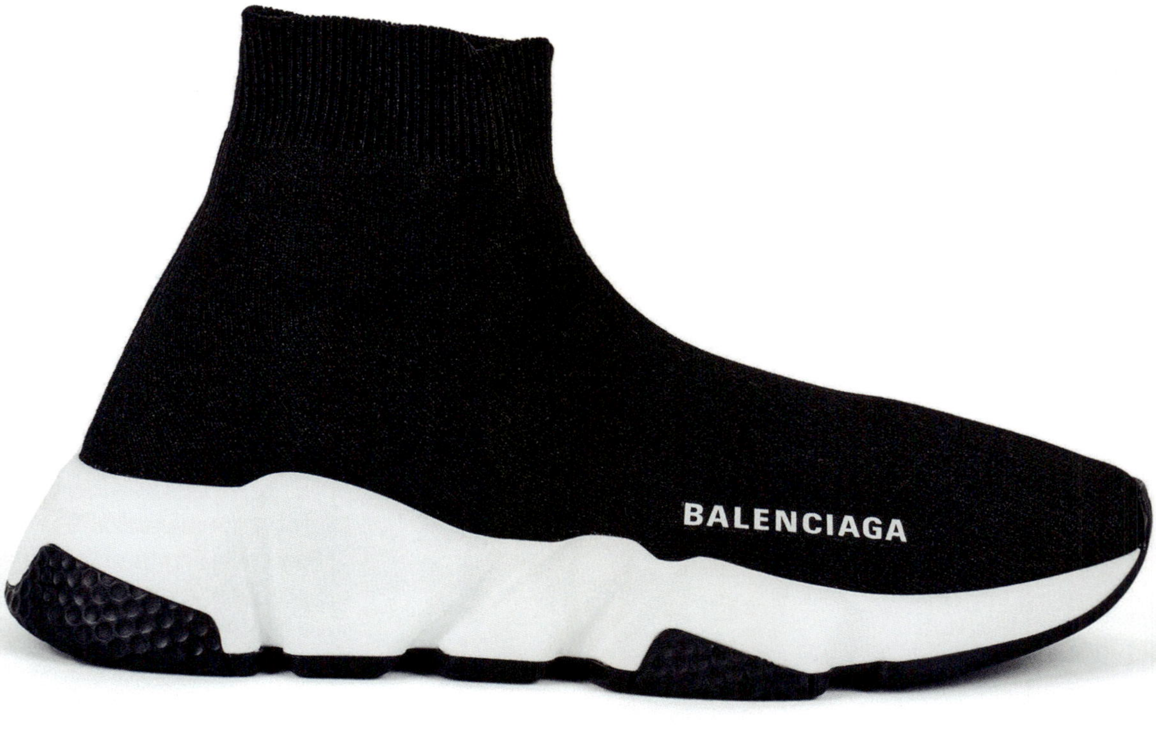

Le Palais Galliera, en qualité de musée de la Mode de la Ville de Paris, collectionne des vêtements, accessoires, photographies, arts graphiques et documents représentant la mode et sa diffusion dans la capitale, du XVIIIe siècle à nos jours.

Au sein d'une collection initiée en 1920 de plus de 250 000 pièces, le département de création contemporaine est reconnu pour ses tenues complètes de créateurs à la forme souvent théâtrale. Mais, appréciées par un large public, sont-elles pour autant le reflet fidèle de leur époque ? Certes, ces ensembles témoignent de propositions créatives, échos de leur temps. Pourtant, si l'on observe les rues de Paris en 2020, nous sommes loin des propositions déstructurées de Comme des Garçons ou de celles architecturées de Rick Owens.

Loin, aussi, d'une silhouette définie et commune à toutes les femmes. Pourtant, depuis le XVIIIe siècle, la mode se caractérise par une silhouette facilement identifiable, longiligne dans les années 1920 ou juponnée dans les années 1950. Tout au long du XXe siècle, c'est la distance de l'ourlet des jupes au sol qui représente l'un des facteurs importants pour définir la mode de l'époque. Or, dès la fin des années 1960, la mode se scinde : les femmes sont libres de choisir la longueur qu'elles veulent et non plus celle dictée par les couturiers. Le prisme s'élargit et les propositions se multiplient, accentuées par l'essor du prêt-à-porter et la consécration des nouveaux créateurs comme Jean-Paul Gaultier, Thierry Mugler ou Issey Miyake. Il n'y a plus une mode, mais autant de tendances que de créateurs pour les lancer et d'individus pour les adopter. Ce phénomène délaisse les tenues complètes pour imposer vêtements ou accessoires comme de nouveaux marqueurs : dès le milieu des années 1990, sacs, chapeaux et chaussures dictent les tendances. Ces éléments répétitifs aident encore à cerner la mode actuelle. Ainsi, le sac Vanessa Bruno en toile brodée de paillettes à partir de 1998, le foulard à tête de mort Alexander McQueen de 2003 ou le sweat-shirt Kenzo à tête de tigre lancé en 2012 sont répétés à l'identique et diffusés sous forme de copies.

Il est alors du rôle du Musée et de son département de création contemporaine d'activer un processus de prélèvement de ces objets originaux dont l'influence est omniprésente dans la rue et qui ne lui seront peut-être jamais donnés dans le futur, si ce n'est en mauvais état. D'autant plus que les chaussures, les baskets et les sneakers[1] notamment, y prennent une place considérable.

Cette politique d'acquisition débute en 2017 avec les *Bekett* d'Isabel Marant. Pour la saison hiver 2010, la créatrice lance une paire de baskets spéciale. En veau velours noir et beige, dotée de talons compensés de 5 centimètres intégrés au volume de la chaussure, cette paire pourtant donne l'illusion d'une semelle plate.

A. *Triple S*, Balenciaga, 2017
Palais Galliera, musée de la Mode de la Ville de Paris

B. *Speed Trainer*, Balenciaga, 2017
Palais Galliera, musée de la Mode de la Ville de Paris

The Palais Galliera, in its capacity as the City of Paris Fashion Museum, collects apparel, accessories, photographs, graphic artworks and documents that represent fashion and its propagation in Paris from the 18th century to the present day.

Within a collection initiated in 1920 and now comprising more than 250,000 items, the Contemporary Department is best known for its complete and often theatrically striking outfits by prominent designers. However, even though they are admired by a large public, are such creations a faithful reflection of their times? As creative proposals, they do indeed bear witness to the mindset of their era. But what we see on the streets of Paris in 2020 is far removed from the deconstructed compositions of Comme des Garçons or the architectural fantasies of Rick Owens.

Far removed as well from a single clearly defined look shared by all women. And yet, since the 18th century, each chapter in fashion history has been characterized by an easily identifiable look: long and slim in the 1920s, with more voluminous skirts in the 50s... Throughout most of the 20th century, the height of the hemline was one of the most important factors for defining the fashion of a given era. Then, in the late 1960s, came a stylistic schism: women were free to choose whatever skirt length they wanted and hem height was no longer dictated by the designers. The spectrum broadened and the possibilities multiplied, stimulated by the ready-to-wear boom and the rise to prominence of new designers like Jean-Paul Gaultier, Thierry Mugler and Issey Miyake. Rather than one unified fashion, there were as many trends as there were designers to launch them and individuals to adopt them. This phenomenon turned attention away from complete outfits, making garments and accessories the new benchmarks: by the mid-1990s, handbags, hats and shoes were setting the trends. These repetitive elements still serve to define fashion today. For example, Vanessa Bruno's sequined canvas bag from 1998, Alexander McQueen's skull scarf from 2003 and Kenzo tiger's head sweatshirt launched in 2012 have been replicated and widely distributed in the form of copies.

It became the duty of the museum and its Contemporary Department to institute a process for acquiring specimens of these original objects, whose influence is omnipresent in the street and which are unlikely to be donated in the future, or at least not in good condition. Especially considering that shoes, and sneakers in particular, are among the most important of these items.

This acquisition policy was initiated in 2017 with the *Bekett* model by Isabel Marant, a special pair of sneakers launched for the 2010 winter season. In black and beige calfskin suede, they had five-centimeter platform heels integrated into the body of the shoe, but nonetheless gave the impression of having flat soles.

A hybrid design, part pump and part athletic shoe, the *Bekett* was a hit, appealing to customers around the world who found them comfortable and utilitarian. Soon sold out, then available only by special order, the sneakers ultimately represented nearly 30 % of the label's turnover, estimated at €150 million in 2014.

Seven years after its creation, the model was acquired by the museum in recognition of its success and its ongoing brisk sales.

Hybride, entre escarpins et chaussures de sport, les *Bekett* rencontrent un véritable succès international auprès des clientes qui les trouvent pratiques et confortables. En rupture de stock, puis uniquement disponibles sur commande, les baskets vont jusqu'à représenter près de 30 % du chiffre d'affaires d'Isabel Marant, estimé à 150 millions d'euros en 2014.

Sept ans après sa création, l'intérêt de cette acquisition par le Musée réside dans le succès et la diffusion toujours vivaces de ce modèle.

Mais cette réussite n'égale en rien celle de la *Stan Smith* d'Adidas. En une journée du mois de juillet 2017 à Paris, on comptait plus de trente modèles différents aux pieds de passants, dont la plupart en cuir blanc, au talon décoré d'un patch vert[2]. Ce succès a un précédent : en 1990 déjà, les sneakers entrent dans le *Livre Guinness des records* comme les chaussures les plus vendues au monde, avec près de 20 millions d'exemplaires.

Néanmoins, en 2011, la marque annonce l'arrêt de la commercialisation du modèle, au prétexte qu'il ne se vend qu'en France. Cette nouvelle provoque un tollé sur les réseaux sociaux en plein essor, à tel point qu'Adidas commercialise à nouveau le modèle en janvier 2014. L'année suivante, la demande excède 417 % par rapport aux autres modèles, avec près de 25 millions d'exemplaires commercialisés, lui valant un nouveau record mondial avec 70 millions de paires vendues depuis sa création[3].

La longévité du succès des *Stan Smith* tient aussi à ses lignes claires et ses couleurs simples, à son caractère unisexe et confortable. C'est là un exemple typique de chaussures passées de la sphère des sports et loisirs à la rue grâce à son prix abordable et son omniprésence dans la culture populaire, jusqu'à sa reprise par les créateurs de mode à travers des collaborations (Raf Simons, Jacquemus) ou des collections en hommage à ces sneakers (Alexander Wang, au printemps-été 2015).

Face au succès des sneakers, ce nouveau phénomène propre aux années 2010, les maisons de luxe se mettent elles-mêmes à en proposer. La maison Balenciaga, loin des vénérables silhouettes haute couture de leur fondateur, lance en 2016 les *Speed Trainer* : une chaussette de maille noire posée sur une large semelle en gomme blanche. Bien que les sneakers en maille aient été lancées dès la fin des années 1970, la forme et le confort de cette paire, liés à l'influence du sportswear omniprésente dans la mode en ce milieu des années 2010, font des *Speed Trainer* l'une des meilleures ventes de sneakers de l'année 2018. Elles sont immédiatement copiées par de nombreuses marques concurrentes ou plus abordables.

Si l'opinion sur les *Speed Trainer* est proche du consensus, il n'en va pas de même pour les *Triple S*, autre succès de la marque Balenciaga. La forme imposante de ces sneakers à semelles triplées interpelle, entre chaussures orthopédiques et calandre de navire. Ce détournement est la signature du directeur artistique de Balenciaga, Demna Gvasalia. Connu pour ses créations subversives, il questionne la notion de mauvais goût en jouant avec des formes ou des typologies jugées dépassées pour les rendre à nouveau désirables.

Still, the *Bekett* is not nearly as popular as the Adidas *Stan Smith*. On a single day in July 2017, I counted more than 30 different versions of the model on the feet of passers-by in Paris, most in white leather with a green patch decorating the heel.[1] Its success is nothing new: in 1990, it was already listed in the *Guinness Book of World Records* as the top-selling shoe on the planet, with a total of nearly 20 million pairs.

Nevertheless, in 2011 the label announced that it was discontinuing the *Stan Smith,* on the pretext that it was selling well only in France. The news sparked such an outcry on the burgeoning social networks that Adidas reinstated the model in January 2014. The following year, the demand for *Stan Smith*s outstripped the other models by 417 %. Some 25 million pairs were put on the market, leading to a new world record: 70 million pairs sold since its creation.[2]

The enduring success of the *Stan Smith* has much to do with its clean lines and simple colors, its unisex conception and comfort. It offers a typical example of shoes that cross over from the sphere of sports and leisure to everyday wear due to their affordable price and strong presence in popular culture – including versions by well-known fashion designers (Raf Simons, Jacquemus) as collaborations with Adidas or collections in homage to the model (Alexander Wang, spring-summer 2015).

In response to the success of sneakers in general, a phenomenon emblematic of the 2010s, the luxury houses began creating their own models. Balenciaga, in a radical departure from the venerable haute couture conceptions of the label's founder, launched its *Speed Trainer* in 2016, with a black knit "sock" upper on an outsized white rubber sole. Although knit sneakers had been produced since the late 1970s, the look and comfort of this new pair, reflecting the pervasive influence of sportswear in the fashions of the mid-2010s, made the *Speed Trainer* one of the bestsellers of 2018, instantly imitated by a host of competing and lower-priced brands.

Although nearly everyone agrees on the appeal of the *Speed Trainer*, the same cannot be said for the *Triple S*, Balenciaga's other success story in the sneaker world. It catches the eye with its three-tiered sole and imposing form, halfway between orthopedic shoes and a ship's cowl. This kind of reappropriation is the signature of the house's creative director Demna Gvasalia. Known for his subversive creations, he re-examines the concept of bad taste, experimenting with forms and typologies that are considered outmoded and making them once again desirable.

For the Paris Fashion Museum, these three pairs of shoes also document the importance of the new categories of media opinion leaders who thrive on the social networks. In 2010, bloggers began singing the praises of the *Bekett* sneakers, an appreciation potentially shared, for some of them, by more than a million followers. The latter could then participate by commenting, coming out "for" the model, declaring it one of their next purchases, or "against," decrying its high price and "clunky" appearance.

The hegemony of the *Stan Smith* in the streets of Paris and throughout France reached the point that a phenomenon of "stansmithophobia" emerged on the

Pour le musée de la Mode de Paris, ces trois paires de chaussures documentent l'importance de nouvelles catégories de prescripteurs médiatiques favorisées par les réseaux sociaux. En 2010, les blogueuses communiquent sur les baskets *Bekett* en tant que «coups de cœur», relayés, pour certaines rédactrices, par plus d'1 million de lecteurs. Ces derniers peuvent participer par leurs commentaires en se prononçant «pour» ces baskets, les considérant comme leurs prochains achats, ou «contre», fustigeant leur prix élevé et leur apparence orthopédique.

L'hégémonie des *Stan Smith* dans les rues de Paris et de France est telle qu'un phénomène de «stansmithophobie» apparaît à la fin de 2015 sur les réseaux sociaux, illustré par des comptes Facebook ou Instagram créés par des *haters*[4] souhaitant mettre à mal l'image des sneakers et ceux qui les portent, souvent qualifiés de «bobos».

Dans la seconde moitié des années 2010, les blogueurs cèdent la place aux Youtubeurs et aux Instagrammeurs, hissés au rang d'«influenceurs», regroupant parfois des millions d'abonnés. Ils documentent, dissèquent et diffusent la fabrication et la communication de chacune de ces sneakers. Ils révèlent notamment que le succès des deux modèles de Balenciaga tient beaucoup à la stratégie marketing employée par la marque. Dans le cas des *Triple S*, une première apparition sur un compte Instagram le 25 avril 2017 sera suivie d'une sortie en boutique le 21 septembre, en pleine semaine de la mode parisienne. Ces témoignages, rigoureusement conservés par le Musée, en soulignant l'impact de ces accessoires sur la décennie, mettent également en valeur leur courte durée de vie. Des médias comme le Business Insider liste ainsi les *Triple S,* au bout de trois ans d'existence seulement, parmi les «11 tendances mode qui devraient disparaître en 2020[5]».

Loin des salons de haute couture et des podiums de défilés, ces trois exemples de chaussures ont peuplé à Paris nos champs de vision dans les années 2010. En tant que marqueurs de mode contemporaine, l'importance de leur conservation les élève au même rang qu'une robe haute couture.

social networks in late 2015, illustrated by Facebook and Instagram pages created by "haters" specifically for the purpose of degrading the image of both the sneakers and the people who wear them, often derided as "Bobos."

In the second half of the 2010s, the bloggers were superseded by Youtubers and Instagrammers who had attained the status of "influencers," some with millions of subscribers. In their "feeds" they documented, analyzed and in the process publicized the advertising campaigns and production of the iconic sneaker models. Among other things, they revealed that the success of the two Balenciaga creations owed a great deal to the label's marketing strategy. In the case of the *Triple S*, a first appearance on an Instagram page on April 25, 2017, was followed by a retail rollout on September 21, at the height of Paris Fashion Week. These reports, carefully preserved by the museum, underline the impact that these accessories had on the decade – and also highlight their short lifespan: just three years after its début, *Business Insider* listed the *Triple S* as one of the "11 fashion trends that need to disappear in 2020."[3]

Far from the fashion show catwalks and the *salons* of the couture houses, these three shoe models have loomed large in our field of vision in Paris over the past decade. The importance of preserving them as benchmarks of contemporary fashion elevates them to the same stature as an haute couture gown.

1. La langue française ne différencie pas précisément la basket et la sneaker. En 2020, le dictionnaire Larousse définit la basket comme une «chaussure à tige haute en toile renforcée», et la sneaker en tant qu'équivalent d'une chaussure de tennis, soit une «chaussure légère, basse ou montante, à tige en toile et à semelle de caoutchouc». Ce texte respecte les terminologies commerciales utilisées par chaque marque.

2. Observation de l'auteur durant une journée dans les rues et le métro parisiens.

3. Anna Perret, www.idealo.fr «Sneakers: la demande a explosé de 417% entre 2013 et 2015», 11 avril 2016. Consulté le 27 octobre 2017.

4. Terme anglais signifiant «haineux» et désignant un groupe de personnes qui, en raison d'un conflit d'opinion, dénigre quelqu'un ou quelque chose à travers Internet et les réseaux sociaux.

5. Celia Fernandez, www.businessinsider.fr, 3 janvier 2020. Consulté le 10 mars 2020.

1. Author's observation over the course of one day in the Paris streets and Métro.

2. Anna Perret, www.idealo.fr «Sneakers: La demande a explosé de 417% entre 2013 et 2015,» April 11, 2016. Viewed on October 27, 2017.

3. Celia Fernandez, www.businessinsider.fr, January 3, 2020. Viewed on March 10, 2020.

Thomas Huot-Marchand est designer graphique, typographe et enseignant. Il dirige depuis 2012 l'Atelier national de recherche typographique, à l'ENSAD (École nationale supérieure des arts décoratif) Nancy.

Thomas Huot-Marchand is graphic designer, typograph and teacher. He is heading the National workshop of typographic research at the ENSAD (École nationale supérieure des arts décoratif) Nancy since 2012.

A. Logo de la marque Vision Street Wear, 1985

Logo of the Vision Street Wear brand, 1985

B. Herbert Bayer, couverture du catalogue *Staatliches Bauhaus in Weimar 1919-1923*, 1923

Herbert Bayer, cover of *Staatliches Bauhaus in Weimar 1919-1923*, 1923

En rouge et noir
In black and red

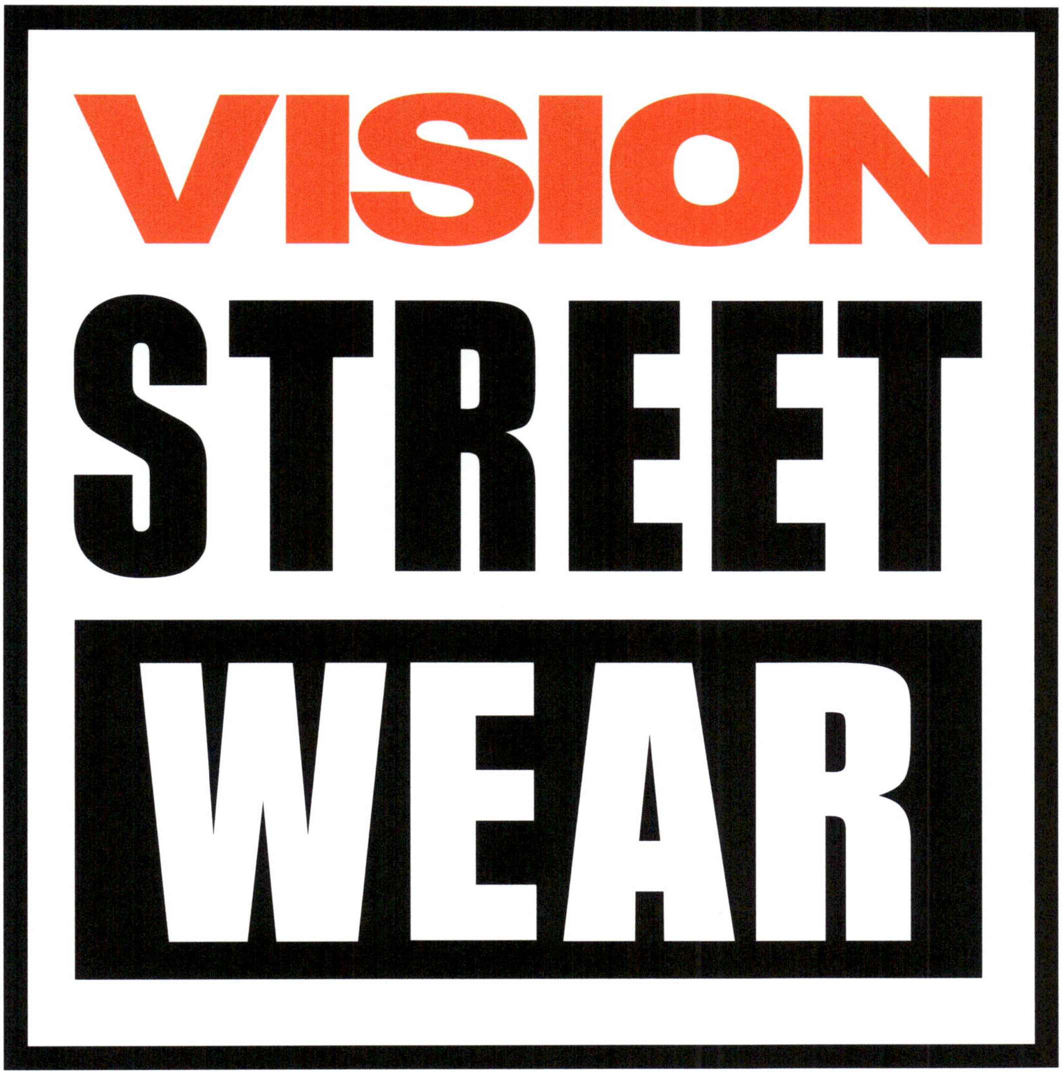
VISION
STREET
WEAR

A↑

↓B

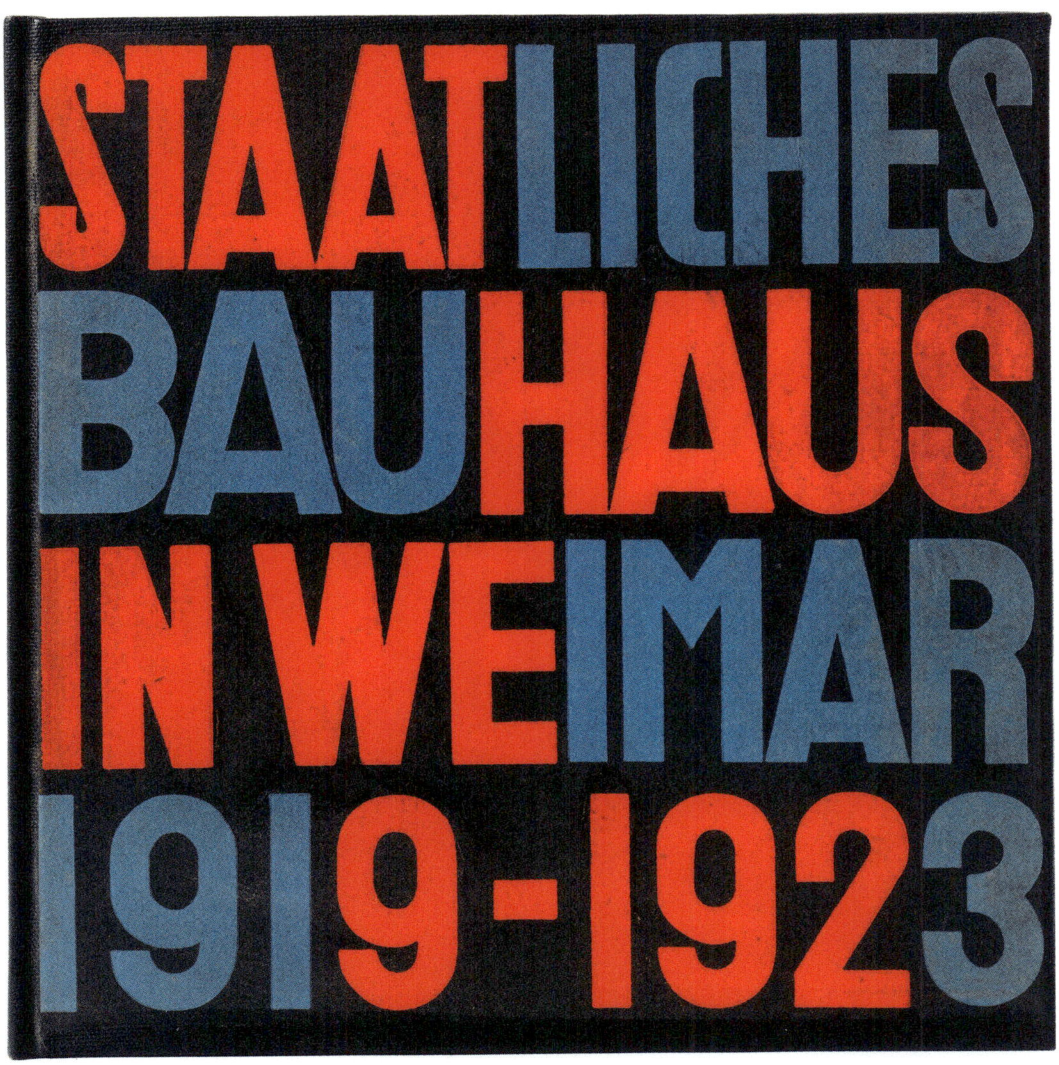
STAATLICHES
BAUHAUS
IN WEIMAR
1919-1923

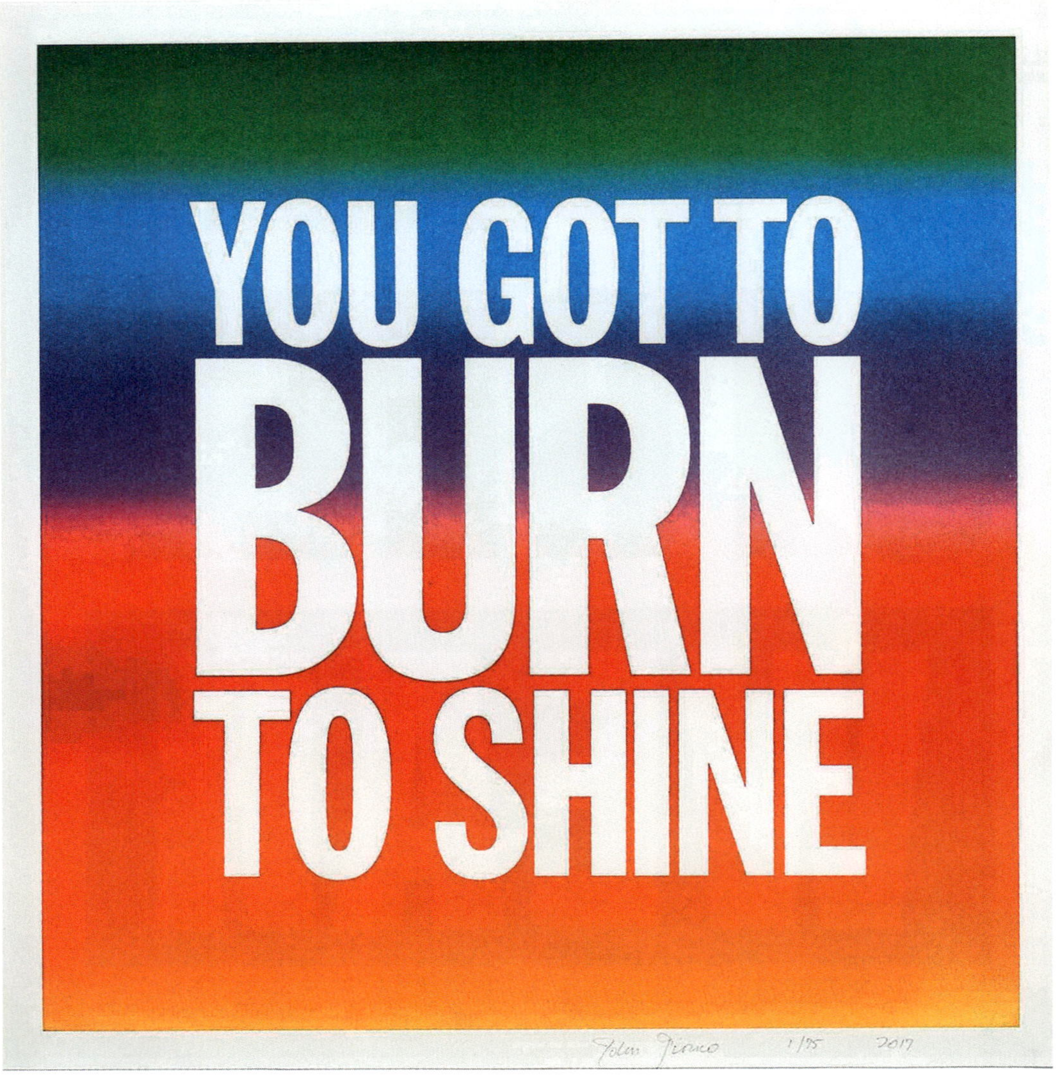

C↑ ↓D

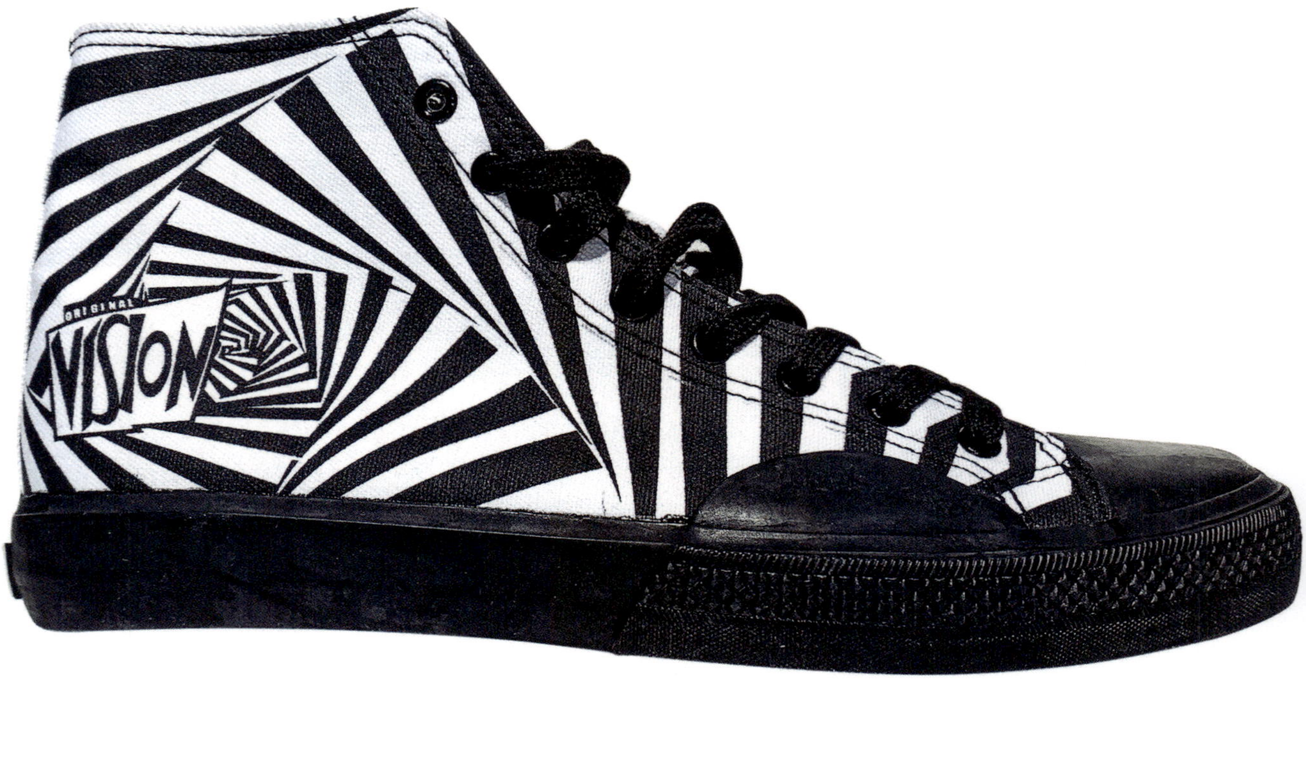

Des têtes de mort, des sabres ou des serpents, et parfois les trois à la fois : voici à peu près le genre d'images que l'on trouve sur les planches de skate au milieu des années 1980. Un modèle de la marque Vision fait exception, avec un motif géométrique hypnotique : c'est celui de Mark « Gator » Rogowski. Sa vie ressemble à sa planche de skate, une spirale démente, en couleurs et en noir.

Né en 1966, Gator devient skater professionnel à l'âge de 14 ans, alors que le skate n'est plus très à la mode. L'heure est plutôt au roller et au BMX, et les skateparks en béton construits dans les années 1970 sont progressivement désertés. En quelques années, tout va changer. Au milieu des années 1980, c'est en effet l'âge d'or des *ramp riders* : les half-pipes en bois ont remplacé les *bowls*, les figures sont de plus en plus complexes et spectaculaires, et une poignée de skaters, parmi lesquels Tony Hawk, Steve Caballero, Christian Hosoi ou Lance Mountain, révolutionnent la discipline. Gator n'est pas toujours le mieux classé, mais c'est assurément l'un des plus populaires : son style, son charisme et son tempérament volcanique y sont pour beaucoup. Il est sponsorisé par Vision, l'une des principales marques de l'époque, avec Powell Peralta et Santa Cruz, qui en a fait son égérie : Gator est partout.

Fondée par Brad Dorfman, Vision est la première marque de skate à associer à ses produits une ligne de vêtements et de chaussures, sous le nom de Vision Street Wear. Le graphisme et la forme des *boards* rompent avec les standards de l'époque : à la manière du groupe Memphis, ils mélangent allègrement motifs, formes géométriques et couleurs vives. Sur les lignes de vêtements, la typographie et le logo Vision Street Wear, en rouge et noir, est omniprésent.

En 1987, lors d'un *contest* en Arizona, Mark Rogowski rencontre Brandi McClain et son amie Jessica Bergsten, alors âgées de 17 ans. Gator et Brandi tombent amoureux, et deviennent rapidement le couple le plus explosif de la scène skate. À 21 ans, Gator est au sommet de sa gloire : il parcourt le monde, et fait construire une gigantesque villa circulaire au sommet d'une colline à Carlsbad, en Californie, où il s'installe avec Brandi. C'est le temps de tous les excès, l'alcool, la drogue, la fête permanente. Mais les nuages s'amoncellent. La mode s'essouffle, et le skateboard est en train de changer : une nouvelle génération se détourne des rampes et des skateparks pour skater dans la rue. C'est la fin d'une époque, l'argent commence à manquer, et les excès de Gator s'aggravent.

En tournée en Allemagne en octobre 1989, Gator chute du deuxième étage d'un hôtel, dans des circonstances assez confuses, et atterrit sur une grille métallique. Grièvement blessé, il subit plusieurs opérations. Lors de sa convalescence, il se rapproche d'Augie Constantino, que l'alcool et une blessure ont également privé d'une carrière de surfer.

C. John Giorno, *You got to burn to shine*, 2017

D. *Gator*, design Greg Evans, Vision Street Wear, 1986 (exemplaire rétro) Collection Thomas Huot-Marchand

Gator, design Greg Evans, Vision Street Wear, 1986 (retro model) Thomas Huot-Marchands' private collection

Skulls, swords or snakes, and sometimes all three together: that's the kind of imagery most often seen on the skateboards of the mid-1980s. But one model by the Vision brand stood out as an exception, adorned with a hypnotic geometric motif. It bore the name of Mark "Gator" Rogowski, a skater whose life resembled his board's design – a mad spiral, both colorful and dark.

Born in 1966, Gator became a professional skateboarder at age 14, at a time when the sport's popularity was waning. The hot sports were roller blading and BMX, and the concrete skateparks built in the 1970s were falling into neglect. But just a few years later, everything changed. The mid-1980s were the golden age of the ramp riders: the "bowl" parks were replaced by wooden half-pipes on which skateboarders came up with ever-more complex, spectacular stunts. A handful of them, including Tony Hawk, Steve Caballero, Christian Hosoi and Lance Mountain, revolutionized the discipline. Gator was not always highest in the rankings, but he was certainly one of the most popular pros, mainly thanks to his style, charisma and volcanic temperament. He was sponsored by Vision, one of the major brands of the time, along with Powell Peralta and Santa Cruz. As Vision's main ambassador, Gator was everywhere.

Founded by Brad Dorfman, Vision was the first skateboard brand to branch out with a line of shoes and apparel, under the name Vision Street Wear. Its graphics and the shape of its boards defied the standards of the day: rather like the Memphis group, Vision composed upbeat mixes of patterns, geometric forms and bright colors, and emblazoned its garments with the label's red and black typography and logo.

In 1987, at a contest in Arizona, Rogowski met Brandi McClain and her friend Jessica Bergsten, both then 17 years old. Gator and Brandi fell in love and soon became the most explosive couple on the skating scene. At 21, Gator was at the peak of his glory. He traveled around the world and built a house in Carlsbad, California, a sprawling circular hilltop villa where he lived with Brandi. It was a time of over-the-top excess, of alcohol and drugs, and life was a non-stop party. But clouds were gathering on the horizon. The trend that made Gator famous was losing steam. His sport was changing: a new generation was abandoning the ramps and skateparks to ride their boards in the street. It was the end of an era. As Gator began to run out of money, his excesses became harder to control.

On tour in Germany in October 1989, Gator fell from the second floor of a hotel, under unclear circumstances, and landed on a metal fence. Severely injured, he underwent multiple operations. While recuperating, he became close friends with Augie Constantino, a surfer whose career was also cut short by alcohol and injury. Under Constantino's influence, Gator became a born-again Christian. Adopting a new lifestyle, he began carrying a Bible everywhere and preaching at skateparks. And he decided to change his name: Mark Rogowski became Mark Anthony, disowning the name of a father whom he had never known. Upset by these changes, Brandi left him for a tall blond surfer, leaving Gator bitter and vengeful. Behind the mask of the Christian who had found the light there lurked a dark, perverse personality. He began stalking his ex, broke into her apartment to retrieve the gifts he had given her, and at one point threatened to kill her and bury her in the desert. Fearing for her life, she fled.

À son contact, Gator devient chrétien évangélique : il ne quitte plus sa bible, prêche au skatepark, et change radicalement de style de vie. Il décide de changer de nom, et s'appelle désormais Mark Anthony, abandonnant le nom de son père, qu'il n'a jamais connu. Brandi supporte mal ces changements, et le quitte pour un grand surfer blond, ce que Gator supporte encore plus mal. Sous le masque de l'illuminé se révèle une personnalité sombre et perverse. Il la harcèle, cambriole son appartement pour reprendre tous les cadeaux qu'il lui a faits, et menace un jour de la tuer puis de l'enterrer dans le désert. Terrorisée, elle s'enfuit.

Quelques semaines plus tard, le 20 mars 1991, Jessica Bergsten est de passage en Californie : elle rend visite à Gator, qu'elle n'a pas vu depuis longtemps. Exubérante et séduisante, elle ressemble beaucoup à Brandi. Après le dîner, Gator propose de la ramener chez elle, fait mine d'aller vérifier si son permis est bien dans sa voiture, puis revient avec un antivol automobile, une lourde pièce métallique avec laquelle il frappe Jessica à plusieurs reprises. Il la viole ensuite, avant de l'enfermer dans une housse de surf pour étouffer ses cris. Elle y meurt asphyxiée. Gator dissimule les traces de lutte dans son appartement, charge la housse dans sa voiture et roule en direction du désert, où il enterre le corps. Celui-ci sera découvert plusieurs semaines plus tard par des randonneurs, sans pouvoir être identifié.

La police mène l'enquête sur la disparition de Jessica, interroge même Gator, mais aucune piste ne mène au meurtre. Le père de Jessica, Stephen Bergsten, couvre les rues d'affiches avec le portrait de sa fille disparue. C'est devant l'une de ces affiches que Gator est pris de remords, et qu'il se confie, le soir, à son ami Augie Constantino. Ils prient ensemble, et Augie conseille à Gator de se rendre, ce qu'il fait le lendemain matin, devant des policiers surpris d'accueillir le coupable d'un meurtre dont ils ignoraient l'existence. Lors de son procès, en 1992, Mark Anthony est diagnostiqué bipolaire. Il plaide coupable, exprime des remords et tente des explications bibliques à son geste : il écope de trente et un ans de prison pour viol aggravé et meurtre au premier degré.

Ce crime horrible va profondément marquer le monde du skate. Avec le départ de Mark Gonzales (qui lance sa propre marque avec Steve Rocco, ironiquement baptisée Blind) et l'incarcération de Gator, Vision perd ses deux vedettes, et fait bientôt faillite. Depuis, la marque est réapparue, réédite ses modèles phares, mais reste très difficile à trouver. Pour ma part, c'est dans un petit *skateshop* de Rome que j'ai acheté ma première paire de *Gator*, en noir et blanc, des années plus tard. J'ignorais tout de cette histoire, mais étais toujours fasciné par ce graphisme. Ce modèle ressemble à des Converse *Chuck Taylor*, en toile : les lacets et la semelle sont noirs, et sur le côté on trouve un *ollie pad*, petit prolongement de la semelle de caoutchouc à l'endroit où tous les skaters trouent leurs chaussures, à force de faire glisser le pied sur le *grip* pour claquer un *ollie*. Et bien sûr, sur la languette, le fameux logo Vision Street Wear.

Rétrospectivement, je me dis que ce logotype compte parmi les objets graphiques qui m'ont le plus marqué. J'avais une dizaine d'années et il était impossible de trouver des produits Vision dans la petite ville du Jura où je skatais avec mes frères. Je découpais les publicités dans les quelques magazines sur lesquels

A few weeks later, on March 20, 1991, Jessica Bergsten showed up in California and paid a visit to Gator, whom she had not seen for a long time. Attractive and vivacious, she was in many ways just like Brandi. After dinner Gator offered to give her a ride. On the pretext of looking for his driver's license, he went to his car and came back with a steering wheel lock, a heavy metal rod with which he hit Jessica multiple times. He then raped her and stuffed her inside a surfboard bag to muffle her screams. She died of asphyxiation. Gator straightened up his apartment to conceal the signs of a struggle, loaded the bag into his car and drove to the desert, where he buried the body. It was discovered by hikers several weeks later, but could not be identified.

The police interviewed Gator about Jessica's disappearance, but did not suspect that she had been murdered. Her father, Stephen Bergsten, plastered the streets with missing-person posters showing a photograph of his daughter. Gator saw one and, stricken with remorse, confided to his friend Constantino that evening. They prayed together and Augie advised Gator to turn himself in. The next morning he surrendered to the police, who were surprised when their missing person investigation suddenly became a murder case. During his trial in 1992, Mark Anthony was diagnosed as bipolar. He pleaded guilty, expressed remorse and attempted to give Biblical explanations for his actions. He was sentenced to 31 years in prison for aggravated rape and murder in the first degree.

The horrific crime shook the skateboarding world to its core. With Gator behind bars and Mark Gonzales leaving to launch his own brand (ironically called "Blind") with Steve Rocco, Vision lost its two top stars, and soon went bankrupt. Since then the brand has made a comeback, re-releasing its bestselling creations, but they are hard to find. Personally, I bought my first pair of *Gator* sneakers, in black and white, years later at a small skateshop in Rome. I had no idea of the tragic story behind them, but found the graphics fascinating. They resemble the Converse *Chuck Taylor* model in canvas : the laces and sole are black, and on each side there's an "ollie pad," a little extension of the rubber sole at the spot where all skateboarders wear a hole in their shoes from sliding a foot across the grip to "pop an ollie." And of course, the tongue is decorated with the famous Vision Street Wear logo.

In retrospect, I think that this logo is one of the graphic creations that have had the greatest impact on me. When I was about ten years old, it was impossible to find Vision products in the little town in eastern France where I skated with my brothers. I used to cut ads out of the few magazines that we could get our hands on (*Bicross Magazine* and later *Noway* in France, or more rarely a back issue of *Thrasher* or the American magazine *Transworld*). I would paste them into collages and try to figure out how the guys did all those moves. With its giant lettering, outsized logo and radical graphics, Vision Street Wear fired my imagination. Three words, all in capitals, in Helvetica Extended Black and Helvetica Condensed Black, one line in red on white, the next black on white and the last one white on black, together forming a square. It could not have been done better. Today it reminds me of two of my other most favorite graphic designs : the cover of the catalogue of the first Bauhaus exhibition by

on pouvait mettre la main (*Bicross Magazine* puis *Noway* en France, plus rarement un vieux *Thrasher* ou un *Transworld* américain), faisais des collages, et essayais de deviner comment ces mecs rentraient toutes ces figures. Avec ces typos géantes, ce logo disproportionné et ce graphisme radical, c'est Vision Street Wear qui me faisait le plus rêver. Trois mots composés en capitales, en Helvetica Extended Black et Helvetica Condensed Black : une ligne en rouge sur blanc, l'autre en noir sur blanc, la dernière en blanc sur noir, le tout composé dans un carré. Impossible de faire mieux. Il m'évoque aujourd'hui deux autres œuvres qui me sont chères : la couverture du catalogue de la première exposition du Bauhaus, dessinée par Herbert Bayer dans un lettrage sans empattements, STAATLISCHES BAUHAUS IN WEIMAR 1919-1923, en capitales, dans un carré ; et les bouleversants poèmes de John Giorno, compositions typographiques colorées, elles aussi en capitales justifiées dans un carré.

Je suis aujourd'hui typographe, je passe ma vie à dessiner des lettres et à composer des mots dans des espaces. Je ne suis pas vraiment collectionneur de sneakers, même si, comme beaucoup d'entre nous, j'attache beaucoup d'importance à leur choix ; j'ai usé plusieurs paires de Vision, que je parviens à dénicher en ligne, des *Gator*, mais surtout des *Suede Hi*, un peu plus discrètes. Elles ne sont pas très confortables, pas très solides non plus, mais elles ont tout ce qui compte à mes yeux : une histoire, et un logo parfait.

Herbert Bayer, "STAATLISCHES BAUHAUS IN WEIMAR 1919-1923" in sans-serif capitals, also forming a square, and the astonishing poems of John Giorno, colorful typographic compositions, once again all in capital letters and justified in a square.

Today I am a typographer. I spend my time designing letters and configuring words in spaces. I am not really a collector of sneakers, even though, like many of us, I choose them very carefully. I have worn out several pairs of Visions that I've been able to unearth online, including *Gators* but mostly the *Suede Hi* model, which is a bit lower-key. They're rather uncomfortable and not very durable, but they have everything that's most important to me : a history, and a perfect logo.

N.B. C'est Greg Evans qui a dessiné le motif du *pro model* de Gator, en 1986. Andy Takakjian a pour sa part dessiné le modèle de Mark Gonzales, puis le célèbre Psycho Stick. L'auteur du logo Vision Street Wear, en revanche, m'est inconnu.

Mark Anthony a passé vingt-sept ans à la Donovan State Prison, à Otay Mesa, au sud de San Diego. Le 10 décembre 2019, il a été libéré sur parole.

On a fêté en 2019 le centenaire de l'école du Bauhaus, créée en 1919 à Weimar.

Né en 1936, le poète John Giorno nous a quittés le 11 octobre 2019.

La vie de Mark Rogowski a fait l'objet d'un documentaire, *Stoked: the Rise and Fall of Gator*, réalisé par Helen Stickler (Palm Pictures, 2002), d'où la plupart des détails de cette sordide histoire sont issus. Sur l'histoire du skateboard en général, *la Chronologie lacunaire du skateboard* de Raphaël Zarka (éditions B42, 2009) constitue, comme tous ses écrits, une excellente lecture.

NOTE. Greg Evans designed the pattern of the Gator *pro model* in 1986. It was Andy Takakjian who designed the Mark Gonzales model, and later the famous Psycho Stick, but I don't know who created the Vision Street Wear logo.

Mark Anthony spent 27 years at Donovan State Prison in Otay Mesa, at the southern edge of San Diego, before being released on parole on December 10, 2019.

In 2019 the world celebrated the centennial of the Bauhaus school, founded in Weimar in 1919.

Born in 1936, the poet John Giorno passed away on October 11, 2019.

The life of Mark Rogowski is the subject of a documentary film entitled Stoked: *the Rise and Fall of Gator*, produced by Helen Stickler (Palm Pictures, 2002), from which I drew most of the details of this sordid story. On the general history of skateboarding, Raphael Zarka's *On A Day With No Waves: A Chronicle Of Skateboarding 1779-2009* (Editions B42, 2011) is, like all of his books, an excellent read.

Arnaud Dedieu est un passionné de skateboard depuis 1989. Pionnier du skate-urbanisme, il dirige la société Dedication ainsi que l'école Shifty, première formation supérieure en communication, création et digital à travers le prisme du skateboard. Il anime également le podcast « Big Spin ».

Arnaud Dedieu is passionate about skateboard since 1989. Pioneer in the field of skate-urbanism, he is the director of the company Dedication and the school Shifty, the first higher education school in communication, creation and digital content through the prism of skateboard. He also presents the podcast *Big Spin*.

→ Le skater Léo Valls dans l'espace de la prison, avant le montage de l'exposition, 2020
Photo David Manaud

Léo Valls skating in the space of the prison, before the installation of the exhibition, 2020
Photo David Manaud

Petite histoire de la skate shoe

A short history of the skate shoe

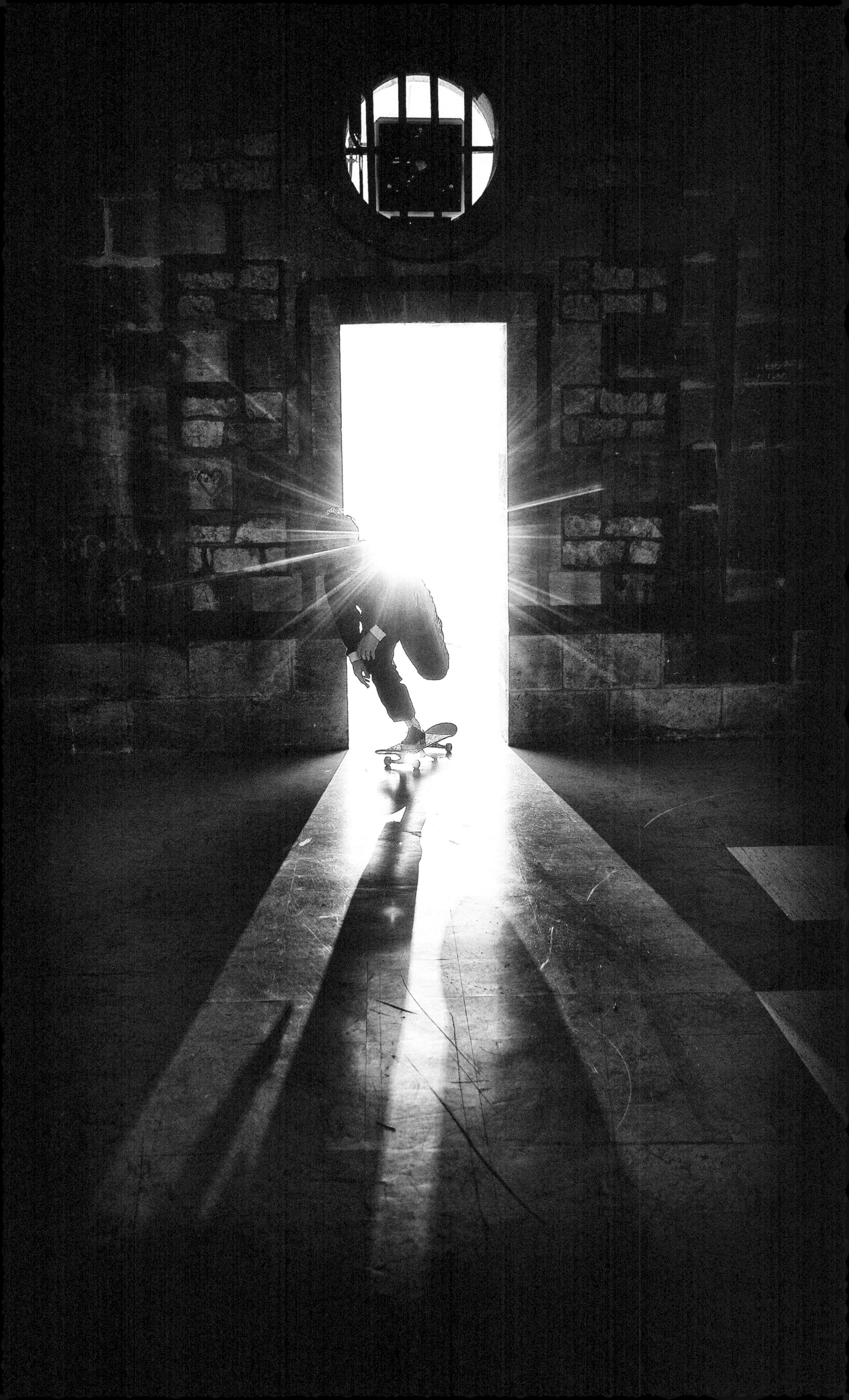

On *skate des shoes*, pourtant on ne *basket* pas des *Jordan* ou on ne *tennis* pas des *Stan Smith*. Voilà déjà un élément de distinction pour la sneaker de skate, qui nous renvoie à de nombreuses particularités mises en perspective dans l'exposition *Playground*. Pour comprendre son évolution, ses rétropédalages et ses bizarreries, on doit se plonger dans l'histoire du skateboard, sa sociologie, son économie et sa culture. Il faut aussi se pencher du côté de la musique, du sport, de la mode et de petites anecdotes qui amorcent de grands changements. Ici, pas de terrain, pas de règle, pas de tenue, tous les coups sont permis!

Trouée, déchirée de la semelle aux lacets, la chaussure de skate n'est pas épargnée. Quand on regarde l'état de certaines paires, on n'imagine pas que les premiers skateboarders sont apparus pieds nus au milieu des années 1950. Ils surfent alors les trottoirs sur une planche en bois massif avec des roues en argile. Ce look de Robinson permet une bonne adhérence; à l'aide des orteils on peut faire des *gorilla grips*, l'ancêtre du *ollie*.

En attendant la *Randy 720*, la première chaussure créée pour le skateboard par Randolph Rubber Company en 1965, les skaters évitent la pédicure grâce aux Keds ou aux Converse *Chuck Taylor*. Ils veulent que ça accroche dans les virages. Ils veulent des *sticky soles*. Les Keds, les *Randy 720* et les chaussures nautiques inspirent les «seigneurs de Dogtown», Stacy Peralta et Tony Alva, dans le design de la Vans *Era* en 1976, encore à ce jour un best-seller. En 2009, ces références sont à l'origine d'un autre succès planétaire toujours d'actualité: la Nike SB *Janoski*, du nom de son *pro rider* Stefan Janoski, qui, comme Stan Smith, est plus célèbre pour sa chaussure que pour son talent, pourtant indéniable.

L'apparition généralisée des roues en uréthane au milieu des années 1970 révolutionne la pratique. Dans les courbes en béton les figures deviennent aériennes et le besoin de protection se fait sentir au niveau des chevilles. Les skateboarders portent des shoes de basket comme les Nike Blazer et les Pony. Vans lance la *Sk8-Hi*. Mais c'est l'invention du ollie qui devient la base de la plupart des figures de skateboard et qui va révolutionner le design des shoes de skate. Il implique de gratter le flanc de sa chaussure sur le grip de la planche. Vision Street Wear sort la *Suede Hi* avec un *ollie pad* en gomme, une *shell* comme sur la Adidas *Superstar*, et du suède pour remplacer le canvas. Par la suite, Airwalk développe des modèles encore plus robustes inspirés des Converse *Weapon*, dont la *Prototype* avec un *lace gard*, une languette qui se rabat pour protéger les lacets. Avec les figures à base de *flip*, le skate devient plus technique, la cheville doit se libérer, mais les skaters progressent plus vite que la musique des fabricants. En 1992, Guy Mariano débarque à l'Embarcadero de San Francisco, la Mecque du skate, avec des Vans *Caballero* coupées à la malléole et rafistolées au *duct tape*. Le monde entier le copie et Vans réagit en sortant la *Half Cab*. En attendant que Nike ou Adidas arrivent sur le marché et mettent leurs technologies (Lunarlon, Hyperfeel, Flyknit, Climacool...) au service d'un skate de plus en plus athlétique, éS intègre la première bulle d'air et le mesh sur les *Koston 1*.

En quarante ans, plus de trente marques de skate shoes se lancent sur le marché, mais n'entre pas qui veut.

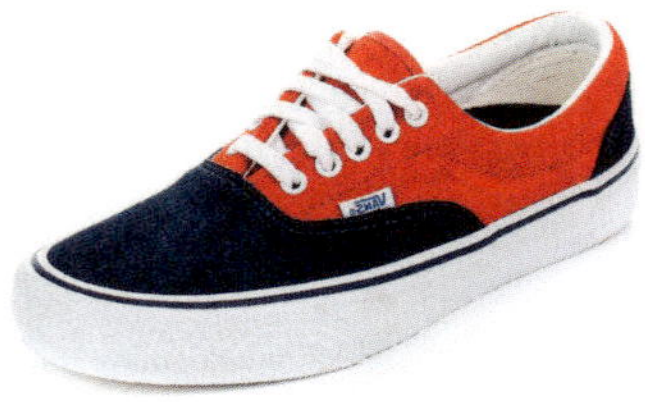

↑ *Era*, Vans, 1976

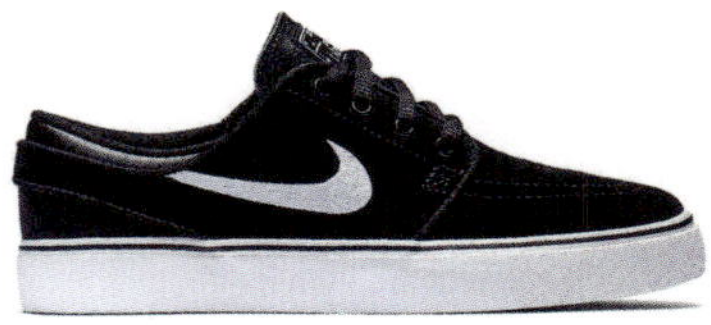

↑ *SB Janoski*, Nike, 2009

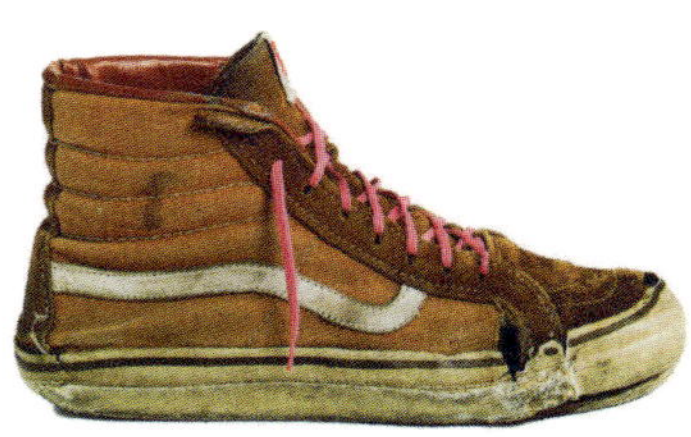

↑ *Sk8-Hi*, Vans, 1978

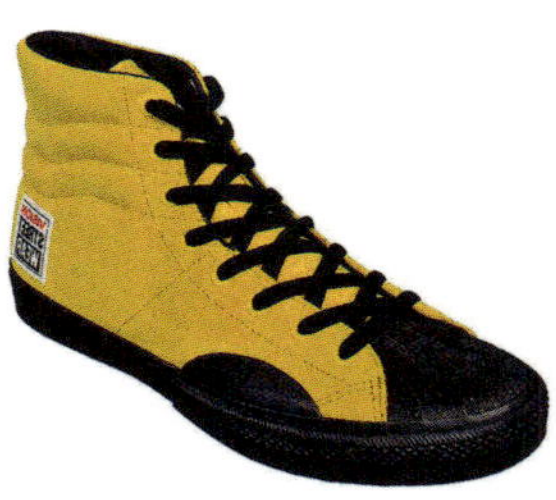

↑ *Suede Hi*, Vision Street Wear, 1986

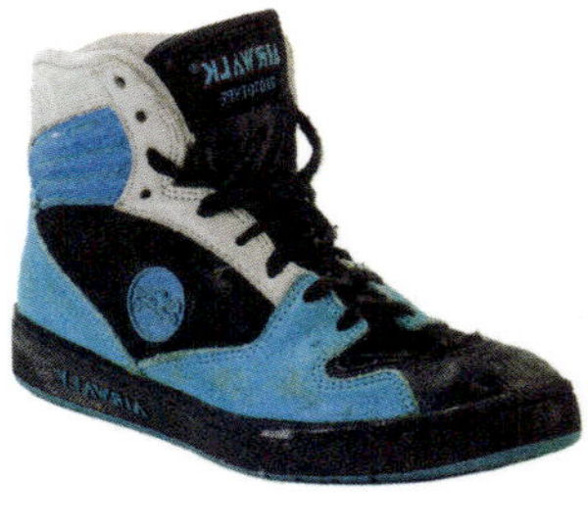

↑ *Prototype*, Airwalk, 1988

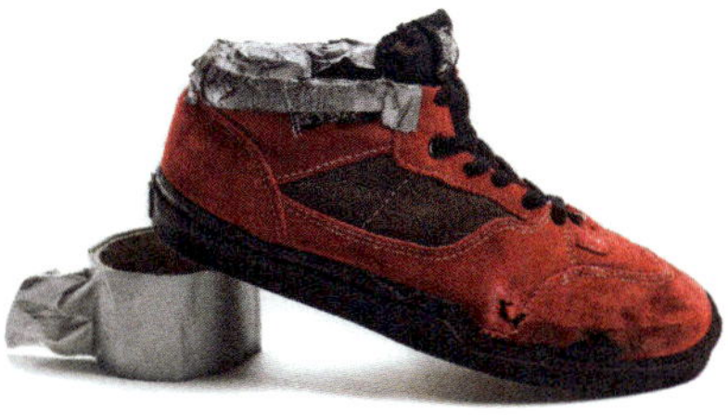

↑ *Caballero*, Vans, 1992

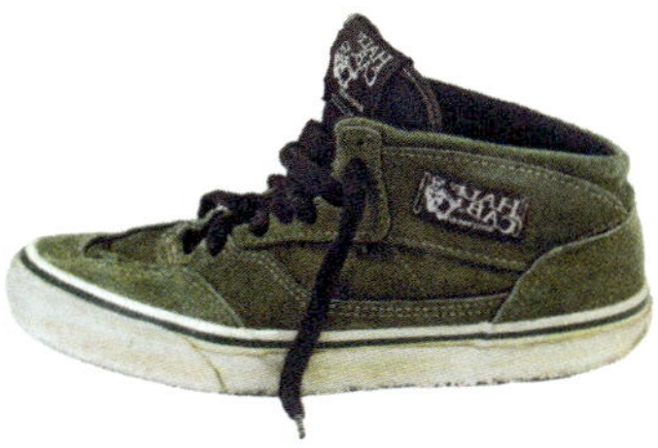

↑ *Half Cab*, Vans, 1992

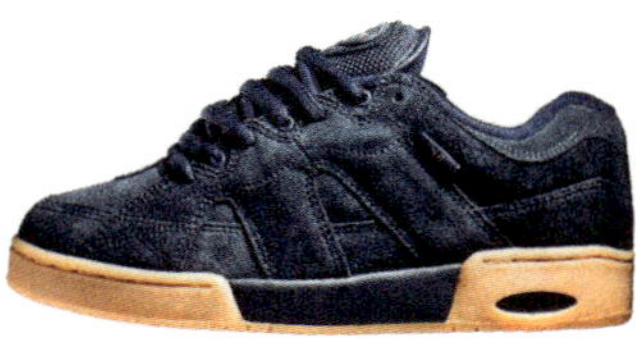

↑ *Koston 1*, éS, 1997

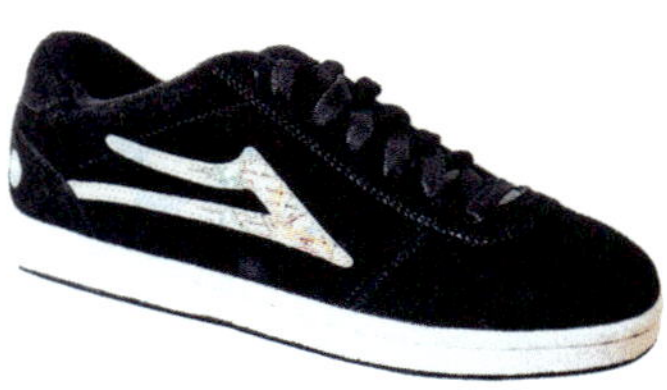

↑ *Manchester*, Lakai, 2007

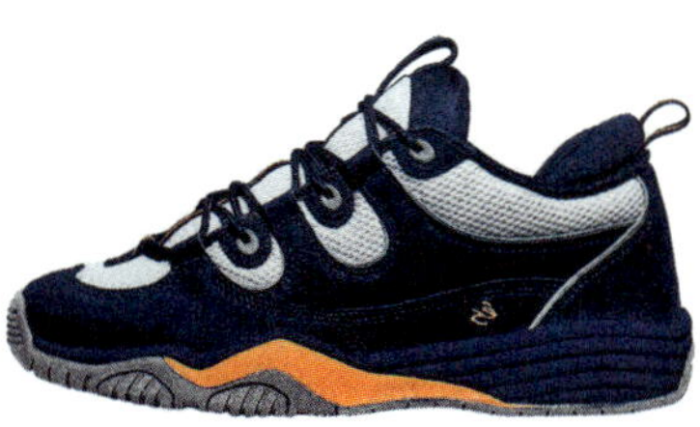

↑ *Koston 2*, éS, 1998

Skateboarders talk about "skating" their shoes, but no one "basketballs" *Air Jordans* or "tennises" a pair of *Stan Smiths*. This is a first element of distinction for skate sneakers, among myriad singular features placed in perspective by the exhibition *Playground*. In order to understand their evolution, their paroxysms and peculiarities, we must plunge into the history of skateboarding, its sociology, its economics and its culture, with incursions into the topics of music, sports, fashion, and the kind of little anecdotes that trigger big changes. This is a realm with no playing field, no rules and no uniforms. Let's get ready to rumble!

Worn and torn from sole to shoelace, the skate shoe suffers rough treatment. Contemplating the condition of certain pairs, it's hard to imagine that the first skateboarders, in the mid-1950s, went barefoot, surfing the sidewalks on solid wooden boards with clay wheels. This Robinson Crusoe look helped for grip and traction. Sometimes they used their toes to do the "gorilla grip," ancestor of the ollie.

Before the advent of the *Randy 720*, the first sneaker created specifically for skateboarding, by the Randolph Rubber Company in 1965, skaters kept the podiatrist away with Keds or Converse *Chuck Taylors*. They wanted shoes that would hang on in a turn. They wanted sticky soles. Keds, *Randy 720s* and deck shoes inspired the "Lords of Dogtown," Stacy Peralta and Tony Alva, for the design of the Vans *Era* in 1976, a bestseller to this day. In 2009 these creations spawned another planet-wide success that is still on the scene: the Nike SB *Janoski*, named after the pro rider Stefan Janoski, who, like Stan Smith, is better known for his sneaker than his (not inconsiderable) talent.

The widespread adoption of urethane wheels in the mid-1970s revolutionized the sport. In the pools' concrete curves, the tricks went aerial, and there arose a need for ankle protection. Skateboarders started wearing high-top sneakers like the Nike *Blazer* and *Pony* models. Vans launched the *Sk8-Hi*. But the real revolution in skate shoe design came with the invention of the ollie, a move that became the basis for most maneuvers, and which requires scraping the side of a shoe across the board's griptape. Vision Street Wear released the *Suede-Hi* with a rubber "ollie pad," a shell like the one on the Adidas *Superstar*, and suede replacing canvas. Then Airwalk developed even more durable models inspired by the Converse *Weapon*. The *Prototype* was equipped with a lace guard, an extra tongue on top for lace protection. With the development of tricks based on the "flip," skateboarding became more technical and the ankle needed to be freed. As always, the skaters were one step ahead of the manufacturers. In 1992, Guy Mariano showed up at San Francisco's Embarcadero, the Skateboarding Mecca, wearing a pair of Vans *Caballeros* cut off at ankle level and patched with duct tape. The whole skate world instantly copied this move, and Vans responded by launching the *Half Cab*. Pending the arrival of Nike and Adidas on the market, offering an increasingly athletic skate scene the benefit of their technologies (Lunarlon, Hyperfeel, Flyknit, Climacool...), éS incorporated the first Air pad and mesh in the *Koston 1*.

Over a period of 40 years, more than 30 skate shoe brands were launched on a market hostile to non-core companies. Before the big labels got officially involved,

Avant la participation officielle des grandes firmes, c'est le far west dans l'industrie du skate, l'époque «*Cease & Desist*». Les graphiques des planches sont détournés des Walt Disney. DC Shoes crée son logo sur celui de Chanel. Comme dans le rap, pour designer une chaussure de skate, on sample. Pour se faire accepter de la communauté, Nike et Adidas adaptent leurs classiques de toujours et engagent les designers de chez Lakai, respectivement James Arizumi, auteur de la *Manchester* puis de la *Janoski*, et Scott Johnston. Chez éS, Don Brown va puiser l'inspiration du côté du volley-ball pour la *Koston 1* et du running pour la *Koston 2*. On trouve l'empreinte de la *Stan Smith* sur la DVS *Revival*, ou de la Reebok *Classic* sur la Duffs de Kareem Campbell. Nike SB exhume les modèles de tennis avec la *All Court CK* et la *Challenge Court* de John McEnroe pour le *pro model* de Gino Iannucci, un habitué du spot de Flushing Meadows. Le Swoosh pioche aussi dans le foot avec les *Zoom FC* ou les *Koston 3*, de même qu'Adidas avec les *Samba* de Dennis Busenitz. Si début 1980 Converse sponsorise déjà Christian Hosoi, en 1998 la marque aux trois bandes est le premier grand équipementier à offrir un pro model à un skateboarder, Mark Gonzales, le plus influent de l'histoire selon *Transworld Magazine*. Sa chaussure est inspirée de la randonnée. Paul Rodriguez est quant à lui le premier à avoir un pro model chez Nike SB en 2005. Il a droit à 1 million de dollars et une collab avec Jordan. Car si on retrouve l'influence du basket à travers, par exemple, la DVS *Keenan Milton* et sa version réduite de la *Air Force 1*, c'est Jojo qui a la part belle du gâteau. Sal Barbier appose le 23 sur sa éS. Eric Koston, collectionneur de *Jordan* et fan des Lakers, réalise un combo sur sa troisième éS. Et le premier pro model de skate shoes de l'histoire, sorti en 1988 pour Natas Kaupas chez Etnies, la marque du Français Pierre André Senizergues, est inspiré de la *Jordan 1*. Il faut dire que le modèle de Sa Majesté est adopté dès 1986 par les skaters pro, qui le trouvent en solderie pour seulement 20 dollars.

L'industrie du skate va au rythme de l'économie et de ses récessions. Quand les *skateshops* ferment et que les marques font faillite, on s'approvisionne où on peut. Loin des clichés d'une activité CSP+, la grande majorité des skaters pro est issue des classes populaires, voire défavorisées. Ils sont souvent livrés à eux-mêmes, avec la rue comme terrain de jeu. Ils ont entre 12 et 18 ans, les poches légères, et une identité à clamer. Ils écoutent des groupes de punk dont les chanteurs portent des Vans, comme Minor Threat, Suicidal Tendencies, ou encore Black Flag. Vans est associé à jamais au rock et fait un retour au début des années 2000 par l'intermédiaire de Geoff Rowley, originaire de Liverpool. Les pantalons deviennent slim et les semelles aussi, alors que le skate n'a jamais provoqué autant d'impact pour les pieds. On n'imagine pas des joueurs de NBA en *Chuck Taylor* sur les parquets d'aujourd'hui, mais qu'importe, du moment qu'on a le style. Début 1990, c'est le rap qui mène la danse chez les skaters. La mode est aux vêtements baggies et il suffit que le demi-dieu Mike Carroll revienne d'un concert des Beastie Boys avec des Puma *Clyde* aux pieds pour que la demande explose. Le skateshop de San Francisco FTC rachète un *deadstock* de ce modèle qui n'est plus fabriqué. Pour le monde entier, le standard de la skate shoe devient suède + semelle blanche. Le look typique dans *Kids*, le film de Larry Clark, mais dans les cours d'école les chaussures de *Starsky & Hutch*

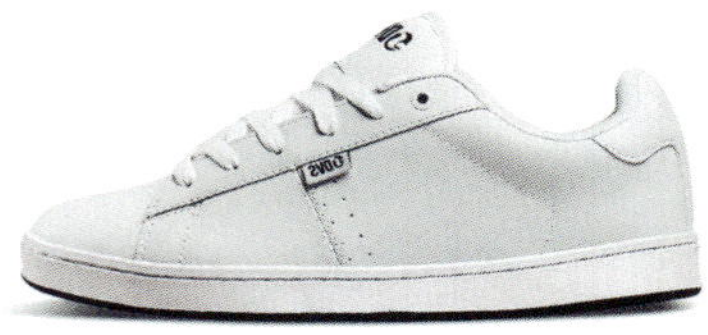

↑ *Tim Gavin*, DVS, 1996

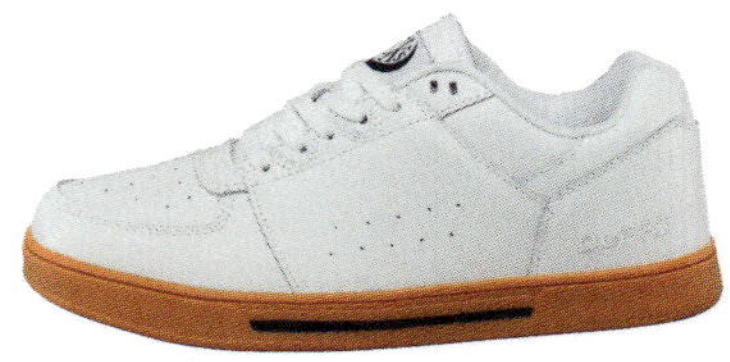

↑ *KCK*, Duffs, 1995

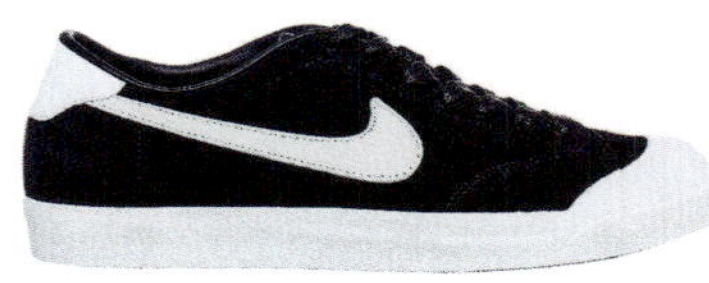

↑ *SB Zoom All Court CK*, Nike, 2015

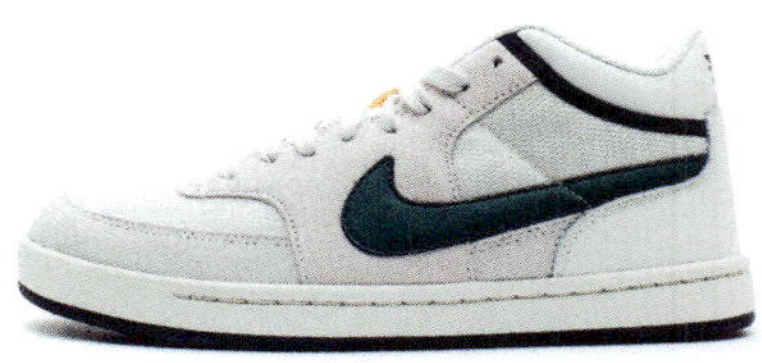

↑ *SB Challenge Court*, Nike, 2012

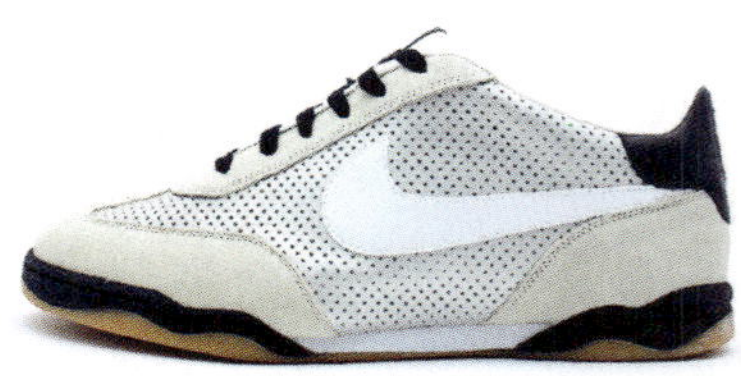

↑ *SB Zoom FC*, Nike, 2004

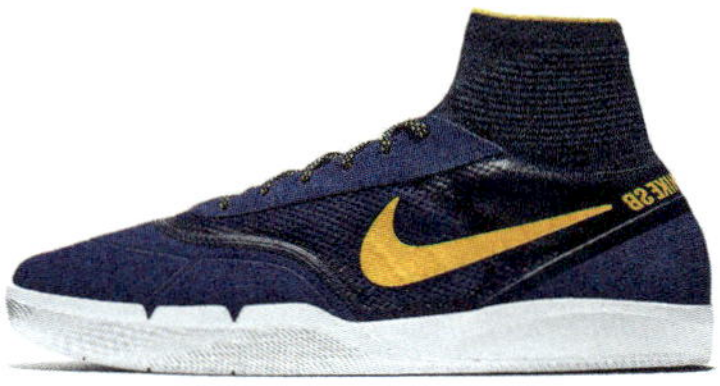

↑ *SB Koston 3*, Nike, 2016

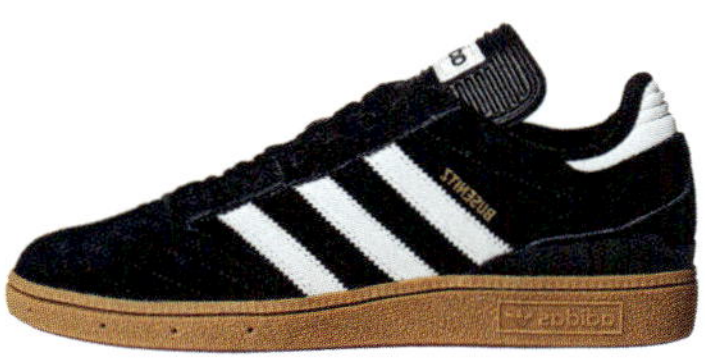

↑ *Busenitz Pro*, Adidas, 2007

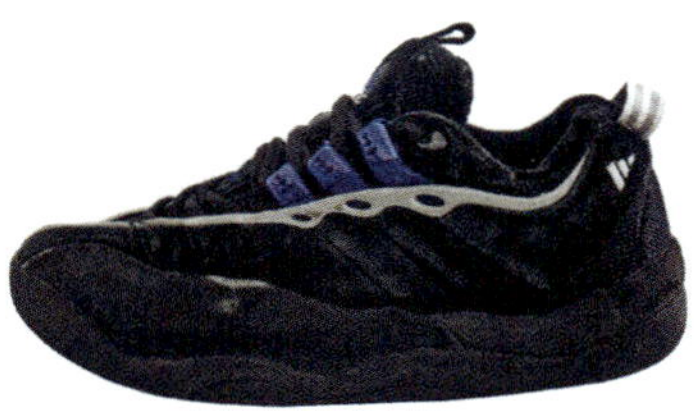

↑ *Mark Gonzales 1*, Adidas, 1998

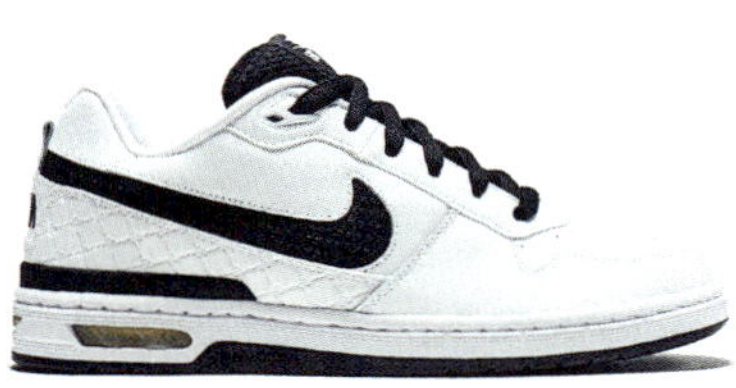

↑ *SB P-Rod 1*, Nike, 2005

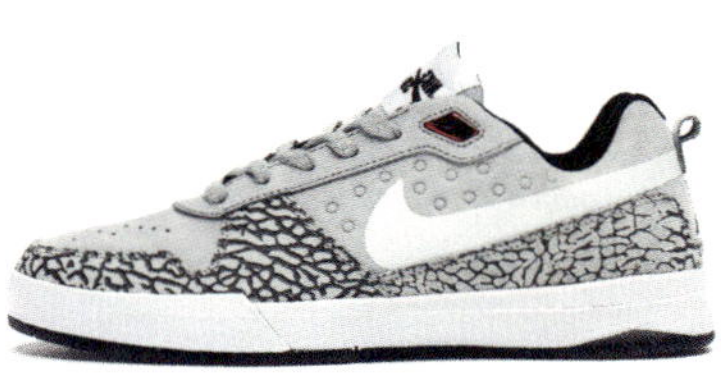

↑ *SB P-Rod 9 Elite x Air Jordan*, Nike, 2015

it was the Wild West in the skate industry, the golden age of the cease and desist order. Boards were painted with graphics hijacked from Walt Disney. DC Shoes based its logo on Chanel's. As in rap music, a skate shoe design was pieced together using "samples." To gain acceptance by the community, Nike and Adidas adapted their eternal classics and hired designers from Lakai, first James Arizumi, creator of the *Manchester* model and then the *Janoski*, and later Scott Johnston. At éS, Don Brown drew inspiration from volleyball for the *Koston 1* and from running for the *Koston 2*. The influence of the *Stan Smith* could be seen in the DVS *Revival*, and that of the Reebok *Classic* in the Kareem Campbell Duffs. Nike SB resurrected its tennis shoes, reworking the *All Court* for Colin Kennedy and John McEnroe's *Challenge Court* for the Flushing Meadows local Gino Iannucci. The Swoosh also appropriated elements from soccer with the *Zoom FC* and *Koston 3*, like Adidas with the *Samba* for Dennis Busenitz. Although Converse was already sponsoring Christian Hosoi in the early 1980s, in 1998 the three-stripe brand became the first major sports manufacturer to offer a pro model to a skateboarder, Mark Gonzales – the most influential figure in the discipline's history according to *Transworld Magazine*. His sneaker was inspired by hiking shoes. Paul Rodriguez was the first to get a signature model at Nike SB, in 2005, a deal that earned him $1 million and a "collab" with Michael Jordan. Which was an honor: the influence of basketball could be seen in the DVS *Keenan Milton* and its reduced version of the *Air Force 1*, for example, but MJ was the holy grail. Sal Barbier put Jordan's 23 on his éS model. Eric Koston, a Lakers fan and collector of *Jordans*, made a combo for his third éS design. The *Jordan I* also inspired the first-ever pro model skate shoe, launched in 1988 for Natas Kaupas by Etnies, the brand founded by the French skateboarder Pierre André Senizergues. In fact, His Airness's sneaker was adopted as early as 1986 by pro skaters, who could find it in discount outlets for just $20.

The skate industry follows the rhythm of the economy, with all of its ups and downs. When skateshops close and brands go out of business, skaters buy their shoes wherever they can. Despite the cliché of skateboarding being an upper-middle-class sport, the vast majority of pros are from working-class or even lower-class backgrounds. Young skaters are often left to themselves, the street their only playground. They are between 12 and 18 years old, short on cash but long on the desire to express an identity. They listen to punk bands whose singers wear Vans, like Minor Threat, Suicidal Tendencies and Black Flag. Vans is indelibly associated with rock music, harking back to the early 2000s and its association with Liverpool native Geoff Rowley. Trousers were cut slimmer and so were the shoe soles, even though skateboarding was harder than ever on the feet. It's difficult to imagine NBA players in *Chuck Taylors* on the court today, but of course it's the style that counts. In early 1990, rap was blasting in the skate world. Baggy clothes were fashionable, and as soon as the demigod Mike Carroll was spotted leaving a Beastie Boys concert shod in Puma *Clydes*, the demand exploded. The FTC skateshop in San Francisco bought a deadstock batch of the discontinued model, and soon the worldwide standard in skate shoes was suede with a white sole. It was the characteristic look from Larry Clark's movie *Kids*, but in schoolyards the shoes seen in *Starsky & Hutch* were

interpellent. Et si les chaussures se trouent ou que les lacets se déchirent, alors on met de la Shoe Goo pour les réparer. On met des « fatences » sous les languettes, une autre languette découpée avec un bout de grip collé dessus pour éviter qu'elle glisse. Cela permet de gonfler l'apparence de la chaussure. Pas très confortable, mais qu'importe ! DC s'adapte et gonfle ses languettes d'origine. éS va même jusqu'à y ajouter la « Stash Pocket », prétendument pour cacher la *weed*, sur le modèle de Chad Muska, la première paire à plus de 100 euros. Ce dernier en fait un gimmick qu'il reprend sur sa Circa. Les silhouettes s'élargissent début 2000, les shoes enflent et la *D3* d'Osiris franchit la limite du *skateable*. Qu'importe enfin ! Avril Lavigne et Limp Bizkit la popularisent et en font un best-seller à 140 euros qui fait le bonheur des skateshops. Car l'autre particularité des skate shoes, c'est qu'elles sont essentiellement distribuées en skateshop. Un produit parfois rare à trouver, qui explique en partie la côte vertigineuse des premières Nike SB *Dunk* à plus de 50 000 dollars.

Aujourd'hui, la skate shoe est devenue un produit grand public distribué partout. Vans sort les *Slip On* à damier *Fast Times at Ridgemont High*, le film dans lequel Sean Penn les a rendues célèbres. éS ressort la *Accel*, DC la *Lynx*, et les Hook-ups sont devenues cultes au Japon. Les designers de mode s'inspirent du skate, parfois pour le pire. Golden Goose vend une skate shoe usée avec du duct tape à 530 dollars la paire. Pharrell ressort sa marque Ice Cream, A$AP Rocky reprend la *D3* pour sa collab avec Under Armour, et Kanye West se serait inspiré de la éS *Scheme* pour sa *Yeezy 500*.

L'exposition *Playground* est l'occasion unique de découvrir ou redécouvrir, dans toutes leurs dimensions, des paires désormais classiques et des exceptions dans l'univers de la sneaker.

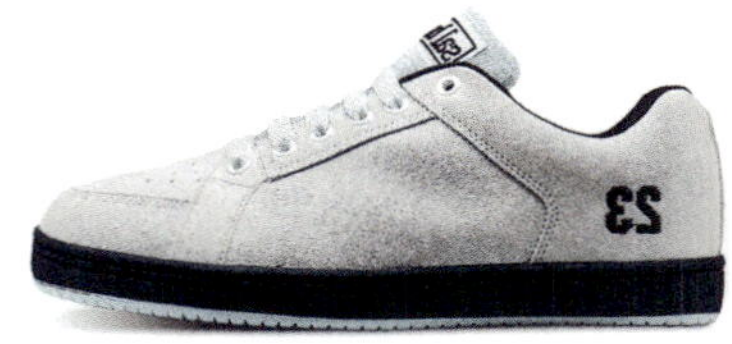

↑ *Sal Barbier*, Etnies, 1994

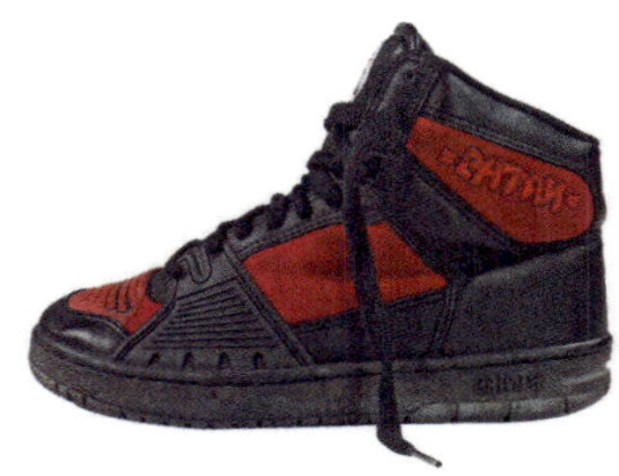

↑ *Natas Kaupas*, Etnies, 1988

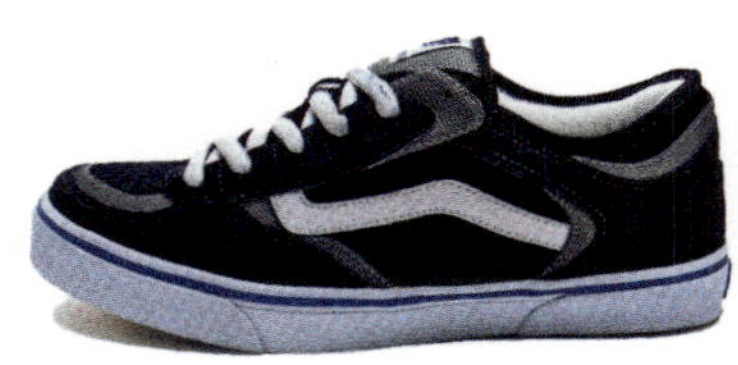

↑ *Geoff Rowley*, Vans, 2015

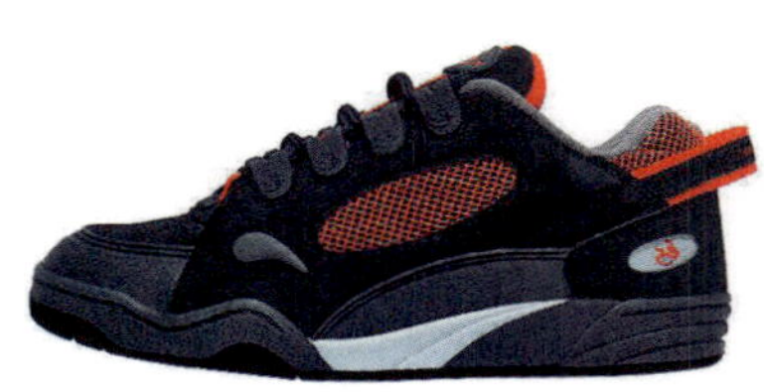

↑ *Muska 1*, éS, 1997

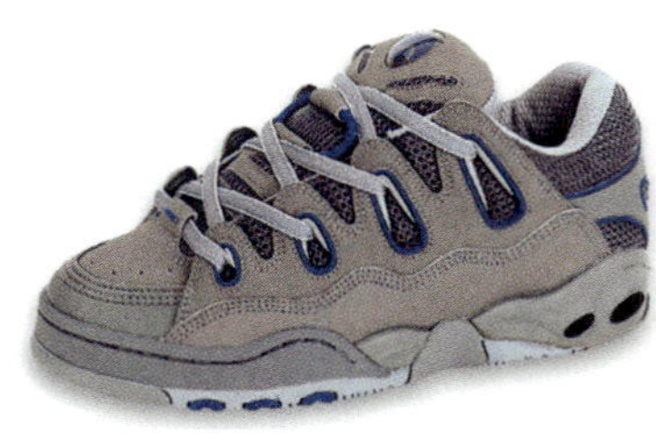

↑ *D3*, Osiris, 1999

more appealing. And if they developed a hole or the laces tore through, they could be repaired with Shoe Goo. To make their shoes look puffier, skaters doubled the tongues, inserting a second one under the first, with a piece of griptape on top to keep it in place. It was uncomfortable, but that was beside the point! DC took the hint and started using thicker tongues. éS went so far as to add a "stash pocket," supposedly for hiding a bit of weed, on its *Chad Muska* model, the first pair to cost more than €100. It became a gimmick, carried over to his Circa signature model. In the early 2000s the forms grew even bigger and the shoes swelled up to the point that the *D3* by Osiris was nearly unskateable. But once again, it didn't matter: Avril Lavigne and Limp Bizkit popularized the model, making it a bestseller at €140, to the skateshop owners' delight. Which brings us to another particularity of skate shoes: they are mostly sold through skateshops. It can make them rare and hard to find, which partly explains the exorbitant prices – topping $50,000 – now fetched by original Nike SB *Dunks*.

Today the skate shoe has become a consumer product marketed everywhere. Vans is re-releasing the checkerboard *Slip Ons* made famous by Sean Penn in *Fast Times at Ridgemont High*, éS is relaunching the *Accel* and DC the *Lynx*, and Hook-ups is a cult brand in Japan. Fashion designers are finding inspiration in skateboarding, sometimes with regrettable results. Golden Goose sells a worn, duct-taped skate shoe for $530 a pair. Pharrell Williams has restarted his Ice Cream label, A$AP Rocky has updated the *D3* for his collab with Under Armour, and Kanye West based his *Yeezy 500* on the éS *Scheme*.

The exhibition *Playground* offers a unique opportunity to discover, or rediscover, in all their dimensions, classic designs that are now icons as well as remarkable exceptions in the world of sneakers.

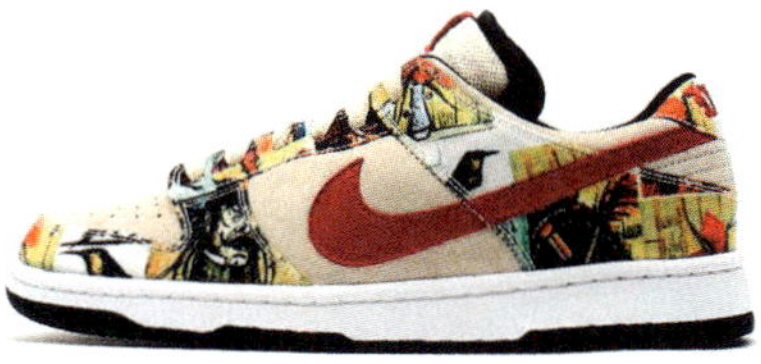

↑ *Dunk SB Low Paris*, Nike, 2002

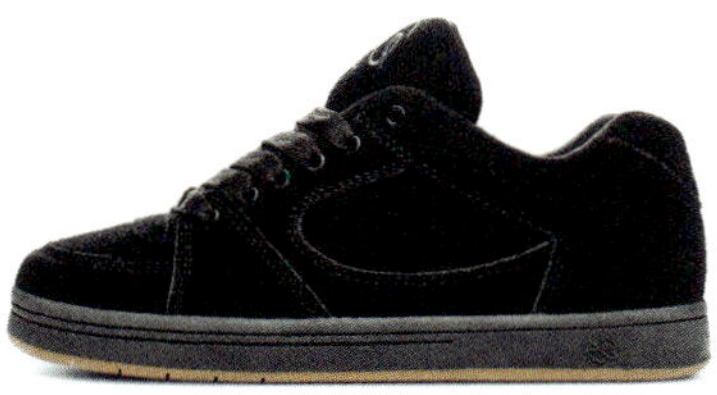

↑ *Accel*, éS, 1995

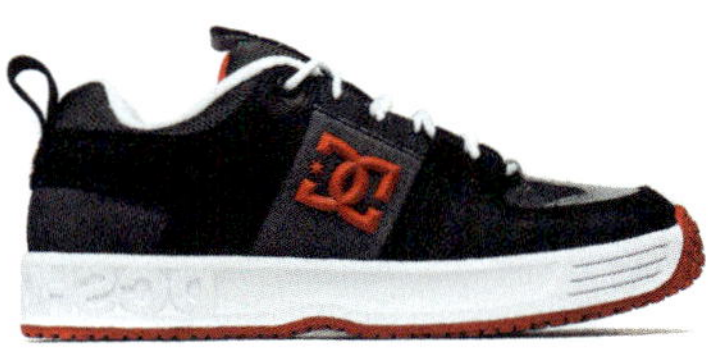

↑ *Lynx*, DC Shoes, 1998

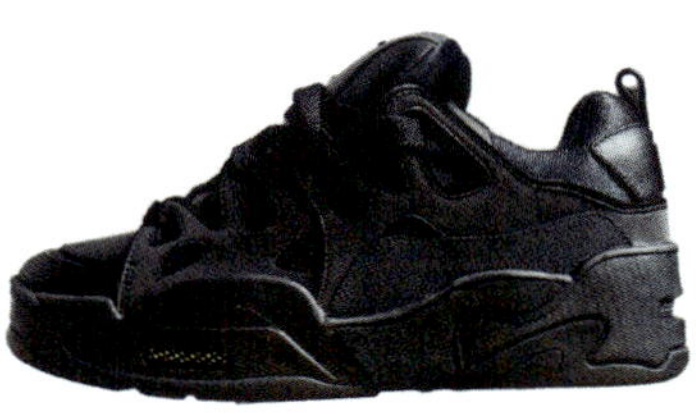

↑ *A$AP Rocky, Under Armour, 2018*

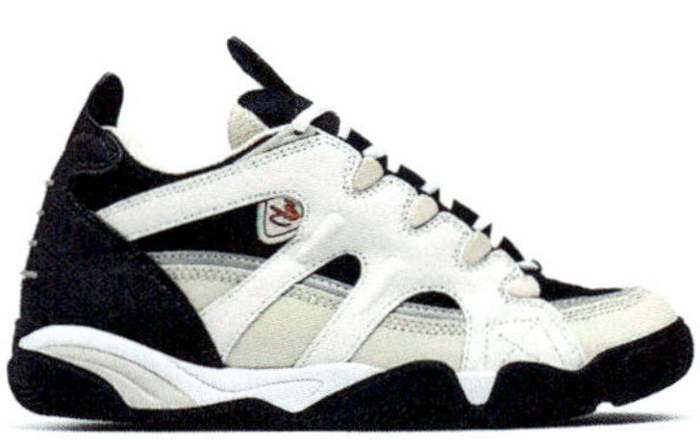

↑ *Scheme*, éS, 2000

Conversation entre Jacques Chassaing et Samuel Mantelet

Jacques Chassaing est une des figures iconiques du design des sneakers. Il a fait toute sa carrière chez Adidas et est l'auteur, entre autres, de la chaussure de basket *Forum* et des *Running ZX*.

Conversation between Jacques Chassaing and Samuel Mantelet

Jacques Chassaing is one of the iconic figures of the design of sneakers. He spent all his career at Adidas and is the author of the basketball shoe *Forum* and the running *ZX* series, among many others.

→ *Forum*, design
Jacques Chassaing, 1984
Extrait du catalogue
commercial *Adidas 85.*
Très fort les points forts, 1985
Adidas archives

Page from the trade
catalogue "Adidas 85.
Très fort les points forts", 1985
Adidas archives

Conversation #4
Jacques Chassaing

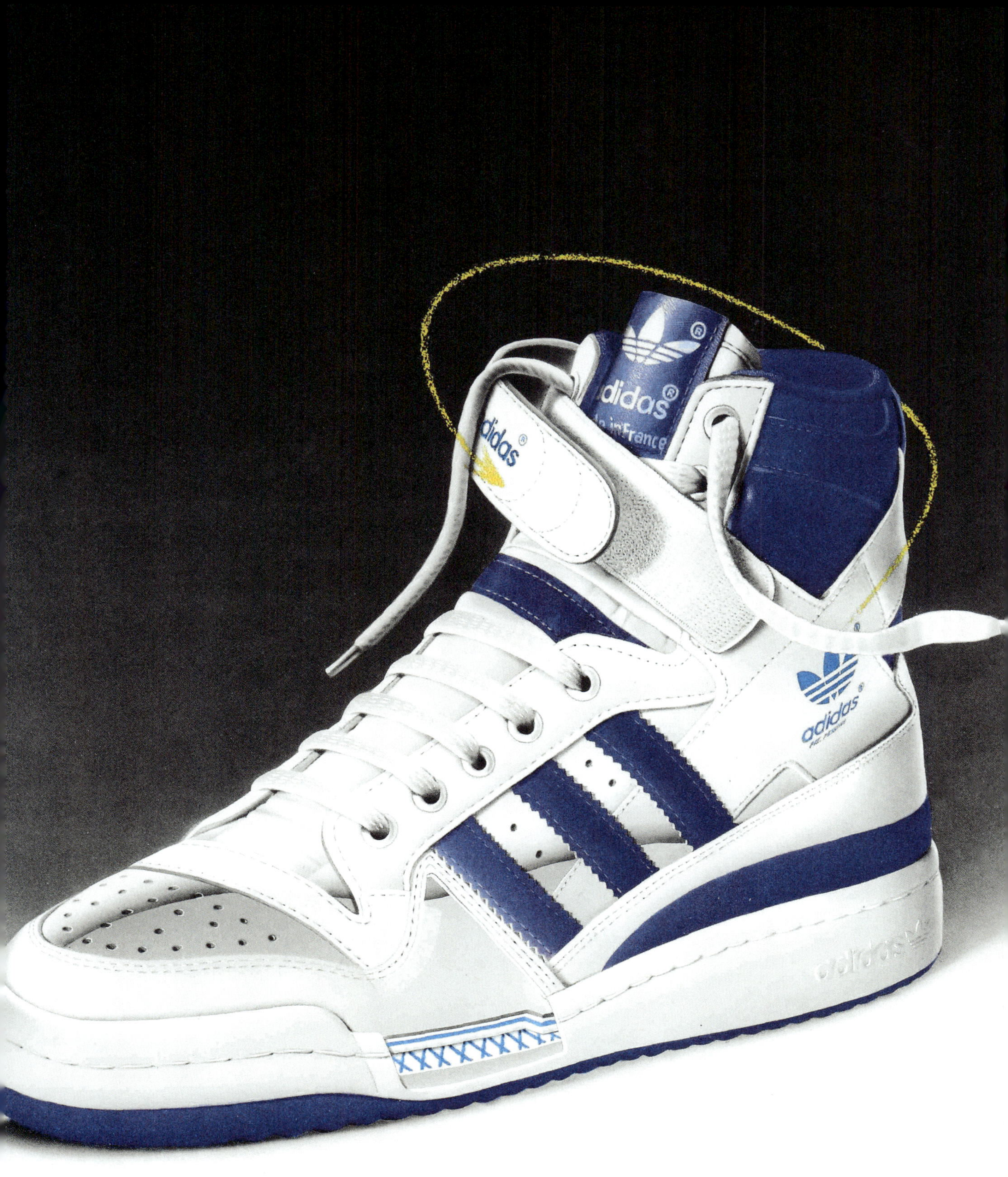

FORUM, LES POINTS FORTS, ADIDAS.

Samuel Mantelet Nous faisons tous les deux partie du comité scientifique de cette exposition, je me demande ce qu'elle représente pour vous.

Jacques Chassaing C'est la première exposition sur les sneakers montée par un musée à laquelle je participe. Cette exposition ressemble à ce que je suis. J'aime la culture sport. J'aime le sport et l'athlète. J'aime la culture sneakers, ce qu'elle implique d'émotion pure et son pouvoir de communication et d'échange.

SM On vous doit un grand nombre de modèles qui ont marqué et marquent encore l'histoire de la sneaker. Fin 2019, vous avez contribué à une nouvelle paire, la *ZX 10000*. Pourriez-vous raconter tout ce qui s'est passé avant d'en arriver là ?

JC J'ai commencé ma carrière comme designer de chaussures de ville et de loisir. J'y ai appris tous les métiers de la chaussure, de patronnier à monteur, avec les CAP correspondants à la clé. En parallèle de mon travail de designer, j'ai enseigné et formé à la chaussure des apprentis ou des stagiaires en entreprise. Transmettre mes connaissances, mon savoir, est quelque chose qui me tient à cœur. Passionné par le sport et tout particulièrement par la chaussure de sport, j'avais pour objectif, ou plutôt pour rêve, de rejoindre Adidas. Je l'ai réalisé en 1981 en étant recruté par Adidas France pour diriger le département de création chaussure.

SM Je crois que vous étiez déjà dans l'est de la France lorsque vous avez été recruté, donc non loin des locaux d'Adidas France, qui étaient en Alsace, dans le petit village de Dettwiller. Cette filiale a été la première créée en dehors de l'Allemagne par le fils du fondateur, Horst Dassler.

JC Oui, et à cette époque la filiale française d'Adidas était très puissante. C'est là qu'ont été créés un très grand nombre de modèles tels que la *Stan Smith* ou la *Superstar*. Ils étaient fabriqués là bien avant que leur production ne soit déplacée en Asie. J'ai été directeur de création chaussure pendant près de dix ans. C'est durant cette période que j'ai dessiné des modèles comme la *ZX 500*, destinée à la course à pied, la *Forum*, pour le basket-ball, la *Ivan Lendl*, chaussure de tennis du champion des années 1980, ou encore la *Continental*...

SM qui a été à nouveau produite en 2018 et qui a encore été un succès ! Qu'avez-vous fait ensuite ?

JC J'ai rejoint le siège mondial de la marque en Allemagne, près de Nuremberg. J'ai d'abord été *Vice President Footwear Creation International*, puis *Senior Design Director*. C'est là que, toujours avec mon équipe, j'ai créé la *ZX 8000*, travaillé sur la gamme Equipment imaginée par Rob Strasser et Peter Moore ou sur la technologie Feet You Wear.

SM Rob Strasser et Peter Moore venaient de quitter

Samuel Mantelet We are both members of the scientific board for this exhibition. What does *Playground* represent for you?

Jacques Chassaing This is the first time that I have ever participated in a museum exhibition on sneakers. *Playground* reflects my own sensibilities: I like sports culture. I like sports and athletes. I like sneakers culture, the pure emotion it evokes and its power of communication and interaction.

SM You have designed a great many models that have marked, and continue to mark, the history of the sneaker. In late 2019 you helped create a new pair for Adidas, the *ZX 10000*. Please tell us the story – how did you reach this point?

JC I started out as a designer of dress shoes and casual shoes. I learned all the professions in footwear, from pattern making to assembly, and earned the related technical certificates. In parallel with my design work, I taught shoemaking and trained apprentices and interns. It's very important for me to share my knowledge, my know-how, with others. Since I have a real passion for sports, and especially for sports shoes, I had the goal, or rather the dream, of working for Adidas. That dream became a reality in 1981 when I was recruited by Adidas France to head their footwear creation department.

SM If I'm not mistaken, you were already living in eastern France when you were hired, not far from the Adidas France site in the little Alsatian town of Dettwiller. It was the brand's first subsidiary outside of Germany, opened by the founder's son, Horst Dassler.

JC That's right, and at the time the French subsidiary was a powerhouse. That was where Adidas created a lot of its models, like the *Stan Smith* and the *Superstar*. They were manufactured there, long before the production was outsourced to Asia. I was the director of footwear creation for nearly ten years, during which I designed models like the *ZX 500*, conceived for runners, the *Forum* for basketball, the *Ivan Lendl* tennis shoe made for the 1980s champion, the *Continental*...

SM which was relaunched in 2018 and once again scored a success! Where did you go after Adidas France?

JC I transferred to the brand's world headquarters in Germany, near Nuremberg, first as vice president footwear creation international, then senior design director. That was where, with the help of my team, I designed the *ZX 8000* and worked on the Equipment line conceived by Rob Strasser and Peter Moore, as well as the Feet You Wear technology.

SM Rob Strasser and Peter Moore had just left Nike to start their own consulting agency in New York...

Nike pour monter leur propre agence de conseil à New York.

JC Absolument. Ils tiennent une place à part dans ma carrière. Parmi les missions qui m'ont le plus marqué chez Adidas, il y a la collaboration avec Porsche Design. La confiance accordée était telle que j'avais une liberté maximale dans mon approche créative.
J'ai pris ma retraite dernièrement, mais on ne quitte pas aussi facilement une entreprise dans laquelle on a passé tant d'années, raison pour laquelle je suis encore consultant pour Adidas.

SM S'il est une gamme à laquelle votre nom est associé, c'est bien la ZX. Vos initiales ont d'ailleurs été apposées sur l'un des derniers modèles sortis fin 2019, la *ZX 10000 JC*.

JC Cette paire est la dernière à laquelle j'ai contribué, mais son histoire remonte à l'année 1984, avec le lancement de la *ZX 500*.
La première de la série des « 100 » et la première chaussure de running Adidas que j'ai dessinée. Elle a été suivie par de nombreuses références pour les hommes, les *ZX 600, 700, 710* et tant d'autres. Les modèles qui se terminaient par un 2 étaient destinés aux femmes, les *ZX 802, 452, 312*... Tous ces modèles ont été créés et développés par l'équipe design France sous ma direction.

SM D'où vient ce nom, « ZX » ?

JC C'est une question qu'on me pose souvent. Cela n'a rien à voir avec la composante biomécanique, fonctionnelle ou technique. Le département marketing d'Adidas France a trouvé ce nom en s'inspirant de ceux des modèles de motos de la marque Kawasaki, qui étaient pensés en fonction de la puissance et des technologies embarquées. On peut y voir une certaine analogie, même lointaine, avec les caractéristiques des chaussures de running. Ce nom a été bien choisi, quand on voit comme il résonne encore aujourd'hui !

SM C'est vrai que cette gamme est encore plébiscitée aujourd'hui, et elle le sera encore plus en cette année 2020 où Adidas va la mettre à l'honneur. Les modèles de cette gamme font désormais partie de ce qu'on appelle maintenant les « sneakers », le nouveau nom des baskets qu'on porte « à la ville », mais ça n'était évidemment pas le cas à l'origine.

JC La gamme ZX est considérée comme la première collection running Adidas qui tenait compte des différents profils de coureurs. Ces chaussures ont été pensées pour répondre aux exigences de la pratique, à savoir l'absorption des chocs, la stabilité, le contrôle directionnel et le maintien du pied. La *ZX 500* a été le point de départ, suite à mon analyse de toutes les chaussures Adidas de running de l'époque. Je me suis lancé dans la création de ce modèle en me concentrant sur les caractéristiques de stabilité et de contrôle directionnel. Elle était surtout le point de départ d'une collection,

JC Exactly – and they played a prominent role in my career. One project that was a real highlight for me at Adidas was the collaboration with Porsche Design. They put such trust in me that I had a maximum of freedom in my creative approach. I just recently retired, but it's not easy to leave a company after so many years, and that's why I still work as a consultant for Adidas.

SM If there's one sneaker line that is closely linked to your name, it would be the ZX. In fact, your initials appear on one of the most recent models, the *ZX 10000* JC, launched in late 2019.

JC That sneaker is the last one I contributed to, but its story goes back to 1984 and the launch of the *ZX 500*, the first in the "100" series and the first Adidas running shoe that I designed. It was followed by other men's models, the *ZX 600, 700, 710* and many more. The models with numbers ending in 2 were for women, like the *ZX 802, 452, 312*... All of them were created and developed by the French design team under my supervision.

SM Where did the name "ZX" come from?

JC I get that question a lot! It has nothing to do with the biomechanical, functional or technical aspects. The Adidas France marketing department came up with "ZX," inspired by the names that Kawasaki used for its motorcycles, which were conceived to evoke their power and onboard technologies. There is a kind of analogy, although distant, with the characteristics of running shoes. The name was well chosen, when you consider how it still resonates today!

SM It's true that the line is still much admired – and will be even more so this year, since Adidas plans to spotlight it in 2020. The ZX models are now part of the category of sneakers for everyday wear, although of course that was not the idea at first...

JC The ZX line is considered to be the first Adidas running shoe collection to adapt to different running styles. The shoes were conceived to meet the requirements of the sport, namely shock absorption, stability, directional control and foot support. The *ZX 500* was the starting point, following my analysis of all the Adidas running shoes of the time. I went into the design process concentrating on the characteristics of stability and directional control. Most importantly, that model was the first in a collection, a family – in fact a whole saga, when you look at all the ZXs that were ultimately created! The line's "100" series was followed in 1989 by the "1000" series. A new zero for a new technology: Torsion!

SM The famous yellow bar! Were you still in France when Torsion technology was introduced?

JC By that point I was dividing my time between France and Adidas world headquarters in Germany.

d'une famille, voire d'une saga lorsqu'on voit toutes les références ZX qui ont finalement été créées ! La gamme ZX de la série des «100» a été suivie en 1989 par la série des «1000». Un zéro en plus pour une nouvelle technologie en plus, Torsion !

SM La fameuse barre jaune ! Vous étiez encore en France lorsque cette technologie est apparue ?

JC À cette période, je partageais mon temps entre la France et l'Allemagne, où se trouve le siège mondial de la marque Adidas. Sans prétention aucune, je me sens un peu l'initiateur de la gamme ZX et c'est pourquoi je suis toujours prêt à la pérenniser ou la faire évoluer, comme avec la *ZX 10000* par exemple. La série des «1000» était pensée et structurée différemment de celle des «100» puisqu'elle prenait en compte les différents types de foulées des runners (foulée universelle, lorsque le déroulé du pied se termine au centre de l'avant-pied, ou foulée pronatrice, lorsqu'il se termine vers l'intérieur de l'avant-pied) et leur utilisation entre entraînement et compétition. Tous les modèles de cette série étaient construits autour de l'innovation Torsion. Cette technologie avait été créée et développée par Adidas en collaboration avec des instituts de biomécanique du sport en Europe et aux États-Unis.
Ainsi, pour l'entraînement, les modèles *ZX5000, 5020, 8000* et *8020* étaient destinés aux hommes et aux femmes avec une foulée neutre, les *ZX 6000, 9000* et *9020* pour une foulée pronatrice et la *ZX 7000* pour les coureurs, peu nombreux, dits supinateurs (le déroulé du pied se termine vers l'extérieur de l'avant-pied). Pour la compétition, le «ZX» se transformait en «RX», donnant la *RX 9500* pour les compétiteurs à la recherche d'une grande légèreté pour leurs chaussures et la *RX 8500* pour ceux qui recherchaient plus de stabilité. La technologie Torsion, nom donné à la barre de torsion, ou de flexion, située sous la semelle et qui fait le lien entre l'avant et l'arrière du pied, redonne au pied sa liberté naturelle de mouvement, sa liberté de fonction dans le respect de son anatomie. Le design des chaussures ZX Torsion a toujours été basé sur l'expression fonctionnelle des besoins de chaque type de coureur à pied, avec la préoccupation première d'une approche holistique de la collection, à savoir que chaque modèle fait partie d'un ensemble. Un aspect déterminant de cette collection a été celui des couleurs, qui étaient inspirées de la collection Adidas des jeux Olympiques de Séoul 1988. Les couleurs utilisées, leur association étaient une petite révolution à l'époque, apportant même un côté irrévérencieux ! Je dois dire que j'ai une préférence et même une certaine fierté pour la *ZX 8000 Aqua*, dont le nom fait référence à son coloris bleu turquoise.

SM Vous avez dessiné un très grand nombre de modèles de chaussures de sport. Quel est celui pour lequel vous avez redoublé d'efforts ? Racontez-nous son process de création.

All pretension aside, I feel that I'm in a way the initiator of the ZX line, and that's why I'm always ready to perpetuate it or update it, as with the *ZX 10000*, for example.
The "1000" series was conceived and structured differently from the "100," because it took into account the different types of runners' strides (the universal or neutral stride, in which the foot rolls toward the center of the forefoot, the pronation stride, in which it rolls toward the inside of the forefoot...) and how they're used in training or competition. All the models in the series were built around the Torsion innovation, a technology created and developed by Adidas in collaboration with sports biomechanics institutes in Europe and the United States.
For training, the *ZX 5000, 5020, 8000* and *8020* were designed for men and women with neutral strides, the *ZX 6000, 9000* and *9020* for a pronation stride, and the *ZX 7000* for the few runners who have what's called a supination stride (in which the foot rolls toward the outside of the forefoot). For competition, the "ZX" became "RX," leading to the *RX 9500* for race runners who want very lightweight shoes, and the *RX 8500* for those who mainly want greater stability.
Torsion technology, the name given to the torsion bar on the bottom of the sole that connects the front and back of the foot, restored the foot's natural freedom of movement, its functional freedom in relation to its anatomy. The design of the ZX Torsion shoes was always based on the functional expression of the needs of each type of runner. The main concern was to take a holistic approach to the collection, making each model part of a whole. One determining aspect of the collection was the colors, inspired by the Adidas collection for the 1988 Olympic Games in Seoul. The choice of colors and their combinations were a minor revolution at the time, and added a touch of irreverence! I must say that I'm especially fond, and even proud, of the *ZX 8000 Aqua*, named in reference to its turquoise color.

SM You have designed a great many sports shoe models. Which one took the most effort? And how was it created?

JC That would have to be the Adidas *Forum*, intended for basketball players. In the early 1980s, Adidas was enjoying a positive dynamic in the basketball category, especially in the United States, with the *Superstar*, the *Pro Model* (a high-topped *Superstar*) and the *Top Ten*. The brand's goal was to continue being a "sports pioneer," putting a lot of energy into improving the basketball shoe through design and technical innovations. The specifications that are usually given to the designer before starting a project were defined during the creation process. That process was forged through the analysis and application of the positive and negative aspects of Adidas's existing basketball models. It was also a matter of thoroughly re-examining the playing conditions specific to basketball (players and strategies), understanding the biomechanical

JC C'est sans nul doute la Adidas *Forum* destinée aux joueurs de basket-ball. Au début des années 1980, Adidas est dans une dynamique positive sur la catégorie basket-ball, en particulier aux États-Unis, avec les modèles *Superstar*, la *pro model* (une *Superstar* montante) et *Top Ten*. L'objectif d'Adidas est alors de continuer ce travail de «pionnier du sport» avec beaucoup d'énergie pour faire évoluer la chaussure de basket-ball au moyen d'innovations techniques et de design. Le cahier des charges qui est habituellement donné au designer avant le démarrage d'un projet s'est constitué pendant le process de création. Celui-ci s'est forgé au fil de l'analyse et de l'exploitation des aspects positifs et négatifs des modèles Adidas existants dédiés au basket-ball. Il s'est agi également de réétudier en profondeur les conditions de jeu particulières du basket-ball (joueurs et stratégies), de comprendre l'analyse biomécanique des actions de jeu et d'identifier les problèmes et les blessures rencontrés durant la pratique de ce sport. Tout ce travail a débouché sur des réflexions et des solutions. À l'époque, la blessure la plus fréquente était la torsion ou l'entorse de la cheville. La Adidas *Top Ten*, de par sa forme montante, protégeait déjà efficacement la cheville. Notre idée a été de nous concentrer sur l'amélioration de cette protection, en particulier pour les joueurs au poste d'arrière, qui sont rapides, endurants et athlétiques, à l'image d'un Michael Jordan. Nous avions observé que ces joueurs se strappaient le pied (bandage de maintien) ou utilisaient une chevillière avant d'enfiler leurs chaussures. L'idée de base de la Adidas *Forum* était de créer une chaussure de basket-ball qui intégrerait dans sa construction cette fonction de maintien et de stabilité du pied. L'analyse des différentes formes de strapping et de ses avantages et inconvénients a permis de définir l'architecture révolutionnaire de la *Forum*, qui a abouti à un design «en croix». Le confort a également été amélioré grâce à l'utilisation de matières premium comme le cuir pleine fleur, un matelassage pour le confort de la cheville et la protection du tendon d'Achille. La semelle de propreté était amovible, avec une bidensité, et incorporait une «coquille» pour garantir l'assise et le maintien du talon. L'absorption des chocs était assurée par une semelle intercalaire en EVA recouverte du système Dellinger Web, cette toile en plastique que l'on voit sur l'intérieur de la semelle. La flexibilité de ce modèle était due au design *foreflex* sur l'avant-pied de la tige (encoche dans la partie haute du laçage) et à une semelle de contact en caoutchouc travaillée pour assurer confort, adhérence, amorti et faciliter la rotation et les changements de direction. Cette chaussure, dont le design, la construction et les matériaux sont très techniques, s'est révélée un véritable challenge de production pour les techniciens d'Adidas. Toutes ces innovations, surprenantes dans cette catégorie basket-ball à l'époque, ont complété le côté pionnier du design de la marque.

SM C'est aussi un modèle qui a passé la frontière de la rue.

analysis of the movements involved, and identifying the problems and injuries that could arise during play. All of this work led to reflections and solutions. At the time, the most frequent injury was the twisting or spraining of the ankle. The Adidas *Top Ten*, with its high top, already provided good ankle protection. Our idea was to focus on improving that protection, especially for guards, who have to be fast and athletic, with good endurance, like Michael Jordan. We noticed that most of them strapped their feet or slipped on an ankle brace before putting on their shoes. The basic idea of the Adidas *Forum* was to create a basketball shoe whose construction would integrate that kind of foot support and stability. By analyzing the different strapping methods, their advantages and drawbacks, we came up with the revolutionary architecture of the *Forum*, which resulted in a "cross" design. Comfort was also improved through the use of premium materials like full-grain leather, as well as quilting to keep the ankle comfortable and protect the Achilles tendon. The insole sock was removable, with bidensity, and incorporated a "shell" to ensure good hold and support for the heel. Shock absorption was provided by an EVA midsole coated with the Dellinger Web system, that plastic web that's visible inside the sole. The model's flexibility was due to the foreflex design on the forefoot of the upper (a notch in the top part of the lacing) and a rubber outsole designed to provide comfort, traction and shock absorption while facilitating rotation and changes of direction. This shoe, with its highly technical design, construction and materials, turned out to be a real production challenge for the Adidas technicians. All of those innovations were extraordinary in the basketball category at the time, and added to the brand's reputation as a design pioneer.

SM It's also a model that crossed the boundary to the street...

JC When it was launched in 1984, the *Forum* really pushed the limits of what we call the performance premium, the top of the range for athletic shoes. Even though it was intended for playing basketball, the model, thanks to its lines and its white and royal blue color scheme, was indeed very quickly adopted for street wear. It came in three versions, with high, mid and low tops. Its popularity led to numerous collaborations, of which the ones with the famous fashion designer Jeremy Scott were among the best known. One of them had an upper decorated with a print of $100 bills, with Scott's face instead of George Washington's, evoking the fact that it was the first technical basketball shoe to retail for $100 in the United States. The timeless aspect is often the result and the reward of a well-conceived design, and the Adidas *Forum* is a good example.

SM You have been a player and a spectator in sneaker design for nearly 40 years with Adidas. What do you see as the major historical currents during that time?

JC Lors de son introduction, en 1984, la *Forum* a poussé plus loin les limites de ce qu'on appelle le *performance premium*, c'est-à-dire le haut de gamme en matière de chaussures de sport. Quoique dédié à la pratique du basket-ball, ce modèle, de par sa silhouette et son coloris blanc et bleu roi, a en effet été rapidement adopté par la rue. Il était décliné en trois versions, *high* (montante), *mid* (semi-montante) et *low* (basse). Cette adhésion a amené de nombreuses collaborations, dont celles menées avec le célèbre designer Jeremy Scott, qui sont parmi les plus reconnues. L'une d'entre elles était habillée de billets de 100 dollars reproduits sur la tige avec le portrait du célèbre designer en lieu et place de celui de George Washington. Elle faisait écho au fait qu'elle a été la première chaussure de basket-ball technique à atteindre le prix de 100 dollars en magasin aux États-Unis. L'aspect *timeless* (intemporel) est souvent l'aboutissement et la récompense d'un design bien réfléchi, la Adidas *Forum* en est un bon exemple.

SM Vous avez été l'acteur et le spectateur de près de quarante ans de création de baskets chez Adidas. Quels seraient pour vous les grands courants de cette histoire ?

JC De mon point de vue, il y a d'abord eu les années 1960 et 1970, qui portent la signature d'Adi Dassler, que j'appelle le « cordonnier du sport ». Sa seule préoccupation était de faire la meilleure chaussure pour le sportif. C'était aussi une période où on portait beaucoup d'attention à la fonctionnalité et à la façon de fabriquer une chaussure de sport. Dès la fin des années 1970, on peut déjà différencier les deux actuels leaders, Nike et Adidas. D'un côté, il y a Adidas, qui domine le marché du sport depuis le début des années 1950 ; de l'autre, Nike, qui est né avec le marketing. Cela se ressent déjà dans leur façon d'opérer. À cette époque, Adidas commence par créer le produit, le fabrique ensuite, avant de chercher à le vendre. À l'inverse, Nike commence par créer le produit, essaie ensuite de le vendre et c'est seulement si le retour est positif qu'il le fabrique. C'est ce qui fait toute la différence entre ces deux équipementiers leaders encore aujourd'hui.
Il y a eu ensuite les années 1980, que j'appelle les « années folles » parce qu'elles ont vu une surenchère d'innovations et de technologies. Reebok était sans doute la marque des années 1980 pour cela. Elle a été très active, et pas seulement avec la technologie Pump, qui a marqué son histoire.
Les années 1990 ont rompu avec cette période en faisant table rase de ce passé un peu encombrant, en proposant plus de transparence, en reconsidérant les besoins fonctionnels du sport et de l'athlète. Les technologies utilisées et les concepts de design innovants devaient être au service d'un usage, seul l'essentiel comptait. La gamme Equipment est à l'image de cette période.

SM Pour vous connaître un peu, je peux dire que la curiosité est sans doute le mot qui vous

JC From my point of view, first there was the era of the 1960s and 70s, which bore the signature of Adi Dassler, the man I call the "sports cobbler." He was entirely focused on making the best possible shoes for athletes. It was also a period of great attention to functional quality and the production methods for sports shoes. By the end of the 1970s the two current leaders, Nike and Adidas, were already standouts on the market. On one side was Adidas, which had dominated the sports market since the early 1950s, and on the other side Nike, which was born out of marketing. It was already visible in their operating styles. At the time, Adidas started by creating the product, then manufactured it, and then figured out how to sell it. Nike took the opposite approach, first creating the product, then trying to sell it, and going into production only if the reaction was positive. That's the key difference between the two brands, and they're still on top today.
Then we come to the 1980s, which I call the "wild years" because they brought such a flood of innovations and new technologies. Reebok was no doubt the brand of the decade in that sense. It was very active, and not only with the Pump technology, which was a turning point in its history.
The 1990s went in a different direction, sweeping away the weight of the past, offering greater transparency and re-examining the functional needs of both the sports and the athletes. Any technologies and innovative design concepts had to have a practical purpose – it was all about the essentials. The Equipment line exemplifies that period.

SM Knowing you as I do, I can say that the one word that characterizes you best would be "curious." What in particular drives your curiosity? What are your inspirations?

JC My primary inspirations are sports and athletes – athletes in performance situations, of course, but also in their relations to their personal appearance. Understanding performance is always a matter of observing and analyzing each action and movement. Identifying problems and finding solutions are indispensable processes for improving performance. I wouldn't make a basketball shoe today in the same way as before, because the game and the players' physical capacities have evolved, along with the training and preparation methods. Then there's the look, the coolness that you have to project in the game or in the street, which is crucial. I'll tell you a secret: I'd love to create a basketball shoe now, for today's context.

SM Watch out! If you say that, you're going to be inundated with proposals and will have to come out of semi-retirement! Outside the world of sports, is there a brand that you like more than the others?

JC I admire Bang & Olufsen's design philosophy. They see their objects as sculptures, as works of art. At the same time, their design is a language

caractérise le plus. De quoi se nourrit-elle en particulier? Quelles sont vos inspirations?

JC Le sport et l'athlète sont mes premières inspirations. L'athlète lorsqu'il est en situation de performance, bien sûr, mais aussi dans son rapport à son apparence. L'appréhension de la performance passe encore et toujours par l'observation et l'analyse de chaque action ou mouvement. L'identification des problèmes et la recherche de solutions sont indispensables pour améliorer la performance. Mais aujourd'hui je ne ferais plus une chaussure de basket-ball comme autrefois, parce que le jeu et les capacités physiques des joueurs ont évolué, de même que les méthodes d'entraînement ou de mise en condition. À cela s'ajoute le look, primordial, le *coolness* est incontournable sur le terrain ou dans la rue... Je vais vous faire une confidence, j'aimerais beaucoup créer une chaussure de basket aujourd'hui, dans le nouveau contexte actuel.

SM Attention, si vous dites ça, les propositions vont affluer et vous allez finir par sortir de votre semi-retraite! Y a-t-il une marque en dehors de l'univers du sport que vous aimez plus que les autres?

JC J'apprécie la philosophie du design de Bang & Olufsen. Ils considèrent les objets comme des sculptures, comme des œuvres d'art. Leur design est à la fois un langage qui sert à communiquer leurs valeurs et la vision de leur marque. C'est aussi une représentation unique et attractive de la fusion entre forme et fonction. Cela me fait penser aussi à la chaise Panton. Je m'en étais inspiré pour dessiner un modèle qui n'est finalement jamais sorti. Il a néanmoins servi comme point de départ à la création de la technologie Adidas A3, qui a d'abord été utilisée sur un produit running, puis déclinée en *lifestyle*.

SM C'est drôle que vous me parliez de cette chaise... J'ai découvert récemment son histoire tout à fait étonnante après avoir visité le musée Vitra en Allemagne.

JC Histoire étonnante, en effet, car cette chaise Panton a été créée en 1960 mais n'a été éditée, en très petite série, qu'à partir de 1968, pour n'être finalement produite sans plus rencontrer de défauts techniques qu'en 1999. Cela, grâce à un plastique teinté dans la masse, résistant et durable, mis au point après qu'on a fait successivement l'expérience de différents matériaux. Elle représente une attitude et une philosophie qui sont aussi les miennes, celles d'oser, de prendre des risques, de repousser les limites, de se challenger pour aboutir à un résultat expressif et plein d'audace. C'est, à mon sens, une des icônes du design du XXe siècle. Je retrouve cela dans l'architecture avec un grand A, car elle reflète une de mes passion. Elle représente une science, une fonctionnalité en trois dimensions, la recherche d'attractivité sur le plan esthétique et visuel. Elle est aussi génératrice d'émotion. Elle nécessite de repousser sans cesse les limites.

that conveys the brand's values and vision. It's also a unique and appealing representation of the fusion between form and function. I'm also thinking of the Panton chair, which inspired one of my sneaker designs. Ultimately it was never launched, but it nonetheless served as the starting point for the development of the Adidas A3 technology, which was first used for a running product, then carried over to lifestyle.

SM It's funny that you mention that chair – I just recently learned its truly astonishing history on a visit to the Vitra museum in Germany.

JC It is in fact an astonishing story: the Panton chAir was created in 1960 but wasn't released until 1968, in a very small series, and they didn't solve all the technical problems with its production until 1999. It was made possible by a strong, durable, batch-dyed plastic that was perfected after trying many different materials. It represents the same attitude and philosophy that I have: being adventurous, taking risks, pushing the limits and challenging yourself in order to achieve an expressive, daring result. For me it's one of the icons of 20th-century design. I also find that quality in "architecture with a capital A," which is another of my passions. It represents a science, three-dimensional functionality, and a striving for visual and esthetic appeal. And it elicits an emotional response. It's about constantly pushing the limits.

SM Is that why you have so many books about architecture?

JC Yes – and many other topics as well. My interest in sports biomechanics and the science of movement involves a lot of reading, as well as correspondence with sports biomechanics institutes in Switzerland and at the University of Calgary. I think that a product needs to spark attention, evoke feelings and fire the imagination. It should tell a story, touching upon a narrative emotion. The technological and functional explanation is a complement to the product, and is there only to enhance it. But you can't be too serious in designing a sports shoe. For example, I took inspiration from the bucket seats of rally cars for the design of a driving shoe. And I remember also finding inspiration in the Slinky "magic spring," an emblematic object of the 1980s.

SM I remember that as well – we had a metal one at home and I could play with it for hours! You have already mentioned some, but I would like to know which people have had the most impact on your career over the years.

JC There aren't that many. Adi Dassler's son Horst Dassler would be one. He founded the French subsidiary of Adidas, its first in the world. I had the honor of knowing and working with him – but not long enough, unfortunately. He knew how to talk product.

SM C'est pour cela qu'on trouve beaucoup de livres d'architecture chez vous ?

JC Oui, et ce ne sont pas mes seuls livres, mon intérêt pour la biomécanique du sport, ou science du mouvement, se traduit sous la forme de lectures, mais aussi d'échanges avec les instituts de biomécanique du sport en Suisse ou à l'université de Calgary. Pour moi, un produit doit éveiller l'attention, susciter des émotions et favoriser l'imagination. Le produit raconte quelque chose, on touche à l'émotion narrative. L'explicatif technologique et fonctionnel arrive en complément du produit et n'existe que pour le bonifier.
Mais il ne faut pas être trop sérieux pour dessiner une chaussure de sport. Je me suis ainsi inspiré du fauteuil baquet des voitures de rallye pour dessiner une chaussure de pilotage automobile. Je me rappelle aussi m'être inspiré de cet objet symbole des années 1980 qu'on appelait le ressort magique.

SM Je m'en souviens aussi, il y en avait un en métal chez moi, avec lequel je pouvais jouer pendant des heures ! Vous en avez déjà cité certaines, j'aimerais savoir quelles sont les personnalités qui vous ont marqué tout au long de votre carrière.

JC Il n'y en a pas dix. Le fils d'Adi Dassler, Horst Dassler, est de celles-là. Il a créé la filiale française d'Adidas, la première dans le monde. J'ai eu l'honneur de le connaître et de le côtoyer, pas assez longtemps malheureusement. Il savait parler produit.

SM Vous n'avez bien sûr pas pu connaître Adi Dassler, le créateur de la marque ?

JC Non, il avait déjà disparu lorsque je suis arrivé dans l'entreprise, mais sa philosophie a été la source principale de mon inspiration et son attitude un exemple à suivre. Je pense aussi à Rob Strasser et Peter Moore. Peter Moore est mon mentor. Tous les deux ont été les artisans de la réussite de Nike, avant de quitter la société pour monter leur cabinet de conseil (Sports Inc.). Je les ai rencontrés en 1990. Ce sont eux qui ont apporté le concept Equipment à Adidas, auquel j'ai été associé. C'est avec eux que nous avons créé Originals en 1991-1992. Nous nous sommes dit un jour qu'il fallait faire quelque chose de ces modèles qui ont fait l'histoire d'Adidas. Rob Strasser venait tous les matins dans mon bureau pour me demander : « Jacques, qu'est-ce qu'on fait aujourd'hui ? » Une façon de m'associer à ses idées, car il était un grand visionnaire.

SM Et vous, quelle est votre vision, votre philosophie du design ?

JC Au mot « design », je préfère celui de « création », qui est pour moi la recherche perpétuelle de quelque chose de nouveau, qui n'existe pas, mais avec une justification, une raison pour laquelle on le fait comme ça.
Avec Porsche, il fallait expliquer chaque ligne,

SM Of course, you were not able to meet Adi Dassler, the brand's founder...

JC No – he had already passed on when I arrived at the company, but his philosophy was my main source of inspiration and his attitude set an excellent example.
I'm also thinking of Rob Strasser and Peter Moore. Peter Moore is my mentor. They were the architects of Nike's success, before leaving the brand to launch their own consulting firm, Sports Inc. I met them in 1990. They proposed the Equipment concept to Adidas, which I worked on. And we worked with them to create the Originals line in 1991-92. One day we said that we ought to do something with the models that had made the brand's history. Rob Strasser used to come to my office every morning and say, "What are we going to do today, Jacques?" It was a way of including me in his ideas. He was a true visionary.

SM What is your personal vision, your philosophy of design?

JC Rather than the word "design," I prefer "creation," which for me means the perpetual quest for something new – something that doesn't yet exist but that has a justification, a reason to be made like that. With Porsche we had to explain every line, why it was there and what purpose it served. This doesn't mean that the justification always had to be 100 % serious – sometimes it could have a fun, irreverent side. And I'm constantly thinking about the end user. That's why I always had a mannequin in my office, so I could see right away what a shoe would look like "in real life."

SM You have worked on the creation of dozens of models of shoes, but which other sneaker do you wish you could have designed?

JC Without hesitation, the *Air Jordan 1*, created by Peter Moore. The design is timeless – the proof being that it was created in the 1980s and is still the bestselling *Air Jordan* today.
The simplest things are the best. Simplicity is an art and a source of feelings. In fact, perhaps we should find a different word other than "simplicity" – creativity is everywhere, even in semantics!

SM It's not so surprising that you mention that model, since Michael Jordan was a fan of Adidas basketball shoes. We know that for the first *Air Jordan* he wanted his foot to be close to the floor, the way it was in the Adidas that he liked to wear. There's even a photo of him wearing

A. *Forum*, design Jacques Chassaing, Adidas, 1984

B. *ZX 600*, Adidas, 1985

Pages extraites du catalogue commercial *Adidas 85. Très fort les points forts,* 1985
Adidas archives

Pages from the trade catalogue "Adidas 85. Très fort les points forts"
Adidas archives

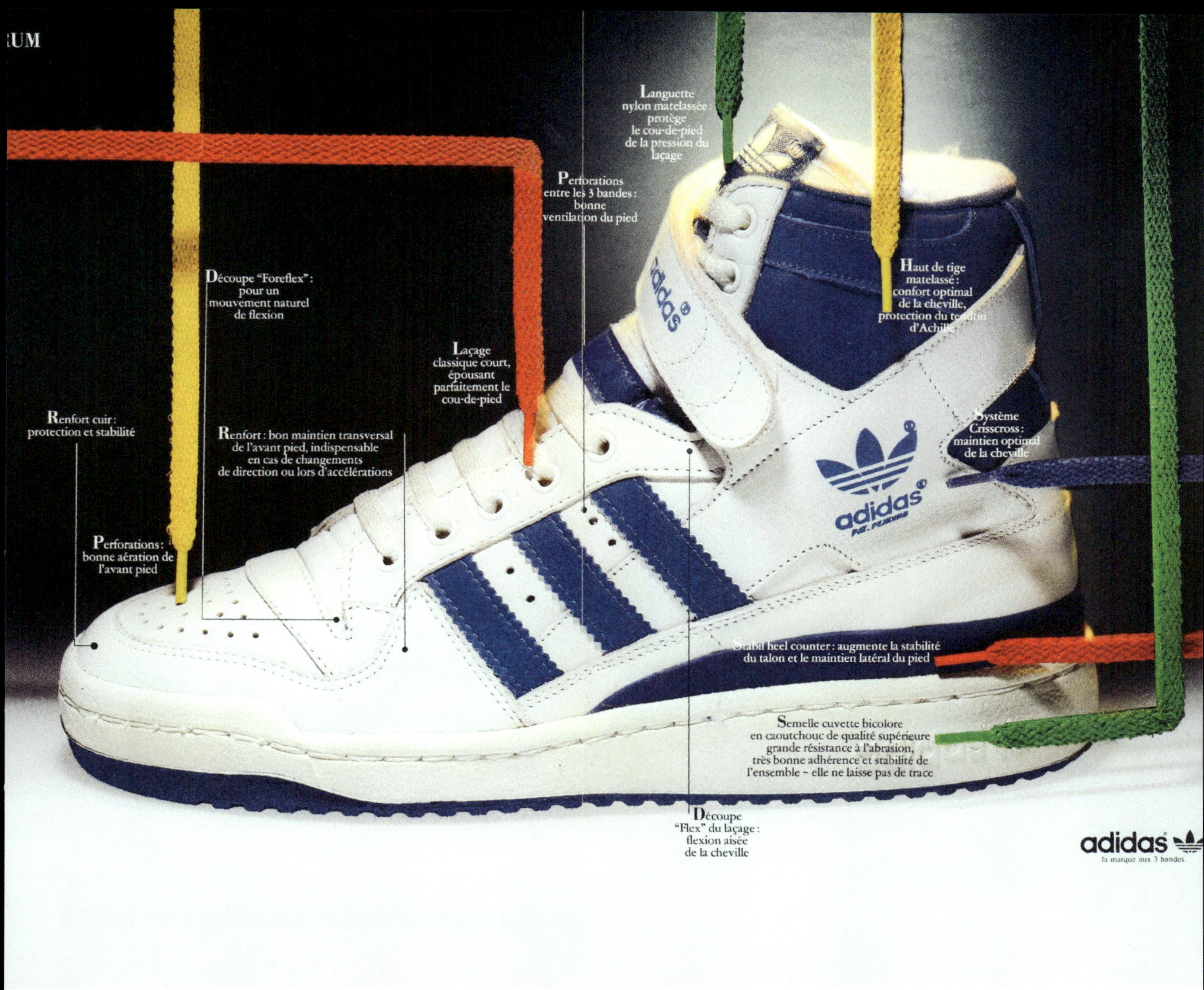
Languette
nylon matelassée :
protège
le cou-de-pied
de la pression du
laçage
Perforations
entre les 3 bandes :
bonne
ventilation du pied
Découpe "Foreflex" :
pour un
mouvement naturel
de flexion
Haut de tige
matelassé :
confort optimal
de la cheville,
protection du tendon
d'Achille
Laçage
classique court,
épousant
parfaitement le
cou-de-pied
Renfort cuir :
protection et stabilité
Renfort : bon maintien transversal
de l'avant pied, indispensable
en cas de changements
de direction ou lors d'accélérations
Système
Crisscross :
maintien optimal
de la cheville
adidas
Perforations :
bonne aération de
l'avant pied
Stabil heel counter : augmente la stabilité
du talon et le maintien latéral du pied
Semelle cuvette bicolore
en caoutchouc de qualité supérieure
grande résistance à l'abrasion,
très bonne adhérence et stabilité de
l'ensemble – elle ne laisse pas de trace
Découpe
"Flex" du laçage :
flexion aisée
de la cheville
adidas
la marque aux 3 bandes

A↑

↓B

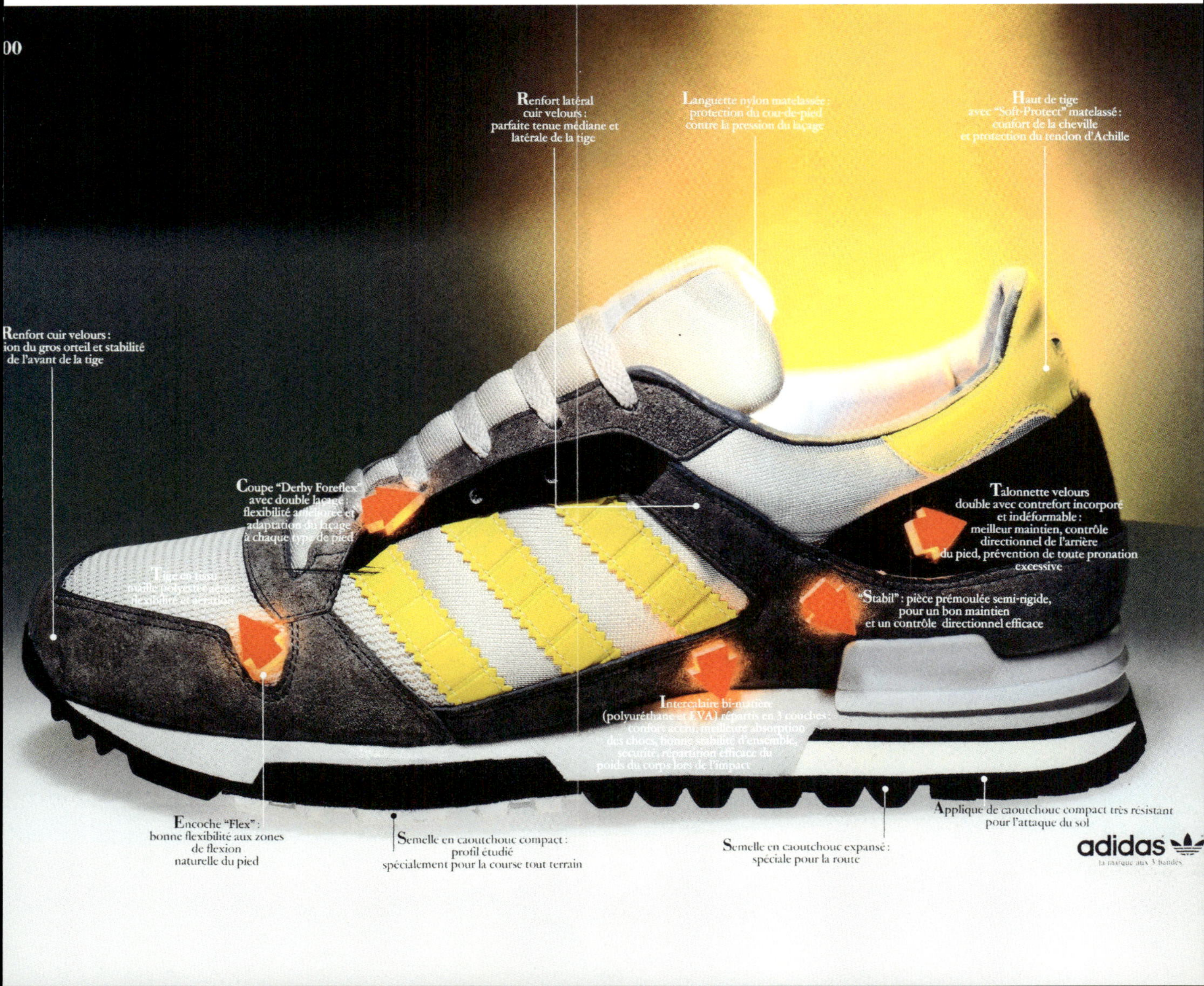
Renfort latéral
cuir velours :
parfaite tenue médiane et
latérale de la tige
Languette nylon matelassée :
protection du cou-de-pied
contre la pression du laçage
Haut de tige
avec "Soft-Protect" matelassé :
confort de la cheville
et protection du tendon d'Achille
Renfort cuir velours :
ion du gros orteil et stabilité
de l'avant de la tige
Coupe "Derby Foreflex"
avec double laçage :
flexibilité améliorée et
adaptation du laçage
à chaque type de pied
Talonnette velours
double avec contrefort incorporé
et indéformable :
meilleur maintien, contrôle
directionnel de l'arrière
du pied, prévention de toute pronation
excessive
"Stabil" : pièce prémoulée semi-rigide,
pour un bon maintien
et un contrôle directionnel efficace
Encoche "Flex" :
bonne flexibilité aux zones
de flexion
naturelle du pied
Semelle en caoutchouc compact :
profil étudié
spécialement pour la course tout terrain
Semelle en caoutchouc expansé :
spéciale pour la route
Applique de caoutchouc compact très résistant
pour l'attaque du sol
adidas
la marque aux 3 bandes

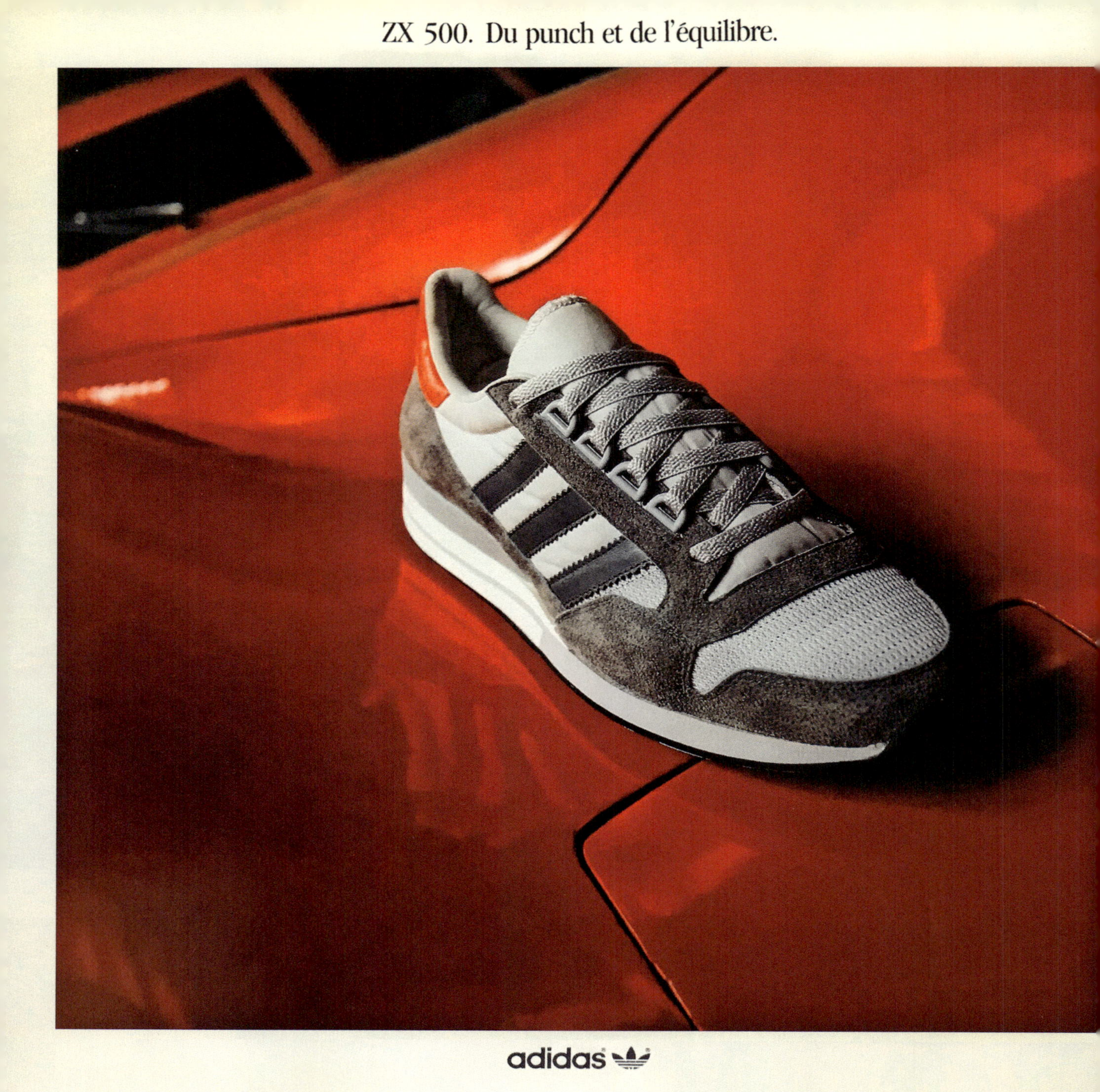

↑ « Du punch et de l'équilibre », publicité pour l'Adidas *ZX 500*, 1984

« Du punch et de l'équilibre », advertisement for the Adidas *ZX 500*, 1984

pourquoi elle était là, à quoi elle servait. Cela ne veut pas dire que cette justification doit être 100 % sérieuse, elle doit parfois avoir un côté ludique et irrévérencieux. Je pense toujours à l'utilisateur final. C'est pourquoi j'avais toujours un mannequin dans mon bureau, pour voir tout de suite ce qu'un modèle de chaussures donnait «en vrai».

SM Vous avez participé à la création de dizaines de chaussures, mais quelle est la basket que vous auriez aimé dessiner?

JC Sans hésiter, la *Air Jordan 1*. Elle a été dessinée par Peter Moore. Son design est timeless. La preuve, elle a été créée dans les années 1980 et c'est la *Air Jordan* la plus vendue aujourd'hui. C'est les choses les plus simples qui sont les meilleures. La simplicité est un art et une source d'émotions. Il faudrait peut-être trouver un autre mot que simplicité. La création est partout, même dans la sémantique!

SM Ce n'est pas si étonnant que vous parliez de ce modèle quand on sait que Michael Jordan était fan des chaussures de basket-ball Adidas. On sait qu'il avait demandé à ce que la première *Air Jordan* permette à son pied d'être au plus près du sol, comme l'étaient les Adidas qu'il aimait porter. Il existe d'ailleurs une photo d'un match d'entraînement en préparation des jeux Olympiques de 1984 sur laquelle il porte la *Forum*. Mais assez parlé du passé, quel avenir prédisez-vous à la basket, et plus particulièrement à son design?

JC La basket reste un produit émanant du sport, or le sport évolue, elle va donc évoluer aussi. Il y aura de nouveaux *shapes* (formes) et de nouveaux volumes. Je leur vois un avenir radieux, mais qui tiendra compte de nouveaux paramètres et pas strictement fonctionnels. Le confort est aujourd'hui encore plus au cœur du processus de création. La basket doit être le reflet d'un mode de vie. Les ouvertures entre le sport et l'utilisation lifestyle vont se multiplier. Le design et le développement de nouvelles baskets étaient fondés sur la biomécanique du sport. Aujourd'hui, l'innovation dans le sport moderne cherche ses bases dans d'autres domaines, comme celui du développement des capacités cognitives de l'athlète. Il sera intéressant de voir si cette nouvelle donne pourra avoir une influence sur le design «performance» d'une chaussure de sport. Pour le basket-ball, par exemple, la personnalité des joueurs, l'expressivité du produit, l'évolution de la culture sneakers, la fameuse *fashion forward attitude* seront des éléments à intégrer dans le projet. Le développement durable est un facteur que les marques prennent de plus en plus en compte, cela va forcément changer la donne. La customisation en est une des conséquences, le fait de donner une seconde vie aux baskets. On va aller vers leur individualisation. Jusqu'où? Difficile à dire, mais cela est tout à fait passionnant!

a pair of *Forums* in a training match for the 1984 Olympic Games. But enough talking about the past – what do you predict for the future of the sneaker, and in particular its design?

JC The sneaker remains a product derived from sports, and since sports are evolving, the sneaker will also evolve. There will be new shapes and new volumes. I see a bright future for sneakers, but one that takes new and not purely functional parameters into account. Comfort is now more important than ever in the creation process. A sneaker must reflect a lifestyle, and there will be more and more connections between sports and lifestyle usages. The design and development of new sneakers has been founded on sports biomechanics, but innovation in modern sports today seeks its foundations in other fields, like the development of the athletes' cognitive abilities. It will be interesting to see if this new situation will have an influence on the performance-oriented design of athletic shoes. In basketball, for example, the players' personalities, the expressiveness of the product, the evolution of sneakers culture, the famous "fashion forward attitude" – all of these elements will be integrated in the project. Sustainable development is another factor that the brands are incorporating more and more, which will necessarily change things. One of the consequences is customization, and the fact of giving sneakers a second life. We will see more individualization. How far will it go? It's hard to say, but it's all really exciting!

Patricia Reymond est historienne et diplômée en gestion de l'information. Elle est *collection manager* à la Fondation olympique pour la Culture et le Patrimoine à Lausanne, en Suisse.

Patricia Reymond is historian and graduated in information management, she works as a collection manager at the Olympic Fundation for Culture and Heritage in Lausanne, Switzerland.

A. Zola Budd lors de la finale du 3000 mètres aux jeux Olympiques de Los Angeles en 1984

Zola Budd crossing the finish of the 3,000 meters at the 1984 Summer Olympic Games in Los Angeles

B. L'arrivée du 100 mètres aux jeux Olympiques de Paris en 1924, Harold Abrahams en tête

The finish line of the 100 meters at the 1924 Summer Olympic Games in Paris, with Harold Abrahams in the lead

Bien dans leurs chaussures

On a strong footing

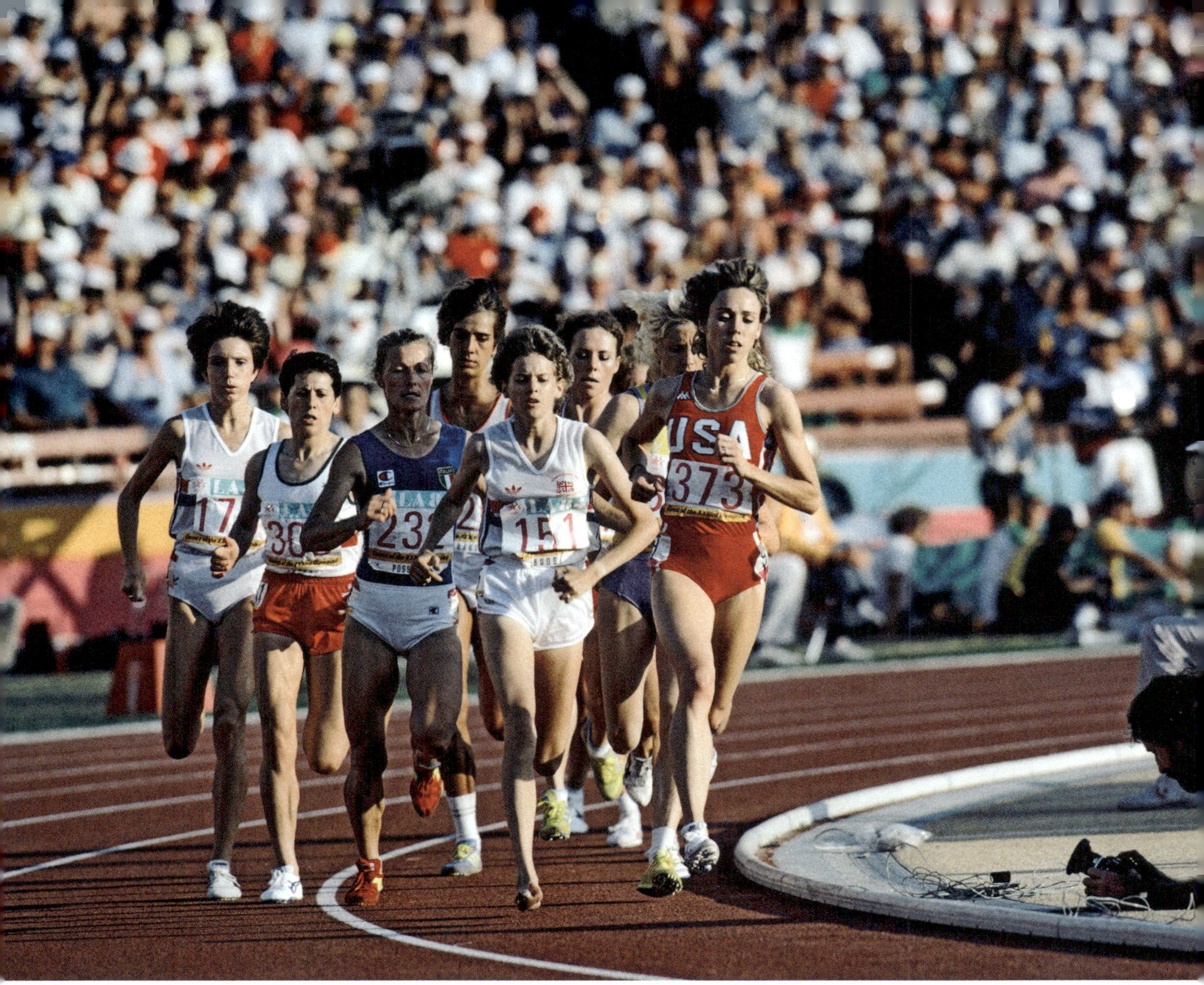

A↑ ↓B

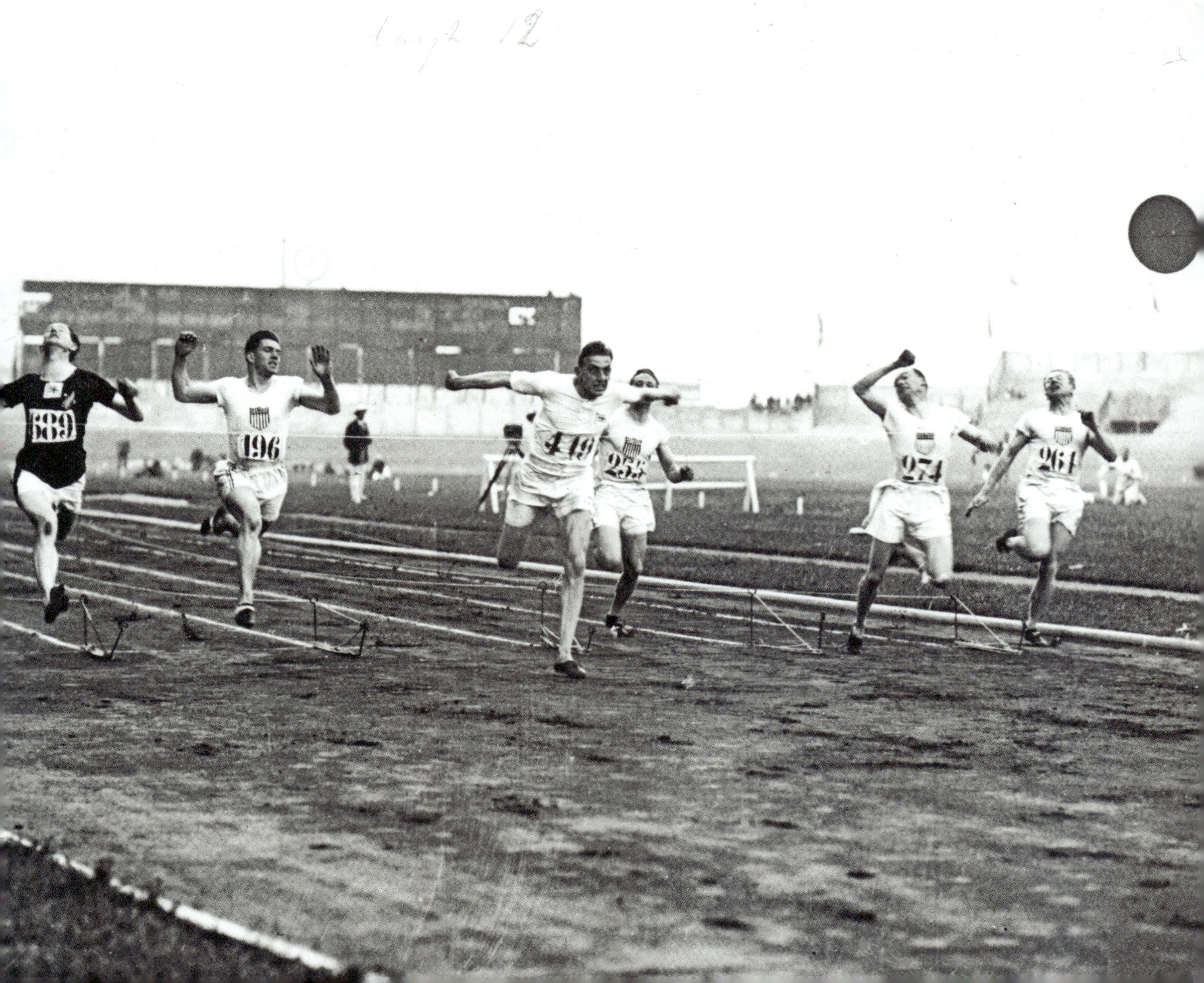

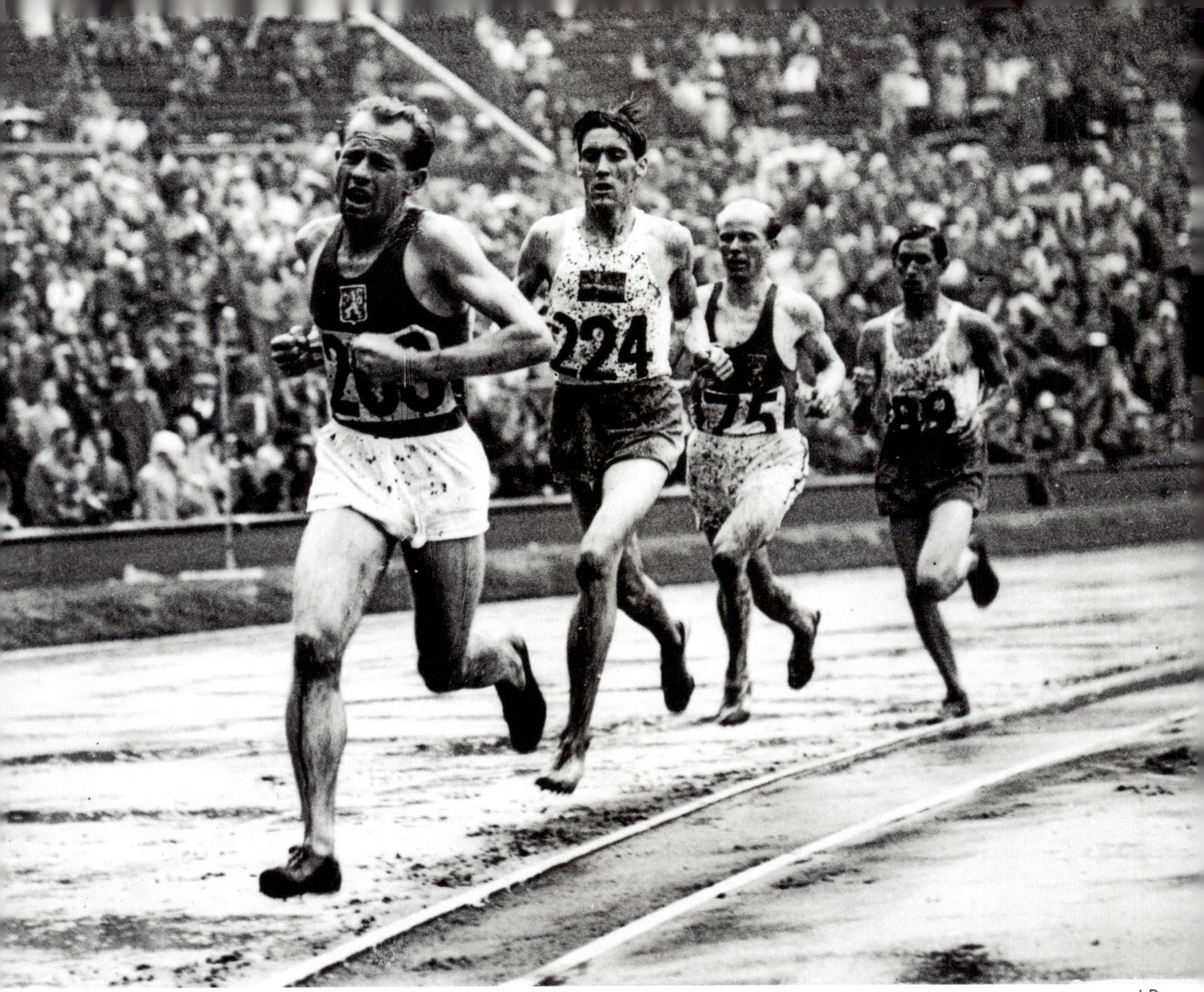

C↑

↓D

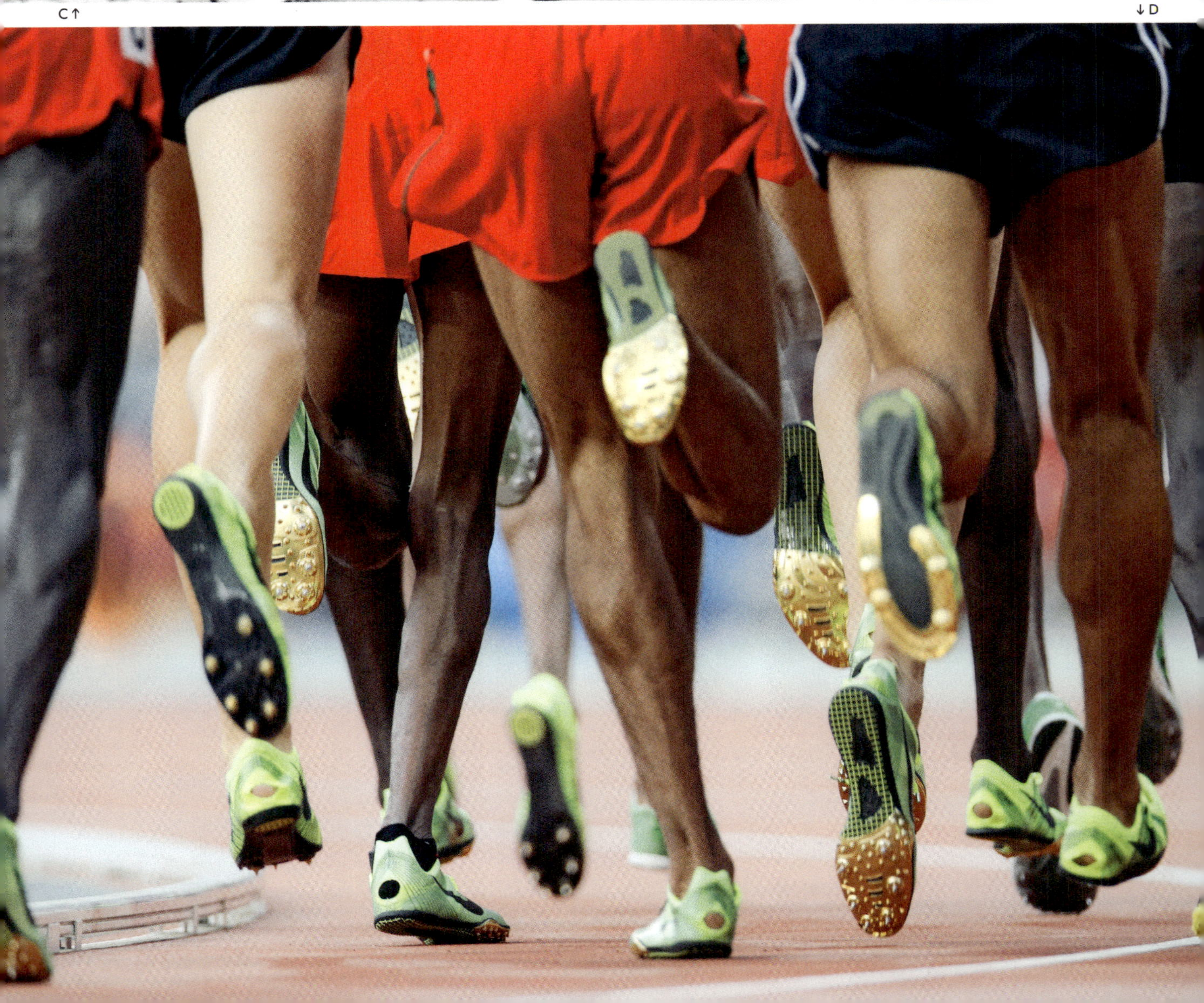

Répondre aux conditions dictées par la pratique sportive et le terrain, protéger pieds et chevilles et être confortables, voici les principales fonctions qui ont guidé le développement technique des chaussures sportives. En effet, les pieds comportent tant d'os, muscles, tendons et ligaments que des chaussures mal adaptées augmentent les risques de blessures ou de chutes[1]. Ainsi, les chaussures des marathoniens doivent assurer la stabilité du pied tout en amortissant les chocs, celles des escrimeurs et basketteurs être adaptées aux sauts, accélérations et fréquents changements de direction, celles des rameurs peuvent avoir des fixations pour mieux se caler sur le repose-pied du bateau, tandis que celles des haltérophiles, qui soulèvent de lourdes charges, ont des semelles renforcées pour résister à l'écrasement. Les chaussures jouent un rôle important dans la recherche de la performance, même si certains olympiens[2] se sont distingués en concourant pieds nus, comme le marathonien éthiopien Abebe Bikila aux jeux Olympiques de Rome en 1960 ou la coureuse Zola Budd, qui a participé aux Jeux de Los Angeles 1984 pour la Grande-Bretagne et de Barcelone 1992 pour l'Afrique du Sud.

Les chaussures de type sneaker sont nées dans les années 1850[3]. Un attrait grandissant pour l'exercice physique stimule la recherche de chaussures pouvant accrocher au sol. L'ajout de semelles de caoutchouc constitue une étape[4]. Ces chaussures en cuir ou en toile, plus légères et silencieuses, sont vite adoptées pour la pratique sportive, notamment par les cyclistes et les joueurs de tennis. De nombreux coureurs en portent aux jeux Olympiques d'Athènes en 1896, les premiers de l'ère moderne[5]. Une autre innovation est l'ajout de pointes pour une meilleure adhérence. On crédite de cette invention l'Anglais Samuel Foster, qui a développé des pointes en 1862 pour un joueur de cricket[6]. Dans les années 1890, son petit-fils a l'idée d'utiliser ces chaussures pour la course. Les « Foster » sont popularisées aux Jeux de Paris 1924 par les champions olympiques britanniques Harold Abrahams et Eric Liddell. La famille Foster en Angleterre, les frères Adolf et Rudolf Dassler en Allemagne, Albert Spalding et Marquis Mills Converse aux États-Unis, Kihachiro Onitsuka au Japon... Les pionniers ont développé leurs produits en allant à la rencontre des athlètes. Souvent sportifs eux-mêmes, ils se sont rapidement orientés sur des modèles façonnés par les besoins différenciés de chaque discipline. Dans les années 1930, l'usine Dassler fabrique déjà trente types différents pour onze sports[7].

Quand les courses se déroulent sur piste cendrée et avant l'adoption des starting-blocks aux Jeux de Londres en 1948, des chaussures à pointes longues sont utilisées pour le sprint, à pointes courtes pour le demi-fond. Pour le marathon, qui se court principalement sur des surfaces dures, les pointes se révèlent inutiles[8]. Les chaussures doivent être légères, particulièrement sur longue distance, afin de ne pas fatiguer la personne qui les porte, à un rythme où la poussée sur le sol ne demande ni une tenue particulière de la cheville comme pour le saut en hauteur, ni une semelle rigide pour transmettre autant la puissance que lors d'un sprint.

C. Emil Zátopek et Eric Ahlden aux jeux Olympiques de Londres en 1948

Emil Zatopek and Eric Ahlden at the 1948 Olympic Games in London

D. Le 5000 mètres aux jeux Olympiques de Londres en 2012

The 5,000 meters at the 2012 Summer Olympic Games in London

They need to meet the conditions imposed by the sport and its playing field, protect the feet and ankles, and be comfortable. These are the main factors that have governed the technical development of athletic shoes. The human foot comprises a complex structure of bones, muscles, tendons and ligaments, and ill-adapted shoes increase the risk of falling or injury.[1] For example, a marathon runner needs shoes that provide stability and shock absorbance, basketball and fencing shoes are made for jumping, rapid acceleration and sudden changes of direction, rowing shoes have fasteners that attach them to the boat's foot stretcher, and weightlifters wear shoes with hard reinforced soles. Shoes play a key role in achieving optimal performance, even though some Olympians[2] have defied convention by competing barefoot, like the marathon champion Abebe Bikila at the 1960 Summer Olympic Games in Rome or the runner Zola Budd, who competed for the UK at the Los Angeles Games in 1984 and for South Africa in Barcelona in 1992.

The first sneaker-like shoes appeared in the 1850s.[3] Increased interest in physical exercise stimulated the development of shoes that could offer a good grip. The introduction of rubber soles was a turning point.[4] Lighter weight and quieter, with leather or canvas uppers, these shoes were quickly adopted by athletes, especially cyclists and tennis players. Many runners wore them at the first modern-day Olympic Games, held in Athens in 1896.[5] Another innovation was the addition of cleats or spikes for better traction. The invention is credited to Samuel Foster, an Englishman who made the first spiked cricket shoes in 1862.[6] In the 1890s his grandson had the idea of wearing them in foot races. "Fosters" were popularized at the Paris Games of 1924 by the British Olympic champions Harold Abrahams and Eric Liddell. The Foster family in the UK, the German brothers Adolf and Rudolf Dassler, Albert Spalding and Marquis Mills Converse in the United States, Kihachiro Onitsuka in Japan... These pioneers based their designs on information gathered directly from athletes. Many practiced sports themselves, and soon began developing models adapted to the specific needs of each discipline. By the 1930s the Dassler factory was already producing 30 types of shoes for eleven different sports.[7]

When races were run on cinder tracks, before the adoption of starting blocks at the London Olympic Games in 1948, long-spike shoes were used for the sprints and short spikes for the middle-distance events. For the marathon, which is run mainly on hard surfaces, spikes are of no use.[8] Running shoes must be lightweight to avoid over-tiring the wearer, especially in long-distance races, for which the pace of the downward thrust does not require special ankle support as in the high jump, nor a hard sole to transmit a maximum of power, as in a sprint. To keep their weight down, running shoes were first made of top-quality leathers (calfskin, kangaroo, shagreen) and later of synthetic materials, with the addition of openwork details, mesh or, more recently, high-tech woven fabrics. Progress in sole design has been an important factor in the setting of new records: improved shock absorption allows runners to engage in more intensive training, preventing lesions and reducing pain, thus freeing them to go faster. Absorption can be reduced for sprint shoes, because the races are shorter and overly absorbent soles can slow a runner down by dissipating energy. Over the years, the sports brands have developed soles for every type of race, with

La recherche de légèreté commence par le choix de cuirs de première qualité (veau, kangourou, galuchat), puis par l'emploi de matériaux synthétiques, l'introduction de détails ajourés, l'emploi de résille ou, plus récemment, de tissé. Les progrès réalisés dans la conception des semelles expliquent en partie l'évolution des records. Une meilleure absorption des chocs permet de s'entraîner plus intensivement en évitant des lésions et de moins souffrir, ce qui libère l'athlète pour aller plus vite. L'amortissement peut être plus limité pour le sprint, car la durée de la course est brève et des semelles trop amortissantes risquent de ralentir les athlètes en dissipant l'énergie. Au cours des années et finalement pour toutes les distances, les équipementiers ont développé des semelles qui, par leur design et leurs matériaux, permettent de restituer la poussée exercée et ainsi d'améliorer la propulsion[9].

Les pointes sont positionnées en fonction des points d'appui au sol. Pour sauter les haies, des chaussures similaires à celles du sprint sont utilisées, mais avec des pointes traditionnellement plus courtes, afin d'éviter d'accrocher la haie ou de blesser les concurrents[10]. Les chaussures utilisées pour le saut en hauteur comportent des pointes sur les talons. Le saut dorsal popularisé par l'Américain Richard « Dick » Fosbury aux jeux Olympiques de Mexico en 1968 demande un appui et une adhérence particuliers sur le talon. Des fabricants ont testé des chaussures de saut asymétriques, avec une chaussure du pied d'appel plus montante, ou un laçage renforcé. Les chaussures du saut à la perche comportent des pointes et une semelle rigide sur le talon, afin de permettre à l'athlète de mieux transmettre sa puissance lors du dernier pas. En 1968, la piste cendrée est remplacée aux Jeux de Mexico par le Tartan. La marque Puma développe alors pour ce revêtement des chaussures-brosses à 68 pointes fines comme des picots, mais elles ne seront pas autorisées[11]. L'adoption d'un système de pointes amovibles, déjà présent dans d'autres sports comme le football, offre plus de possibilités d'adaptation à la piste et aux préférences des athlètes. Puis viennent les pointes en matériau plastique plus léger, comme celles portées par le champion olympique américain Carl Lewis pour son record du monde du 100 mètres en 1991, à Tokyo.

Dès les débuts olympiques, l'importance de l'équipement est reconnue et le premier champion olympique du marathon, le Grec Spyridon Louis, rapporte que des villageois se sont cotisés pour lui offrir une paire[12]. Les concurrents ne sont certes pas tous égaux au début. Le Rapport des Jeux de Saint Louis en 1904 attire l'attention de ses lecteurs sur l'équipement improvisé du Cubain Andarín Carvajal, qui porte des chaussures de ville[13]. L'intérêt des fabricants à faire tester gratuitement leurs produits par des sportifs d'élite et surtout les réglementations des fédérations internationales doivent permettre d'éviter que quelques athlètes bénéficient d'une technologie trop avancée par rapport à leurs concurrents[14].
Les équipementiers ont fait des jeux Olympiques un terrain d'expérimentation et profité d'une couverture médiatique toujours plus large pour faire connaître leurs produits. S'y ajoutent des stratégies marketing, souvent combinées avec des innovations techniques. Ainsi, les bandes latérales qui apparaissent sur les chaussures Karhu de plusieurs champions des Jeux d'Helsinki, en 1952, servent d'abord à renforcer

designs and materials conceived to optimize the thrust exerted and thus improve propulsion.[9]

Spikes and cleats are positioned according to the pressure points on the ground. The shoes used by hurdlers are similar to sprint shoes, but traditionally with shorter spikes that are less likely to snag the edge of a hurdle or cause injury.[10] The shoes worn by high jumpers have spikes on the heels. The back-first "flop" jump popularized by the American athlete Richard "Dick" Fosbury at the 1968 Olympic Games in Mexico City requires extra thrust and grip from the heel. Some manufacturers have tested asymmetrical high jump shoes, with a higher top or stronger lacing for the takeoff foot. Pole vault shoes have spikes and a hard sole on the heel, which helps vaulters transmit their momentum in the final step. In 1968 the cinder track was replaced by Tartan at the Mexico City Olympic Games. The Puma brand developed a "brush spike" shoe specifically for this new surface with 68 tiny spikelettes on the sole, but it was not authorized.[11]
A removable spikes system, which was already used in other sports like soccer, offered more possibilities for adapting to the track and to the athletes' preferences. Then came lighter-weight plastic spikes, like those worn by the American Olympic champion Carl Lewis when he set a new 100-meter world record in Tokyo in 1991.

The importance of equipment has been well recognized since the earliest Olympic Games. The first Olympic marathon champion, the Greek runner Spyridon Louis, recounted how people in his village raised money to buy him a pair of running shoes.[12] In terms of footwear, not all competitors were equal at first. The report on the Saint Louis Olympic Games of 1904 drew the reader's attention to the improvised outfit of the Cuban marathoner Andarín Carvajal, who wore street shoes.[13] In principle, the advantage for manufacturers of testing their shoes by giving free pairs to top athletes, along with the regulations of the international sports federations, prevents an elite few from gaining an unfAir technological edge over their competitors.[14] The Olympic Games have become a testing ground for the brands, with the added benefit of ever-broader media coverage for making their products known. In addition, their marketing strategies are often linked to technical innovations. For example, the strips that appeared on the sides of the Karhu shoes worn by several medalists at the 1952 Helsinki Olympic Games were originally added for lateral reinforcement.[15] Adolf Dassler turned the strips into stripes – and a registered trademark – when he founded his Adidas brand.[16] With the advent of color TV in the 1960s, everything that could help a brand stand out began to take on great importance, like a logo or bright colors. Plus, in the past few years, an effort toward sustainability. Still, however, functional quality and comfort remain two main criteria for winning athletes' approval, and thus for determining the "Olympic" destiny of a given model of shoes.

E. Carl Lewis au saut en longueur aux jeux Olympiques de Barcelone en 1992

Carl Lewis competing in the long jump at the 1992 Summer Olympic Games in Barcelona

F. Richard « Dick » Fosbury lors de la finale du saut en hauteur à Mexico en 1968

Dick Fosbury doing the "Fosbury Flop" in the high jump finals in Mexico City, 1968

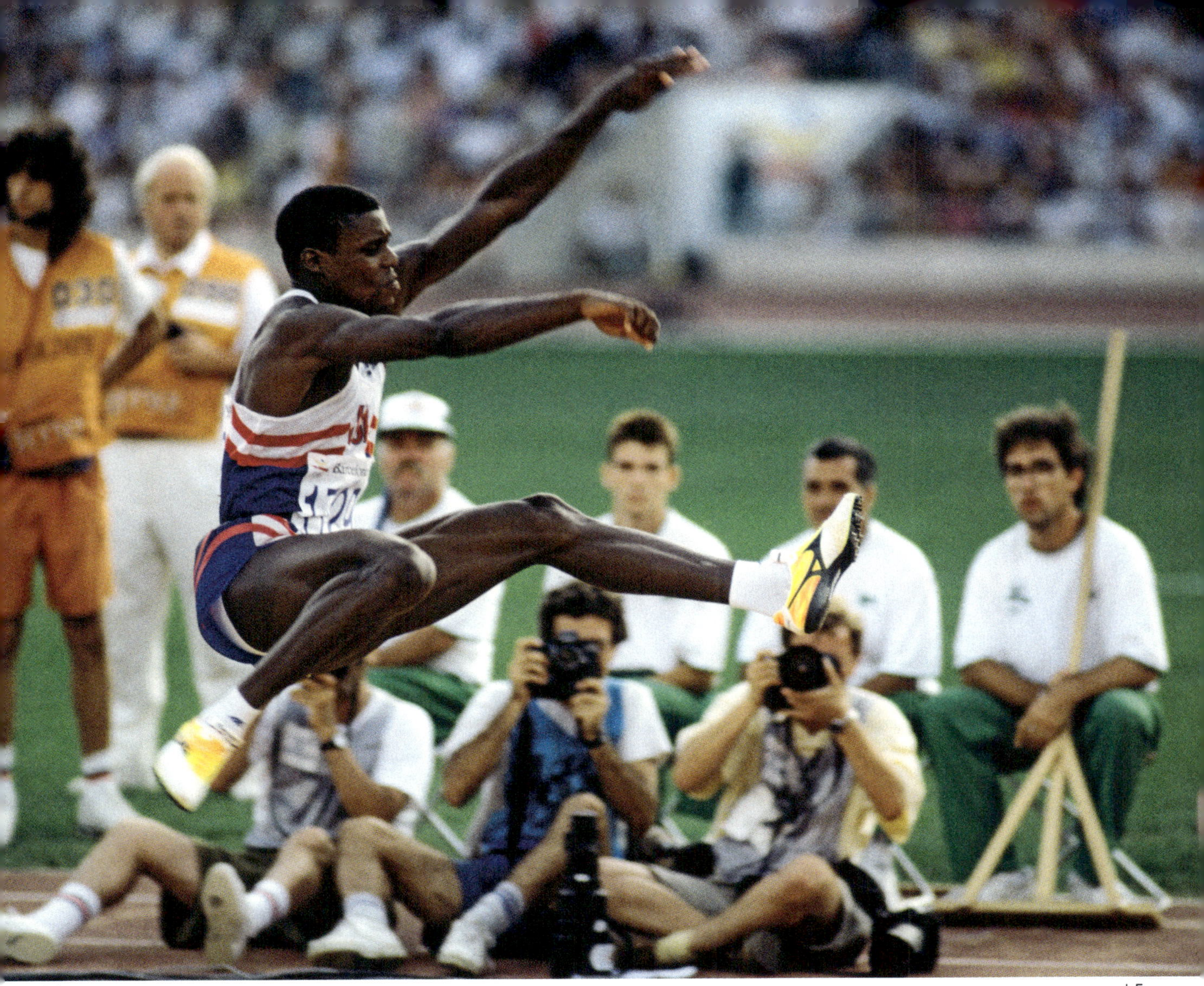

E↑ ↓F

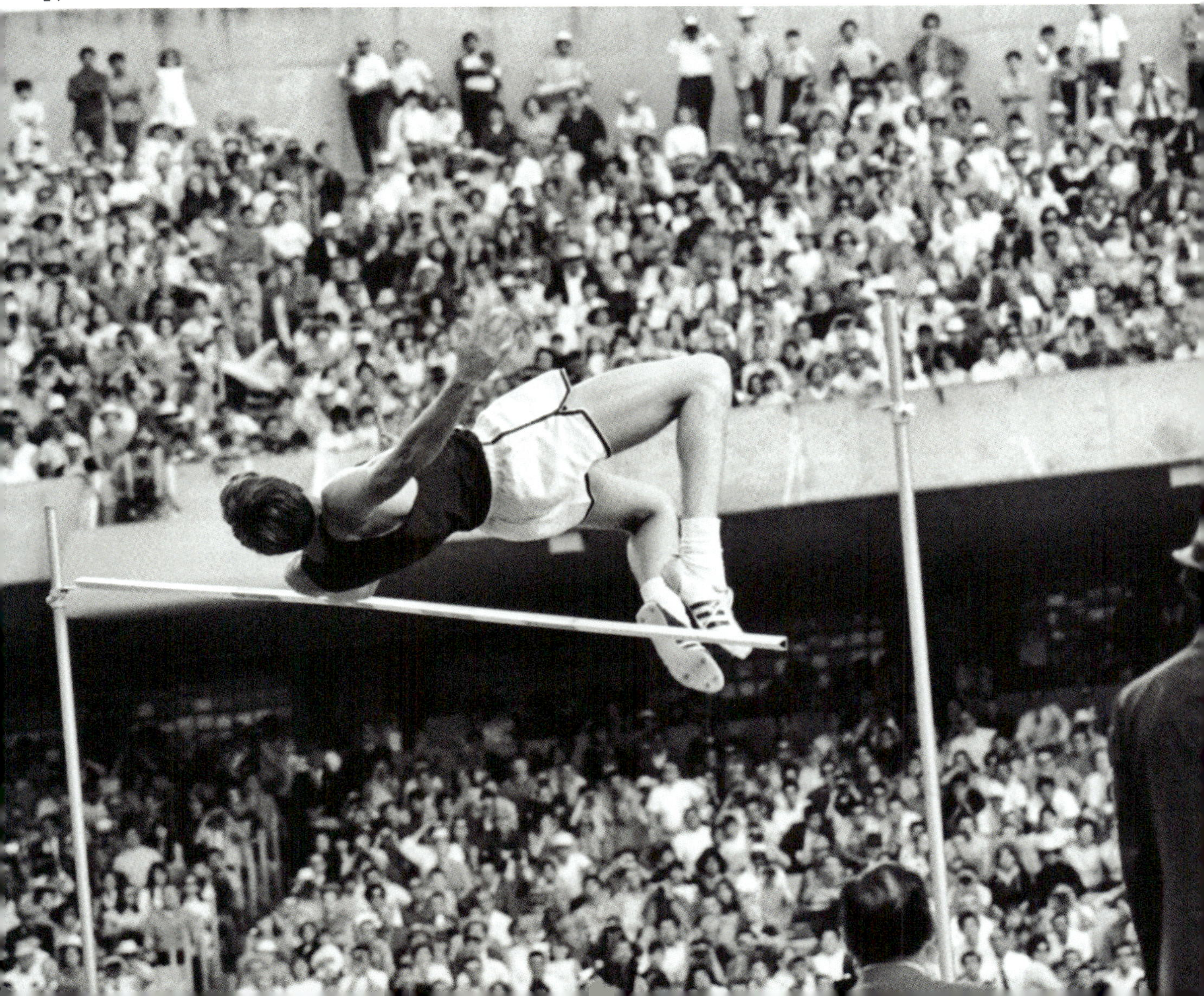

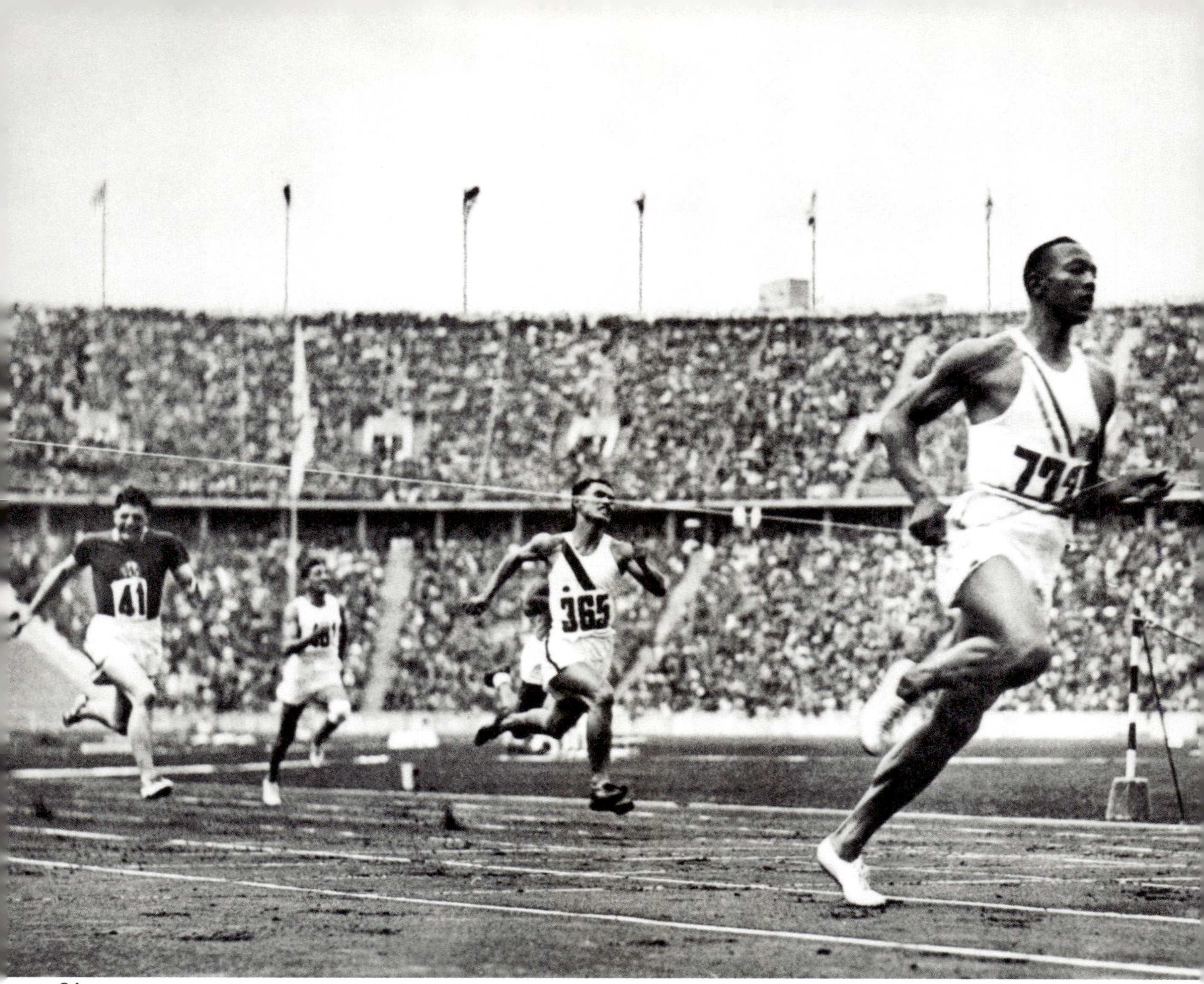

G↑ ↓H

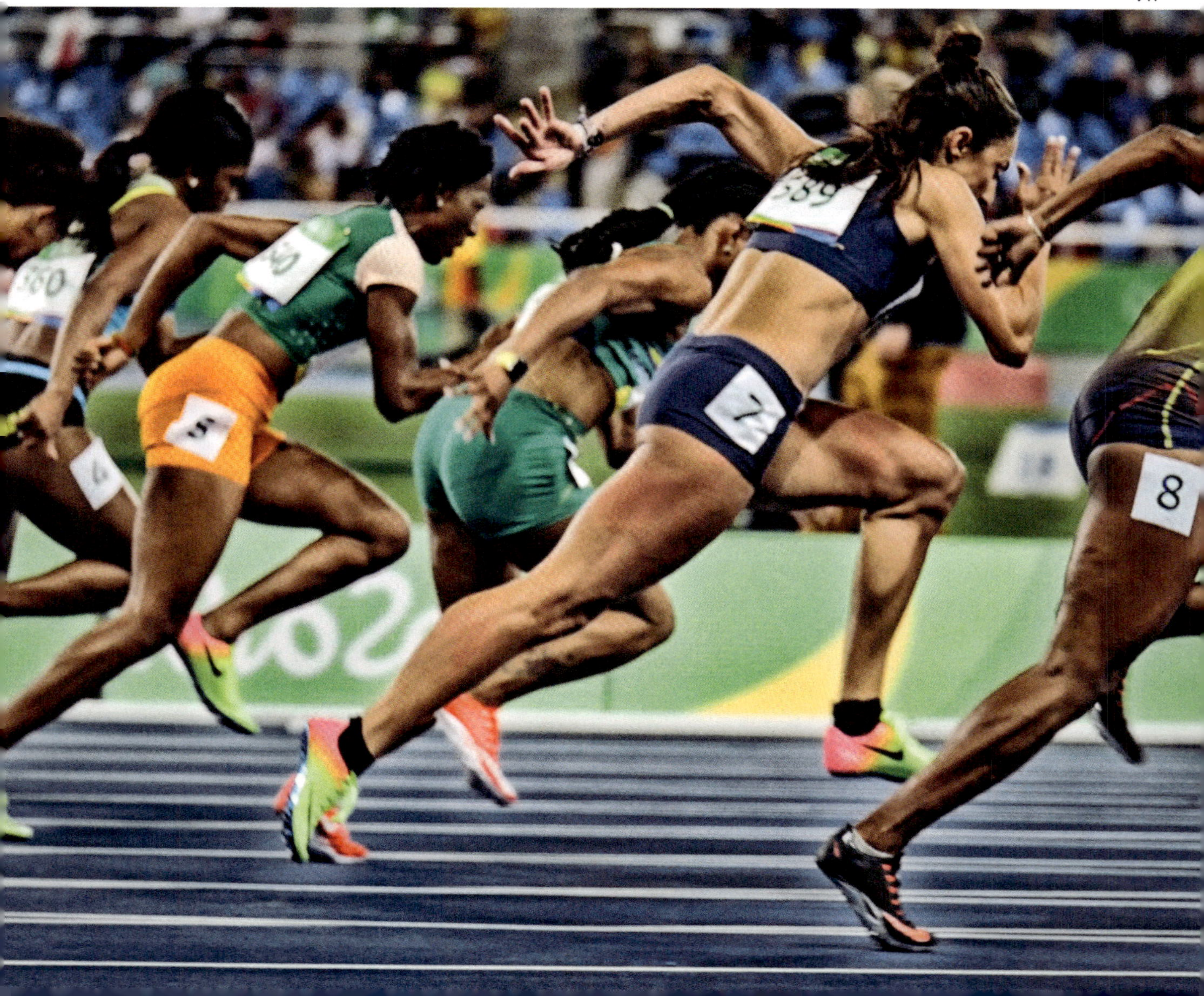

latéralement les chaussures[15]. Adolf Dassler s'assure l'usage exclusif des trois bandes quand il fonde sa marque Adidas[16]. Depuis que les transmissions télévisuelles se font en couleurs, à partir des années 1960, tout ce qui permet à une marque de se distinguer, comme un logo ou des couleurs vibrantes, prend de l'importance. S'y ajoute, depuis quelques années, une réflexion sur la durabilité. La fonctionnalité et le confort restent parmi les critères principaux qui vont déterminer l'adhésion des athlètes et donc le destin «olympique» de tel ou tel modèle de chaussures.

G. L'Américain Jesse Owens (à droite) remporte l'épreuve du 100 mètres aux jeux Olympiques de Berlin en 1936

The American Jesse Owens (on the right) won the 100 meters at the Berlin Olympic Games in 1936

H. Le 100 mètres femmes aux jeux Olympiques de Rio en 2016

The 100 meters women at the Rio Olympic Games in 2016

1. Margo DeMello, *Feet & Footwear. A Cultural Encyclopedia*, Santa Barbara, Greenwood Press, 2009, p. 141-142.

2. Tout athlète participant ou ayant participé à une édition des jeux Olympiques est un olympien.

3. Elizabeth Semmelhack, *Out of the Box. The Rise of Sneaker Culture*, New York, Rizzoli Electa / Bata Shoe Museum / American Federation of Arts, 2015, p. 33.

4. Arun Kumar N.S. «Hi-Tech Sports-Technological Revolution in Sports», *Science Reporter*, vol. 47, octobre 2010, p. 12.

5. Timoleon Philemon, *Rapport officiel, 1896*, Athènes, Charles Beck Éditeur, 1896, p. 61. Le rapport mentionne que les compétiteurs de la course des 1000 mètres portaient des chaussures en toile.

6. Jason Coles, *Golden Kicks. The Shoes That Changed Sport*, Londres, Bloomsbury publishing, 2016, p. 16-17.

7. Barry Smart, «Not Playing Around. Global Capitalism, Modern Sport and Consumer Culture», *Global Networks*, 7 (2), 2007, p. 121.

8. Les marathons de la première moitié du XXe siècle comportent de larges portions de terre battue ou de pavés. Bob Wilcock «The 1908 Olympic Marathon», *Journal of Olympic History*, 16 (1), mars 2008, p. 31.

9. Pierre Demoux, *L'Odyssée de la basket. Comment les sneakers ont marché sur le monde*, Paris, La Tengo, 2019, p. 127-130.

10. C'est le cas lors du 3200 mètres steeple-chase aux Jeux de Londres en 1908. Theodore A. Cook, *The Fourth Olympiad. Being the Official Report of the Olympic Games of 1908 Celebrated in London...*, Londres, The British Olympic Association, 1909, p. 64.

11. Michael McKnight, «A Brush With Greatness. The Puma Shoe That Upended the 1968 Olympics», *Sports Illustrated*, 15 novembre 2019. https://www.si.com/track-and-field/2019/11/15/puma-shoe-upended-1968-olympics

12. Stavros Tsonias, Athanasios Anastasiou, «The First Marathon Races. 1st International Olympic Games 1896», *Journal of Olympic History*, 18 (3), décembre 2010, p. 16.

13. Charles J. P. Lucas, *The Olympic Games, 1904*, St Louis, Woodward and Tiernan Printing Co., 1905, p. 55.

14. Pierre Demoux, *op. cit.*

15. Jason Coles, *op. cit.*, p. 33.

16. Rainer Karlsch (*et al.*), *Playing the Game. The History of Adidas*, New York, Prestel, 2018, p. 78.

1. Margo DeMello, *Feet & Footwear. A Cultural Encyclopedia*, Santa Barbara, Greenwood Press, 2009, p. 141-142.

2. The term "Olympian" designates any athlete who participates or has participated in any of the Olympic Games.

3. Elizabeth Semmelhack, *Out of the Box. The Rise of Sneaker Culture*, New York, Rizzoli Electa / Bata Shoe Museum / American Federation of Arts, 2015, p. 33.

4. Arun Kumar N.S. "Hi-Tech Sports – Technological Revolution in Sports," *Science Reporter*, vol. 47, October 2010, p. 12.

5. Timoleon Philemon, *Official Report, 1896*, Athens (French edition), Charles Beck Éditeur, 1896, p. 61. The report mentions that the runners in the 1,000-meter race wore canvas shoes.

6. Jason Coles, *Golden Kicks. The Shoes That Changed Sport*, London, Bloomsbury publishing, 2016, p. 16-17.

7. Barry Smart, "Not Playing Around. Global Capitalism, Modern Sport and Consumer Culture," *Global Networks*, 7 (2), 2007, p. 121.

8. Marathons in the first half of the 20th century included long stretches on hard ground or stone pavement. Bob Wilcock "The 1908 Olympic Marathon," *Journal of Olympic History*, 16 (1), March 2008, p. 31.

9. Pierre Demoux, *L'Odyssée de la Basket. Comment les Sneakers Ont Marché sur le Monde*, Paris, La Tengo, 2019, p. 127-130.

10. This happened during the 3,200-meter steeplechase at the London Olympic Games of 1908. Theodore A. Cook, *The Fourth Olympiad. Being the Official Report of the Olympic Games of 1908 Celebrated in London...*, London, The British Olympic Association, 1909, p. 64.

11. Michael McKnight, "A Brush With Greatness. The Puma Shoe That Upended the 1968 Olympics," *Sports Illustrated*, 15 November 2019. https://www.si.com/track-and-field/2019/11/15/puma-shoe-upended-1968-olympics

12. Stavros Tsonias, Athanasios Anastasiou, "The First Marathon Races. 1st International Olympic Games 1896," *Journal of Olympic History*, 18 (3), December 2010, p. 16.

13. Charles J. P. Lucas, *The Olympic Games, 1904*, St Louis, Woodward and Tiernan Printing Co., 1905, p. 55.

14. Pierre Demoux, *op. cit.*

15. Jason Coles, *op. cit.*, p. 33.

16. Rainer Karlsch (*et al.*), *Playing the Game. The History of Adidas*, New York, Prestel, 2018, p. 78.

Oli Stratford est rédacteur en chef du magazine *Disegno*.

Oli Stratford is the editor-in-chief of *Disegno*.

→ Le marathonien Eliud Kipchoge porte les Nike *Zoom Vaporfly* Elite, 2017

The long-distance runner Eliud Kipchoge wearing Nike *Zoom Vaporfly* Elite, 2017

Sustained Assault

Assaut permanent

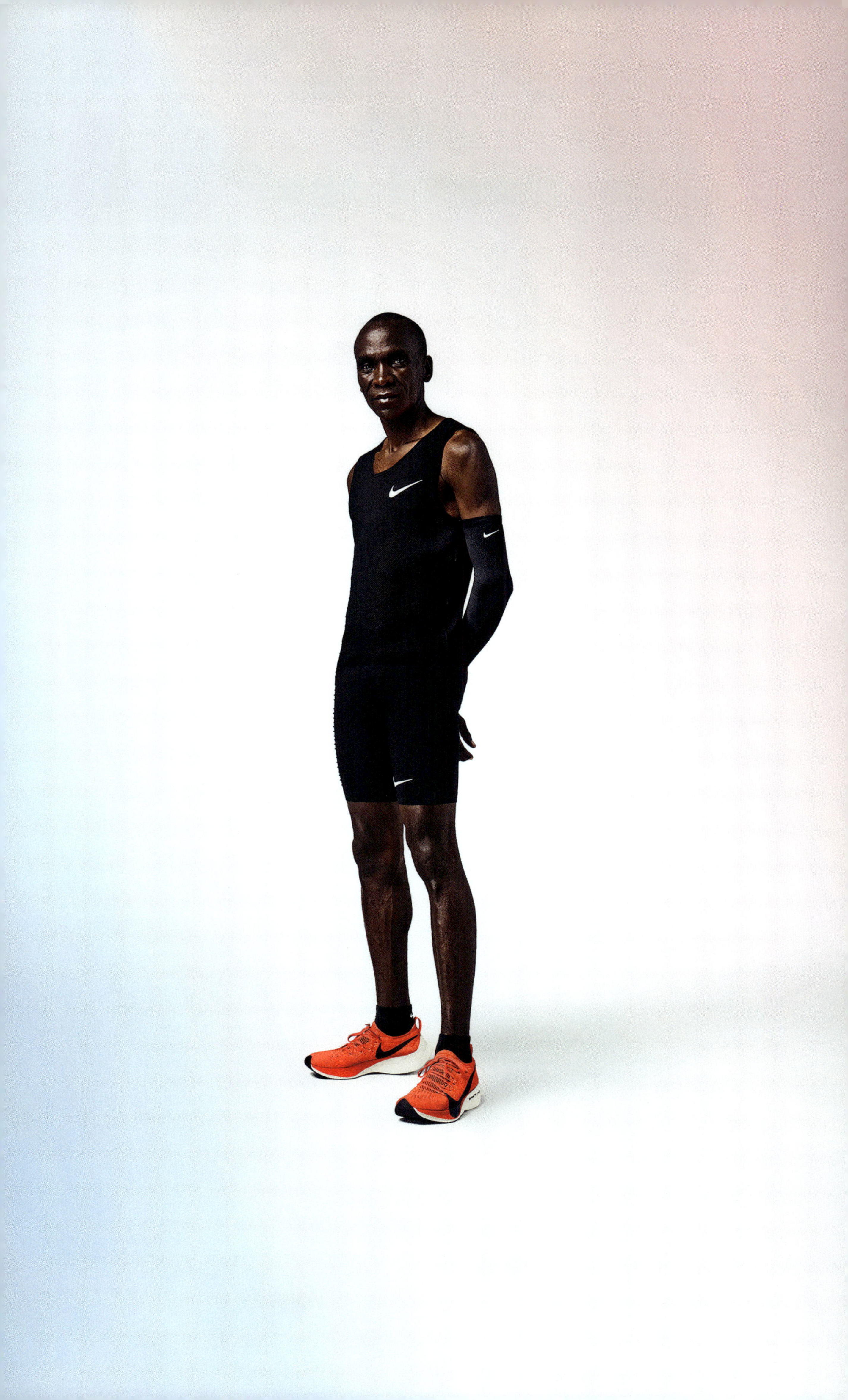

Throughout a marathon, you're more or less doing the same thing. You shamble incessantly, surrounded by a rotating cast of interchangeable fellow runners. You see the same fluorescent sportswear; the same cosseting lycra; the same high-tech trainers; the same vest-chafed nipples weeping blood like the Madonna; the same looks of elation collapsing at the realisation of just *how* much further there is to run on legs that have already soiled themselves with lactic acid. So something like a rat stands out.

It lay there in the middle of the road, eyes closed and mouth agape. Down its belly, the fur had torn apart, leaving a wet opening from which spilled thick, clotted innards. I like to think it died in service of the marathon – burst, perhaps, under the tread of the eventual winner of the men's race, Kenyan marathoner Kenenisa Bekele (2:01:41). Bekele finished two seconds slower than the world record, a time set on the same course in 2018 by Eliud Kipchoge (2:01:39). Had Bekele not been delayed by wading through rat offal[1], perhaps he would have broken it.

In 2019 I ran two marathons – one in Berlin, one in London – at the invitation of American sportswear giant Nike. For both races, Nike provided me with a place on the starting block; kit and shoes; and a regimen of training provided by fitness coach Luke Worthington.[2] I was now a marathoner, part of an exalted lineage stretching back to Pheidippides, the first marathoner, who ran to Athens from the Battle of Marathon in 490BCE to report the city's victory. "Joy to you, we've won," Pheidippides cried out, before dying from exhaustion in what amounts to the worst foundation myth in all sport. It is like learning that the first football match culminated in the players all being kicked to death.

Running is big business for Nike. In 2019, the brand reported wholesale equivalent revenue of $4.488bn from its running division, while recent years have seen the company's technological developments lead a sustained assault upon the long-distance running records overseen by the International Association of Athletics Federations (IAAF). Within the past 13 months,[3] the five fastest official men's marathons of all time have been recorded: two by Kipchoge (his second took place at the 2019 London marathon in a time of 2:02:37); one by Bekele; one by Birhanu Legese (2:02:48; Berlin 2019); and one by Mosinet Geremew (2:02:55; London 2019). Meanwhile, Brigid Kosgei has broken the women's record, finishing the 2019 Chicago marathon in a time of 2:14:04. All five of these athletes raced in Nike shoes.

This surfeit of record-breaking times should not be surprising. The marathon has undergone rapid progression in recent years, such that historical finishing times barely stand comparison to those achieved by contemporary athletes. The first marathon run at the event's current 42.195km distance took place at the 1908 London Olympics, where American athlete Johnny Hayes made it around the course in a winning time of 2:55:18. Pictures of Hayes completing the race are remarkable. Crossing the line in white gym kit and leather shoes, the 5'4" Hayes is so exhausted that he looks like the reanimated corpse of a schoolboy cross-country runner. In the following 111 years, however, a total of 53 minutes and

Tout au long d'un marathon, vous faites plus ou moins la même chose. Vous traînez les pieds sans cesse, entouré d'un flux constant d'autres coureurs. Vous voyez les mêmes vêtements de sport fluorescents, les mêmes Lycra douillets, les mêmes baskets high-tech, les mêmes mamelons écorchés par le débardeur, pleurant du sang comme la Madone, les mêmes regards d'exaltation qui s'effondrent quand chacun réalise la distance qu'il reste encore à parcourir avec des jambes déjà raidies par l'acide lactique. Et soudain apparaît ce qui ressemble à un rat.

Il gît au milieu de la route, les yeux fermés et la bouche grande ouverte. Sur son ventre, la fourrure est déchirée, une ouverture béante d'où se déversent des entrailles épaisses et coagulées. J'aime à penser qu'il est mort au champ d'honneur du marathon – le corps dispersé peut-être sous la foulée du futur vainqueur de la course masculine, le marathonien éthiopien Kenenisa Bekele (2h 1′ 41″). Kenenisa Bekele s'est approché à deux secondes du record mondial, réalisé sur le même parcours en 2018 par Eliud Kipchoge (2h 1′ 39″). Si Kenenisa Bekele n'avait pas été ralenti par les restes épars du rat[1], peut-être aurait-il battu ce record.

En 2019, j'ai couru deux marathons – celui de Berlin et celui de Londres – à l'invitation du géant américain du sportswear Nike. Pour ces deux courses, Nike m'a fourni un dossard, un kit et des chaussures, et m'a conseillé un régime mis au point par le coach de fitness Luke Worthington[2]. J'étais désormais un marathonien, membre d'une glorieuse lignée remontant à l'Athénien Philippidès, le premier d'entre nous, qui courut de Marathon à Athènes pour annoncer la victoire des Grecs sur les Perses, en 490 av. J.-C. « Nous sommes vainqueurs », cria-t-il avant de s'effondrer, mort de fatigue, selon le pire mythe fondateur de toute l'histoire du sport. C'est comme si on apprenait que l'apogée du premier match de football était le passage à tabac des joueurs à coups de pied.

La course représente un commerce énorme pour Nike. En 2019, la section running de la marque a réalisé un chiffre d'affaires de 4,488 milliards de dollars (4,104 milliards d'euros); les développements technologiques de l'entreprise durant ces dernières années lui ont permis de lancer des assauts permanents sur les records de course longue distance, homologués par l'association internationale des fédérations d'athlétisme (World Athletics, anciennement International Association of Athletics Federations, ou IAAF). Durant ces treize derniers mois[3], cinq marathons masculins ont enregistré des records historiques: deux battus par Eliud Kipchoge (son second à Londres en 2019, 2h 2′ 37″), un par Kenenisa Bekele, un par Birhanu Legese (2h 2′ 48″, Berlin 2019) et un par Mosinet Geremew (2h 2′ 55″, Londres 2019). Pendant ce temps, Brigid Kosgei battait le record féminin, bouclant l'édition 2019 du marathon de Chicago en 2h 14′ 04″. Ces cinq athlètes portaient des chaussures Nike.

Cette multiplication de records n'est pas surprenante. Ces dernières années, la discipline du marathon a évolué de façon très rapide, à tel point que les records enregistrés au cours de l'histoire sont à peine comparables avec ceux des athlètes contemporains. Le premier marathon qui se disputait sur la même distance qu'aujourd'hui, soit 42,195 kilomètres, s'est déroulé aux jeux Olympiques de Londres en 1908.

5 seconds have been slashed from Hayes's record, while the women's record has dropped by 1 hour 26 minutes and 18 seconds from the inaugural time set in 1926 by Violet Piercy (3:40:22). There are numerous reasons for this improvement. Nutrition has advanced dramatically; race management is more developed, with modern events typically employing professional pacers to aid athletes; and training has become highly professionalised and specialised, meaning that athletes prepare for and approach races in a radically different fashion from their forebears. This has not necessarily been entirely for the better.

In October 2019, Nike announced that it was closing its Oregon Project, a wildly successful training group founded in 2001 that shook up the sport with its heavy use of technologies such as cryotherapy, underwater treadmills, high-altitude training camps and an "altitude house" whose artificial climate boosted athletes' haemoglobin levels. The Oregon Project changed the way athletes trained, but ultimately collapsed in scandal. The group's head coach Alberto Salazar is presently serving a four-year ban from athletics for doping offences, while a former member of the team, the middle-distance runner Mary Cain, reported how pressure from the group's all-male staff for her to "get thinner, and thinner, and thinner" led to her period stopping for three years and caused five fractures as a result of osteoporosis. "I joined Nike because I wanted to be the best female athlete ever," Cain told *The New York Times*. "Instead I was emotionally and physically abused by a system designed by Alberto and endorsed by Nike[...] I wasn't even trying to make the Olympics any more, I was trying to survive."

Cain's experience is extreme and, one would hope, atypical, but gestures towards a wider intensification of training methodologies. "First of all, the athletes out-trained the [marathon] distance years ago," blogs American race commentator Toni Reavis. "No longer a spirit draining test of endurance, today the marathon has been reduced to just another speed event contested over a longish distance." In his 2015 book *Two Hours: The Quest to Run the Impossible Marathon*, journalist Ed Caesar charts the training regimen of Geoffrey Mutai, who set an unofficial world record of 2:03:02 at the 2011 Boston marathon. "In the four or five months of specific training he undertakes before each major marathon, he runs around 125 miles a week," writes Caesar. "His total mileage in that period is the equivalent of running in a straight line from New York City to Los Angeles."

A critical reason for the improvement in marathon times, however, and the chief driver behind the explosion of records broken in the past two years, is technological. Today's athletes are better equipped than their predecessors, thereby enabling other improving factors to flower correspondingly. The retired long-distance runner Haile Gebrselassie set world records at the 2007 and 2008 Berlin marathon, and is clear as to what he feels has led progression in the event. "All sport is helped by technology," Gebrselassie told Caesar. "If someone said to me it's not technology, it's the ability of the athletes, no, no[...] I've been running the last twenty-two years. I know the shoes in the late eighties, early nineties. Every year, the shoes that we have completely change."

L'athlète américain John Hayes avait alors remporté la course en 2h 55′ 18″. Les photos de Hayes prises lors de sa victoire sont spectaculaires. Du haut de son mètre soixante-trois, Hayes franchit la ligne d'arrivée en tenue de sport blanche et chaussures en cuir. Il est tellement épuisé qu'il ressemble au corps d'un collégien réanimé après un cross. Cependant, cent onze ans après, le record de Hayes est pulvérisé de 53 minutes et 5 secondes, et le record féminin, établi par Violet Piercy en 1926 (3h 40′ 22″), est battu de 1 heure 26 minutes et 18 secondes. Plusieurs raisons expliquent ces progrès. La nutrition a progressé de façon spectaculaire. L'organisation des courses à pied s'est développée, avec l'apparition notamment d'événements pendant lesquels des professionnels viennent coacher les athlètes. L'entraînement s'est énormément professionnalisé et spécialisé, les athlètes se préparant en amont, selon une approche bien différente de celle de leurs prédécesseurs. Mais ces évolutions ne sont pas seulement positives.

En octobre 2019, Nike annonce la fin de son projet Oregon, un groupe d'entraînement fondé en 2001 au succès foudroyant, qui a bouleversé le monde du sport avec son utilisation intensive de nouvelles technologies comme la cryothérapie, les tapis de course aquatiques, les camps d'entraînement en haute altitude et une « maison d'altitude » dont le climat artificiel stimulait le taux d'hémoglobine des athlètes. Le projet Oregon a transformé le mode d'entraînement des athlètes, mais a terminé en scandale. Alberto Salazar, l'entraîneur du groupe, a été banni du monde de l'athlétisme durant quatre ans, pour dopage. Par ailleurs, Mary Cain, ancienne membre de l'équipe et coureuse de demi-fond, a confié qu'elle subissait une forte pression de la part du personnel entièrement masculin, qui l'incitait à mincir toujours plus, entraînant ainsi l'arrêt de ses règles pendant trois ans et lui provoquant cinq fractures liées à de l'ostéoporose. « J'ai rejoint Nike car je souhaitais être la meilleure des athlètes féminines de l'Histoire, a déclaré Cain dans *The New York Times*. Au lieu de cela, j'ai été maltraitée émotionnellement et physiquement par un système conçu par Alberto et soutenu par Nike [...]. Je ne tentais même plus de participer aux jeux Olympiques, j'essayais juste de survivre. »

L'expérience de Cain est extrême et, espère-t-on, isolée, mais elle pointe du doigt l'intensification à grande échelle des méthodes d'entraînement. « Tout d'abord, les athlètes commencent à se préparer au marathon des années à l'avance, déclare sur son blog le commentateur américain Toni Reavis. Autrefois un test d'endurance mental, le marathon n'est désormais plus qu'une épreuve de vitesse sur longue distance parmi tant d'autres. » Dans son livre *Two Hours: The Quest to Run the Impossible Marathon*, publié en 2015, le journaliste Ed Caesar analyse le programme d'entraînement de Geoffrey Mutai, détenteur d'un record mondial non homologué (2h 3′ 02″) au marathon de Boston en 2011. « Durant les quatre à cinq mois de préparation spécifique qu'il entreprend avant chaque grand marathon, il court environ 200 kilomètres par semaine, écrit Caesar. La distance totale qu'il parcourt pendant cette période équivaut à la distance entre New York et Los Angeles. »

Of the five fastest official men's marathons recorded since 2018, as well as Kosgei's 2019 women's record, all came from athletes wearing a version of the *Vaporfly*, Nike's elite marathon shoe. Of these, Kosgei's is probably the most significant. Her race in Chicago broke the longest-standing marathon world record – men's or women's – in the postwar era: a 2:15:25 time set by Paula Radcliffe at the 2003 London Marathon. "We always knew the time would come when the record would be broken," said Radcliffe in the aftermath of Kosgei's accomplishment, but this didn't fully capture the magnitude of the race. "I think [the record] will fall at some point, but I think men will break two hours before women break Paula's time," said Joan Benoit, the winner of the 1984 Los Angeles Olympic marathon, speaking the day after the 2019 Berlin race. "I think I will see two hours broken in my lifetime, but I'm not sure I'll see two fifteen broken in my lifetime." Yet less than a month later, Kosgei finished the Chicago course in 2:14:04 – an 81 second improvement on a seemingly unassailable record. "I'm happy and I feel good," said Kosgei afterwards.

For much of the 20th century, ideas around the design of marathon shoes hinged upon the reduction of weight. "Weight that is far out on the limbs is called 'distal weight,' and the less of it a distance runner has, the better," writes David Epstein in his book *The Sports Gene*, describing an idea that shaped manufacturers' approach to footwear design for years. In the mid 2010s, however, this approach collapsed as athletes began to adopt a more aggressive method of tackling the marathon. "Originally, our position was that [athletes] wanted something that's basically like running barefoot," Adidas footwear designer Andy Barr told Caesar. "Less than a hundred grams, not a lot of cushioning. And what the athletes [actually] wanted was almost the exact opposite. What the guys said to us was that the way the marathon's being run now, they need to get to twenty miles with as minimal fatigue as possible[...] then when the hammer goes down[...] they want something that's a pure racing flat." Marathon shoes began to get bigger and more cushioned, moving away from the previous archetype – a form that American runner Amby Burfoot characterised as "thin slabs of rubber".

First introduced in 2016, the *Vaporfly* is the most successful of this new breed of shoes. It is built around a lightweight midsole foam, Pebax, which delivers 30 per cent more energy return than traditional foams. In addition, the *Vaporfly* has a carbon-fibre plate in its midsole, which increases energy return by acting like a spring, as well as bringing stability to the ankle joint. It's been a revolutionary design,[4] with Nike billing various versions of the shoes as improving a runner's performance by 4 per cent. Nor does this braggadocio seem to be empty marketing speak. A 2018 study in the peer-reviewed journal Sports Medicine, 'A Comparison of the Energetic Cost of Running in Marathon Racing Shoes', subjected the *Vaporfly* to scrutiny. "We showed that these newly developed running shoes reduce the energetic cost of running by an average of 4% compared with established marathon racing shoes," wrote the study's authors. "We predict that with these shoes, top athletes can run substantially faster and achieve the first sub-2-hour marathon."[5]

La technologie est cependant l'un des principaux facteurs de l'explosion des records de marathon ces deux dernières années. Aujourd'hui, les athlètes sont mieux équipés que leurs prédécesseurs, ce qui permet, de façon corrélée, l'essor d'autres facteurs de performance. Coureur de fond à la retraite et vainqueur du marathon de Berlin en 2007 et en 2008, Haile Gebrselassie a une idée bien précise sur ce qui peut expliquer la progression. «Tous les sports sont aidés par la technologie, souligne-t-il. Si quelqu'un me disait: ce n'est pas la technologie, c'est l'aptitude des athlètes, je n'y croirais pas [...]. J'ai couru pendant ces vingt-deux dernières années. Je connais les chaussures datant de la fin des années quatre-vingt et celles du début des années quatre-vingt-dix. Chaque année, les chaussures que nous utilisons changent complètement.»

Les cinq marathoniens officiels les plus rapides enregistrés depuis 2018, ainsi que la marathonienne Kosgei lors de son record en 2019, portaient tous des *Vaporfly*, les chaussures de course haute performance de Nike. Parmi eux, Kosgei est probablement la plus marquante. Lors du marathon de Chicago, elle a battu le record mondial (homme et femme), resté longtemps invaincu, établi à Londres en 2003 par Paula Radcliffe (2h 15′ 25″). «Nous avons toujours su que le record serait battu un jour ou l'autre», a déclaré Radcliffe à la suite de l'exploit de Kosgei, mais cela ne suffit pas à exprimer l'ampleur de la course. «Je pense que [le record] sera dépassé à un moment donné, mais les hommes passeront sous la barre des deux heures avant que les femmes ne battent le record de Paula», a déclaré Joan Benoit, gagnante du marathon olympique de Los Angeles en 1984, le lendemain de la course de Berlin de 2019. «Je pense que de mon vivant je verrai le record masculin passer sous la barre des deux heures, mais je ne suis pas sûre d'assister au record féminin sous les deux heures quinze.»
Et pourtant, moins d'un mois plus tard, Kosgei terminait la course de Chicago en 2h 14′ 04″, avec 81 secondes d'avance sur un record qui paraissait imbattable. «Je suis heureuse et je me sens bien», a déclaré Kosgei par la suite.

Durant le XXe siècle, le design des chaussures de course vise la diminution du poids. «La charge distale est le poids situé à l'extrémité des membres, et moins le coureur en porte, mieux c'est», écrit David Epstein dans son livre *The Sports Gene*. Il décrit ainsi l'idée qui a prévalu pendant des années concernant la fabrication de chaussures de sport. Cependant, vers le milieu des années 2010, cette approche est abandonnée, parce que les athlètes ont tendance à adopter une méthode de préparation plus agressive. «À l'origine, nous pensions que [les athlètes] recherchaient la sensation de courir pieds nus, indique Andy Barr, designer pour Adidas, à Caesar. Moins de cent grammes, sans trop d'amorti. Ce que les athlètes voulaient [en réalité] était précisément l'inverse. Les gars nous ont dit qu'étant donné les conditions des marathons actuels ils avaient besoin d'atteindre les premiers 32 kilomètres en étant le moins fatigué possible [...], puis lorsque le «"mur" tombe, ils ont juste besoin de bonnes chaussures de course.» Les chaussures de marathon ont commencé à gagner en volume et à offrir plus d'amorti, s'éloignant de l'archétype précédent – une forme que le coureur américain Amby Burfoot qualifiait de «fines plaques de caoutchouc».

Then, in autumn 2019, two things happened. On 12 October, Eliud Kipchoge completed the Ineos 1:59 Challenge in Vienna's Prater park, a non-IAAF-sanctioned event dedicated to breaking the two-hour mark for a marathon. Wearing an experimental version of the *Vaporfly*, Kipchoge completed the race in a time of 1:59:40.[6] "Today we went to the Moon and came back to earth!" Kipchoge tweeted in the aftermath of his accomplishment. "This shows no-one is limited." Meanwhile, two weeks earlier and wearing a mass-produced version of that same record-breaking shoe, journalist Oli Stratford made it around Berlin in a time of 3:25:33, despite stopping mere kilometres from the end for an extended wee. "I think I saw a rat!" Stratford explained in the aftermath of his accomplishment.

In 1831, the American lawyer Timothy Walker penned 'Defense of Mechanical Philosophy', a utopian account of technology's capacity to shape society. "The horse is to be unharnessed, because he is too weak," Walker wrote. "Machines are to perform the drudgery of man, while he is to look on in self-complacent ease." Today, Walker's faith in technology lives on in performance wear. *Vaporfly* may not be intended to allow for "self-complacent ease", but it is premised on the idea that technological supplements are required if athletes are to achieve their full potential. "[Kipchoge] is an otherworldly talent who has beaten the best in the world in last-generation shoes," Burfoot wrote when Kipchoge completed the Ineos marathon. "There probably isn't another marathoner who could break two hours in the shoes he wore last weekend." Perhaps not, but the flip-side of Burfoot's argument is that Kipchoge himself couldn't have broken two hours without those same shoes.

Kipchoge is up-front about the role that technology has played in his achievements. The *Vaporfly* grew out of Breaking2, a 2017 Nike research project that culminated in Kipchoge setting an unofficial marathon time of 2:00:25. In the run-up to this race, Kipchoge was asked by *Wired* about the impact of technology on his sport, and what would represent the "cleanest" possible marathon time. "No technology, no help?" he replied, before suggesting the Ethiopian runner Abebe Bikila's victory at the 1960 Rome Olympics, which he won barefoot in a record time of 2:15:16. "That was barefoot. The cleanest." Bikila's race was a Boys' Own adventure into the peaks of what the human body is capable of unaided; it's hardly surprising that, now, there's no shortage of interest in seeing what that same body might be able to do aided.

In 1991, the physiologist Michael Joyner published a paper in the peer-reviewed Journal of Applied Physiology. 'Modeling: Optimal Marathon Performance on the Basis of Physiological Factors' examined the limiting physiological factors on human performance. Exploring oxygen uptake and lactate thresholds, Joyner concluded that it was "'physiologically' possible" that the ideal runner, in ideal circumstances, could complete a marathon in 1:57:58. The point, of course, is that such ideals are not practicable, particularly in a sport like the marathon which takes place on a city's streets, with all their in-built variability and imperfections, which is where performance wear makes hay.

Introduite en 2016, la *Vaporfly* est le modèle le plus couronné de succès parmi cette nouvelle génération de chaussures. Sa semelle intermédiaire est conçue en mousse Pebax, qui offre une restitution de l'énergie produite durant la foulée de 30 % supérieure à celle des semelles en mousse traditionnelle. En plus, elle est dotée d'une plaque en fibre de carbone insérée dans cette semelle intermédiaire, qui agit à la manière d'un ressort, tout en apportant une stabilité à l'articulation de la cheville. Il s'agit d'une conception révolutionnaire[4] : Nike propose différentes déclinaisons du modèle, jusqu'à améliorer les performances des coureurs de 4 %. Cette fanfaronnade ne semble pas être un discours marketing vide de sens. Une étude menée en 2018, « A Comparison of the Energetic Cost of Running in Marathon Racing Shoes[5] », parue dans la revue scientifique *Sports Medicine*, a soumis la *Vaporfly* à un examen minutieux. « Nous avons constaté que ces nouvelles chaussures de course réduisaient le coût énergétique de la course à pied de 4 % en moyenne, comparées aux chaussures de marathon traditionnelles, écrivent les auteurs de l'étude. Nous pensons qu'avec ces chaussures les meilleurs athlètes peuvent courir de façon nettement plus rapide et casser la barre des 2 heures[6]. »

Puis, à l'automne 2019, deux événements surviennent. Le 12 octobre, Eliud Kipchoge remporte le Challenge 1:59 du marathon Ineos, à Vienne, une course sponsorisée non homologuée où tout est mis en place pour pulvériser la barrière des 2 heures. Équipé d'un modèle expérimental de *Vaporfly*, Kipchoge termine la course en 1h 59′ 40″[7]. « Aujourd'hui, nous avons atteint la Lune et sommes rentrés sur Terre ! » a tweeté Kipchoge à la suite de son exploit. « Voici la preuve que l'être humain n'a pas de limite. » Entre-temps, deux semaines auparavant, équipé de la version commerciale de ces chaussures exceptionnelles, le journaliste Oli Stratford a couru le marathon de Berlin en 3h 25′ 33″, du fait qu'il s'est arrêté à quelques kilomètres de l'arrivée en raison d'une envie pressante. « Je crois que j'ai vu un rat ! » a expliqué Stratford à la suite de son exploit.

En 1831, l'avocat américain Timothy Walker écrit « Defense of Mechanical Philosophy », un récit utopique sur la capacité de la technologie à façonner la société. « Le cheval ne doit pas être harnaché, car il est trop faible, note Walker. Les machines doivent effectuer les corvées humaines, pendant que l'homme les surveille avec une autosuffisance sereine. » Aujourd'hui, la foi en la technologie de Walker perdure dans les équipements performants. L'objectif de la *Vaporfly* n'était peut-être pas de permettre cette « autosuffisance sereine », mais il se confond avec l'idée que les athlètes ont besoin d'apports technologiques pour atteindre leur plein potentiel. « [Kipchoge] est un athlète exalté qui a battu un record mondial en portant des chaussures dernière génération, écrit Burfoot après la victoire de Kipchoge au marathon Ineos. Il n'existe probablement aucun autre marathonien qui pourrait terminer la course en moins de deux heures en portant les chaussures qu'il avait le week-end dernier. » Peut-être pas, mais si on renverse l'argument de Burfoot, Kipchoge n'aurait pas pu terminer sous les deux heures sans ces mêmes chaussures.

The day before running the Berlin marathon, I took part in a Nike-organised warm-up run. One of Nike's trainers ran proceedings, dancing around and encouraging runners to participate in a series of exercises like "High knee butt kick!" She concluded the session by leading the group in a chant: "*GO BEYOND! GO BE-YOND! GO BE-YOND! S——WOOSH*!" That final swoosh, rich in branding, was drawn into an extended whoop. "Go Beyond Yourself", "Go Beyond Limits" – both phrases feature heavily in Nike's marketing and hint at the story performance wear tells about itself. Technology can allow an athlete to accomplish what is physiologically already within their capabilities, but which is not *actually* possible; a sleight of hand intended to make any success wholly that of the athlete but simultaneously that of the technology too.

In October 2019, athletics agent Gianni Demadonna revealed that a group of his predominantly Adidas-sponsored athletes had complained to the IAAF and the Athletics Integrity Unit about the *Vaporfly*. "Understandably they are troubled by what is happening in their sport because the times being run are so fast," Demadonna told *The Times*. In response, the IAAF released a statement. "Recent advances in technology mean that the concept of 'assistance' to athletes[...] has been the subject of much debate in the athletics world," it read. "The IAAF has established a working group to consider the issues." No significant change is expected to come from this group, particularly given that in June 2018 the organisation softened its rules on footwear to remove its ban on "the incorporation of any technology". At present, the only constraint within the rules is that shoes "must not be constructed so as to give athletes any unfair assistance or advantage". There is no specific metric as to how you're meant to interpret this.

Writing in the *British Journal of Sports Medicine*, Geoffrey T. Burns and Nicholas Tam have suggested their own metric: "a single standard in competition running shoes: regulate the shoe midsole thickness". This, Burns and Tam argue, "would regulate running shoes on their fundamental mechanical function – as springs" and thereby "provide a transparent standard". It is, they say, the best way to regulate any design that "blurs the line between physiological and technological performance". Burns and Tam's suggestion seems a sensible way of introducing clarity to the IAAF's rules, but whether it resolves the barrier between "physiological and technological performance" is debatable. As the authors note, "running shoes are inevitably a blend of materials: midsole foams of different densities, rubber outsoles of varying configurations, and rigid pieces embedded in distinct architectures." All athletics shoes are composites of different materials, engineered to function in ways that support the runner – if that's not technology, what is? Outside of Bikila, examples of clear-cut physiological triumphs are hard to find.

Running in the final stretches of the Berlin marathon, it all seemed obvious: regardless of how technologically tooled up you are, marathons are awful while you're running them. *Vaporfly*s are remarkable shoes and a triumph of design. They feel unlike anything I've ever run in, with huge soles that scoop upwards in a deep curve to rock you forward and propel you onwards. It is like running in two great soup ladles, forever dipping

Kipchoge est clair en ce qui concerne le rôle joué par la technologie. La *Vaporfly* est née du projet Breaking2, une recherche menée par Nike en 2017 dont l'aboutissement fut le record non officiel établi par Kipchoge en 2h 0′ 25″. Avant cette course, *Wired* a interrogé Kipchoge sur l'impact de la technologie sur sa pratique sportive et sur ce qui constituerait le record marathonien le plus «irréprochable». «Vous voulez dire sans aucune technologie, sans aucune aide?» a-t-il répondu en rebondissant à la question qui lui était posée, avant de mentionner la victoire du coureur éthiopien Abebe Bikila aux jeux Olympiques de Rome en 1960, qu'il a remportée pieds nus en un temps record de 2h 15′ 16′: «Pieds nus, c'est ça le plus irréprochable.» La course de Bikila était une aventure personnelle pour explorer les capacités du corps humain lorsqu'il ne dispose d'aucune aide. Aujourd'hui, il n'est pas surprenant de vouloir savoir ce dont est capable ce même corps avec l'appui de la technologie.

En 1991, le physiologiste Michael Joyner a publié un article dans la revue scientifique *Journal of Applied Physiology*. Intitulé «Modeling: Optimal Marathon Performance on the Basis of Physiological Factors», cet article analyse les facteurs physiologiques limitant les performances humaines. En observant la capacité maximale d'oxygène et les seuils lactiques, Joyner a déduit qu'il était «physiologiquement possible» que le coureur idéal, dans des circonstances idéales, termine un marathon en 1h 57′ 58″. Mais ces idéaux ne sont évidemment pas réalisables, en particulier dans le cadre d'un sport comme le marathon, qui se déroule en pleine ville, dont les rues ont leurs propres irrégularités et imperfections, là où les équipements techniques font fortune.

La veille du marathon de Berlin, j'ai participé à une course d'échauffement organisée par Nike. Une des coach de Nike courait parmi nous, en dansant autour des coureurs et en les encourageant à effectuer des exercices comme «Montée de genoux, talons-fesses!». Elle a terminé la session en entraînant le groupe à scander en chœur: «*GO BEYOND! (PLUS LOIN!) GO BE-YOND! GO BE-YOND! S—— WOOSH!*» Le «swoosh» final, logo de la marque, sorti comme un long cri de joie. «*Go Beyond Yourself*» (Dépassez-vous), «*Go Beyond Limits*» (Dépassez les limites): ces deux expressions reviennent souvent dans la stratégie marketing de Nike et font allusion à ce que les tenues performantes racontent par elles-mêmes. La technologie peut permettre à un athlète d'atteindre des performances qui sont physiologiquement dans ses capacités, mais qui ne sont pas *vraiment* possibles. Un tour de passe-passe destiné à ce que l'athlète parvienne à la gloire, et que la marque y parvienne simultanément.

En octobre 2019, le manageur sportif Gianni Demadonna a révélé qu'un groupe de ses athlètes majoritairement sponsorisés par Adidas s'était plaint au sujet des *Vaporfly* auprès de l'IAAF et de l'Athletics Integrity Unit. «Nous pouvons comprendre leur désarroi, car les temps courus sont incroyablement rapides», a déclaré Demadonna au journal *The Times*. L'IAAF a publié une déclaration en réponse: «Les récentes avancées en matière de technologie ont entraîné de nombreux débats au sein du monde de l'athlétisme au sujet de l'"assistance" aux athlètes, peut-on y lire. L'IAAF a constitué un groupe de

down for another bowl of soup, which in this case is tarmac because I've lost control of the simile. Yet for all this technological power, I still felt dead on my feet for the final miles of the race. While the technology was willing, the physiology was not. Despite the advantages provided by *Vaporflys*, they're no cure-all. By the end of the race, I felt as ground into the road as the rat that Kenenisa Bekele killed on his way to victory.[7]

réflexion dédié à ces questions.» Aucune modification majeure n'est attendue de ce groupe, d'autant qu'en juin 2018 l'organisation a assoupli ses règles pour retirer son bannissement de l'«intégration de toute technologie». Désormais, la seule contrainte découlant des règles stipule que les chaussures «ne doivent pas être conçues pour fournir aux athlètes toute aide ou avantage non équitable». Rien n'indique comment interpréter cette règle.

Dans leur article du *British Journal of Sports Medicine*, Geoffrey T. Burns et Nicholas Tam ont proposé leur propre lecture: «une norme unique relative aux chaussures destinées à la compétition: réglementer l'épaisseur de la semelle intermédiaire». Selon Burns et Tam, «cela permettrait de réglementer les chaussures en fonction de leur mécanique essentielle, comme les ressorts» et «de fournir une norme transparente». Ils expliquent qu'il s'agit de la meilleure solution pour réglementer tout design qui «brouille la limite entre les performances physiologiques et technologiques». La proposition de Burns et de Tam semble être une bonne solution pour clarifier les règles de l'IAAF, mais sa capacité à résoudre le problème de la limite entre «performances physiologiques et technologiques» est discutable. Comme les auteurs l'indiquent, «les chaussures de course sont fatalement constituées de divers matériaux: mousses des semelles intermédiaires, de densités différentes, semelles en caoutchouc de diverses configurations et éléments rigides intégrés selon des architectures variées». Toutes les chaussures d'athlétisme sont composées de plusieurs matériaux, et conçues pour apporter un soutien au coureur. Si ce n'est pas de la technologie, de quoi s'agit-il? Hormis le cas de Bikila, les exemples de triomphes purement physiologiques sont rares.

En courant lors de la dernière ligne droite du marathon de Berlin, tout m'a alors semblé évident: quelle que soit la technologie dont vous êtes équipé, les marathons sont un véritable calvaire lorsque vous y prenez part. Les *Vaporfly* sont des chaussures remarquables et une prouesse en matière de design. La sensation qu'elles procurent n'est en rien comparable à celle des autres chaussures de course que j'ai pu porter, leurs épaisses semelles recourbées vous propulsent toujours plus loin. C'est comme si vous courriez dans deux grandes louches, plongeant sans cesse dans un bol de soupe qui, dans ce cas précis, doit être l'asphalte, car j'ai perdu le fil de la métaphore. Mais même en étant doté de toute cette puissance technologique, je me suis senti comme un zombie durant les derniers kilomètres de la course. Bien que la technologie soit toujours là pour m'aider, mon corps, lui, ne pouvait plus suivre. En dépit des avantages qu'offrent les *Vaporfly*, elles n'offrent pas la solution miracle. À la fin de la course, je me suis senti comme le rat que Kenenisa Bekele avait écrasé sur sa route vers la victoire[8].

1. Supposément.

2. Luke est un entraîneur d'élite qui travaille avec un grand nombre d'athlètes professionnels. Malgré cela, il a accueilli avec un stoïcisme serein et une certaine bonhomie mon incapacité à faire la moindre traction, et je n'aurais pas réussi sans son soutien (figurativement, la course, littéralement, les tractions).

3. À la date de rédaction, en novembre 2019.

4. Et également largement brevetée – l'une des raisons à l'origine de la domination de Nike.

5. «Le coût énergétique de la course à pied en fonction des chaussures de marathon».

6. Il est important d'observer que deux des auteurs de l'étude travaillaient au sein du Nike Sport Research Lab. N'étant pas moi-même un spécialiste de la chaussure, je ne sais pas si cette information a influencé les résultats. Disons que ce sont de bonnes chaussures et restons-en là.

7. Le Challenge 1:59 du marathon Ineos s'est déroulé la veille du nouveau record de Kosgei. Joan Benoit avait donc techniquement raison, et de façon assez spectaculaire! Mais elle avait tort sur le fait qu'elle pensait être morte le jour où cela arriverait.

8. Supposément.

1. Allegedly.

2. Luke is an elite trainer who works with a number of professional athletes. In spite of this, he greeted my inability to do a pull-up with quiet stoicism and bonhomie, and I couldn't have done it without his support (figuratively – the race; literally – the pull ups).

3. At the time of writing in November 2019.

4. And a heavily patented one too – one of the reasons Nike has become so dominant.

5. It's worth noting that two of the study's authors were from the Nike Sport Research Lab. Not being a shoe scientist, I don't know whether this information shapes the findings. Let's just say they're good shoes and leave it at that.

6. The Ineos 1:59 Challenge happened the day before Kosgei's record-breaking run, so Joan Benoit was technically correct – and in spectacular fashion! She was wrong to think she'd be dead though.

7. Allegedly.

Conversation entre Alexander Taylor et Arthur Fosse

Alexander Taylor est designer et consultant pour Adidas depuis 2008. Il a, entre autres, développé la technologie Primeknit et participé à la collaboration avec l'organisation environnementale Parley for the Oceans.

Arthur Fosse est designer, diplômé de l'Ecal (École cantonale d'art de Lausanne), en Suisse, en 2019.

Conversation between Alexander Taylor and Arthur Fosse

Alexander Taylor is an industrial designer and consultant for Adidas since 2008, he has developed the Primeknit technology and has been involved in the brand's collaboration with the environmental organization Parley for the Oceans.

Arthur Fosse is a designer, who graduated in 2019 from ECAL (École cantonale d'art de Lausanne), in Switzerland

→ Prototypes, étapes de recherche et bobines de fil en PET recyclé pour la conception du modèle *Ultraboost Uncaged*, Adidas x Parley for the Oceans, 2015
Alexander Taylor Studio

Prototypes, research steps and bobbins of recycled PET for the conception of the model *Ultraboost Uncaged*, Adidas x Parley for the Oceans, 2015
Alexander Taylor Studio

Conversation #5

Alexander Taylor

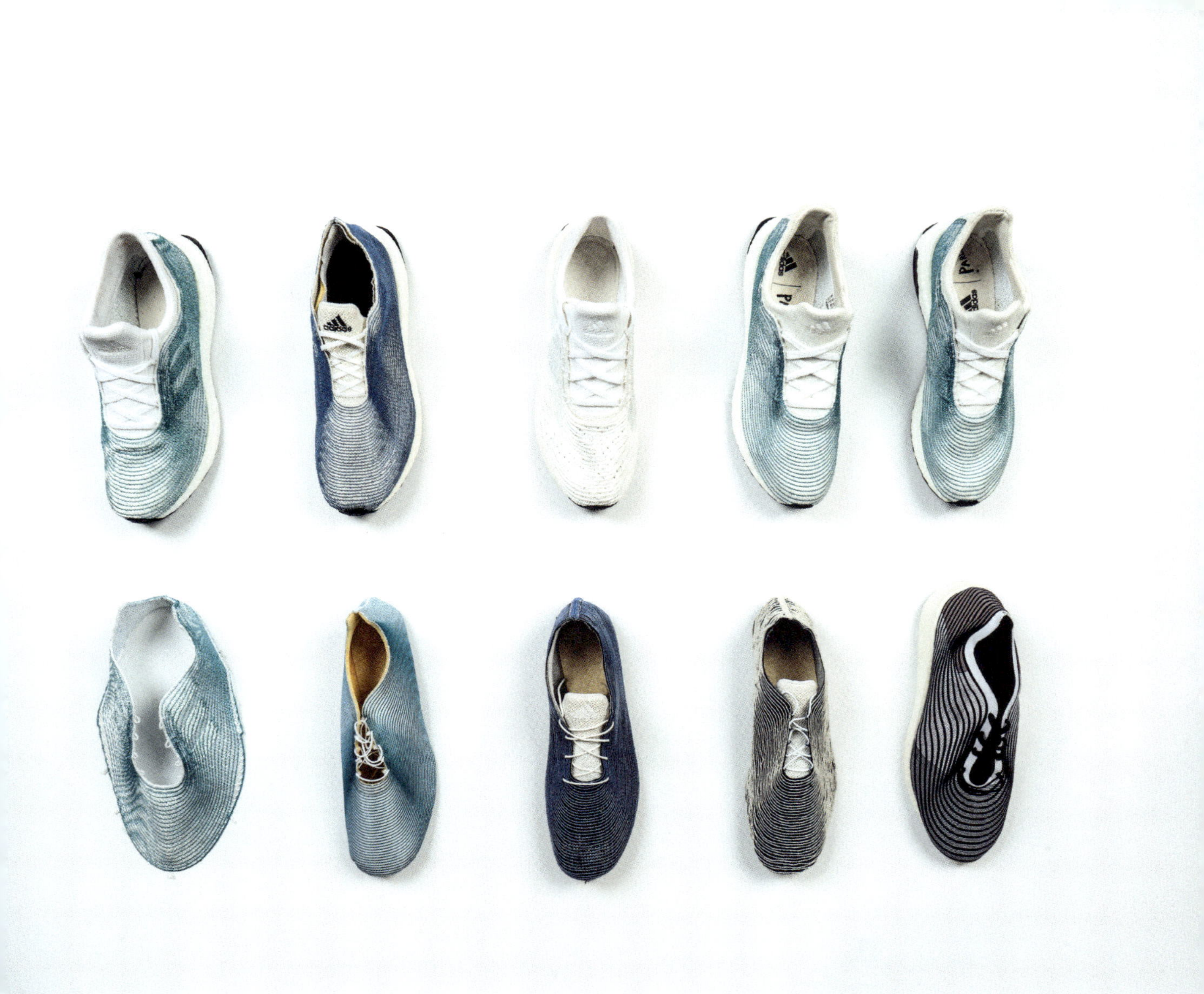

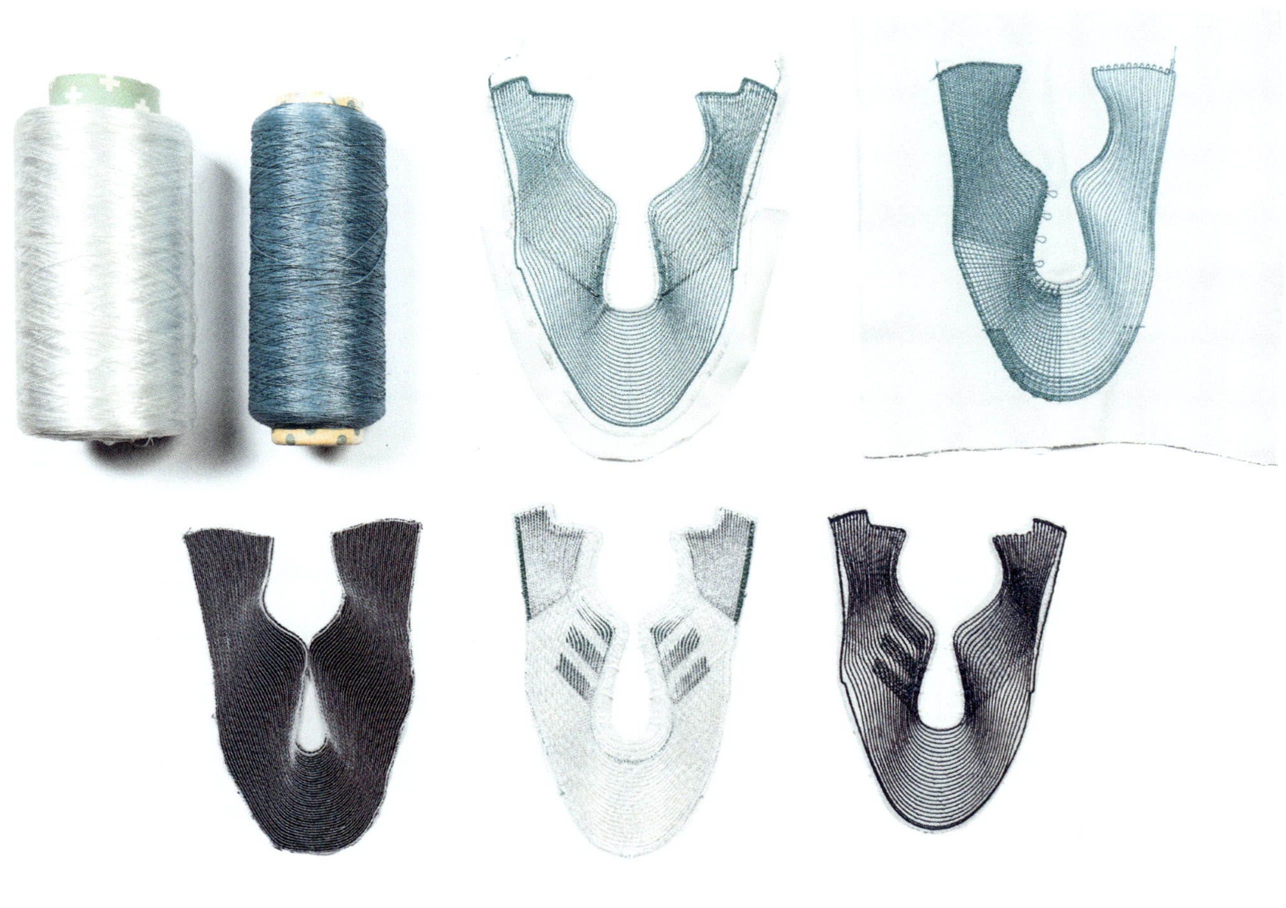

Arthur Fosse Vous avez installé votre studio de design industriel à Londres en 2002, débutant avec divers projets de mobiliers et de luminaires pour de grandes maisons d'édition européennes. C'est en 2008 que vous êtes invité par l'équipementier Adidas à travailler sur un projet en vue des jeux Olympiques de Londres de 2012. Comment la marque vous a-t-elle approché et quelles étaient leurs motivations ?

Alexander Taylor Je collaborais à l'époque avec l'éditeur de mobilier anglais Established & Sons. Son directeur général, Alasdhair Willis, était alors consultant pour la marque aux trois bandes, il avait monté avec Adidas un groupe de recherche avec des designers pour générer de nouvelles perspectives sur la production des chaussures. Ils étaient à la recherche de regards neufs sur le monde de la production industrielle, de ses outils et de ses technologies. J'y participais en travaillant sur une hypothèse de chaussure tricotée. J'ai eu la possibilité d'observer ce qui se cache derrière le produit fini, de voir le processus de création d'une paire d'Adidas et d'en analyser la chaîne de production complète, afin d'établir mon propre objectif. C'est en examinant la construction standard d'une sneaker, initialement constituée d'une quinzaine de composants distincts, qui sont découpés pour ensuite être cousus et collés ensemble, que j'ai compris : il fallait trouver une solution rationnelle à ce processus complexe en réduisant considérablement le nombre d'empiècements tout en préservant les propriétés techniques de chacune des parties. Adidas sélectionna mon projet parmi les diverses pistes de recherche, et c'est ainsi que débuta le projet Primeknit.

AF Il vous a fallu conceptualiser cette chaussure et trouver les solutions techniques pour la faire exister. Le tricotage 3D a été la clé technologique. En quoi consiste ce procédé ?

AT Le *3D knitting* – en anglais – nous semblait, en effet, être la bonne technique pour arriver à nos fins. Il permet de produire une tige en une seule pièce. L'intégralité est constituée de mailles, produite par tricotage par une machine capable de leur donner une tridimensionnalité. Commandé numériquement, ce procédé intègre toutes les qualités d'une chaussure de sport dans un unique élément en créant des sections plus ou moins denses pour offrir résistance, confort ou flexibilité dans les zones requises, ainsi que des sections perforées pour permettre la ventilation du pied. Une fois la pièce réalisée, seulement deux coutures sont nécessaires afin de fermer la tige et d'y assembler la languette. Composée partiellement de fibres thermoplastiques, la tige se dessine sous l'effet de la chaleur autour d'une forme à chaussure avant qu'elle ne soit assemblée avec la semelle.

AF Le *3D knitting* était une technique inédite pour le monde de la chaussure. Vous êtes-vous inspiré d'autres domaines ou objets ?

Arthur Fosse You opened your industrial design studio in London in 2002, starting with various furniture and lamp projects for major European manufacturers. Then in 2008 the sports brand Adidas invited you to work on a project for the 2012 London Olympics. How did that come about?

Alexander Taylor At the time I was collaborating with the British furniture maker Established & Sons. Its chief executive, Alasdhair Willis, was also a consultant for the three-stripe brand, and he had formed a research group with Adidas that included designers. The goal was to develop new perspectives on shoe production – they were looking for new visions of the world of industrial production, its tools and its technologies. I got involved and was working on a hypothesis for knit shoes. The experience allowed me to observe the hidden side behind the finished product, to see the process of creating a pair of Adidas and analyze the entire production chain in order to define my own objective. After examining the standard construction of a sneaker, which initially involved some 15 separate components that had to be cut and then sewn and glued together, I understood: we needed to find a streamlined solution for this complex process, drastically reducing the number of parts while preserving the technical properties of each one. Adidas selected my project from among the proposals being researched, and that was how the Primeknit program got its start.

AF Your job was to conceptualize the shoe and find the technical solutions to bring it to fruition. The technological key was 3D knitting. What does this process entail?

AT Yes, we thought that 3D knitting was the right technique for what we wanted to do. It could be used to produce an upper in one piece, consisting entirely of a mesh knitted by a machine that can vary its characteristics in three dimensions. This computer-controlled process makes it possible to integrate all the qualities of a sports shoe in a single component by creating thicker and thinner sections to offer resistance, comfort or flexibility in the required zones, as well as perforated sections to keep the feet ventilated. Once the part is completed, it only takes two seams to close the upper and attach the tongue. The fabric contains thermoplastic fibers so the upper can be hot-shaped around a last before being joined to the sole.

AF It was the first time that 3D knitting was used in the shoe industry. Were you inspired by other sectors or products?

AT Among the references, there was of course the innovative *Slow Chair* by the Bouroullec brothers, produced by Vitra starting in 2006 using this selfsame 3D knitting method. In a more general sense, certain office chairs, as well as ski socks and various other objects that use technical knitting were also inspirations for the development of the Primeknit technology.

AT Parmi les références, il y avait bien sûr l'innovante chaise des frères Bouroullec, la *Slow Chair*, éditée par Vitra dès 2006 et qui utilise cette fameuse technologie du tricotage 3D. Plus généralement, certaines chaises de bureau, mais aussi des chaussettes de ski et différents objets s'appuyant sur le tricotage technique ont été des inspirations pour développer la technologie Primeknit. Il est d'ailleurs amusant de souligner que notre premier prototype a été mis au point avec un fabricant de chaises, qui, à cette époque, était l'une des rares industries à maîtriser cette technologie. Il est important pour nous autres designers de comprendre comment un produit est conçu et fabriqué afin d'en tirer un maximum de connaissances qui, par la suite, pourront être transférées à d'autres domaines ; dans ce cas précis, la confection d'une chaussure.

AF Désormais très courante dans la production de chaussures de sport, la technologie Primeknit a rapidement été validée par les grands athlètes à la recherche de performance et de sécurité, aussi bien qu'appréciée par un public plus large en demande de chaussures légères et confortables pour la vie de tous les jours. Quelles ont été les réactions après la présentation du produit au grand public ?

AT Dévoilée à la veille des jeux Olympiques de Londres en 2012, l'Adidas *adiZero Primeknit* fut le premier modèle fabriqué à l'aide de la nouvelle technologie et un nombre symbolique de 2 012 exemplaires ont été mis en vente. Nous étions très impatients de révéler l'aboutissement de nos efforts durant les quatre années de recherche et de développement qu'a nécessitées la production de cet objet. Mais quelques semaines auparavant, Nike avait dévoilé Flyknit, une technologie similaire à celle d'Adidas. Après une bataille juridique entre les deux marques, le procédé a été considéré comme libre de droit et a ensuite été utilisé par plusieurs marques, comme Puma ou Reebok, qui ont proposé respectivement l'evoKNIT et l'Ultraknit à leurs consommateurs. Elle demeure cependant une véritable avancée dans la production de masse des chaussures de sport et a révolutionné à jamais l'industrie textile.

AF À la vue de vos différents projets de design, je constate comme un dénominateur commun à vos recherches, qu'elles soient textiles ou non, le désir d'homogénéité d'un produit conçu d'un seul élément. On le découvre tout d'abord dans la lampe que vous avez dessinée pour l'éditeur Established & Sons, puis dans plusieurs de vos propositions pour la marque aux trois bandes. Pourquoi concevoir un produit avec cette approche ? Quels sont les avantages ?

AT Oui, c'est exact ! La réflexion autour du composant unique a une importance capitale dans les enjeux écologiques actuels. La réduction du nombre de composants minimise considérablement les déchets lors de la production. En ce sens, la technologie Primeknit

It's funny now to note that we made our first prototype with a chair manufacturer, because that was one of the very few industries that had mastered the technology back then. It's important for designers like us to understand how a product is developed and manufactured, gaining a maximum of know-how that can then be transferred to other fields – in this case, the production of a shoe.

AF Now widely used in the production of sports shoes, the Primeknit technology quickly won the approval of prominent athletes looking for protective, high-performance footwear, and also became popular among a wider public who wanted lightweight, comfortable shoes for everyday wear. What were the reactions when the product was unveiled to the public?

AT Launched on the eve of the 2012 London Olympic Games, the Adidas *adiZero Primeknit* was the first model produced using the new technology, and a symbolic number of 2,012 pairs were released for sale. We were very eager to reveal the fruit of all the effort that went into its production after four years of research and development. But a few weeks earlier Nike had launched Flyknit, a technology similar to that of Adidas. Following a legal battle between the two brands, the process was deemed to be in the public domain and was then used by other brands like Puma and Reebok, which began offering their consumers evoKNIT and Ultraknit respectively. Still, it was a major step forward in the mass production of sports shoes, revolutionizing the textile industry forever.

AF Looking at your various design projects, I see a common denominator in your process, whether with textiles or other materials : a desire for unity expressed in a product made from a single component. It was already evident in the lamp that you designed for Established & Sons, and later in several of your proposals for the three-stripe brand. Why this approach to the conception of a product? What are the advantages?

AT That's very true! The concept of the single component is of capital importance in meeting today's ecological challenges. Reducing the number of parts minimizes production wastes considerably. In that sense, Primeknit technology represents one of the most sustainable innovations in the brand's history. The machine uses only as much material as is needed to make the upper – there is virtually

(page suivante)
AdiZero Primeknit, différents composants de la chaussure, Adidas en collaboration avec Alexander Taylor, 2012

(following page)
Adizero Primeknit, different components of the shoe, Adidas in collaboration with Alexander Taylor, 2012

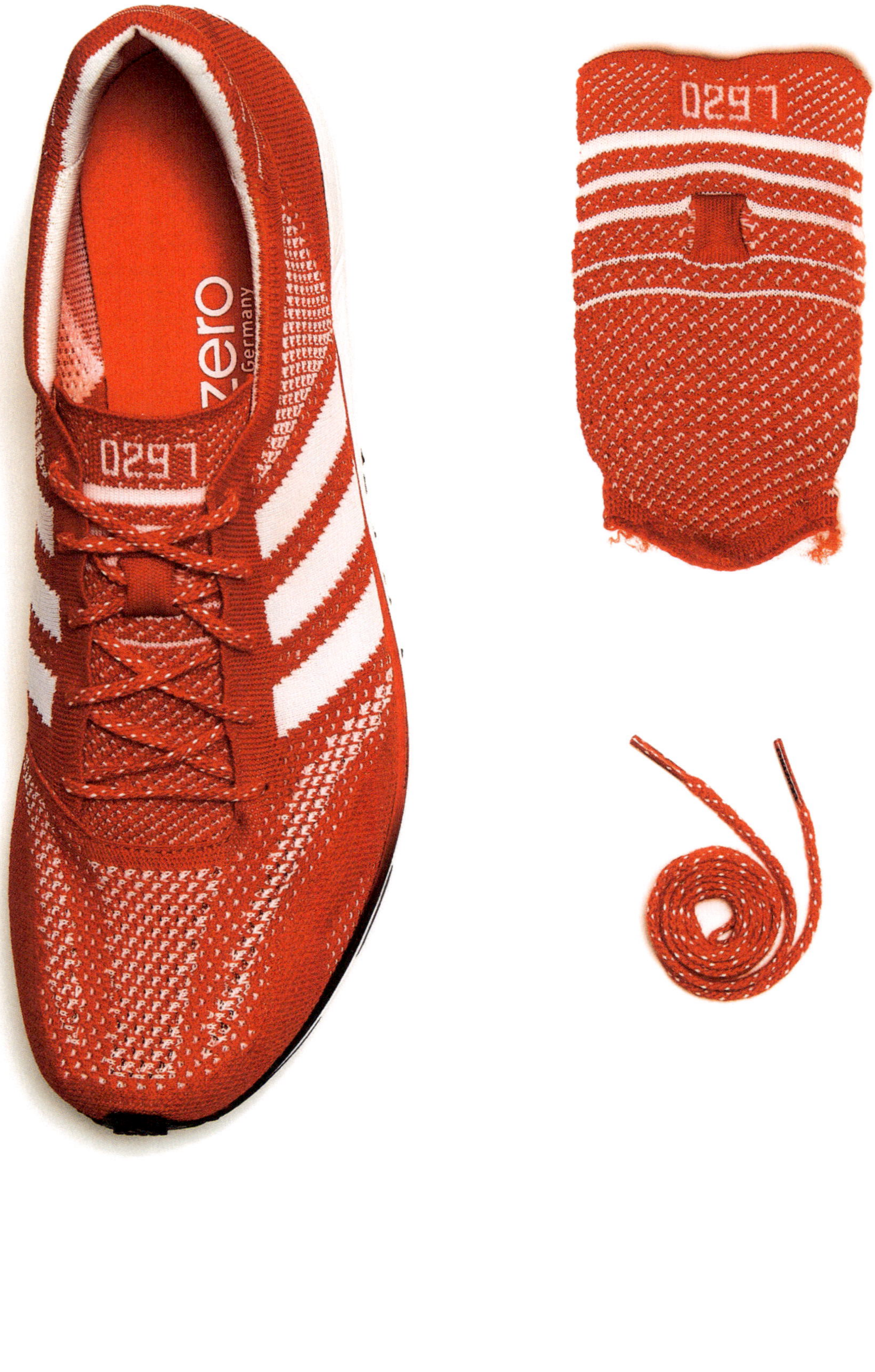
zero
Germany

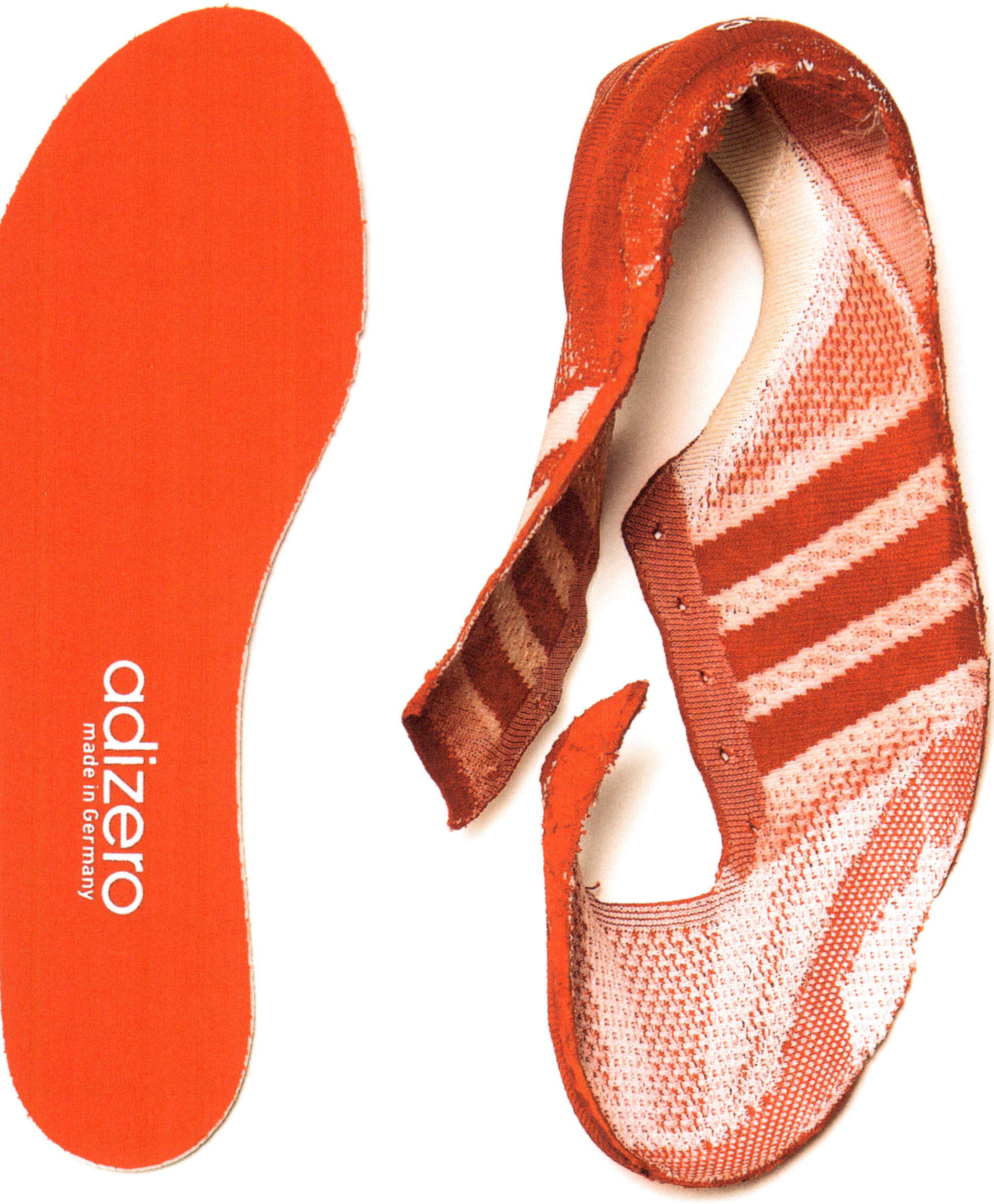
adizero
made in Germany

représente l'une des innovations les plus écoresponsables de l'histoire de la marque. La machine ne produit que le nécessaire de matière requise pour construire la tige. La notion de déchet y est quasiment nulle. L'objet constitué d'un seul composant peut donc être manufacturé dans un seul lieu, ce qui réduit de façon notable les transports, habituellement essentiels aux différentes étapes de production. Par ailleurs, j'aime à penser qu'un objet constitué d'un seul tenant oblige le designer à le rendre plus simple et plus intelligent. C'est une façon de prendre sérieusement en considération la production à grande échelle d'un objet qui deviendra inévitablement plus intuitif pour son utilisateur. Le futile disparaît tandis que la fonction ressurgit au premier plan. C'est le cas du projet Primeknit, mais également de la *Superstar Futurecraft Leather*, imaginée avec le créateur de chaussures parisien Joachim de Callatay. Nous nous intéressions à la fusion du sport et du style. Le cuir a une réelle résonance dans l'héritage de la marque et nous voulions innover dans l'utilisation de ce matériau. Une fraiseuse contrôlée par ordinateur enlève avec précision une fine couche d'une pièce de cuir, créant ainsi des zones plus ou moins respirantes, rigides ou flexibles, aux emplacements nécessaires. Le procédé de fraisage est relativement commun dans les industries du métal, du bois ou encore des polymères, mais il est nouveau pour le cuir et prend tout son sens dans ce projet-ci.

AF Une importante section de l'exposition est dédiée aux recherches prospectives. Plusieurs de vos projets y sont présentés sous l'entité Futurecraft de la marque Adidas. Ayant pour principale mission l'expérimentation, ce programme développe la combinaison d'idées et d'innovations, à la croisée de l'art, du design et de la science, pour offrir des réponses concrètes aux problèmes actuels. Quelles sont vos propres motivations lorsque vous expérimentez ?

AT Futurecraft est un programme notable dans le domaine de l'innovation. Il met à disposition des esprits créatifs un outil permettant d'imaginer et de proposer de multiples alternatives avancées, adaptées au futur de la production industrielle. Lorsque nous utilisons un outil industriel généralement calibré pour une catégorie spécifique de produits, il est intéressant de concevoir un objet chargé de nouvelles possibilités, à la fois inédites, fascinantes et prometteuses. Sans aucun doute, cela nécessite d'innombrables essais et promet aussi beaucoup d'échecs, mais nous avons l'opportunité de collaborer avec des partenaires industriels passionnants, qui nous aident à donner vie aux multiples recherches Futurecraft. Je continue de travailler pour Adidas en qualité de consultant pour le secteur de l'innovation et du design, animé par le même désir de bousculer les habitudes dans le monde industriel. Ma méthodologie et mon processus de création restent inchangés : poser autant de questions pertinentes que possible,

no waste at all. An object comprising a single component can also be produced in a single place, significantly reducing transport, which is normally an essential factor in the different production phases.
In addition, I like to think that an object consisting of a single piece obliges the designer to make it simpler and smarter. It's a way of giving serious consideration to the large-scale production of an object, and inevitably makes it more intuitive for its user. Anything superfluous is eliminated and the function comes to the fore. This is the case with the Primeknit project, as well as *Superstar Futurecraft Leather*, conceived with the Parisian shoe designer Joachim de Callatay. We were investigating the fusion of sport and style. Leather has a strong resonance in the brand's heritage, and we wanted to innovate in the use of this material. A high-precision, computer-controlled milling machine removes a thin layer from a piece of leather to create zones of greater or lesser breathability, flexibility and stiffness in the right spots. Milling is a relatively common process in the metal, wood and plastics industries, but it's new in leather, and constitutes a real breakthrough in this project.

AF A large section of the exhibition is devoted to prospective research. Several of your projects are presented under the Adidas brand's Futurecraft entity. This program, whose main mission is experimentation, seeks to develop combinations of ideas and innovations, at the crossroads of art, design and science, in order to propose concrete responses to modern-day problems. What are the motivations behind your own experiments?

AT Futurecraft is an important program in the area of innovation. It offers creative minds a tool for conceiving and proposing multiple leading-edge alternatives, adapted for the future of industrial production. Using an industrial tool that is usually calibrated for a specific category of products, it's fascinating to design objects imbued with new possibilities, at once original, exciting and promising. Of course this entails countless trials and a great many setbacks, but it gives us the opportunity to work with exciting industrial partners, allowing us to bring the various Futurecraft research projects to life. I continue to work for Adidas as a consultant in the innovation and design sector, motivated by the same desire to shake up the conventions of the industrial world.
My methodology and creative process remain unchanged: posing a maximum of pertinent questions in order to respond with solutions that address our society's current challenges, for example with proposals like Tailored Fibre for Adidas or the collaboration between Adidas and Parley for the Oceans.

AF In a context of in-depth re-examination by the major brands, as well as consumers, of the manufacture of sports shoes, from the production models to the materials, in 2015 Adidas initiated a collaboration with the

pour répondre avec des solutions adaptées aux enjeux actuels de notre société, à l'image de propositions comme l'Adidas *Tailored Fibre* ou encore de la collaboration entre Adidas et Parley for the Oceans.

AF Dans un contexte général de forte remise en question par les grandes marques, mais aussi par les consommateurs, autant des modèles de production que des matériaux utilisés pour fabriquer les chaussures de sport, Adidas a, en effet, initié en 2015 une collaboration avec l'organisation Parley for the Oceans et propose de nouvelles normes, de nouveaux matériaux, qui ont pour objectif de sensibiliser davantage le public à ces nouveaux enjeux écologiques. La question environnementale est au cœur de votre travail. Quel a été votre rôle au sein de ce partenariat ?

AT Au travers de cette collaboration, Adidas affirme son engagement pour parvenir à des solutions étonnantes, plus performantes et offrant des alternatives réellement viables aux méthodes actuelles. Ce partenariat était l'occasion d'innover à partir de déchets plastiques provenant des océans. Le défi qui m'a été proposé était très ambitieux. Il m'a fallu produire, en à peine huit jours, un premier prototype qu'Adidas et Parley ont dévoilé durant la conférence sur le climat des Nations Unies de 2015, en vue d'officialiser leur partenariat. Pendant qu'un laboratoire de chimie à Boston était en train de mettre au point un procédé permettant l'extrusion d'un fil à partir de filets de pêche retrouvés dans les océans, nous produisions plusieurs dizaines de maquettes dans mon studio londonien afin d'aboutir au prototype définitif.
De telles initiatives encouragent les créateurs comme moi à repenser leur pratique et à imaginer de nouvelles façons de s'adapter et d'évoluer. J'ai tendance à croire que nous sommes tous, à notre échelle, responsables, et qu'un geste de chacun peut faire une différence majeure à grande échelle. En tant que designers, nous pouvons être à la fois le déclencheur et le moteur du changement.

environmental organization Parley For The Oceans, proposing new standards and new materials with the goal of heightening public awareness of these new ecological issues. Given that the environmental question is a core part of your work, what role have you played in this partnership?

AT Through this collaboration, Adidas is upholding its commitment to developing more effective, outside-the-box solutions, offering truly viable alternatives to the current methods. This partnership has been an opportunity to innovate in the use of plastic wastes from the oceans. I was given a very ambitious challenge: in barely one week's time I had to produce an initial prototype, which Adidas and Parley unveiled at the 2015 United Nations Climate Change Conference, thus formalizing their partnership. A Boston-based chemistry laboratory set out to perfect a process for extruding thread from fishing nets recovered from the oceans, and meanwhile we were making dozens of mock-ups in my London studio, working toward the final prototype. These kinds of initiatives encourage creators like me to rethink our methodologies and dream up new ways to adapt and evolve. I tend to believe that we are all responsible on our own scale, and that one gesture by each of us can make a major difference on the large scale. As designers, we can be both the trigger and the driver of change.

Conversation entre Bill McInnis et le madd-bordeaux

Bill McInnis est directeur de Reebok Future, département en charge de la recherche et de l'innovation.

Conversation between Bill McInnis and le madd-bordeaux

Bill McInnis is head of Reebok Future, department in charge of research and innovation

→ *Reebok Liquid Fury*
Technique Liquid Factory
en collaboration
avec BASF

Reebok Liquid Fury
Liquid Factory technique
developed in collaboration
with BASF

Conversation #6
Bill McInnis

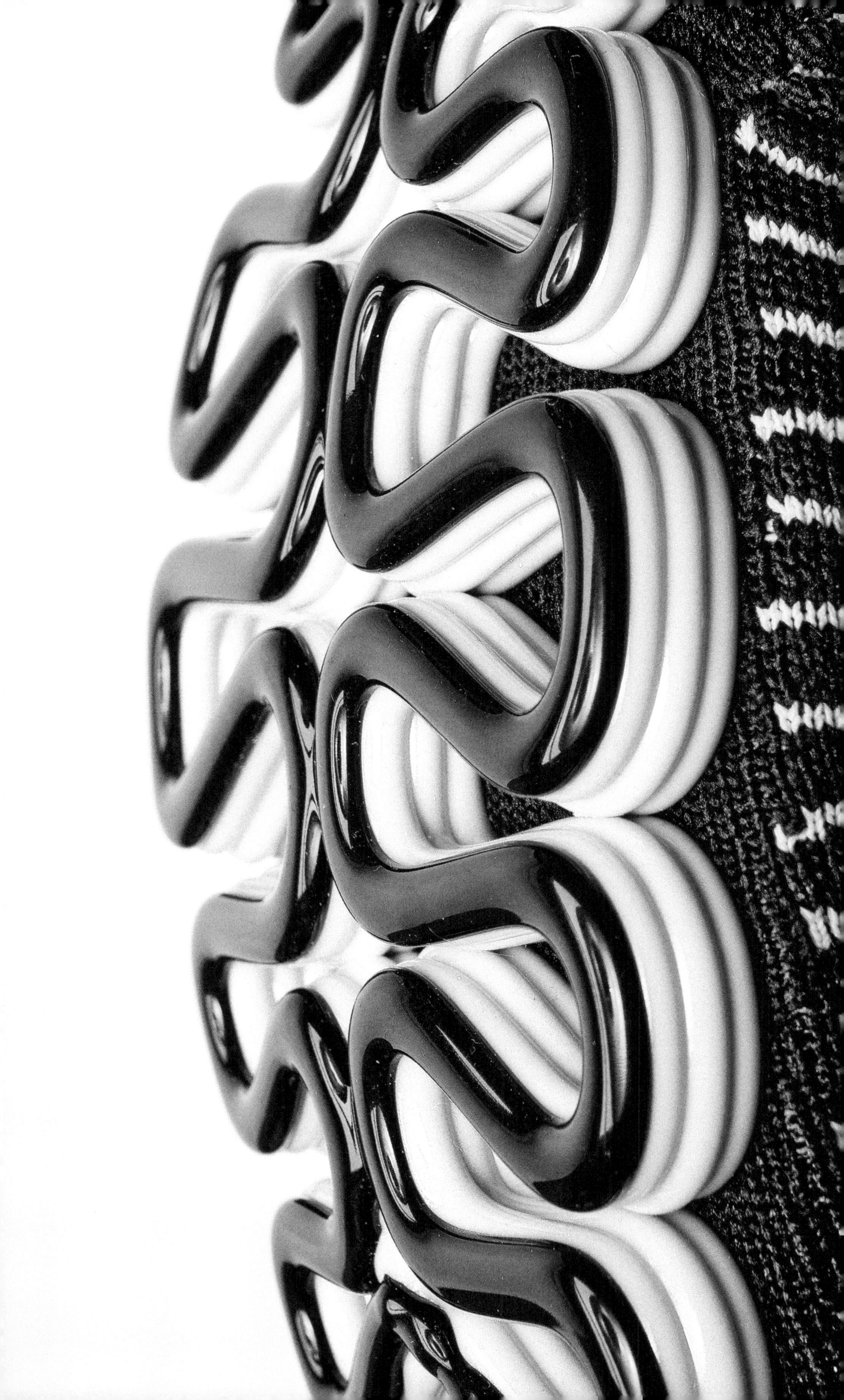

Avec sa nouvelle technologie baptisée « Liquid Factory », développée en collaboration avec BASF, la marque Reebok s'affranchit des méthodes traditionnelles de la fabrication de baskets. Ordinairement moulées (processus long et coûteux), les semelles sont réalisées à l'aide d'un bras robotique équipé d'une tête d'impression, qui dépose un matériau spécifique à base de polyuréthane, en couches successives, sur une plaque. Avec la technologie Liquid Factory, Reebok entend changer fondamentalement la façon dont les chaussures sont faites.

madd-bordeaux Quelles machines sont utilisées pour la technologie Liquid Factory ?

Bill McInnis Nous avons travaillé avec le groupe allemand RAMPF pour créer nos machines de prototypage et de production. La première chaussure (la *Liquid Speed*) a été réalisée avec leur machine de prototypage chez eux, à Wixom (Michigan). Les premières machines étaient conçues et programmées pour travailler en deux dimensions (comme la pose des joints d'étanchéité sur les portes de voiture dans l'industrie automobile). Nous sommes les seuls à programmer et à concevoir en trois dimensions.
Le matériau (polyol) est conservé à une certaine température pour le maintenir dans un état liquide. Lorsqu'il nous est livré, le polyol a la consistance gluante de la neige fondue, il est donc réchauffé et conservé dans un four à basse température, avant d'être versé dans les cuves des machines. Après avoir été déposé, le matériau libère de la chaleur à mesure que la réaction chimique se produit.
Le liquide est un mélange de polyuréthane breveté développé par BASF. Le polyuréthane est essentiellement composé de deux ingrédients : le polyol et l'isocyanate. Ces deux ingrédients sont conservés dans des cuves séparées, puis mélangés dans la tête de distribution de la machine. Le liquide de polyuréthane obtenu est alors déposé selon un modèle programmé par ordinateur, qui dessine les composants de la chaussure, la semelle intermédiaire, la semelle extérieure et la tige.

madd Utilisez-vous le même liquide pour produire les semelles intermédiaires et extérieures ainsi que la tige ?

BM Les formules pour la semelle extérieure, la semelle intermédiaire et la tige sont toutes uniques, elles reposent sur les besoins fonctionnels de la chaussure, comme l'adhérence, la durabilité, la résistance, etc. Le matériau de la semelle intermédiaire est composé de mousse pour l'amorti (des bulles de gaz se forment dans le liquide et le transforment en mousse), alors que les matériaux pour la semelle extérieure et la tige sont plutôt semblables à du caoutchouc.

madd La technologie de la mousse expansive est assez impressionnante. Les matériaux ont-ils été spécialement mis au point pour ce projet ?

With their new technology called « Liquid Factory », developed in collaboration with BASF, Reebok breaks away from traditional methods for the manufacturing of sneakers. Generally molded (a long and expensive process), the soles are made with an automated arm dispensing a specific polyurethan-based material in successive three-dimensional layers. With the Liquid Factory, Reebok intends to fundamentally change the way shoes are produced.

madd-bordeaux What are the machines used for the Liquid Factory project?

Bill McInnis We worked with RAMPF in Germany to custom design both our sample/prototype machine and our production machines. The first shoe (the *Liquid Speed*) was made using their in-house sample machine in Wixom (Michigan). The original machines were designed and programmed to work in two dimensions (such as applying a thin gasket to a door panel in the auto industry). We are the only ones programming and dispensing in three dimensions.
The material is kept at a certain temperature to keep it in a liquid state. When we receive a shipment of the material (polyol) it has an icy slushy consistency, so it is warmed and stored in a low temperature oven before it is put in the machine tanks. After it is dispensed, the material actually gives off heat as the chemical reaction takes place.
The liquid is a proprietary polyurethane blend from BASF. There are basically two components to the polyurethane: a polyol and an isocyanate. The two components are kept in separate tanks and mixed together at the dispensing head. The resulting polyurethane liquid is then dispensed in a programmed pattern which forms the design of the shoe components, midsole, outsole and upper.

madd Do you use the same liquid whether you produce the outsole, midsole or upper?

BM The formulas for the outsole, midsole and upper are each unique based on functional needs such as traction, durability, tear-strength, etc. The midsole material forms a foam (there are gas bubbles that form in the liquid and transforms it into foam) for cushioning while the outsole and upper materials form something that performs more like solid rubber.

madd The rising foam technique is quite impressive. Was the material specifically perfected for this project?

BM Yes, we worked with BASF (who have US headquarters in Michigan) on getting the compound right for different performance attributes. We are still working with them on small updates to materials and new possible materials to use in the machine.

→ Reebok *Liquid Zig*
(sortie prévue en 2021)
Technique Liquid Factory
en collaboration avec BASF

Reebok *Liquid Zig*
(to be released in 2021)
Liquid Factory technique
developed in collaboration
with BASF

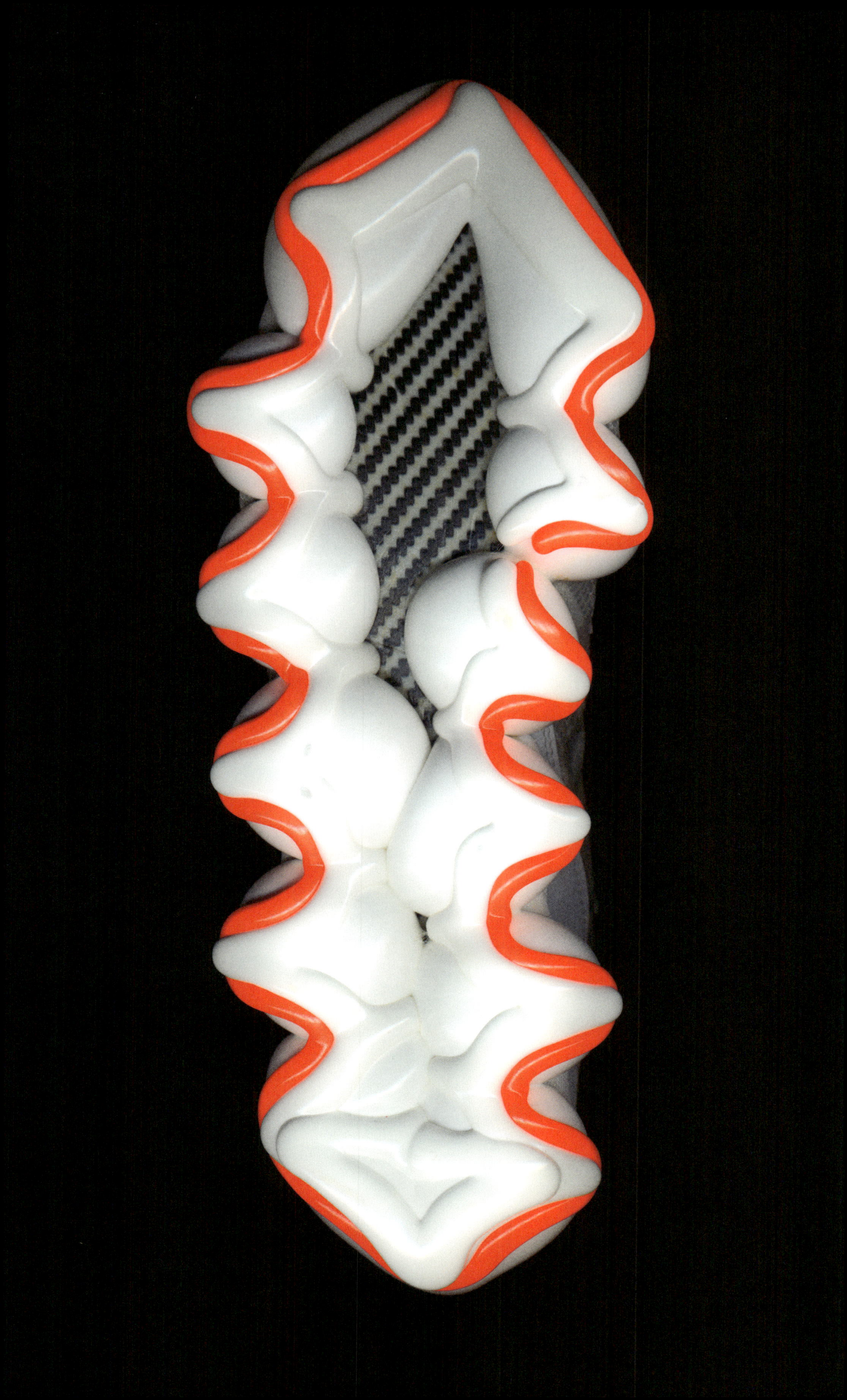

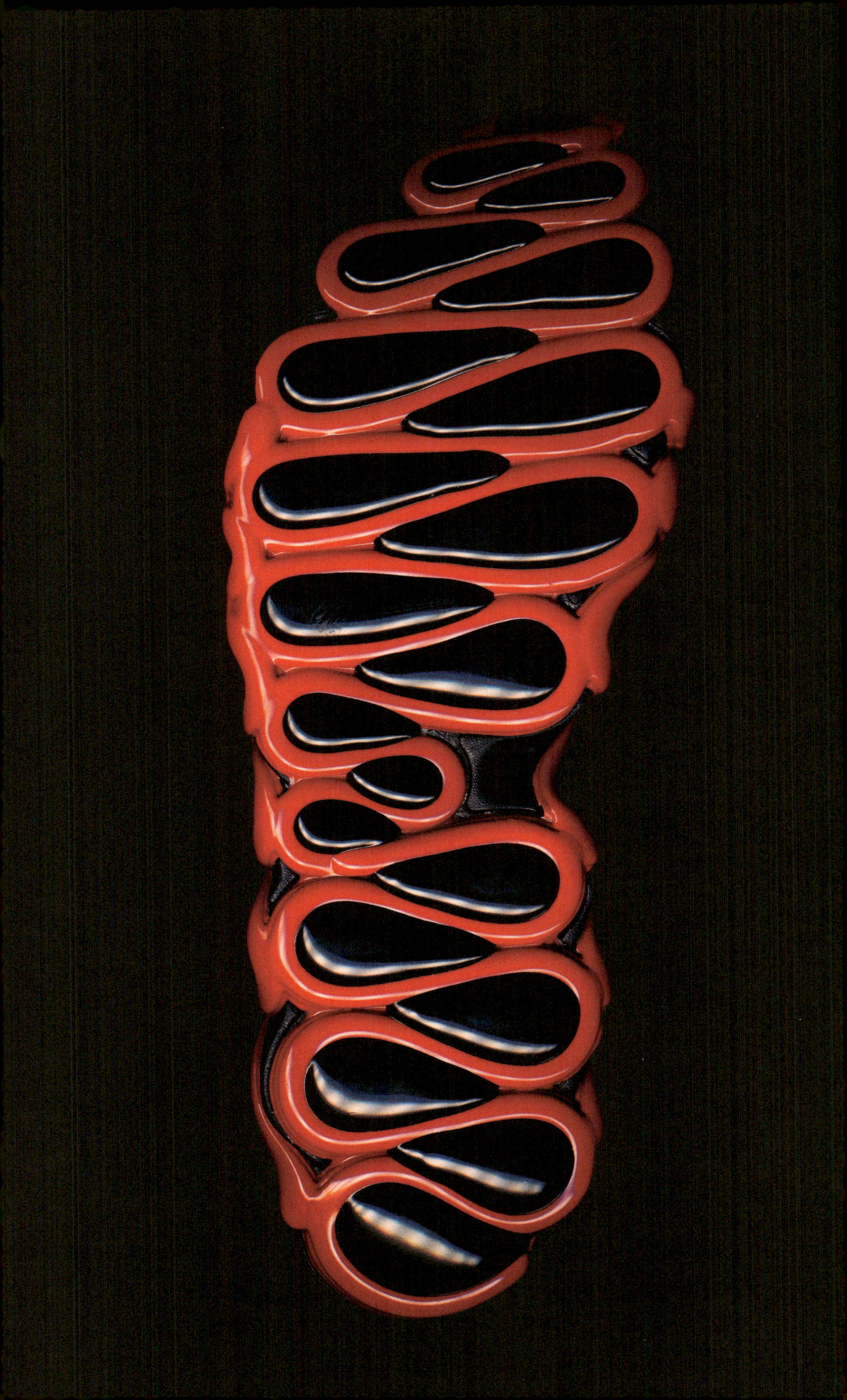

BM Oui, nous avons travaillé avec BASF (qui a son siège américain dans le Michigan) pour que la formule s'adapte aux différentes performances voulues. Nous continuons à travailler avec eux sur différentes mises au point et sur de nouveaux matériaux utilisables avec ces machines.

madd La mousse expansive semble bien plus légère que le caoutchouc.

BM La partie en mousse est effectivement bien plus légère que le caoutchouc. Son poids est similaire à celui d'autres mousses polyuréthanes. Cependant, nous gagnons en légèreté en utilisant la mousse seulement où nous en avons besoin.
Parce qu'elle se développe sans contrainte (contrairement à la fabrication en moule, qui compresse la mousse et provoque des variations des qualités d'amorti), elle donne une sensation de rebondi très dynamique. Le modèle *Liquid Zig* est le prototype le plus avancé qui soit conçu avec ce matériau.

madd Quel serait l'objectif ultime du concept Liquid Factory?

BM Au départ, nous avons cherché à fabriquer des chaussures sans utiliser de moules parce que cette technique est coûteuse, demande du temps (il faut créer un moule pour chaque pointure) et nécessite une main-d'œuvre pour fonctionner. L'impression 3D est généralement choisie pour fabriquer quelque chose sans moule. Toutefois, cette nouvelle technologie, bien que performante, est encore beaucoup trop lente et coûteuse – elle est idéale pour le prototypage, mais non pour la production. L'idée d'origine était donc de programmer un robot industriel pour qu'il fonctionne comme une imprimante 3D: seule une imprimante 3D robotisée peut produire à la vitesse de la production actuelle des chaussures, sans le temps, le coût et la main-d'œuvre du moulage. Aujourd'hui, le consommateur évolue rapidement, il adopte de nouveaux styles et les rejette vite. La Liquid Factory nous permet de produire de petites quantités, quelques centaines d'exemplaires d'un modèle au lieu de centaines de milliers. Ce processus est également parfaitement automatisé: nous pouvons utiliser ces machines et produire partout dans le monde. Notre objectif serait de pouvoir produire sur mesure pour chaque client.

madd Pourrez-vous réaliser une chaussure entièrement avec cette technique?

BM Oui. Nous avons conçu une technologie très malléable et nous continuons à expérimenter l'étendue de ses possibilités. Nous aurons besoin d'introduire un peu de textile dans le processus, mais oui, nous pourrons fabriquer la majeure partie de la chaussure avec la Liquid Factory.

madd The foam seems to be much lighter than rubber.

BM The foam part is indeed much lighter than rubber. Its weight is similar to other polyurethane foams. However, we save weight by only using it where we need it.
Because it is allowed to expand unconstrained (i.e. – not compressed in a mold which causes variations in cushioning properties), it has got a very lively, "bouncy" feel. The *Liquid Zig* model is the most advanced prototype using this material.

madd What would be your final goal behind the Liquid Factory concept?

BM We initially set out to make shoes without using molds because this technique is expensive, time consuming (you must make molds for every size) and require labor to operate. Usually, 3D Printing is the logical choice for making something without a mold. Nevertheless, 3D printing, while advancing, is still way too slow and too expensive – good for prototyping but not for production. So, the initial thought was to program an industrial robot to act like a 3D printer: only an automated 3D printer could produce at the speed of current footwear production without the time, cost and labor of molds. The consumer is moving fast today, moving into and out of styles very quickly.
The Liquid Factory allows us to do small batch manufacturing, making hundreds of a style instead of hundreds of thousands. The process is also highly automated: we can put these machines anywhere in the world and produce. Ultimately, we could get to customization on a customer level.

madd Do you intend to produce an entire shoe with this technique?

BM Yes. We have designed a very versatile system, and we are still learning what are its possibilities. We will need to include some fabric in the process, but we could produce most of the shoe just using Liquid Factory.

← Reebok *Liquid Speed*, 2016
Technique Liquid Factory
en collaboration avec BASF

Reebok *Liquid Speed*, 2016
Liquid Factory technique
developed in collaboration
with BASF

Pour son projet de diplôme à la Design Academy Eindhoven, Martin Sallières explore de nouveaux procédés de fabrication. À l'aide d'un stylo 3D, il crée une chaussure à partir d'un seul matériau, un fil de polyuréthane. Inspiré par la nature et ses formes, le designer imagine un tissage proche de celui des araignées. Les propriétés chimiques du polyuréthane lui permettent de jouer sur la densité, la flexibilité et l'épaisseur du fil. La chaussure finale est équipée d'une semelle imprimée en 3D qui reprend l'esthétique du tissage.

For his graduation project at the Design Academy of Eindhoven, Martin Sallières explores new manufacturing processes. Using a 3D pen, he creates shoes from one single material, a polyurethane thread. Inspired by nature and its forms, the designer imagines a type of weaving close to the one created by spiders. The chemical properties of polyurethane give density, flexibility and thickness to the thread. The final shoes are equipped with 3D printed soles, that mimic the weaving aesthetics.

→ Projet *Shoelab*,
Martin Sallières, 2017

Shoelab project,
Martin Sallières, 2017

Shoelab

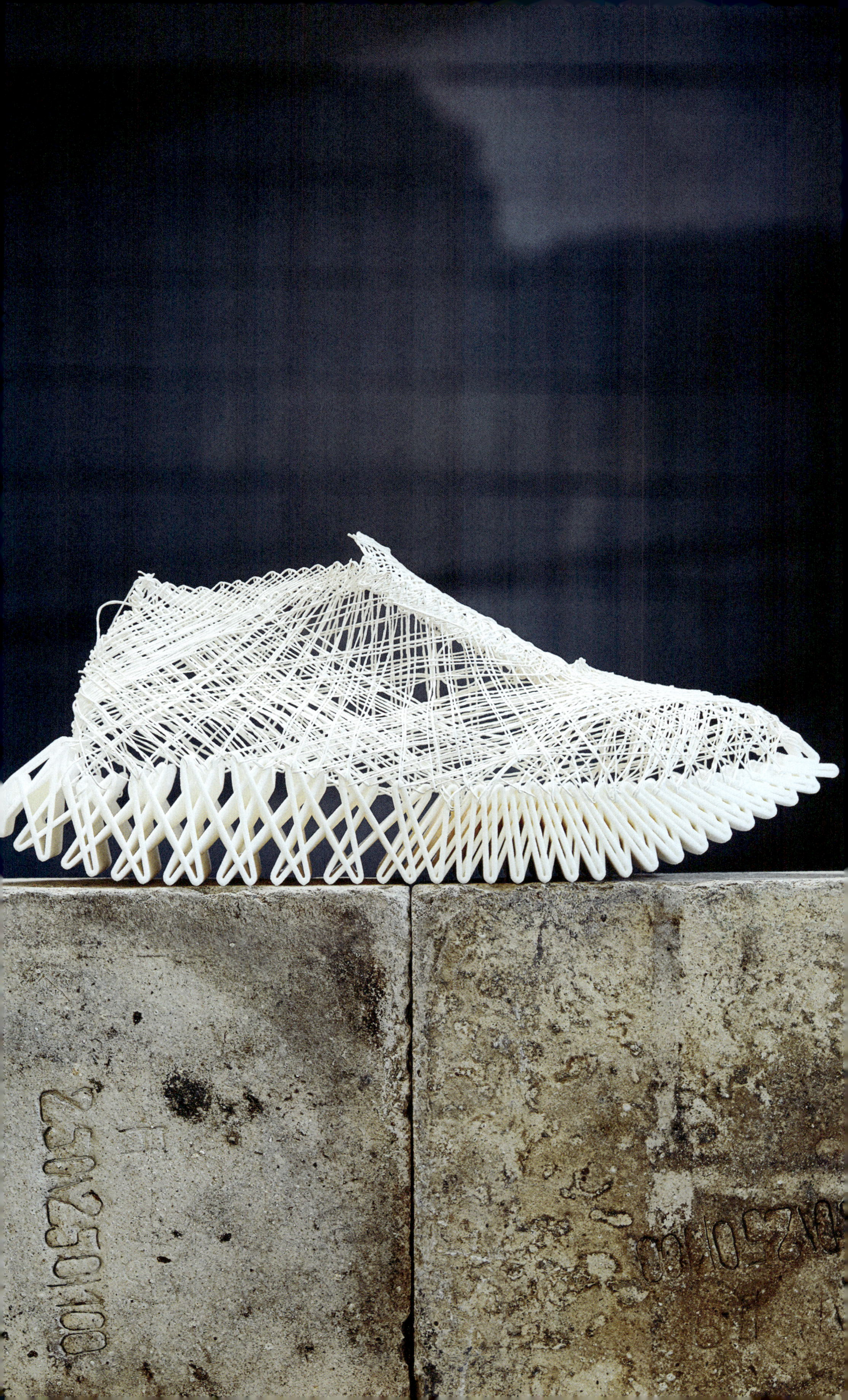

Conversation entre BASF et le madd-bordeaux

Patrick Bolze, responsable du développement technique, segment Footwear, et Felix Willenbrink, responsable marketing.

Conversation between the madd-bordeaux and BASF

Patrick Bolze, Technical Development Footwear and Felix Willenbrink, Marketing Manager.

→ Billes *Infinergy*, BASF
Infinergy beads, BASF

Conversation #7 BASF

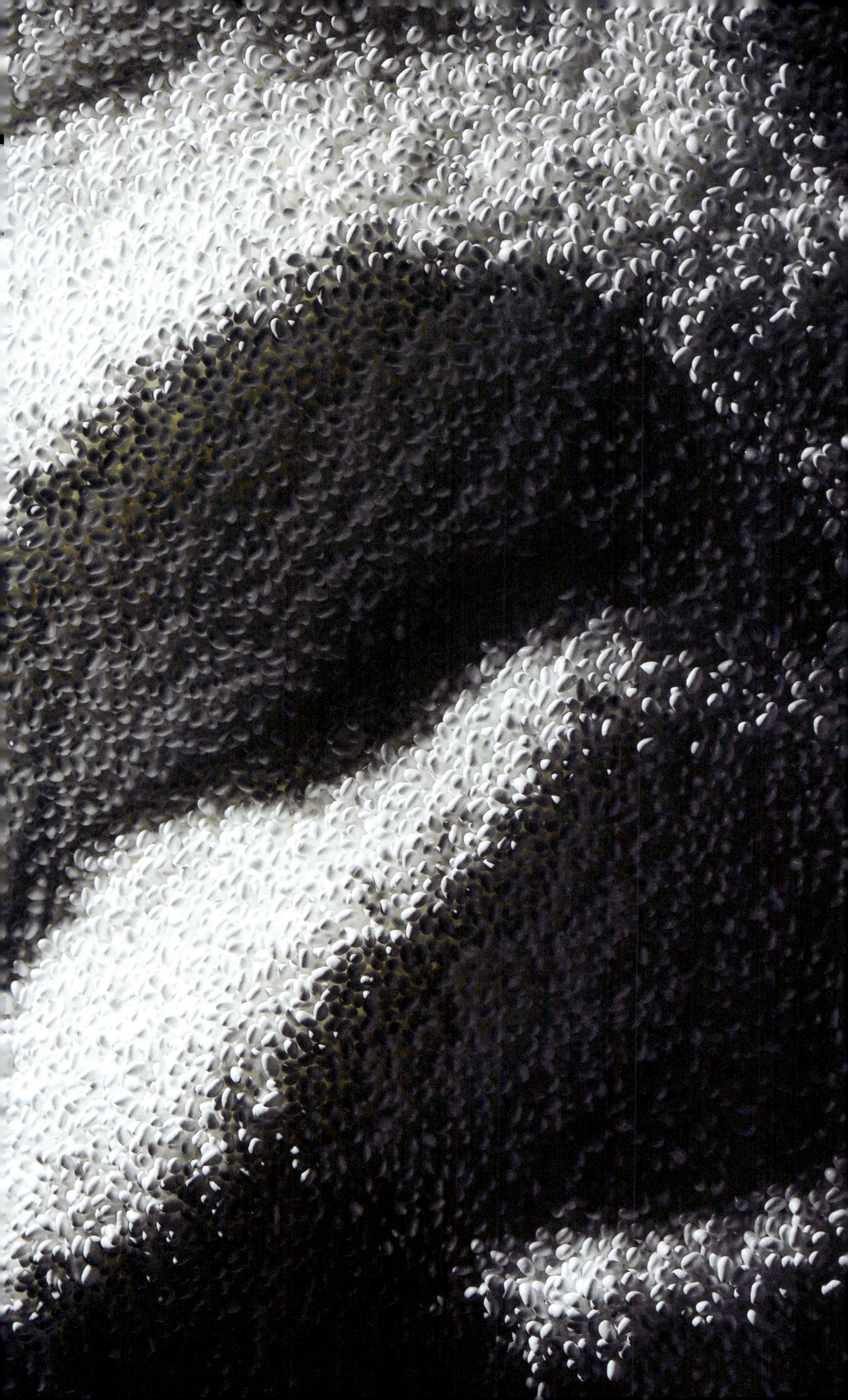

madd-bordeaux D'après vous, quelles ont été les principales innovations en termes de matériaux dans l'industrie des sneakers au cours des dernières décennies?

BASF L'injection directe sur tige a été l'une des principales innovations. Ce processus inventé dans les années 1970 continue à être utilisé pour la production de sneakers et de chaussures en général. Les semelles sont produites par moulage par injection et directement moulées sur la tige, sans utiliser de colle. Les avantages sont clairs: meilleure adhérence de la semelle et de la tige, durabilité et longévité exceptionnelles, etc. L'automatisation élevée et donc les coûts de main-d'œuvre réduits sont également synonymes d'économies. Il est par ailleurs possible d'injecter différentes couches de semelle, par exemple un matériau compact et durable pour la semelle extérieure, et un matériau de faible densité et confortable pour la semelle intermédiaire. Les matériaux généralement utilisés pour l'injection directe sur tige sont les polyuréthanes (PU), les polyuréthanes thermoplastiques (TPU) et le caoutchouc – l'EVA n'étant pas compatible avec ce procédé. L'arrivée de l'injection directe sur tige dans l'industrie de la chaussure a sonné le début d'une véritable révolution et pourrait favoriser une nouvelle vague d'innovations en relocalisant la production de chaussures en Europe. Associée au développement de matériaux plus légers et plus performants, elle a permis de mettre au point des solutions très innovantes et continuera sur cette lancée.

madd En tant que chercheur, quelles sont vos limites dans ce domaine?

BASF Un chercheur n'est généralement pas confronté à des limites, uniquement à des défis. La réduction de la densité est une demande majeure pour tous les matériaux: le principal défi consistant, dans ce cas, à ne pas dénaturer les propriétés des matériaux.

madd Quel rôle joue BASF dans la conception et le développement des chaussures de sport aujourd'hui?

BASF Les chaussures existent depuis longtemps, des sandales portées dans le désert aux chaussures de sport ultra-techniques portées par les professionnels. Depuis plus de quarante ans, BASF est un fournisseur de matériaux de haute performance sur mesure pour tous les types de chaussures et de semelles. Grâce à notre portefeuille de systèmes de polyuréthanes, de polyuréthanes thermoplastiques et de plastiques techniques, nous proposons aux entreprises du secteur de la chaussure toute une panoplie de solutions. Nous leur offrons également notre expertise en matière de matériaux et une compréhension complète de la chaîne de valeur, du procédé de fabrication du matériau à la manière dont la semelle de la chaussure est fixée. Le marché de la chaussure est très dynamique et évolue rapidement, les

madd-bordeaux According to you, what have been the major innovations in terms of materials in the sneakers industry in the past decades?

BASF In my opinion, one major innovation has been the Direct Soling or in other words Direct Injection Process. This process, invented in the seventies, affected and still affects the production of sneakers namely footwear in total nowadays. During this process, shoe soles are produced by injection molding and directly attached to the shoe upper – without using any glues. This results in product advantages such as stronger bonding of sole and upper, outstanding durability and longevity but also in economic advantages such as high automation and therefore low labor costs. Furthermore, it is possible to inject different sole layers, for example compact, durable material for outsole and low density, comfortable material for midsole. Typical materials for direct soling are polyurethanes, TPU and rubber, whereas EVA is not compatible with this process. It was a revolution when direct soling was introduced in the shoe industry and is still good for a revolution today as it opens the vision of bringing back footwear production to Europe. Hand in hand with the development of lighter and better performing materials, it led and will lead to highly innovative solutions.

madd What are your limits as a researcher in this field?

BASF For a researcher there are usually no limits only challenges. One major request is, for all material, the reduction of density. There the main challenge is to keep the same material properties.

madd What role is BASF playing in today's design and development of sport shoes?

BASF Since the sandals worn in the desert to the future high-tech athletic shoes on the basketball court, shoes have been around a long time. And for more than forty years, BASF is a supplier of tailor-made high-performance footwear materials for all type of shoes and soles. With our portfolio of polyurethane systems (PU), thermoplastic polyurethanes (TPU) and engineering plastics, we offer companies in the footwear industry a toolbox of solutions. We offer a material expertise and a full understanding of the value chain: from how the material is produced to how to attach the shoe sole. The footwear market is very dynamic and changing rapidly; manufacturers are permanently on the lookout for cutting edge technologies and innovative materials. It is crucial that we have regular exchanges with the manufacturers, getting to know the requirements and expectations. Especially in the sports performance and safety footwear sector, the sole is a decisive factor when it comes to new models. Take a closer look at the midsole. It is the most important part of a running shoe. It provides cushioning and rebound, it needs to absorb shock, control motion and be both flexible and durable. Cushioning means that, in

fabricants sont en permanence à la recherche de technologies de pointe et de matériaux innovants. Il est essentiel de procéder à des échanges réguliers avec les fabricants afin de connaître leurs exigences et leurs attentes. La semelle est un facteur décisif pour les nouveaux modèles, en particulier dans le secteur des chaussures de sport et de sécurité.
Prenons comme exemple la semelle intermédiaire, le composant le plus important d'une chaussure de course. Elle doit en effet assurer amorti et rebond, absorber les chocs, contrôler les mouvements et être à la fois souple et durable. L'amortissement signifie que l'énergie cinétique générée par le coureur lorsque son pied atterrit est absorbée en seulement quelques millisecondes et qu'une partie est restituée lorsque son pied prend appui sur le sol. L'élasticité et la déformabilité du matériau utilisé augmentent l'efficacité de ce phénomène. La plupart des coureurs exigent un bon amorti et ne disposaient jusqu'à récemment que de deux options : des chaussures de compétition dures et élastiques ou des chaussures d'entraînement très souples offrant un excellent amorti.
Adidas nous a demandé de collaborer avec eux pour résoudre ce dilemme, donnant ainsi naissance à la technologie Adidas BOOST, la première application de l' E-TPU (polyuréthane thermoplastique expansé) Infinergy®.

madd Comment faites-vous pour innover dans ce domaine particulier avec des entreprises qui doivent avoir plus ou moins les mêmes exigences ?

BASF Il existe différentes façons de développer de nouveaux matériaux innovants et potentiellement performants dans le domaine de la recherche sur les matières plastiques. Le progrès vient parfois de l'utilisation de techniques de transformation auparavant réservées à d'autres matériaux : lors du développement d'Infinergy®, l'entreprise a combiné son expertise technologique en matière de mousses à particules à son expérience avec les polyuréthanes thermoplastiques. La nouvelle chaussure de course *Energy Boost* d'Adidas, le premier produit utilisant cette mousse entièrement nouvelle de particules à cellules fermées, a été mise sur le marché en 2013 et est le résultat de l'association de notre expertise des matériaux et de notre savoir-faire en matière de traitement. Le matériau Infinergy® utilisé dans la semelle intermédiaire rend la chaussure confortable à porter et offre d'excellentes propriétés de course. La semelle reprend sa forme initiale immédiatement après l'impact : grâce à cet effet de rebond élevé résultant de la résilience du matériau, les coureurs se fatiguent moins. L'Infinergy résistant à des températures comprises entre – 20 °C (– 4 °F) et + 40 °C (+ 104 °F) sans perdre ses propriétés, la chaussure peut être utilisée dans n'importe quelles conditions de températures. Un autre point fort de ce matériau est son excellente durabilité à long terme.
La marque Reebok a contacté BASF et nous a fait part de son besoin de disposer d'un

just a few milliseconds, it absorbs the kinetic energy generated by the runner as the foot lands and it returns some of it to the runner while the foot is pressed down. High elasticity and deformability in the material that is used will increase the efficiency with which this happens. To achieve a good cushioning is the main request from runners. Until only recently, they had to choose between wearing hard, elastic competition shoes or very soft training shoes offering a lot of cushioning. Adidas asked us to work in collaboration with them to resolve this dilemma. We developed the Adidas BOOST technology – the first application of the Infinergy® E-TPU (expanded thermoplastic polyurethane).

madd How do you innovate in this particular field with companies that must have more or less the same requirements?

BASF In plastics research, there are various ways of developing innovative and potentially successful new materials. Sometimes progress comes from using processing techniques that were previously reserved for other materials. When it came to the development of Infinergy®, the company's technological expertise in particle foams was combined with its experience with thermoplastic polyurethanes. The first product making use of this entirely new, closed-cell particle foam, went on the market in 2013 : the new *Energy Boost* running shoe from adidas. The formula for innovation in this case combined materials expertise and processing know-how. As the material used in the midsole, Infinergy® makes the shoe comfortable to wear and delivers excellent running properties. The sole springs back into its original shape immediately after impact : thanks to this high rebound effect resulting from the resilience of the material, runners use up less energy than they did before. As Infinergy® withstands temperatures between -20°C (-4° F) and over +40° C (+104° F) without changing its properties, the shoe can be used at any temperature. Another highlight is the great long-term durability. Reebok approached BASF about a need for a polyurethane (PU) system with unique properties that could not be found in the market. We developed a urethane-based liquid. This material had the required rheology and reactivity to produce a part with no molds. It looks like drawing with ketchup. As soon as you start drawing with this material, it already begins to solidify. That liquid is drawn on the entire shoe as the outsole, resulting in a three-dimensional fit. This creates the Reebok *Liquid Speed* shoe, the first concept to come out of this process. It was introduced in 2016 by Reebok as Liquid Factory – a ground-breaking manufacturing innovation that could fundamentally change the process and speed of footwear creation. This proprietary layering technique is used to create totally unique footwear, without the use of traditional molds. Liquid Speed is an energy-return focused running shoe that brings the outsole and lacing together in one piece for a comprehensive feel

système de polyuréthane aux propriétés uniques, introuvable sur le marché. Nous avons développé un liquide à base d'uréthane, un matériau possédant la rhéologie et la réactivité requises pour produire une pièce sans moule. Imaginez un dessin fait avec du ketchup : à peine le premier trait dessiné, le matériau est déjà en train de durcir, il commence déjà à se solidifier. Ce liquide est coulé sur l'ensemble de la chaussure en tant que semelle extérieure, permettant un ajustement tridimensionnel.
C'est ainsi qu'est née la chaussure Reebok *Liquid Speed*, le premier concept découlant du processus lancé en 2016 par la marque sous le nom de Liquid Factory, une innovation de fabrication révolutionnaire qui pourrait bousculer fondamentalement le processus et la vitesse de création des chaussures. Cette technique exclusive de stratification est utilisée pour créer des chaussures totalement uniques, sans avoir recours aux moules traditionnels.
La *Liquid Speed* est une chaussure de course focalisée sur le retour d'énergie. La semelle extérieure et le laçage ne font qu'un, pour des sensations plus complètes et un retour sensoriel pour tout le pied.
Un autre système d'amortissement en polyuréthane a été conçu sur mesure pour Brooks Running. La semelle intermédiaire DNA AMP, présente dans la *Brooks Levitate*, est fabriquée à partir d'un nouveau mélange du PU Sports Light, un matériau déjà existant mis au point par BASF. En améliorant la formule d'origine et en apportant des modifications au niveau moléculaires du polyuréthane, la semelle intermédiaire DNA AMP offre un confort et une durabilité accrus et fournit aux coureurs 72 % de retour d'énergie pour chaque pied-livre-force (selon la méthode de test de Brooks).

madd Ces innovations semblent toutes liées aux diverses explorations possibles du polyuréthane. Diriez-vous que ce matériau particulier a permis de faire entrer l'industrie de la chaussure dans une ère nouvelle ? Le polyuréthane est-il une source inépuisable de nouveauté ? Comment se comporte-t-il dans un nouveau contexte de développement durable ?

BASF Les polyuréthanes sont en usage depuis longtemps dans l'industrie de la chaussure et possèdent à la fois des avantages et des inconvénients par rapport à d'autres matériaux. En raison de sa nature chimique, le polyuréthane est l'un des matériaux les plus polyvalents et est utilisé pour de nombreuses applications dans les secteurs de la construction, de l'automobile et de la consommation. Les polyuréthanes offrent de nombreuses possibilités de solutions durables. Dans l'industrie de la chaussure, le processus d'injection directe offre, par exemple, un degré d'automatisation élevé permettant de réaliser des économies de matériaux et d'énergie. Les matières de base pourraient être remplacées par des ressources renouvelables. Étant donné que la réduction de la densité permet d'économiser du matériau, un matériau plus léger est donc également plus durable. Une

and sensory feedback for the entire foot.
Another polyurethane cushioning system was tailor-made for Brooks Running. The DNA AMP midsole which Brooks featured in the Brooks Levitate is made from a new blend of BASF's existing PU Sports Light material. By refining the formula and making modifications to polyurethane on a molecular level, the DNA AMP midsole offers enhanced comfort and durability and provides runners 72 percent of energy return for every foot-pound of force (following Brooks' test method).

madd These innovations seem to be all linked with the possible explorations of polyurethane. Would you say that this particular material has made the footwear industry enter in a completely new era? Is polyurethane an endless source of novelty? How does it behave in a new sustainable development context?

BASF Polyurethanes have been used in the footwear industry for a long time with certain advantages and disadvantages in comparison with other materials. Due to the chemical nature of polyurethane it is one of the most versatile materials used in various applications from construction, automotive and consumer. Polyurethanes offer many options for sustainable solutions. For example, in the footwear industry the direct injection process delivers a high degree of automation which results in material and energy savings. Building block could be exchanged by renewable resources. The reduction of density saves materials therefore a lighter material is also more sustainable. A one-material shoe out of thermoplastic Polyurethane is fully recyclable and closes the loop.

madd BASF works with many different brands of the footwear field. How does the company develop the strength and the visibility of its expertise?

BASF By bringing experts together. BASF created the first Footwear Development Center for Europe. It opened in 2002 and is situated in Villanova, in Italy. This Footwear Development Center is considered a pioneer in the industry as it was the first that brought material expertise and innovation under one roof in this fashion and footwear hub. To get even better and assure that we are always a step ahead in footwear development worldwide we will further strengthen our global footwear presence: opening new Footwear Development Centers in the United States and Thailand, launching a Footwear Innovation Center in Taiwan, and expanding the Footwear Development Center in Italy. Bringing together a dedicated team of process engineers, footwear specialists and technicians coupled with the latest technologies and machinery, these centers will serve as a global platform to formulate and test new material innovations, refine processes and evaluate concepts in large-scale production environments.
We, as well, pay attention to young generations. As mentioned before, the footwear market

chaussure monomatière en polyuréthane thermoplastique est entièrement recyclable et vient donc boucler la boucle.

madd BASF travaille avec de nombreuses marques de chaussures différentes. Comment l'entreprise développe-t-elle la force et la visibilité de son expertise?

BASF En réunissant des experts: BASF a créé en 2002 le premier centre de développement dédié aux chaussures en Europe, plus précisément à Villanova, en Italie. Ce centre de développement dédié aux chaussures est considéré comme un pionnier de l'industrie, car il a été le premier à réunir sous un même toit l'expertise et l'innovation en matière de matériaux, qui plus est dans cette région-clé de la mode et de la chaussure. Afin d'améliorer continuellement nos produits et de nous assurer que nous avons toujours une longueur d'avance dans le domaine du développement des chaussures dans le monde entier, nous allons renforcer davantage notre présence mondiale dans ce secteur: ouverture de nouveaux centres de développement dédiés aux chaussures aux États-Unis et en Thaïlande, lancement d'un centre d'innovation dédié aux chaussures à Taïwan et extension du centre de développement dédié aux chaussures en Italie. Rassemblant une équipe dévouée d'ingénieurs en procédés, de spécialistes de la chaussure et de techniciens ayant accès à des technologies et machines de pointe, ces centres serviront de plateforme mondiale pour formuler et tester de nouvelles innovations en matière de matériaux, affiner les procédés et évaluer les concepts dans des environnements de production à grande échelle.
Nous accordons également une attention particulière aux jeunes générations. Comme mentionné précédemment, le marché de la chaussure est très dynamique et évolue rapidement. Il est donc nécessaire d'être à l'écoute de la prochaine génération. Pour y parvenir, BASF mène depuis 2007 une collaboration fructueuse avec la Politecnico Calzaturiero, une prestigieuse école de technologie de conception de chaussures située à Padoue, en Italie. Chaque année, elle organise pour ses étudiants un concours de design de chaussures visant non seulement à stimuler la créativité de ces futurs designers, mais également à favoriser le développement de produits caractérisés par un style unique et une utilisation innovante des matériaux et des procédés. Le polyuréthane est parfait pour ce défi, car il peut être utilisé de manière créative, même dans les secteurs de la haute couture et du luxe. En plus de quarante ans d'expérience dans le segment des matériaux pour chaussures, nous avons développé de nombreuses innovations qui ont transformé le secteur de la chaussure. Nos récents investissements dans ce segment symbolisent notre engagement envers l'industrie et nous avons hâte de développer d'autres innovations passionnantes à l'avenir.

is a very dynamic one and changing rapidly. Therefore, there is a need to listen to the upcoming generation. To ensure this, BASF has been working on a profitable collaboration with the prestigious school of Footwear Design Technology Politecnico Calzaturiero in Padua, Italy since 2007. Every year the school organizes the "Footwear Design Contest" for the students. This competition aims to stimulate the creativity of these future designers and favor the development of products characterized by style & innovative use of materials and processes. Polyurethane is perfect for this challenge, because it can be used creatively even in haute couture and luxury sectors.
With over 40 years of experience in the footwear materials segment, we developed a lot of innovations, which have transformed the footwear landscape. Our recent investments into this segment are a symbol of our commitment to the industry, and we look forward to developing more exciting innovations in the future.

Pierre Demoux est journaliste aux *Échos* depuis 2009. Il est l'auteur, en 2019, de *L'Odyssée de la basket*.

Pierre Demoux is journalist at *Les Echos* since 2009. He is the author of *L'Odyssée de la basket* (2019).

→ Siège d'Adidas, département de R&D, Herzogenaurach (Allemagne), 2018
Photo Alastair Philip Wiper

Adidas headquarters, research and development department, Herzogenaurach (Germany), 2018
Photo Alastair Philip Wiper

La mondialisation à nos pieds

Globalization at our feet

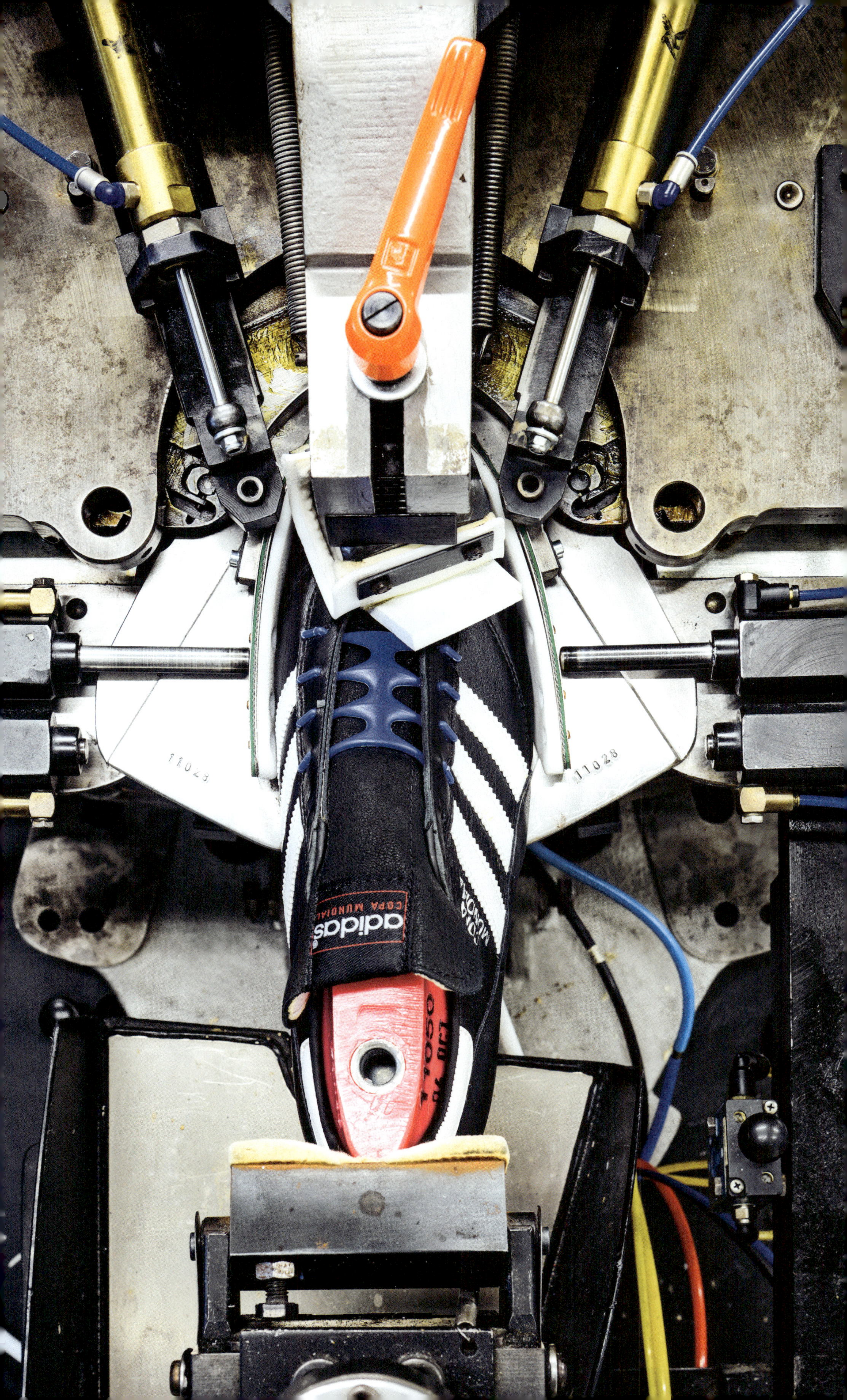
11028
adidas
COPA MUNDIAL

Enfiler des sneakers, c'est un peu marcher sur les chemins de la mondialisation. On peut réaliser le tour du monde, passer d'un continent à l'autre, enchaîner les pays, traverser les mers du globe en cargo, et même remonter le temps... rien qu'en observant une paire de baskets. Le voyage commence dans votre placard. Jetez un œil à l'étiquette cousue à l'intérieur de vos modèles préférés : de la jeune griffe tendance aux célèbres multinationales du sport, la plupart des marques produisent leurs chaussures en Asie. Cela n'a pas toujours été le cas.

Née en Amérique du Nord et en Europe, la basket a d'abord été une œuvre réalisée sur les deux rives de l'Atlantique[1]. Même les premières délocalisations ne quittaient pas ces continents. Quand Adidas et Puma ont commencé à ouvrir des usines hors de leur berceau allemand, dans les années 1960, ils se sont d'abord installés... en France, pour profiter d'une main-d'œuvre jugée alors compétente et peu chère. Il y a quarante ans, un des principaux ateliers d'Adidas se trouvait encore à deux heures de route de Bordeaux, à Saint-Vincent-de-Tyrosse, dans les Landes... Avant de migrer vers l'Asie avec le reste de l'industrie, quand le modèle popularisé par les anglo-saxons Nike et Reebok, à partir des années 1980, s'est imposé comme la nouvelle norme[2] : les groupes se sont délestés de leurs usines pour déléguer l'assemblage de leurs modèles à des sous-traitants, afin de se concentrer sur la création, l'innovation, le marketing et la vente.

GÉOPOLITIQUE DE LA SNEAKER

En regardant les usines sauter les frontières, on peut d'ailleurs suivre les différentes vagues de la mondialisation, avec de nouveaux pays qui entrent tour à tour dans la compétition globale. Nike, par exemple, a d'abord fait fabriquer ses baskets au Japon, puis en Corée du Sud, puis à Taïwan, puis en Chine. Et se tourne désormais de plus en plus vers le Vietnam et l'Indonésie, les deux puissances montantes du secteur. Chaque fois, le principal moteur de cette bougeotte permanente semble être la quête des coûts toujours plus bas.

Le cas de la Chine est emblématique. Comme dans beaucoup d'autres secteurs, elle incarne l'atelier du monde. Le pays a attiré les manufactures avec sa main-d'œuvre abondante et bon marché, jusqu'à devenir l'artisan de six chaussures sur dix vendues à travers la planète. Sauf qu'au fur et à mesure de la croissance économique les salaires ont grimpé, de nouvelles normes se sont imposées sur le marché du travail... rendant l'attrait financier moins évident. Dans la filière de la chaussure, un ouvrier chinois touche aujourd'hui 500 dollars (450 euros) par mois en moyenne, plus qu'un ouvrier vietnamien ou mexicain[3]. À son tour, la Chine subit donc des délocalisations et voit les sous-traitants des marques de sneakers, devenus eux-mêmes des multinationales, déménager peu à peu sous d'autres cieux.

Les marques, de leur côté, sont accusées de tirer profit de ce grand jeu de la mondialisation, de se soucier uniquement du prix de leurs produits au détriment du sort de ceux qui assemblent. Ce que dénoncent les ONG (organisations non gouvernementales). Dans un rapport publié en 2018, le Collectif Éthique sur l'étiquette[4], un regroupement d'associations et de syndicats, notait ainsi : « Les équipementiers sportifs, Nike et Adidas en tête, continuent de se désengager de la Chine en raison des

Put on a pair of sneakers and you're already walking on the road to globalization. We can travel around the world, hop from continent to continent and country to country, sail the oceans on a cargo ship and even travel back in time – just by looking at a pair of sneakers. The journey begins in your closet. Take a look at the label sewn on the inside of your favorite pairs: from the trendy young labels to the multinational sportswear megabrands, most of the shoes are manufactured in Asia. But this has not always been the case...

Born in North America and Europe, the sneaker was at first an accessory produced on both sides of the Atlantic.[1] Even the earliest "offshoring" relocations didn't stray far from its shores. When Adidas and Puma began opening factories outside their native Germany in the 1960s, they first moved to... France, attracted by a labor force that was deemed skilled and relatively inexpensive. As recently as 40 years ago, Adidas still had a major production facility in Saint Vincent de Tyrosse in the Landes region, a two-hour drive from Bordeaux. But then the German brands migrated to Asia along with the rest of the industry, starting in the 1980s when the models popularized by the American labels Nike and Reebok became enshrined as the new standard.[2] The groups shed their factories, outsourcing their assembly operations to subcontractors in order to focus on design, innovation, marketing and sales.

SNEAKER GEOPOLITICS

Watching as the sneaker factories leap across borders, we can follow the successive waves of globalization, with one country after another getting in on the race. Nike, for example, started out manufacturing its footwear in Japan, then South Korea, then Taiwan, followed by China. And now the brand is turning more and more toward Vietnam and Indonesia, the industry's two emerging powerhouses. With each move, the underlying reason for this footloose policy seems to be the unrelenting obsession with cutting costs.

China is a textbook case. As in many other sectors, the country symbolizes the workshop of the world. It lured manufacturers with its cheap and abundant labor, to the point of producing six out of every ten shoes sold around the globe. However, along with economic growth came wage hikes and new standards governing the labor market, gradually eroding the financial incentive. In the shoe industry today, Chinese workers earn about $500 (€450) a month – more than their Vietnamese or Mexican counterparts.[3] China is in turn seeing its own offshoring as the sneaker brands' subcontractors, now multinationals in their own right, move one by one to more favorable climes.

Meanwhile, the labels are accused of profiteering from the globalization game, caring only about the price of their products and not the welfare of the people who make them. The situation has been denounced by a number of NGOs (non-governmental organizations). In a report published in 2018, the Collectif Éthique sur l'Étiquette,[4] an association of nonprofits and trade unions, noted that "The sports equipment brands, with Nike and Adidas topping the list, continue to pull out of China because its payroll costs are regarded as too high, just when salaries were finally approaching levels that could offer a family a decent standard of living." The criticism is all the more stinging considering that labor costs account for $1.50 to $4 (at most) out of a final retail price tag of $100.[5] And that, at the same

→ Différentes étapes de la production des chaussures à semelles de caoutchouc, usine Bally (Suisse), vers 1950
Bally Archive, Schöenenwerd

Different steps of the production of rubber-soled shoes, Bally factory (Switzerland), ca 1950

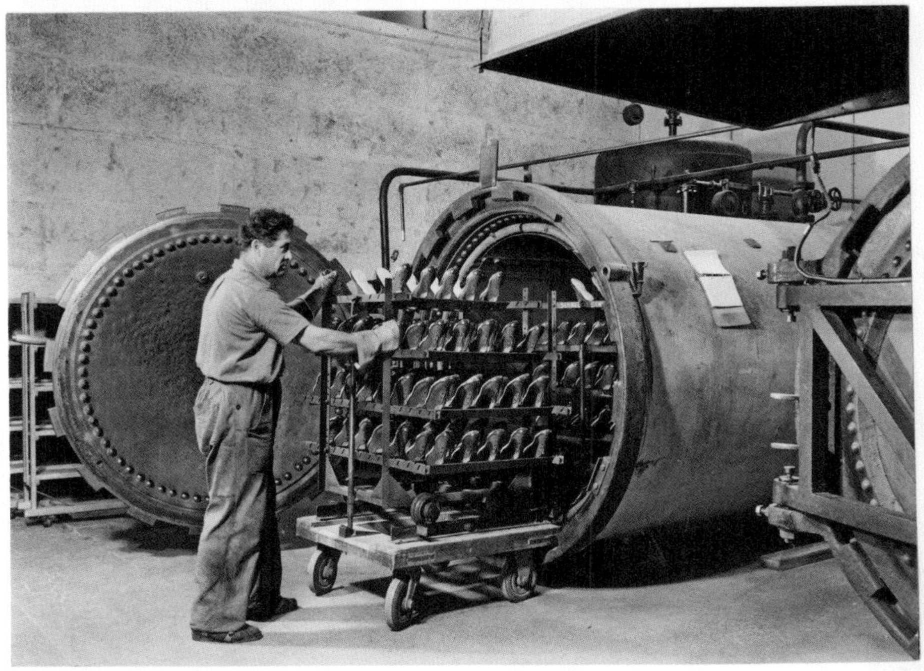

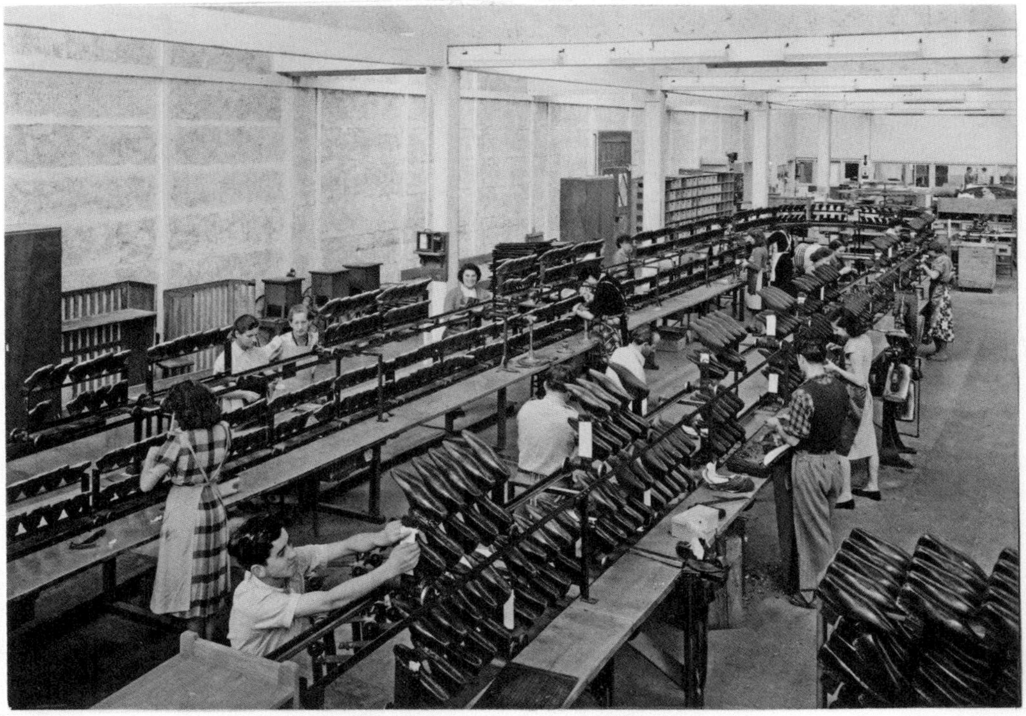

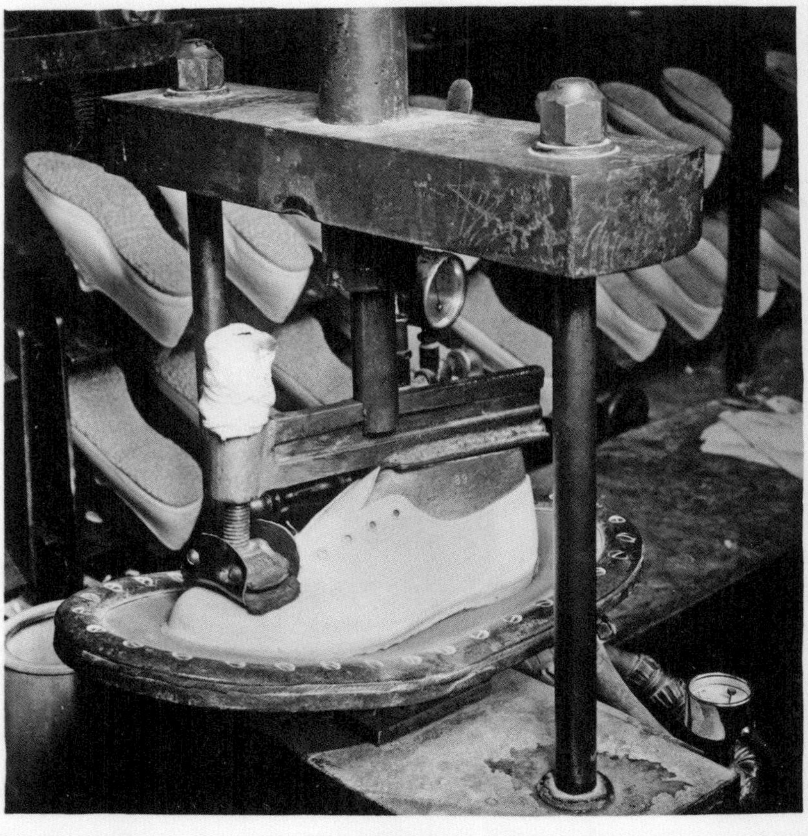

(page suivante)
Usine Adidas, Indonésie, 2017
Photo Alastair Philip Wiper

(following page)
Adidas factory, Indonesia, 2017
Photo Alastair Philip Wiper

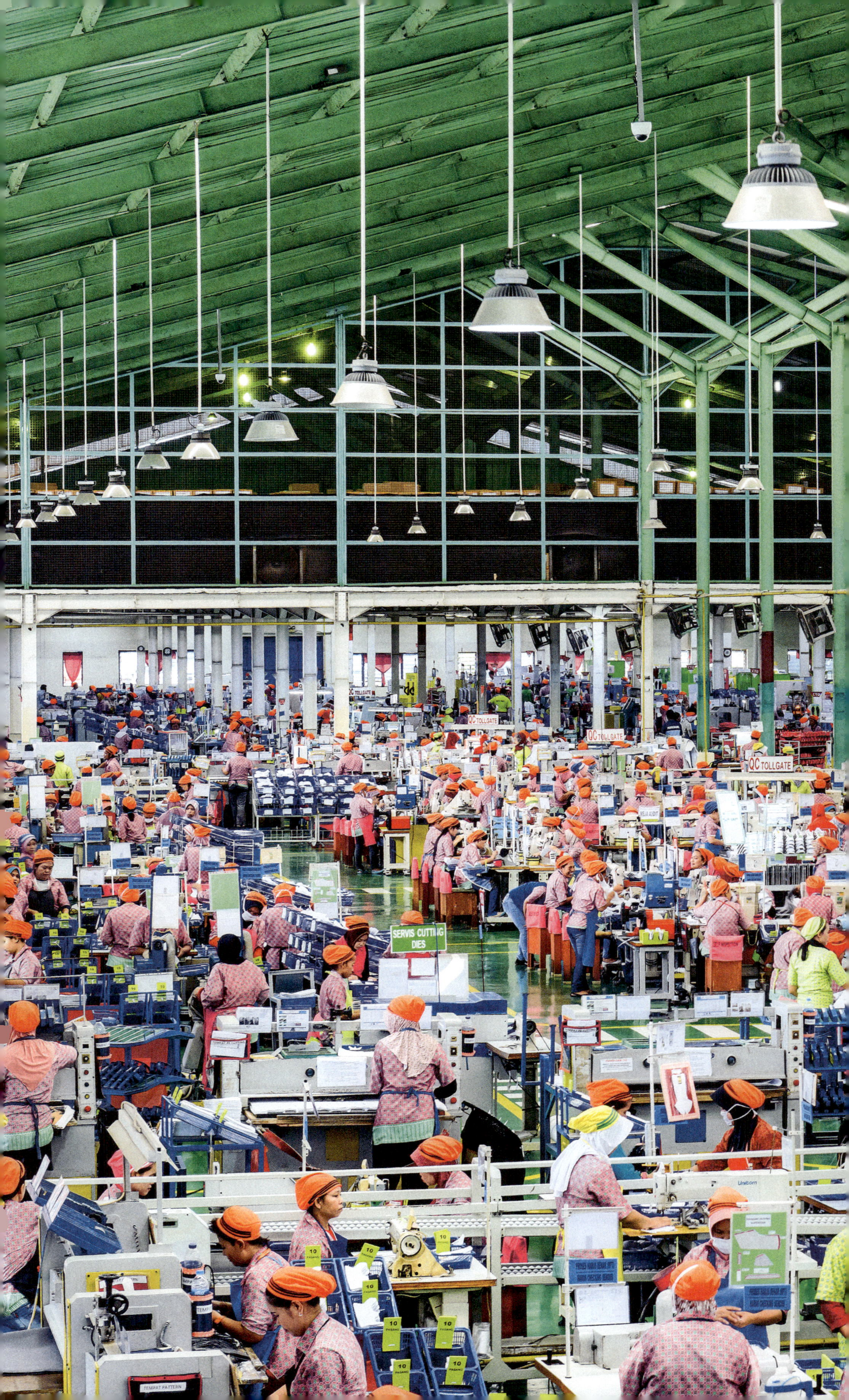
QC TOLLGATE
SERVIS CUTTING DIES

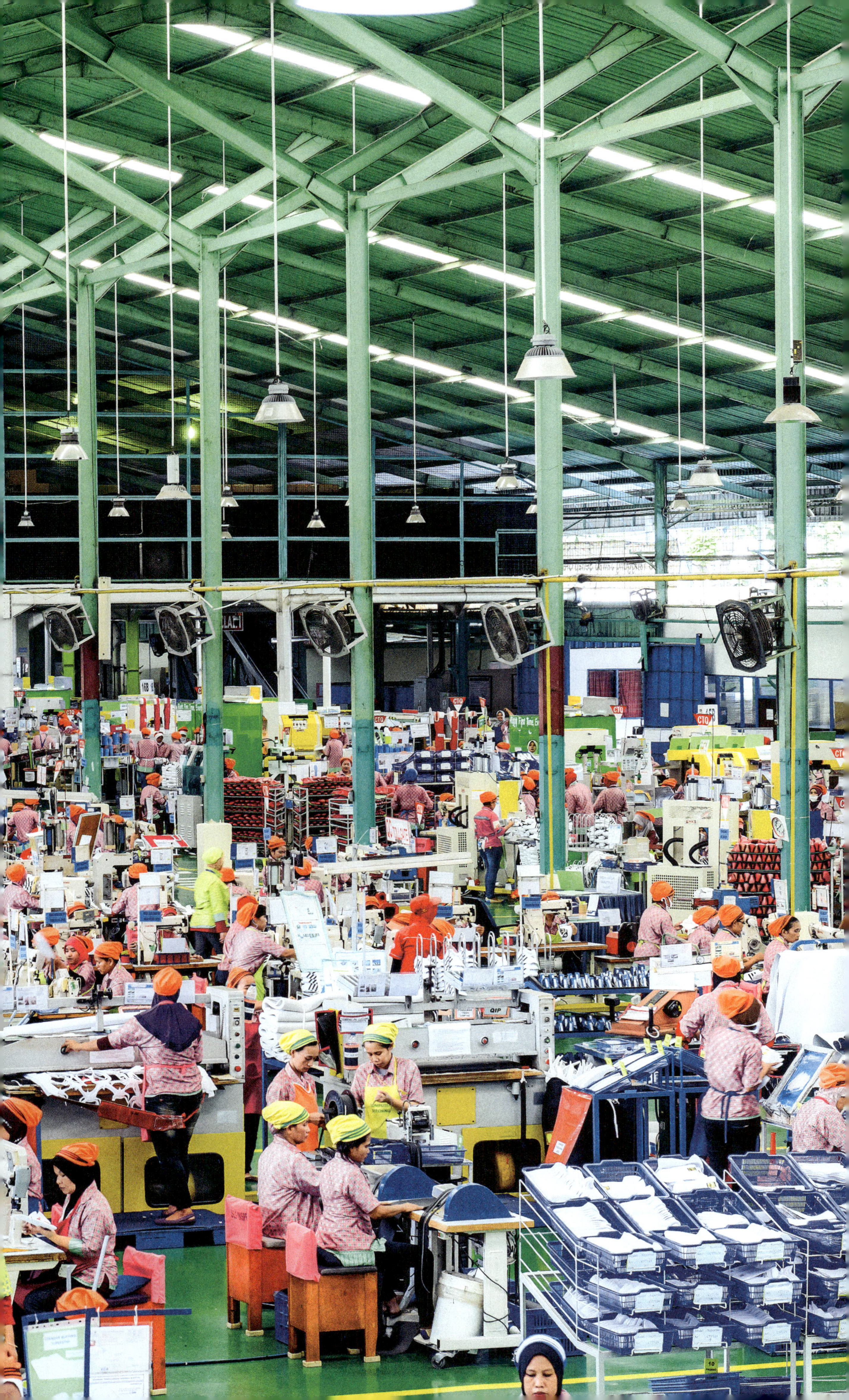

salaires qu'ils jugent trop élevés, alors qu'ils tutoient enfin des niveaux permettant à une famille de vivre dignement. » La critique est d'autant plus virulente que la part des salaires oscille entre 1,50 et 4 dollars (au mieux) sur l'étiquette finale d'une paire vendue 100 dollars en magasin[5]. Et que, dans le même temps, ces grands groupes sont beaucoup moins regardants quand il s'agit d'aller toujours plus loin dans la course aux dépenses en marketing et sponsoring.

TRACES DE SCANDALES

Les scandales sur les conditions de travail indignes pratiquées chez certains de leurs fournisseurs leur collent encore aux semelles. Pourtant, ces marques de sport internationales figurent aujourd'hui parmi les bons élèves en termes de responsabilité sociale et environnementale. Les ONG saluent d'ailleurs les efforts, réels, menés sur les questions de transparence, d'instauration de normes de travail, d'égalité hommes-femmes, de lutte contre le travail des enfants, d'audits réguliers...

« Les scandales des années 1990 ont agi comme un réveil brutal pour les grandes marques », souligne Doug Cahn, l'ancien responsable de l'éthique chez Reebok[6]. « Elles ont accepté de prendre leurs responsabilités et d'utiliser leur influence pour améliorer les conditions de travail chez leurs partenaires. Les mentalités ont évolué, même s'il est encore possible de faire mieux. »

Ces efforts passent par un jeu collectif pour imposer de nouvelles règles. Les grands acteurs du sport et de la mode se sont par exemple rassemblés au sein de Fair Factories Clearinghouse. Cette plateforme leur permet de partager les résultats de leurs audits, de définir des normes de travail communes et d'engager des démarches ensemble dans les pays où ils sont présents. Pour les ONG, ces initiatives ont leurs limites et se heurtent au modèle même de ces multinationales, basé sur une pression constante sur les coûts...

Un groupe de travail placé sous l'égide de l'ONU (Organisation des Nations unies) travaille depuis plusieurs années pour élaborer un traité imposant des normes minimales en matière de droit des travailleurs. Il s'agirait d'un cadre contraignant, pour aller au-delà des seules bonnes intentions, à la manière de la loi française sur le devoir de vigilance : celle-ci oblige les grandes entreprises à adopter des plans de prévention aux atteintes aux droits de l'homme et de l'environnement sur toute leur chaîne d'approvisionnement, y compris leurs sous-traitants à l'étranger. Mais les intérêts divergents des États, des entreprises et des différents lobbies rendent l'accouchement d'un tel traité difficile.

RÉDUIRE L'EMPREINTE ENVIRONNEMENTALE

L'évolution de l'industrie des sneakers pourrait s'accélérer sous l'effet de deux vagues de changement en train de grossir. La première concerne la prise de conscience des enjeux écologiques. De plus en plus d'acteurs s'engagent à réduire leur impact environnemental, alors que le secteur de la mode est considéré comme l'un des plus polluants. Concrètement, cela passe par l'utilisation de matériaux plus durables (coton bio, polyester recyclé, cuirs végétaux ou synthétiques...), par l'écoconception,

time, the big-name labels are much less parsimonious in their efforts to outdo each other in sponsorships and marketing campaigns.

A WHIFF OF SCANDAL

The scandals sparked by the deplorable treatment of some of their suppliers' employees still stick to them like gum to a shoe sole. On the other hand, the global sports brands score very high marks in terms of social and environmental responsibility. In fact, many NGOs have praised their genuine efforts in the areas of transparency, equitable labor standards, gender equality, the fight against child labor, regular audits, etc.

"The scandals of the 1990s were a rude wakeup call for the big brands," reports Doug Cahn, the former director of human rights programs at Reebok.[6] "But they agreed to take responsibility and use their influence to improve their partners' working conditions. Attitudes have changed, even though there is still room for improvement."

Such progress takes place through a collective effort to establish new rules. For example, the major sports and fashion labels have united in the FAir Factories Clearinghouse, a platform through which they can share the results of their audits, define common labor standards and work together for improvement in the countries where they have operations. Still, for the NGOs, these initiatives have their limits, and indeed run counter to the very model of the multinational corporation, which is founded on a constant pressure to minimize costs.

In the past several years, a task force under the auspices of the United Nations has been drafting a treaty that would impose minimum standards for workers' rights. It would be a binding agreement conceived to extend beyond mere good intentions, rather like the "duty of care" law in France, which requires major corporations to implement plans to prevent environmental and human rights violations throughout their entire supply chain, including foreign subcontractors. But the divergent interests of different countries, companies and lobbies make the acceptance of such a treaty difficult.

A REDUCED ENVIRONMENTAL FOOTPRINT

The evolution of the sneakers industry could be accelerated by two burgeoning trends. The first is the growing awareness of ecological issues. More and more players in the fashion sector are taking steps to reduce their environmental impact in an industry that is considered one of the biggest polluters. In concrete terms, this involves, for example, using more sustainable materials (organic cotton, recycled polyester, vegetable or synthetic leathers...) and adopting the principles of eco-design, to incorporate these considerations starting from the earliest stages of the manufacturing process.

Many of the new sneaker brands launched in recent years have proclaimed their intention to produce differently. The French label Veja has gained an international reputation with its eco-responsible shoes, while the wool sneakers by Allbirds have made the Californian brand a favorite in Silicon Valley. Recycled materials are gaining ground at Adidas,

afin de prendre en considération ces questions dès les premières étapes de fabrication…

Nombre de nouvelles marques de sneakers apparues ces dernières années revendiquent leur volonté de produire autrement. À l'image des français de Veja, dont les baskets écoresponsables se sont taillées une réputation internationale, ou des californiens d'Allbirds, avec leurs sneakers en laine adorées de la Silicon Valley. Les matières recyclées gagnent aussi du terrain chez Adidas, Converse, Timberland, Tread-Everlane… La liste est loin d'être exhaustive. Et tandis que Saucony vient de présenter une chaussure entièrement biodégradable, d'autres travaillent sur la sneaker recyclable : une fois arrivée en fin de vie, celle-ci est broyée et sert de matière première à la fabrication d'une nouvelle paire. Un petit cocorico s'impose pour citer Éram et Salomon, parmi les plus avancés sur le sujet.

L'industrie a entamé un virage pour réduire son empreinte environnementale d'autant plus rapidement que cet aspect apparaît comme une préoccupation grandissante dans les choix des consommateurs. Ce qui n'est pas sans poser des défis industriels. « La principale difficulté n'est pas tant dans la fabrication que dans la traçabilité et le sourcing des matières premières. Les colles et les cuirs restent encore les principaux points d'amélioration », constate Frédéric Ducruet, le directeur général de Millet Moutain Group, la maison mère de Lafuma[7].

APRÈS LES DÉLOCALISATIONS, LA RELOCALISATION ?

Une deuxième révolution, technologique cette fois, est également à l'œuvre. L'impression 3D promet de bouleverser la façon même dont sont produites les chaussures. En fait, elle a même déjà commencé à le faire, en s'invitant dans la conception de prototypes ou de petites séries. Elle permet d'explorer des territoires vierges, comme le *generative design* : des logiciels calculent la structure idéale d'une chaussure à partir d'un cahier des charges définissant des contraintes de flexibilité, de durabilité, d'amorti, de poids, etc. avant de les transmettre à une imprimante 3D. De nouvelles technologies de production autorisent aussi à travailler avec des matériaux synthétiques innovants, de faire du *knitting*, des tiges en seule pièce qu'il « suffit » d'assembler à une semelle[8].

En s'appuyant sur ces innovations, plusieurs sociétés avancent aussi sur des modèles de mini-usines automatisées, pour sortir rapidement des petites séries de baskets à la demande. Car après avoir délocalisé la production à l'autre bout du monde, les grands groupes occidentaux redécouvrent l'intérêt de disposer d'unités à proximité de leurs marchés d'Europe et d'Amérique du Nord, afin de pouvoir répondre rapidement à une demande qui, en matière de chaussures, n'a jamais évolué aussi vite au gré des tendances. L'intérêt : approvisionner les magasins en quelques jours maximum, là où il faut compter plusieurs semaines de transport par cargo depuis l'Asie.

L'essor des mouvements prônant la consommation de proximité rend aussi les clients plus attentifs à l'origine des produits qu'ils achètent (on retrouve ici les considérations environnementales évoquées plus haut). New Balance, l'un des rares gros acteurs du secteur à avoir conservé une partie de ses usines aux États-Unis et au Royaume-Uni, constate le succès commercial de ses sneakers *made in USA* et *made in UK*[9].

Converse, Timberland, Tread-Everlane… The list is far from exhaustive. Saucony has unveiled a 100 % biodegradable shoe, and other brands are developing recyclable sneakers : at the end of their useful life, they are shredded and used as a raw material for the production of new pairs. Special mention is in order here for Éram and Salomon, which are among the most advanced in this regard.

Reducing its environmental footprint has become a key concern for the industry, made all the more urgent by the ever-increasing importance of ecological factors in consumers' decisions. However, the mission entails its share of industrial challenges. "The biggest problem is not so much in the manufacturing as in the traceability and sourcing of raw materials," notes Frédéric Ducruet, CEO of Millet Mountain Group, the parent company of Lafuma.[7] "Glues and leathers are still the main areas for improvement."

AFTER OFFSHORING, A HOMECOMING?

A second revolution, purely technological, is also underway. The advent of 3D printing promises to bring about a fundamental change in the way shoes are made. In fact, it is already in common use for the production of prototypes and small series. The technique allows the brands to explore uncharted realms like generative design : a software program calculates the ideal structure of a shoe based on specifications that define the requirements in terms of flexibility, durability, shock absorption, weight, etc., and transmits the result to a 3D printer. New production technologies also make it possible to work with innovative synthetic materials whose strands can be knitted into a single component, which then needs only to be attached to a sole.[8]

Based on these innovations, a number of labels are developing models of automated mini-factories that can produce small series of sneakers rapidly on demand. After outsourcing their production to the other side of the globe, the major Western groups are rediscovering the advantages of having production units near their markets in Europe and North America, ready to react quickly to a demand that, especially in footwear, is evolving faster than ever under the influence of constantly changing trends. With local production they can restock the stores within a few days, as opposed to waiting several weeks for the containers to arrive from Asia.

With the rise of movements favoring local consumption, consumers are also paying closer attention to the origin of the products they buy (which goes along with the environmental considerations mentioned above). New Balance, one of the very few major brands to have maintained factories in the United States and Britain, reports strong sales of its sneakers bearing the "Made in the USA" or "Made in the UK" label.[9] The relocation trend has also arrived in France. Revived by newcomers like Insoft and Ubac, former bastions of the French footwear industry have found new life, and the "veteran" sportswear maker Le Coq Sportif has launched several "Made in France" collections.[10]

However, these initiatives concern only small series – the French industrial landscape is no longer compatible with large-scale production. Labor costs are one factor, but not the only one. "The production of sneakers is a complex and quite specific process that very few companies in France can handle," explains Dorval Ligonnière of the Fédération Française de la Chaussure (French Footwear Federation[11]).

Ce mouvement de relocalisation touche aussi l'Hexagone. D'anciens bastions de la chaussure tricolore renaissent ainsi sous l'impulsion de jeunes pousses comme Insoft ou Ubac, tandis que le «vétéran» Le Coq sportif a aussi lancé quelques collections *made in* France[10].

Ces initiatives ne concernent que de petites séries. L'outil industriel français n'est plus adapté à une production à grande échelle. Une question de coûts salariaux, mais pas seulement. «La fabrication de sneakers est complexe et assez spécifique, peu d'entreprises en France sont adaptées», explique Dorval Ligonnière, de la Fédération française de la chaussure[11]. «Il faut également reconstruire tout un tissu économique: des formations pour disposer des savoir-faire nécessaires sur tous les métiers, des techniciens pour installer et entretenir les équipements, des réseaux de fournisseurs pour les matières premières, les lacets, les semelles, etc.»

Quant aux espoirs de voir débarquer des mini-usines automatisées, ils ont été douchés par la récente marche arrière d'Adidas. Le groupe avait ouvert en 2017 deux Speedfactory, en Allemagne et aux États-Unis, pour tester ce format. Trois ans plus tard, il va finalement rapatrier ses robots chez ses sous-traitants asiatiques[12]. Le chapitre de l'usine du futur n'est pas fermé pour autant: la marque aux trois bandes a simplement choisi de concentrer ses moyens sur l'impression 3D, et on attend les initiatives de Nike, l'autre poids lourd, qui travaille activement sur sa «*manufacturing revolution*»... À la vitesse à laquelle évolue le secteur des sneakers, il n'est plus interdit d'imaginer, demain, que nos modèles seront fabriqués sur mesure par des imprimantes 3D installées à l'intérieur même des magasins. L'avenir est à portée de pied.

"An entire economic structure needs to be rebuilt, with training in the skills needed for all the jobs involved, technicians to install and maintain the equipment, and supplier networks for the raw materials, shoelaces, soles, etc."

As for the proliferation of automated mini-factories, hopes for their future were dimmed by a recent setback for Adidas. In 2017 the group opened two "Speedfactories," in Germany and the US, to test the format. Now, after three years, it has decided to transfer the robots to its Asian subcontractors.[12] Nonetheless, the key players are not giving up on the factory of the future: the three-stripe brand has simply chosen to concentrate on 3D printing, while the other heavyweight, Nike, is actively preparing for its own manufacturing revolution. Given the speed of evolution in the sneaker industry, it is not out of the question that our favorite shoes will soon be made to measure on 3D printers right in the store. The future is close at foot.

1. Élizabeth Semmelhack, *Out of the Box. The Rise of Sneaker Culture*, New York, Rizzoli Electa / Bata Shoe Museum / American Federation of Arts, 2015.

2. Keith Cooper, *Adidas. The Story as Told by Those Who Have Lived and Are Living It*, Adidas, 2011.

3. Pierre Demoux, *L'Odyssée de la basket. Comment les sneakers ont marché sur le monde*, Paris, La Tengo, 2019.

4. Collectif Éthique sur l'étiquette, *Anti-jeu. Les sponsors laissent (encore) les travailleurs sur la touche*, BASIC, juin 2018.

5. *Ibid.*

6. *Ibid.*

7. «Converse met des bouteilles en plastique et des vieux jeans dans ses sneakers All Star», *Les Échos*, 26 juin 2019.

8. *Ibid.*

9. «New Balance, marche à l'ombre», *Les Échos*, 15 février 2018.

10. «Le Coq Sportif, la France qui (re)gagne», *Les Échos*, 5 février 2020.

11. *Ibid.*

12. «Adidas ferme ses usines du futur en Allemagne et aux États-Unis», *Les Échos*, 12 novembre 2019.

1. Elizabeth Semmelhack, *Out of the Box. The Rise of Sneaker Culture*, New York, Rizzoli Electa / Bata Shoe Museum / American Federation of Arts, 2015.

2. Keith Cooper, *Adidas. The Story as Told by Those Who Have Lived and Are Living It*, Adidas, 2011.

3. *Pierre Demoux, L'Odyssée de la Basket. Comment les sneakers ont marché sur le monde*, Paris, La Tengo, 2019.

4. Collectif Éthique sur l'label, *Anti-jeu. Les sponsors laissent (encore) les travailleurs sur la touche*, BASIC, June 2018.

5. *Ibid.*

6. *Ibid.*

7. "Converse met des bouteilles en plastique et des vieux jeans dans ses sneakers All Star," *Les Échos*, 26 June 2019.

8. *Ibid.*

9. "New Balance, marche à l'ombre," *Les Échos*, 15 February 2018.

10. "Le Coq Sportif, la France qui (re)gagne," *Les Échos*, 5 February 2020.

11. *Ibid.*

12. "Adidas ferme ses usines du futur en Allemagne et aux États-Unis," *Les Échos*, 12 November 2019.

→ Adidas Speedfactory, Bavière (Allemagne), 2017
Photo Alastair Philip Wiper

Adidas Speedfactory, Bavaria (Germany), 2017
Photo Alastair Philip Wiper

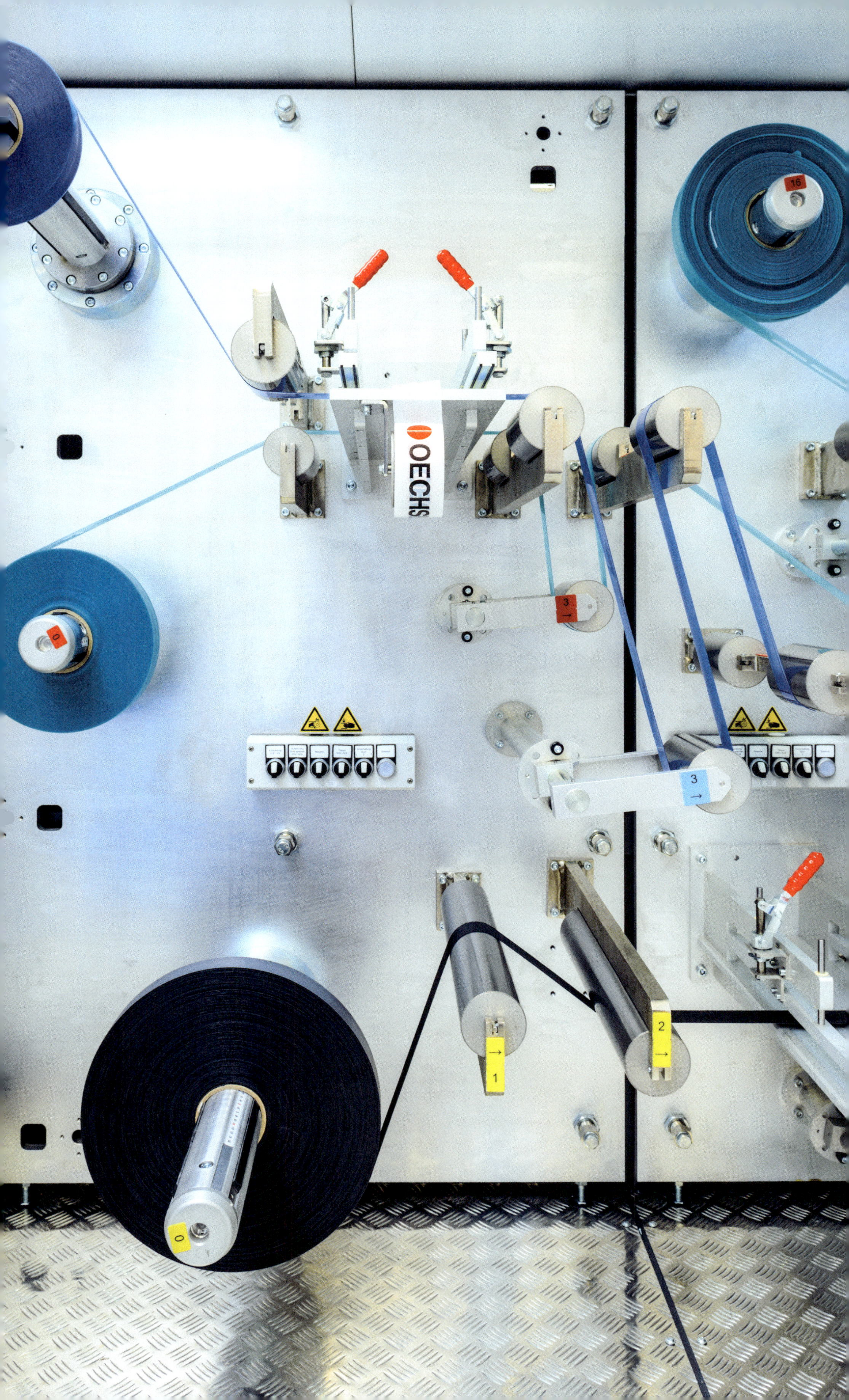
OECHS

Le projet expérimental de Christophe Guberan exploite la technologie d'impression FDM (Fused Deposition Modeling) développée par la société Stratasys. Une imprimante 3D dépose un filet de thermoplastique sur un tissu synthétique élastique, qui alors se rétracte en constituant un volume. Le modèle prend ainsi forme. La technique pourrait donc être adaptée pour concevoir des chaussures sur mesure : le tissu actif peut, en effet, poursuivre sa transformation pour s'adapter à la forme exacte du pied. Non seulement ce procédé réduit considérablement les étapes de production, mais il permet également d'apprécier les propriétés du textile comme la translucidité, la légèreté et la flexibilité.

Developed by Christophe Guberan, this experimental project uses FDM (Fused Deposition Modeling), a printing technology perfected by the company Stratasys. A 3D printer lays a thin layer of thermoplastic on a stretched fabric. The two-dimensional pattern then evolves into a three-dimensional form. The model shapes itself after the passage of the printer. Therefore, the technique could be adapted to design tailor-made shoes. The active fabric can keep on with its transformation to fit the exact form of the foot. Not only does this process considerably simplify the production process, but it also allows to appreciate the textile properties such as translucency, lightness and flexibility.

→ *Active Shoes*, Christophe Guberan en collaboration avec Carlo Clopath et le Self-Assembly Lab, MIT (Boston), 2015

Active Shoes, Christophe Guberan in collaboration with Carlo Clopath and the Self-Assembly Lab, MIT (Boston), 2015

Active Shoes

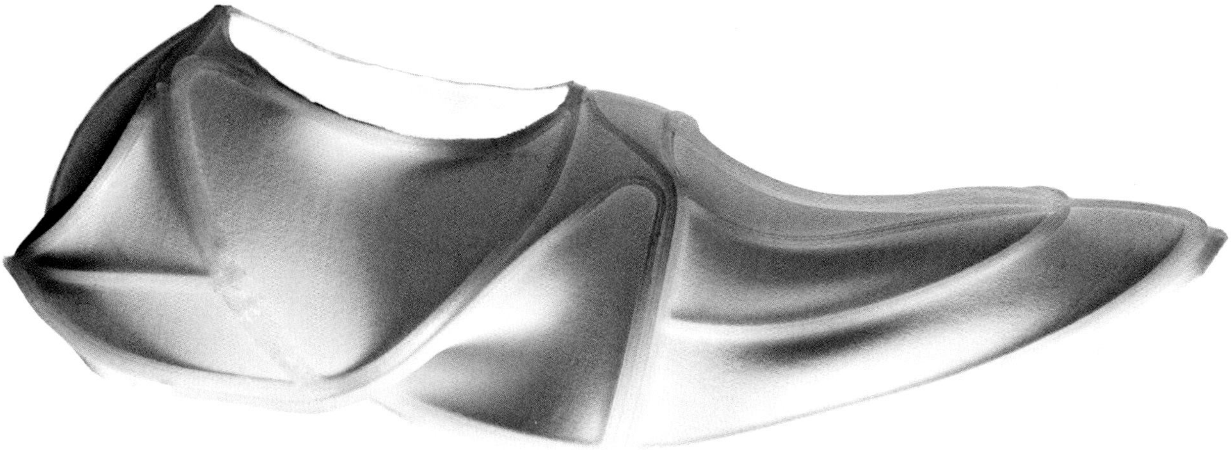

Samuel Mantelet est expert en culture sneakers, consultant en marketing et communication et cofondateur de l'association Sneakers EMPIRE.

Expert in sneaker culture, consultant in marketing and communication, Samuel Mantelet is also co-founder of the association Sneakers EMPIRE.

→ *NMD Human Race*, Chanel x Pharrell Williams x Adidas, 2017 Collection du Patrimoine de CHANEL, Paris

La revente des sneakers au cœur des passions

Sneaker resale Passion and fervor

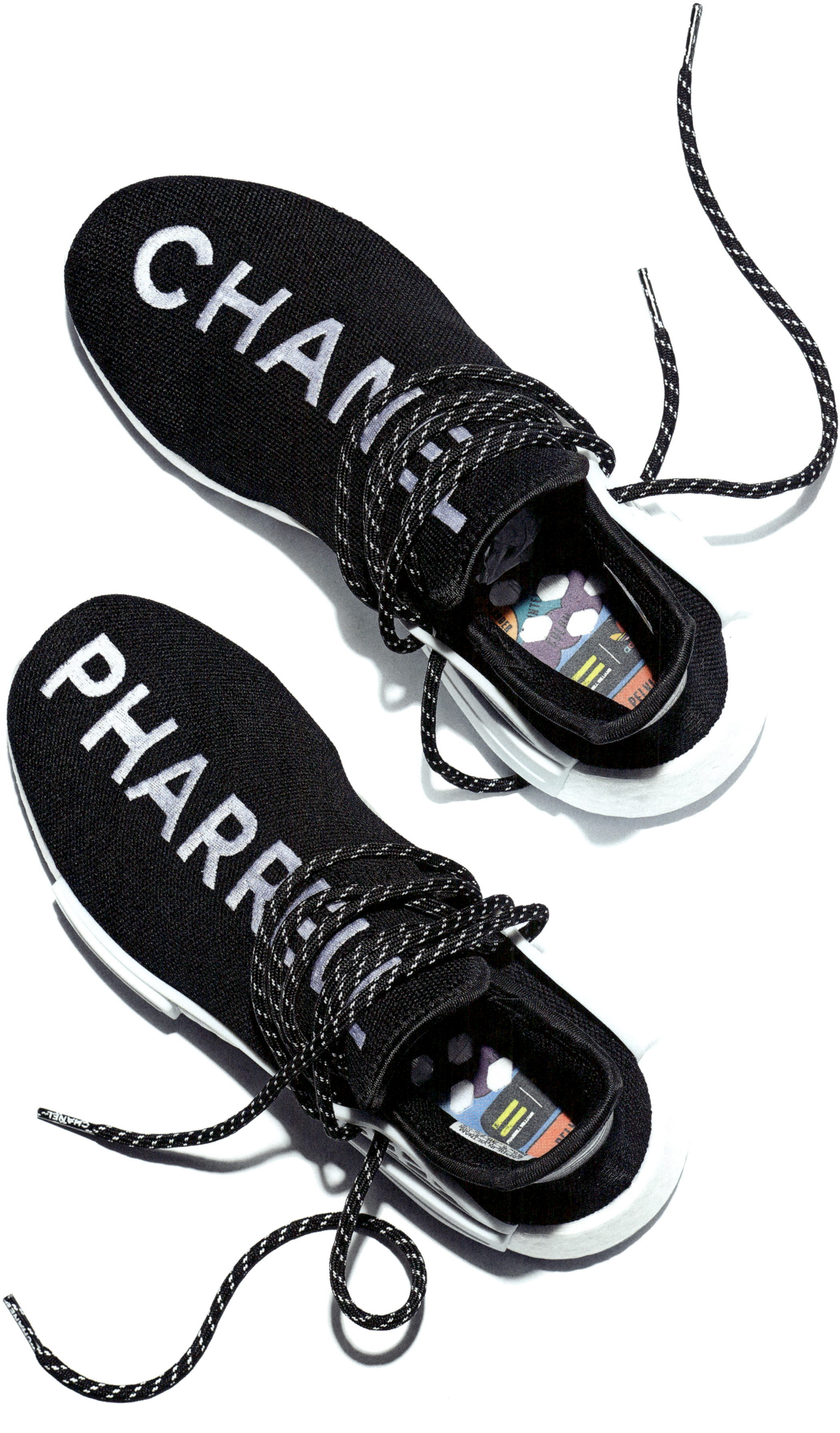
CHAN
PHARR

« Elle cote combien au *resell* ? » Resell, prononcez « ricelle », comme « ficelle » mais avec un *r*, traduisez « revente ». C'est désormais le resell qui tire les ficelles du monde des sneakers. Cette question est aujourd'hui celle qui arrive automatiquement après toute sortie commerciale d'une paire de sneakers en série limitée. Elle demande quel sera le prix à payer pour cette paire au second marché. Attention, il n'est pas question ici du marché de l'occasion. Pour être revendue au prix le plus haut, la paire ne doit en aucun cas avoir été portée. Elle doit être « DS », comme on dit, acronyme de « *dead stock* », qui signifie aujourd'hui « jamais portée ». Ainsi, certaines paires de basket se revendent deux fois, trois fois et jusqu'à cent fois leur prix magasin. C'est la raison pour laquelle ce marché des sneakers a depuis 2013 son site de cotation non officiel. Son nom : StockX (ex-Campless). Les cotes étaient d'abord fondées sur les ventes de sneakers du site Internet américain eBay et le sont désormais également sur celles de son propre site de vente en ligne. Il a même publié début 2020 son classement des dix baskets les plus chères du monde. On retrouve des paires très rares, avec en tête la fameuse Nike *Mag*, reproduction des chaussures portées par Marty McFly dans *Retour vers le futur* 2. Valeur moyenne de revente ? 30 000 dollars !! Comment en est-on arrivé là ?

JE VOUS PARLE D'UN TEMPS QUE LES MOINS DE 20 ANS NE PEUVENT PAS CONNAÎTRE

Avant, il n'y avait pas Internet. Avant, il n'y avait pas la globalisation des marchés. Avant, c'était la fin des années 1980, le début des années 1990. Avant, en France, on achetait ses *Air Jordan 6* chez Décathlon et ses *Stan Smith* chez Carrefour ! Je vous parle d'un temps que les moins de 20 ans ne peuvent pas connaître… Dans ces années-là, le resell existait déjà. Des boutiques importaient des modèles que l'on ne trouvait pas ou plus en France. Ils venaient principalement des États-Unis, berceau du phénomène sneakers. Dans ces boutiques, on trouvait parfois ces paires sous plastique, comme c'est le cas à Harlem, et il fallait regarder sous la semelle pour savoir si sa pointure avait fait partie du voyage. À Paris, ces magasins étaient à côté des des Halles ou de Bastille. Difficile de ne pas mentionner ici *Ticaret*. On pouvait y trouver des sneakers des marques rares à l'époque, Troop, Fila ou Ewing. C'est de cette manière qu'ont démarré certains magasins à la réputation aujourd'hui mondiale, comme *Patta* aux Pays-Bas.

ET PUIS, INTERNET EST ARRIVÉ…

Et puis, Internet est arrivé… mais pas encore la possibilité d'acheter via ce média. Pourtant, cela a permis la revente de sneakers entre particuliers, avec, en France, le fameux forum du site sneakers.fr. Il était LE rendez-vous des *sneakers addicts*, comme on les appelle. Les *topics* (thèmes) étaient très nombreux, mais celui qui concernait la revente était le plus fréquenté. À l'époque, il n'était pas uniquement question de paires neuves, jamais portées, « DS », les sneakers addicts étaient déjà très contents de pouvoir se procurer le modèle de leurs rêves. Le prix était le fruit d'une plus ou moins longue négociation entre le vendeur et l'acheteur. J'ai personnellement vendu à Paris à la sortie

"What's its resale value?" The question automatically comes up whenever a new limited edition sneaker is launched. How much would a pair of these fetch on the secondary market? Note that we are not talking here about the second-hand market. In order to resell at the highest price, the shoes must be in perfect, brand new condition. They must be "DS," which stands for deadstock, which means never worn. Certain models can resell for double, triple, or up to 100 times their original retail price. That is why since 2013 this sneakers market has had its own unofficial valuation site: StockX (formerly Campless). At first its price quotations were based on eBay sales, but now they also take sales on the company's own e-tail site into account. In early 2020 StockX even released its own top ten list of the world's most expensive sneakers. The ranking includes very hard-to-find pairs, starting with the famous Nike *Mag*, a reproduction of the shoes worn by Marty McFly in *Back to the Future Part II* – the ones that lace up by themselves as soon as they are slipped on. Average resale value: $30,000! How did we come to this?

I'M TALKING ABOUT A TIME THAT PEOPLE UNDER 20 HAVE NEVER KNOWN…

Back then, there was no Internet. There was no market globalization. It was the end of the 1980s, the beginning of the 90s. Back then, French sneaker fans bought their *Air Jordan 6s* at Décathlon[1] and their *Stan Smiths* at Carrefour[2]. "I'm talking about a time that people under 20 have never known."[3] In those days there was already resale. Certain stores imported models that could not or no longer be found in France. Most of them came from the United States, the birthplace of the sneakers phenomenon, the country that gave us b-boys and the Nike brand, the undisputed market leader. In those shops, some of the pairs came wrapped in plastic, just like in Harlem, and you had to look at the bottom of the sole to find out if your size made the trip. In Paris, the sneaker boutiques were clustered in the areas around Les Halles and Bastille. The story can't be told without mentioning *Ticaret*. Even though it specialized mostly in clothing, the shop also sold sneaker brands that were rare at the time, like Troop, Fila and Ewing. That was how some internationally known stores, like *Patta* in the Netherlands, got their start.

AND THEN CAME THE INTERNET…

Then came the Internet – but not yet for shopping. Nevertheless, it allowed users to resell sneakers through online forums like the famous sneakers.fr in France, the hotspot for French sneaker addicts. The site offered a great many topics, but the one on resale drew the most traffic. At the time, it was not always a matter of finding new, mint condition DS pairs. The sneaker addicts were happy just to get their hands on the model of their dreams. The price would be set through more or less lengthy negotiations between seller and buyer. Certain sellers even upheld the principle of "non-speculation," offering affordable prices. The deal could be closed via PayPal and the shoes mailed to the buyer, but hand delivery was far from uncommon. I personally sold a pair of Adidas at a Paris Métro entrance one night to a collector who had driven all the way from Lille, wife and children in tow, just to pick up his *ZX 600s*. He had spotted them on the Kicks-Box website, which invited collectors to post all of their pairs.

d'une bouche de métro une paire d'Adidas *ZX 600* à un collectionneur qui avait fait l'aller-retour en voiture depuis Lille dans la soirée avec femme et enfants ! Il les avait repérées sur le site Internet Kicks-Box, sur lequel les collectionneurs sont invités à mettre en ligne toutes les paires qu'ils possèdent.

LES MARQUES TROUVENT DANS LE RESELL UN MOYEN DE COMMUNICATION FANTASTIQUE !

Ce second marché a donc pendant longtemps été l'affaire de deux personnes, le vendeur et l'acheteur. Puis deux nouveaux acteurs y ont vu un intérêt. On a donné au premier le nom de « reselleur », un intermédiaire entre le vendeur et l'acheteur qui voit là une façon de gagner de l'argent. Le second, ce sont les marques elles-mêmes, qui ont trouvé dans le resell un moyen de communication très efficace et très peu onéreux. C'est ainsi que le nombre de paires en série limitée a explosé au fil des années. Le schéma est alors devenu simple. Le reselleur se procure les paires auprès des marques via des magasins, et désormais principalement via Internet, puis les revend avec une plus-value qui va régulièrement jusqu'à quatre ou cinq fois le prix de départ, le nombre de reselleurs pouvant lui aussi aller jusqu'à quatre ou cinq entre le magasin vendeur et le consommateur final. Quelques événements importants ont ponctué ce nouveau business.

CAMPER QUATRE JOURS POUR AVOIR UNE CHANCE DE TOUCHER LE GROS LOT

Le 22 février 2005, une émeute éclate devant le seul magasin qui propose à la vente le modèle Nike SB *Dunk Pigeon*. Cette paire est le fruit d'une collaboration entre Nike et Jeff Staple, un touche-à-tout à qui Nike a proposé de personnaliser un modèle existant avec pour inspiration la ville de New York, dont le symbole choisi sera le pigeon. Cette fois-là, et comme souvent pour ce genre de sortie de modèles exclusifs en édition très limitée, une centaine de personnes campent devant le magasin quatre jours avant la mise en vente de la paire tant attendue – on appelle cette pratique le *camp out* ! Le jour de la sortie, la police vient pour disperser les campeurs ; ceux-ci refusent... *The rest is history*, comme on dit en anglais, et la paire se vend aujourd'hui en moyenne au prix de 14 000 euros (selon StockX). Cette date marque un tournant dans l'histoire du resell, car le plus grand nombre prend conscience de ce phénomène. Jeff Staple raconte lui-même que des représentants de la marque Timberland sont venus dès le lendemain de l'émeute, demandant le responsable et lui disant : « Nous voulons aussi une émeute » !

UN TREMBLEMENT DE TERRE NOMMÉ YEEZY

Décembre 2013, tremblement de terre dans le monde des sneakers : Kanye West, le rappeur américain, quitte Nike pour aller chez Adidas. Les fans du chanteur et de sneakers s'étaient arraché ses collaborations avec la marque au Swoosh (nom donné au logo de Nike),

THE BRANDS DISCOVER THAT RESALE CAN BE A FANTASTIC COMMUNICATION TOOL

For a long time, the secondary market involved only two parties, the seller and the buyer. Then two new players entered the arena. The first was the "reseller," the person who sees an opportunity to make money by acting as a middleman. And the second was the brands themselves, which found in resale a highly effective and cost-efficient communication channel. This is the reason that the number of shoes released in limited series has exploded over the years. The scenario is quite simple: the reseller buys promising pairs from the brands, either through a store or, more commonly now, on the Internet, and then resells them with a markup that regularly reaches four to five times the original price. In fact, there can be up to four or five resellers between the retail outlet and the end consumer. The history of this new business sector has already been marked by a few major events.

CAMPING OUT FOR FOUR DAYS IN HOPES OF SNAGGING THE BIG PRIZE

On February 22, 2005, a riot broke out in front of the only store that was selling the Nike SB *Dunk Pigeon*. The design was the fruit of a collaboration between Nike and the multi-talented Jeff Staple, who was asked to personalize an existing model with a New York City theme, using the pigeon as a symbol of the metropolis. As was often the case for the launches of exclusive sneakers in very limited editions, some 100 people camped out in front of the store starting four days before the sought-after shoes were set to go on sale. When the day came, the police arrived with an order to disperse, but the campers refused to budge... And the rest, as they say, is history. Today a pair of *Dunk Pigeons* brings an average price of €14,000 (according to StockX). The date marks a turning point in resale history, because it made the phenomenon known to the general public. Staple himself recounts that representatives of the Timberland brand came to the store the next day and told the manager, "We want a riot too!"

AN EARTHQUAKE NAMED YEEZY

In December 2013 an earthquake shook up the sneakers world: the American rapper Kanye West left Nike for Adidas. His fans who were also sneaker lovers had snapped up his collaborations with the Swoosh brand, and it didn't take them long to start doing the same for his three-stripe projects. The first models of the *Yeezy* series (the name given to the shoes created with West) were released in very limited quantities, and were therefore exceedingly difficult for everyday mortals to obtain. Those who succeeded had either camping equipment, advanced computer skills or phenomenal luck. With the *Yeezys* came the "bots," short for robots – software programs that could send a purchase request to an e-tail site selling the desired model in a few hundredths of a second, leaving little chance for those using their fingers. It was even possible to buy a bot before the product became available online. Soon, the masters of resale could be seen on the social

ils ne mettront pas longtemps à faire de même avec les modèles de la marque allemande. Les premiers modèles de *Yeezy* (le nom donné aux chaussures imaginées par Kanye West) sont en quantités très limitées, et donc très difficiles à obtenir pour le commun des mortels. Il faut soit être prêt à camper, soit être doué en informatique, soit encore avoir beaucoup de chance. Avec la *Yeezy* apparaissent les *bots*, pour «robots» en anglais. Ce sont des programmes informatiques qui permettent d'envoyer une requête d'achat en quelques centièmes de seconde sur un site Internet qui vend le modèle, laissant peu de chance à celui qui utilise ses doigts. Il est même possible d'acheter ces bots avant la mise en ligne des produits. C'est à cette même période que l'on peut voir sur les réseaux sociaux les champions du resell posant fièrement devant des centaines de boîtes d'Adidas *Yeezy*. Les rumeurs vont alors bon train, jusqu'à imaginer que ces personnes se fournissent directement à la sortie des usines de la marque.

Face aux problématiques liées au camp out, car l'exemple de la *Pigeon* est loin d'être unique, les magasins physiques ou en ligne mettent en place des tirages au sort appelés *raffle*. Pour participer à ces raffles, toujours le même procédé: partager au maximum l'information de la vente de ces modèles rares sur les réseaux sociaux, qui donnent une exposition sans précédent aux marques. Cet événement est le point de départ d'une campagne de communication perpétuelle orchestrée par les marques et opérée par les magasins et les reselleurs, les réseaux sociaux faisant le reste.

Cette communication «gratuite» sert à assurer la présence de la marque dans l'esprit des consommateurs... de produits non exclusifs vendus dans les enseignes sneakers généralistes. Car il faut savoir que de moins en moins de magasins ont la possibilité de vendre ces séries limitées, la plupart étant vendues sur les sites Internet des marques.

Nike a même créé une application spécifique, SNEAKRS, dédiée à leur vente, ou plutôt à leur désir, tant elles restent difficiles à obtenir. À tel point qu'un faux tweet de Bernie Sanders, candidat démocrate à l'élection américaine, est récemment apparu avec en guise de promesse électorale: «Je réformerai l'application SNEAKRS en éliminant les bots, car acheter des sneakers ne devrait pas être si difficile!»

NE PLACEZ PLUS VOTRE ARGENT À LA BANQUE

C'est aussi ce que pensent les propriétaires du site StockX, mais pour d'autres raisons. En 2012, Josh Luber, fan de sneakers et ingénieur chez IBM, crée le site Internet Campless, qui deviendra en février 2016 StockX. C'est d'abord un site de cotation de sneakers basé sur les ventes de sneakers rares sur eBay, puis un site de revente garantissant l'authenticité des produits et faisant l'intermédiaire entre des vendeurs qui fixent leur prix et des acheteurs qui proposent le leur. Une des grandes forces de StockX réside dans le fait que l'acheteur et le vendeur n'ont aucun contact l'un avec l'autre. Pour les deux, le seul interlocuteur est StockX, qui se charge de recevoir, d'authentifier et de livrer le produit. Basée à Détroit, cette entreprise a maintenant un siège en Europe, compte 1000 employés et est valorisée à hauteur d'1 milliard de dollars. Si vous pensiez que le marché du resell n'avait pas d'avenir, faites confiance au rappeur Eminem ou à l'acteur

networks posing proudly in front of their hundreds of boxes of Adidas *Yeezys*. Rumors abounded, including stories of people sourcing their sneakers directly at the factory loading docks. To deal with the problems posed by the campout craze (the case of the *Pigeon* was by no means unique), both online and bricks-and-mortar stores began holding raffles. The procedure for entering was always the same: would-be sneaker buyers were asked to share on the social networks a maximum of information on the sale of these rare models, thus giving the brands unprecedented exposure. This development was the starting point of a never-ending communication campaign orchestrated by the brands and carried out by the stores and resellers, letting the social networks do the rest.

This "free" advertising serves the purpose of keeping the brand foremost in the minds of consumers – especially those who content themselves with non-exclusive models sold in regular sneaker shops. In point of fact, fewer and fewer stores even have the opportunity to sell the limited editions, most of which are marketed through the brands' websites. Nike has even created a specific app, called SNKRS, for selling its shoes – or rather for building an aura of desire around models that are still just as difficult to obtain. To the point that a fake tweet recently appeared attributed to Bernie Sanders, a contender for the Democratic Party's US presidential nomination, making the campaign promise: "I will reform the SNKRS application by eliminating bots, because buying sneakers should not be so difficult!"

STOP PUTTING YOUR MONEY IN THE BANK

The owners of StockX believe in this advice, but for different reasons. In 2012, the IBM engineer and sneakers fan Josh Luber created a website called Campless, relaunched as StockX in February 2016. It started as a valuation site for sneakers based on the sales of rare models on eBay, and evolved into a resale portal that guarantees the shoes' authenticity and acts as an intermediary between sellers setting their asking prices and buyers making bids. One of StockX's biggest advantages is that it eliminates the need for direct contact between the buyer and the seller – their only contact is with StockX, which takes charge of receiving, authenticating and delivering the product. Based in Detroit, the company now has an office in Europe and a staff of 1,000 employees, and is valued at $1 billion. If you thought that the resale market had no future, trust the rapper Eminem or actor Mark Wahlberg, both of whom are shareholders in StockX, which just celebrated its fourth anniversary. Three-fourths of its turnover is generated by sneaker sales, with the remaining quarter coming from sales of handbags, watches and streetwear apparel. Indeed, any explanation of resale would be incomplete without mentioning the streetwear label Supreme, the uncontested champion of the secondary market.

Rooted in skateboarding culture, Supreme was founded in New York and in a few years became one of the world's most coveted brands, largely thanks to its unconventional marketing tactics. Nearly all of its products are released in limited or ultra-limited series. The launches of its capsule collections – or "drops," as they are called – take place on Thursdays. Online or in stores, they are nabbed up quickly by resellers.

Mark Wahlberg, tous deux actionnaires de cette société qui vient de fêter ses quatre ans ! Les trois quarts du chiffre d'affaires sont réalisés par la vente de sneakers. Le dernier quart est fait par la vente de sacs à main, de montres et de vêtements streetwear, car il est impossible de parler de resell sans parler de la marque Supreme, championne incontestée du monde du resell.

La marque new-yorkaise a ses racines dans le skate et est devenue en quelques années, grâce à un marketing à contre-courant, la marque la plus hype de la planète. La quasi-totalité de ses produits est en série limitée ou hyper limitée. Les sorties de ses collections «capsules» – on les appelle les *drops* – se font le jeudi. En ligne ou en magasins, les resellers se les arrachent. Naturellement, les collaborations avec cette marque se multiplient, l'apogée étant probablement celle faite avec la marque de luxe Louis Vuitton en 2017. Leurs produits se retrouvent instantanément sur le second marché à des prix jusqu'à dix fois supérieurs au prix d'origine. Des produits si rares et si recherchés qu'ils ont fait l'objet d'une vente aux enchères chez Artcurial en 2018 : la malle courrier en collaboration avec Louis Vuitton trouva ainsi preneur pour plus de 80 000 euros. Les collaborations entre la marque au «box logo» et les marques de sneakers ne manquent pas et affolent chaque fois les resellers du monde entier.

Malgré tout, l'hégémonie de StockX n'existe pas encore. Sur Internet, au niveau mondial, eBay résiste bien malgré une désaffection ces dernières années. En France, Le Bon Coin et plus récemment Vinted sont des sites de revente privilégiés. Si vous voulez voir ces sneakers «en vrai», vous vous tournerez vers les *consignment stores*, magasins de dépôt-vente. On passera sur la triste histoire de *Wall Kicks*, un magasin ouvert en 2007 et brutalement fermé trois ans plus tard. On préférera citer, par exemple, le fameux *Larry Deadstock*, à Paris, ou *La Consigne Store*, à Strasbourg. Tous ont un site Internet marchand associé.

Les sneakers sont donc devenues en quelques années de véritables produits de spéculation dont le placement rivalise sans problème avec celui des actions ou même des œuvres d'art. Ces produits destinés à être portés d'abord pour la pratique d'un sport puis comme un objet statutaire sont, pour une minorité d'entre eux, cantonnés dans leur boîte d'origine pour ne pas perdre de valeur. Une minorité qui reste très importante, car le marché mondial des sneakers est estimé à 80 milliards d'euros et celui du resell à 5,5 milliards.

Cette évolution du marché permet aux marques d'être présentes en permanence sur les réseaux sociaux et à ceux qui revendent ces paires rares de s'enrichir. D'autres conservent précieusement ces pièces de collection, leur donnant le rôle d'assurance-vie. C'est là que le cercle vertueux ou vicieux s'arrête, car une des limites des sneakers est leur espérance de vie. Les matériaux utilisés dans leur fabrication n'ont jamais été très durables, et le seront toujours moins avec le temps du fait de l'optimisation des marges, qui passe par des coûts de fabrication toujours plus bas. Or une paire non portée a une espérance de vie plus courte qu'une paire portée. Dans les boîtes, leurs matériaux s'altèrent avec le temps, jusqu'à en faire des chaussures non portables. Elles deviennent alors des paires d'exposition, conservant une valeur, mais bien moindre. Elles sont de plus en plus nombreuses et les heures avant de voir naître le premier site Internet qui s'occupera de leur revente sont comptées. Nous attendons donc de voir la première marque qui garantira une durée de vie à nos sneakers préférées ou celle qui indiquera une date de péremption sur la boîte !

Not surprisingly, the label is in great demand for joint projects, probably the most prestigious of which was its collaboration with the luxury house Louis Vuitton in 2017. The resulting products showed up instantaneously on the secondary market, fetching as much as ten times the original price. The collection was so rare and so sought-after that it was featured in an auction at Artcurial in 2018. The Louis Vuitton x Supreme Malle Courier Trunk found a taker at more than €80,000. The "box logo" brand also collaborates with many sneaker labels, each time whipping resellers around the world into a frenzy.

Despite it all, StockX has not yet cornered the resale market. On the Internet, on a global scale, eBay is holding up well despite a loss of popularity in recent years. In France, Le Bon Coin and more recently Vinted are high-traffic resale sites. And for those who want to see their sneakers "in real life," there are the consignment stores. Let's skip the sad tale of *Wall Kicks*, a store that opened in 2007 and suddenly went out of business three years later. More encouraging examples include the famous *Larry Deadstock* in Paris and *La Consigne Store* in Strasbourg, both with their affiliated e-tail sites.

Today, the sneaker has become a full-fledged speculative product, an investment instrument that easily rivals shares of stock or even artworks. Originally meant to be worn for the practice of a sport, sneakers later became status symbols, and then, for a small minority of them, precious keepsakes, destined to remain untouched in their original box so as not to lose value. A small minority of great importance, because the worldwide sneakers market is estimated at €80 billion, and the resale market at €5.5 billion.`

This situation allows the brands to maintain a permanent presence on the social networks, and the speculators who resell rare models to make money. Others hold on to their collector's sneakers, treating them like a life insurance policy. And that is where the virtuous or vicious circle ends, because one of the limits of sneakers is their life expectancy. The materials used to make them have never been highly durable, and as time goes on they become even less so, due to the optimization of profit margins through the constant reduction of manufacturing costs. In fact, an unworn pair has a shorter lifespan than a worn pair. Sitting in the box, its materials alter with age, eventually changing the shoes from unworn to unwearable. They then become an exhibition piece, retaining a certain value, but much less than before. There are more and more such sneakers in the world, and it's only a matter of time before we see the first website dedicated to their resale. We're also waiting to see the first brand to offer a guaranteed service life for our favorite models, or a brand that stamps an expiration date on the box!

1. Translator's note : A popular French sporting goods chain.

2. Translator's note : A French big-box store, comparable to Walmart in the United States.

3. Translator's note : Quoted from the song "La Bohème," sung by Charles Aznavour (1965).

Diplômée de l'université Cornell (New York) en science de la fibre et en design de vêtements et titulaire d'un master « Material Futures » du Central Saint Martins à Londres, Jen Keane développe une approche qui tend vers un dialogue plus étroit entre la science, le design et l'industrie afin d'apporter de réels changements à nos moyens de production. Elle utilise les dernières technologies pour concevoir une nouvelle génération de matériaux textiles hybrides, offrant une alternative aux matériaux plastiques. Avec *This is Grown*, elle détourne le processus de croissance de la bactérie *k. rhaeticus* pour tisser la tige de la chaussure. La cellulose produite par ces bactéries permet d'obtenir un matériau à la fois résistant et léger, qui offre un potentiel nouveau pour concevoir des objets textiles. La tige est produite en une seule pièce, aucune couture nécessaire, aucun gaspillage de matière. Avec ce projet, Jen Keane remporte en 2018 le prix Techstyle et obtient une résidence à la Mills Fabrica à Hong Kong.

Jen Keane graduated from Cornell University (New York) in fiber science and clothing design and got a MA degree in « Material Futures » from Central Saint Martins in London. She tends towards a closer dialogue between science, design and industry, to bring real changes in our modes of production. She uses the latest technologies to conceive a new generation of hybrid textile materials, offering an alternative to plastic. For her project *This is Grown*, she modifies the growth process of the bacteria k.rhaeticus to weave the upper of a shoe. The cellulose produced by these bacteria becomes a material that is both resistant and light, which offers a potential for designing textile objects. The upper is produced in one piece, no sewing necessary and no waste of material. With this project, Jen Keane won the Techstyle Award in 2018 and obtained a residency at Mills Fabrica in Hong-Kong.

→ *This is Grown*,
Jen Keane, 2018

This is Grown

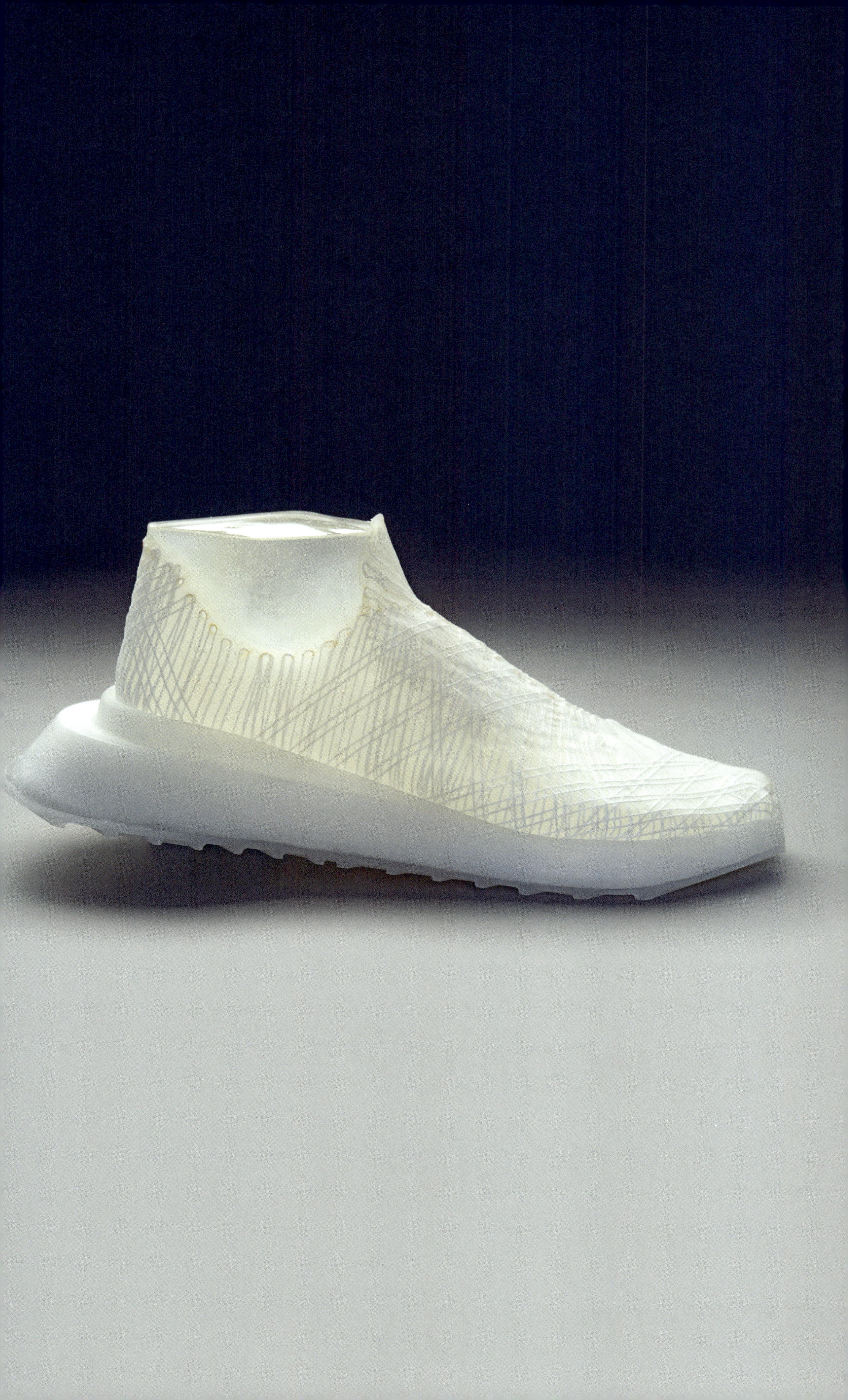

Annabelle Laurent est journaliste chez *Usbek & Rica*. Elle y explore le futur de nos sociétés sous toutes ses formes.

Annabelle Laurent is a journalist for *Usbek & Rica*. She explores the future of our societies in all their forms.

→ Images extraites de la vidéo Ecoalf présentant le projet « Upcycling the Oceans » mené par la marque espagnole, 2018

Images from the Ecoalf movie presenting the "Upcycling the Oceans" project developed by the Spanish brand, 2018

Les sneakers peuvent-elles vraiment être écolos ?

Can sneakers be truly eco-friendly?

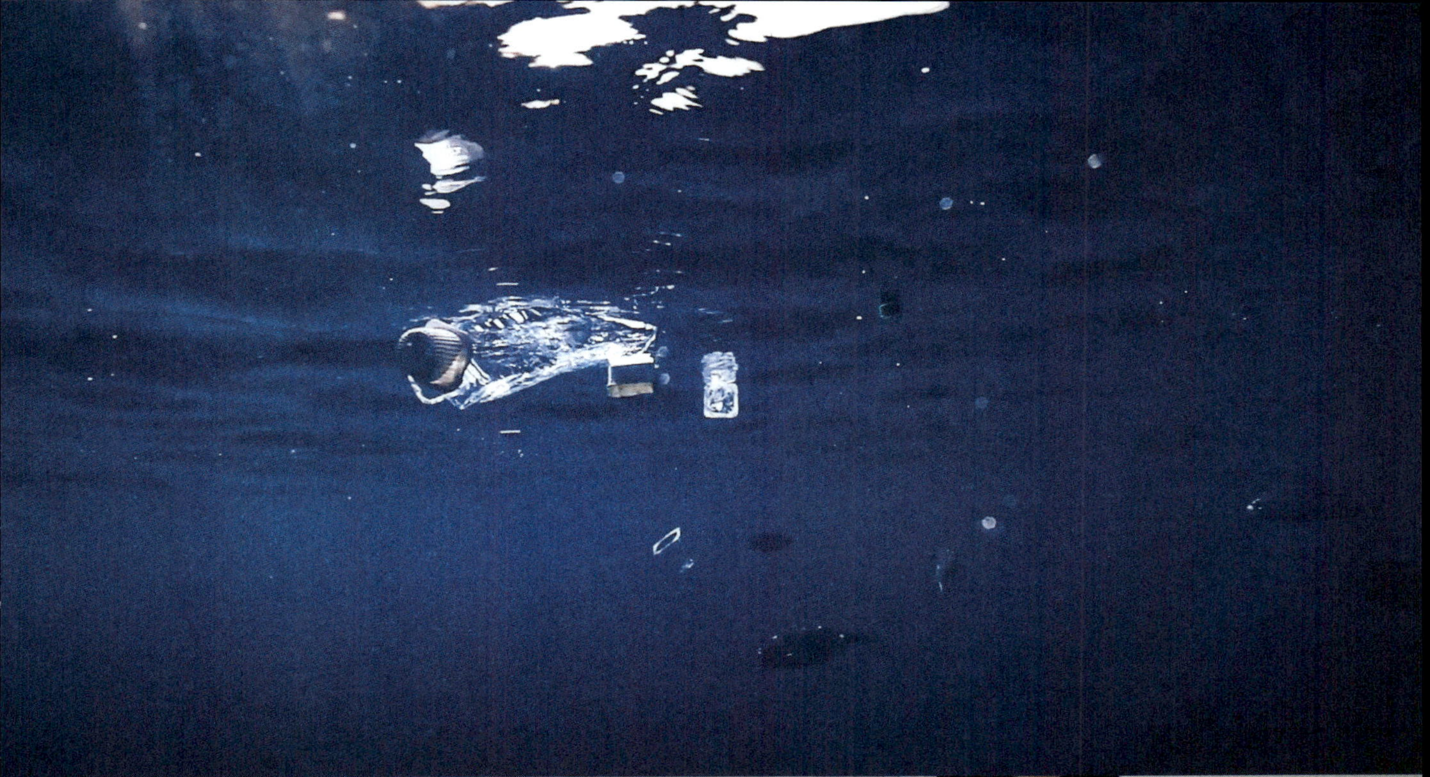

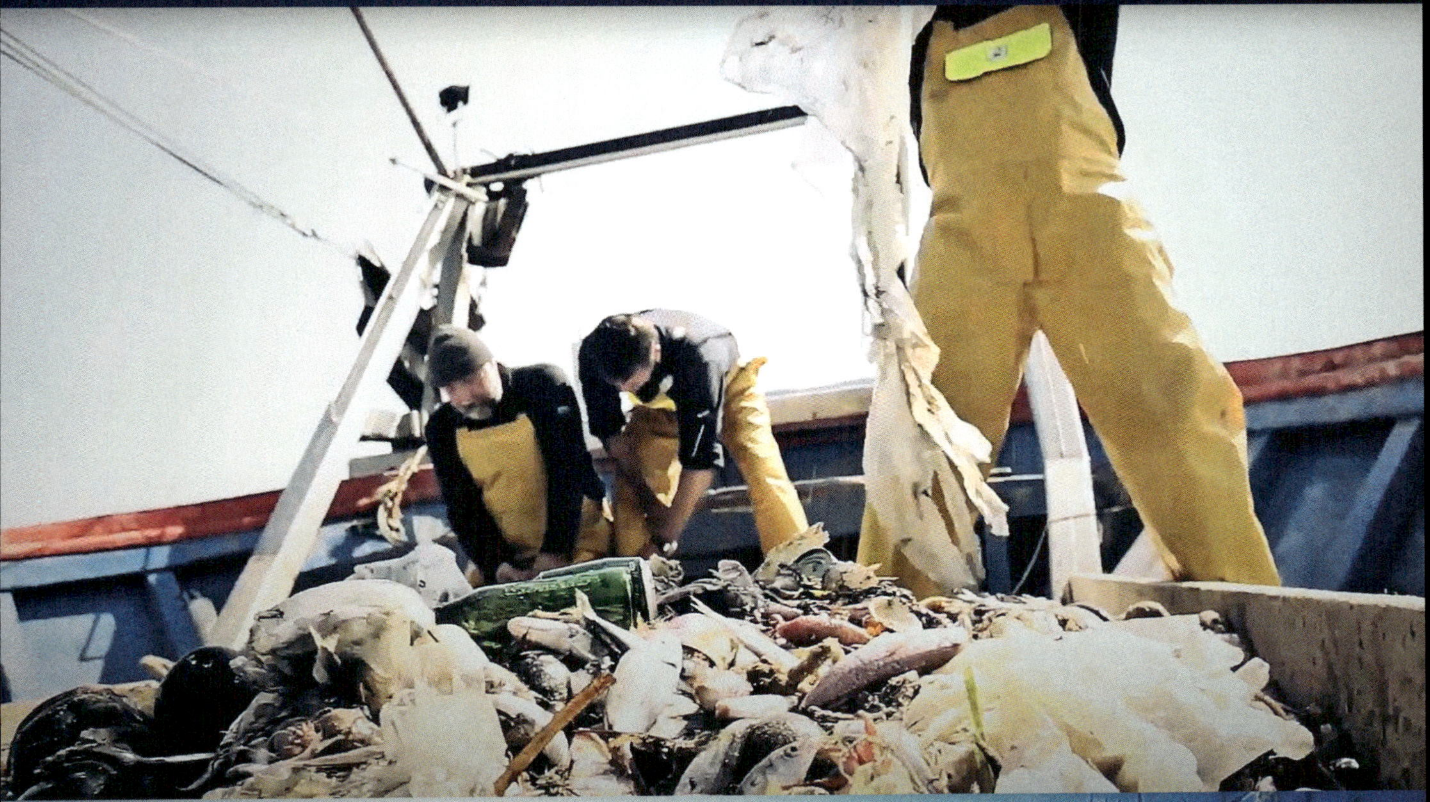

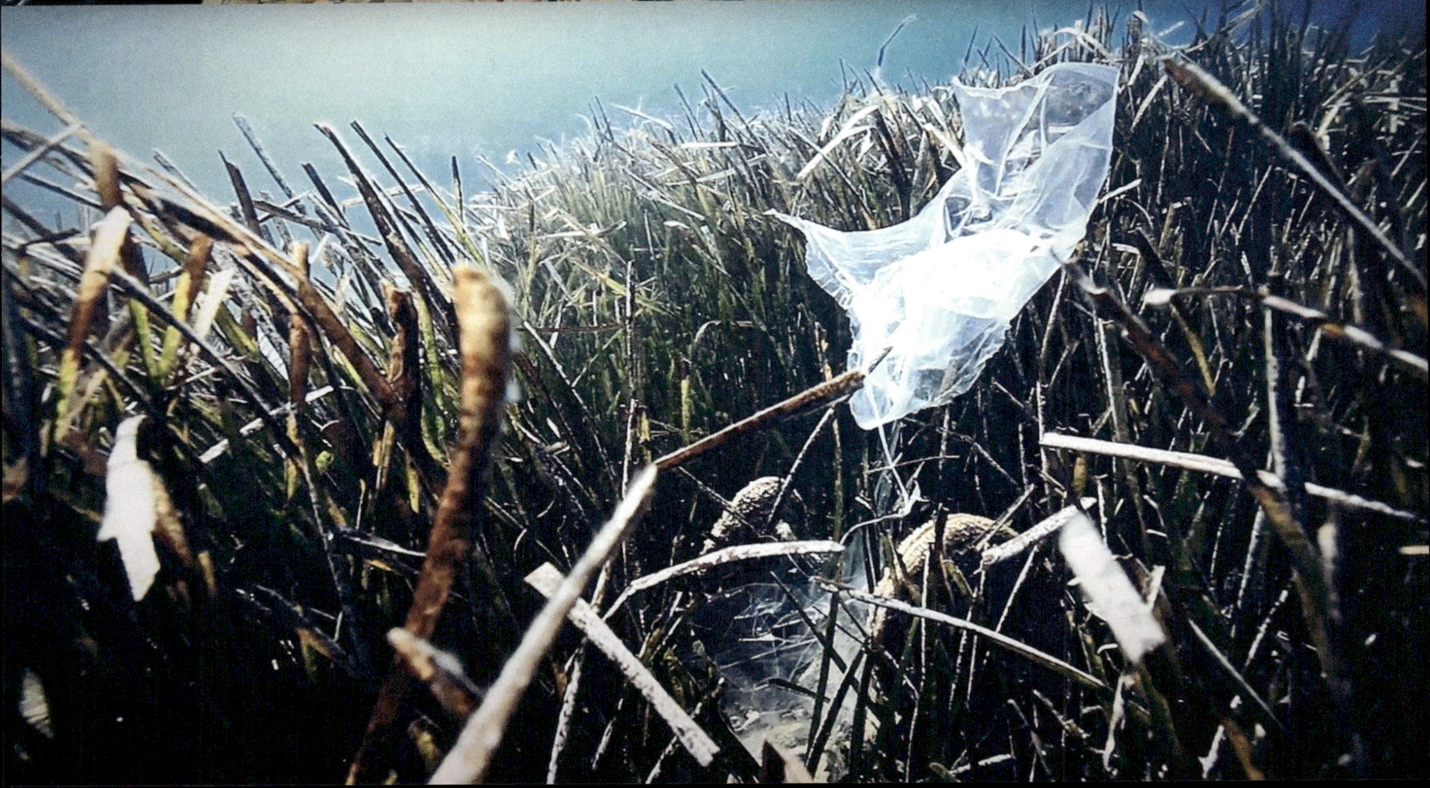

Qu'est-ce qu'une sneaker écolo ? Une basket conçue à partir de plastique recyclé ? Ou produite localement ? Une basket durable, écoresponsable, éthique, zéro déchet, vegan, tout ça à la fois ? La réponse diffère selon les marques. Toutes profitent en tout cas de la ferveur collective pour les sneakers, tout en tâchant de minimiser leur impact écologique... au prix de quelques paradoxes.

Cent cinquante[1]. C'est le nombre de nouvelles marques qui ont, ces cinq dernières années, investi en France le marché de la basket. En un an seulement, les ventes y ont progressé de 5,5 millions d'euros, tandis qu'en 2019, dans le monde, le marché de la sneaker générait 70 milliards de dollars[2]. À la lecture de ces chiffres, ceux d'un secteur gourmand en matières synthétiques polluantes et impliquant d'importants coûts de fabrication et de transports, l'écologie n'est certainement pas le premier mot que l'on associerait au phénomène des sneakers. Pourtant, les deux termes ne sont pas inconciliables. Du moins... de moins en moins.

ÉCOLO, C'EST-À-DIRE ?

D'abord, qu'est-ce qu'une sneaker écolo ? Une basket dont les matières premières sont écologiques, achetées selon les principes du commerce équitable, et produite dans des usines au Brésil avec des standards sociaux élevés : c'est la réponse du français Veja, dont le logo « V » pullule sur le bitume des grandes villes. Trois millions de paires ont été vendues depuis sa création en 2003. À moins que ne soit digne du qualificatif « écolo » une basket faite à partir de plastiques repêchés en mer, quitte à ce qu'une partie de la production ait ensuite lieu en Chine ? C'est la formule de la marque espagnole de vêtements écoresponsables Ecoalf, créée en 2009, et dotée, comme Veja, du précieux label B Corp[3].

La jeune marque Ector mise, elle, sur le local : si ses sneakers sont également faites de plastique recyclé, elles sont strictement *made in* France. Des bouteilles sont transformées en fil avec lequel sont tricotées les tiges de la chaussure, à Saint-Étienne, puis le reste est assemblé dans un atelier à Romans, dans la Drôme, le tricotage permettant d'éviter les opérations de découpe et d'économiser jusqu'à 30 % de matière première. La démarche de Corail est proche : les sneakers sont fabriquées à partir de bouteilles repêchées à Marseille, et confectionnées main au Portugal.

Les définitions pourraient encore s'enchaîner. Pour la marque française Faguo, connue pour sa promesse de planter un arbre pour chaque paire de chaussures vendue, il s'agit depuis 2009 de « mesurer, réduire puis compenser » ses émissions de CO^2, la réduction valant « sur les matières, en travaillant avec du recyclé, mais aussi sur les transports et les emballages », et jusqu'à la fin de vie des produits à travers un programme de recyclage, mais tout en conservant une fabrication au Vietnam.

Pour Adidas, qui s'est associé en 2015 à l'ONG (organisation non gouvernementale) Parley for the Oceans et a proposé depuis quelques modèles à base de plastique recyclé, le nec plus ultra de la sneaker écolo est celle qui se recycle à 100 % et à l'infini : c'est la performance obtenue par sa fameuse *FutureCraft Loop*, fabriquée avec un seul matériau plastique, et attendue

What is an eco-friendly sneaker? One that's made with recycled plastic? Locally produced? Sustainable, environmentally responsible, ethical, zero-waste, vegan, all of the above? Different brands have different answers, but they all share the same goal: to take advantage of the collective fervor surrounding sneakers while striving to minimize their ecological impact. At the risk of creating a few paradoxes...

One hundred fifty[1]. That's the number of new brands that have entered the sneaker market in France in the past five years. In just one year French sneaker sales rose by €5.5 million, and the worldwide market in 2019 represented $70 billion.[2] Looking at these figures, for a sector that uses vast quantities of polluting synthetic materials and incurs hefty manufacturing and shipping costs, "ecology" is certainly not the first word that one would associate with the sneakers phenomenon. And yet, the two terms are not mutually exclusive – or at least less and less so.

WHAT DOES ECO-FRIENDLY MEAN?

First of all, what are eco-friendly sneakers? Sneakers whose raw materials are ecological, sourced according to the principles of fAir trade, and produced in factories in Brazil with high labor standards: this is the answer proposed by the French Veja label, whose "V" logo is omnipresent on big-city sidewalks. The brand has sold three million pairs since its founding in 2003. But wouldn't sneakers made from recycled ocean plastics also qualify for the adjective "eco-friendly," even if part of the production is completed in China? That's the formula adopted by the eco-responsible Spanish fashion label Ecoalf, founded in 2009, which, like Veja, boasts the precious B Corp certification seal.[3]

Meanwhile, the young French Ector label focuses on local production. Its sneakers are also made of recycled plastic, but 100 % made in France. Discarded bottles are converted into fibers that are used to knit the uppers in Saint Étienne, and the shoes are assembled at a workshop in Romans, in the nearby Drôme region. The knitting process eliminates the need for cutting, reducing raw material costs by as much as 30 %. Corail takes a similar approach: its sneakers are made from bottles recovered off the coast of Marseille and hand-assembled in Portugal.

There are other definitions. For the French brand Faguo, which has famously pledged to plant a tree for each pair of shoes sold, since 2009 being eco-friendly has meant "measuring, reducing and compensating" for its CO2 emissions. The reduction efforts concern "the materials, working with recycled sources, but also shipping and packaging." The company also manages its products' end-of-life through a recycling program, but continues to outsource production to Vietnam.

For Adidas, which teamed up in 2015 with the NGO Parley for the Oceans and has since launched several models incorporating recycled plastic, the ultimate eco-friendly sneaker is one that's 100 % recyclable in perpetuity: a feat achieved by its famous *FutureCraft Loop*, made from a single plastic material and set to sweep the brand's fans off their feet in summer 2021. In parallel, the French sports equipment maker Salomon has unveiled a concept for a running shoe that can be

de pied ferme par les aficionados pour l'été 2021. En parallèle, le français Salomon a dévoilé un concept de chaussure de running entièrement recyclable… en une coque de chaussure de ski.

Nike, enfin, qui s'est illustré dès 1993 avec son programme Reuse-A-Shoe (pour recycler les baskets en terrains de sport), annonçait début 2020 sa *Space Hippie*, fabriquée avec un matériau venant de bouteilles en plastique, de T-shirts et débris d'usine… La com' est efficace : celle-ci est aussitôt qualifiée, sur le site de *ELLE* par exemple, de « sneaker la plus écologique du marché »…

WORK IN PROGRESS

Faut-il privilégier des matières premières durables ou tout miser sur le plastique qui déborde des océans ? Faite de matériaux naturels, la sneaker sera-t-elle tout aussi résistante, donc durable ? Faut-il introduire peu à peu le tannage végétal ou être, sans concessions, 100 % vegan ? Produire à tout prix en France ou sous-traiter la fabrication à l'étranger ? Et comment y garantir alors de bonnes conditions de travail, l'écologie ne pouvant faire l'économie des règles de la mode éthique ? Lancer une sneaker écolo, ce n'est peut-être pas résoudre la quadrature du cercle, mais quelques équations y passent à coup sûr. Chaque marque fait des choix, qui évoluent au fil des années, et aujourd'hui à un rythme accéléré.

« Nous avons conçu nos sneakers pour qu'elles respectent l'environnement et nous sommes aujourd'hui en train de valider le processus pour les recycler et en refabriquer d'autres, indique Patrick Mainguené, fils de bottiers et créateur des sneakers Ector. Quatre cent cinquante millions de paires de chaussures sont vendues par an en France sans qu'il y ait de solution de recyclage ! Il faut absolument intégrer l'économie circulaire, et savoir ce que devient le produit en fin de vie. Si on arrive à recycler 95 % d'une voiture, on ne peut pas imaginer qu'on ne puisse pas faire la même chose avec la chaussure. »

« Nous augmentons au fur et à mesure la part de matériaux recyclés dans nos sneakers, explique pour sa part Carolina Alvarez-Ossorio, qui dirige la communication mondiale d'Ecoalf. Nous travaillons sur les lacets, les doublures, les semelles… ». Dernière fierté en date, la *Monster* est 100 % vegan, faite à 59 % de PET recyclé issu de bouteilles de plastique et à 41 % de Sorona, une microfibre polyester composée à hauteur de 37 % d'origine végétale (glucose de maïs), et la semelle, Vibram, est issue de chutes de caoutchouc. L'an dernier, la marque a lancé l'*Ocean Waste*, qui n'a ni lacets ni étiquettes pour faciliter son recyclage, et dont la semelle est faite d'un biopolymère provenant d'algues. Prochaine étape, « utiliser du marc de café pour la semelle intérieure »… Le tout avec une certitude, martelée au téléphone par Carolina Alvarez-Ossorio, « le futur, pour nous, c'est l'innovation technologique ».

L'innovation qui, parfois, fait naître de petits miracles. Comme cette sneaker conçue grâce aux vaillants efforts d'une… bactérie, la *K. rhaeticus*. En 2017, Jen Keane, designeuse londonienne alors en dernière année de master, à la fois « frustrée par la pollution plastique

entirely recycled – as a ski boot shell.

Lastly, Nike, which took an admirable initiative in 1993 with its Reuse-A-Shoe program (for recycling sneakers as a sports ground surfacing material), unveiled its *Space Hippie* sneaker in early 2020, manufactured with a material derived from plastic bottles, T-shirts and textile scraps. And the label's communication did its job: the model was instantly hailed as "the most ecological sneaker on the market" on the *Elle* magazine website, among others.

A WORK IN PROGRESS

Should we prioritize sustainable materials or concentrate on the plastic that's clogging the oceans? Will sneakers made of natural materials be just as resistant and therefore long-lasting? Should we gradually introduce vegetable tanning or go all-out vegan right away? Make the shoes in France no matter what the cost or outsource the manufacturing to other countries? And how can we guarantee good working conditions in the factories, given that eco-action goes hand-in-hand with the principles of ethical fashion? Launching an eco-friendly sneaker may not be as problematic as squaring a circle, but there are definitely some thorny equations to work out. Each brand makes its own choices, which evolve over time – now at an ever-faster pace.

"We have designed our sneakers to be environmentally-friendly and are now validating a recycling process so they can be used to make others," explains Patrick Mainguené, son of a family of shoemakers and the creator of Ector sneakers. "In France, 450 million pairs of shoes are sold every year, with no recycling system in place! We absolutely must integrate the circular economy and pay attention to what happens to our products at the end of their life. If a car can be 95% recycled, it's hard to believe that we can't do the same with shoes."

"We are gradually increasing the amount of recycled materials in our sneakers," reports Carolina Alvarez-Ossorio, global communications director for Ecoalf. "We're looking into laces, linings, soles…" The brand's latest triumph, the *Monster*, is 100% vegan, with uppers made of 59% recycled PET from plastic bottles and 41% Sorona, a polyester microfiber that is 37% plant-based (corn glucose), and with Vibram soles made from rubber scraps. Last year Ecoalf launched the *Ocean Waste*, a sneaker with no laces or labels, for easier recycling, and with a sole made of a seaweed-derived biopolymer. The next step will be "using coffee grounds for the insole," says Alvarez-Ossorio, who takes pains to stress one key point: "For us, technological innovation is the future."

Innovation that sometimes produces minor miracles. Like a sneaker that exists thanks to the valiant efforts of… a bacterium, K. rhaeticus. In 2017 the London-based designer Jen Keane, then in the final year of a master's program and "frustrated by plastic pollution and the gap between the state of scientific research and the underuse of natural materials in design," created a sneaker that she dubbed *This Is Grown*.[4] The shoe is made entirely of cellulose fiber "woven" by *K. rhaeticus* and has, according to tests conducted on the material, "greater tensile strength than polypropylene and

et le fossé existant entre l'état de la recherche scientifique et le peu d'utilisation, dans le design, de matériaux naturels», crée une sneaker qu'elle baptisera *This is Grown*[4]. Celle-ci est entièrement composée de fibre de cellulose tissée par la bactérie, et est, selon les tests réalisés ensuite, «plus résistante à la traction que le polypropylène et le polyéthylène», deux fibres synthétiques.

«J'ai fait "pousser" le dessus d'une basket – en une seule pièce, sans couture et avec un seul fil continu tenu par la cellulose fabriquée par la bactérie – pour montrer comment nous pourrions fabriquer ces produits dans le futur.» Un futur qui à ses yeux combinera des fibres naturelles, qui sont «à la fois le passé et le futur des textiles dans la mode», glisse-t-elle – après tout, le Nylon, première fibre synthétique commercialisée, ne date que de 1938 –, et des fibres «biofabriquées» (produites par exemple par des bactéries). Pour ces dernières «il faudra encore un peu de temps, mais la transition pourrait s'opérer significativement dans la décennie à venir», pronostique la designeuse.

MEA-CULPA

L'avenir dira donc si la sneaker écolo sera faite d'une vieille bouteille de Coca repêchée aux Maldives, d'une bactérie tisseuse ou de marc de café. En attendant, les marques qui promettent aujourd'hui des produits durables et éthiques ne se heurtent pas qu'à des limites technologiques de perfectionnement de leurs produits.

Sur le site de Veja, il y a même une rubrique dédiée: «Limites[5]». Les œillets des Veja sont en métal qui n'est pas sourcé, les teintures utilisées sont conventionnelles, car des teintures naturelles testées en 2012 n'ont pas satisfait la marque, le cuir n'est plus à 100% du cuir tanné végétal (celui-ci est utilisé sur 10% des modèles), car «depuis 2015, le coût prohibitif et la qualité nous ont fait revenir en arrière», et le «recyclage des baskets n'est toujours pas mis en place»... Voilà en partie ce que l'on peut lire dans cette étonnante rubrique listant les mea-culpa.

Plus surprenant encore, Veja y reconnaît sa participation à la surconsommation (alors qu'elle a opté pour une politique de zéro pub): «Bien que nous soyons fiers de nos baskets et de la manière dont nous les fabriquons, nous nous posons des questions. A-t-on vraiment besoin d'acheter autant de paires de chaussures? Nous sommes bien conscients que notre produit fait partie de ce qu'on appelle "la mode", mais est-il vraiment nécessaire de pratiquer un tel fétichisme? D'avoir toujours le dernier modèle?»

«Notre industrie est la deuxième la plus polluante au monde et il en va de notre responsabilité de le faire savoir», ajoute Carolina Alvarez-Ossorio, d'Ecoalf. Mais elle tempère aussitôt: «Nous avons une responsabilité en tant qu'entreprise de mode. Nous ne participons pas au Black Friday, par exemple. Mais les consommateurs ont aussi la leur, celle de demander moins. Il faut les sensibiliser pour qu'ils achètent moins, mais mieux.» Renvoyer la balle au client, c'est un peu facile... mais de bonne guerre?

polyethylene," two much-used synthetic fibers.

"I 'grew' the upper of a shoe – in a single piece with no sewing and one continuous yarn held in place by the cellulose produced by the bacteria," Keane explains, "to show how this could affect the way we make products in the future." A future that she believes lies in a combination of organic fibers, which are "both the past and future of fashion textiles" (after all, nylon, the first commercially successful synthetic fiber, dates only from 1938), and biofabricated fibers produced by microbes like bacteria and fungi. The latter materials "need a bit more time, but I could see a significant transition towards them over the next decade," the designer predicts.

MEA CULPA

Time will tell if the eco-friendly sneaker of the future will be made from old Coca-Cola bottles pulled out of the ocean in the Maldives, weaving bacteria or coffee grounds. In the meantime, the brands that strive to offer sustainable, ethical footwear face issues that go beyond the technological limits of perfecting their products.

The Veja website even has a special section devoted to these "*Limits*"[5]: its eyelets are made of metal not directly sourced by the brand, its dyes are conventional (Veja tested natural dyes in 2012 and did not find any that met its standards) and its leathers are not 100% vegetable tanned. In fact, the figure is only 10% because, as the brand explains, "Since 2015, given that the costs were prohibitive and the quality not up to par, we turned back." In addition, "Sneaker recycling has yet to be established." And these are only a few of the problems detailed in this rather surprising list of *mea culpas*.

Even more surprisingly, Veja also recognizes its contribution to overconsumption (even though it has opted for a zero-advertising policy): "While we're proud of our sneakers and the way we make them, other questions beg to be answered. Do we really need to buy so many pairs of shoes? We're aware our product is fashionable, but is it necessary to fetishize them in such a way? To always own the latest style?"

"We have the second most polluting industry, and we need to share these facts," says Carolina Alvarez-Ossorio at Ecoalf. To which she adds, "We have a responsibility as a fashion company. For example, we do not participate in Black Friday. But the consumer also has a responsibility to demand less. We need to educate them to buy fewer but better products." Sending the ball back to the customer's court: it seems an easy tactic, but perhaps fair game.

Alvarez-Ossorio expects eco-sneakers to win out in the end – in fact, in less than ten years from now. "We won't even talk about it any more," she says. "It will be the industry standard." "There is no other issue!" insists Patrick Mainguené at Ector. "It's just a matter of time." Adidas, Nike and their ilk, the brands that now dominate the rankings of the world's bestselling sneakers, will probably stay at the top, but with improved products. The Ector founder, who spent 30 years designing shoes for other brands (Salomon, Aigle...), is convinced: "Today, the small brands can speed things up, making consumers aware of the solutions and reassuring the

D'ici moins de dix ans, imagine Carolina Alvarez-Ossorio, les sneakers écolo auront en tout cas gagné. « Nous n'en parlerons même plus, ce sera devenu un standard dans l'industrie. » « Il n'y a pas d'autre issue ! C'est une question de temps », renchérit Patrick Mainguené, d'Ector. Les Adidas, Nike et consorts, qui trustent aujourd'hui les classements des sneakers les plus vendues au monde, se maintiendront probablement au sommet, mais avec de meilleurs produits. Le fondateur d'Ector, qui a imaginé pendant trente ans des chaussures pour les autres (Salomon, Aigle), en est convaincu : « Aujourd'hui, les petites marques peuvent accélérer les choses : faire prendre conscience au consommateur qu'il y a des solutions, et rassurer les grandes marques sur le fait que le marché est viable. » Par ailleurs, « plus les grandes marques annoncent de nouvelles sneakers durables, mieux c'est pour tout le monde : elles participent à éveiller les consciences, reconnaît Carolina Alvarez-Ossorio. Mais ce sont beaucoup de mots, d'engagements à long terme, ou alors sur des éditions limitées. Ce qu'il manque, ce sont les faits. » Adidas promet d'ici 2024 de n'utiliser que du plastique recyclé dans ses produits, Nike s'est engagé à « réduire de 30 % l'empreinte carbone de sa chaîne logistique mondiale d'ici 2030 ». Rendez-vous dans quelques années, donc.

major brands that the market is viable." According to Alvarez-Ossorio, "As more big brands announce new sustainability projects, it helps everybody because it raises awareness. But we need to see action, not just statements, not just limited editions. What's missing is the facts." Adidas has promised to be using only recycled plastic by 2024, and Nike has declared its intention to reduce the carbon footprint of its global logistics chain by 30 % between now and 2030. We shall see what the results are in a few years...

1. Chiffre annoncé en avril 2019 par la Fédération française de la chaussure (FFC).

2. Selon une étude réalisée par Grand View Research.

3. Pour obtenir le label B Corp, une entreprise doit répondre à 80 sur 200 critères portant sur sa gouvernance, ses impacts écologiques, etc. En France, une centaine d'entreprises est labellisée.

4. www.jenkeane.com/this-is-grown

5. project.veja-store.com/fr/single/limits/

1. Figure released in April 2019 by the FFC (Fédération Française de la Chaussure, or French Footwear Federation).

2. According to a study conducted by Grand View Research.

3. To earn the B Corp seal, a company must meet at least 80 of 200 criteria concerning its governance, ecological impact, etc. In France only about 100 companies have been granted certification.

4. www.jenkeane.com/this-is-grown

5. project.veja-store.com/fr/single/limits/

A Sneakers Glossary Lexique des sneakers

A

ACG
All Conditions Gear, a line of products launched by Nike in 1989.

Add to Cart (ATC)
Refers to the use of software to get sneakers as soon as they are put on line, thanks to an automated system. It increases the chances of getting a pair, particularly when limited editions are released.

AF1
Short for the *Air Force 1* model.

Aglet
A metal or plastic tube fixed tightly around each end of a shoelace.

AJ
Short for *Air Jordan*.

AM
Short for *Air Max*.

AZG
Short for *Air Zoom Generation*.

B

Bball
Short for basketball, often used to name a pair of shoes made for this sport.

B Grade
Refers to a pair of sneakers on which one or several flaws (manufacture, assembly or finish) are noticed during the quality test. The sneakers considered "B Grade" are generally sold in outlet stores like Nike Factory or Adidas Outlet.

Bot
Hacker software that allows you to add an item to your cart and pay in a few seconds. This often results in a stock shortage at 9:01am on the Nike Store website.

Bred
Short for "Black and Red." Refers to an Air Jordan *colorway*.

BRS
Blue Ribbon Sports, the company founded by Phil Knight and Bill Bowerman in 1964, which became Nike in 1971.

C

Camp out
Refers to a practice that consists of camping in front of a store in order to get a pair as soon as it is released. Sneakers addicts usually stay for a few hours, but the event may last up to several days, depending on the hype surrounding the model.

Capsule collection
In the fashion world, a capsule collection refers to a line of shoes or clothing in a limited edition, generally produced in collaboration with an external designer.

CG
Cool gray, a *colorway* of the *Air Jordans 3*, *4*, *9* and *11*.

Clerk Pack
A pack of three pairs made in collaboration with three different stores in the same town (for example: in 2009, Undefeated, Stüssy and Union in Los Angeles released a pack including one pair each of Nike *Dunks*, *Air Force 180s* and Nike *Blazers*).

Co.JP
Short for "Concept of Japan." Refers to a *colorway* only used on the Japanese market.

Collab
Short for collaboration. Refers to a partnership between a sneaker brand and a third party (an artist, a store...).

Colorway (CW)
Refers to a color or color combination applied to a sneaker. A nickname is often associated with the *colorway* (the Oregon, the Black Cement and the True Blue are all different *colorways* of the *Air Jordan 3* silhouette).

Consortium
Name given to a collaboration between Adidas and a store for the conception of limited or even ultra-limited editions.

Cop or Drop?
This question ("buy or don't buy") is used to talk about soon-to-be-released sneakers. Mainly used on social media to sound out the interest in a pair.

Cupsole
Shoe sole molded in one piece, with a hollow surface shaped like a cup, whose sides support the upper of the shoe and follow the shape of the heel. It offers optimal protection and support and is particularly favored by basketball players and skateboarders.

D

Dead Stock (DS)
Expression initially referring to a model out of stock and by extension a new pair, never worn.

Dead Stock with Tags (DSWT)
Expression referring to a pair of sneakers that have never been worn and whose tags have not been removed.

Doernbechers (DB)
A line of sneakers created for charity to benefit the OHSU Doernbecher Children's Hospital in Portland, Oregon. They are very much sought-after and reach high prices on the resale market.

E

Eyelet
A small round hole in leather or cloth for threading a lace.

F

FL
Short for Foot Locker (store).

Flake
Refers to sealing a deal and then withdrawing at the last minute.

FP
Short for Foot Patrol (store).

Friends and Family (F&F)
Refers to very limited editions sent by some brands to handpicked personalities.

Full Size Run (FSR)
Having all sizes of the same model between US 7 and US 12, including half sizes.

G

General Release (GR)
Refers to the most common sneakers available, produced in large numbers and available in all sizes.

G-Nikes
Short for "Gangsta Nikes." Used in some states, like Texas or Louisiana, as a nickname for the Nike *Cortez*.

G.O.A.T.
Acronym for *Greatest Of All Time*. "The GOAT" was also the nickname of one of the greatest basketball players of the 20th century, the American Earl Manigault. The name was also adopted by an online sneakers resale platform.

Grade School (GS)
Kid size.

H

Heel counter
A rigid leather piece that keeps the heel in place.

High Top, or Hi Top
High sneakers.

Hook-up
Refers to buying a pair of sneakers for someone who can't get them, without taking any commission. A frequent purchasing method before the Internet.

HTM
Acronym for a trio of designers from Nike: Hiroshi Fujiwara, Tinker Hatfield and Mark Parker. Nike HTM models are often produced in limited editions and very much coveted by sneaker addicts.

Hyperstrike
Refers to a very limited pair of Nike shoes (less than 50 units in the world). They can be numbered and delivered in a special box.

I

ID
Acronym for "Individually Designed," Nike's former shoe customization program, renamed "Nike by You" since 2018.

J

JB
Short for "Jordan Brand."

J's
Jordans.

Jumpman
Logo designed by Peter Moore based on the flying silhouette of basketball player Michael Jordan.

L

LBJ
LeBron James, American basketball player for the Los Angeles Lakers NBA team. Since 2003 he has created with Nike a large number of models bearing his name.

Low
Low version of a sneaker. For instance, the Nike *Air Force 1* exists in different versions: high, mid and low.

M

Mint
Refers to a brand-new pair of sneakers.

MJ
Short for "Michael Jordan."

N

Near Dead Stock (NDS)
Means "as good as new." Can be used to mean that the pair has been worn once or twice, but the condition is as new.

New in Box (NIB)
Refers to a new pair still in its box.

New with Tags (NWT)
Abbreviation used to describe a new pair with its labels (or tags) still on.

Nike SB
Nike Skateboarding. Nike's line specifically dedicated to shoes, clothing, and equipment for skateboarding.

O

Original (OG)
Expression referring to the first edition of a sneaker when released (the Nike *Air Max 1* OG refers to the first edition, released in 1987).

P

Pass as Dead Stock (PADS)
Refers to a barely worn pair, good as new.

Pinroll
Technique that consists of rolling up the bottom of your pants above the ankle to make a tight cuff and show off your sneakers.

Player Edition
Refers to a pair specifically designed for a professional athlete, and then made available for retail as a limited release.

Player Exclusive (PE)
Refers to a model exclusively designed for a professional athlete.

Player Sample (PS)
Shoe prototype made for a professional athlete.

P-Rod
Short for "Paul Rodriguez," skateboarder who created a range of shoes in collaboration with Nike.

R

Rape price
Refers to a price that is much too high.

Release date
Refers to the date on which a model is launched.

Reshape
Refers to restoring a pair to its original condition.

Retro
Refers to a model that is released again. Minor modifications can be applied (material, colors or shapes).

Rock
To wear a pair of sneakers.

S

Sample
Shoe or clothing prototype, not intended for sale, made to check every detail (materials, colors, finishes) before starting production.

Scam
Used when the buyer or the seller withdraws after the payment or after sending the parcel.

SE
Special Edition.

Shape
Refers to the design or the silhouette of a sneaker model.

Sneaker addict
Refers to a sneaker enthusiast. *Sneakerhead* is also used.

Sole swap
Technique used to change the outsole of a pair of sneakers, whether for customization or restoration.

Special Make Up (SMU)
Refers to a model of sneakers made specifically for a store.

Swoosh
Nickname given to the Nike logo in the shape of an inverted comma, designed by Carolyn Davidson in 1971.

T

Tier Zero (TZ)
Refers to a store that has a Tier 0 account at Nike. A Tier 0 store gets access to exclusive sneaker releases.

Toe box
Part of the shoe that covers the toes.

Tonal
Refers to a sneaker that is all one color.

Tongue
Piece that protects the upper part of the foot.

U

Undead Stock (UNDS)
Means that a pair is worn for the very first time. The opposite of "deadstock" (never worn).

Upper
Upper part of the shoe.

Uptowns
Nickname given to one of the most iconic models of sneakers culture, the *Air Force 1*. The term "Uptowns" came from its popularity in uptown NYC neighborhoods like Harlem. Also called *uppies* or *classics*.

V

Very Near Dead Stock (VNDS)
Refers to a worn pair that is almost as good as new.

W

Want to Buy (WTB)
Expression used on sneakers forums or specialized websites to highlight someone's desire to buy a pair.

Want to Sell (WTS)
Expression used on sneakers forums or specialized websites to highlight someone's desire to sell a pair.

Want to Trade (WTT)
Expression used on sneakers forums or specialized websites to highlight someone's desire to trade a pair.

White-on-White
Expression used to refer to the *Air Force 1*.

X

X
Stands for "and," used to describe a collaboration between several entities (brands, artists, stores...).

123

3M
Reflective material.

A

ACG
All Conditions Gear («équipement pour toutes conditions») est une ligne de produits lancée par Nike en 1989.

Add to Cart (ATC)
Littéralement «ajouter au panier». Cette expression désigne l'utilisation de robots pour faciliter l'acquisition de sneakers dès leur sortie en ligne grâce à un système automatisé. Cette pratique augmente considérablement les chances d'acquérir une paire lors des sorties d'éditions limitées.

AF1
Modèle *Air Force 1*.

Aglet
Petit morceau de plastique ou de métal que l'on retrouve généralement à l'extrémité d'un lacet.

AJ
Modèle *Air Jordan*.

AM
Modèle *Air Max*.

AZG
Modèle *Air Zoom Generation*.

B

Bball
Diminutif du mot «basket-ball», souvent utilisé pour désigner un modèle conçu pour la pratique.

Bespoke
Désigne une paire faite sur mesure.

B Grade
Désigne une paire sur laquelle un défaut (fabrication, assemblage ou finition) a été constaté lors du test qualité. Les paires considérées «B Grade» se trouvent généralement dans les magasins d'usine comme Nike Factory ou Adidas Outlet.

Bot
Programme pirate qui permet d'ajouter un article à son panier lors d'un achat en ligne et de payer en quelques secondes. C'est souvent la cause d'une rupture de stock à 9 h 01 sur le site Internet du Nike Store.

Bred
Diminutif de «Black and Red». Désigne un coloris de *Air Jordan*.

BRS
Blue Ribbon Sports, société fondée par Phil Knight et Bill Bowerman en 1964, qui deviendra Nike en 1971.

C

Camp out
Désigne une pratique qui consiste à «camper» devant une boutique afin d'obtenir une paire dès sa sortie. Généralement de quelques heures, le *camp out* peut durer plusieurs jours en fonction de l'intérêt suscité par le modèle.

CG
Cool Grey, l'un des coloris des *Air Jordan 3*, *4*, *9* ou *11*.

Clerk Pack
Pack composé de trois paires réalisées en collaboration avec trois boutiques différentes d'une même ville (Undefeated, Stüssy et Union, à Los Angeles, ont par exemple sorti en 2009 un pack composé d'une Nike *Dunk*, d'une *Air Force 180* et d'une *Blazer*).

Co.JP
«Concept of Japan», *colorway* uniquement dédié au marché japonais.

Collab
Diminutif de «collaboration», qui correspond au partenariat entre une marque et une entité extérieure (un artiste, un magasin...).

Collection capsule
Dans l'univers de la mode, une collection capsule désigne une ligne de chaussures ou de vêtements en édition limitée, généralement réalisée en collaboration avec un designer extérieur à la marque.

Colorway (CW)
Désigne une couleur ou une combinaison de couleurs appliquées sur une paire de sneakers. Un nom lui est généralement associé (*True Blue*, *Oregon* ou *Black Cement* sont différents *colorways* de la *Air Jordan 3*).

Consortium
Nom donné aux collaborations entre la marque Adidas et un magasin pour la réalisation d'éditions limitées, voire ultra-limitées.

Cop or Drop ?
Question se traduisant par «acheter ou laisser tomber?» en parlant d'une future sortie. Utilisée majoritairement sur les réseaux sociaux pour sonder l'intérêt d'une paire.

Cupsole
Type de semelle de chaussure moulée en une seule pièce présentant une surface supérieure en creux, comme une coupelle, dont les parois latérales servent de support à la tige de la chaussure et épousent le talon. Offrant une protection et un maintien optimaux, cette semelle est particulièrement appréciée des basketteurs et des skaters.

Custom
Art de personnaliser ses sneakers.

D

Dead Stock (DS)
Expression désignant initialement un modèle en rupture de stock et par extension une paire neuve, jamais portée.

Dead Stock with Tags (DSWT)
Expression désignant une paire neuve, jamais portée et dont les étiquettes (ou *tags*) n'ont pas été ôtées.

Doernbechers (DB)
Ligne de sneakers de Nike vendues à titre caritatif pour l'hôpital pour enfants OHSU Doernbecher à Portland (Oregon). Ces sneakers très recherchées atteignent des prix très élevés sur le marché de la revente.

E

Eye let
Œillets permettant de mettre les lacets.

F

Fair price
Prix jugé juste par rapport à la paire concernée. Ce terme s'oppose à *rape price*.

Fake
Terme utilisé pour dénoncer un produit de contrefaçon. Contraire de *legit*.

FL
Abréviation pour désigner les magasins Foot Locker.

Flake
Fait d'acter une vente et de se rétracter au dernier moment.

FP
Abréviation pour désigner les magasins Footpatrol.

Friends and Family (F&F)
Éditions ultra-limitées envoyées par certaines marques à des personnalités triées sur le volet.

Full Size Run (FSR)
Fait d'avoir la totalité des pointures de chaussure d'un modèle entre les pointures US 7 et US 12, y compris les demi-pointures.

G

General Release (GR)
Caractérise les paires généralement disponibles dans un grand nombre de magasins et dans toutes les pointures.

G-Nikes
Abréviation de «Gangsta Nikes». Ce terme est employé par certains Américains, notamment au Texas et en Louisiane, pour désigner la Nike *Cortez*.

G.O.A.T.
Acronyme de *Greatest of All Time* («le meilleur de tous les temps»). «The GOAT» était aussi le surnom de l'un des plus grands basketteurs du XXe siècle, l'Américain Earl Manigault. Le nom est également adopté par une plateforme de revente de sneakers en ligne.

Grade School (GS)
Pointure enfant.

H

Heel counter
Sur une chaussure, partie rigide en cuir qui vient maintenir le talon en place.

High Top, ou Hi Top
Sneakers montantes.

Hook-up
Action d'acheter une paire pour une personne qui ne peut pas se la procurer, sans prendre de commission. Ce mode d'acquisition était fréquent avant l'arrivée d'Internet.

HTM
Acronyme désignant un trio de designers chez Nike: Hiroshi Fujiwara, Tinker Hatfield et Mark Parker. Les modèles Nike HTM sont souvent synonymes d'édition limitée très convoitée par les *sneakers addicts*.

Hyperstrike
Désigne chez Nike une version très limitée (moins de cinquante exemplaires au monde). Elle peut être numérotée et également accompagnée d'une boîte spéciale.

I

ID
Acronyme pour «Individually Designed», ancien programme de personnalisation de chaussures de Nike, appelé «Nike by You» depuis 2018.

J

JB
Abréviation de «Jordan Brand».

J's
Jordan's.

Jumpman
Logo imaginé par Peter Moore, reprenant la silhouette en vol du basketteur Michael Jordan.

L

LBJ
LeBron James, basketteur américain de l'équipe des Lakers de Los Angeles en NBA. Depuis 2003, il a créé avec Nike un grand nombre de modèles qui portent son nom.

Legit
Une sneaker dite «*legit*» est authentique. Contraire de *fake*.

Limited Edition
Édition limitée.

Low
Version basse d'une sneakers. La Nike *Air Force 1* existe par exemple en différentes versions: *high*, *mid* et *low* (haute, médium, basse).

M

Midsole
Semelle intermédiaire de la chaussure.

Mint
Désigne une paire neuve.

MJ
Abréviation de «Michael Jordan».

N

Near Dead Stock (NDS)
Signifie «proche de l'état neuf». Peut être utilisé pour signifier que la paire a été portée une ou deux fois, mais que l'état est comme neuf.

New in Box (NIB)
Désigne une paire neuve dans sa boîte.

New with Tags (NWT)
Abréviation utilisée pour définir une paire neuve avec ses étiquettes (ou *tags*) encore attachées.

Nike SB
Nike Skateboarding, la ligne de Nike dédiée au skate.

O

Original (OG)
Expression pour désigner la première édition d'une sortie sneaker (la Nike *Air Max 1* OG désigne la première édition, sortie en 1987). OG se prononce *odgi*.

Outlet
Magasin d'usine.

Outsole
Correspond à la semelle d'usure, qui est en contact direct avec le sol.

P

Pass as Dead Stock (PADS)
Désigne une paire très peu portée qui paraît neuve.

Pinroll
Technique qui consiste à rouler le bas de son pantalon au-dessus de la cheville pour faire un ourlet resserré et ainsi mettre en avant ses sneakers.

Player Edition
Désigne une paire faite exclusivement pour un sportif professionnel et vendue en tant qu'édition limitée.

Player Exclusive (PE)
Désigne un modèle conçu exclusivement pour un sportif professionnel.

Player Sample (PS)
Prototype de chaussures réalisé pour un sportif professionnel.

Pop-up store
Magasin éphémère, qui peut être une boutique ou un corner dans un grand magasin.

P-Rod
Abréviation de «Paul Rodriguez», skater qui a créé une gamme de chaussures en collaboration avec Nike.

R

Rape price
Prix de vente jugé trop élevé.

Release date
Date à laquelle un modèle est commercialisé.

Resell
Fait de revendre un produit.

Reshape
Fait de redonner à une paire d'occasion sa forme d'origine.

Restock
Terme utilisé lorsqu'un vendeur propose à nouveau un article qui était en rupture de stock.

Retail price
Prix pratiqué à la sortie d'un produit.

Retro
Désigne un modèle de sneaker réédité. Des modifications mineures peuvent être appliquées (matières, couleurs ou formes).

Rocker
Fait de porter une paire de sneakers.

S

Sample
Prototype de chaussures ou de vêtement, non destiné à la vente, conçu pour vérifier le rendu des matières, la couleur, etc., avant de lancer la production.

Scam
Rétractation d'un vendeur ou d'un acheteur après paiement ou après envoi.

SE
Special Edition.

Shape
Désigne le design ou la silhouette d'un modèle de sneaker.

Sneakers addict
Désigne un passionné de sneakers. On parle également de *sneakerhead*.

Sole swap
Technique utilisée pour changer la semelle inférieure d'une paire de sneakers, qu'il s'agisse d'un custom ou d'une restauration.

Special Make Up (SMU)
Expression qui désigne un modèle de sneaker créée spécialement pour une boutique.

Swoosh
Surnom donné au logo de Nike, représentant une sorte de virgule inversée, conçu par Carolyn Davidson en 1971.

T

Tier Zero (TZ)
Désigne une boutique qui possède un compte Tier 0 chez Nike. Ces magasins Tier 0 ont accès à des sorties de sneakers en exclusivité.

Toe box
Partie de la chaussure qui couvre les orteils.

Tonal
Désigne une chaussure monochrome.

Tongue
Languette qui protège la partie supérieure du pied.

U

Undead Stock (UNDS)
Terme signifiant que la paire est portée pour la première fois, par opposition à *dead stock* (jamais portée).

Upper
Partie supérieure de la chaussure, également appelée tige.

Uptowns
Surnom donné à l'un des modèles les plus iconiques de la culture sneakers, la Nike *Air Force 1*. Uptowns fait référence à la popularité du modèle dans les quartiers au nord de New York, comme Harlem. Il est également surnommé *uppies* ou *classics*.

V

Very Near Dead Stock (VNDS)
Désigne une paire portée quasiment neuve.

W

Want to Buy (WTB)
Terme rencontré sur les forums de passionnés de sneakers ou sur les sites de vente spécialisés, signifiant la volonté d'acheter une paire.

Want to Sell (WTS)
Terme rencontré sur les forums de passionnés de sneakers ou sur les sites de vente spécialisés, signifiant la volonté de vendre une paire.

Want to Trade (WTT)
Terme rencontré sur les forums de passionnés de sneakers ou sur les sites de vente spécialisés, signifiant la volonté d'échanger une paire.

White-on-White
Terme utilisé pour désigner les *Air Force 1*.

Worn
Désigne une paire déjà portée.

Worn out
Désigne une paire en mauvais état.

X

X
Lettre signifiant «et», utilisée pour signifier une collaboration entre plusieurs entités (marques, artistes, magasins...).

123

3M
Matériau réfléchissant.

Cette histoire des sneakers est une réactualisation de l'article d'Aurélien Troutaud, paru en 2006 dans *Azimuts 27*, sous la direction de Constance Rubini.

This history of sneakers is an update of the article written by Aurélien Troutaud, published in 2006 in *Azimuts 27*, edited by Constance Rubini.

→ Chaussure de course, ON, 2016
Portées par Nicola Spirig lorsqu'elle remporte la médaille d'argent du triathlon femmes aux jeux Olympiques
Le Musée olympique, Lausanne

Running shoe, ON, 2016
Worn by Nicola Spirig when she won a silver medal at the 2016 Olympic Games in Rio
Le Musée Olympique collection, Lausanne

A → Z
1839 → 2020

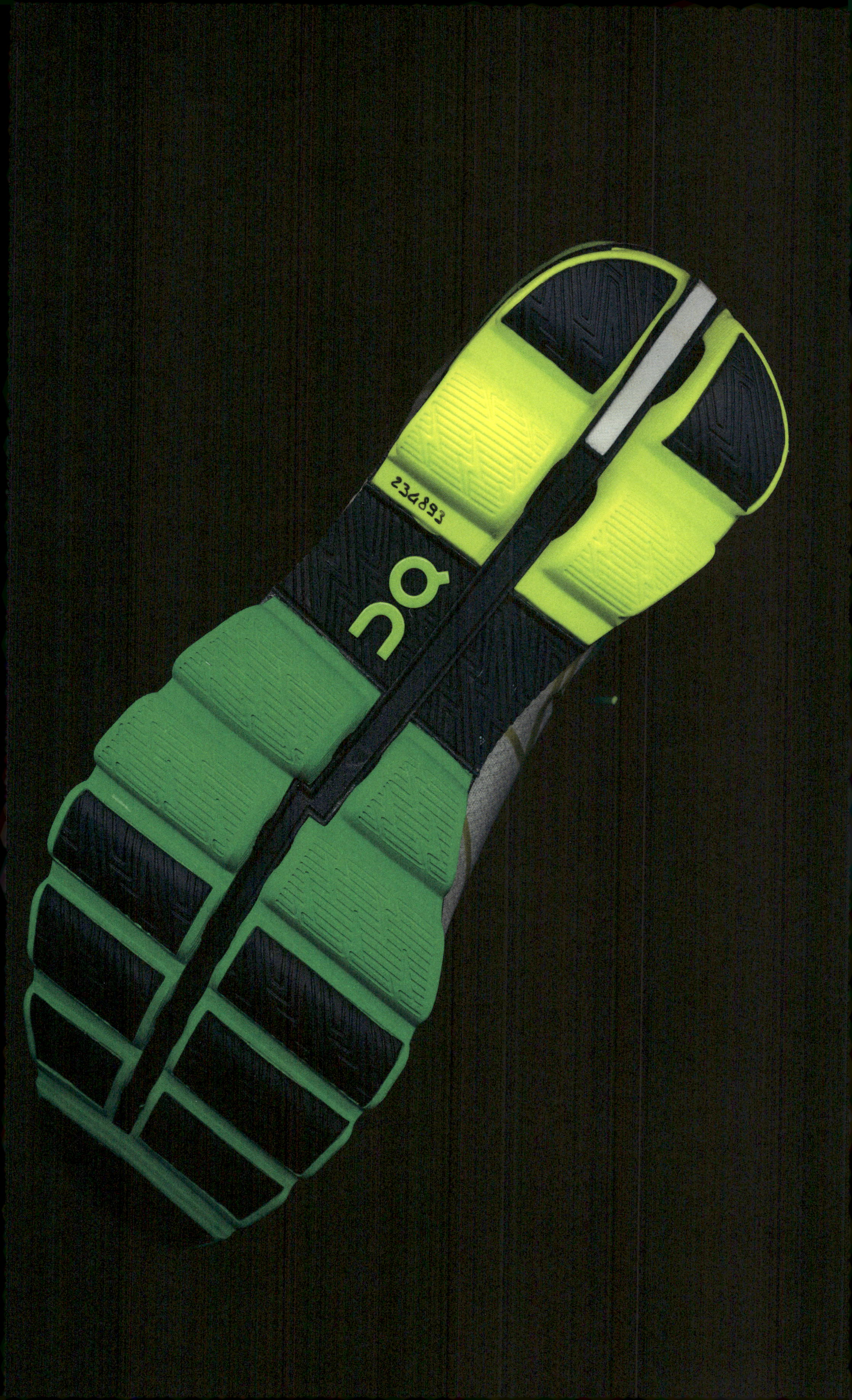
234893

1839

• FR • Les premières chaussures à semelles de caoutchouc apparaissent à partir de cette date grâce à la découverte de la technique de vulcanisation du caoutchouc inventée par Charles Goodyear.
Ce traitement chimique permet d'élargir les applications du matériau en le rendant insensible au froid et à la chaleur.

• EN • This is when the first shoes with rubber soles started to appear thanks to the rubber vulcanization technique invented by Charles Goodyear. This chemical process widened the material's applications by making it insensitive to cold and heat.

1862

• FR • Le terme «*sneaks*» apparaît pour la première fois sous la plume de F. W. Robinson, dans *Female Life in Prison*, dans lequel l'auteur raconte que les prisonnières de la prison de Brixton ont baptisé «sneaks» les silencieuses chaussures en caoutchouc portées par le gardien de nuit.

• EN • The term *sneaks* appears for the first time in F. W. Robinson's *Female Life in Prison*, which mentions that the inmates of the Brixton prison call the silent rubber-soled shoes worn by the night guard "sneaks."

1892

• FR • Goodyear (filiale de la US United States Rubber Company) commence à fabriquer des chaussures en toile sous différentes appellations, et prend finalement le nom de Keds en 1916 (contraction de *kids*, «gamins», et *peds*, «pieds»).

• EN • Goodyear (a subsidiary of the US Rubber Co.) starts manufacturing canvas shoes under different names, finally taking the name of Keds (a contraction of kids and "peds" – feet) in 1916.

1896

• FR • Les jeux Olympiques d'Athènes sont un des facteurs déclenchant la démocratisation du sport, qui se poursuivra avec l'avènement de la société des loisirs et des congés payés.

• EN • The Olympic Games in Athens are one of the factors triggering the democratization of sports, a trend that would continue with the advent of the leisure society and paid holidays.

Adidas

• FR • En 1949, Adolf Dassler fonde l'entreprise Adi Dassler adidas Sportschuhfabrik, à Herzogenaurach (Allemagne) – où se situe encore le siège de la marque. Son frère, Rudolf Dassler, avec lequel il avait fondé la Gebrüder Dassler Schuhfabrik en 1924, fonde, lui, la Puma Schuhfabrik Rudolf Dassler dans la même ville. En 1951, Adi Dassler rachète à la marque finlandaise Karhu le célèbre logo aux trois bandes. Adidas s'impose rapidement sur le marché de la chaussure de sport et devient l'alliée de tous les grands athlètes. C'est avec des Adidas aux pieds que le coureur tchécoslovaque Emil Zátopek remporte trois médailles d'or aux jeux Olympiques d'Helsinki en 1952, comme le fera la coureuse américaine Wilma Rudolph à ceux de Rome en 1960. Chaque compétition est l'occasion de la sortie d'un nouveau modèle. En 1968, pour les JO de Mexico, Adidas frappe fort avec la *Azteca Gold*, qui contribue à la victoire aux 100 mètres et 4 x 100 mètres du coureur américain Jim Hines.

Les années 1960-1970 sont également marquées par le lancement de modèles iconiques créés pour le tennis comme la *Robert Haillet* en 1965, qui deviendra la célébrissime *Stan Smith*, le basket-ball comme la *Superstar*, conçue en 1969 par Chris Severn, ou la course, comme la *SL 72* (développée pour les JO de Munich en 1972), vue aux pieds de Starsky dans la série *Starsky & Hutch* et donc vite popularisée.

La décennie des années 1980 est celle de l'innovation. Avec la *Micropacer* (1984) conçue par Jacques Chassaing, équipée d'un écran et d'un microprocesseur pour mesurer la distance, la vitesse moyenne et les calories brûlées, Adidas introduit le suivi digital dans l'univers du running. La technologie Torsion, qui apparaît pour la première fois sur la *ZX 8000* (1988), améliore le confort des coureurs en suivant le mouvement naturel de la cheville.
La concurrence accrue de Nike dans le domaine du basket-ball n'éclipse pas le succès de certains modèles comme la *Forum* (1984), designée par Jacques Chassaing. Adidas devient une marque incontournable de la culture hip-hop, et plus généralement de la mode streetwear avec la sortie en 1986 du tube *My Adidas* du groupe Run-DMC, avec lequel elle signe un accord historique de sponsoring d' 1 million de dollars.

Adidas continue dans les années 1990 et 2000 à offrir aux sportifs de haut niveau des chaussures de qualité, dans de nombreuses disciplines. Elle établit également des collaborations sur le long terme avec des grands noms de la mode comme Yohji Yamamoto en 2002, qui donne naissance à une marque à part entière, Y-3, mais aussi avec Stella McCartney depuis 2004, ou la marque automobile Porsche pour créer Porsche Design Sport en 2007.

• EN • In 1949 Adolf Dassler founded Adi Dassler adidas Sportschuhfabrik in Herzogenaurach, Germany, where the company's headquarters is still based. His brother Rudolf Dassler, with whom he had founded

Gebrüder Dassler Schufabrik in 1924, started his own company, Puma Schuhfabrik Rudolf Dassler, in the same town. In 1951 Adi Dassler purchased the now-famous three-stripe logo from the Finnish brand Karhu. Adidas very quickly became a powerhouse on the sports shoe market, closely associated with the world's great athletes. Wearing Adidas, the Czechoslovak runner Emil Zátopek won three gold medals at the Helsinki Olympic Games in 1952, a feat repeated by the American Wilma Rudolph in Rome in 1960. Each competition was an opportunity for the brand to launch a new model. At the Mexico City Olympics in 1968, Adidas was a strong presence with its *Azteca Gold* model, which played a part in the American runner Jim Hines's victories in the 100 meters and 4x100 meters relay.

The 1960s and 70s were also marked by the launch of iconic models designed for other sports, including the *Robert Haillet* tennis shoe in 1965, which would become the immensely popular *Stan Smith*, the *Superstar* basketball shoe, designed in 1969 by Chris Severn, and the *SL 72* track shoe, developed for the 1972 Munich Olympics – an instant hit after it was spotted on the feet of Starsky in the television series *Starsky & Hutch*.

The 1980s were a decade of innovation. With the *Micropacer* (1984), designed by Jacques Chassaing and equipped with a screen and a microprocessor to measure the wearer's distance, average speed and calorie consumption, Adidas brought computerized monitoring to the world of running. The brand's Torsion technology, which improved comfort by following the natural movement of the ankle, débuted on the *ZX 8000* (1988). Growing competition from Nike in basketball shoes did not overshadow the success of models like the *Forum* (1984), designed by Chassaing. Adidas became an integral part of hip-hop culture, and more generally of streetwear fashion, especially after the 1986 release of the hit song "My Adidas" by the rap group Run-DMC, with whom the brand signed a historic sponsorship deal for $1 million.

In the 1990s and 2000s Adidas continued to make high-quality shoes worn by top athletes in a wide range of sports. It also established long-term collaborations with big names in fashion like Yohji Yamamoto in 2002, which led to the launch of a separate brand, called Y-3, as well as Stella McCartney starting in 2004 – not to mention the automaker Porsche, with which Adidas founded Porsche Design Sport in 2007.

Camper

• FR • Les origines de l'entreprise remontent à 1877, quand Antonio Fluxa, cordonnier de Majorque, voyage jusqu'en Angleterre afin de rapporter sur l'île les premières machines à coudre. Cette entreprise familiale prospère et devient l'un des plus importants fabricants de chaussures d'Espagne. En 1975, la marque Camper est créée par Lorenzo Fluxa, petit-fils d'Antonio, dans l'objectif de produire des chaussures à la fois originales et confortables. La *Camaleón*, modèle unisexe comme un grand nombre de modèles Camper, s'inspire des chaussures portées par les paysans dans la campagne majorquine : l'empeigne est en toile et la semelle en caoutchouc est faite à partir de pneus recyclés.

Dans les années 1980, la marque profite de l'engouement pour les sneakers et lance son premier modèle sportswear, la *Runner*, en 1982. Cette chaussure à la fois souple et résistante allie l'apparence d'une chaussure décontractée à des matériaux de pointe, extrêmement légers, réduisant le poids d'une paire à 500 grammes seulement. En 1988, Camper affirme son style en lançant sa gamme Twins, des chaussures dont les pieds ne sont pas identiques.

Depuis le début des années 2000, Camper multiplie les collaborations, notamment avec le couturier allemand Bernhard Willhelm (en 2009 et 2019) ou avec des designers comme Jasper Morrison ou Nendo. En 2015, la marque fait l'objet d'une exposition intitulée *Life on Foot*, au Design Museum de Londres.

• EN • The roots of the company date back to 1877, when a Mallorcan cobbler named Antonio Fluxa traveled to England to buy what would be his native island's first sewing machines. His family's business thrived, becoming one of the biggest shoemakers in Spain. In 1975 Antonio's grandson Lorenzo Fluxa founded the Camper brand, with the aim of producing shoes that are both original and comfortable. The *Camaleón*, a unisex design like many Camper models, was inspired by the shoes worn by peasants in the Mallorcan countryside, with a canvas upper and a rubber sole made from recycled tires.

In 1982 the brand took advantage of the popularity of sneakers to launch its first sportswear model, the *Runner*. Soft yet highly resistant, the shoe combines a casual look with sophisticated, extremely lightweight materials, reducing the overall weight of a pair to just 500 grams. In 1988 Camper reaffirmed its style by launching the Twins line, with slightly different designs for the left and right shoes.

Since the early 2000s Camper has initiated multiple collaborations, in particular with the German fashion designer Bernhard Willhelm (in 2009 and 2019) as well as product designers like Jasper Morrison and Nendo. In 2015 the brand was featured in an exhibition entitled "Life on Foot" at the Design Museum in London.

Converse

• FR • La Converse Rubber Shoe Company est créée en 1908 par Marquis Mills Converse, au cœur du berceau de l'industrie de la chaussure, à Malden (Massachusetts), au nord de Boston. Dès 1910, la Converse, qui coûte 5 dollars, est la chaussure la plus vendue, et chaque jour des milliers de paires sont produites. Converse profite de la popularité du basket-ball pour étendre sa gamme. Il conçoit une basket montante en toile de couleur marron avec une semelle épaisse en caoutchouc noir, couvrant la cheville avec une pastille pour protéger la malléole externe. Le logo est alors un « C » majuscule avec une croix à l'intérieur et le slogan « *Look for the big C* ». La célèbre *All Star* sort en 1917. Mais ce n'est qu'à partir de 1923 que la chaussure trouvera sa forme actuelle, sous l'impulsion du basketteur Chuck Taylor. Pour booster ses ventes, Converse recrute le sportif en tant que vendeur pour la marque. Taylor fera le tour des États-Unis pour défendre la *All Star* auprès des athlètes avec un succès impressionnant, et ce jusqu'en 1968, un an avant sa mort. En 1934, Converse imprime le nom de Chuck Taylor sur la pastille ornée d'une étoile bleue située sur la face interne de la chaussure : la *Chuck Taylor All Star* est née.

Durant la Seconde Guerre mondiale, Taylor entraîne les soldats au basket-ball et les Converse se retrouvent aux pieds des GI, avant de devenir les chaussures officielles des forces armées américaines. Dans les

années 1950 et 1960, des célébrités comme James Dean, Elvis Presley ou le fondateur des Rolling Stones, Brian Jones, rendent la marque populaire en adoptant les *All Star*. Ces dernières sont également portées par les acteurs du film musical à succès *West Side Story* en 1961. Cependant, et en dépit du lancement de nouveaux modèles à destination des joueurs de basket, la marque perd du terrain face à la concurrence d'Adidas et de Puma dans les années 1970, puis de Nike et de Reebok dans la décennie suivante. La très grande popularité de la ligne All Star ne suffira pas à redresser le navire, qui fait faillite en 2001, la dernière usine américaine fermant la même année. Depuis 2003, Converse appartient au groupe Nike.

• EN • The Converse Rubber Shoe Company was founded by Marquis Mills Converse in Malden, Massachusetts, in 1908. The region around its headquarters, north of Boston, was then the epicenter of the American shoemaking industry. By 1910 Converse was making the country's bestselling shoe, producing thousands every day priced at five dollars a pair. Taking advantage of basketball's rising popularity, Converse expanded its line, launching a high-topped brown canvas shoe with a thick black rubber sole and a patch on the ankle to protect the external malleolus. Its logo at the time was a capital "C" around a cross and the slogan "Look for the big C." The brand's famous *All Star* model was released in 1917, but didn't take its final form until 1923, under the impetus of the basketball player Chuck Taylor. To boost its sales, Converse hired the athlete as a spokesperson. Taylor traveled all over the US, encouraging athletes to adopt the *All Star* – and achieving impressive success right up until 1968, a year before his death. In 1934 Converse stamped his name on an inner ankle patch adorned with a blue star: the *Chuck Taylor All Star* was born.

During World War II, Taylor taught basketball to soldiers and GIs started wearing Converses. Before long the company became an official footwear supplier to the US armed forces. In the 1950s and 60s celebrities like James Dean, Elvis Presley and Brian Jones, founding member of the Rolling Stones, wore *All Stars*, making the brand even more popular. The iconic sneaker was also worn by the actors in the acclaimed musical *West Side Story* in 1961. However, despite launching new models for basketball players, in the 1970s Converse began losing ground to competitors like Adidas and Puma, followed by Nike and Reebok in the 80s. The widespread popularity of the All Star line was not enough to keep the company afloat, and it went bankrupt in 2001, closing its last American factory that same year. Since 2003 the Converse brand has belonged to the Nike Group.

Frères Dassler

• FR • Sportif, Adolf « Adi » Dassler pratique le football, le ski ou encore le tennis. Il installe ses premières machines dans la maison familiale, à Herzogenaurach, en Allemagne, avant de créer avec son frère Rudolf « Rudi » la Gebrüder Dassler Sportschuhfabrik en 1924, destinée à fournir aux athlètes le meilleur équipement possible. L'entreprise n'emploie alors qu'une douzaine d'ouvriers, produisant une cinquantaine de paires de chaussures par jour.

Dès 1925, Adi Dassler commence à élaborer les prototypes de chaussures de sport avec des crampons faits à la main et des chaussures de football en forme de bottines tout en cuir. La première commande importante vient du club de sport local. En 1927, les frères Dassler envoient spontanément des chaussures à l'essai à chaque club d'Allemagne. L'année suivante, Adi Dassler convainc la jeune athlète allemande Lina Radke de porter ses chaussures à pointes lors des jeux Olympiques d'Amsterdam de 1928 (épreuve du 800 mètres), où elle gagne la médaille d'or. Le succès de la marque des frères Dassler est renouvelé à Los Angeles en 1932 avec le coureur allemand Arthur Jonath (médaille de bronze au 100 mètres et d'argent au 4 x 100 mètres) et en 1936 à Berlin avec le sprinter et sauteur américain Jesse Owens qui remporte quatre médailles d'or.

Au lendemain de la guerre, des conflits amènent les deux frères à mettre fin à leur entreprise commune. Adi conserve les locaux d'origine et Rudi s'installe de l'autre côté de la rivière qui traverse Herzogenaurach. En 1948 naît Ruda (contraction de Rudolf Dassler), nom qui sera rapidement remplacé par Puma, et l'année suivante est créée Adidas (contraction d'Adi Dassler). Les employés doivent choisir leur camp. La rivalité entre les deux frères est telle que la ville est séparée en deux ; il existe alors des bars, des bouchers, des boulangers et même des bus pour les salariés de Puma et d'autres pour ceux d'Adidas.

• EN • An avid sportsman, Adolf "Adi" Dassler played soccer and tennis and also loved skiing. He set up his first workshop in the Dassler family home in Herzogenaurach, Germany, before teaming up with his elder brother Rudolf ("Rudi") to found Gebrüder Dassler Sportschuhfabrik in 1924, with the mission of producing top-level footwear for athletes. The company started out with a dozen employees, producing some 50 pairs of shoes per day.

In 1925 Adi Dassler began developing prototypes of hand-made studded sports shoes and soccer shoes in the form of low boots made entirely of leather. His first big order came from the local sports club. In 1927 the Dassler brothers took the initiative of sending free sample pairs to every club in Germany. The following year Adi Dassler convinced the young German athlete Lina Radke to wear his spiked running shoes at the 1928 Amsterdam Olympics, where she won the gold medal in the women's 800 meters. The Dassler brothers' brand repeated its Olympic success in Los Angeles in 1932, where its shoes were worn by the German runner Arthur Jonath (bronze medal in the 100 meters and silver in the 4x100 meters relay), and in Berlin in 1936 with the American sprinter and long jumper Jesse Owens, who came away with four gold medals.

After World War II the two brothers had a falling out and ended their partnership. Adi stayed at the original site while Rudi opened a new company on the other side of the river that runs through Herzogenaurach. In 1948 the elder brother launched Ruda (a contraction of Rudolf Dassler), soon to be renamed Puma, and Adidas (a contraction of Adi Dassler) was founded one year later. Their employees had to choose their camp. The rivalry between the two Dasslers was such that the city was divided in two: each brand's personnel had their own bars, butcher shops, bakeries and even buses.

→ *990 Sport Triple Cell*,
New Balance, 2019
New Balance Athletic, Inc.

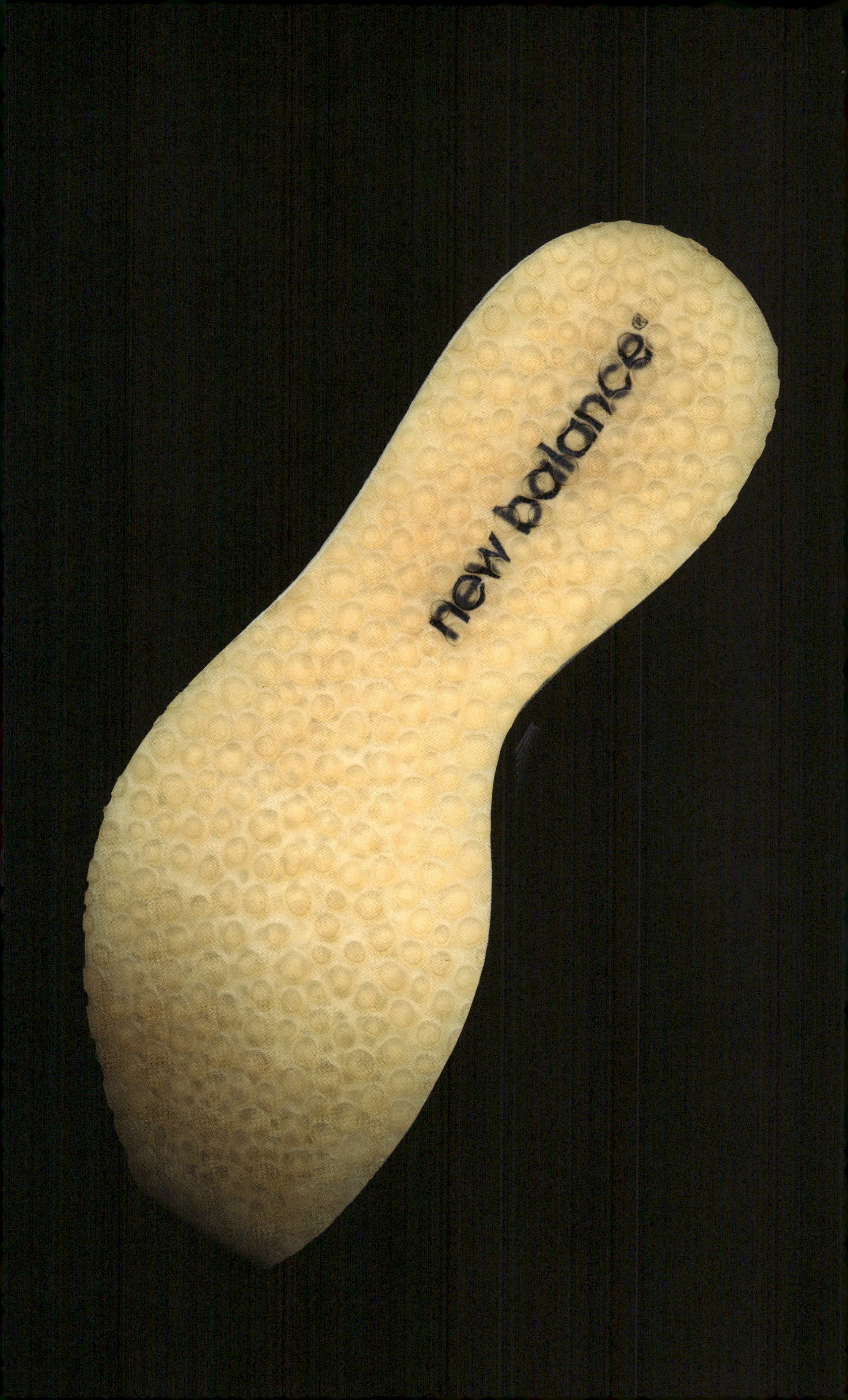
new balance

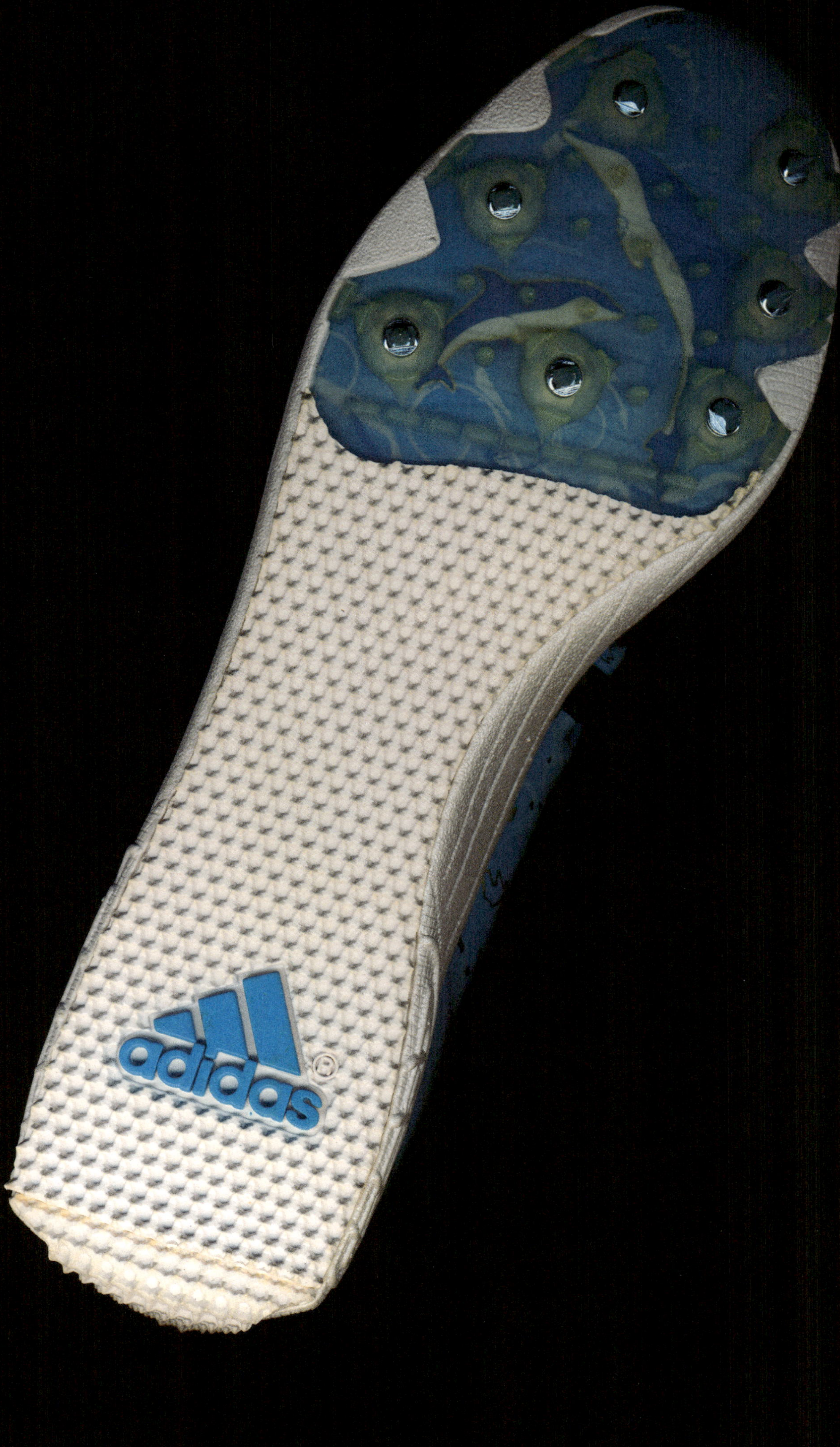
adidas

Ecoalf

• FR • Créée en 2009 par Javier Goyeneche, l'entreprise espagnole avec son slogan «*Because there is no planet B*» («Parce qu'il n'y a pas de planète B») est devenue une marque référence dans le domaine du prêt-à-porter écoresponsable et durable. Face à l'utilisation excessive des ressources naturelles, Javier Goyeneche met en place une production de vêtements et de chaussures à partir de matériaux recyclés, obtenus avec la coopération de milliers de pêcheurs. Ecoalf collabore, en effet, avec plus de trois mille pêcheurs volontaires en Espagne et a commencé à travailler en Thaïlande. C'est plus d'1 tonne de déchets par jour qui est retirée des mers, dont 10 % sont recyclés. Bouteilles en plastique et filets de pêche sont broyés en paillettes qui sont à leur tour transformées en fil, utilisé pour les vêtements, les chaussures et les accessoires. Une grande partie de la production d'Ecoalf est ensuite assurée en Chine.

Depuis sa création, Ecoalf a réussi à retirer plus de 500 tonnes de déchets du fond des océans, à recycler plus de 120 millions de bouteilles plastiques et à développer plus de 300 tissus différents transformés en vêtements de haute qualité. La marque a reçu plusieurs certifications d'organisations non gouvernementales, comme B Lab dont le label B Corp récompense l'engagement social et environnemental des entreprises.

• EN • Founded in 2009 by Javier Goyeneche, the Spanish brand with the slogan "Because there is no planet B" has become a reference in eco-responsible, sustainable ready-to-wear. Concerned about the overexploitation of natural resources, Goyeneche developed a system for producing shoes and clothing from recycled materials, including marine debris obtained in cooperation with the fishing industry. Ecoalf works with more than 3,000 volunteer fishermen in Spain and has launched a similar operation in Thailand. More than a ton of waste is recovered from the oceans every day, 10 % of which is recycled. Plastic bottles and fishing nets are shredded into fine flakes that are converted into fibers and used to make clothing, shoes and accessories. Much of Ecoalf's downstream production is carried out in China.

Since its founding, Ecoalf has removed more than 500 tons of debris from the oceans, recycled more than 120 million plastic bottles and developed more than 300 different fabrics for use in its high-quality apparel. The company has been certified by a number of nonprofit associations, including B Lab, whose "B Corp" label is granted to businesses with the "highest standards of verified social and environmental performance."

Faguo

• FR • Fondée en 2008, Faguo s'est fait une place parmi les marques françaises écoresponsables. À sa tête, Frédéric Mugnier et Nicolas Rohr, deux étudiants

← Chaussure de saut à la perche, Adidas, 2008
Portée par Yelena Isinbayeva lorsqu'elle remporte la médaille d'or aux jO de Beijing en 2008
Le Musée olympique, Lausanne

Pole vaulting shoe, Adidas, 2008
Worn by Yelena Isinbayeva when she won the gold medal at the 2008 Olympic Games in Beijing
Le Musée olympique collection, Lausanne

1908

• FR •Marquis Mills Converse fonde la Converse Rubber Shoe Company, qui révolutionnera le basket-ball pendant plus d'un demi-siècle et deviendra une icône de la contre-culture américaine.

• EN • Marquis Mills Converse founds the Converse Rubber Shoe Company, which would revolutionize basketball for over half a century and become an icon of American counterculture.

1916

• FR • Les Keds sont les premières chaussures de sport produites en masse. Le publicitaire Henry Nelson McKinney promeut le terme «*sneakers*» pour désigner les chaussures de sport, à cause de leur tendance à étouffer le bruit des pas.

• EN • Keds become the first mass-produced sports shoes. The advertising agent Henry Nelson McKinney promotes the word "sneakers" for sports shoes because they tend to muffle the noise of footsteps so that people can "sneak about."

1917

• FR • Sortie de la Converse *All Star*, première chaussure de basket-ball techniquement étudiée. C'est l'ancêtre des baskets modernes. Elle fait partie également de l'équipement d'entraînement réglementaire des soldats américains dès la Seconde Guerre mondiale. Après le conflit, des couleurs viennent s'ajouter à la toile noire. Dans les années 1960, la *All Star* est présente aux pieds de la quasi-totalité des joueurs professionnels, et crève en même temps l'écran au cinéma dans *West Side Story*: les sneakers descendent dans la rue. Ce qui n'est encore que le détournement d'une utilisation devient la règle en quelques décennies. Portées et médiatisées par l'acteur James Dean, les sneakers voient leurs ventes exploser et elles deviennent définitivement une icône culturelle.

• EN • The arrival of the Converse *All Star*, the first technically designed basketball shoe and the ancestor of contemporary sneakers. It is part of the standard equipment issued to American soldiers from World War II onwards, and colors are added to the black canvas after the war. During the 1960s, these shoes are to be found on the feet of almost all professional players, and they burst onto cinema screens in *West Side Story*: sneakers go out into the streets. What is still just the subversion of the normal use would become the rule by the end of the 20th century. After they are worn and popularized by the actor James Dean, sales of *All Stars* explode and they become a lasting cultural icon.

passionnés de mode qui, à la sortie de leur école de commerce, veulent créer leur propre marque. Ils se lancent alors, à 22 ans, avec l'aide financière qu'ils réussissent à réunir autour d'eux.

Souhaitant participer à la réduction des émissions de CO^2, Faguo réalise 65 % de sa production en matières recyclées et propose un recyclage des chaussures dans des bornes dédiées en boutiques. Afin de compenser le bilan carbone élevé qu'entraîne la production en Chine, au Portugal et au Vietnam, Faguo (en chinois, « France » se dit *fà guó*) a mis en place une démarche singulière : l'entreprise plante un arbre pour chaque paire de sneakers vendue. Cette initiative, réalisée avec la collaboration d'un pépiniériste, a permis la plantation de plus d'1 500 000 arbres dans plus de 270 forêts en France. La société collabore également avec la Fondation GoodPlanet afin d'imaginer et de mettre en place les meilleures stratégies pour atteindre ses objectifs en matière d'écologie et de développement durable.

L'entreprise, qui avait débuté avec un unique modèle de sneakers en coton et semelles de caoutchouc, propose aujourd'hui plus d'une dizaine de références ainsi qu'une ligne de prêt-à-porter et d'accessoires.

• EN • Launched in 2008, Faguo is now well established as one of France's prominent eco-responsible brands. Fresh out of business school, co-founders Frédéric Mugnier and Nicolas Rohr decided to pursue their love of fashion by creating their own label. Assembling funds as best they could, the two 22-year-olds took the plunge.

Seeking to help reduce CO2 emissions, Faguo produces 65 % of its sneakers from recycled materials and operates a shoe recycling system with drop-off points in stores. And to compensate for the high carbon footprint of its production in China, Portugal and Vietnam, Faguo (a transliteration of the Chinese word for "France") has adopted an unusual method : the company plants a tree for every pair of sneakers sold. This initiative, in cooperation with a nursery operator, has resulted in the planting of more than 1.5 million trees in some 270 forests in France. The company also works with the GoodPlanet Foundation to develop and implement optimal strategies for reaching its goals in environmental protection and sustainable development.

After starting out with a single sneaker design, in cotton with a rubber sole, today Faguo offers a dozen models as well as a range of ready-to-wear and accessories.

Fila

• FR • En 1911, les frères Ettore et Giansevero Fila créent à Biella (Piémont, Italie) leur entreprise spécialisée dans le textile, destiné aux habitants des Alpes. L'usine devient un grand complexe manufacturier, mais à partir des années 1950, en perte de vitesse, elle doit se réorienter. Au début des années 1970, Fila se tourne vers l'équipement de sport et collabore avec le célèbre joueur de tennis Björn Borg, qui devient son ambassadeur, assurant dès lors rapidement à la marque un succès international. C'est pour Borg que le designer italien Pierluigi Rolando crée la gamme Borg BJ, qui se reconnaît par ses rayures, et le logo « F-box » en 1973.

Le succès de Fila dépasse les limites du terrain de tennis. Dans les années 1980 et 1990, les produits de la marque deviennent des incontournables de la *street culture* et imprègne la culture populaire. Fila devient une référence auprès de la jeunesse, notamment grâce à ses deux figures les plus populaires, le chanteur George Michael et le rappeur Tupac Shakur.

Dans les années 2000, la marque traverse une période difficile. En 2007, elle est rachetée par sa filiale sud-coréenne. En choisissant de rééditer les modèles qui ont fait sa popularité dans les années 1990 comme la *Disruptor 2* ou la *Grand Hill*, Fila connaît une renaissance depuis une dizaine d'années.

• EN • In 1911 the brothers Ettore and Giansevero Fila founded a company in Biella, in Italy's Piedmont region, specializing in textile products for customers in the Alps. Their business grew into a large manufacturing complex, but then began to lose steam in the 1950s. Looking for new opportunities, in the early 1970s Fila turned to sports equipment. A collaboration with the star tennis player Björn Borg, who became its ambassador, soon made the brand a worldwide success. It was for Borg that the Italian designer Pierluigi Rolando created the Borg BJ line, instantly identifiable with its stripes and "F-box" logo, in 1973.

Fila's success extended beyond the tennis court. In the 1980s and 90s, its clothing and shoes became a prominent part of street culture and permeated the pop scene. The label was a reference for the young generation, popularized in particular by two iconic figures, the singer George Michael and the rapper Tupac Shakur.

The company experienced another slowdown in the early 2000s, and in 2007 it was purchased by its South Korean subsidiary. In the past decade Fila has enjoyed a renaissance, powered by re-releases of its most popular models from the 1990s, like the *Disruptor 2* and *Grand Hill*.

Keds

• FR • En 1916, la United States Rubber Company fusionne près de trente sociétés de chaussures pour n'en faire qu'une seule : Keds – qui est initialement nommée Peds, d'après l'étymologie latine, mais le nom était déjà déposé. Dès 1920, les chaussures à semelles en caoutchouc Keds sont portées par l'équipe américaine de football aux jeux Olympiques d'Anvers. La marque rencontre également un succès auprès des grands joueurs de tennis et des équipes sportives universitaires. Elle connaît aussi une popularité au sein des familles et en particulier auprès des enfants, qui les portent pour les activités sportives, de loisir et de plein air. Le modèle *Triumph*, lancé en 1926, contribue à ce succès.

En 1949, Keds lance Pro-Keds, sa première ligne de chaussures de sport spécifiquement destinées aux sportifs de haut niveau et notamment aux basketteurs. La Pro-Keds *Royal Tread* est ainsi portée par George Mikan Jr., connu sous le nom de « Mr. Basketball ». Dans les années 1960 et 1970, les Pro-Keds sont adoptées par de grands noms de la NBA comme Kareem Abdul-Jabbar, Lou Hudson et Pete Maravich, ou encore

→ *Oregon Waffle*,
design Bill Bowerman,
Nike, 1973
Sneakers Museum, Marseille

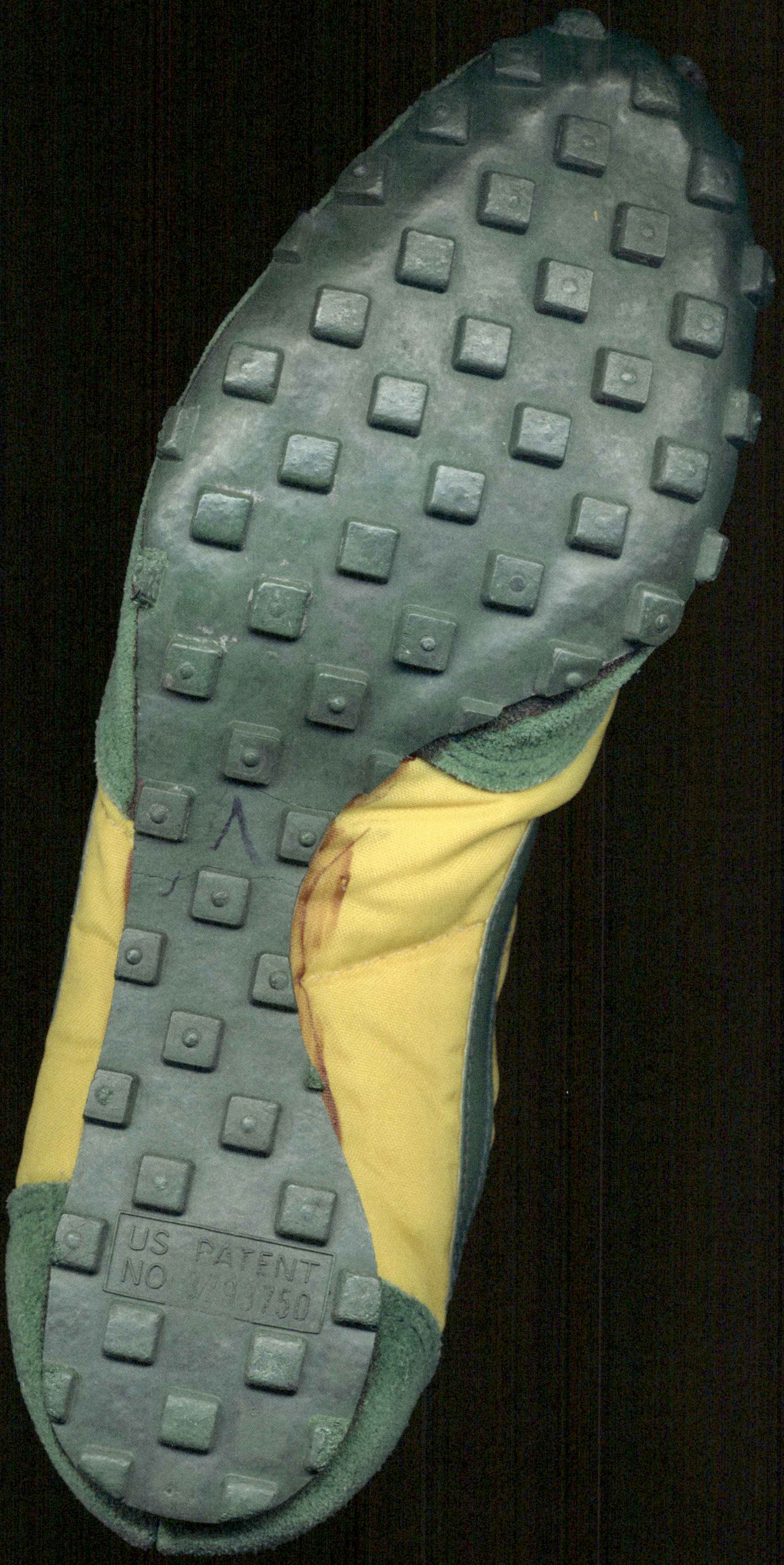
US PATENT
NO

1920

• FR • Adolf Dassler, futur fondateur de la marque Adidas, commence à produire des chaussures d'entraînement, dans la salle de bains de sa mère... Il reprend l'entreprise fondée par son père.

• EN • Adolf Dassler, the future founder of the Adidas brand, starts producing athletic shoes in his mother's bathroom, before taking over the company founded by his father.

1921

• FR • Le basketteur Chuck Taylor devient le premier ambassadeur sous contrat d'une marque de sport: Converse.

• EN • The basketball player Chuck Taylor becomes the first ambassador for a sports brand, under contract to Converse.

1924

• FR • Adolf et Rudolf Dassler déposent le nom de la compagnie Gebrüder Dassler Schuhfabrik OHG à Herzogenaurach, en Allemagne.

• EN • Adolf and Rudolf Dassler register a company under the name Gebrüder Dassler Schuhfabrik OHG in Herzogenaurach, Germany.

1928

• FR • Les chaussures des frères Dassler font leur entrée aux jeux Olympiques, à Amsterdam.

• EN • The Dassler brothers' shoes make their début at the Olympic Games in Amsterdam.

1934

• FR • Les Converse *All Star* deviennent Converse *Chuck Taylor All Star*. À cette occasion, la chaussure reçoit sur son patch «All Star» latéral la signature du sportif, ce qui en fait le premier *pro model* de l'histoire. Elles sont encore produites quasiment à l'identique en 2020 et ont donné lieu à de nombreuses collaborations.

• EN • The Converse *All Star* becomes the Converse *Chuck Taylor All Star*. This is when the All Star side patch with the sportsman's signature is added to the shoe, making it the first *pro model* in history. They are still produced in 2020 in almost exactly the same way and have given rise to many collaborations.

par le groupe iconique de musique punk les Ramones.

Dans les années 1980 et 1990, avec la concurrence féroce de Nike, Adidas et Puma, la marque quitte les terrains de sport. Elle est très appréciée des jeunes Américaines, du collège à l'université, et fait partie de l'uniforme des pom-pom girls. Les égéries de la marque sont alors de jeunes actrices de Hollywood comme Jennifer Grey, Demi Moore ou Mischa Barton, qui en font la publicité à la télévision et dans les magazines.

La marque américaine, qui a fêté ses cent ans en 2016, produit toujours les chaussures en toile et semelles de caoutchouc qui ont fait son succès.

• EN • In 1916 the United States Rubber Company merged nearly 30 shoe companies into one: Keds (it was initially called Peds, based on the Latin etymology, but the name had already been registered as a trademark). By 1920 the US soccer team wore rubber-soled Keds at the Antwerp Olympics. The brand was also a hit with university sports teams and professional tennis players, and enjoyed great popularity among families with children, who wore them for sports and other leisure and outdoor activities. The *Triumph* model, launched in 1926, further heightened the label's success.

In 1949 Keds launched Pro-Keds, its first line of sports shoes specifically designed for top-level athletes, especially basketball players. The Pro-Keds *Royal Tread* was worn by George Mikan Jr., whose nickname was "Mr. Basketball." In the 1960s and 70s, Pro-Keds were worn by American basketball stars like Kareem Abdul-Jabbar, Lou Hudson and Pete Maravich, as well as the iconic punk band the Ramones.

In the 1980s and 90s, facing fierce competition from Nike, Adidas and Puma, Keds gave up on professional sports, but continued to sell well among young American women of high school and college age, and became a mainstay of the cheerleaders' uniform. The brand maintained its reputation through TV and magazine ads featuring young Hollywood actresses like Jennifer Grey, Demi Moore and Mischa Barton.

Keds celebrated its centennial in 2016, and continues to produce the rubber-soled canvas shoes that made it famous.

Le Coq sportif

• FR • En 1882, Émile Camuset, jeune passionné de sport, crée un atelier de bonneterie à Romilly-sur-Seine, dans l'Aube. À partir de 1920, il se lance dans la confection d'articles de sport. Dans les années 1930, l'entreprise Camuset devient l'un des fournisseurs officiels des fédérations françaises de football, de basket-ball, de rugby et d'athlétisme. En 1948 apparaissent les premiers vêtements marqués d'une étiquette à l'image du coq gaulois, mais le dépôt de la marque «Le Coq sportif» n'intervient qu'en 1950.

La présence de la marque française dans les épreuves sportives populaires, telles que le Tour de France, la Coupe du monde de football, Roland-Garros ou le Tournoi des Cinq Nations, contribue à sa renommée internationale. En 1960, la marque tricolore équipe tous les athlètes français aux jeux Olympiques de Rome. À cette occasion, un nouveau logo est créé: un coq entouré des cinq anneaux olympiques.

Le Coq sportif s'associe avec Adidas en 1966 dans l'objectif d'assurer son développement à l'étranger. Par l'intermédiaire de Horst Dassler, directeur d'Adidas

France, le tennisman Robert Haillet devient conseiller pour la ligne textile du Coq sportif et contribue à sa reconnaissance auprès de la Fédération française de tennis. C'est le plein essor de l'entreprise, qui compte en 1969 plus de 500 employés. Mais en 1974, à la suite du choc pétrolier et de l'augmentation du prix des matières premières, l'entreprise, fragilisée, est rachetée par Adidas, qui poursuit toutefois sa diffusion et lui adjoint notamment une ligne complète de chaussures de sport à partir de 1980. Équipes et athlètes continuent d'arborer le coq français et de remporter de grandes victoires, comme celle du jeune Yannick Noah en 1983 au tournoi du Grand Chelem Roland-Garros. Il deviendra quelques années plus tard l'un des propriétaires de la marque.

1988 marque cependant la fin du contrat pour la fourniture des maillots des leaders du Tour de France et la fermeture du site historique de Romilly-sur-Seine. Coup dur pour la marque française, qui périclite dans les années 1990.

En 2005, Robert Louis-Dreyfus, qui avait racheté Adidas en 1993, la relance. Le site de Romilly-sur-Seine est rouvert en 2010 et le «*made in* France » est mis en avant.

• EN • In 1882 a young sports fan named Émile Camuset founded a hosiery mill in Romilly sur Seine, in the Aube region of northeastern France. In the 1920s the company branched out to sporting goods, and in the 30s became an official supplier to the French soccer, basketball, rugby and track and field federations. In 1948 it began making clothing with a label depicting the *coq gaulois* ("Gallic rooster"), a national symbol, but did not register the brand name "Le Coq Sportif" until 1950.

The presence of the French brand in high-profile sports events like the Tour de France bicycle race, the soccer World Cup, the French Open tennis tournament and rugby's Five Nations Championship helped build its international renown. In 1960 the French Olympic team wore Le Coq Sportif at the Rome Summer Games, and a new logo was created to mark the occasion: a rooster surrounded by the five Olympic rings.

In 1966 the tricolor brand teamed up with Adidas to boost its international development. Through the intervention of Horst Dassler, director of Adidas France, the tennis player Robert Haillet became a consultant for the clothing line and had a hand in its official recognition by the French Tennis Federation. The company entered a period of strong development, and by 1969 had a workforce of more than 500 employees. But in 1974, weakened by the oil crisis and the resulting higher cost of raw materials, Le Coq Sportif was bought out by Adidas, which continued to market its product range, adding a complete line of sports shoes in 1980. Top teams and athletes continued to sport the rooster logo, making it a part of their triumphs – like the young Yannick Noah when he won the French Open at the Stade Roland Garros in 1983. The tennis star went on to become one of the brand's owners a few years later.

Le Coq Sportif suffered a major setback in 1988 when its contract to supply the leaders' jerseys for the Tour of France expired. The historic site in Romilly sur Seine was shut down, and in the 1990s the label went into decline.

In 2005 it was relaunched by Robert Louis-Dreyfus, who had acquired Adidas in 1993. The Romilly sur Seine factory reopened in 2010, underscoring the brand's "Made in France" quality.

New Balance

• FR • La New Balance Arch Support Company est fondée à Boston (Massachusetts) en 1906 par un jeune cordonnier britannique de 33 ans, William J. Riley, qui se spécialise d'abord dans la fabrication de semelles orthopédiques. Le nom «New Balance» («nouvel équilibre») lui aurait été inspiré en observant la démarche parfaitement équilibrée des poules dans son jardin. Sa première semelle repose ainsi sur trois points d'appui, comme les pattes des volatiles.

La première chaussure à pointes de New Balance est créée en 1930. Fabriquée à la main comme le reste de la production, elle est notamment portée dans les années 1930 par Dan McBride lors de la Reddish Road Race aux États-Unis. Renommée New Balance Athletic Shoe Company, la société continue à produire des semelles orthopédiques jusqu'au début des années 1960.

En 1961, la marque met au point la *Trackster*. Cette chaussure de course à semelle en caoutchouc ondulé est la première disponible en plusieurs largeurs. Elle est adoptée par les équipes universitaires de la région de Boston, comme celles du Massachusetts Institute of Technology (MIT) ou de la Tufts University.

En 1972, la société est rachetée par Jim Davis et se développe considérablement, à un moment où Boston est l'épicentre de la mode du running. En 1975, le coureur Tom Fleming remporte le marathon de New York avec une paire de New Balance *320*, la première à arborer le célèbre «N» de la marque. Si New Balance développe des chaussures pour plusieurs disciplines sportives, comme le basket-ball ou le tennis, dans les années 1980 et 1990, c'est dans le domaine du running qu'elle se distingue. Elle se différencie également en adoptant un système de numérotation, composée de trois ou quatre chiffres. Le premier (si trois chiffres) ou les deux premiers (si quatre chiffres) font référence au niveau de performance globale: plus le nombre est élevé, meilleurs seront la qualité et le niveau technologique. Les deux derniers chiffres indiquent les spécificités de la chaussure (légèreté, amorti...).

En 1982, New Balance lance un de ses modèles iconiques, la *990*, entièrement gris et blanc, alors que les chaussures de running arboraient des couleurs vives. Première chaussure de running à atteindre la barre des 100 dollars, elle connaît toutefois un immense succès. En 1985, la marque américaine met au point la technologie ENCAP, un système d'amorti composé d'une semelle intercalaire en mousse EVA placée sous le talon, au cœur d'une semelle extérieure en polyuréthane. Cette technologie est toujours appliquée sur un grand nombre de modèles New Balance aujourd'hui.

New Balance est une des rares marques à avoir maintenu plusieurs usines d'assemblage en Grande-Bretagne et aux États-Unis, lui permettant d'apposer la mention «*made in USA*» ou «*made in England*» sur un grand nombre de ses modèles constitués au minimum de 70% d'éléments provenant de ces pays.

• EN • The New Balance Arch Support Company was founded in Boston, Massachusetts, in 1906 by a 33-year-old British cobbler named William J. Riley, who originally specialized in the manufacture of orthopedic arch supports. It is said that the name "New Balance" was inspired by his observation of the hens in his yard and their perfectly balanced walk. His first arch support focused on three pressure points, like a bird's foot.

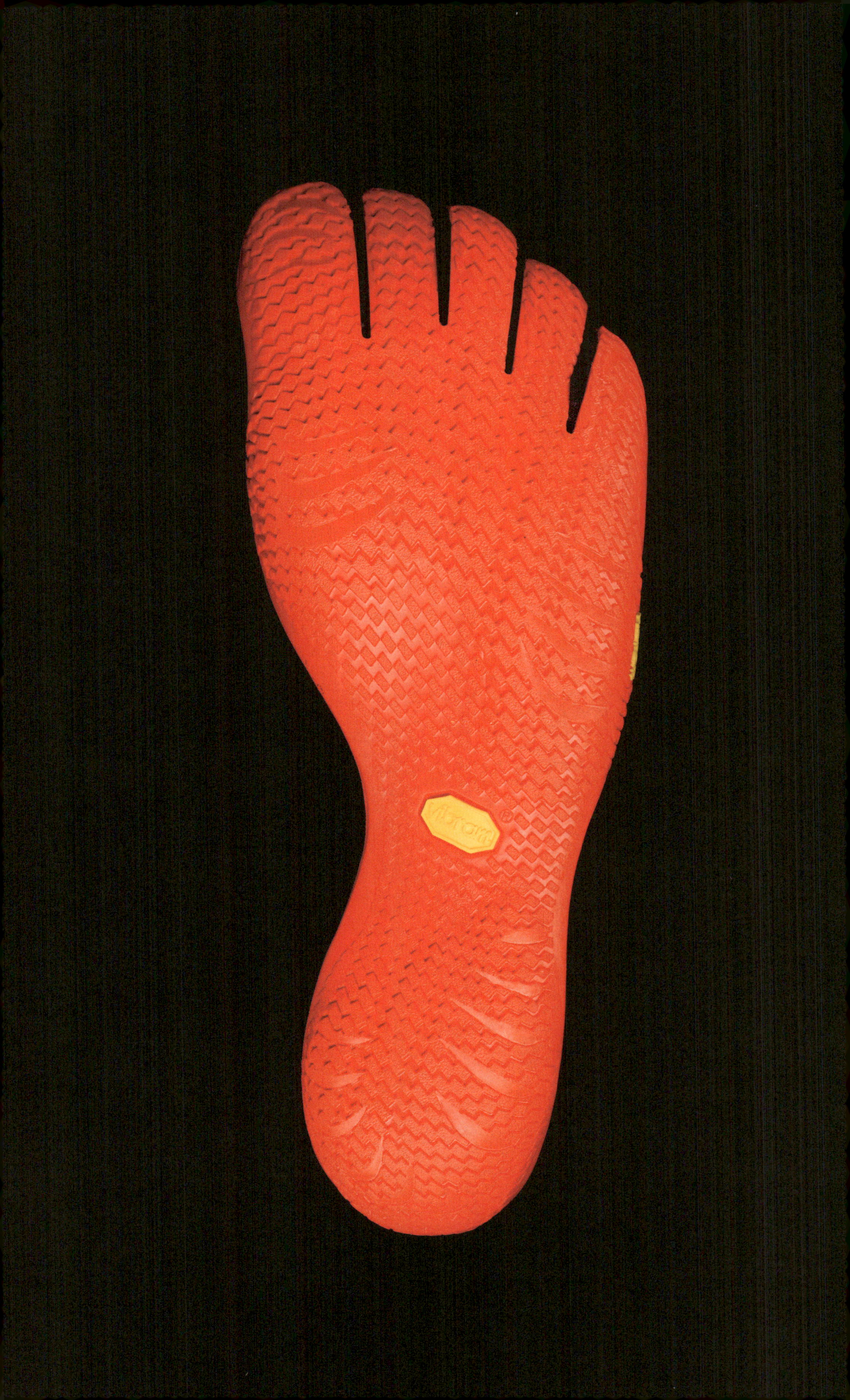
Vibram®

The first New Balance spiked shoe was created in 1930. Produced by hand, like all of the brand's products, it was worn by Dan McBride in the Reddish Road Race. Renamed the New Balance Athletic Shoe Company, the label continued to make orthopedic arch supports until the early 1960s.

In 1961 it developed the *Trackster*, a high-performance running shoe with a rippled rubber sole, and the first to be offered in a range of widths. It was adopted by many college teams in the Boston area, including at the Massachusetts Institute of Technology (MIT) and Tufts University.

In 1972 the company was acquired by Jim Davis and expanded considerably, at a time when Boston was the capital of the running world. In 1975 the runner Tom Fleming won the New York Marathon wearing a pair of New Balance *320*s, the first model to feature the brand's famous "N." In the 1980s and 90s New Balance developed footwear for multiple sports disciplines, including basketball and tennis, but remained best known for its running shoes. It also stood out by adopting a numbering system for its models, using three or four digits. The first (if three digits) or first two (if four digits) indicate the general performance level – the higher the number, the greater the quality and technological sophistication – and the final two digits indicate specific features like lightness, shock absorption, etc.

In 1982 New Balance launched one of its iconic models, the *990*, all in gray and white at a time when most running shoes boasted bright colors. Despite being the first running shoe to reach a price of $100, it was a resounding success. In 1985 the brand perfected its ENCAP shock absorption system, based on an EVA foam midsole under the heel, encapsulated in a polyurethane shell. The technology is used in a great many New Balance models to this day.

New Balance is one of the few brands to have maintained a number of assembly plants in the United Kingdom and the United States, which allows it to label a large number of its models "Made in the USA" or "Made in England," indicating that at least 70 % of the component materials come from those countries.

Nike

• FR • L'histoire débute à la fin des années 1950, lorsque Phil Knight rencontre Bill Bowerman, son coach à l'université de l'Oregon. Les deux hommes s'associent en 1964 et créent la société Blue Ribbon Sports (BRS), qui distribue alors les chaussures de la marque japonaise Onitsuka. En 1971, leur relation avec celle-ci prend fin lorsque les associés s'apprêtent à lancer leur propre ligne de chaussures comprenant notamment la *Cortez*, inspirée d'un modèle d'Onitsuka. BRS devient Nike, nom choisi en référence à la déesse grecque de la victoire, Niké. Dessiné par Carolyn Davidson, le célèbre logo à la virgule, dit Swoosh, accompagne la création de la marque et apparaît pour la première fois en juin 1971.

C'est sur le marché de la chaussure de running que Nike va d'abord se distinguer de ses concurrents, notamment avec le succès de la *Oregon Waffle*, lancée en 1973, équipée de la fameuse semelle imaginée dans un moule à gaufre, d'où son nom.

← Five Fingers KSO-EVO,
Vibram, 2019
VIBRAM

1936

• FR • Jesse Owens gagne quatre médailles d'or aux jeux Olympiques de Berlin avec des chaussures Dassler.

• EN • Jesse Owens wins four gold medals wearing Dassler's shoes at the Berlin Olympic Games.

1948

• FR • La société Puma est fondée par Rudolf Dassler, qui s'est brouillé avec son frère, et présente la *Atom*, première chaussure dédiée exclusivement à la pratique du football, portée par l'équipe nationale ouest-allemande. La société Adidas est fondée l'année suivante par Adolf « Adi » Dassler.

• EN • Rudolf Dassler, who had fallen out with his brother, founds Puma and presents the *Atom*, the first shoe designed exclusively for the game of soccer and worn by the West German national team. The following year Adidas is founded by Adolf "Adi" Dassler.

1949

• FR • La firme Onitsuka Co. est fondée par Kihachiro Onitsuka à Kobe, au Japon.

• EN • Onitsuka Co. is founded by Kihachiro Onitsuka in Kobe, Japan.

1958

• FR • Les frères Jeffrey William et Joseph William Foster créent la marque Reebok, du nom d'une antilope d'Afrique du Sud. Le logo symbolise les pattes d'une antilope au galop.

• EN • Jeffrey William and Joseph William Foster create the Reebok brand, taking the name from a South African antelope. The logo symbolizes the legs of a galloping antelope.

En déclinant cette semelle sur plusieurs modèles, Nike écoule plus de 270 millions de *waffle shoes* dans les années 1970. Toujours à destination des coureurs et en particulier des joggeurs, Nike met au point le système d'amorti Air imaginé par l'ingénieur de la NASA Marion Frank Rudy. La technologie fait sa première apparition sur le modèle *Tailwind* en 1979.

Le succès de la marque repose dès ses débuts sur des campagnes publicitaires radicales, dont les messages et les images marquent les esprits. En 1977, la publicité «*There is no finish line*», conçue par John Brown & Partners, n'illustre aucun modèle, mais mise tout sur le message qui crée un lien nouveau, presque intime, avec les potentiels acheteurs: «*Beating the competition is relatively easy. Beating yourself is a never-ending commitment.*» Les campagnes s'enchaînent, certaines font polémiques, comme le spot publicitaire de la *Air Max 1* qui reprend le tube des Beatles *Revolution*, d'autres donnent naissance à des slogans devenus cultes et toujours utilisés comme «*Just Do It.*», qui apparaît en 1988.

À l'inverse du leader Adidas, Phil Knight mise sur l'externalisation de la production des chaussures, pour avoir une main-d'œuvre moins chère et ainsi dégager des bénéfices plus importants. Initialement au Japon, la production s'effectue ensuite en Corée du Sud, puis en Thaïlande, en Indonésie, au Vietnam et en Chine.

En 1980, Nike représente 50 % du marché américain de la chaussure de sport, mais sa visibilité dans le domaine du basket-ball reste faible en comparaison de ses concurrents. La *Air Force 1* en 1982, première chaussure de basket-ball équipée du système Air, rencontre un immense succès, et la *Dunk*, en 1985, est quant à elle adoptée par un grand nombre d'équipes universitaires américaines. Elle est suivie de près par la *Air Jordan 1*, première d'une longue saga dans laquelle le designer Tinker Hatfield joue un rôle de premier plan. Avant que l'on ne lui confie le design de la *Air Jordan 3* et des suivantes, le designer star est l'auteur de la *Air Max 1*, commercialisée en 1987. Avec son système Air visible, le modèle rencontre un gigantesque succès, qui va se traduire par une longue série de modèles Air Max marquant les années 1990 et 2000.

En 2002, Nike, dont les chaussures sont adoptées depuis longtemps par les skaters, lance sa propre ligne de skate, Nike SB. La marque multiplie les collabs avec des artistes, des designers, des chanteurs, des magasins ou toute autre marque, et propose en continue de nouvelles versions de ses modèles clés qui alimentent en grande partie le marché de la revente. Nike s'impose comme la marque des records, qu'il s'agisse de sport en chaussant le coureur kényan Eliud Kipchoge, premier homme à passer sous la barre des deux heures au marathon Ineos de Vienne en 2019, ou de vente aux enchères, la même année, avec la célèbre *Moon Shoe*, conçue par Bill Bowerman pour les jeux Olympiques de 1972, qui atteint la somme de 437 500 dollars lors d'une vente Sotheby's.

• EN • The story began in the late 1950s, when Phil Knight met Bill Bowerman, who was his track coach at the University of Oregon. In 1964 the two men co-founded a company called Blue Ribbon Sports (BRS) to market athletic shoes made by Onitsuka. In 1971 Knight and Bowerman severed their ties with the Japanese brand to launch their own footwear line. One of their first models was the *Cortez*, inspired by an Onitsuka shoe. BRS became Nike, named after the Greek goddess of victory. The iconic "Swoosh" logo, designed by Carolyn Davidson, accompanied the creation of the brand, making its first appearance in June 1971.

Nike first stood out from the competition in the category of running shoes, in particular with the success of the *Oregon Waffle*. Launched in 1973, it was equipped with a sole that was famously fabricated in a waffle iron – hence the name. Using the same sole on other models, Nike sold more than 270 million "waffle" shoes in the 1970s. Continuing to target runners, and especially joggers, Nike developed its Air shock absorption system. Developed by NASA engineer Marion Frank Rudy, the technology débuted with the *Tailwind* model in 1979.

From the beginning, the brand has built its success on imaginative ad campaigns with strikingly memorable messages and images. The 1977 ad with the slogan "There is no finish line," created by John Brown & Partners, featured no specific model, focusing instead on a message that connected with potential customers in a new, nearly intimate way: "Beating the competition is relatively easy. Beating yourself is a never-ending commitment." The original ads continued year after year, sometimes triggering controversy, like the *Air Max 1* spot using the Beatles song "Revolution," and sometimes coining phrases that became a part of popular culture, like "Just Do It" from 1988.

Taking the opposite approach from the market leader, Adidas, Phil Knight outsourced production in order to keep labor costs down and raise profit margins. Nike's shoes were first made in Japan, then South Korea, and later in Thailand, Indonesia, Vietnam and China.

In 1980 Nike controlled 50 % of the sports shoe market in the United States, but still lagged behind its competitors in the niche of basketball shoes. The *Air Force 1* (1982), the first basketball shoe equipped with the Air system, met with great success, and the *Dunk* (1985) was adopted by many American college teams. It was soon followed by the *Air Jordan 1*, the first of an epic series in which the designer Tinker Hatfield played a central role. Before taking on the creation of the *Air Jordan 3* and its successors, the renowned designer dreamed up the *Air Max 1*, released in 1987. With its visible Air system, the model was an immense success, and spawned a whole string of *Air Maxes* that left their mark on the 1990s and 2000s.

Since its early years Nike's shoes had been worn by skateboarders, and in 2002 the brand finally launched its own skate line, Nike SB. The company became known for its "collabs" with artists, designers, pop singers, retailers and other brands, offering a steady stream of new variations on its bestsellers, many of which fueled (and still fuel) the resale market. Today Nike is firmly established as a record-setter, whether in sports, supplying the shoes of the Kenyan marathon runner Eliud Kipchoge, the first to break the two-hour barrier at the Ineos marathon in Vienna in 2019, or in auction prices, with the famous *Moon Shoe*, designed by Bowerman for the 1972 Olympics, fetching $437,500 at a Sotheby's sale that same year.

ON

• FR • C'est la passion pour la course à pied qui réunit le double champion du monde de duathlon longue distance Olivier Bernhard et ses amis David Allemann et Caspar Coppetti. Après de nombreux succès dans le monde du sport de haut niveau, Olivier Bernhard se

lance dans la quête d'une chaussure de course qui lui apporterait le parfait équilibre. Il rencontre un ingénieur suisse poursuivant le même objectif et qui possède déjà quelques idées pour un nouveau modèle de chaussures qui permettrait de changer la sensation de course. Des dizaines de prototypes sont développés, mais le concept de base, un amorti tout en douceur et une poussée dynamique, est le fil conducteur de la création.

La marque ON est née en 2010, à Zurich, avec l'objectif de développer une gamme de produits entièrement conçus en Suisse et utilisant les dernières technologies disponibles. En février de cette année, les prototypes des chaussures remportent le prix ISPO Brand New, l'une des récompenses les plus prisées en matière d'innovation dans l'industrie du sport. En juillet, les premiers magasins spécialisés en running proposent les chaussures ON.

En 2014, la marque présente la *Cloud*, premier modèle équipé de la technologie brevetée CloudTec, conçue pour offrir un atterrissage en douceur et une poussée dynamique tout en garantissant un poids léger. La semelle extérieure est composée de coussinets en caoutchouc creux, comme des nuages (d'où le nom), placés stratégiquement sous le pied. Cette chaussure gagne de nombreux prix d'excellence et la marque connaît rapidement un succès dans le monde du sport, notamment grâce à la médaille d'argent remportée par Nicola Spirig lors du triathlon femmes aux jeux Olympiques de Rio en 2016. En 2018, Matt Hanson, sponsorisé par ON, bat le record du monde d'Ironman avec un temps de 7h 39′ 25″ aux Championnats d'Amérique du Nord.

La marque se diversifie en proposant des chaussures pour d'autres sports et multiplie les innovations : mousse ultra-légère baptisée « Zero-Gravity », caoutchouc « Rebound Rubber » très résistant qui contribue au retour d'énergie, semelle « MissionGrip » tout-terrain conçue pour le trail…

• EN • Olivier Bernhard, a two-time world champion in the long-distance duathlon, and his friends David Allemann and Caspar Coppetti share a passion for competitive running. Having scored an impressive list of successes in the world of high-level sports, Bernhard set out to find a running shoe that would ensure perfect balance. He met a Swiss engineer who was pursuing the same goal, and who already had a few ideas for a new shoe design that would change the sensation of running. Dozens of prototypes were developed, but the basic concept remained the same: a cushioned landing and a firm takeoff.

The ON brand was founded in Zurich in 2010, with the aim of producing a range of shoes developed entirely in Switzerland using the latest technologies. In February of that year the company's prototypes won the ISPO Brandnew Award, one of the most prestigious distinctions for innovation in the sports industry, and in July the first pairs went on sale in running shoe specialty stores.

In 2014 the brand unveiled the *Cloud*, the first model equipped with the patented CloudTec technology, conceived to achieve ON's ideals of a soft landing and an explosive takeoff in a lightweight shoe. The outsole is lined with cloud-like hollow rubber pads carefully positioned under the foot. The model won many prizes for excellence, and the brand enjoyed rapidly growing success in the sports world, in particular with the silver medal won by Nicola Spirig in the women's triathlon at

1964

• FR • Phil Knight, un coureur de l'équipe d'athlétisme de l'université d'Oregon, s'associe à son entraîneur Bill Bowerman pour importer et distribuer aux États-Unis les chaussures Onitsuka Tiger sous le nom BRS (Blue Ribbon Sports).

• EN • Phil Knight, a runner and member of the University of Oregon track team, joins forces with his coach Bill Bowerman to import and distribute Onitsuka Tiger shoes in the United States under the name BRS (Blue Ribbon Sports).

1965

• FR • Lancement de la Adidas *Robert Haillet*, qui devient *Haillet Stan Smith* à partir de 1971, puis *Stan Smith* en 1978. Conçue pour l'entraînement de tennis sur gazon, elle est, au moins en Europe, la plus célèbre chaussure dont le nom est associé à celui d'un sportif. D'un dessin classique, elle est intemporelle et illustre à merveille le concept « *less is more* » : les habituelles trois bandes sont figurées par des perforations d'aération, le nombre de composant est réduit, comme les couleurs, du moins sur les modèles classiques. En 1990, il s'en était vendu 22 millions de paires dans le monde.

• EN • Launch of the Adidas *Robert Haillet*, which would be renamed the Haillet *Stan Smith* in 1971 and the *Stan Smith* in 1978. Designed for lawn tennis training, the model would become, at least in Europe, the most famous shoe whose name is associated with that of an athlete. It is timeless, uses a classic design and is a wonderful illustration of the idea of "less is more": the usual three stripes are represented by the ventilation holes, and both the number of components and the colors are kept to a minimum, at least on the classic models. By 1990, worldwide sales would total 22 million pairs.

1966

• FR • Création de la marque Vans en Californie.

• EN • The founding of Vans in California.

1968

• FR • Puma invente les chaussures fermées par bandes auto-agrippantes.

• EN • Puma invents shoes held in place by self-adhesive strips.

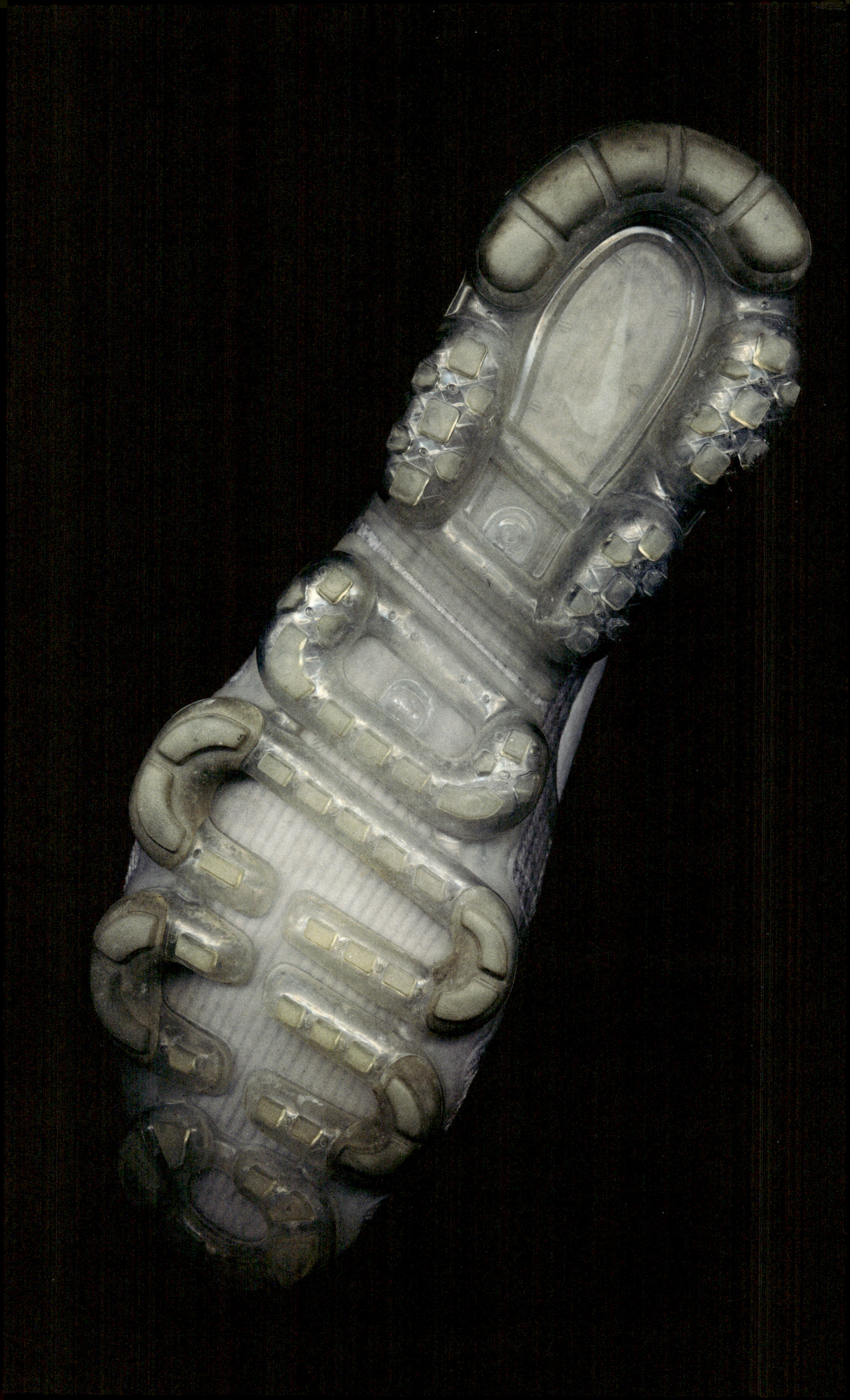

the 2016 Olympic Games in Rio de Janeiro. In 2018 one of ON's sponsored athletes, Matt Hanson, broke the Ironman world record with a time of 7h 39′ 25" at the North American Championships.

The brand is now diversifying, creating shoes for other sports and pioneering innovations like its ultra-lightweight "Zero-Gravity" foam, highly resistant "Rebound Rubber" for enhanced energy return, and all-terrain "MissionGrip" sole, designed for trail running.

Onitsuka Tiger - Asics

• FR • En 1949, Kihachiro Onitsuka fonde Onitsuka à Kobe. L'entreprise japonaise fabrique initialement des filets et des vêtements d'alpinisme, de pêche et de ski, avant de lancer, en 1950, sa première chaussure de basket-ball et, l'année suivante, sa première chaussure de running. Elle est portée par Shigeki Tanaka, qui remporte le prestigieux marathon de Boston en 1951.

La marque obtient une reconnaissance internationale dans la décennie suivante. En 1964, Abebe Bikila, vainqueur pieds nus du marathon des jeux Olympiques de Rome en 1960, gagne celui de Tokyo avec une paire de la marque Onitsuka Tiger. Avec le modèle *Mexico 66*, Onitsuka connaît un succès retentissant. Premières chaussures à arborer les célèbres rayures distinctives de la marque, les *Mexico 66* sont popularisées sur le grand écran par Bruce Lee dans le film *Le Jeu de la mort* en 1978.

En 1977, la société Onitsuka Tiger fusionne avec GTO Sport Nets et Jelenk Sportswear et devient Asics, un acronyme correspondant au précepte latin de Kihachiro Onitsuka : *Anima sana in corpore sano* (« Une âme saine dans un corps sain »). Les modèles conçus avant 1977 conserveront cependant le nom « Onitsuka Tiger ».

Dans les années 1980, Asics innove et développe sa ligne destinée aux coureurs. En réponse notamment au système Air de Nike, la technologie Gel est mise au point en 1986. Ce système d'amorti est constitué de deux patches en silicone, l'un situé sous le talon, l'autre sous les coussinets du pied. Cette technologie, que la marque ne cessera de faire évoluer jusqu'à aujourd'hui, place Asics parmi les marques de référence dans le domaine du running. Elle est toujours utilisée par la marque japonaise, déclinée sur un grand nombre de modèles.

Kihachiro Onitsuka a dirigé Asics jusqu'à sa mort, en 2007. Depuis 2008, Motoi Oyama, ancien athlète japonais (JO 1964), est P-DG de la marque.

• EN • Onitsuka was founded in Kobe in 1949 by Kihachiro Onitsuka. The Japanese company started out as a maker of nets and apparel for mountain climbing, fishing and skiing, before launching its first basketball shoe in 1950. Its first running shoe followed in 1951 and was worn by Shigeki Tanaka, who won the prestigious Boston marathon that year.

Over the next decade the brand built an international reputation. In 1964, Abebe Bikila, who had won the marathon at the 1960 Olympic Games in Rome, running barefoot, repeated the feat at the Tokyo games wearing a pair of Onitsuka Tigers. Onitsuka scored a huge success during this period with its *Mexico 66* model. The first to be decorated with the brand's famous distinctive stripes, it was popularized on the screen by Bruce Lee in the 1978 film *Game of Death*.

← *Air VaporMax Flyknit*,
Nike, 2017
Sneakers Museum, Marseille

1971

• FR • BRS commence à produire ses propres modèles et se rebaptise Nike, du nom de la déesse de la victoire. Pour 35 dollars, Carolyn Davidson, étudiante en design, crée le Swoosh, une aile qui deviendra le symbole de Nike.

• EN • BRS starts producing its own models and renames itself Nike, after the Greek goddess of victory. Carolyn Davidson, a design student, comes up with the "Swoosh," the wing shape that would become the symbol of Nike, for which she is paid $35.

1972

• FR • Phil Knight invente les semelles de type *waffle* en versant du caoutchouc dans le moule à gaufre de sa femme : la Nike *Waffle Racer* est née. Nike clame que quatre des sept premiers coureurs aux jeux Olympiques de 1972 (Munich) portent ses chaussures.

• EN • Phil Knight invents "waffle" soles by pouring rubber into his wife's waffle iron, which soon gives birth to the Nike *Waffle Racer*. Nike would claim that the top seven runners at the 1972 Olympics in Munich were all wearing their shoes.

1974

• FR • À New York, Foot Locker ouvre son premier magasin à Manhattan, en s'appuyant sur un concept mêlant sport, hip-hop et *street culture*. Les sneakers sortent d'un terrain de jeu encore assez confidentiel pour gagner l'espace public. Leur commerce génère une économie grandissante.

• EN • The first Foot Locker shop opens in Manhattan, New York, based on a concept mixing sports, hip-hop and street culture. Leaving the confines of the sports arenas, sneakers enter the public space. Their trade generates a growing market.

1975

• FR • C'est en baskets que les mannequins du défilé collection printemps-été 1976 de Chloé foulent le *runway*. Karl Lagerfeld, alors directeur artistique de la marque, fait couler beaucoup d'encre…

• EN • The models in Chloe's spring-summer 1976 fashion show all wear sneakers, getting Karl Lagerfeld, the label's artistic director, many mentions in the press.

1977

• FR • La compagnie Onitsuka devient transnationale et prend le nom d'Asics (acronyme d'*Anima sana in corpore sano*).

• EN • Onitsuka goes international and changes its name to Asics (for "*Anima sana in corpore sano*").

1979

• FR • Après deux ans de R&D, Nike présente la première chaussure de sport sur coussin d'air, la *Air Tailwind*. Inventée par Marion Frank Rudy, ancien ingénieur de la NASA embauché par Nike, la semelle *Tailwind* contient une membrane en uréthane remplie d'azote pressurisé. Les molécules de ce gaz étant plus grosses que celle de la cloison, la déperdition est théoriquement impossible. Ce système permet de résoudre le problème de l'affaissement qui se produit au fil du temps avec semelle traditionnelle en mousse de polyuréthane.

• EN • After two years of R&D, Nike presents the first air-cushioned sports shoe, the *Air Tailwind*. The Tailwind sole was invented by Frank Rudy, a former NASA engineer recruited by Nike. It contains a urethane membrane filled with pressurized nitrogen. As the molecules of this gas are larger than that of the partition, any loss is theoretically impossible. This system helps solve the problem of sagging that occurs over time with a traditional polyurethane foam sole.

1982

• FR • Nike présente la *Air Force 1* en version haute et basse. C'est la première chaussure de basket-ball sur coussin d'air. Initialement blanche avec pour seul artifice le Swoosh et un strap gris, elle est devenue une des pages blanches favorites des amateurs et a connu plusieurs milliers de collabs.

• EN • Nike introduces both high and low-cut versions of the *Air Force 1*, the first aircushioned basketball shoe. Initially white with a gray strap and Swoosh, the shoe becomes a favorite blank canvas for its fans and has since given rise to several thousand "collabs."

In 1977 Onitsuka Tiger merged with GTO Sport Nets and Jelenk Sportswear to become Asics, an acronym for a Latin phrase that had become Kihachiro Onitsuka's motto: *Anima sana in corpore sano* («a healthy soul in a healthy body»). The models designed before 1977 retained the Onitsuka Tiger brand name.

In the 1980s Asics introduced an innovative line of shoes for runners. In response to Nike's Air system, it developed the Gel technology in 1986, a shock absorption system comprising two silicone patches, one under the heel and another under the pads of the feet. This technology, which the company continues to refine and still uses on many of its models, made Asics one of the top brands in running shoes.

Kihachiro Onitsuka headed Asics until his death in 2007. Since 2008 the brand has been headed by Motoi Oyama, a former Japanese athlete who competed in the 1964 Olympics.

Pony

• FR • Pony – acronyme de « Product of New York » – est créée en 1972 par Roberto Muller, qui avait occupé plusieurs positions de direction chez Levi's, notamment en Amérique du Sud. La marque connaît une ascension fulgurante et se taille une réputation dans plusieurs disciplines sportives : le football avec le célèbre footballeur brésilien Pelé à la fin de sa carrière ; la boxe avec des athlètes comme Larry Holmes et Ken Norton ; le base-ball avec Hank Aaron et Reggie Jackson ; le tennis avec Tracy Austin, qui remporte, pour la deuxième fois, le tournoi de l'US Open en 1981.

Mais c'est dans le domaine du basket-ball que Pony a certainement brillé le plus. Dans les années 1980, plus de deux cents joueurs stars de la NBA, tels que Bob McAdoo, Earl Monroe, David Thompson ou encore Wilt Chamberlain, adoptent les Pony. La marque est également appréciée par la communauté hip-hop, qu'elle cible dans ses campagnes publicitaires, mêlant breakdance et basket-ball.

En 1986, Pony lance le modèle *City Wings*, avec un slogan provocateur envers ses principaux concurrents, particulièrement Nike et sa technologie Air : « *Why get air when you can fly* » (« Pourquoi avoir de l'air quand on peut voler ? »). Les *City Wings* deviennent mondialement célèbres lorsque le basketteur d'1,70 mètre Spud Webb, chaussé de la version basse, remporte le concours NBA Slam Dunk en 1986.

Cette même année, Muller vend sa part de la société à son ami et rival Horst Dassler, fils d'Adi Dassler. La marque fera jusqu'en 1990 partie du groupe Adidas, avant de passer de main en main et d'entamer une lente descente par la suite.

Pony connaît une renaissance dans la décennie suivante, proposant désormais une ligne d'accessoires et de vêtements de sport. Après avoir fêté ses quarante ans en 2012, l'entreprise développe plusieurs projets de collaboration avec de grandes enseignes de prêt-à-porter de luxe comme Colette ou Barneys. En 2015, la société est rachetée par Iconix Brand Group.

• EN • Pony, an acronym for "Product of New York," was founded in 1972 by Roberto Muller, who had previously held a series of executive positions at Levi's, mainly in South America. The brand enjoyed a meteoric rise, building a reputation in several sports: soccer with the legendary Brazilian striker Pelé at the end of his career; boxing with athletes like Larry Holmes and Ken Norton;

baseball with Hank Aaron and Reggie Jackson; and tennis with Tracy Austin, who won the US Open for the second time in 1981.

But basketball is no doubt the sport in which Pony has shone the brightest. In the 1980s more than 200 NBA stars, like Bob McAdoo, Earl Monroe, David Thompson and Wilt Chamberlain, adopted the brand. It also gained popularity among the hip-hop community, which it targeted in ad campaigns that combined breakdancing with basketball.

In 1986 Pony launched the *City Wings*, whose slogan was a provocative swipe at the competition, in particular Nike and its Air technology: "Why get Air when you can fly." The model became world-famous when the 5'7" basketball player Spud Webb, wearing the low version, won the NBA Slam Dunk Contest in 1986.

That same year Muller sold his shares in the company to his friend and rival Horst Dassler, the son of Adi. The brand was part of the Adidas Group until 1990, after which it changed hands several times and entered a slow decline.

Pony made a comeback in the 2000s, expanding to include a range of sportswear and accessories. After celebrating its 40th anniversary in 2012, the brand began developing collaborative projects with major luxury ready-to-wear retailers like Colette and Barneys. In 2015 it was purchased by Iconix Brand Group.

Puma

• FR • Puma est créée en 1948 par Rudolf Dassler, frère d'Adi Dassler, fondateur de la marque Adidas. Initialement « Ruda », le nom est rapidement changé pour « Puma Schuhfabrik Rudolf Dassler ».

En 1952, Rudolf Dassler lance ses premières chaussures de football à crampons vissés, appelées les *Super Atom*, en collaboration avec l'entraîneur de l'équipe de football de l'Allemagne de l'Ouest, Sepp Herberger. Avec la victoire du 1500 mètres aux jeux Olympiques d'Helsinki du coureur Joseph Barthel, habillé et chaussé par Puma, la marque connaît un succès retentissant.

En 1968 est créée la chaussure d'athlétisme *Brush Spike*, qui va battre tous les records. Munie de quatre bandes de Velcro et équipée de 68 crampons fins comme des aiguilles, placés au niveau de la partie avant de la semelle, elle ne ressemble à aucune autre chaussure de course, mais va enchaîner les victoires : John Carlos au 200 mètres puis Vince Matthews au 400 mètres, tous les deux dans le cadre des épreuves de sélection des JO de Mexico 1968. Adidas fait interdire le modèle pour ces Jeux, en avançant que les crampons pourraient abîmer les pistes.

Les jeux Olympiques de Mexico font cependant entrer la marque dans l'Histoire. Sponsorisés par Puma, les athlètes américains Tommie Smith et John Carlos, respectivement vainqueurs des médailles d'or et de bronze au 200 mètres, brandissent leur poing ganté de noir dans le stade, chaussettes noires au pied et Puma *Crack* sur le podium. Leur geste fait écho au salut des Black Panthers, qui réclament l'arrêt immédiat de la brutalité policière et des meurtres de Noirs.

Puma continue de renforcer sa légitimité dans le sport avec le parrainage, dans les années 1970 et 1980, de sportifs mythiques comme Pelé, Maradona ou Boris Becker. Elle diversifie sa production et crée des chaussures pour de nombreux sports, comme la *Speed Cat* (1999) pour les pilotes de formule 1. Depuis 2003, elle est le sponsor officiel de l'équipe

1984

• FR • Apparition des premières sneakers avec podomètre. Au début des années 1980, la Adidas *Micropacer* est le haut de gamme de la firme Adidas. Elle regroupe le meilleur du savoir-faire de la marque : semelle multi-densité, dessus en cuir fin couleur argent qui se démarque vraiment de la production de l'époque, et surtout un nano compteur de pas permettant de calculer la distance parcourue par l'utilisateur via un capteur placé sous la semelle intérieure. Pas vraiment utilisée par les sportifs, sûrement à cause de son prix et d'un « embonpoint » certain, elle est la chaussure idéale des yuppies joggeurs avides de battre leur propre record. Modèle réédité depuis 1999.

• EN • Launch of the first sneakers with built-in pedometers. The Adidas *Micropacer* is at the top of the brand's range in the early 1980s. It features the very best of the brand's know-how, with a multidensity sole and silver-colored thin leather top that helps it stand out from the other shoes produced at the time. Above all, it has a nano-step counter that allows wearers to calculate how far they have run, using a sensor located underneath the inner sole. Although not really used by sportspeople, certainly because of the price and rather chunky look, it proves to be the perfect shoe for jogging yuppies keen to beat their own records. This model has been re-released since 1999.

1984

• FR • Nike décide de sponsoriser Michael Jordan et crée un modèle à son image. Depuis, un modèle *Jordan* sort chaque année, et Jordan devient une marque à part entière en 1997. Le designer Tinker Hatfield conçoit la plupart des modèles en puisant son inspiration dans l'univers de l'aviation, de la mode ou encore de l'automobile.

• EN • Nike decides to sponsor Michael Jordan and creates a model designed to reflect his image. Since then, there has been a new Jordan model every year, and Jordan became a separate brand in 1997. Designer Tinker Hatfield would design most of the Jordan shoes, drawing his inspiration from the worlds of aviation, fashion or automobiles.

1986

• FR • Le groupe de rap Run-DMC sort le tube *My Adidas*. Le succès est tel que la rue s'identifie à eux et se met à porter, comme eux, des *Superstar* sans lacet et languette relevée. Adidas capte l'ampleur du phénomène et leur signe un contrat d'1 million de dollars, une somme astronomique pour l'époque. Tout converge dans les années 1980 pour que le monde entier porte des sneakers.

• EN • The rap group Run-DMC releases "My Adidas" which soon becomes a hit. Their success is such that street kids identify with them and start wearing, like them, *Superstars* without laces and with the tongues pushed out. Adidas realizes the importance of the phenomenon and signs an unprecedented contract with the group for $1 million, an astronomical amount of money at the time. Everything coincides in the 1980s for the whole world to wear sneakers.

1987

• FR • Les premières Nike *Air Max* sortent, sur une idée du designer Tinker Hatfield inspirée d'un prototype conçu par Bill Peterson dans lequel la semelle est creusée, laissant visible les capsules d'azote comprimé. La capsule d'air devient un argument de vente grâce à l'influence de Rob Strasser et Peter Moore, chargés du marketing et de l'image de la marque. Nike est accusé par ses rivaux de «vendre de l'air»...

• EN • The first Nike *Air Max* comes out, based on an idea by the designer Tinker Hatfield, inspired by a prototype conceived by Bill Peterson in which the sole is hollowed out, leaving the compressed nitrogen capsules visible. It becomes a strong selling point thanks to the influence of Rob Strasser and Peter Moore, who are in charge of the brand's marketing and image. Nike's rivals accuse the company of "selling air"...

nationale italienne de football et de l'athlète jamaïcain Usain Bolt, six fois champion olympique et sept fois champion du monde aux 100 et 200 mètres.

• EN • Puma was founded in 1948 by Rudolf Dassler, whose brother Adi Dassler was the founder of the Adidas brand. Initially called "Ruda," the company was soon renamed Puma Schuhfabrik Rudolf Dassler.

In 1952 Dassler launched his first soccer shoe with screw-in studs, called the *Super Atom*, in collaboration with the coach of the West German national team, Sepp Herberger. When the runner Joseph Barthel won the 1500 meters at the Helsinki Olympic Games that year, dressed and shod in Puma, it was a resounding success for the brand.

In 1968 Puma introduced a record-breaking track shoe: the *Brush Spike*. Equipped with four Velcro strips plus 68 needle-thin spikes lining the front of the sole, it looked like no other running shoe, and was soon racking up the victories: John Carlos in the 200 meters, followed by Vince Matthews in the 400 meters, both in the qualifying rounds for the 1968 Olympics in Mexico City. But Adidas had the model banned for the Games themselves, maintaining that the spikes could damage the tracks.

Nonetheless, the Puma brand made history in Mexico City. Two of its sponsored athletes, the Americans Tommie Smith and John Carlos, respectively winners of the gold and bronze medals in the men's 200 meters, mounted the podium wearing black socks, leaving their Puma *Cracks* alongside their shoeless feet. They raised their black-gloved fists in a gesture echoing the salute of the Black Panthers, a civil rights group calling for an immediate halt to police brutality and the killing of blacks.

In the 1970s and 80s Puma consolidated its legitimacy in sports by sponsoring legendary athletes like Pelé, Diego Maradona and Boris Becker. It diversified its production and created shoes for many other sports, like the *Speed Cat* for Formula 1 drivers (1999). Since 2003 it has been the official sponsor of the Italian national soccer team and the Jamaican athlete Usain Bolt, seven-time Olympic champion and seven-time world champion in the 100 and 200 meters.

Reebok

• FR • En 1895, Joseph William Foster fonde J. W. Foster & Sons dans le nord de l'Angleterre. La petite entreprise acquiert progressivement une réputation auprès d'athlètes du monde entier et fournit en 1924 les jeux Olympiques de Paris. Les fils du fondateur prennent la relève dans les années 1930, mais ses petits-fils, Jeffrey William et Joseph William, quittent la société familiale en 1958 pour fonder la Mercury Sports Footwear. La marque Mercury étant déjà déposée, les deux frères choisissent Reebok, en référence au nom d'une gazelle sud-africaine (*rhebok* en anglais).

L'entreprise se lance sur le marché de la chaussure de course. Son réseau de distribution prend de l'ampleur et des modèles novateurs comme la *World 10*, lancée en 1969, sont très prisés des coureurs. En 1970, le coureur britannique Ron Hill remporte le marathon de Boston en Reebok, et le public se familiarise progressivement avec les bandes emblématiques de la marque.

En 1979, Paul Fireman prend la direction de Reebok et signe un accord de licence pour les États-Unis,

→ *Mostro Garment FS*,
Puma, 1999 (exemplaire rétro)
PUMA archive

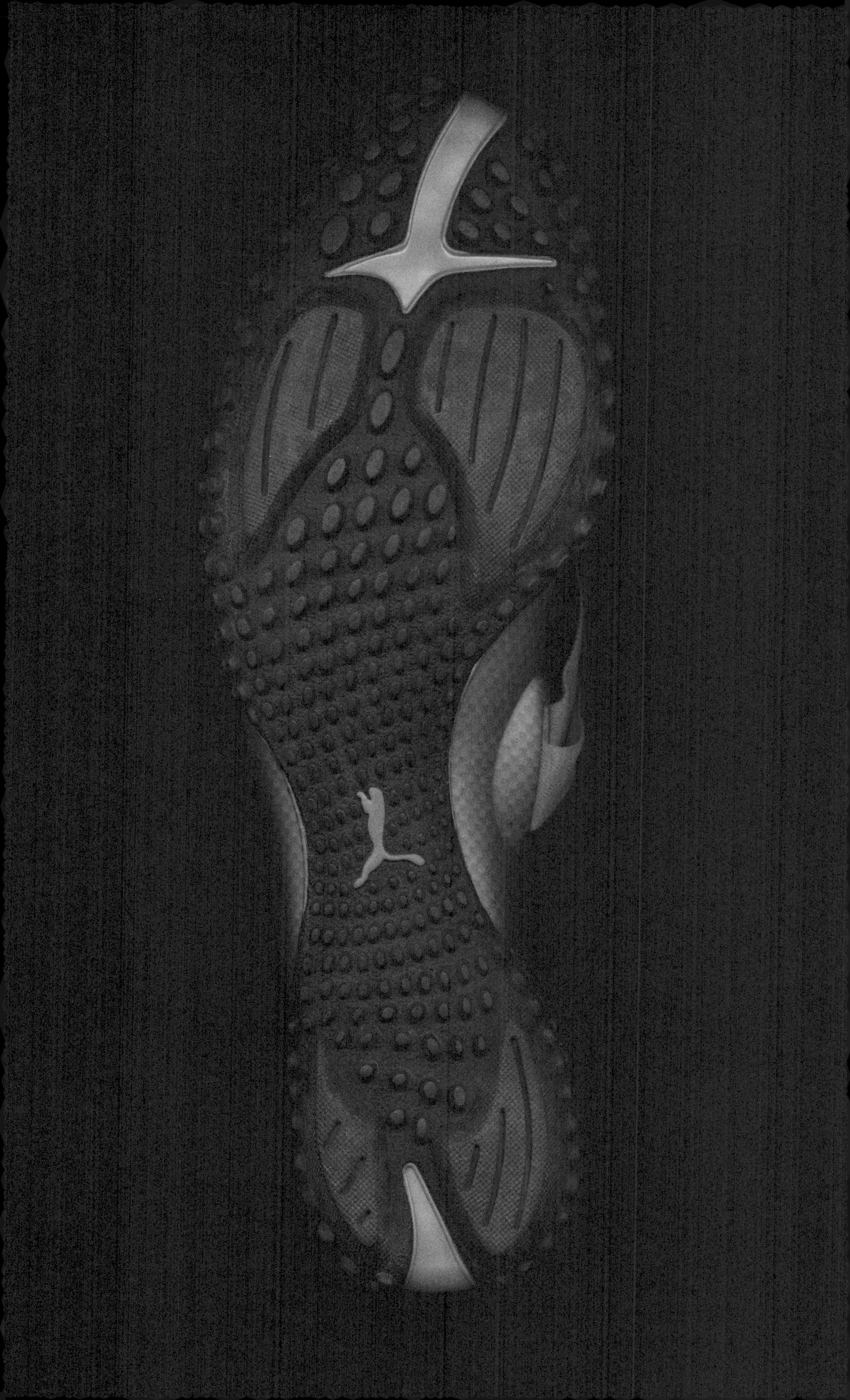

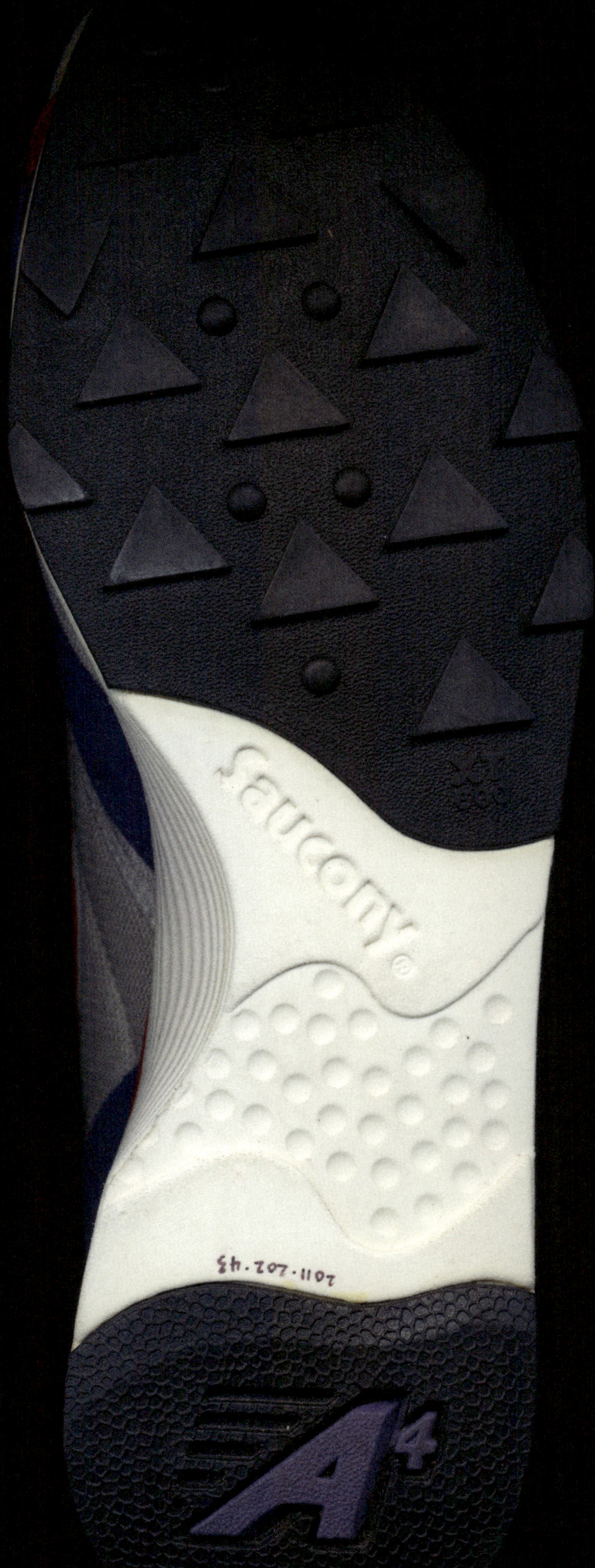
Saucony

où il distribue la même année les trois premiers modèles. Au cœur de la concurrence féroce que se livrent les marques de sport dans les années 1980, Reebok tire son épingle du jeu avec des modèles qui font date. Ainsi la *Freestyle* en 1983 fait fureur auprès de la clientèle féminine et en particulier celle qui pratique l'aérobic, sport en vogue. Reebok profite de cette tendance et propose gratuitement son nouveau modèle aux professeurs d'aérobic.

L'année suivante, Fireman rachète la marque aux frères Foster. En 1985, il lance la gamme Newport Classic, qui, avec son style épuré, est adoptée sur les terrains de tennis et popularisée notamment par John McEnroe auprès du grand public. L'année suivante, Reebok dépasse Nike dans les ventes nationales de chaussures de sport. En réponse au succès de la technologie Air de Nike, Reebok lance en 1989 la *Pump*, une chaussure montante équipée d'un système unique de pompe à air permettant, grâce à une pression sur la languette, de resserrer et d'ajuster la chaussure à son pied. La technologie Pump est ensuite déclinée sur un grand nombre de modèles.

La marque, qui décline au début des années 2000, est rachetée par le géant Adidas en 2005 et connaît un regain, entre autres avec la réédition des modèles qui ont fait son succès dans les années 1980.

• EN • In 1895 Joseph William Foster founded J. W. Foster & Sons in northern England. The small company gradually acquired a reputation among athletes worldwide and was a supplier to the Paris Olympic Games in 1924. The founder's sons took over the reins in the 1930s, and in 1958 his grandchildren Jeffrey William and Joseph William left the family business to found Mercury Sports Footwear. Since Mercury was already a registered trademark, the two brothers decided to call their brand Reebok, in reference to the rhebok, a southern African gazelle.

The company focused on the running shoe market. Its distribution network grew, and innovative models like the *World 10*, launched in 1969, became much sought-after among runners. The British runner Ron Hill won the 1970 Boston Marathon in Reeboks, and the brand's emblematic stripes gradually became well-known to the general public.

In 1979 Paul Fireman took over as CEO and signed a licensing agreement for the United States, where he began marketing an initial three models that same year. In the thick of the fierce competition among sports brands in the 1980s, Reebok held its own with a string of standout models. The *Freestyle Hi* (1983) was a big hit with women customers, in particular those who practiced aerobics, the fitness craze at the time. Reebok rode the trend, offering its latest model free of charge to aerobics instructors. Fireman bought the brand from the Foster brothers the following year. In 1985 he launched the Newport Classic line. With their pared-down look, the new models became a fixture on the tennis courts, and were more broadly popularized by John McEnroe.

One year later Reebok was selling more sports shoes in the US than Nike. In response to the success of Nike's Air technology, Reebok launched the *Pump* in 1989, a high-top shoe equipped with a unique inflation system:

← *Grid SD*, Saucony, 1993
Northampton Museums
and Art Gallery

1989

• FR • Puma sort le système d'amortissement Trinomic, constitué d'une structure thermoplastique en forme de nid d'abeilles. Reebok sort le système *Pump*. Le concept consiste à utiliser de l'air en remplacement de la mousse pour le rembourrage intérieur de la chaussure, afin d'avoir un chaussant morphologiquement personnalisé, plus léger et qui ne perd rien en moelleux au fil du temps. Ce système permet de gonfler une partie de la chaussure qui contient une chambre à air en polyuréthane soudée par radiofréquence (languette, côtés, cheville, voûte plantaire, tendon d'Achille ou cheville selon le modèle), en actionnant un bouton situé sur la languette. Un second bouton ouvre une valve qui fait sortir l'air pour dégonfler la chaussure et ajuster le tout au mieux. Créé sous l'impulsion de Mark Goldston et réalisé par la société Dielectrics (États-Unis), le système ne cessera de se sophistiquer avec le temps, utilisant des cartouches de CO^2 (*InstaPump*, 1994), puis s'actionnant par le simple mouvement naturel du pied (*Pump 2.0*, 2004).

• EN • Puma launches the *Trinomic* shock absorption system, made up of a beehive-shaped thermoplastic structure. Reebok releases the *Pump* system. The concept is to use air to replace foam for the shoe's inner padding, in order to offer morphologically personalized footwear that is lighter and does not lose its softness over time. A part of the shoe contains an air chamber made of polyurethane welded together by radio frequency (in the tongue, sides, arch, Achilles tendon or ankle, depending on the model) that can be inflated by pressing a button on the tongue. A second button opens a valve to release the air and deflate the shoe to adjust it to the wearer's precise needs. Created under the impetus of Mark Goldston and manufactured by a company called Dielectrics (USA), the system would become more sophisticated over time, using CO2 cartridges (*InstaPump*, 1994) and later activated by a simple, natural movement of the foot (*Pump 2.0*, 2004).

1991

• FR • Puma tente de remplacer les lacets par le système Disc, qui ferme la chaussure par la tension de fils en matière plastique.

• EN • Puma attempts to replace laces with the Disc system, which laces up the shoe using the tension of plastic wires.

by pressing a bulb on the tongue, the wearer could tighten the shoe for a precise fit. The technology was subsequently used on a great many models.

The brand suffered a decline in the early 2000s and was acquired by the industry giant Adidas in 2005. Since then it has enjoyed a revival, in particular with re-releases of models that had marked its success in the 1980s.

Saucony

• FR • En 1898, quatre entrepreneurs créent la Saucony Shoe Manufacturing Company à Kutztown (Pennsylvanie). Le nom Saucony provient d'un mot amérindien de la tribu des Lenni-Lenape, « *saconk* », qui signifie « là où deux rivières se rejoignent ». En 1910, ils fabriquent 800 paires de chaussures par jour. La marque se spécialise dans les chaussures de sport, et en particulier de course. En 1958 est lancé le modèle *7446 Spike*, dont la tige est réalisée à partir de cuir de kangourou.

En 1968, Hyde Athletic Industries[1] rachète la société, qui est désormais établie à Cambridge (Massachusetts). Saucony demeure assez confidentielle jusqu'en 1971, quand l'éditeur du *US Running Magazine* met en avant une paire de running Saucony dans un numéro, soulignant sa grande qualité. La marque continue de séduire un nombre croissant de coureurs et deux de ses modèles sont classés dans le Top 10 des meilleures chaussures du *Runner's World Magazine* en 1979.

En 1980, le lancement de la *Trainer 80* amorce une nouvelle ère pour Saucony. La chaussure antidérapante et ultra-légère conquiert les plus grands sportifs de l'époque. L'année suivante, le modèle *Jazz* contribue à asseoir la notoriété de Saucony auprès du grand public. En 1983, le coureur Rod Dixon remporte le marathon de New York avec aux pieds une paire de Saucony mises au point avec les ingénieurs de la marque. Fruit de la collaboration avec Dixon, la *DXN Trainer* (1984) connaît un grand succès.

En 1991, Saucony développe la technologie d'amorti GRID (Ground Reaction Inertia Device). Il s'agit d'une structure, placée sous le talon, constituée de filaments indépendants les uns des autres, produits dans un thermoplastique élastomère appelé Hytrel, développé par DuPont. La technologie, toujours utilisée aujourd'hui, est déclinée sur un grand nombre de modèles.

L'entreprise est acquise en 2005 par la Stride Rite Corporation. Saucony garde une place prépondérante dans le marché de la chaussure de sport, réactualisant les classiques de la marque et proposant des éditions limitées et collabs remarquées.

• EN • In 1898 four entrepreneurs founded the Saucony Shoe Manufacturing Company in Kutztown, Pennsylvania. The name Saucony was derived from the word *saconk*, meaning "where two rivers meet" in the language of the Lenni Lenape Native American tribe. By 1910 they were producing 800 pairs of shoes per day. The brand specialized in sports shoes, in particular for runners. In 1958 it launched a model called the *7446 Spike* with a kangaroo leather upper.

In 1968 Hyde Athletic Industries[1] acquired the company, which had moved its headquarters to Cambridge, Massachusetts. Saucony remained primarily an insider's brand until 1971, when an issue of *US Running Magazine* spotlighted a pair of its running shoes, emphasizing their high quality. More and more runners began adopting the brand, and two of its models were ranked among the Top 10 shoes by *Runner's World Magazine* in 1979.

In 1980 the launch of the *Trainer 80* marked the beginning of a new era for Saucony. The anti-skid, ultra-lightweight shoe won the approval of the top athletes of the time. One year later the *Jazz* model made Saucony more widely known among the general public. In 1983 the runner Rod Dixon won the New York Marathon wearing a pair of Sauconys specially developed with the brand's engineers. The fruit of this collaboration with Dixon was one of the company's most successful models: the *DXN Trainer*, released in 1984.

In 1991 Saucony developed the GRID (Ground Reaction Inertia Device) shock absorption technology: the heel is cushioned by a structure of individual filaments made of Hytrel (a thermoplastic elastomer developed by DuPont) that compress independently. The technology is still used today for many of the brand's models.

In 2005 the company was bought by the Stride Rite Corporation. Saucony remains a major player on the athletic shoe market, updating its classics and offering limited editions as well as high-profile "collabs."

1. L'année suivante, les chaussures du premier homme à marcher sur la Lune, Neil Armstrong, sont dessinées et produites par la société Hyde.

1. The same company that, one year later, designed and produced the boots worn by Neil Armstrong when he became the first man to walk on the moon.

Soft'in

• FR • Patrick Mainguené, spécialiste stéphanois du tricotage technique, et Patrick Marguerie, designer installé à Annecy (Magéodesign), créent en 2011 Soft'in, une entreprise de chaussures écoconçues, chaussures urbaines (marque 1083), chaussures de skateboard (marque Verkor), chaussons et chaussures urbaines sous son nom.

En avril 2017, ils lancent la gamme Ector grâce à une campagne de financement participatif en ligne. Leur volonté est de relancer la production de la chaussure en France en liant artisanat, industrie de pointe et écologie. Issu du monde de la chaussure de sport (il est passé notamment par Salomon, Aigle, Lafuma et Millet), Patrick Mainguené souhaite transposer les exigences des modèles techniques à des chaussures destinées au quotidien.

Les chaussures sont produites à Romans-sur-Isère, au cœur de la capitale historique de la chaussure française (en 1950 y étaient implantées près de deux cents entreprises spécialisées dans le domaine). La fabrication d'Ector s'appuie sur un savoir-faire local, une technique innovante (la soudure par ultrason) et un respect de l'environnement. La tige des chaussures est, en effet, réalisée en fil de polyester recyclé à partir de bouteilles en plastique, tricoté en une seule pièce afin d'éviter les chutes. L'ensemble des matières utilisées vient de France, à l'exception de certains cuirs (Italie) et des semelles (Portugal).

En 2020, Soft'in fabrique, avec six personnes, quelque 6 000 paires au total pour un chiffre d'affaires prévisionnel de 450 000 euros.

• EN • Patrick Mainguené, a technical knitting specialist from Saint Étienne, and the Annecy-based designer Patrick Marguerie (Magéodesign) founded Soft'in in 2011. In addition to producing eco-designed slippers and

street shoes under its own brand name, the company also makes street shoes under the brand name 1083 and skateboarding shoes under the name Verkor.

In April 2017 Soft'in launched the Ector line, financed through online crowdfunding, with the aim of reviving shoe production in France, combining hand craftsmanship, leading-edge industrial methods and eco-awareness. Based on his experience in the world of sports shoes (notably with Salomon, Aigle, Lafuma and Millet), Mainguené sought to transpose the exacting standards of technical models to shoes conceived for everyday wear.

The brand's shoes are produced in Romans-sur-Isère, the historic capital of the French footwear industry – home in the 1950s to nearly 200 shoe manufacturers. The production of the Ector line combines local know-how with an innovative ultrasonic welding technique and respect for the environment. The uppers are made of polyester fibers recycled from plastic bottles, knitted in a single piece to limit waste. All of the materials are sourced in France, except for some of the leathers (from Italy) and the soles (from Portugal).

In 2020, with a staff of six, Soft'in will produce a total of some 6,000 pairs for a projected turnover of €450,000.

Supreme

• FR • Supreme est fondée à New York en 1994 par James Jebbia à l'angle de Lafayette Street et de Prince Street. L'enseigne adopte le rectangle rouge portant l'inscription «Supreme» en blanc, avec la police Futura Heavy Oblique, en référence à l'artiste conceptuelle Barbara Kruger. Proposant initialement des vêtements et accessoires destinés aux skaters, elle s'impose progressivement comme une marque de streetwear de luxe, en partie grâce à ses collaborations avec des marques comme Louis Vuitton, Ralph Lauren, Comme des Garçons, ou Jean Paul Gaultier.

En 2004, la société ouvre une seconde boutique, deux fois plus grande, à Los Angeles. L'enseigne distribue également d'autres marques comme Vans, Nike SB, Spitfire, Thrasher ou encore Girl Distribution Company, avec lesquelles elle collabore pour lancer des collections de sneakers en édition limitée très convoitées. Une stratégie gagnante que Supreme applique à l'ensemble de ses produits et qui attise le marché de la revente. Le succès de la marque, qui possède désormais onze boutiques à travers le monde, repose également sur une communication solide, avec des stars et influenceuses en égéries comme Kate Moss et Lady Gaga, ou encore le rappeur Kid Cudi.

• EN • Supreme started out as a shop opened by James Jebbia in 1994 at the corner of Lafayette Street and Prince Street in New York City. Its sign, a red rectangle bearing the word "Supreme" in white Futura Heavy Oblique typeface, made reference to the work of the conceptual artist Barbara Kruger. Initially offering apparel and accessories for skateboarders, the brand gradually grew into a luxury streetwear label, in part through collaborations with fashion houses like Louis Vuitton, Ralph Lauren, Comme des Garçons and Jean Paul Gaultier.

In 2004 the company opened a second shop, twice the size of the original store, in Los Angeles. As a retailer, Supreme also sold other labels like Vans, Nike SB, Spitfire, Thrasher and Girl Distribution Company, and collaborated with them on highly prized limited-edition

1993

• FR • Nike lance le programme Reuse-A-Shoe, dans le but de recycler les paires de sneakers usagées pour en faire des pistes de course, des terrains de basket, des aires pour enfants. Depuis son lancement, la marque a ainsi recyclé plusieurs dizaines de millions de chaussures et réalisé des terrains dans plus de 450 000 lieux.

• EN • Nike launches the Reuse-A-Shoe program, aiming to recycle worn-out pairs of sneakers in order to make running tracks, basketball courts and children's playgrounds. Since then the brand has recycled dozens of millions of shoes and built sports facilities in more than 450,000 locations.

1996

• FR • Puma introduit la semelle Cell, qui permet d'éliminer la mousse de polyuréthane dans la chaussure.

• EN • Puma introduces the Cell sole, which makes it possible to remove the polyurethane foam from the shoe.

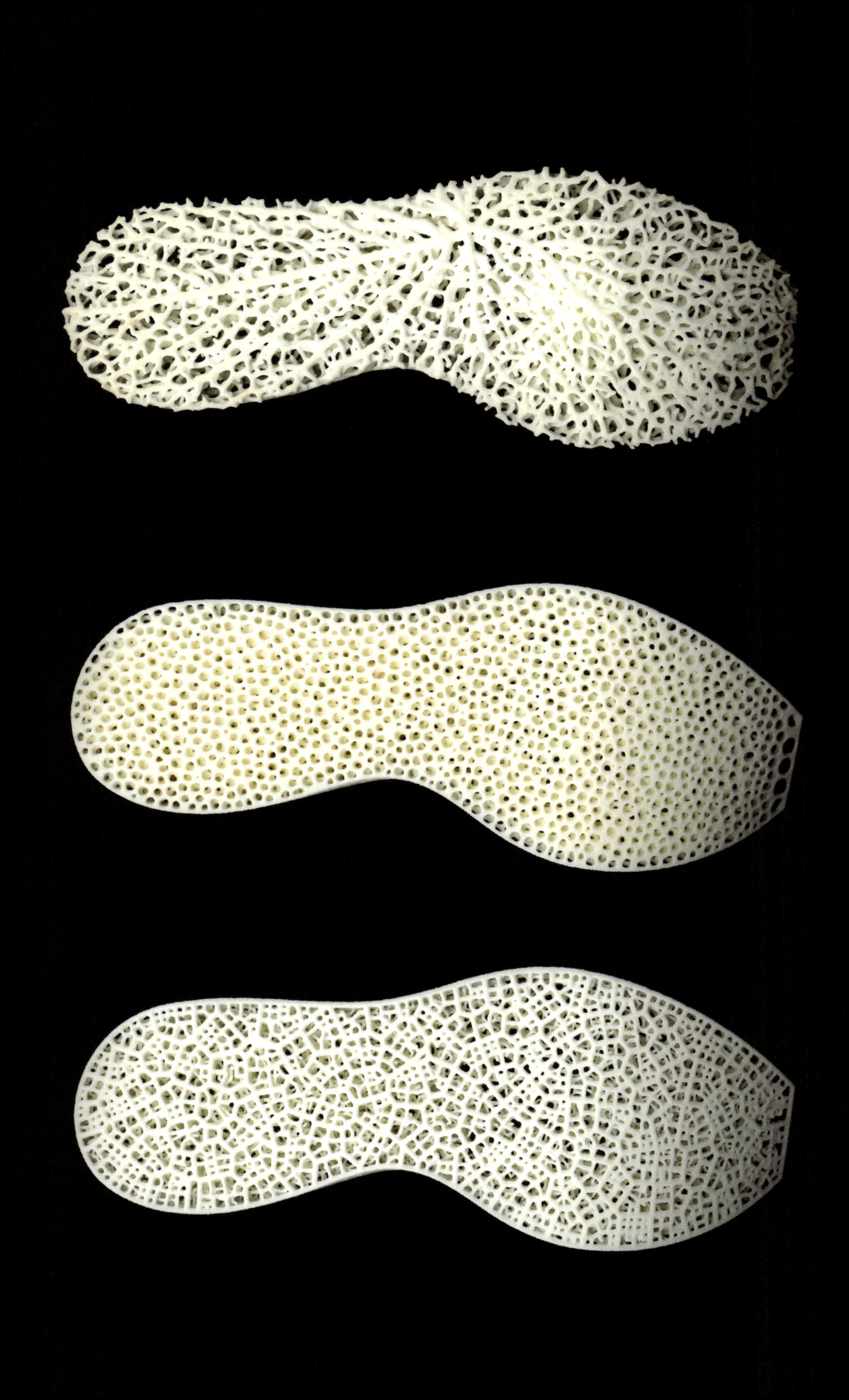

sneaker collections. It proved to be a winning strategy, which the brand applied to all of its products, fueling the resale market. With 11 shops around the world today, Supreme also owes its success to strong communication featuring stars and influencers like Kate Moss, Lady Gaga and the rapper Kid Cudi.

Vans

• FR • En mars 1966, au 704, East Broadway à Anaheim (Californie), Paul et Jim Van Doren, Serge D'Elia et Gordon Lee ouvrent la première boutique Vans sous le nom de *The Van Doren Rubber Company*. Trois paires de chaussures sont alors proposées à la vente, avec des prix allant de 2,49 dollars à 4,99 dollars. Le design des premiers modèles, sobre, s'inspire des chaussures conçues pour le bateau, avec une semelle légère et une tige en toile. S'ils sont très tôt adoptés par les skaters, il faut attendre la Vans *#95*, en 1976, pour que Vans se fasse un nom au sein de la communauté. Baptisée aujourd'hui *Era*, elle est conçue en collaboration avec Tony Alva et Stacy Peralta, deux grands noms du skate qui sont à l'origine de la pratique moderne de la discipline. Elle devient la chaussure de prédilection de toute une génération de skaters.

En 1977, la marque lance deux modèles qui deviendront iconiques : la *#36, The Old Skool* avec sa fameuse « *jazz stripe* » (bande blanche latérale), est la première chaussure de skate fabriquée en toile et en cuir, pensée pour être plus résistante ; la *#98 Classic Slip-On*, qui fait fureur avec son motif damier. À la fin des années 1970, Vans possède soixante-dix boutiques en Californie et rayonne déjà à l'international. L'apparition de Sean Penn dans *Fast Times at Ridgemont High* en 1982 portant une paire de Vans *Classic Slip-On* donne à la marque une visibilité spectaculaire. Mais la concurrence accrue, un éventail trop vaste de modèles et des dettes importantes entraînent la faillite de la société en 1983. Toutefois, en l'espace de quelques années, elle renaît de ses cendres et parvient à surmonter la crise. Elle continue de sponsoriser des grands skaters, se diversifie et gagne en visibilité en finançant également la création de skateparks, l'organisation de compétitions majeures de skate, de BMX ou de surf.

En 2004, la marque fait l'objet d'un rachat par VF Corporation. Comme nombre de ses concurrentes, elle multiplie ces dernières années les collabs et les éditions limitées de ses modèles phares.

• EN • In March 1966, Paul and Jim Van Doren, Serge D'Elia and Gordon Lee opened the first Vans shop at 704 East Broadway in Anaheim, California, under the name *The Van Doren Rubber Company*. It offered three models of shoes at prices ranging from $2.49 to $4.99. Their spare, simple design was inspired by boating shoes, with lightweight soles and canvas uppers. The early Vans were quickly adopted by skateboarders, but it wasn't until the release of the Vans *#95*, in 1976,

← *Zante Generate*, expérimentations de semelles imprimées en 3D, New Balance en collaboration avec Nervous System, 2015
New Balance Athletic, Inc.

Zante Generate, 3D printed soles experiments, New Balance in collaboration with Nervous System, 2015
New Balance Athletic, Inc.

Post-Internet

• FR • À la fin des années 1990, avec l'arrivée d'Internet et la multiplication des sites de vente spécialisés, le marché des sneakers explose. Elles deviennent en quelques années de véritables objets de spéculation dont le placement rivalise avec celui des actions ou des œuvres d'art. Sortie en 2005 pour 200 dollars, la Nike *Dunk NYC Pigeon* se vend en moyenne 14 000 euros aujourd'hui sur StockX, la principale plateforme en ligne dédiée à la revente, ou *resell*, des sneakers. En garantissant aux acheteurs l'authenticité des produits vendus et en proposant un fonctionnement similaire à celui de la Bourse, StockX révolutionne le marché de la revente. Trois ans après sa création, en 2016, l'entreprise américaine basée à Détroit est estimée à 1 milliard de dollars et compte parmi ses actionnaires le rappeur Eminem ou l'acteur Mark Wahlberg. Le marché mondial des sneakers est aujourd'hui estimé à 80 milliards d'euros et celui du resell à 5,5 milliards.
Les collaborations des marques de sportswear avec d'autres marques, magasins, artistes ou encore séries télé à succès ont explosé ces vingt dernières années. Pas un jour ne passe sans qu'une nouvelle collab soit annoncée, au point qu'il devient quasiment impossible d'évaluer leur nombre. Depuis le début des années 2000, toutes les grandes marques ont pris conscience des désastres écologiques de cette industrie considérée comme l'une des plus polluantes au monde, et ont réagi en investissant dans la recherche. Adidas promet d'ici 2024 de n'utiliser que du plastique recyclé dans ses produits et Nike s'est engagé à réduire de 30 % l'empreinte carbone de sa chaîne logistique mondiale d'ici 2030.

• EN • At the end of the 1990s the Internet arrived, along with many specialized websites, and the sneaker market exploded. In a few years sneakers became true objects of speculation, similar to stocks or artworks. Released in 2005 for $200, the *Nike Dunk NYC Pigeon* now costs about €14,000 on StockX, the main online platform dedicated to sneaker resale. By guaranteeing the authenticity of the products to the buyers and offering a system similar to the stock market, StockX revolutionized the resale market. Three years after its founding in 2016, the Detroit-based company was valued at $1 billion and counted among its shareholders the rapper Eminem and the actor Mark Wahlberg. The international market for sneakers is today estimated at €80 billion and the resell market at €5.5 billion.
The collaborations of sports brands with other brands, retailers, artists and even successful TV shows have considerably increased in the past 20 years. Hardly a day goes by without a new "collab" being announced and it has become almost impossible to evaluate their number. Since the beginning of the 2000s, all of the major brands have become more and more aware of the ecological effects of their industry, which is considered one of the world's biggest polluters, and have reacted by investing in research. Adidas has promised that by 2024 it will only use recycled plastic for its products, and Nike has committed to reducing by 30 % the carbon footprint of its international production chain by 2030.

2001

• FR • Nike présente le système d'amortissement Shox, constitué de ressorts en polyuréthane de différentes densités.

• EN • Nike presents the *Shox* absorption system, using polyurethane springs of different densities.

2002

• FR • Lancement de la marque Y-3, première marque associant un grand couturier, Yohji Yamamoto, et une marque de sport, Adidas.

• EN • Launch of Y-3, the first brand associating a great fashion designer, Yohji Yamamoto, and a sports brand, Adidas.

2004

• FR • La marque Veja est créée dans l'objectif de proposer des sneakers respectueuses de l'environnement, selon un nouveau modèle de production qui utilise des matériaux innovants recyclés et recyclables, et limite l'empreinte carbone lié notamment au transport en rassemblant la chaîne de production dans un périmètre réduit.
Reebok s'associe avec des stars du hip-hop pour changer son image et augmente ses ventes de manière spectaculaire.

• EN • Veja is founded with the goal of producing eco-friendly sneakers, following a new production model that uses innovative recycled and recyclable materials. It also reduces the carbon footprint of the transport involved by concentrating the whole production chain within a reduced perimeter. Reebok collaborates with hiphop stars to change its image and spectacularly increase its sales.

→ *Dunk SB High*
«Danny Supa», Nike SB, 2017
Collection Nicolas Malinowsky

that the label became a name in the sneaker world. Now called the *Era*, the model was developed in collaboration with Tony Alva and Stacy Peralta, two skateboarding stars who pioneered the modern form of the sport. It went on to become the favorite shoe of an entire generation of skaters.

In 1977 the brand launched two models that would become veritable icons: the *#98 Classic Slip-On*, a sensation with its checkerboard motif, and the *#36, The Old Skool*, with its famous white "jazz stripe" on the side. The latter was the first skate shoe crafted in canvas and leather, conceived for greater resistance. By the end of the 1970s Vans had 70 shops in California and was gaining international recognition. The appearance of Sean Penn wearing a pair of Classic Slip-Ons in the 1982 film *Fast Times at Ridgemont High* gave the brand spectacular visibility. But intense competition, an overextended range of models and heavy debts forced the company to declare bankruptcy in 1983. Nonetheless, just a few years later Vans rose from its ashes and weathered the crisis. Today it continues to sponsor big-name skateboarders while diversifying and building its image by funding the construction of skateparks and sponsoring major competitions in skateboarding, BMX and surfing.

In 2004 the brand was the target of a buyout by VF Corporation. Like many of its competitors, in recent years Vans has focused largely on collaborations and limited editions of its signature models.

Veja

• FR • Veja («regarde» en portugais) est créée en 2004 par François-Ghislain Morillion et Sébastien Kopp. À 25 ans, après avoir travaillé dans le domaine de la finance, les deux amis décident de parcourir le monde afin d'étudier les relations entre ONG (organisations non gouvernemantales), populations locales et entreprises pour analyser les projets de développement durable des grandes firmes internationales. Le modèle du commerce équitable défendu par Alter Eco retient l'attention des futurs associés, qui entendent contribuer à une économie plus juste et favoriser une production plus respectueuse des individus et de l'environnement.

Ils se lancent dans la fabrication de sneakers, objet représentatif d'une production mondialisée et de ses effets néfastes. Ils choisissent d'implanter leur chaîne de production au Brésil afin de réunir dans un périmètre restreint tous les éléments nécessaires à la fabrication des chaussures, et s'assurent que toutes les entreprises partenaires garantissent les droits des travailleurs, en conformité avec la réglementation de l'OIT (Organisation internationale du travail). Le coton est cultivé dans le Nordeste brésilien et le caoutchouc naturel provient de la forêt amazonienne. L'association d'insertion professionnelle ASF (Ateliers sans frontières) réalise la réception des chaussures en France, organise le stockage, prépare les commandes et les expédie dans les boutiques. L'entreprise demeure entièrement transparente sur toutes les étapes de la production, la nature et la provenance des matériaux employés.

Veja affirme que la production de ses chaussures est cinq à sept fois plus coûteuse qu'une sneaker de grandes marques. Afin de proposer des chaussures à un prix abordable, les deux entrepreneurs optent pour une solution radicale: zéro publicité, alors qu'elle représente normalement 70% du prix d'une paire.

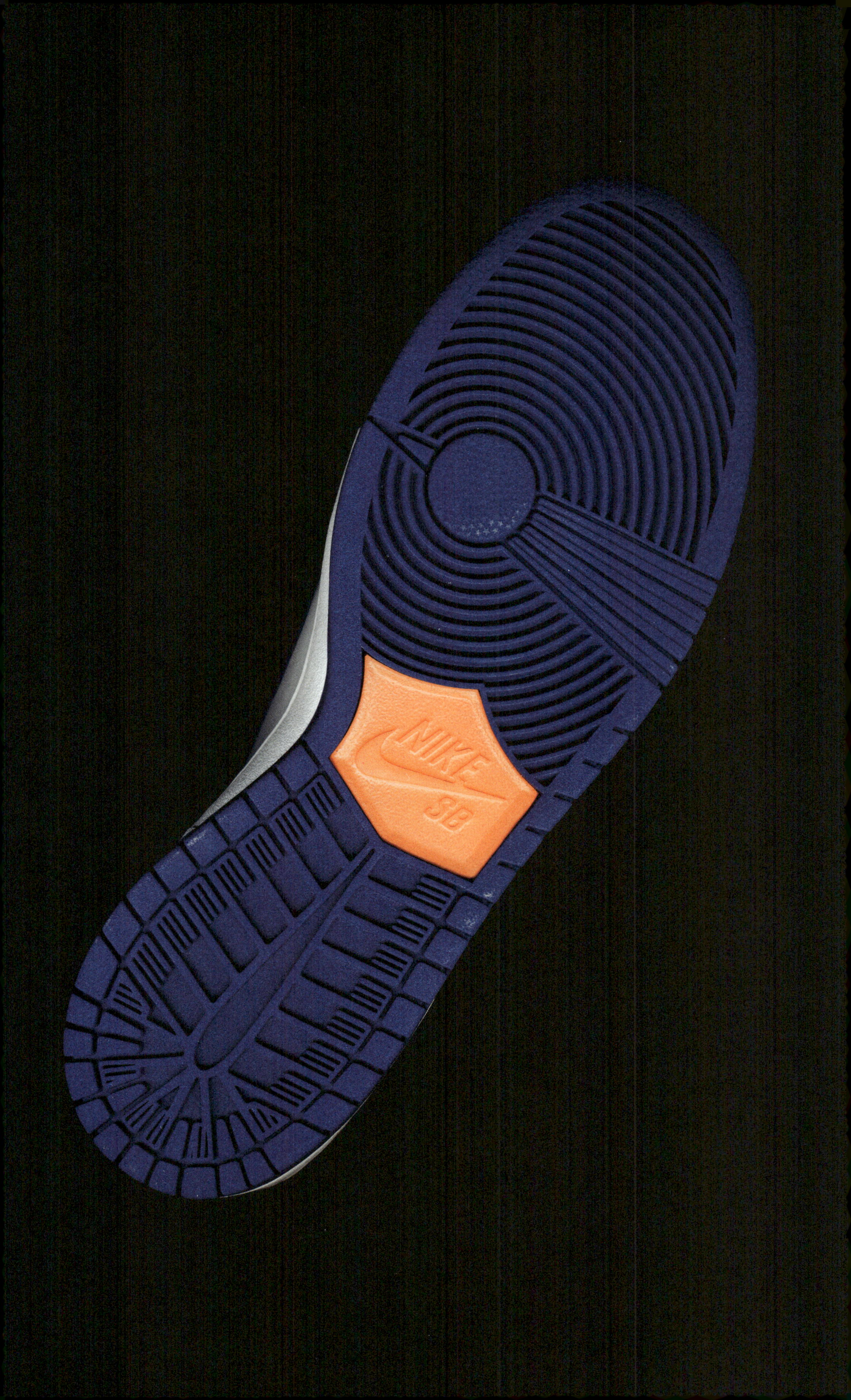
NIKE
SB

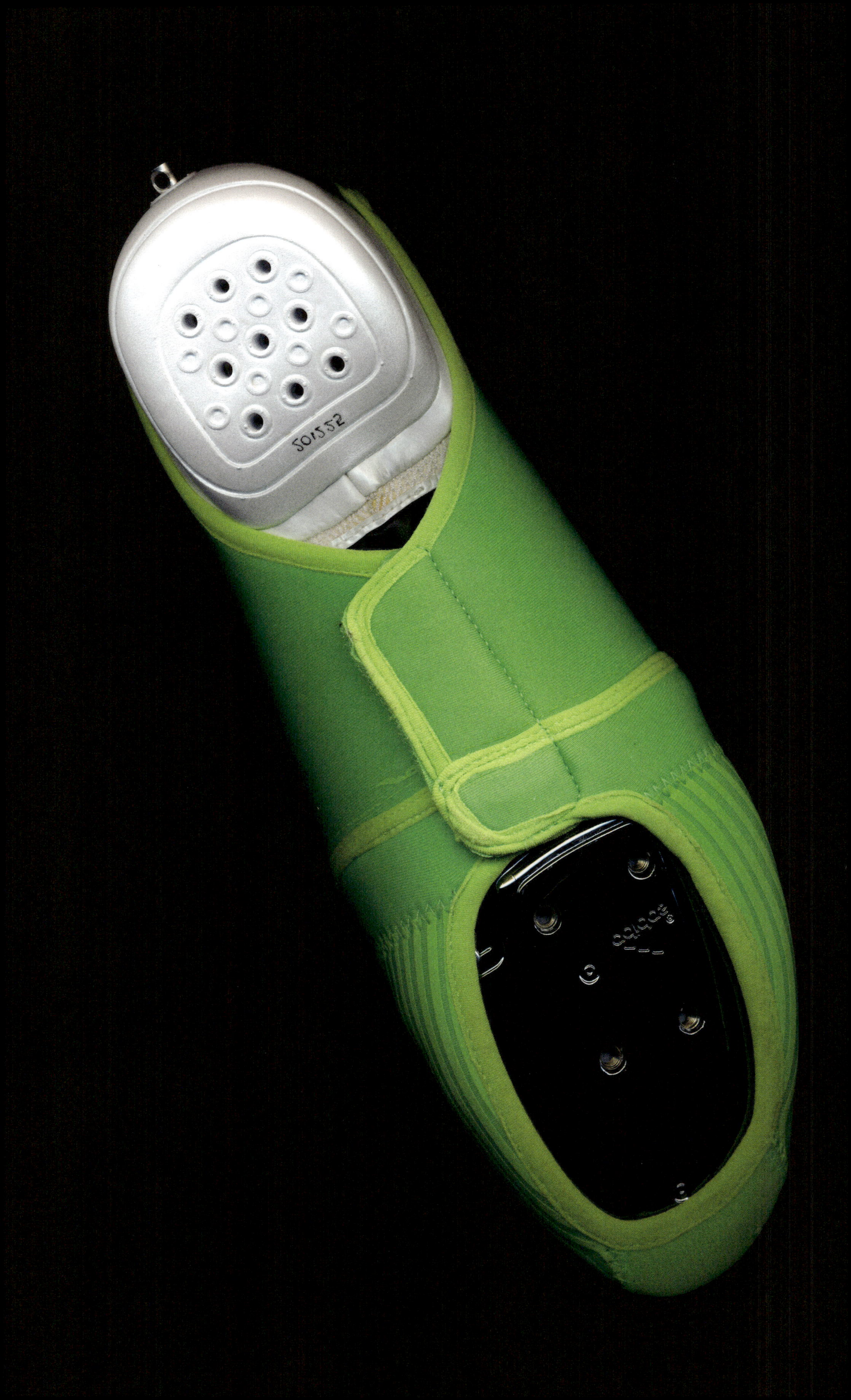
501552

Depuis 2014, Veja utilise du B-mesh, une fibre de polyester recyclable et réalisée à partir de bouteilles recyclées. En 2019, après cinq ans de R&D, la marque trouve une alternative au cuir : le C.W.L., un matériau biodégradable constitué d'une toile de coton recouvert de polyuréthane et de résine issue de déchets de maïs. Autre matériau biosourcé, le Pebax RNew, utilisé notamment pour le maintien du talon sur certains modèles, est entièrement composé d'huile de ricin.

Veja est désormais présente dans plus de quarante pays et a vendu depuis sa création plus de 3 millions de paires.

• EN • Veja (the Portuguese word for "look") was founded in 2004 by François-Ghislain Morillion and Sébastien Kopp. When the two friends were 25 years old, they decided to leave their jobs in finance and travel the world studying the relations between NGOs, local populations and businesses in order to analyze the sustainable development projects of major international companies. The fair trade business model upheld by Alter Eco appealed to the future partners, who wanted to contribute to a more equitable economy and favor production that respects both individuals and the environment.

Their chosen field was the manufacture of sneakers, a commodity that exemplified globalized industry and its harmful effects. Morillion and Kopp set up their production chain in Brazil, where they could access all the necessary elements for making shoes within a limited perimeter and ensure that all of their associate companies guarantee workers' rights in compliance with ILO (International Labor Organization) regulations. The brand's cotton is grown in northeastern Brazil and its raw rubber comes from the Amazon forest. The occupational integration association ASF (Ateliers Sans Frontières) handles the logistics, receiving the shoes in France, organizing storage, preparing orders and shipping stock to retail outlets. The company maintains total transparency for every phase of its production as well as the nature and origin of the materials used.

According to Veja, its shoes cost five to seven times more to produce than the sneakers made by the major brands. In order to offer affordable prices, the two entrepreneurs adopted a radical solution : zero advertising, an investment that usually represents 70 % of the price of a pair.

Since 2014 Veja has been using B-mesh, a recyclable polyester fiber made from recycled plastic bottles. In 2019, after five years of research and development, the brand found an alternative to leather : C.W.L., a biodegradable material consisting of cotton coated with polyurethane and resin derived from corn waste. Another bio-sourced material, Pebax RNew, entirely derived from castor oil, is used to reinforce the heels of certain models.

Veja is now present in more than 40 countries and has sold more than 3 million pairs since its founding.

2005

• FR • Premières semelles pilotées par microprocesseur. Fruit de quatre ans d'études, la *Adidas_1* est présentée comme « la première chaussure de sport dont les caractéristiques techniques peuvent être modifiées en temps réel ». Nike sort le concept Free : les baskets doivent donner l'impression de courir pieds nus et permettent de se muscler les pieds.

• EN • The first microprocessor-controlled soles. The *adidas_1* is the result of four years of research and "the first sports shoe whose technical properties can be modified in real time." Nike launches the *Free* concept : sneakers should make you feel as though you are running barefoot and allow you to develop the foot muscles.

2009

• FR • Le rappeur américain Kanye West lance la ligne Yeezy avec Nike, puis avec Adidas à partir de 2013. Les *Yeezy* – contraction de « Kanyeezy », surnom donné à Kanye par le chanteur Jay-Z – rencontrent un succès planétaire, à la mesure de l'aura du chanteur, qui a bâti un empire financier qui ne se limite pas seulement aux sneakers et représente en 2019 près d'1,5 milliard d'euros.
Toutes les marques de luxe accordent désormais une place de choix aux sneakers, devenues l'objet emblématique d'un monde culturel globalisé.

• EN • The American rapper Kanye West launches his Yeezy line with Nike, and then Adidas starting in 2013. Short for "Kanyeezy," a nickname given to him by the singer Jay-Z, the sportswear line has since enjoyed enormous success, comparable to the aura of the singer, who has built a financial empire no longer limited to sneakers, representing almost €1.5 billion in 2019.
All the luxury brands now give sneakers special attention, as they have become emblematic objects of a globalized cultural world.

(page suivante)
Terrain de Basket-ball installé dans la cour du madd-bordeaux à l'occasion de l'exposition *Playground — Le design des sneakers*, du 20 juin 2020 au 10 janvier 2021.

(following page)
A basketball court installed in the courtyard of the madd-bordeaux as part of the exhibition *Playground, the design of sneakers*, June 20, 2020 through January 10, 2021.

← Chaussure d'aviron, Adidas, 2008
Portées aux jeux Olympiques de Beijing en 2008
Le Musée olympique, Lausanne

Rowing shoes, Adidas, 2008
Worn at the 2008 Olympic Games in Beijing
Le Musée Olympique collection, Lausanne

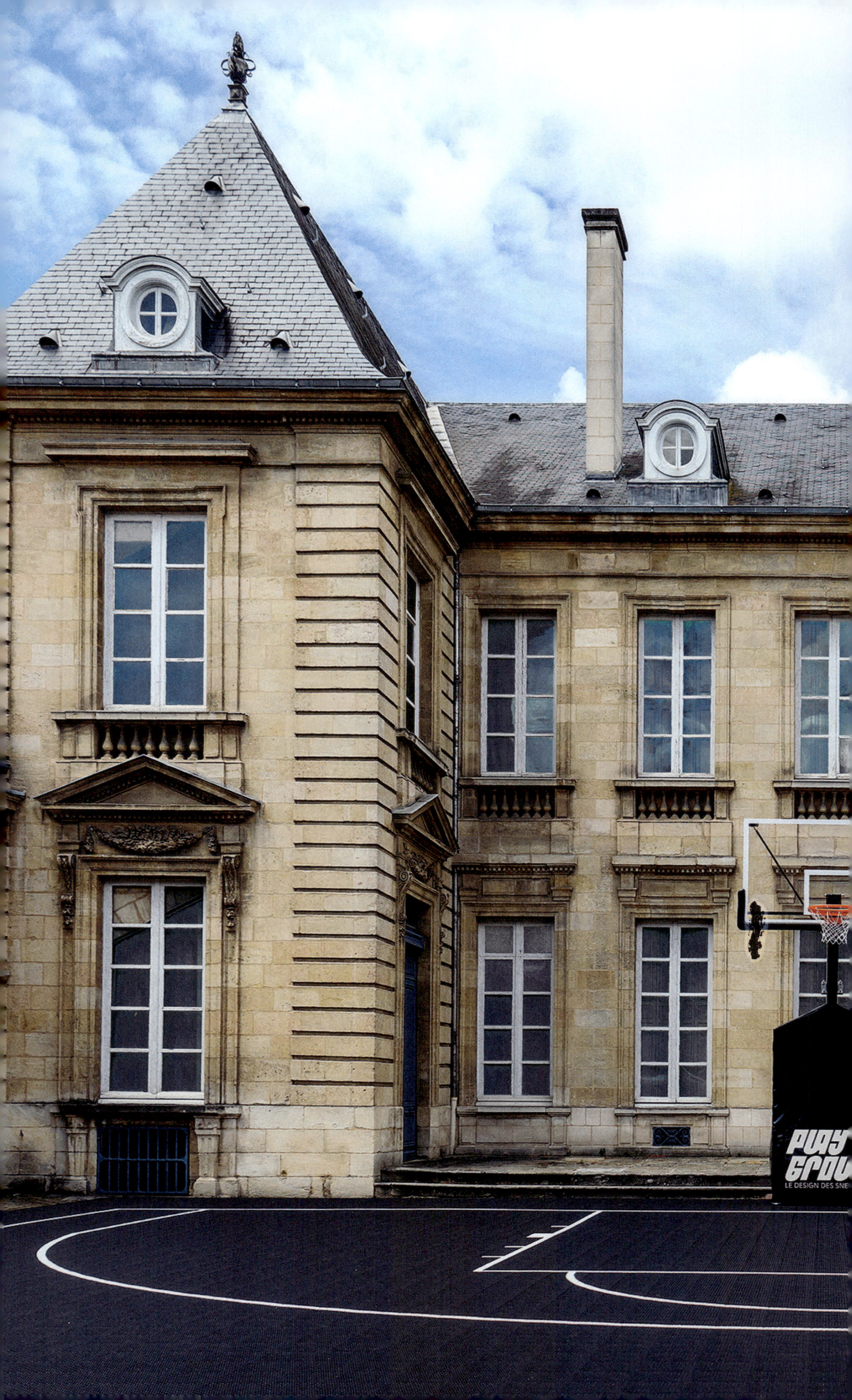
PLAY
LE DESIGN DES

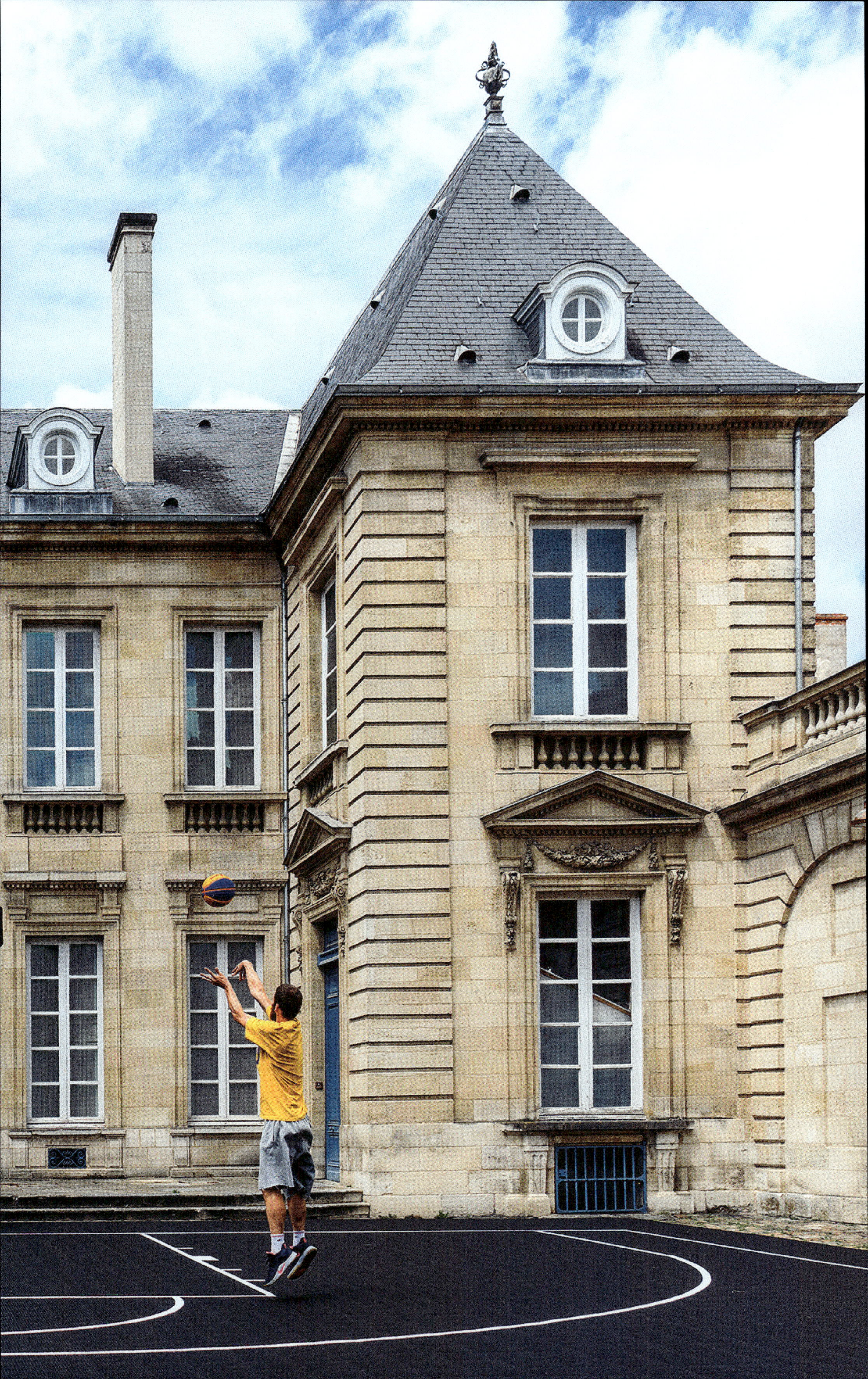

Bibliographie non exhaustive

Ouvrages

Adidas All 2012, Herzogenaurach, Adidas, 2012.

BANES Sally, *Terpsichore en baskets, post-modern dance*, Paris, éditions Chiron / Centre national de la danse, 2002.

BELK Russell W., *Collecting in a Consumer Society*, Londres, New York, Routledge, 1995.

BLÜMLEIN Jürgen (et al.), *Made for Skate. The Illustrated History of Skateboard Footwear. 10th Anniversary Edition*, Berkeley, Gingko Press, 2019.

BRÄNDLE Christian, *Sportdesign. Zwischen Style und Engineering*, cat. exp., Zurich, Museum für Gestaltung, 13 novembre 2004 – 13 mars 2005, Zurich, Museum für Gestaltung, 2004.

BRUNA Denis (dir.), *Marche et démarche. Une histoire de la chaussure*, cat. exp., Paris, Musée des Arts décoratifs, 7 novembre 2019 – 22 mars 2020, Paris, Musée des Arts décoratifs, 2019.

COLES Jason, *Golden Kicks. The Shoes That Changed Sport*, Londres, Bloomsbury Publishing, 2016.

COOPER Keith, *Adidas. The Story as Told by Those Who Have Lived and Are Living It*, Herzogenaurach, Adidas, 2011.

COOPER Martha, *Hip Hop Files. Photographs 1979-1984*, New York, From Here To Fame Publishing, 2013.

DARLING Michael, *Virgil Abloh. Figures of Speech*, Munich, Prestel Publishing, 2019.

DEMELLO Margo, *Feet & Footwear. A Cultural Encyclopedia*, Santa Barbara, Greenwood Press, 2009.

DEMOUX Pierre, *L'Odyssée de la basket. Comment les sneakers ont marché sur le monde*, Paris, La Tengo, 2019.

FARRELLY Liz, *Sneakers. Size Isn't Everything*, Londres, Booth-Clibborn Editions, 1998.

FUJIWARA Hiroshi, *Fragment*, New York, Rizzoli International Publications, 2014.

GARCIA Bobbito, *Where'd You Get Those? New York City's Sneaker Culture. 1960-1987*, New York, Testify Books, 2013.

HEARD Neal, *Sneakers (Special Limited Edition)*, Londres, Carlton Books, 2003.

HEERBRANT Jean-Paul (dir.), *Sneakers!*, cat. exp., Musée de Woluwe-Saint-Lambert, La Médiatine, 28 mars – 2 juin 2015, Woluwe-Saint-Lambert, Centre Albert Marinus, 2015.

INTERCITY, *Art & Sole. Contemporary Sneaker Art & Design*, Londres, Laurence King Publishing, 2008.

KARLSCH Rainer (et al.), *Playing the Game. The History of Adidas*, New York, Prestel, 2018.

KAWAMURA Yuniya, *Sneakers. Fashion, Gender, and Subculture (Dress, Body, Culture)*, New York, Bloomsbury Academic, 2016.

KNIGHT Phil, *L'Art de la Victoire. Autobiographie du fondateur de Nike*, Paris, Hugo Doc, 2017.

KOIVU Anniina, *The Walking Society*, Zurich, Lars Müller Publishers, 2015.

LE MAUX Mathieu, *1000 Baskets cultes*, Paris, Hachette Pratique, 2015.

LIMOL Max, *Culture Sneakers. 100 baskets mythiques*, Paris, Hugo Image, 2015.

LIMOL Max, *50 Shades of Sneakers Culture, from 1868 to 2015*, Do The Right Move Publishing, 2019.

MCKENZIE Joy, *The Best in Sportswear Design*, Londres, B.T. Batsford, 1997.

MELY Ugly, *Sneakers*, Paris, Éditions du Chêne / E/P/A, 2015.

MÜLLER Florence, *Baskets. Une histoire de chaussures de sport, de ville*, Paris, Éditions du Regard, 1997.

NEWSON Alex, *Fifty Sneakers That Changed the World*, Londres, Octopus Publishing Group, 2015.

OSBORN Ben (et al.), *Sneakers Story. Toutes les baskets qui ont marqué l'histoire*, Paris, Huginn & Muninn, 2014.

SEMMELHACK Elizabeth, *Out of the Box. The Rise of the Sneaker Culture*, New York, Rizzoli Electa / Bata Shoe Museum / American Federation of Arts, 2015.

SEMMELHACK Elizabeth, *Sneaker x Culture: Collab*, New York, Rizzoli Electa, 2019.

SMITH Nicholas, *Kicks. The Great American Story of Sneakers*, New York, Crown Publishing Group, 2018.

SNEAKER FREAKER INTERNATIONAL (dir.), *The Ultimate Sneaker Book*, Cologne, Taschen, 2018.

SWISSNEAKS, *Sneaker Collab Journal*, journal de l'exposition, mudac, 19 septembre 2019 – 26 janvier 2020, Lausanne, 2019.

U-DOX, *Sneakers. The Complete Limited Editions Guide*, Londres, Thames & Hudson, 2014.

UNORTHODOX STYLES, *Sneakers. The Complete Collectors' Guide*, Londres, Thames & Hudson, 2005.

Articles

« New Balance x Concepts "Made in USA" », *Sneaker Freaker*, n° 32, 2015.

« Colabs. Game On or Game Over? », *Sneaker Freaker*, n° 33, 2015.

« Berlin Taxi Overkill. Adidas EQT Racing 93 », *Sneaker Freaker*, n° 34, 2015.

« Cracked & Rotten. Vintage Jordans! », *Sneaker Freaker*, n° 36, 2016.

« La Nike Cortez : 20 choses à savoir sur la drôle de dame », *Sneakers Actus*, 2 juillet 2017.

BADEAU Kevin, « Les baskets bien plus que des chaussures », *Les Échos*, 24 mai 2019.

BAIN Marc, « Adidas: A German Company Built a "Speedfactory" to Produce Sneakers in the Most Efficient Way », *Quartz*, 2018.

BRACE-GOVAN Jan, DE BURGH-WOODMAN Hélène, « Sneakers and Street Culture. A Postcolonial Analysis of Marginalized Cultural Consumption », *Consumption, Markets & Culture*, juin 2008.

CHAPUIS Dominique, « Luxe : les collaborations séduisent les Millenials », *Les Échos*, 29 mai 2019.

DEMOUX Pierre, « Puma ressort les griffes », *Les Échos*, 3 octobre 2018.

DEMOUX Pierre, « Les sneakers prennent le pouvoir sur le marché de la chaussure », *Les Échos*, 22 octobre 2018.

DEMOUX Pierre, « Saola réduit l'empreinte carbone de ses chaussures », *Les Échos*, 10 avril 2019.

DEMOUX Pierre, « La revente de sneakers, un véritable business », *Les Échos*, 4 juin 2019.

DEMOUX Pierre, « Comment StockX est devenu le Wall-Street des sneakers », *Les Échos*, 5 juin 2019.

DEMOUX Pierre, « Les Français de WeKicks marchent dans la revente de sneakers », *Les Échos*, 5 juin 2019.

DEMOUX Pierre, « Nike et la chaussure qui courait trop vite », *Les Échos*, 7 février 2020.

DONALDSON Greg, « For Juggers and Muggers, the Trendy Sneaker », *New York Times*, 7 juillet 1979.

FOX T.S., « The All-Time Greatest New Balance 1500s : Part 2 », *Sneaker Freaker*, 5 avril 2019.

FOX T.S., « Why New Balance Are Killing 2019 », *Sneaker Freaker*, 21 juillet 2019.

GARAGEROCKER Romano, « Nike Cortez : histoire d'une légende », *Comme un camion*, 5 avril 2012.

GREENHOUSE Steven, « Sneaking Up on Status. An Athletic Standby Has Gone Butterfly », *New York Times*, 16 juin 1974.

HYDE Nina S., « The Aura of Sneakers – They've Got Heart, They've Got Sole », *Washington Post*, 18 août 1978.

JANE Adam, « New Balance 990 Series: Pioneering Perfection », *Sneaker Freaker*, 25 mai 2017.

JANE Adam, « Tracing Grey: The Legacy of New Balance », *Sneaker Freaker*, 23 mars 2018.

KUMAR Arun, N.S. « Hi-Tech Sports. Technological Revolution in Sports », *Science Reporter*, octobre 2010.

LEFÈVRE Sandrine, « Accro aux sneakers, Sébastien Abdelhamid en possède 550 paires », *Le Parisien*, 7 avril 2019.

MARCAILLOU Laurent, « Docteur Sneaker, Sneakers and chill : ces entrepreneurs qui restaurent les baskets », *Les Échos*, 18 mars 2017.

MCKNIGHT Michael, « A Brush With Greatness. The Puma Shoe That Upended the 1968 Olympics », *Sports Illustrated*, 15 novembre 2019.

MINER Dylan A. T., « Provocations on Sneakers. The Multiple Significations of Athletic Shoes, Sport, Race, and Masculinity », *The New Centennial Review*, vol. 9, n° 2, 2009.

PRIGENT Loïc, « Basket : les deniers du culte. Gazelle d'Adidas, Clyde de Puma ou Air Max de Nike : chaque modèle a sa légende, ses adeptes, son marché », *Libération*, 16 septembre 1997.

RAYNAL Juliette, « Adidas entre dans l'ère de la personnalisation grâce à sa Speed Factory », *L'Usine Digitale*, 9 octobre 2017.

SCHOUTEN John W., MCALEXANDER James, « Subcultures of Consumption : An Ethnography of the New Bikers », *Journal of Consumer Research*, vol. 22, n° 1, juin 1995, p. 43-61.

SIMONNOT Philippe, « L'Empire Adidas », *Esprit*, n° 142, septembre 1988, p. 32-41.

SMART Barry, « Not Playing Around. Global Capitalism, Modern Sport and Consumer Culture », *Global Networks*, 7 (2), 2007.

STANFILL Francesca, « Sporting About Town », *The New York Times*, 3 août 1980, p. 11.

STEIN Esther, « Sneakers. Design for Fast Feet », *Wear*, n° 47, juillet – septembre 2016.

SYKES Tom, « Sneak Attack », *New York Post*, 3 mars 2005.

TELANDER Rick, « Senseless », *Sports Illustrated*, 14 mai 1990.

TSONIAS Stavros, ANASTASIOU Athanasios, « The First Marathon Races. 1st International Olympic Games 1896 », *Journal of Olympic History*, 18 (3), décembre 2010.

WRIGHT Rosalind, « The All-American Sneaker Explosion », *Cosmopolitan*, juillet 1977.

Vidéos

LONGEVILLE (de) Thibaut, LEONE Lisa (réalisation), *Sneakers. Le culte des baskets*, 2005.

LONGEVILLE (de) Thibaut (réalisation), *Air Force 1. Anatomy of an Urban Legend*, 2010

LONGEVILLE (de) Thibaut, *Respect the Architects. The Paris Air Max 1 Story*, 2013

OAKES Brian (réalisation), *Abstract: L'art du design. Tinker Hatfield*, 2017.

FRIENDLY David T., PARTRIDGE Mick, *Sneakerheadz*, 2015.

Ce livre est publié grâce à la générosité de
This book was published thanks to the generosity of
Château Lafite Rothschild

À l'occasion de l'exposition
On the occasion of the exhibition
Playground — Le design des sneakers

Sous la direction de
Under the direction of
Constance Rubini

Présentée à Bordeaux
au musée des Arts décoratifs et du Design
du 20 juin 2020 au 10 janvier 2021

Presented in Bordeaux
at the musée des Arts décoratifs et du Design
June 20 2020 to January 10 2021

Merci
Thank you

La Ville de Bordeaux et le musée des Arts décoratifs et du Design remercient

Château Haut-Bailly, mécène d'honneur

Les membres du comité scientifique pour leur essentielle contribution
Jacques Chassaing
Pierre Demoux
Thibaut de Longeville
Samuel Mantelet
Teddy et Deicy Sanches
Alexander Taylor

Ainsi que tous nos partenaires :

Partenaires de l'exposition
Bordeaux Métropole
Crazylace
Établissement public d'Aménagement Bordeaux-Euratlantique
InterContinental Bordeaux – Le Grand Hôtel
Hôtel Cardinal
Le réseau TBM
Marty Sports
SNCF Gares & Connexions
VEJA
StockX

Partenaires associatifs *et culturels*
Fédération française de Basket-Ball
FIMEB (Fédération interassociative des musiques électroniques)
Formation professionnelle Rêvolution
IBOAT
JSA Bordeaux
Lâche-moi les baskets
La Manufacture CDCN Bordeaux — La Rochelle
Ligue Nouvelle-Aquitaine de Basket-Ball
Sneakers EMPIRE

Partenaires médias
Junkpage magazine
Le Site de la Sneaker

Le musée souhaite également remercier pour leur fidèle soutien
Les Amis et le Cercle du madd-bordeaux
Château Nairac
Farrow & Ball
Les Crus Bourgeois du Médoc
La société de négoce DIVA
Station Ausone

Et pour son essentielle collaboration
La direction générale éducation, sports et société de Bordeaux
L'atelier signalétique de Bordeaux Métropole

Que soient chaleureusement remerciés tous les prêteurs de l'exposition
Adidas
Aissatou Sané
Alexandre Blum
American Library in Paris
Archives Balenciaga, Paris
Archives Givenchy
Archives Mugler
Arnaud Daroux
Arnaud Dedieu
ASICS France
Aurélie Julien Collectible
Axel Gout
Barbara Motylinska & Zuzanna Gronowicz
Peter Bellamy
Bally Schuhmuseum, Schönewerd
BASF SE, Allemagne
Bibliothèque Mériadeck, Bordeaux
CAMPER
Centre de documentation Mode – Musée des Arts décoratifs, de la faïence et de la mode, Marseille
Centre national des arts plastiques
Chief Sai
Chloé
Christophe Guberan
Citadium Bordeaux
Clément Mengual
CND Centre national de la danse
Collection LOUIS VUITTON
Collection du Patrimoine de CHANEL, Paris
Converse archives
Corail
ECOALF
Ector
Emmanuel Chamant
Faguo
Helmut Fischer
Jean-Louis Froment
Gauthier
Geordie Govaere
Helen Kirkum
HERMES
Igwe

Jen Keane
Jeremy Wachter
Jules Mas
Julien Chaintreau
Karim El Hmouzi
Le Coq Sportif
Le Musée olympique, Lausanne
Léo Turcat
Martha Cooper
Martin Sallières
Morgan Remy
Musée national du sport, Nice
Musée de la Fédération française de Tennis
New Balance
Nicolas Malinowsky
Northampton Museums and Art Gallery
ON
Pedro Winter
Pierre Dartiguelongue
Pierre Hardy
Pierre-Henri Foulon
Prada
Puma
Reebok
Richie Roxas
Rick Owens
Samuel Mantelet
Samuel Pearce
Sarah Andelman
Sébastien Abes
Shani Bru
Recouture
Sneakers Museum, Marseille
Studio Marc Newson Ltd, Londres
Tex Lacroix
Thaïs Hourbette
Thibaut de Longeville
Thomas Decktwo Dartigues
Tiago Escada Ramos
VEJA
Vibram
Wilfried Casenave

Toutes les personnes qui ont contribué par leur aide et leurs conseils à la réussite de cette exposition
Edgar Ackerman, Sébastien Alibert, Carolina Alvarez-Ossorio, Sarah Andelman, Julia Andreone, Claire Andriès, Virginie Aubry, Marceau Avogadro, Minna Axford, Philippe Barre, Marine Betrancourt, Flore Biet, Arnaud Biscay, Shani Botbol, Stéphane Boudin-Lestienne, Claire Boulanger, Marion Bourdée, Shani Bru, Denis Bruna, Thilo Alex Brunner, Caroline Bulliot, Sergio Cadre, Fabrice Canet, Denis Cartier, Marie Chalmel, Erwan Chanson, Cyril Cohen-Solal, Joe Conolly, Adrien Corderot, Laura Cosignani, Marco Costantini, Pierre Dartiguelongue, Khalili Dastan, Seb Daurel, Arnaud Dedieu, Gauthier Depierre, Julie Deydier, Pierre Dufau, Michael Dupouy, Anna Lena Ebmeyer, Pierre Ehmèmem, Marion Etcheparre, Nicolas Ferkoune, Katharina Feulner, Helmut Fischer, Édouard Fosse, Stéphanie Foster, Jean-François Fullum, Yves Gaillard, Circé Garofalo, Rebekah Gerber, Richard Ghionghios, Louis Ghodsi, Arthur Giat, Noémie Gil, Julien Guérineau, Marie-Laure Gutton, Maxime Guyon, Julien Haddock, Pierre Hardy, Tinker Hatfield, Hanna Heine, Tom Henshaw, Jean-Luce Huré, Pierry Jaquillard, Charles Johnson, Aurélie Julien, Liz Kraft, Stéphan Lauret, Reda Lazram, Max Limol, Cristina Malgara, Nicolas Malinowsky, David Manaud, Laurent Martinez, Bleu-Marine Massard, Jérôme Meyzie, Alexandra Midal, Fabien Mora, Klara Morhain, Frédéric Mugnier, Erin Narloch, Brian Oakes, Éric Pelletier, Penstyle Shoes, Maura Pezzota, Odile Prémel, Élodie Prochet, Chantal Prod'hom, Yvonne Rainer, Évelyne Resnick, Saskia de Rothschild, Alexandre Rumigajloff, Lise Saladain, Chris Severn, Jeanne Siffert, Samuel Smallidge, Alexander Taylor, Carla Travers, Aurélien Troutaud, Léo Turcat, Léo Valls, Claire Venambre, Camilo Jose Vergara, Alexandre Vialaret, Chris Wawrousek, Alastair Philip Wiper, Patsy Youngstein, Olivier Zeitoun.

Commissariat de l'exposition et direction du catalogue
Constance Rubini
Assistée d'Étienne Tornier

Comité scientifique
Jacques Chassaing
Pierre Demoux
Thibaut de Longeville
Samuel Mantelet
Teddy et Deicy Sanches
Alexander Taylor

Design de l'exposition
Mathieu Lehanneur
Assisté d'Arthur Fosse

Design graphique
Anna Toussaint

Photographies de l'exposition
Alastair Philip Wiper

Traduction
David Jaggard

Relecture
Anne-Sophie de Monsabert

Photogravure
Graphium

Impression
Graphius

Papier
Brossulin XTTELA 290g
Arena white smooth 140g

Logo Playground
Eliott Grunewald
Anna Toussaint

Typographie
Ginto, Dinamo

Ville de Bordeaux
Pierre Hurmic
Maire de Bordeaux
Dimitri Boutleux
Adjoint au maire de Bordeaux en charge de la création et des expressions culturelles

L'équipe du musée des Arts décoratifs et du Design

Constance Rubini
Directrice
Amélie Rozet
Assistante de direction

Nathalie Balerdi Paternotte
Administration et coordination des expositions

Étienne Tornier
Camille Jolin
Charlotte Boëssé
Avec la collaboration de Laura Martin Lacambra, Léana Mouches, Maëllis Paput et Claire Philippe
Conservation

Christine Boubila Brillac
Gaëllane Bompart
Service administratif et financier

Giuseppina Ferrara
Alexandre Cordoba
Valérie de Raignac
Avec la collaboration de Solenn Lucas
Régie des œuvres

Juliette Giraud
Margaux Vauclin
Véronique Darmante, *enseignante mise à disposition*
Florent Baffoigne, *professeur relais*
Avec la collaboration de Marie Daguerre, Julie Desrosiers, Gretta Harlay et Élise Miara
Service des publics

Delphine Delmares
Documentation

Carine Dall'Agnol
Avec la collaboration de Clara Servant
Communication

Izaskun Gaspar-Ibeas
Communication graphique

Guillaume Birot
Julien Martin
Avec la collaboration de Perrine Flamain
Service technique

Frédéric Marty
Jean Lepetit
Nicolas Treupel
Service sécurité

Joël Berdoulat
Bastien Le Bihan
Bernard Noth
Corinne Porge
Romain Suire
Accueil du musée

Sophie Gabal
Marie-Francisca Sevilla
Martine Lacrouts
Toni Saotto
Avec la collaboration de Orian Barreaud, Eliot Blachon, Hanna Bressous, Maxime Daviau, Coline Degruson, Emma Labarthe, Alexandre Magne, Martial-Cyprien Maury, Gauthier Milla, Kimberly Morin, Gabriel Oçafrain, Milan Riedel, François-Rémy Roqueton, Julie Terrenoire, Tristan Sanchez et Gautier Victoire
Surveillance des œuvres

Crédits
Credits

© Alastair Philip Wiper, p. 1-61, 101, 185, 188-189, 193, 246-247
© Northampton Museums and Art Gallery, p. 3, 8, 12, 16, 28-30, 82
© Martha Cooper, p. 63, 67-68, 77
© Puma archives, p. 64
© DR, p. 71, 75, 78, 115, 121, 122, 148
© Jean-Luce Huré, p. 74
© Jack Mitchell Archives, p. 85
© Babette Mangolte, p. 87
© Robert Alexander, p. 88
© Thibaut de Longeville, Lisa Leone, Caid Productions, Program33, p. 91, 92, 99
© Peter Moore, p. 105, 108-110, 113
© Palais Galliera, Musée de la Mode de la Ville de Paris, p. 116
© Thomas Huot-Marchand, p. 122
© David Manaud, p. 127
© Adidas archives, p. 135, 143-144
© 1984 / Kishimoto / IOC, p. 147
© 1924 / Comité International Olympique (CIO), p. 147
© 2012 / Comité International Olympique (CIO) / EVANS, Jason, p. 148
© 1992 / Comité International Olympique (CIO), p. 151
© 1968 / Kishimoto / IOC, p. 151
© 1936 / Comité International Olympique (CIO), p. 152
© 2016 / Comité International Olympique (CIO) / BURNETT, David, p. 152
© Nike, p. 155
© Alexander Taylor Studio, p. 163, 166-167
© madd-bordeaux, p. 173-174, 215, 219, 220, 223, 226, 230, 235, 236, 241, 242, 245
© Martin Sallières, p. 177
© BASF, p. 179
© Bally Schuhfabriken AG, p. 187
© Christophe Guberan, Carlo Clopath, Self-Assembly Lab (MIT), p. 195
© CHANEL, p. 197
© Tom Mannion, p. 203
© ECOALF, p. 205
© klt_vrt, p. 255

→ Tournoi 3x3
En collaboration avec
la Ligue Nouvelle-Aquitaine
de basket-ball, la FFBB
et Ballzone
Photo klt_vrt

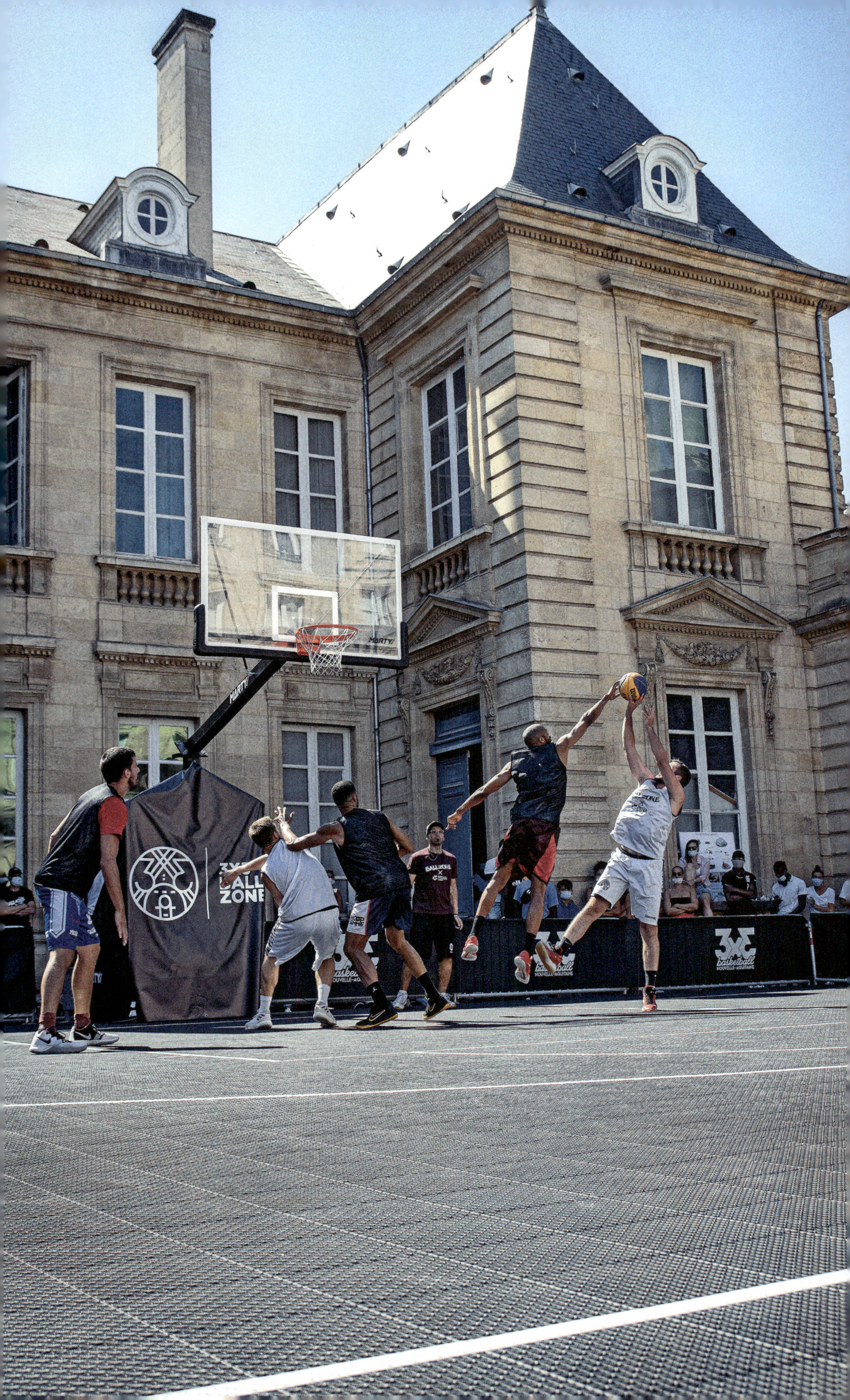
MARTY

Ce livre est publié grâce à la générosité de
This book was published thanks to the generosity of
Château Lafite Rothschild

À l'occasion de l'exposition
On the occasion of the exhibition
Playground — le design des sneakers

Présentée à Bordeaux
au musée des Arts décoratifs et du Design
du 20 juin 2020 au 10 janvier 2021
Presented in Bordeaux
at the musée des Arts décoratifs et du Design
June 20 2020 to January 10 2021

Sous la direction de
Under the direction of
Constance Rubini

Château Haut-Bailly,
mécène d'honneur du musée
patron of honor of the museum

ISBN 978-2-37-666034-7

Musée des Arts décoratifs et du Design, Bordeaux
39, rue Bouffard, 33000 Bordeaux

Imprimé par Graphius
Hemelstraat 2, 1651 Beersel, Belgium

Graphisme
Anna Toussaint

Coédité par le madd-bordeaux et Norma Éditions